Código Procesal Penal de Chile

ACCESO GRATIS *a la Lectura en la Nube*

Para visualizar el libro electrónico en la nube de lectura envíe junto a su nombre y apellidos una fotografía del código de barras situado en la contraportada del libro y otra del ticket de compra a la dirección:

ebooktirant@tirant.com

En un máximo de 72 horas laborales le enviaremos el código de acceso con sus instrucciones.

Código Procesal Penal de Chile

7ª Edición

PAULA VIAL REYNAL

tirant lo blanch
Valencia, 2025

© TIRANT LO BLANCH
EDITA: TIRANT LO BLANCH
C/ Artes Gráficas, 14 - 46010 - Valencia
TELFS.: 96/361 00 48 - 50
FAX: 96/369 41 51
Email: tlb@tirant.com
www.tirant.com
Librería virtual: https://editorial.tirant.com/cl
ISBN: 978-84-1095-528-8

Si tiene alguna queja o sugerencia, envíenos un mail a: *atencioncliente@tirant.com*. En caso de no ser atendida su sugerencia, por favor, lea en *www.tirant.net/index.php/empresa/politicas-de-empresa* nuestro procedimiento de quejas.

Responsabilidad Social Corporativa: http://www.tirant.net/Docs/RSCTirant.pdf

Índice

LIBRO SEGUNDO. PROCEDIMIENTO ORDINARIO

LIBRO TERCERO. RECURSOS

LIBRO CUARTO. PROCEDIMIENTOS ESPECIALES Y EJECUCIÓN

APÉNDICE CÓDIGO PROCESAL PENAL LEYES COMPLEMENTARIAS

INTRODUCCIÓN

Más de 20 años han pasado desde que se diera inicio a la revolución en justicia penal que supuso el inicio del nuevo procedimiento penal en Chile. En este tiempo, el país ha sido beneficiado por una nueva forma de resolver los conflictos más graves que nuestra sociedad debe enfrentar en su convivencia diaria, que no sólo incorpora principios básicos de derechos humanos internacionales, sino que contempla nuevas soluciones o salidas alternativas que consideran los intereses de las partes del conflicto, devolviéndoles su solución, cuando no existe una afectación y un interés social grave en ello.

La paz social se resguarda de mejor manera con el advenimiento del nuevo proceso penal que permitió dejar atrás más de un siglo de justicia inquisitiva, de secretismo y opacidad en las investigaciones, de inequidad entre las partes, de escrituración, lentitud y desequilibrio entre intervinientes. Con el nuevo sistema acusatorio, el proceso se iluminó para toda la sociedad con oralidad, publicidad, reconocimiento expreso de derechos fundamentales para la justicia, eficiencia y legitimidad. El debido proceso y su respeto y reconocimiento en cada una de las etapas del sistema, se convirtió en la garantía para todos los ciudadanos de una mejor justicia penal.

¿Cómo entender, si no, la creación del Ministerio Público para investigar los delitos y perseguir la responsabilidad penal, protegiendo al mismo tiempo a las víctimas en el sistema? Una justicia equilibrada y que respete los derechos más fundamentales del ser humano debe asegurar la separación de las funciones jurisdiccionales de las propias de la persecución, que se entregan ahora a la Fiscalía, reservando a los tribunales exclusivamente la función de juzgar y la protección del respeto de los derechos y las garantías de todos los intervinientes.

¿Cómo entender, si no, la creación de la Defensoría Penal Pública, para asegurar a todas las personas el derecho a defensa, como garantía de respeto por la igualdad de armas en la solución del conflicto penal? Sin defensa no hay justicia, invoca su lema, y la existencia de esta institución permite que no haya una persona en Chile que no vaya a ser asesorada y defendida en el proceso por un(a) abogado(a) defensor(a).

¿Cómo entender, si no, el cambio brutal que tuvo la composición de la población privada de libertad, pasando ahora a ser mayoritariamente de condenados y no de quienes están en prisión preventiva, como consecuencia de una mayor celeridad en la investigación de los delitos y en la dictación de las sentencias y término de los procesos? Ya no resultaba tolerable la privación de libertad como forma de cumplimiento de penas anticipadas, porque los tiempos de los procesos lo hacían innecesario.

Los cambios introducidos por el nuevo proceso penal han sido numerosos y trascendentales y han servido para asegurar la vigencia del Estado de Derecho en nuestro país, profundizando el alcance de nuestra democracia.

En este par de décadas de vigencia, el Código Procesal Penal ha sido modificado en casi una treintena de oportunidades, por leyes que incorporaron cambios al texto, y en algunos casos, desafortunadamente, al espíritu tras el sistema, en distintas leyes. Algunas de estas leyes, que fueron llamadas de agenda corta, incorporaron numerosas, extensas y profundas modificaciones que han alterado bases importantes en las que se sostiene el sistema. Por ello, resulta fundamental estar atentos a los proyectos que puedan surgir en el futuro, para evitar que propuestas populistas o innecesarias horaden la base garantista del sistema. Todas estas modificaciones serán consideradas e incorporadas obviamente en las próximas ediciones del Código, pero al mismo tiempo, iremos agregando en este material todos los elementos que permitan que el Código Procesal Penal de Chile que la Editorial Tirant lo Blanch pone a su servicio, sea un aporte en su ejercicio profesional y académico. Quiero agradecer muy especialmente a la estudiante de Derecho y mi ayudante Amanda Roca Salfate por su aporte en esta tarea. Para mí es un privilegio y un desafío entregarles la versión más útil y provechosa del código.

PAULA VIAL REYNAL

MENSAJE DEL CÓDIGO PROCESAL PENAL

MENSAJE DEL EJECUTIVO

HONORABLE CÁMARA DE DIPUTADOS

La modernización del sistema de administración de justicia, constituye un esfuerzo de crecimiento institucional que, cercano ya el fin de siglo, es ineludible, para el desarrollo y consolidación de nuestro sistema constitucional y democrático. Existe en el país un amplio consenso sobre la falta de adecuación del sistema vigente a los requerimientos de los tiempos actuales, siendo ésta percibida como un obstáculo a las metas de desarrollo que el país se ha trazado para los años venideros. La modernización del sector justicia en Chile ha sido definida, por el Gobierno que tengo el honor de presidir, como una política que tiende a adecuar el conjunto de las instituciones que participan de la administración de justicia a los procesos de desarrollo político y económico que ha experimentado Chile en las dos últimas décadas. Mientras el sistema de administración de justicia en Chile fue diseñado y constituido, en lo fundamental, hacia mediados del siglo XIX, permaneciendo desde entonces sin cambio alguno, la sociedad chilena se ha transformado en un sentido económico y político. En materia económica el cambio fundamental ha consistido en la privatización de la actividad productiva, donde el Estado ha adquirido un rol regulador tendiendo, mediante la privatización, a abandonar su rol productivo inmediato. El padrón estatal del desarrollo ha quedado atrás. De una economía proteccionista, fundada en la sustitución de importaciones, la sociedad chilena ha transitado hacia un modelo de economía de mercado, abierta a la internacionalización y centrada en el fomento a las exportaciones. De un sistema productivo cuyo principal agente era el Estado, la sociedad chilena ha dado paso a un modelo que supone un Estado descentralizado que enfatiza y fomenta el esfuerzo y la iniciativa privada. El cambio político más importante en Chile ha sido, a su turno, la consolidación del modelo democrático, el que a su vez exige el respeto a los derechos humanos como un principio fundamental de legitimidad. Ambos fenómenos plantean crecientes exigencias al sistema de administración de justicia, que hacen necesaria su modernización, sobre lo cual se ha decantado un importante consenso en el país. En efecto, el desarrollo económico ha supuesto y supondrá en el futuro un creciente número y variedad de los litigios, que exigen, a la vez, rapidez y eficiencia en su resolución. En contraste con ello las características que presenta el gasto público en justicia y la evolución del trabajo de los tribunales muestra, de otra parte, que en justicia el gasto público es regresivo. Los costos de litigar se subsidian y, de esa manera, quienes acceden al sistema son subsidiados por los que resultan excluidos, es decir, los más pobres. Las deficiencias del sistema de justicia criminal, a su turno, constituyen una de las fuentes más características de la marginalidad en Chile. Al afectar de un modo discriminatorio a los sectores sociales más vulnerables y no consultar formas eficientes de reinserción, el sistema de justicia penal en Chile produce marginalidad. Así, pues, desde un punto de vista económico se requiere hacer más redistributivo el gasto en justicia, se necesita evitar que el sistema penal produzca marginalidad y, en fin, se requiere maximizar la imparcialidad y la eficiencia del sistema legal en su conjunto, bases indispensables para los títulos de propiedad y el crédito. Los cambios políticos, a su turno, exigen una justicia accesible, imparcial, igualitaria y que maximice las garantías. La necesidad de prevenir la corrupción supone, a la vez, una activa participación de los ciudadanos en el control del poder y ello aumenta la necesidad de contar con un poder judicial eficiente e independiente.

En suma, se hace necesario modernizar el poder judicial para garantizar la gobernabilidad de parte del sistema político, la integración social y la viabilidad del modelo de desarrollo económico. Mediante la modernización de la administración de justicia, se busca favorecer la consolidación del estado de derecho democrático y del modelo de desarrollo económico. Queda descontado que, desde el punto de vista de la política pública que se ha definido para el sector, ambos objetivos globales del proceso no resultan necesariamente contrapuestos, sino más bien que enlazados el uno al otro, poseyendo, en todo caso, primacía el primero por sobre el segundo. El objetivo global de modernización de la justicia —definido como la maximización de las garantías y la imparcialidad del estado democrático y el incremento del bienestar— se encuentran a lo menos tres diversas áreas en las que es necesario efectuar reformas, a saber, el área de acceso a la justicia; el área del derecho de menores; y el área del sistema penal. La reforma al sistema penal constituye una labor que se extiende más allá de la reforma al proceso penal. Supone modificar nuestros criterios de criminalización primaria, introduciendo principios como los de lesividad y última ratio; supone, además, supervigilar la ejecución de las penas para evitar así castigos excesivos y favorecer la reinserción; exige modificar la relación entre el estado y la policía, para favorecer la oportunidad y la selectividad en el uso de la fuerza; y supone, por sobre todo, de un modo urgente y prioritario, modificar el proceso penal para transformarlo en un juicio genuino, con igualdad de armas entre el estado y el inculpado y con plena vigencia de la oralidad, la oportunidad y la inmediación. Este proyecto de Código de Procedimiento Penal que se somete a la consideración del H. Congreso Nacional constituye, por eso, la pieza central de esa reforma procesal y debe erigirse, además, como el primer y decisivo paso hacia una reforma del sistema penal en su conjunto. El proyecto de Código constituye el núcleo básico de un nuevo modelo procesal penal que, a su vez, aspira a producir una importante transformación en el conjunto del sistema de justicia criminal. Se busca cambiar fundamentalmente el modo en que los tribunales desarrollan el procedimiento penal, proyectando ese cambio hacia el trabajo de los organismos policiales, hacia el funcionamiento del sistema penitenciario y, en general, respecto del conjunto de las actividades estatales que constituyen la respuesta represiva a la criminalidad. La proyección de la reforma hacia el conjunto del sistema penal debe producirse a través de dos mecanismos principales: el primero de ellos es la creación de un Ministerio Público. Este organismo debe, además de cumplir su rol específico como órgano acusador en el procedimiento penal, asumir la función de ordenar la utilización de los recursos represivos del sistema conforme a criterios generales, conocidos y legitimados por medio de la discusión pública y frente a órganos representativos de la comunidad. El segundo consiste en devolver a las decisiones judiciales, y en especial a la sentencia judicial, su plena centralidad como forma de control y legitimación de la utilización de dichos métodos represivos. Se busca entonces reordenar las oportunidades y los supuestos de las actuaciones de los diversos órganos, con miras a enfatizar el carácter principal de las decisiones judiciales. En consecuencia, este proyecto establece las bases procedimentales de un nuevo sistema procesal penal que pretende abandonar el modelo inquisitivo y avanzar hacia otro con una orientación de carácter acusatorio. Es en esta perspectiva que este proyecto debe ser analizado, comprendido y criticado. Las instituciones que propone han sido diseñadas con estas orientaciones, y debieran ser evaluadas a partir de su idoneidad para darles cumplimiento.

RENTABILIDAD DE LA REFORMA PROCESAL PENAL

Desde el punto de vista político y constitucional, el mayor defecto del sistema penal en Chile es que carece de un genuino juicio contradictorio que satisfaga las exigencias del debido proceso. El sistema penal en Chile, en su fase procesal, contradice así una de las garantías inherentes al sistema político. Según lo acreditan diversos estudios, y la observación histórica lo pone de manifiesto, el proceso penal en Chile posee una estructura inquisitiva, absolutista y secreta, que despersonaliza al inculpado y que no se corresponde con la noción de ciudadanía propia de un Estado Democrático. La consolidación de la democracia exige la reforma al proceso penal de modo que satisfaga las exigencias de un juicio público y contradictorio. La reforma al proceso penal que proponemos constituye, entonces, una profundización de las instituciones democráticas que conforman al Estado chileno. Pero no se trata sólo de satisfacer las exigencias del debido proceso, llevando así a término el desarrollo del Estado Constitucional. Todavía esa reforma resulta exigida por la idea y el principio de los derechos humanos que fundan al sistema político y que constituyen, como es sabido, uno de los compromisos más delicados del Estado ante la comunidad internacional. Se ha dicho, con razón, que los sistemas de enjuiciamiento criminal son los más elocuentes indicadores del grado de respeto por los derechos de las personas que existe en un ordenamiento estatal o, dicho de otro modo, que el autoritarismo se revela en la forma en que los poderes públicos encaran el reproche a las conductas desviadas o a las formas de comportamiento anómico. En las sociedades que, como la nuestra, han instalado a la democracia como forma de convivencia y como método para la adopción de las decisiones públicas, y donde, por lo mismo, las violaciones masivas a los derechos humanos suelen estar clausuradas, es el sistema procesal penal el sector del Estado en el cual las formas más abusivas hacia las que tiende el poder suelen manifestarse. Las víctimas de esas infracciones cotidianas a los derechos de las personas suelen ser los sectores que los procesos de modernización excluyen, haciéndolos extremadamente vulnerables. Algo de eso ocurre hoy en Chile. Estudios empíricos recientes ponen de manifiesto cómo el número de detenciones practicadas por los organismos policiales es superior al número de causas ingresadas ante el órgano jurisdiccional, resultando, así, que existen formas de control social penal al margen de la supervigilancia de los jueces y personas que son sometidas al rigor del sistema penal en su conjunto, sin que, nunca, se les formule cargo alguno. En los cinco años transcurridos desde el año 1987 hasta 1991 —un período que cubre gobiernos distintos— el promedio de causas ingresadas a los tribunales del crimen en relación a las detenciones efectuadas es de un 60.6 por ciento, de manera que el cuarenta por ciento del total de quienes son detenidos en Chile —una media anual de 750.000 personas— son privados de libertad, aunque sea por breve lapso, sin ingresar al sistema jurisdiccional. Ocuparse de la reforma procesal penal para, a través de ella, fortalecer las garantías, constituye, así, una tarea exigida por los principios en materia de derechos fundamentales. La reforma al proceso penal importará, por lo mismo, un mayor goce cotidiano de los derechos humanos. No se agotan ahí, sin embargo, los efectos y las ventajas políticas de la reforma al proceso penal. Si modernizar el Estado significa someter la gestión de sus diversos órganos a criterios de eficiencia en la gestión y en el diseño, entonces, la modernización del Estado exige la reforma al proceso penal. En la situación actual, se trata no sólo de un procedimiento que confiere pocas garantías, sino que, además, se trata de un procedimiento carente de eficiencia y, lo que es peor, displicente con las víctimas y los usuarios que a él acceden. Algunos estudios empíricos de carácter exploratorio, por otra parte, atribuyen al procedimiento penal vigente en Chile, funciones latentes de penalización informal, dada la alta incidencia de la prisión preventiva y el bajo número de sentencias condenatorias (En lo que atinge nada más a las causas que ingresan al sistema jurisdiccional, las fuentes primarias muestran que, para el año 1990, si se excluyen las faltas y los cuasidelitos, el promedio de causas finalizadas mediante sentencia definitiva a nivel nacional alcanza apenas a un 17 por ciento y los sobreseimientos a un 69 por ciento. Un análisis más fino de esas cifras —que excluya juzgamientos por leyes especiales— indicaría todavía que la tasa de sentencias definitivas alcanza apenas a un seis por ciento. En fin, las fuentes primarias disponibles y diversas fuentes de carácter secundario, indican que la mayor parte de quienes están recluidos en las prisiones del país son personas que se encuentran detenidas o procesadas y sólo la menor parte condenadas. A lo largo de la década del ochenta y en lo que va del noventa, la población condenada nunca supera el cuarenta y nueve por ciento de la población privada de libertad.). Se trata, pues, de un sistema que posee formas deficitarias de división del trabajo, obsoleto y deficiente en su gestión. La reforma al proceso penal debe traducirse, entonces, en una mejora en la gestión jurisdiccional del Estado. A ese conjunto de efectos políticos de una reforma procesal penal, debe agregarse, todavía, la relevancia económica de la reforma. Esta se traducirá en una mejor utilización del gasto público en justicia, por una parte, y en una mayor integración social, por otra, contribuyendo así a acentuar la función de equidad que compete al Estado. Como ocurre en todos los sectores del Estado, los recursos para la persecución penal son inevitablemente escasos y, por ese motivo, no toda forma de conducta desviada puede ser reprimida. El cambio en las pautas de movilidad social y las asimetrías inherentes a los procesos de modernización, permiten prever que esa brecha entre conductas a reprimir y recursos disponibles se acentuará en el futuro inmediato. En los hechos todo sistema penal es inevitablemente selectivo. Existe una zona de la criminalidad que queda, también, inevitablemente fuera del sistema. En el caso del proceso penal chileno esa selectividad es discriminatoria, puesto que no hace más que reproducir los sistemas de estratificación social, afectando sólo a los sectores sociales más vulnerables. Las fuentes primarias muestran que buena parte de la represión penal se traduce en la persecución de la criminalidad de bagatela cuando es cometida por esos sectores. Este fenómeno no sólo es grave por

lo inicuo de la discriminación que supone, sino que, además, importa un uso gravemente ineficiente del gasto público, puesto que, como lo muestra la baja tasa de sentencias definitivas que logra —nada más un seis por ciento del total, excluidas las dictadas por leyes especiales, según ya se anotó— el actual sistema es ineficiente en la criminalidad común e inexistente con respecto a la criminalidad socialmente menos vulnerable y de más alta lesividad. Es, pues, necesario, instituir un órgano —el Ministerio Público— que en base a criterios político criminales explícitos y sometido a estrictos controles de responsabilidad, conduzca la selectividad del sistema penal hacia la criminalidad más lesiva. La reforma procesal penal supondrá, así, una persecución más eficiente y una selectividad en base a criterios político criminales explícitos. El gasto público en el sector deberá optimizarse en base a criterios que permitan su control. De otra parte, como ya se dijo, el sistema procesal penal chileno con su recurso casi exclusivo a la privación de libertad, suele segregar a los inculpados de sus grupos de pertenencia, lo cual, tratándose de jóvenes, se traduce en un ingreso a formas permanentes de marginalidad que, luego, inducen a esos mismos sujetos a nuevas y más graves formas de criminalidad. En otros términos, el diseño del actual proceso penal produce marginalidad y, por esa vía, acentúa las posibilidades de la conducta desviada. Un Estado atento a corregir, en base a criterios de equidad, los resultados espontáneos de los procesos sociales y económicos, debe ocuparse del proceso penal puesto que, con ello, produce integración al proceso de crecimiento económico y evita una fuente permanente de marginalidad productiva. Como es obvio, cada sujeto que se incorpora al sistema penal y que padece el ingreso al circuito de la marginalidad, es una pérdida inmensa de inversión social y de esfuerzo público. La reforma procesal penal deberá corregir ese camino de marginalidad, permitiendo, mediante la intervención del ministerio público, favorecer la reincorporación social y económica de quien ingresa al sistema. En fin, y ahora desde un punto de vista social, la reforma que se propone se traduce en una ganancia social para quienes son víctimas de la conducta delictual. En Chile, por motivos diversos, existe una gran inseguridad subjetiva, un fuerte temor a la criminalidad. Una de las fuentes de esa inseguridad subjetiva, es la indefensión que provoca el deficiente diseño del proceso penal. En los hechos, el proceso penal pone de cargo de las víctimas la iniciativa de la persecución penal, puesto que la actividad de los organismos de persecución penal pública es ineficiente y, según ya se vio, no logra focalizarse sobre la criminalidad más grave sino sólo sobre los sectores sociales más vulnerables. La extrema dilación y la estructura de los procedimientos, por otra parte, distancian a la infracción del castigo, privando a este último de sus funciones simbólicas y protectoras. La reforma procesal penal, en la medida que instituye un órgano específico encargado de la persecución penal pública sometido a la conformidad de la víctima y, al mismo tiempo, en la medida que abrevia la distancia temporal entre la infracción y el castigo, contribuye a disminuir los factores que acentúan la inseguridad subjetiva en Chile. El ministerio público será un órgano estatal especializado en la persecución penal, en la protección de la víctima y en una represión imparcial y rápida de la delincuencia. Las precedentes consideraciones ponen de manifiesto cómo emprender el proyecto de reforma procesal penal importa, una vez logrado, una ganancia social neta. Al emprender este proyecto de reforma invertiremos en legitimidad, en derechos humanos y en seguridad.

ELABORACIÓN DEL PROYECTO

A partir de estos puntos de vista el Gobierno que presido, por intermedio del Ministerio de Justicia, ha formulado el presente proyecto de nuevo Código de Procedimiento Penal que se somete a la aprobación del H. Congreso Nacional, y por su intermedio a la comunidad nacional. Se trata de una propuesta destinada a ser analizada ampliamente por la comunidad jurídica, política y por la población en general, con la expectativa de que su conocimiento y análisis pueda suscitar amplios consensos así como permitir su perfeccionamiento. El proyecto ha sido elaborado durante el año 1994 en el contexto de un acuerdo de colaboración técnica en que el Ministerio de Justicia ha contado con la directa colaboración de La Fundación Paz Ciudadana y La Corporación de Promoción Universitaria. El trabajo se ha estructurado a partir de un Foro de discusión en cuyo seno se han diseñado los lineamientos básicos de la reforma, el que se integra con un conjunto de académicos, abogados y magistrados convocados con el criterio de buscar la más amplia representatividad entre los diversos roles al interior del sistema jurídico y las diversas sensibilidades políticas, culturales e ideológicas. La siguiente es la lista de personas que fueron invitadas a participar en el Foro:

- Alberto Balbontin Retamal
- Alberto Chaigneau del Campo
- Alejandro Solís Muñoz
- Carlos Kunsemüller L.
- Carlos Pecchi Crocce
- Clara Szcazranski
- Claudio Díaz Uribe
- Claudio Osorio
- Consuelo Gazmuri Riveros
- Cristian Maturana
- Cristian Riego Ramirez
- Cristina Villarreal H.
- Davor Harasic Yaksic
- Eduardo Novoa Aldunate
- Eleodoro Ortíz Sepúlveda
- Enrique Montero Marx
- Enrique Tapia Witting
- Enrique Zurita Camps
- Felipe de la Fuente
- Felipe González Morales
- Francisco Cumplido Cereceda
- Gastón Gómez Bernales
- Germán Hermosilla Arriagada
- Gonzalo Alvarado
- Gillermo Navas Bustamante
- Haroldo Brito Cruz
- Hernán Alvarez García

- Hugo Fruhling Ihrlich
- Jorge Bofill Genzsch
- Jorge Correa Sutil
- Jorge Ferdman Niedman
- José Luis Cea Egaña
- Juan Agustín Figueroa
- Juan Bustos Ramírez
- Juan Enrique Vargas Viancos
- Juan Guzmán Tapia
- Julio Salas Vivaldi
- Luis Bates Hidalgo
- Luis Correa Bulo
- Luis Ortiz Quiroga
- Manuel Guzmán Vial
- Marcos Libedinsky Tschorne
- Marcos Vasquez Espina
- María Inés Horvitz
- María Pia Guzmán Mena
- Mario Garrido Montt
- Mario Verdugo Marinkovic
- Mauricio Duce Julio
- Miguel Soto Piñeiro
- Milton Juica Arancibia
- Mirtha Ulloa González
- Nelson Contador
- Orlando Poblete
- Raúl Tavolari Oliveros
- Ricardo Galvez Blanco
- Ricardo Rivadeneira M.
- Roberto Dávila Díaz
- Sergio Yáñez Pérez
- Tito Solari Peralta
- Waldo Ortúzar Latapiat
- Zarco Luksic Sandoval

También han tenido participación en el Foro a través de calificados representantes las siguientes organizaciones de la comunidad jurídica e instituciones académicas y de asesoría en materias legislativas: El Colegio de Abogados de Chile, la Asociación Nacional de Magistrados, el Instituto Chileno de Derecho Procesal, el Instituto de Ciencias Penales, el Instituto Libertad y Desarrollo, el Centro de Estudios y Asesoría Legislativa (CEAL), el Instituto Libertad, el Programa de Asistencia Legislativa (PAL) y el Centro de Estudios para el Desarrollo (CED). A partir de los consensos y lineamientos entregados por el Foro, se ha procedido a la redacción del proyecto por parte de una comisión dirigida por el señor Cristian Riego, profesor de la Facultad de Derecho de la Universidad Diego Portales, e integrada por el señor Jorge Bofill, profesor de la Facultad de Derecho de la Universidad de los Andes, la señora María Inés Horvitz, profesora de la Facultad de Derecho de la Universidad de Chile, el señor Raúl Tavolari, profesor de las Facultades de Derecho de las Universidades de Chile y Valparaíso, y el señor Mauricio Duce, académico de la Facultad de Derecho de la Universidad Diego Portales, quien ha actuado como secretario. Cabe señalar que el proyecto representa el eje central respecto de un conjunto de otros proyectos legislativos y trabajos complementarios que deberán necesariamente formar parte del proceso de reforma del sistema procesal penal chileno. Este conjunto de proyectos y trabajos es actualmente objeto de una segunda etapa del proyecto de colaboración técnica que el Ministerio de Justicia lleva adelante con la Fundación Paz Ciudadana y la Corporación de Promoción Universitaria.

FUENTES

Los documentos que otorgan los parámetros básicos usados para el diseño del proyecto han sido la Constitución Política de la República y los Instrumentos Internacionales de Derechos Humanos que obligan al país, habiéndose tenido en cuenta especialmente entre estos últimos a la Convención Americana sobre Derechos Humanos y al Pacto Internacional de Derechos Civiles y Políticos. También ha sido fuente principal del proyecto la legislación procesal vigente, en especial el Código de Procedimiento Penal, del cual se han mantenido todas aquellas normas que no resultan contradictorias con el nuevo sistema y que constituyen parámetros conocidos para jueces y abogados, existiendo muchas veces a su respecto un caudal de interpretaciones y jurisprudencia suficientemente asentadas. El Código Orgánico de Tribunales y el Código de Procedimiento Civil han sido considerados para efectos de buscar mantener coherencia con sus normas y, en general, se han conservado las remisiones a materias que en esos cuerpos resultan adecuadamente reguladas. Cabe hacer presente que entre los proyectos que deben acompañar al de Código de Procedimiento Penal, se encuentra una modificación importante del Código Orgánico de Tribunales destinada a organizar los tribunales necesarios para el sistema propuesto. También han sido fuentes directas para el trabajo realizado diversos textos de legislación extranjera, tanto de nivel legal como constitucional, así como opiniones doctrinales o jurisprudencia relativas a ellos. Entre los códigos extranjeros de más frecuente utilización estuvieron el Código Procesal Penal Italiano de 1988, la Ordenanza Procesal Penal Alemana de 1877, la Ley de Enjuiciamiento Criminal Española de 1882, El Código Procesal Penal de la Nación Argentina de 1992, el Código Procesal Penal de la Provincia de Córdoba de 1992 y el Código Procesal Penal Peruano de 1991. Pero además de estos textos legales, han sido de extraordinaria utilidad para el trabajo del Foro y de la Comisión Técnica el Código Procesal Penal Modelo para Iberoamérica desarrollado por el Instituto Iberoamericano de Derecho Procesal. Asimismo, se ha utilizado su antecedente más directo que es el Proyecto de Código Procesal Penal de la Nación Argentina de 1986 y otros proyectos posteriores vinculados directamente con el Modelo como son el Proyecto de Código Procesal Penal de Guatemala de 1991 y el Proyecto de Código Procesal Penal de el Salvador de 1993. Asimismo, se ha utilizado el método de titular cada uno de los artículos con una referencia a su contenido, siguiendo el sistema de las legislaciones más modernas.

CONTENIDO DEL PROYECTO

1) BREVE EXPLICACIÓN DE LOS ÓRGANOS DEL SISTEMA PROPUESTO Y DEL PROCEDIMIENTO ORDINARIO

El procedimiento de aplicación general propuesto en el proyecto contempla la participación de diversos órganos en una instancia única. La primera de las etapas del procedimiento es la de instrucción; ella está a cargo de los fiscales del ministerio público, quienes deberán investigar los delitos y preparar la acusación. También en esta fase se contempla la participación de un tribunal unipersonal llamado juez de control de la instrucción, encargado de resolver todos los conflictos que puedan presentarse entre la actividad de investigación del fiscal y los derechos e intereses del imputado y los demás intervinientes. En los casos en que el fiscal formule acusación se dará lugar a una audiencia, llamada intermedia, ante el mismo juez de control de la instrucción, destinada básicamente a preparar el juicio.

El juicio se celebrará en forma pública ante un tribunal colegiado de tres miembros, frente al cual deberá formularse la acusación, plantearse la defensa y producirse las pruebas, en una o varias audiencias orales que se deberán desarrollar en forma continuada y con la presencia permanente del fiscal y del imputado y su defensor. Al término del juicio el tribunal dictará su sentencia la que sólo será objeto de limitadas posibilidades de impugnación ante los tribunales superiores. No serán objeto de explicación detenida muchas regulaciones del proyecto que dicen relación con los mecanismos procedimentales específicos destinados a hacer operativas las instituciones propuestas. En algunas de ellas no se han introducido innovaciones fundamentales, como por ejemplo en las normas sobre costas del párrafo 6º del Título III del Libro I, o en las relativas a plazos del párrafo 1º del mismo Título y libro. En otras se ha buscado simplificar mecanismos, aligerando cargas y demoras, como es el caso de las normas sobre comunicaciones entre autoridades o las relativas a notificaciones y citaciones, de los párrafos 2º y 3º del Título III del Libro I, respectivamente. Finalmente, algunas de estas reglamentaciones son completamente nuevas, por cuanto se refieren a actividades vinculadas a instituciones procesales que no existían o que han cambiado fundamentalmente, cual es el caso de las normas sobre registro de las actuaciones de la instrucción y de la audiencia intermedia del párrafo 5° del Título III del Libro I, o de las relativas al acta del juicio oral del párrafo 5° del título III del libro II.

2) PRINCIPIOS BÁSICOS

Ha parecido necesario comenzar el texto del proyecto con una explicitación de los principios básicos que deben regir el enjuiciamiento criminal en nuestro sistema jurídico. Se trata de la especificación de contenidos de la Constitución Política de la República y de Tratados Internacionales de Derechos Humanos, que constituyen las bases a partir de las cuales se procede al diseño del nuevo sistema. El eje del procedimiento propuesto está constituido por la garantía del juicio previo, es decir, el derecho de todo ciudadano a quien se le imputa un delito a exigir la realización de un juicio público ante un tribunal imparcial que resuelva por medio de una sentencia si concurren o no los presupuestos de aplicación de una pena o medida de seguridad. Como elemento integrante de esta garantía básica se consagra el sistema oral, a partir de la constatación de que este método sencillo y directo de comunicación es el único que permite asegurar que el conjunto de actos que constituyen el juicio se realice de manera pública, concentrada, con la presencia permanente de todos los intervinientes y sin admitir la posibilidad de mediaciones o delegaciones, como las que tantos problemas y distorsiones han causado en el sistema vigente. Se pretende entonces cambiar fundamentalmente el modo en que los jueces conocen los casos para su resolución, pasando del sistema de la lectura de expedientes a uno en que la percepción tanto de las pruebas como del debate de las partes se realice de forma directa, en el juicio. Pero además de constituir una garantía, el juicio público y su realización por el método oral, constituyen un mecanismo indispensable para que la administración de justicia cumpla con las demás funciones que la sociedad le encomienda. Una de ellas es la de resolver los conflictos, en este caso penales, de un modo que sea percibido como legítimo por la comunidad, con miras a reforzar la confianza de la ciudadanía en el sistema jurídico. Esta función difícilmente puede ser cumplida si los actos constitutivos del proceso no son accesibles o no resultan comprensibles al conjunto de la comunidad. En el mismo sentido el juicio público constituye un componente antiquísimo de la cultura universal, que ha demostrado tener la capacidad de permitir una adecuada socialización del trabajo del sistema judicial y de mejorar su percepción por parte del común de la gente. En este mismo sentido, el establecimiento del juicio como núcleo del sistema busca resaltar la figura del juez como actor del sistema institucional. También el proceso penal está llamado a desempeñar un importante efecto preventivo general, que normalmente se atribuye a la etapa de ejecución de la pena. El enjuiciamiento público de los delitos permite socializar más directamente el mensaje de que existe una respuesta estatal rigurosa a los actos que la sociedad considera inaceptables, inhibiendo con ello a quienes pudieren pretender llevarlos a cabo en el futuro y reafirmando ante el conjunto de la comunidad la vigencia de los valores del sistema jurídico. También el juicio oral favorecerá la producción de este efecto que parece tan necesario en el tiempo actual. Directamente vinculado con la exigencia del juicio previo se encuentra el principio que obliga a tratar al imputado como inocente mientras no haya sido dictada en su contra una sentencia condenatoria, el que éste proyecto recoge explícitamente. Como consecuencia directa de este principio surge la necesidad de rediseñar el régimen de medidas cautelares aplicables a quienes se encuentran en calidad de imputados, a partir del reconocimiento de su excepcionalidad. Esta tarea se encara en los Títulos VI y VII del Libro primero. En lo fundamental, este rediseño de las medidas cautelares se basa en la afirmación de la excepcionalidad de las mismas y en su completa subordinación a los objetivos del procedimiento. En cuanto a lo primero, el proyecto propone dar plena aplicación a la presunción de inocencia, afirmando que quien es objeto de un procedimiento criminal en calidad de imputado no debe sufrir, en principio, ningún detrimento respecto del goce y ejercicio de todos sus derechos individuales en tanto éstos no se vean afectados por la imposición de una pena. No obstante, a partir del reconocimiento de la necesidad de proteger los objetivos del procedimiento respecto de actuaciones del imputado que pudieren afectarlos, se autoriza al juez para adoptar un conjunto de medidas específicas y debidamente fundadas que restringen los derechos del imputado, cuando ello parezca indispensable para garantizar su comparecencia futura a los actos del procedimiento o al cumplimiento de la pena, para proteger el desarrollo de la investigación, para proteger a las víctimas o para asegurar los resultados pecuniarios del juicio. Excepcionalmente, se autoriza a otras autoridades de la persecución penal para anticipar la adopción de alguna de estas medidas, pero siempre sujeta su decisión al control posterior del juez. Además, es necesario establecer un conjunto de controles específicos respecto de las medidas cautelares que implican formas de privación de libertad, buscando racionalizar y limitar al máximo su utilización. Para estos efectos se ha diseñado un sistema de control judicial de la prisión preventiva por medio de audiencias orales, con presencia del imputado y su defensor. Estas audiencias orales pueden ser provocadas cada dos meses por el imputado o su defensor y deben convocarse de oficio por el juez cada cuatro meses. Con el mismo objetivo, se disponen límites a la utilización de la prisión preventiva destinados a mantener un criterio de proporcionalidad en relación con la pena posible. En orden a ello se han ampliado las situaciones en que la privación de libertad debe ser excluida como medida cautelar, en especial en aquellos casos en que se pueda esperar la aplicación de alguna de las medidas alternativas contempladas en la ley 18.216 al momento de la sentencia. Este último constituye un aspecto esencialmente sensible. En efecto, si el legislador ha previsto la posibilidad de que un condenado cumpla su condena en un régimen de libertad asistida, con el objeto de favorecer la resocialización, representa un contrasentido el que aún antes de emitirse tal condena, es decir, en una etapa en la cual es imputado es presuntamente inocente, deba permanecer privado de libertad. También se ha fijado un límite máximo a su duración atendiendo al mismo criterio; en este sentido la prisión preventiva deberá cesar siempre que se cumpla la mitad del tiempo de privación de libertad correspondiente a la pena esperada; y, un límite temporal absoluto de 18 meses, entendiendo que el Estado no puede disponer ilimitadamente de la libertad de una persona presuntamente inocente. Finalmente, se establece un conjunto de medidas cautelares personales menos intensas que la prisión preventiva y que el juez debe utilizar con preferencia a ésta cuando resulten adecuadas para asegurar los objetivos del procedimiento. Entre las que debieran tener un mayor efecto práctico está el arresto domiciliario, que fue introducido con buenos resultados para un conjunto específico de casos por la Ley Nº 19.164, la sujeción a la vigilancia de una persona o autoridad, la prohibición de salir del país o del ámbito territorial que fije el juez, y otras restricciones al libre desplazamiento, destinadas a proteger a las víctimas o los resultados de la investigación. El establecimiento de estas medidas deberá ser acompañado de un programa destinado a su adecuada implementación, el que resultará socialmente muy conveniente en cuanto permita disminuir la utilización de la privación de libertad sin detrimento de los objetivos del procedimiento. Parece necesario destacar también la introducción a nivel de los principios básicos del sistema el de la promoción de los intereses concretos de las víctimas de los delitos. En virtud de éste se impone a los fiscales la obligación de velar por sus intereses y, a los jueces, la de garantizar sus derechos durante el procedimiento. Estas declaraciones generales dan lugar a diversas normas desarrolladas a lo largo del proyecto, por medio de las cuales se busca darles efectividad. Entre las más importantes están aquellas que le otorgan a la víctima el carácter de sujeto procesal aún en el caso de que no intervenga como querellante, reconociéndole un conjunto de derechos que buscan romper su actual situación de marginación. Entre otros, se encuentran el derecho a ser informada de los resultados del procedimiento, a solicitar medidas de protección ante eventuales futuros atentados y a recurrir contra el sobreseimiento definitivo o la sentencia absolutoria. Con la misma orientación de relevar la posición de la víctima en el procedimiento criminal se plantea la mantención de la posibilidad de la querella como modo de intervención formal en el procedimiento, considerándose adicionalmente la posibilidad de que el querellante pueda incluso forzar una acusación, contra la opinión del fiscal, cuando a juicio del juez de control de la instrucción exista mérito suficiente para ello. Se mantiene la posibilidad de la demanda civil en el procedimiento criminal con algunas innovaciones destinadas a favorecer la posición de los afectados por los resultados del delito. La primera de ellas consiste en la obligación de los fiscales de demandar civilmente en favor de la víctima, cuando ésta no cuente con abogado particular; la segunda, en la obligación del tribunal del fallo de pronunciarse sobre la demanda civil aún en el caso de absolver al imputado. Otro de los principios generales del sistema propuesto consiste en la aplicación directa de las normas constitucionales e internacionales de derechos humanos relevantes en cuanto a la regulación del procedimiento penal. Esta disposición obedece a la necesidad de reforzar la noción de que el procedimiento penal se organiza a partir del desarrollo de los principios generales del ordenamiento jurídico que regulan la relación entre el Estado y los ciudadanos y que se encuentran recogidos en esos cuerpos normativos. En este sentido, se trata de resaltar la importancia de estos principios por sobre los mecanismos procesales específicos consagrados en la ley. Los jueces deberán trabajar integrando las normas procedimentales con las de carácter constitucional e internacional, interpretando y aplicando las primeras de modo que den cumplimiento a las exigencias contenidas en las dos últimas.

3) INSTRUCCIÓN

Gran parte de las críticas al procedimiento vigente se dirigen en contra del sistema de instrucción consagrado en el actual Código, caracterizable como el sistema del sumario criminal. El núcleo central de las críticas dirigidas en su contra dice relación con lo inadecuado de entregar las tareas de investigación y administración de la persecución a un órgano judicial. La labor judicial aparece estrechamente vinculada a algunas características que parecen propias de su naturaleza y que se justifican en ciertos valores que debe cautelar. Por ejemplo, el rol judicial se distingue por una cierta pasividad, por la disposición de los jueces a la resolución de conflictos promovidos por las partes, frente a las cuales mantienen una actitud imparcial. Asimismo, el rol judicial se caracteriza por una cierta rigidez en cuanto a la posición de sus integrantes en el sistema. Características como la inamovilidad en los cargos, la formalidad en los nombramientos, así como reglas bastante rígidas en cuanto a la competencia de cada tribunal, se justifican en orden a garantizar la independencia de cada juez, así como la preexistencia del tribunal y de reglas objetivas para su integración. Estas particularidades, no obstante, resultan contradictorias con la necesidad de una organización racional de la persecución penal. Esta última es una tarea fundamentalmente activa, que requiere un compromiso de la organización con la promoción de intereses estatales concretos, como son la investigación de los delitos, su sanción y la satisfacción de las necesidades de las víctimas. Pero además, un eficiente manejo la persecución penal requiere de un modo de organización flexible, que permita la permanente adaptación de métodos de trabajo, la agrupación de casos similares, la constitución de equipos especializados de acción, la posibilidad de la incorporación de personal auxiliar en situaciones especiales, la movilidad territorial de los recursos humanos, etcétera. Asimismo, el valor de la independencia debe ceder lugar al favorecimiento de una actuación colectiva nacional o regional con miras a ejercitar de un modo uniforme los mecanismos represivos y a operar en el ámbito territorial que resulte adecuado a las características del delito de que se trate. La realidad del modelo vigente parece clara expresión de la contradicción entre ambos roles. Por una parte, se obliga a los jueces a asumir un compromiso en la actividad persecutoria, con lo que se compromete su imparcialidad, pero a la vez, esta actividad no es ni puede ser desempeñada de un modo eficiente. Cada juez, en cuanto investigador y acusador, opera como unidad aislada sin conexiones con las otras unidades que cumplen funciones similares, debiendo hacerse cargo cada uno de ellos de la variedad más amplia de casos, sin contar con la adecuada asesoría técnica, la que, por otra, parte resultaría muy difícil de organizar para una forma de funcionamiento tan dispersa. Piénsese en la situación de cualquiera de los jueces del crimen de nuestras ciudades, que además de fallar los casos, deben perseguir las formas más disímiles de criminalidad desde robos con violencia a delitos bancarios, o desde tráfico de estupefacientes hasta delitos de los funcionarios públicos, pasando por atentados sexuales, homicidios de diverso tipo, incontables faltas e infracciones menores, delitos culposos, etcétera.

Agréguese a lo anterior las enormes dificultades organizacionales y administrativas que al sistema judicial le significa el gestionar la persecución penal. La mayor parte de la enorme carga administrativa y de las dificultades de su manejo en los tribunales del crimen deriva de la actividad destinada a llevar adelante los sumarios criminales. Este problema es de tal magnitud que en la práctica impide al juez concentrarse debidamente en la resolución de los casos de que debe conocer. Piénsese también en las enormes posibilidades de mejoramiento en términos de la racionalidad general del sistema y en el tratamiento particular de cada caso si, como propone el proyecto, se libera a los jueces de esta carga, reservando su tiempo al conocimiento y resolución de los casos en sus diversas etapas, en tanto el rol persecutorio se encarga a un organismo especializado. Los efectos organizacionales y administrativo del cambio propuesto están siendo objeto de estudios particulares que oportunamente serán acompañados a este proyecto. El sistema propuesto concibe a la instrucción como una etapa de preparación del juicio, en que una de las partes, el fiscal, con el auxilio de la policía y otros organismos especializados, debe investigar el hecho denunciado y recolectar los medios de prueba que, en el momento oportuno, utilizará para respaldar su acusación frente al tribunal que deba dictar el fallo. Se abandona, en consecuencia, el modelo de instrucción formal en que el juez incorpora al expediente actuaciones de prueba que podrán servir directamente como fundamento a la sentencia. El rol del juez pasa a ser aquí otro completamente diferente. El tribunal que interviene en esta etapa, al que se propone llamar juez de control de la instrucción, está encargado fundamentalmente de resolver los conflictos que la actividad persecutoria del fiscal y de la policía en su auxilio pueden generar en relación con los derechos de un imputado que debe ser tenido como inocente. Excepcionalmente, el juez podrá realizar actos que constituyan anticipación de prueba, en aquellos casos en que pueda resultar imposible su producción durante el juicio y siempre con plena participación de las partes que tuvieren derecho a intervenir en él. También corresponderá al juez la resolución de otros conflictos que puedan producirse durante la instrucción, como aquellos relativos a la intervención de querellantes u otros interesados y los que digan relación con formas de terminación anticipada del procedimiento. La actividad del fiscal durante la instrucción se caracteriza por su informalidad, se lo faculta para desarrollar las diligencias que resulten técnicamente apropiadas para el esclarecimiento de los hechos y la determinación de las responsabilidades, debiendo llevar un registro sencillo de sus actuaciones. Se propone una regulación muy precisa de la forma en que los organismos policiales deberán prestar auxilio al ministerio público en el desarrollo de estas tareas. Especialmente relevante resultan en esta etapa las facultades que se otorgan al ministerio público para organizar su trabajo de modo eficaz. Los criterios de asignación, agrupación, control y evaluación de casos no son regulados por la ley procesal, sino que su definición corresponderá a las autoridades del ministerio público, de acuerdo con lo que se disponga en la correspondiente ley orgánica. Con ello se espera dar lugar a una verdadera racionalización de la persecución penal a partir de criterios generales, emanados de un órgano con competencia técnica y con una visión de conjunto respecto de todo el sistema. Se propone también facultar al ministerio público para archivar provisionalmente todas aquellas denuncias que no parezcan susceptibles de una investigación exitosa. El uso de esta facultad, bajo el control de las víctimas y limitada a delitos de ocurrencia común pero de poca gravedad, debiera ahorrar muchos recursos al sistema, evitando su desgaste en casos respecto de los cuales no existe expectativa razonable de éxito. El proyecto ha seguido la tendencia de los sistemas más modernos como el Alemán y el Italiano, otorgando a los fiscales la facultad de no iniciar o de abandonar la persecución penal en casos de mínima gravedad, cuando resulte conveniente por no estar comprometido el interés público. Tal como ocurre en los sistemas mencionados, se ha procurado delimitar de modo preciso el ámbito de aplicación de esta facultad y se la ha sujetado a estrictos controles tanto por parte de juez como del propio ministerio público. Este a su vez deberá responder de su utilización frente a las autoridades representativas de la voluntad popular, de acuerdo con lo que disponga la respectiva ley orgánica. Asimismo, se propone que cuando la víctima se interese en la persecución su voluntad se imponga de modo absoluto. Se ha estimado indispensable introducir este principio a lo menos en la medida necesaria para manejar un conjunto importante de situaciones de mínima o nula gravedad que hoy día llegan a conocimiento del sistema, en que la persecución penal parece claramente contraria no sólo a la conveniencia social concreta, sino a las concepciones generalmente aceptadas sobre la convivencia en una sociedad democrática, y cuya correspondencia con tipos penales se explica únicamente por la antigüedad de los mismos. En el diseño planteado por el proyecto, las amplias facultades del ministerio público durante la instrucción tienen como límite los derechos individuales de las personas. En los casos en que su actividad afecte o pueda afectar esos derechos, procederá siempre la intervención judicial, en general previa, por medio de audiencias orales, en las que el juez deberá calificar la legalidad de la actuación y cautelar por el respeto a los derechos de quienes puedan resultar afectados por ella. Entre las medidas que requieren esta intervención judicial estarán siempre las medidas cautelares dirigidas en contra del imputado y también algunas actividades de investigación que puedan afectar sus derechos o los de cualquier otra persona. Al efecto, el proyecto enumera un conjunto de medidas específicas que requieren este control, pero a la vez consagra la posibilidad de que el afectado requiera al juez reclamando de cualquier otra actividad persecutoria que pueda implicar afectación de sus derechos. Para aquellos casos en que sea necesario requerir la intervención judicial por primera vez en relación con una medida determinada o cuando se pretenda formalizar la persecución para eventuales futuras medidas, se propone el establecimiento de la formulación de cargos por parte del fiscal ante el juez. Se trata de una institución procesal que obliga a formalizar y judicializar la instrucción, con el fin de otorgar garantías al imputado en cuanto al conocimiento de la existencia y contenido de la persecución penal que se dirige en su contra, a permitir su declaración judicial como medio de defensa frente a esa imputación y a dar lugar a la intervención del juez para el control de la actividad investigativa y las eventuales medidas cautelares. La formulación de cargos debiera constituirse en un adecuado sustituto del sometimiento a proceso, manteniendo de éste el contenido de garantía, en cuanto permite al afectado conocer la imputación y facilita su defensa y en cuanto limita el ámbito de la persecución y de la eventual acusación a los cargos formalmente planteados, impidiendo que se sorprenda al imputado; pero, mitigando todos los elementos negativos del sistema vigente. El sistema propuesto evitará el prejuzgamiento que implica una resolución judicial basada en presunciones fundadas de participación e impedirá los efectos de interdicción del imputado que hoy surgen del sometimiento a proceso, como son el arraigo de pleno derecho, su conexión directa con la prisión preventiva y la libertad provisional, las anotaciones en el prontuario y demás efectos restrictivos de derechos. Se propone también el establecimiento de un plazo máximo de dos años para la instrucción a partir de la formulación de cargos, en la convicción de que una vez dirigida formalmente la investigación en contra de una persona, ella representa una carga que no puede ser prolongada indefinidamente en el tiempo.

4) SALIDAS ALTERNATIVAS Y PROCEDIMIENTOS ABREVIADOS

El examen de los problemas del sistema vigente, así como la experiencia comparada muestran que uno de los mayores obstáculos al éxito de la justicia criminal lo constituye el manejo de volúmenes muy grandes de casos, cuyos requerimientos suelen exceder con mucho las posibilidades de respuesta de los órganos del sistema con sus siempre limitados recursos. Por otra parte, los avances de las disciplinas penales muestran como las respuestas tradicionales del sistema, fundamentalmente las penas privativas de libertad en el caso chileno, resultan socialmente inconvenientes para una multiplicidad de casos, sea porque los problemas asociados a ellas resultan mayores que sus eventuales beneficios, o porque la rigidez en su aplicación desplaza soluciones alternativas socialmente más productivas y más satisfactorias para los directamente involucrados en el caso, especialmente las víctimas o los civilmente afectados por el delito. Es a partir de estos dos planteamientos que se ha considerado necesario incorporar en el proyecto dos tipos de innovaciones. En primer lugar, se propone avanzar hacia la creación de un sistema de justicia criminal que otorgue diversas posibilidades de solución a los conflictos de que conoce, abriéndose, todavía limitadamente, a la posibilidad de soluciones distintas a las tradicionales en aquellos casos en que los diversos actores del sistema —jueces, fiscales y demás partes— estén de acuerdo en su conveniencia. En segundo lugar, se propone la creación de algunos procedimientos simplificados en que por la vía de acuerdos entre todos los intervinientes o de algunos de ellos, se supriman etapas del curso ordinario del procedimiento de modo que se permita alcanzar una solución rápida del caso por medio de una sentencia definitiva, siempre que ello resulte posible sin vulnerar los valores que el sistema busca proteger. Las salidas alternativas se regulan en el párrafo 8º del Título I del libro II y son la suspensión condicional del procedimiento y los acuerdos reparatorios. La primera de estas posibilidades consiste fundamentalmente en una anticipación del tipo de solución que la sentencia otorgará al caso cuando probablemente resulte aplicable alguna de las medidas alternativas de la ley 18.216. Con acuerdo del fiscal y el imputado, el juez podrá suspender el procedimiento sujetando a este último a ciertas formas de control de baja intensidad, por un período no superior a tres años. Una de las ventajas de esta solución dice relación con la oportunidad de la medida, pues su decisión temprana evita los efectos estigmatizantes del procedimiento y la eventual prisión preventiva para quien, finalmente, se hará acreedor a una medida no privativa de libertad destinada a su reinserción social. La otra ventaja es que su aplicación no requiere de aceptación de culpabilidad ni de su declaración por parte del juez. En consecuencia, de cumplir adecuadamente con las condiciones en el plazo estipulado, el imputado se reincorporará plenamente a la vida social, sin que pese sobre su futuro el antecedente de una condena penal. En el caso de revocarse la suspensión condicional, por no cumplimiento de las condiciones o por la comisión de un nuevo delito, será necesario reiniciar el procedimiento hasta la dictación de la sentencia, incluyendo, en el segundo caso, el nuevo delito en la acusación. El establecimiento de los acuerdos reparatorios como forma de terminación de los procedimientos busca reconocer el interés preponderante de la víctima, en aquellos delitos que afectan bienes que el sistema jurídico reconoce como disponibles. El sistema vigente consagra, salvo escasas excepciones, el principio de que una vez que los órganos del sistema han tomado conocimiento del hecho, la víctima queda totalmente desplazada de la posibilidad de obtener que se abandone la persecución, aun en pro de obtener otra forma de reparación al daño sufrido. Este sistema hace ponderar un interés estatal abstracto en la afirmación de la vigencia de la norma por sobre el interés concreto del afectado. Además, implica una pretensión irrealista. En la práctica, cuando las partes están de acuerdo en la posibilidad de una reparación satisfactoria, ella se produce fuera del control del tribunal. En estos casos la víctima evita la continuación del procedimiento a cambio de la compensación recibida, por ejemplo, negando su colaboración en la producción de las pruebas o incluso distorsionando las mismas en favor del imputado. El efecto concreto de esta indisponibilidad de la persecución penal es, en ocasiones, evitar la posibilidad de soluciones satisfactorias para los involucrados, pero también eventualmente, para el resto de la comunidad. Pero además, hace que los acuerdos a los que de hecho se llega sean poco transparentes, resultando imposible para el sistema controlar la libertad del consentimiento de las partes y evitar la utilización de presiones, engaños u otras prácticas indebidas para su obtención. El ámbito dentro del cual se propone aceptar estos acuerdos queda delimitado de modo bastante general y deberá ser precisado en lo sucesivo tanto por la ley penal y su interpretación, como por la jurisprudencia. Se establece de modo preciso el deber del juez de verificar que quienes han concurrido al acuerdo lo han hecho libre e informadamente. Entre las posibilidades de simplificación de los procedimientos que se proponen, la principal es el llamado procedimiento abreviado regulado en el Título II del Libro IV. Se trata fundamentalmente de la posibilidad de que el imputado renuncie a su derecho al juicio oral cuando manifieste su acuerdo en los hechos contenidos en la acusación y en los antecedentes de la instrucción que la fundan. Por medio de este procedimiento se busca dar una salida expedita a aquellos casos en que no exista una controversia sobre los resultados de la investigación realizada por el fiscal. Se ha preferido esta fórmula a aquella en que se exige una aceptación explícita de culpabilidad para permitir al juez un control más intenso sobre los antecedentes del caso. El proyecto faculta al juez incluso para absolver en el caso que, a pesar del reconocimiento de hechos realizado por el acusado, éstos no sean constitutivos de delito o el conjunto de los antecedentes de la instrucción lo llevaren a adoptar esa decisión. Dada la trascendencia de la renuncia del acusado al juicio oral, que según ya se ha dicho constituye el núcleo central de garantías del sistema propuesto, se impide su aplicación a casos en que se arriesguen penas privativas de larga duración o la de muerte. Asimismo, se otorgan al juez amplias facultades para controlar que el consentimiento del imputado haya sido libre e informado, pudiendo incluso rechazar el acuerdo y dar paso al juicio oral si no lo estimare así. Se proponen otras dos formas de simplificación del procedimiento que son menos formales por no implicar renuncia a derechos esenciales por parte del imputado, pero que pueden tener una gran importancia práctica en cuanto permiten acortar el período de instrucción, cuya prolongación excesiva suele ser una de las dificultades más importantes en los diversos sistemas. La primera de estas posibilidades consiste en que la audiencia de formulación de cargos de paso directamente al juicio oral, realizándose en ella misma las actuaciones que correspondan a la audiencia intermedia y dictándose a su término el auto de apertura al juicio. Este procedimiento ha sido concebido para ser aplicado fundamentalmente a casos en que el fiscal haya podido obtener la prueba necesaria en un momento muy cercano a la ocurrencia de los hechos, por ejemplo, cuando la policía ha detenido al imputado en delito flagrante y ha logrado identificar inmediatamente a los testigos y demás medios de prueba. Se ha buscado en todo caso cautelar el derecho a defensa permitiendo al juez otorgar un plazo adicional para que el imputado ofrezca sus pruebas. La segunda posibilidad se refiere a la facultad que se otorga al juez para acortar el plazo legal de la instrucción durante la audiencia de formulación de cargos. Se pretende que cuando no se trate investigaciones complejas, el juez obligue al fiscal a limitar la duración de la instrucción y sus cargas sobre el imputado al tiempo mínimo posible, forzándolo a acusar o cerrar el caso en un plazo breve.

5) ETAPA INTERMEDIA

Se propone mantener el sobreseimiento temporal y definitivo como formas de término anticipado de aquellos procedimientos en que se haya imputado formalmente a alguien por medio de la formulación de cargos. En el caso del sobreseimiento temporal, que en el sistema actual constituye la forma de término ampliamente mayoritaria, se ha pretendido limitar fuertemente su aplicación por cuanto se trata de una salida bastante insatisfactoria. Desde los puntos de vista de la víctima y de la sociedad, constituye un fracaso de la investigación que no se reconoce formalmente. Desde el punto de vista del sistema, implica mantener un número amplísimo de casos abiertos con todos los problemas de manejo administrativo que ello acarrea. Respecto del imputado, se mantiene indefinidamente la posibilidad de la persecución en su contra con la incertidumbre que ello implica. Este último sólo podrá liberarse de esta carga en cuanto se capaz de probar positivamente su inocencia —con lo cual se produce una distorsión de uno de los componentes básicos de la presunción de inocencia como es el que la carga de la prueba recae sobre el acusador— o cuando transcurran los plazos de prescripción. El proyecto propone restringir la utilización del sobreseimiento temporal por falta de antecedentes para continuar la investigación a aquellas situaciones en que exista la expectativa razonable de que ellos aparezcan en el futuro, fijándose además un plazo de un año al cabo del cual el sobreseimiento temporal se transforma en definitivo si los antecedentes esperados no se presentan. Los sobreseimientos han de ser propuestos por el fiscal y pronunciados por el juez. Este deberá apreciar el contenido de la instrucción y podrá cambiar la causal o el tipo de sobreseimiento solicitado. Se propone otorgar además al juez la posibilidad de representar a las autoridades del ministerio público aquellas solicitudes de sobreseimiento que en su opinión no se ajusten al mérito de los antecedentes reunidos. No obstante, deberá acoger la opinión institucional del Ministerio Público si insiste en el sobreseimiento. Se ha buscado esta fórmula con el fin de controlar severamente la posibilidad de que algún fiscal pueda utilizar los sobreseimientos como forma de término de casos que podrían ser llevados a juicio, excediendo con ello las específicas facultades que se le otorgan para promover salidas alternativas al procedimiento. Se ha procurado a la vez cautelar la imparcialidad de los jueces evitando que se transformen en actores de la persecución penal, llevándola incluso más allá de la voluntad del ministerio público. El único caso en que se ha estimado necesario llevar adelante la acusación en contra de la opinión del fiscal, es aquél en que tanto el querellante como el juez coinciden en que la instrucción arroja antecedentes suficientes para la apertura del juicio. En este caso ha parecido que la voluntad de una víctima u otro interesado habilitado, con la disposición a asumir la carga de la acusación, más la opinión favorable del juez, deben imponerse sobre la opinión del fiscal. La solución contraria podría generar una sensación muy fuerte de frustración respecto del sistema y constituir un exceso de poder en manos del ministerio público. La formulación de la acusación por parte del fiscal dará lugar a la citación a una audiencia intermedia que estará llamada a cumplir diversas funciones. Las más importantes son: dar pie a la formalización de la defensa frente a la acusación, permitir el control judicial de la misma, y, en su caso, preparar la realización del juicio fijando su contenido y los medios de prueba que serán admitidos al mismo. Asimismo, la audiencia intermedia constituye la última oportunidad para dar lugar a la suspensión condicional del procedimiento y a un acuerdo reparatorio. También, puede transformarse en la etapa final del procedimiento si se acuerda la aplicación del procedimiento abreviado. Se ha buscado garantizar el ejercicio de la defensa frente a la acusación otorgando la posibilidad de que ésta se presente anticipadamente por escrito o en forma oral en la propia audiencia. En cualquier caso la presencia del acusado y su defensor constituyen requisitos de validez de la audiencia. En cuanto al control judicial de la acusación, éste se limita a la facultad del juez para ordenar la corrección de vicios formales y a la posibilidad de rechazar la acusación decretando el sobreseimiento definitivo cuando se aleguen causales que se enumeran en forma taxativa, y siempre que su demostración no requiera la realización de actividades probatorias. Para esta última forma de control, se utiliza la terminología tradicional de excepciones de previo y especial pronunciamiento. Las razones para proponer esta forma limitada de control de la acusación, que se aleja de la mayoría de los modelos extranjeros, dicen relación con, por una parte, evitar la anticipación del juicio admitiendo prueba sobre el fondo del debate, y, con cautelar la independencia judicial, por la otra, reafirmando el principio de que la promoción de la persecución penal corresponde a los fiscales y no a los jueces. El entregar a los jueces amplias facultades para rechazar la acusación por insuficiencia de pruebas u otros motivos similares con fines de garantía para el acusado, importaría una aprobación de aquellas acusaciones que pasen a la etapa del juicio, produciéndose con ello una intromisión judicial en la función acusatoria. En consecuencia, como regla general el juez deberá proceder a la preparación del juicio fijando el tribunal competente, su objeto, las personas que deban intervenir en él y determinando las pruebas que deban producirse sobre la base de los ofrecimientos formulados por las partes, todo por medio de una resolución a la que el proyecto denomina auto de apertura del juicio oral. En cuanto al control de la admisibilidad de las pruebas, también se ha optado por entregar al juez facultades limitadas de control en sentido negativo, es decir, sólo puede rechazar pruebas por causales específicas, destinadas en general a cautelar la adecuada realización del juicio. También en este caso se ha querido enfatizar el rol de las partes en cuanto al impulso probatorio, resguardando así la imparcialidad de la función judicial.

6) JUICIO ORAL

Como ya se ha dicho, el sistema propuesto se basa en la consagración del juicio como elemento rector del conjunto del procedimiento. Esta centralidad se traduce directamente en la concentración de las actividades más importantes del procedimiento en la audiencia principal. En todos los casos en que una acusación deba ser objeto de una tramitación ordinaria hasta su término por sentencia definitiva, el juicio deberá constituir la oportunidad para la formulación de la acusación, el ejercicio de la defensa, la presentación de la prueba, el debate sobre la misma y la dictación de la sentencia. No obstante, cuando por decisión de uno de los intervinientes o acuerdo de varios de ellos, el caso pueda ser objeto de alguna otra forma de salida del sistema, el juicio deberá ser también un elemento central, en cuanto permita equilibrar las opciones a partir de las cuales se resuelve o no una forma distinta de término del procedimiento. Tanto el fiscal como el imputado considerarán las posibilidades de una suspensión condicional del procedimiento o de proceder en forma abreviada, por ejemplo, a partir de sus expectativas respecto del juicio, pero además, cualquiera de ellos puede siempre optar por el juicio si tiene dudas sobre los beneficios de la alternativa que se le presenta. La regulación de la organización del juicio y su desarrollo se encuentran contenidas fundamentalmente en el Título III del Libro II del proyecto. No obstante, la mayor parte de las normas que regulan la rendición de la prueba en el juicio se regulan en el Título IX del Libro I. Se propone una explicitación de los principios que deben regir el desarrollo del juicio con miras a su cabal comprensión por parte de una comunidad jurídica para la cual éste constituye una novedad. Se pretende sobre todo evitar que interpretaciones inadecuadas puedan dar lugar a una distorsión del nuevo sistema por medio de la mantención de prácticas incompatibles con el, tales como serían, por ejemplo, una preeminencia de la lectura de documentos, la posibilidad de la discontinuidad de las audiencias o el desarrollo de la audiencia sin la presencia de todos los intervinientes, fenómenos que han ocurrido en diversas ocasiones en el contexto latinoamericano. Se regula detalladamente el orden y la forma en que debe producirse la prueba, poniéndose énfasis en la percepción directa de la misma. Se reconoce sólo un número muy limitado de excepciones en las cuales un medio de prueba puede ser reemplazado por la lectura de un acta en la que conste su producción con anterioridad. Tanto con el fin de preservar la continuidad del juicio como de garantizar que la sentencia se dicte sobre la base de lo acontecido en él, se dispone que la resolución sobre la absolución o condena sea comunicada a las partes en la misma audiencia en que ha concluido el debate, luego de la deliberación producida entre los jueces. La resolución de los demás contenidos de la sentencia, así como la redacción de la misma pueden ser postergados por un máximo de 30 días. Una de las innovaciones fundamentales que el proyecto propone dice relación con el abandono del sistema de prueba legal originalmente consagrado en el Código así como del sistema de la apreciación de la prueba en conciencia establecido con posterioridad para algunos casos. Se propone la adopción del sistema de la libertad probatoria en cuanto a la introducción de los medios al juicio, haciéndose expresa mención a la posibilidad de que se utilicen como medios de prueba todos aquellos mecanismos modernos por medio de los cuales resulta posible hacer constar hechos de manera confiable. En cuanto a la apreciación de la prueba, se propone la adopción del sistema de libre valoración de la prueba, único compatible con el reconocimiento de la autonomía de cada juez para adquirir la convicción sobre los hechos del caso. Se mantiene la exigencia de convicción del tribunal como estándar necesario para la condena.

Paralelamente al reconocimiento de la libertad del juez para la valoración de la prueba, se enfatiza la necesidad de la explicitación de los razonamientos utilizados para el establecimiento de los hechos a partir de los diversos medios. Esta fundamentación debe constituirse en una de las exigencias más rigurosas para los jueces como único modo de garantizar el posterior control de sus decisiones, tanto por parte de los tribunales que conozcan de los recursos en contra de la sentencia como por parte del conjunto de la sociedad. Se propone también explicitar los límites negativos de la libertad de valoración con que cuentan los jueces, indicándose que ella no puede contradecir las reglas de la lógica, los conocimientos científicamente afianzados ni las máximas de experiencia.

7) RECURSOS

La concepción básica que inspira el régimen de recursos que el proyecto propone implica un radical cambio en el sistema de controles de la actividad de los jueces penales. El modelo vigente funciona sobre la base de un muy intenso sistema de controles verticales. Prácticamente todas las decisiones de relevancia que un juez del crimen adopta son objeto de revisión, incluso sin reclamación de parte, por sus superiores jerárquicos. Este sistema, que se explica históricamente por la necesidad de controlar a un órgano único en primera instancia, con exceso de atribuciones, ha contribuido fuertemente a la irracionalidad administrativa del sistema, a la desvalorización de las decisiones del juez individual y a las ya mencionadas burocratización y pérdida de individualidad de la función judicial y su proyección pública. Como se ha expuesto largamente en las explicaciones anteriores, el sistema propuesto plantea un conjunto mucho más complejo de órganos y de relaciones entre ellos en el nivel de la instancia general. A partir de ese diseño, el sistema de controles de la actuación de cada uno de los funcionarios públicos que intervienen está dado por la intervención de los otros en las distintas etapas del procedimiento. Estas han sido diseñadas precisamente con el objetivo de evitar la concentración de facultades y lograr que cada una de las decisiones de relevancia sea objeto de consideración por más de uno de los órganos del sistema, así como de un debate previo con la mayor transparencia posible. Los cambios más importantes que el proyecto propone se refieren a la apelación y a la consulta. Estos mecanismos de control no resultan en general compatibles con el nuevo sistema. La primera razón para ello dice relación con la contradicción entre la forma de tramitación de esos recursos y la centralidad del juicio oral en el procedimiento propuesto. La vigencia de un sistema oral requiere que el fundamento fáctico de la sentencia provenga de la apreciación directa de las pruebas que los jueces obtienen en el juicio. En consecuencia, su revisión por parte de jueces que no han asistido al juicio y que toman conocimiento de él por medio de actas, lo priva de su centralidad confiriéndosela, en cambio, a la tramitación del recurso de apelación. Precisamente, con el fin de mantener el principio de la centralidad del juicio oral se propone que éste sea conocido por un tribunal colegiado de tres miembros. Con ello, se obtiene que como regla general la sentencia sea objeto de una decisión colectiva, minimizándose la posibilidad de errores. En cuanto a la apelación de las resoluciones que se dicten durante la instrucción, éstas tampoco podrán en general ser objeto de un mecanismo de revisión ante un tribunal superior. En la medida en que la instrucción pasa a ser una etapa preparatoria del juicio todo lo que en ella se resuelva tiene un carácter provisional y queda sujeto a la decisión definitiva que realizara el tribunal colegiado. Permitir la apelación significaría además de alargar y entrabar el trámite del procedimiento, otorgar excesiva relevancia a decisiones que sólo tienen sentido en cuanto permiten avanzar hacia el juicio. No obstante, hay algunas situaciones en las que la apelación no ha podido ser evitada. En primer lugar, están aquellos casos en que el tribunal de control de la instrucción dicta resoluciones que no siendo sentencias definitivas ponen término al procedimiento, como son los sobreseimientos. En segundo lugar, están aquellas resoluciones que, aun siendo provisionales, afectan de modo irreparable los derechos de algunos de los intervinientes, como la que ordena la prisión preventiva respecto del imputado o en general aquellas que se refieren a medidas cautelares. En ambas situaciones ha parecido imprescindible que las resoluciones de un tribunal unipersonal sean revisadas por un tribunal con mayor número de integrantes, como es una sala de la Corte de Apelaciones. El recurso fundamental que propone el proyecto es el de casación, como medio de impugnación de aplicación general en contra de las sentencias definitivas. Como norma general este será procedente ante la Corte Suprema, pero corresponderá ante la Corte de Apelaciones en los casos en que la sentencia definitiva sea dictada por un tribunal unipersonal como en los casos en que se falla en un procedimiento por faltas o en uno tramitado de manera abreviada. La interposición del recurso de casación otorga a la Corte Suprema una competencia limitada para revisar la sentencia. Ella sólo puede ser ejercida en cuanto la propia sentencia o el procedimiento en el que se funda adolezcan de vicios originados en la violación de disposiciones legales o constitucionales. Con ello se cautela la intangibilidad de los hechos establecidos por el tribunal del juicio a partir de su percepción directa de la prueba. En la regulación del recurso se ha buscado limitar la excesiva formalidad del mismo, restringiendo severamente la posibilidad de su rechazo por inadmisibilidad con base en defectos de ese tipo. Asimismo, se han mantenido algunas facultades del tribunal para casar de oficio la sentencia. Se espera que por medio de la resolución de los recursos de casación la Corte Suprema pueda desarrollar un proceso de estandarización en la aplicación de la ley por parte de los tribunales inferiores. Este desarrollo deberá abarcar no sólo la aplicación de la ley penal, sino también los parámetros de interpretación de la ley procesal para la determinación precisa de los estándares a los cuales debe apegarse el procedimiento. Se ha incorporado expresamente la posibilidad de que por medio del recurso de casación pueda revisarse la infracción de las normas constitucionales. Esa propuesta es coherente con la intención antes indicada de una incorporación creciente de las normas de la carta fundamental al desarrollo jurisprudencial en materia de procedimiento penal.

8) PROCEDIMIENTOS ESPECIALES Y EJECUCIÓN

El libro IV del proyecto trata de los procedimientos especiales y de la ejecución de las sentencias penales, entre los primeros ya ha sido abordado el procedimiento abreviado, respecto de los demás cabe señalar que el proyecto ha recogido en general los contenidos del Código de Procedimiento Penal vigente adaptándolos a los principios y mecanismos propios del nuevo sistema. Entre las innovaciones que vale la pena resaltar se encuentra la incorporación de garantías básicas en el procedimiento aplicable a los inimputables por enajenación mental. Entre estas garantías se encuentran las de limitar las posibilidades de aplicación de una medida de seguridad a aquellos casos en que se acredite judicialmente la existencia de un hecho típico y antijurídico, el reconocimiento del derecho a defensa del afectado, la limitación de la duración de la medida aplicable al tiempo correspondiente a la pena mínima asignada al delito de que se trate y el establecimiento del control judicial de las medidas de seguridad. En cuanto a la ejecución de las sentencias, la innovación más importante se refiere al establecimiento del control judicial de la ejecución de las penas y medidas. Se otorga competencia al tribunal que dictó la sentencia para ejercer este control y para conocer de todas las solicitudes o reclamaciones que los afectados formulen con fundamento en normas de carácter penal o penitenciario. Esta última norma viene a despejar cualquier duda existente sobre las facultades de los jueces para controlar la ejecución penal, abriendo amplias posibilidades de desarrollo para una actividad jurisprudencial destinada a fijar parámetros mínimos a las condiciones de vida intramuros así como para controlar los aspectos más importantes de las decisiones que en el ámbito penitenciario se adoptan comúnmente.

LA REFORMA PROCESAL PENAL

El Proyecto de Ley que mediante el presente mensaje se somete a la consideración del H. Congreso Nacional, es el inicio de una reforma integral al sistema procesal penal, tal como lo señaláramos al iniciar esta exposición de motivos. Dicha reforma estará constituida además por otros cuatro Proyectos de Ley. El primero de ellos es el que crea el Ministerio Público como un órgano autónomo, por lo que contiene también algunas modificaciones al Ordenamiento Constitucional vigente. En segundo término, enviaremos al Congreso Nacional un Proyecto de Ley que contendrá las modificaciones orgánicas que es necesario introducir a la actual estructura del Poder Judicial, para la cabal aplicación de la reforma procesal penal.

En este proyecto se incluirá además el régimen de transición del sistema vigente al que se contiene en este Proyecto y que se aplicará una vez aprobado. Cabe señalar sobre este punto, que la experiencia comparada nos enseña que uno de los aspectos más complejos de la reforma procesal penal es el que se relaciona con la entrada en vigencia de las modificaciones que en su oportunidad serán aprobadas por el H. Congreso Nacional. Es por esto que incluiremos en este Proyecto la regulación necesaria. En todo caso, cabe señalar que el principio que regirá esta entrada en vigencia es la progresividad, la que no afectará los procesos iniciados con anterioridad a la aprobación del Proyecto, los que continuarán regidos por el Código vigente, hasta su culminación. En tercer lugar propondremos sustantivas modificaciones al actual sistema de defensa pública en materia penal, con el propósito de hacer realidad el principio de igual ante la ley, que constituye uno de los principios fundamentales que orienta este Proyecto. Por último, presentaremos un Proyecto de Ley destinado a provocar las necesarias derogaciones a que debe dar lugar la aprobación del conjunto de Proyectos que configuran la reforma procesal penal. Todas las iniciativas señaladas se sumarán a la tarea de desarrollar y consolidar nuestro sistema constitucional y democrático, que se inicia con el presente Proyecto de Ley que establece un nuevo Código de Procedimiento Penal.

En razón de lo anteriormente expuesto, someto a consideración de la H. Cámara de Diputados, para ser tratado en la actual Legislatura Ordinaria de Sesiones, el siguiente Proyecto de Ley.

Santiago, 9 de Junio de 1995

EDUARDO FREI RUIZ-TAGLE
María Soledad Alvear Valenzuela

ESTABLECE CÓDIGO PROCESAL PENAL

Teniendo presente que el H. Congreso Nacional ha dado su aprobación al siguiente Proyecto de ley:

«CÓDIGO PROCESAL PENAL»

LIBRO PRIMERO
DISPOSICIONES GENERALES

TÍTULO I. PRINCIPIOS BÁSICOS

Artículo 1°. Juicio previo y única persecución. Ninguna persona podrá ser condenada o penada, ni sometida a una de las medidas de seguridad establecidas en este Código, sino en virtud de una sentencia fundada, dictada por un tribunal imparcial. Toda persona tiene derecho a un juicio previo, oral y público, desarrollado en conformidad con las normas de este cuerpo legal.

La persona condenada, absuelta o sobreseída definitivamente por sentencia ejecutoriada, no podrá ser sometida a un nuevo procedimiento penal por el mismo hecho.

Artículo 2°. Juez natural. Nadie podrá ser juzgado por comisiones especiales, sino por el tribunal que señalare la ley y que se hallare establecido por ésta con anterioridad a la perpetración del hecho.

Artículo 3°. Exclusividad de la investigación penal. El ministerio público dirigirá en forma exclusiva la investigación de los hechos constitutivos de delito, los que determinaren la participación punible y los que acreditaren la inocencia del imputado, en la forma prevista por la Constitución y la ley.

Artículo 4°. Presunción de inocencia del imputado. Ninguna persona será considerada culpable ni tratada como tal en tanto no fuere condenada por una sentencia firme.

Artículo 5°. Legalidad de las medidas privativas o restrictivas de libertad. No se podrá citar, arrestar, detener, someter a prisión preventiva ni aplicar cualquier otra forma de privación o restricción de libertad a ninguna persona, sino en los casos y en la forma señalados por la Constitución y las leyes.

Las disposiciones de este Código que autorizan la restricción de la libertad o de otros derechos del imputado o del ejercicio de alguna de sus facultades serán interpretadas restrictivamente y no se podrán aplicar por analogía.

Artículo 6°. Protección de la víctima. El Ministerio público estará obligado a velar por la protección de la víctima del delito en todas las etapas del procedimiento penal. Por su parte, el tribunal garantizará conforme a la ley la vigencia de sus derechos durante el procedimiento.

El fiscal deberá promover durante el curso del procedimiento acuerdos patrimoniales, medidas cautelares u otros mecanismos que faciliten la reparación del daño causado a la víctima. Este deber no importará el ejercicio de las acciones civiles que pudieren corresponderle a la víctima[1].

Asimismo, la policía y los demás organismos auxiliares deberán otorgarle un trato acorde con su condición de víctima, procurando facilitar al máximo su participación en los trámites en que debiere intervenir.

Artículo 7°. Calidad de imputado. Las facultades, derechos y garantías que la Constitución Política de la República, este Código y otras leyes reconocen al imputado, podrán hacerse valer por la persona a quien se atribuyere participación en un hecho punible desde la primera actuación del procedimiento dirigido en su contra y hasta la completa ejecución de la sentencia.

Para este efecto, se entenderá por primera actuación del procedimiento cualquiera diligencia o gestión, sea de investigación, de carácter cautelar o de otra especie, que se realizare por o ante un tribunal con competencia

---

1 Inciso agregado por el artículo único, n° 1, de la Ley N° 19.789, de 30 de enero de 2002.

en lo criminal, el ministerio público o la policía, en la que se atribuyere a una persona responsabilidad en un hecho punible.

En las investigaciones iniciadas por el Ministerio Público, los funcionarios policiales o de Gendarmería de Chile, de las Fuerzas Armadas y los funcionarios de los servicios de su dependencia, en cumplimiento del deber, exclusivamente en el marco de funciones de resguardo del orden público, tales como las que se ejercen durante estados de excepción constitucional, protección de la infraestructura crítica, resguardo de fronteras, y funciones de policía cuando correspondan, o cuando se desempeñan en el marco de sus funciones fiscalizadoras, que se encuentren en el caso previsto en el párrafo tercero del numeral 6° del artículo 10 del Código Penal, serán considerados como víctimas o testigos, según corresponda, para todos los efectos legales, a menos que las diligencias permitan atribuirles participación punible. En este último caso adquirirán la calidad de imputado, y podrán hacer valer las facultades, derechos y garantías propias de éste[2].

Artículo 8°. Ámbito de la defensa. El imputado tendrá derecho a ser defendido por un letrado desde la primera actuación del procedimiento dirigido en su contra. Todo imputado que carezca de abogado tendrá derecho irrenunciable a que el Estado le proporcione uno. La designación del abogado la efectuará el juez antes de que tenga lugar la primera actuación judicial del procedimiento que requiera la presencia de dicho imputado[3].

El imputado tendrá derecho a formular los planteamientos y alegaciones que considerare oportunos, así como a intervenir en todas las actuaciones judiciales y en las demás actuaciones del procedimiento, salvas las excepciones expresamente previstas en este Código.

Artículo 9°. Autorización judicial previa. Toda actuación del procedimiento que privare al imputado o a un tercero del ejercicio de los dere-

---

2 Inciso agregado por el artículo 6, N° 1, de la Ley N° 21.560, de 10 de abril del 2023,

3 Inciso modificado como aparece en el texto por el artículo único, n° 1, de la Ley N° 20.592, de 02 de junio de 2012.

chos que la Constitución asegura, o lo restringiere o perturbare, requerirá de autorización judicial previa.

En consecuencia, cuando una diligencia de investigación pudiere producir alguno de tales efectos, el fiscal deberá solicitar previamente autorización al juez de garantía.

Tratándose de casos urgentes, en que la inmediata autorización u orden judicial sea indispensable para el éxito de la diligencia, podrá ser solicitada y otorgada por cualquier medio idóneo al efecto, tales como teléfono, fax, correo electrónico u otro, sin perjuicio de la constancia posterior, en el registro correspondiente. No obstante lo anterior, en caso de una detención se deberá entregar por el funcionario policial que la practique una constancia de aquélla, con indicación del tribunal que la expidió, del delito que le sirve de fundamento y de la hora en que se emitió[4].

Artículo 10. Cautela de garantías. En cualquiera etapa del procedimiento en que el juez de garantía estimare que el imputado no está en condiciones de ejercer los derechos que le otorgan las garantías judiciales consagradas en la Constitución Política, en las leyes o en los tratados internacionales ratificados por Chile y que se encuentren vigentes, adoptará, de oficio o a petición de parte, las medidas necesarias para permitir dicho ejercicio[5].

Si esas medidas no fueren suficientes para evitar que pudiere producirse una afectación sustancial de los derechos del imputado, el juez ordenará la suspensión del procedimiento por el menor tiempo posible y citará a los intervinientes a una audiencia que se celebrará con los que asistan. Con el mérito de los antecedentes reunidos y de lo que en dicha audiencia se expusiere, resolverá la continuación del procedimiento o decretará el sobreseimiento temporal del mismo.

---

4 Inciso sustituido, por el que aparece en el texto, por el artículo 1°, N° 1, de la Ley N° 20.074, de 14 de noviembre de 2005.

5 Inciso modificado, como aparece en el texto, por el artículo único, N° 1, letra a), de la Ley N° 21.004, de 29 de marzo de 2017.

Con todo, no podrá entenderse que existe afectación sustancial de los derechos del imputado cuando se acredite, por el Ministerio Público o el abogado querellante, que la suspensión del procedimiento solicitada por el imputado o su abogado sólo persigue dilatar el proceso[6].

Artículo 11. Aplicación temporal de la ley procesal penal. Las leyes procesales penales serán aplicables a los procedimientos ya iniciados, salvo cuando, a juicio del tribunal, la ley anterior contuviere disposiciones más favorables al imputado.

Artículo 12. Intervinientes. Para los efectos regulados en este Código, se considerará intervinientes en el procedimiento al fiscal, al imputado, al defensor, a la víctima y al querellante, desde que realizaren cualquier actuación procesal o desde el momento en que la ley les permitiere ejercer facultades determinadas.

Artículo 13. Efecto en Chile de las sentencias penales de tribunales extranjeros. Tendrán valor en Chile las sentencias penales extranjeras. En consecuencia, nadie podrá ser juzgado ni sancionado por un delito por el cual hubiere sido ya condenado o absuelto por una sentencia firme de acuerdo a la ley y al procedimiento de un país extranjero, a menos que el juzgamiento en dicho país hubiere obedecido al propósito de sustraer al individuo de su responsabilidad penal por delitos de competencia de los tribunales nacionales o, cuando el imputado lo solicitare expresamente, si el proceso respectivo no hubiere sido instruido de conformidad con las garantías de un debido proceso o lo hubiere sido en términos que revelaren falta de intención de juzgarle seriamente.

En tales casos, la pena que el sujeto hubiere cumplido en el país extranjero se le imputará a la que debiere cumplir en Chile, si también resultare condenado.

---

[6] Inciso agregado por el artículo único, N° 1, letra b), de la Ley N° 21.004, de 29 de marzo de 2017.

La ejecución de las sentencias penales extranjeras se sujetará a lo que dispusieren los tratados internacionales ratificados por Chile y que se encontraren vigentes.

TÍTULO II. ACTIVIDAD PROCESAL

Párrafo 1º Plazos

Artículo 14. Días y horas hábiles. Todos los días y horas serán hábiles para las actuaciones del procedimiento penal y no se suspenderán los plazos por la interposición de días feriados.

No obstante, cuando un plazo de días concedido a los intervinientes venciere en día feriado, se considerará ampliado hasta las veinticuatro horas del día siguiente que no fuere feriado.

Artículo 15. Cómputo de plazos de horas. Los plazos de horas establecidos en este Código comenzarán a correr inmediatamente después de ocurrido el hecho que fijare su iniciación, sin interrupción.

Artículo 16. Plazos fatales e improrrogables. Los plazos establecidos en este Código son fatales e improrrogables, a menos que se indicare expresamente lo contrario.

Artículo 17. Nuevo plazo. El que, por un hecho que no le fuere imputable, por defecto en la notificación, por fuerza mayor o por caso fortuito, se hubiere visto impedido de ejercer un derecho o desarrollar una actividad dentro del plazo establecido por la ley, podrá solicitar al tribunal un nuevo plazo, que le podrá ser otorgado por el mismo período. Dicha solicitud deberá formularse dentro de los cinco días siguientes a aquél en que hubiere cesado el impedimento.

Artículo 18. Renuncia de plazos. Los intervinientes en el procedimiento podrán renunciar, total o parcialmente, a los plazos establecidos a su favor, por manifestación expresa.

Si el plazo fuere común, la abreviación o la renuncia requerirán el consentimiento de todos los intervinientes y la aprobación del tribunal.

Párrafo 2° Comunicaciones entre autoridades

Artículo 19. Requerimientos de información, contenido y formalidades. Todas las autoridades y órganos del Estado deberán realizar las diligencias y proporcionar, sin demora, la información que les requirieren el ministerio público y los tribunales con competencia penal. El requerimiento contendrá la fecha y lugar de expedición, los antecedentes necesarios para su cumplimiento, el plazo que se otorgare para que se llevare a efecto y la determinación del fiscal o tribunal requirente.

Con todo, tratándose de informaciones o documentos que en virtud de la ley tuvieren carácter secreto, el requerimiento se atenderá observando las prescripciones de la ley respectiva, si las hubiere, y, en caso contrario, adoptándose las precauciones que aseguraren que la información no será divulgada.

Si la autoridad requerida retardare el envío de los antecedentes solicitados o se negare a enviarlos, a pretexto de su carácter secreto o reservado y el fiscal estimare indispensable la realización de la actuación, remitirá los antecedentes al fiscal regional quien, si compartiere esa apreciación, solicitará a la Corte de Apelaciones respectiva que, previo informe de la autoridad de que se tratare, recabado por la vía que considerare más rápida, resuelva la controversia. La Corte adoptará esta decisión en cuenta. Si fuere el tribunal el que requiriere la información, formulará dicha solicitud directamente ante la Corte de Apelaciones.

Si la razón invocada por la autoridad requerida para no enviar los antecedentes solicitados fuere que su publicidad pudiere afectar la seguridad nacional, la cuestión deberá ser resuelta por la Corte Suprema.

Aun cuando la Corte llamada a resolver la controversia rechazare el requerimiento del fiscal, por compartir el juicio de la autoridad a la que se hubieren requerido los antecedentes, podrá ordenar que se suministren al ministerio público o al tribunal los datos que le parecieren necesarios para la adopción de decisiones relativas a la investigación o para el pronunciamiento de resoluciones judiciales.

Las resoluciones que los ministros de Corte pronunciaren para resolver estas materias no los inhabilitarán para conocer, en su caso, los recursos que se dedujeren en la causa de que se tratare.

Artículo 20. Solicitudes entre tribunales. Cuando un tribunal debiere requerir de otro la realización de una diligencia dentro del territorio jurisdiccional de éste, le dirigirá directamente la solicitud, sin más menciones que la indicación de los antecedentes necesarios para la cabal comprensión de la solicitud y las demás expresadas en el inciso primero del artículo anterior.

Si el tribunal requerido rechazare el cumplimiento del trámite o diligencia indicado en la solicitud, o si transcurriere el plazo fijado para su cumplimiento sin que éste se produjere, el tribunal requirente podrá dirigirse directamente al superior jerárquico del primero para que ordene, agilice o gestione directamente la petición.

Artículo 20 bis. Tramitación de solicitudes de asistencia internacional. Las solicitudes de autoridades competentes de país extranjero para que se practiquen diligencias en Chile serán remitidas directamente al Ministerio Público, el que solicitará la intervención del juez de garantía del lugar en que deban practicarse, cuando la naturaleza de las diligencias lo hagan necesario de acuerdo con las disposiciones de la ley chilena[7].

Artículo 21. Forma de realizar las comunicaciones. Las comunicaciones señaladas en los artículos precedentes podrán realizarse por cualquier medio idóneo, sin perjuicio del posterior envío de la documentación que fuere pertinente.

Párrafo 3º Comunicaciones y citaciones del ministerio público

Artículo 22. Comunicaciones del ministerio público. Cuando el ministerio público estuviere obligado a comunicar formalmente alguna actua-

---

7 Artículo agregado por el artículo 1º, Nº 2, de la Ley Nº 20.074, de 14 de noviembre de 2005.

ción a los demás intervinientes en el procedimiento, deberá hacerlo, bajo su responsabilidad, por cualquier medio razonable que resultare eficaz. Será de cargo del ministerio público acreditar la circunstancia de haber efectuado la comunicación.

Si un interviniente probare que por la deficiencia de la comunicación se hubiere encontrado impedido de ejercer oportunamente un derecho o desarrollar alguna actividad dentro del plazo establecido por la ley, podrá solicitar un nuevo plazo, el que le será concedido bajo las condiciones y circunstancias previstas en el artículo 17.

Artículo 23. Citación del ministerio público. Cuando en el desarrollo de su actividad de investigación el fiscal requiriere la comparecencia de una persona, podrá citarla por cualquier medio idóneo. Si la persona citada no compareciere, el fiscal podrá ocurrir ante el juez de garantía para que lo autorice a conducirla compulsivamente a su presencia.

Con todo, el fiscal no podrá recabar directamente la comparecencia personal de las personas o autoridades a que se refiere el artículo 300. Si la declaración de dichas personas o autoridades fuere necesaria, procederá siempre previa autorización del juez de garantía y conforme lo establece el artículo 301.

Párrafo 4° Notificaciones y citaciones judiciales

Artículo 24. Funcionarios habilitados. Las notificaciones de las resoluciones judiciales se realizarán por los funcionarios del tribunal que hubiere expedido la resolución, que hubieren sido designados para cumplir esta función por el juez presidente del comité de jueces, a propuesta del administrador del tribunal.

El tribunal podrá ordenar que una o más notificaciones determinadas se practicaren por otro ministro de fe[8].

---

8 Inciso modificado, como aparece en el texto, por el artículo 2° de la Ley N° 20.227, de 15 de noviembre de 2007.

Artículo 25. Contenido. La notificación deberá incluir una copia íntegra de la resolución de que se tratare, con la identificación del proceso en el que recayere, a menos que la ley expresamente ordenare agregar otros antecedentes, o que el juez lo estimare necesario para la debida información del notificado o para el adecuado ejercicio de sus derechos.

Artículo 26. Señalamiento de domicilio de los intervinientes en el procedimiento. En su primera intervención en el procedimiento los intervinientes deberán ser conminados por el juez, por el ministerio público, o por el funcionario público que practicare la primera notificación, a indicar un domicilio dentro de los límites urbanos de la ciudad en que funcionare el tribunal respectivo y en el cual puedan practicárseles las notificaciones posteriores. Asimismo, deberán comunicar cualquier cambio de su domicilio.

En caso de omisión del señalamiento del domicilio o de la comunicación de sus cambios, o de cualquier inexactitud del mismo o de la inexistencia del domicilio indicado, las resoluciones que se dictaren se notificarán por el estado diario. Para tal efecto, los intervinientes en el procedimiento deberán ser advertidos de esta circunstancia, lo que se hará constar en el acta que se levantare.

El mismo apercibimiento se formulará al imputado que fuere puesto en libertad, a menos que ello fuere consecuencia de un sobreseimiento definitivo o de una sentencia absolutoria ejecutoriados.

Artículo 27. Notificación al ministerio público. El ministerio público será notificado en sus oficinas, para lo cual deberá indicar su domicilio dentro de los límites urbanos de la ciudad en que funcionare el tribunal e informar a éste de cualquier cambio del mismo.

Artículo 28. Notificación a otros intervinientes. Cuando un interviniente en el procedimiento contare con defensor o mandatario constituido en él, las notificaciones deberán ser hechas solamente a éste, salvo que la ley o el tribunal dispusiere que también se notifique directamente a aquél.

Artículo 29. Notificaciones al imputado privado de libertad. Las notificaciones que debieren realizarse al imputado privado de libertad se le harán en persona en el establecimiento o recinto en que permaneciere, aunque éste se hallare fuera del territorio jurisdiccional del tribunal, mediante la entrega, por un funcionario del establecimiento y bajo la responsabilidad del jefe del mismo, del texto de la resolución respectiva. Al efecto, el tribunal podrá remitir dichas resoluciones, así como cualquier otro antecedente que considerare relevante, por cualquier medio de comunicación idóneo, tales como fax, correo electrónico u otro.

Si la persona a quien se debiere notificar no supiere o no pudiere leer, la resolución le será leída por el funcionario encargado de notificarla.

No obstante lo dispuesto en el inciso primero, el tribunal, podrá disponer, por resolución fundada y de manera excepcional, que la notificación de determinadas resoluciones al imputado privado de libertad sea practicada en el recinto en que funcione.

Artículo 30. Notificaciones de las resoluciones en las audiencias judiciales. Las resoluciones pronunciadas durante las audiencias judiciales se entenderán notificadas a los intervinientes en el procedimiento que hubieren asistido o debido asistir a las mismas. De estas notificaciones se dejará constancia en el estado diario, pero su omisión no invalidará la notificación.

Los interesados podrán pedir copias de los registros en que constaren estas resoluciones, las que se expedirán sin demora.

Artículo 31. Otras formas de notificación. Cualquier interviniente en el procedimiento podrá proponer para sí otras formas de notificación, que el tribunal podrá aceptar si, en su opinión, resultaren suficientemente eficaces y no causaren indefensión.

Artículo 32. Normas aplicables a las notificaciones. En lo no previsto en este párrafo, las notificaciones que hubieren de practicarse a los intervinientes en el procedimiento penal se regirán por las normas contempladas en el Título VI del Libro I del Código de Procedimiento Civil.

Artículo 33. Citaciones judiciales. Cuando fuere necesario citar a alguna persona para llevar a cabo una actuación ante el tribunal, se le notificará la resolución que ordenare su comparecencia.

Se hará saber a los citados el tribunal ante el cual debieren comparecer, su domicilio, la fecha y hora de la audiencia, la identificación del proceso de que se tratare y el motivo de su comparecencia. Al mismo tiempo se les advertirá que la no comparecencia injustificada dará lugar a que sean conducidos por medio de la fuerza pública, que quedarán obligados al pago de las costas que causaren y que pueden imponérseles sanciones. También se les deberá indicar que, en caso de impedimento, deberán comunicarlo y justificarlo ante el tribunal, con anterioridad a la fecha de la audiencia, si fuere posible.

El tribunal podrá ordenar que el imputado que no compareciere injustificadamente sea detenido o sometido a prisión preventiva hasta la realización de la actuación respectiva. Tratándose de los testigos, peritos u otras personas cuya presencia se requiriere, podrán ser arrestados hasta la realización de la actuación por un máximo de veinticuatro horas e imponérseles, además, una multa de hasta quince unidades tributarias mensuales.

Si quien no concurriere injustificadamente fuere el defensor o el fiscal, se le aplicará lo dispuesto en el artículo 287.

Párrafo 5° Resoluciones y otras actuaciones judiciales

Artículo 34. Poder coercitivo. En el ejercicio de sus funciones, el tribunal podrá ordenar directamente la intervención de la fuerza pública y disponer todas las medidas necesarias para el cumplimiento de las actuaciones que ordenare y la ejecución de las resoluciones que dictare.

Artículo 35. Nulidad de las actuaciones delegadas. La delegación de funciones en empleados subalternos para realizar actuaciones en que las leyes requirieren la intervención del juez producirá la nulidad de las mismas.

Artículo 36. Fundamentación. Será obligación del tribunal fundamentar las resoluciones que dictare, con excepción de aquellas que se pronunciaren sobre cuestiones de mero trámite. La fundamentación expresará sucintamente, pero con precisión, los motivos de hecho y de derecho en que se basaren las decisiones tomadas.

La simple relación de los documentos del procedimiento o la mención de los medios de prueba o solicitudes de los intervinientes no sustituirá en caso alguno la fundamentación.

Artículo 37. Firma de las resoluciones. Las resoluciones judiciales serán suscritas por el juez o por todos los miembros del tribunal que las dictare. Si alguno de los jueces no pudiere firmar se dejará constancia del impedimento.

No obstante lo anterior, bastará el registro de la audiencia respecto de las resoluciones que se dictaren en ella.

Artículo 38. Plazos generales para dictar las resoluciones. Las cuestiones debatidas en una audiencia deberán ser resueltas en ella.

Las presentaciones escritas serán resueltas por el tribunal antes de las veinticuatro horas siguientes a su recepción.

Párrafo 6º Registro de las actuaciones judiciales

Artículo 39. Reglas generales. De las actuaciones realizadas por o ante el juez de garantía, el tribunal de juicio oral en lo penal, las Cortes de Apelaciones y la Corte Suprema se levantará un registro en la forma señalada en este párrafo[9].

En todo caso, las sentencias y demás resoluciones que pronunciare el tribunal serán registradas en su integridad.

El registro se efectuará por cualquier medio apto para producir fe, que permita garantizar la conservación y la reproducción de su contenido.

---

9 Inciso sustituido, por el que aparece en el texto, por el artículo 1º, Nº 3, de la Ley Nº 20.074, de 14 de noviembre de 2005.

Artículo 40. DEROGADO[10]

Artículo 41. Registro de actuaciones ante los tribunales con competencia en materia penal. Las audiencias ante los jueces con competencia en materia penal se registrarán en forma íntegra por cualquier medio que asegure su fidelidad, tal como audio digital, video u otro soporte tecnológico equivalente[11].

Artículo 42. Valor del registro del juicio oral. El registro del juicio oral demostrará el modo en que se hubiere desarrollado la audiencia, la observancia de las formalidades previstas para ella, las personas que hubieren intervenido y los actos que se hubieren llevado a cabo. Lo anterior es sin perjuicio de lo dispuesto en el artículo 359, en lo que corresponda.

La omisión de formalidades del registro sólo lo privará de valor cuando ellas no pudieren ser suplidas con certeza sobre la base de otros elementos contenidos en el mismo o de otros antecedentes confiables que dieren testimonio de lo ocurrido en la audiencia.

Artículo 43. Conservación de los registros. Mientras dure la investigación o el respectivo proceso, la conservación de los registros estará a cargo del juzgado de garantía y del tribunal de juicio oral en lo penal respectivo, de conformidad a lo previsto en el Código Orgánico de Tribunales.

Cuando, por cualquier causa, se viere dañado el soporte material del registro afectando su contenido, el tribunal ordenará reemplazarlo en todo o parte por una copia fiel, que obtendrá de quien la tuviere, si no dispusiere de ella directamente.

Si no existiere copia fiel, las resoluciones se dictarán nuevamente, para lo cual el tribunal reunirá los antecedentes que le permitan fundamentar su preexistencia y contenido, y las actuaciones se repetirán con las formalidades previstas para cada caso. En todo caso, no será necesario volver a

---

[10] Artículo derogado por el artículo 1°, N° 4, de la Ley N° 20.074, de 14 de noviembre de 2005.

[11] Artículo sustituido, por el que aparece en el texto, por el artículo 1°, N° 5, de la Ley N° 20.074, de 14 de noviembre de 2005.

dictar las resoluciones o repetir las actuaciones que sean el antecedente de resoluciones conocidas o en etapa de cumplimiento o ejecución.

Artículo 44. Examen del registro y certificaciones. Salvas las excepciones expresamente previstas en la ley, los intervinientes siempre tendrán acceso al contenido de los registros.

Los registros podrán también ser consultados por terceros cuando dieren cuenta de actuaciones que fueren públicas de acuerdo con la ley, a menos que, durante la investigación o la tramitación de la causa, el tribunal restringiere el acceso para evitar que se afecte su normal substanciación o el principio de inocencia.

En todo caso, los registros serán públicos transcurridos cinco años desde la realización de las actuaciones consignadas en ellos.

A petición de un interviniente o de cualquier persona, el funcionario competente del tribunal expedirá copias fieles de los registros o de la parte de ellos que fuere pertinente, con sujeción a lo dispuesto en los incisos anteriores.

Además dicho funcionario certificará si se hubieren deducido recursos en contra de la sentencia definitiva.

Párrafo 7° Costas

Artículo 45. Pronunciamiento sobre costas. Toda resolución que pusiere término a la causa o decidiere un incidente deberá pronunciarse sobre el pago de las costas del procedimiento.

Artículo 46. Contenido. Las costas del procedimiento penal comprenderán tanto las procesales como las personales.

Artículo 47. Condena. Las costas serán de cargo del condenado.

La víctima que abandonare la acción civil soportará las costas que su intervención como parte civil hubiere causado. También las soportará el querellante que abandonare la querella.

No obstante lo dispuesto en los incisos anteriores, el tribunal, por razones fundadas que expresará determinadamente, podrá eximir total o parcialmente del pago de las costas, a quien debiere soportarlas.

Artículo 48. Absolución y sobreseimiento definitivo. Cuando el imputado fuere absuelto o sobreseído definitivamente, el ministerio público será condenado en costas, salvo que hubiere formulado la acusación en cumplimiento de la orden judicial a que se refiere el inciso segundo del artículo 462 o cuando el tribunal estime razonable eximirle por razones fundadas[12].

En dicho evento será también condenado el querellante, salvo que el tribunal lo eximiere del pago, total o parcialmente, por razones fundadas que expresará determinadamente.

Artículo 49. Distribución de costas. Cuando fueren varios los intervinientes condenados al pago de las costas, el tribunal fijará la parte o proporción que corresponderá soportar a cada uno de ellos.

Artículo 50. Personas exentas. Los fiscales, los abogados y los mandatarios de los intervinientes en el procedimiento no podrán ser condenados personalmente al pago de las costas, salvo los casos de notorio desconocimiento del derecho o de grave negligencia en el desempeño de sus funciones, en los cuales se les podrá imponer, por resolución fundada, el pago total o parcial de las costas.

Artículo 51. Gastos. Cuando fuere necesario efectuar un gasto cuyo pago correspondiere a los intervinientes, el tribunal estimará su monto y dispondrá su consignación anticipada.

En todo caso, el Estado soportará los gastos de los intervinientes que gozaren del privilegio de pobreza.

---

12 Inciso modificado, como aparece en el texto, por el artículo 1°, N° 6, de la Ley N° 20.074, de 14 de noviembre de 2005.

Párrafo 8° Normas supletorias

Artículo 52. Aplicación de normas comunes a todo procedimiento. Serán aplicables al procedimiento penal, en cuanto no se opusieren a lo estatuido en este Código o en leyes especiales, las normas comunes a todo procedimiento contempladas en el Libro I del Código de Procedimiento Civil.

TÍTULO III. ACCIÓN PENAL

Párrafo 1° Clases de acciones

Artículo 53. Clasificación de la acción penal. La acción penal es pública o privada.

La acción penal pública para la persecución de todo delito que no esté sometido a regla especial deberá ser ejercida de oficio por el ministerio público. Podrá ser ejercida, además, por las personas que determine la ley, con arreglo a las disposiciones de este Código. Se concede siempre acción penal pública para la persecución de los delitos cometidos contra menores de edad.

La acción penal privada sólo podrá ser ejercida por la víctima.

Excepcionalmente, la persecución de algunos delitos de acción penal pública requiere la denuncia previa de la víctima.

Artículo 54. Delitos de acción pública previa instancia particular. En los delitos de acción pública previa instancia particular no podrá procederse de oficio sin que, a lo menos, el ofendido por el delito hubiere denunciado el hecho a la justicia, al ministerio público o a la policía.

Tales delitos son:

a) Las lesiones previstas en los artículos 399 y 494, número 5°, del Código Penal;

b) La violación de domicilio;

c) La violación de secretos prevista en los artículos 231 y 247, inciso segundo, del Código Penal;

d) Las amenazas previstas en los artículos 296 y 297 del Código Penal;

e) Los previstos en la ley Nº 19.039, que establece normas aplicables a los privilegios industriales y protección de los derechos de propiedad industrial;

f) La comunicación fraudulenta de secretos de la fábrica en que el imputado hubiere estado o estuviere empleado, y

g) Los que otras leyes señalaren en forma expresa.

A falta del ofendido por el delito, podrán denunciar el hecho las personas indicadas en el inciso segundo del artículo 108, de conformidad a lo previsto en esa disposición.

Cuando el ofendido se encontrare imposibilitado de realizar libremente la denuncia, o cuando quienes pudieren formularla por él se encontraren imposibilitados de hacerlo o aparecieren implicados en el hecho, el ministerio público podrá proceder de oficio.

Iniciado el procedimiento, éste se tramitará de acuerdo con las normas generales relativas a los delitos de acción pública.

Artículo 55. Delitos de acción privada. No podrán ser ejercidas por otra persona que la víctima, las acciones que nacen de los siguientes delitos:

a) La calumnia y la injuria;

b) La falta descrita en el número 11 del artículo 496 del Código Penal;

c) La provocación a duelo y el denuesto o descrédito público por no haberlo aceptado, y d) El matrimonio del menor llevado a efecto sin el consentimiento de las personas designadas por la ley y celebrado de acuerdo con el funcionario llamado a autorizarlo.

Artículo 56. Renuncia de la acción penal. La acción penal pública no se extingue por la renuncia de la persona ofendida.

Pero se extinguen por esa renuncia la acción penal privada y la civil derivada de cualquier clase de delitos.

Si el delito es de aquellos que no pueden ser perseguidos sin previa instancia particular, la renuncia de la víctima a denunciarlo extinguirá la acción penal, salvo que se tratare de delito perpetrado contra menores de edad.

Esta renuncia no la podrá realizar el ministerio público.

Artículo 57. Efectos relativos de la renuncia. La renuncia de la acción penal sólo afectará al renunciante y a sus sucesores, y no a otras personas a quienes también correspondiere la acción.

Artículo 58. Responsabilidad penal. La acción penal, fuere pública o privada, no puede entablarse sino contra las personas responsables del delito.

La responsabilidad penal sólo puede hacerse efectiva en las personas naturales. Por las personas jurídicas responden los que hubieren intervenido en el acto punible, sin perjuicio de la responsabilidad civil que las afectare.

Párrafo 2° Acciones civiles

Artículo 59. Principio general. La acción civil que tuviere por objeto únicamente la restitución de la cosa, deberá interponerse siempre durante el respectivo procedimiento penal, de conformidad a lo previsto en el artículo 189.

Asimismo, durante la tramitación del procedimiento penal la víctima podrá deducir respecto del imputado, con arreglo a las prescripciones de este Código, todas las restantes acciones que tuvieren por objeto perseguir las responsabilidades civiles derivadas del hecho punible. La víctima podrá también ejercer esas acciones civiles ante el tribunal civil correspondiente. Con todo, admitida a tramitación la demanda civil en el procedimiento penal, no se podrá deducir nuevamente ante un tribunal civil.

Con la sola excepción indicada en el inciso primero, las otras acciones encaminadas a obtener la reparación de las consecuencias civiles del hecho punible que interpusieren personas distintas de la víctima, o se dirigieren contra personas diferentes del imputado, deberán plantearse ante el tribunal civil que fuere competente de acuerdo a las reglas generales.

Artículo 60. Oportunidad para interponer la demanda civil. La demanda civil en el procedimiento penal deberá interponerse en la oportunidad prevista en el artículo 261, por escrito y cumpliendo con los requisitos exigidos por el artículo 254 del Código de Procedimiento Civil. La demanda civil del querellante deberá deducirse conjuntamente con su escrito de adhesión o acusación.

La demanda civil deberá contener la indicación de los medios de prueba, en los mismos términos expresados en el artículo 259.

Artículo 61. Preparación de la demanda civil. Sin perjuicio de lo dispuesto en el artículo anterior, con posterioridad a la formalización de la investigación la víctima podrá preparar la demanda civil solicitando la práctica de diligencias que considerare necesarias para esclarecer los hechos que serán objeto de su demanda, aplicándose, en tal caso, lo establecido en los artículos 183 y 184.

Asimismo, se podrá cautelar la demanda civil, solicitando alguna de las medidas previstas en el artículo 157.

La preparación de la demanda civil interrumpe la prescripción. No obstante, si no se dedujere demanda en la oportunidad prevista en el artículo precedente, la prescripción se considerará como no interrumpida.

Artículo 62. Actuación del demandado. El imputado deberá oponer las excepciones que corresponda y contestar la demanda civil en la oportunidad señalada en el artículo 263. Podrá, asimismo, señalar los vicios formales de que adoleciere la demanda civil, requiriendo su corrección.

En su contestación, deberá indicar cuáles serán los medios probatorios de que pensare valerse, del modo previsto en el artículo 259.

Artículo 63. Incidentes relacionados con la demanda y su contestación. Todos los incidentes y excepciones deducidos con ocasión de la interposición o contestación de la demanda deberán resolverse durante la audiencia de preparación del juicio oral, sin perjuicio de lo establecido en el artículo 270.

Artículo 64. Desistimiento y abandono. La víctima podrá desistirse de su acción en cualquier estado del procedimiento.

Se considerará abandonada la acción civil interpuesta en el procedimiento penal, cuando la víctima no compareciere, sin justificación, a la audiencia de preparación del juicio oral o a la audiencia del juicio oral.

Artículo 65. Efectos de la extinción de la acción civil. Extinguida la acción civil no se entenderá extinguida la acción penal para la persecución del hecho punible.

Artículo 66. Efectos del ejercicio exclusivo de la acción civil. Cuando sólo se ejerciere la acción civil respecto de un hecho punible de acción privada se considerará extinguida, por esa circunstancia, la acción penal.

Para estos efectos no constituirá ejercicio de la acción civil la solicitud de diligencias destinadas a preparar la demanda civil o a asegurar su resultado, que se formulare en el procedimiento penal.

Artículo 67. Independencia de la acción civil respecto de la acción penal. La circunstancia de dictarse sentencia absolutoria en materia penal no impedirá que se dé lugar a la acción civil, si fuere legalmente procedente.

Artículo 68. Curso de la acción civil ante suspensión o terminación del procedimiento penal. Si antes de comenzar el juicio oral, el procedimiento penal continuare de conformidad a las normas que regulan el procedimiento abreviado, o por cualquier causa terminare o se suspendiere, sin decisión acerca de la acción civil que se hubiere deducido oportunamente, la prescripción continuará interrumpida siempre que la víctima presentare su demanda ante el tribunal civil competente en el término de sesenta días siguientes a aquél en que, por resolución ejecutoriada, se dispusiere la suspensión o terminación del procedimiento penal.

En este caso, la demanda y la resolución que recayere en ella se notificarán por cédula y el juicio se sujetará a las reglas del procedimiento sumario. Si la demanda no fuere deducida ante el tribunal civil competente dentro del referido plazo, la prescripción continuará corriendo como si no se hubiere interrumpido.

Si en el procedimiento penal se hubieren decretado medidas destinadas a cautelar la demanda civil, éstas se mantendrán vigentes por el plazo indicado en el inciso primero, tras el cual quedarán sin efecto si, solicitadas oportunamente, el tribunal civil no las mantuviere.

Si, comenzado el juicio oral, se dictare sobreseimiento de acuerdo a las prescripciones de este Código, el tribunal deberá continuar con el juicio para el solo conocimiento y fallo de la cuestión civil.

TÍTULO IV. SUJETOS PROCESALES

Párrafo 1° El tribunal

Artículo 69. Denominaciones. Salvo que se disponga expresamente lo contrario, cada vez que en este Código se hiciere referencia al juez, se entenderá que se alude al juez de garantía; si la referencia fuere al tribunal de juicio oral en lo penal, deberá entenderse hecha al tribunal colegiado encargado de conocer el juicio mencionado.

Por su parte, la mención de los jueces se entenderá hecha a los jueces de garantía, a los jueces del tribunal de juicio oral en lo penal o a todos ellos, según resulte del contexto de la disposición en que se utilice. De igual manera se entenderá la alusión al tribunal, que puede corresponder al juez de garantía, al tribunal de juicio oral en lo penal, a la Corte de Apelaciones o a la Corte Suprema

Artículo 70. Juez de garantía competente. El juez de garantía llamado por la ley a conocer las gestiones a que dé lugar el respectivo procedimiento se pronunciará sobre las autorizaciones judiciales previas que solicitare el ministerio público para realizar actuaciones que privaren, restringieren o perturbaren el ejercicio de derechos asegurados por la Constitución.

Si la detención se practicare en un lugar que se encontrare fuera del territorio jurisdiccional del juez que hubiere emitido la orden, será también competente para conocer de la audiencia judicial del detenido el juez de garantía del lugar donde se hubiere practicado la detención, cuando la orden respectiva hubiere emanado de un juez con competencia en una ciudad asiento de Corte de Apelaciones diversa. Cuando en la audiencia judicial se decretare la prisión preventiva del imputado, el juez deberá ordenar su traslado inmediato al establecimiento penitenciario del territorio jurisdiccional del juez del procedimiento. Lo previsto en este inciso no tendrá aplicación cuando la orden de detención emanare de un juez de garantía de la Región Metropolitana y ésta se practicare dentro del territorio de la misma, caso en el cual la primera audiencia judicial siempre deberá realizarse ante el juzgado naturalmente competente[13].

En los demás casos, cuando debieren efectuarse actuaciones fuera del territorio jurisdiccional del juzgado de garantía y se tratare de diligencias u órdenes urgentes, el Ministerio Público también podrá pedir la autorización directamente al juez de garantía del lugar. Una vez realizada la diligencia o cumplida la orden, el Ministerio Público dará cuenta a la brevedad al juez de garantía del procedimiento.

Artículo 71. Atribuciones de dirección de las audiencias y disciplina dentro de ellas. Las reglas contempladas en el Párrafo 3º del Título III del Libro Segundo serán aplicables durante las audiencias que se celebraren ante el juez de garantía, correspondiendo a este último el ejercicio de las facultades que se le entregan al presidente de la sala o al tribunal de juicio oral en lo penal en dichas disposiciones.

Artículo 72. Facultades durante conflictos de competencia. Si se suscitare un conflicto de competencia entre jueces de varios juzgados de garantía en relación con el conocimiento de una misma causa criminal, mientras no se dirimiere dicha competencia, cada uno de ellos estará facultado para realizar las actuaciones urgentes y otorgar las autorizaciones que, con el mismo carácter, les solicitare el ministerio público.

De los jueces entre quienes se hubiere suscitado la contienda, aquél en cuyo territorio jurisdiccional se encontraren quienes estuvieren privados de libertad en la causa resolverá sobre su libertad.

Artículo 73. Efectos de la resolución que dirime la competencia. Dirimida la competencia, serán puestas inmediatamente a disposición del

[13] Inciso sustituido, por el que aparece en el texto, por el artículo 1º, Nº 7, de la Ley Nº 20.074, de 14 de noviembre de 2005.

juez competente las personas que se encontraren privadas de libertad, así como los antecedentes que obraren en poder de los demás jueces que hubieren intervenido.

Todas las actuaciones practicadas ante los jueces que resultaren incompetentes serán válidas, sin necesidad de ratificación por el juez que fuere declarado competente.

Artículo 74. Preclusión de los conflictos de competencia. Transcurridos tres días desde la notificación de la resolución que fijare fecha para la realización de la audiencia del juicio oral, la incompetencia territorial del tribunal del juicio oral en lo penal no podrá ser declarada de oficio ni promovida por las partes.

Si durante la audiencia de preparación del juicio oral se planteare un conflicto de competencia, no se suspenderá la tramitación, pero no se pronunciará la resolución a que alude el artículo 277 mientras no se resolviere el conflicto.

Artículo 75. Inhabilitación del juez de garantía. Planteada la inhabilitación del juez de garantía, quien debiere subrogarlo conforme a la ley continuará conociendo de todos los trámites anteriores a la audiencia de preparación del juicio oral, la que no se realizará hasta que se resolviere la inhabilitación.

Artículo 76. Inhabilitación de los jueces del tribunal del juicio oral. Las solicitudes de inhabilitación de los jueces del tribunal de juicio oral deberán plantearse, a más tardar, dentro de los tres días siguientes a la notificación de la resolución que fijare fecha para el juicio oral, y se resolverán con anterioridad al inicio de la respectiva audiencia.

Cuando los hechos que constituyeren la causal de implicancia o recusación llegaren a conocimiento de la parte con posterioridad al vencimiento del plazo previsto en el inciso anterior y antes del inicio del juicio oral, el incidente respectivo deberá ser promovido al iniciarse la audiencia del juicio oral.

Con posterioridad al inicio de la audiencia del juicio oral, no podrán deducirse incidentes relativos a la inhabilitación de los jueces que integraren el tribunal. Con todo, si cualquiera de los jueces advirtiere un hecho nuevo constitutivo de causal de inhabilidad, el tribunal podrá declararla de oficio.

El tribunal continuará funcionando con exclusión del o de los miembros inhabilitados, si éstos pudieren ser reemplazados de inmediato en virtud de lo dispuesto en el inciso quinto del artículo 281, o si continuare integrado por, a lo menos, dos jueces que hubieren concurrido a toda la audiencia. En este último caso, deberán alcanzar unanimidad para pronunciar la sentencia definitiva. Si no se cumpliere alguna de estas condiciones, se anulará todo lo obrado en el juicio oral.

Párrafo 2° El ministerio público

Artículo 77. Facultades. Los fiscales ejercerán y sustentarán la acción penal pública en la forma prevista por la ley. Con ese propósito practicarán todas las diligencias que fueren conducentes al éxito de la investigación y dirigirán la actuación de la policía, con estricta sujeción al principio de objetividad consagrado en la Ley Orgánica Constitucional del Ministerio Público.

Artículo 78. Información y protección a las víctimas. Será deber de los fiscales durante todo el procedimiento adoptar medidas, o solicitarlas, en su caso, para proteger a las víctimas de los delitos; facilitar su intervención en el mismo y evitar o disminuir al mínimo cualquier perturbación que hubieren de soportar con ocasión de los trámites en que debieren intervenir.

Los fiscales estarán obligados a realizar, entre otras, las siguientes actividades a favor de la víctima:

a) Entregarle información acerca del curso y resultado del procedimiento, de sus derechos y de las actividades que debiere realizar para ejercerlos.

b) Ordenar por sí mismos o solicitar al tribunal, en su caso, las medidas destinadas a la protección de la víctima y su familia frente a probables hostigamientos, amenazas o atentados.

c) Informarle sobre su eventual derecho a indemnización y la forma de impetrarlo, y remitir los antecedentes, cuando correspondiere, al organismo del Estado que tuviere a su cargo la representación de la víctima en el ejercicio de las respectivas acciones civiles.

d) Escuchar a la víctima antes de solicitar o resolver la suspensión del procedimiento o su terminación por cualquier causa.

Si la víctima hubiere designado abogado, el ministerio público estará obligado a realizar también a su respecto las actividades señaladas en las letras a) y d) precedentes.

Artículo 78 bis. Protección de la integridad física y psicológica de las personas objeto del tráfico ilícito de migrantes y víctimas de trata de personas. El Ministerio Público adoptará las medidas necesarias, o las solicitará, en su caso, tendientes a asegurar la protección de las víctimas de estos delitos durante el proceso penal, teniendo presente la especial condición de vulnerabilidad que las afecta.

Cuando se trate de menores de dieciocho años, los servicios públicos a cargo de la protección de la infancia y la adolescencia deberán facilitar su acceso a las prestaciones especializadas que requieran, especialmente, aquellas tendientes a su recuperación integral y a la revinculación familiar, si fuere procedente de acuerdo al interés superior del menor de edad.

En los casos en que las víctimas de los delitos establecidos en los artículos 411 bis y 411 quáter del Código Penal carezcan de representante legal o cuando, por motivos fundados, el juez estime que los intereses de las personas menores de edad son independientes o contradictorios con los de aquel a quien corresponda representarlo, el juez le designará un curador *ad litem* de cualquier institución que se dedique a la defensa, promoción o protección de los derechos de la infancia[14] [15].

---

14 Artículo agregado, como aparece en el texto, por el artículo 2°, N° 3, de la Ley N° 20.507, de 08 de abril de 2011.

15 Inciso tercero derogado por el art. 32 de la Ley N° 21.057, de 20 de enero de 2018, El artículo primero transitorio de la Ley N° 21.057, que regula las entrevistas grabadas en video y otras medidas de resguardo a menores de edad, víctimas de delitos

Artículo 78 ter. Medidas especiales de protección de fiscales. Excepcionalmente, cuando en el transcurso de una investigación o en cualquier otra etapa del procedimiento, surgiere algún antecedente grave de amenaza, agresión u otra potencial afectación a la integridad personal de los fiscales o de sus familias, o en todo caso tratándose de la investigación de delitos cometidos por asociaciones delictivas o criminales, el Fiscal Regional respectivo podrá disponer, mediante una decisión fundada, una o más de las siguientes medidas de protección:

a) La participación del fiscal o del abogado asistente de fiscal en las audiencias por vía remota mediante videoconferencia.

b) Reserva de la identidad del fiscal o del abogado asistente de fiscal en las audiencias que se desarrollen ante los tribunales, ya sea que se realicen de forma presencial o remota.

c) Reserva de la identidad del fiscal o del abogado asistente de fiscal en los registros y documentos que se deban poner a disposición de las partes o que deban ser presentados o evacuados ante los tribunales.

En los casos en que se decrete la reserva de la identidad, ésta deberá ser reemplazada por una denominación genérica como "Fiscal del Ministerio Público".

---

sexuales, estableció su entrada en vigencia gradual, en tres etapas, a partir de la publicación de su reglamento, el que se contiene en el Decreto 401, de Justicia, publicado el 2.4.2019.

Primera etapa: entrará en vigencia transcurridos seis meses después de publicado en el Diario Oficial el reglamento a que alude el artículo 29, y comprenderá las regiones de Arica y Parinacota, de Tarapacá, de Antofagasta, del Maule, de Aysén del General Carlos Ibáñez del Campo, y de Magallanes y de la Antártica Chilena.

Segunda etapa: entrará en vigencia transcurridos dieciocho meses después de publicado en el Diario Oficial el reglamento a que alude el artículo 29, y comprenderá las regiones de Atacama, de Coquimbo, de Ñuble, del Biobío, de La Araucanía y de Los Ríos.

Tercera etapa: entrará en vigencia transcurridos treinta meses después de publicado en el Diario Oficial el reglamento a que alude el artículo 29, y comprenderá las regiones de Valparaíso, Metropolitana de Santiago, del Libertador General Bernardo O'Higgins y de Los Lagos.

El Fiscal Regional deberá comunicar al tribunal respectivo su decisión, a fin de que se disponga lo necesario para dar cumplimiento a las medidas de protección. En el caso de la comparecencia telemática, deberá comunicar la decisión a lo menos con cuarenta y ocho horas de anticipación a la audiencia, o de ocho horas, si se tratare de la primera audiencia judicial del detenido.

La medida de protección decretada se mantendrá vigente durante toda la sustanciación del proceso hasta el término de la causa por cualquier motivo. En caso de ponerse término en virtud de una sentencia condenatoria, la medida de protección podrá extenderse hasta que la pena se encuentre completamente cumplida.

El abogado defensor del imputado podrá siempre conocer la identidad del fiscal, debiendo mantener reserva de la misma.

La revelación de la información reservada será sancionada de conformidad a los artículos 246, 246 bis o 247 del Código Penal, según correspondiere[16].

Párrafo 3° La policía

Artículo 79. Función de la policía en el procedimiento penal. La Policía de Investigaciones de Chile será auxiliar del ministerio público en las tareas de investigación y deberá llevar a cabo las diligencias necesarias para cumplir los fines previstos en este Código, en especial en los artículos 180, 181 y 187, de conformidad a las instrucciones que le dirigieren los fiscales. Tratándose de delitos que dependieren de instancia privada se estará a lo dispuesto en los artículos 54 y 400 de este Código. Asimismo, le corresponderá ejecutar las medidas de coerción que se decretaren.

Carabineros de Chile, en el mismo carácter de auxiliar del ministerio público, deberá desempeñar las funciones previstas en el inciso precedente cuando el fiscal a cargo del caso así lo dispusiere.

---

16 Artículo incorporado por el artículo 2, N°1, de la Ley 21.694, de 4 de septiembre de 2024.

Sin perjuicio de lo previsto en los incisos anteriores, tratándose de investigaciones en las que apareciere necesario el carácter auxiliar de Gendarmería de Chile para la realización de diligencias de investigación en el interior de establecimientos penales, el Ministerio Público también podrá impartirle instrucciones. En estos casos Gendarmería de Chile deberá actuar de conformidad con lo dispuesto en este Código[17].

Artículo 80. Dirección del ministerio público. Los funcionarios señalados en el artículo anterior que, en cada caso, cumplieren funciones previstas en este Código, ejecutarán sus tareas bajo la dirección y responsabilidad de los fiscales y de acuerdo a las instrucciones que éstos les impartieren para los efectos de la investigación, sin perjuicio de su dependencia de las autoridades de la institución a la que pertenecieren.

También deberán cumplir las órdenes que les dirigieren los jueces para la tramitación del procedimiento.

Los funcionarios antes mencionados deberán cumplir de inmediato y sin más trámite las órdenes que les impartieren los fiscales y los jueces, cuya procedencia, conveniencia y oportunidad no podrán calificar, sin perjuicio de requerir la exhibición de la autorización judicial previa, cuando correspondiere, salvo los casos urgentes a que se refiere el inciso final del artículo 9°, en los cuales la autorización judicial se exhibirá posteriormente[18].

Artículo 81. Comunicaciones entre el ministerio público y la policía. Las comunicaciones que los fiscales y la policía debieren dirigirse en relación con las actividades de investigación de un caso particular se realizarán en la forma y por los medios más expeditos posibles.

Artículo 82. Imposibilidad de cumplimiento. El funcionario de la policía que, por cualquier causa, se encontrare impedido de cumplir una

---

[17] Inciso sustituido, como aparece en el texto, por el artículo 1 de la Ley 21.555 de 10 de abril de 2023.

[18] Inciso modificado, como aparece en el texto, por el artículo único, N° 3, de la Ley N° 19.789, de 30 de enero de 2002.

orden que hubiere recibido del ministerio público o de la autoridad judicial, pondrá inmediatamente esta circunstancia en conocimiento de quien la hubiere emitido y de su superior jerárquico en la institución a que perteneciere.

El fiscal o el juez que hubiere emitido la orden podrá sugerir o disponer las modificaciones que estimare convenientes para su debido cumplimiento, o reiterar la orden, si en su concepto no existiere imposibilidad.

Artículo 83. Actuaciones de la policía sin orden previa. Corresponderá a los funcionarios de Carabineros de Chile y de la Policía de Investigaciones de Chile realizar las siguientes actuaciones, sin necesidad de recibir previamente instrucciones particulares de los fiscales:

a) Prestar auxilio a la víctima;

b) Practicar la detención en los casos de flagrancia, conforme a la ley;

c) Resguardar el sitio del suceso. Deberán preservar siempre todos los lugares donde se hubiere cometido un delito o se encontraren señales o evidencias de su perpetración, fueren éstos abiertos o cerrados, públicos o privados. Para el cumplimiento de este deber, procederán a su inmediata clausura o aislamiento, impedirán el acceso a toda persona ajena a la investigación y evitarán que se alteren, modifiquen o borren de cualquier forma los rastros o vestigios del hecho, o que se remuevan o trasladen los instrumentos usados para llevarlo a cabo[19].

El personal policial experto deberá recoger, identificar y conservar bajo sello los objetos, documentos o instrumentos de cualquier clase que parecieren haber servido a la comisión del hecho investigado, sus efectos o los que pudieren ser utilizados como medios de prueba, para ser remitidos a quien correspondiere, dejando constancia, en el registro que se levantare, de la individualización completa del o los funcionarios policiales que llevaren a cabo esta diligencia;

En aquellos casos en que en la localidad donde ocurrieren los hechos no exista personal policial experto y la evidencia pueda desaparecer, el

---

[19] Párrafo sustituido, por el que aparece en el texto, por el artículo 2°, N° 1, letra a), número i), de la Ley 20.931, de 05 de julio de 2016.

personal policial que hubiese llegado al sitio del suceso deberá recogerla y guardarla en los términos indicados en el párrafo precedente y hacer entrega de ella al Ministerio Público, a la mayor brevedad posible[20].

En el caso de delitos flagrantes cometidos en zonas rurales o de difícil acceso, la policía deberá practicar de inmediato las primeras diligencias de investigación pertinentes, dando cuenta al fiscal que corresponda de lo hecho, a la mayor brevedad. Asimismo, el personal policial realizará siempre las diligencias señaladas en la presente letra cuando reciba denuncias conforme a lo señalado en la letra e) de este artículo y dará cuenta al fiscal que corresponda inmediatamente después de realizarlas. Lo anterior tendrá lugar sólo respecto de los delitos que determine el Ministerio Público a través de las instrucciones generales a que se refiere el artículo 87. En dichas instrucciones podrá limitarse esta facultad cuando se tratare de denuncias relativas a hechos lejanos en el tiempo[21] [22].

d) Identificar a los testigos y consignar las declaraciones que éstos prestaren voluntariamente, en los casos de delitos flagrantes, en que se esté resguardando el sitio del suceso, o cuando se haya recibido una denuncia en los términos de la letra b) de este artículo. Fuera de los casos anteriores, los funcionarios policiales deberán consignar siempre las declaraciones que voluntariamente presten testigos sobre la comisión de un delito o de sus partícipes o sobre cualquier otro antecedente que resulte útil para el esclarecimiento de un delito y la determinación de sus autores y partícipes, debiendo comunicar o remitir a la brevedad dicha información

---

20 Párrafo agregado, como aparece en el texto, por el artículo 2°, N° 1, de la Ley 20.253, de 14 de marzo de 2008. Se agregaron los párrafos tercero y cuarto.

21 Párrafo agregado por el artículo 2°, N° 1, de la Ley 20.253, de 14 de marzo de 2008. Se agregaron los párrafos tercero y cuarto.

22 Párrafo modificado, como aparece en el texto, por el artículo 2°, N° 1, letra a), número ii), de la Ley 20.931, de 05 de julio de 2016. La modificación se realizó al texto del párrafo agregado por la Ley 20.253, de acuerdo a lo señalado en la nota anterior.

al Ministerio Público, todo lo anterior de acuerdo con las instrucciones generales que dicte el Fiscal Nacional según lo dispuesto en el artículo 87[23];

e) Recibir las denuncias del público, y

f) Efectuar las demás actuaciones que dispusieren otros cuerpos legales.

Artículo 84. Información al ministerio público. Recibida una denuncia, la policía informará inmediatamente y por el medio más expedito al ministerio público. Sin perjuicio de ello, procederá, cuando correspondiere, a realizar las actuaciones previstas en el artículo precedente, respecto de las cuales se aplicará, asimismo, la obligación de información inmediata.

Artículo 85. Control de identidad. Los funcionarios policiales señalados en el artículo 83 deberán, además, sin orden previa de los fiscales, solicitar la identificación de cualquier persona en los casos fundados, en que, según las circunstancias, estimaren que exista algún indicio de que ella hubiere cometido o intentado cometer un crimen, simple delito o falta; de que se dispusiere a cometerlo; de que pudiere suministrar informaciones útiles para la indagación de un crimen, simple delito o falta; o en el caso de la persona que se encapuche o emboce para ocultar, dificultar o disimular su identidad. El funcionario policial deberá otorgar a la persona facilidades para encontrar y exhibir estos instrumentos[24].

Procederá también tal solicitud cuando los funcionarios policiales tengan algún antecedente que les permita inferir que una determinada persona tiene alguna orden de detención pendiente[25].

---

[23] Letra sustituida, por la que aparece en el texto, por el artículo 2°, N° 1, letra b), de la Ley 20.931, de 05 de julio de 2016.

[24] Inciso modificado, como aparece en el texto, por el artículo 2°, N° 2, letras a) y b), de la Ley N° 20.931, de 05 de julio de 2016. Anteriormente, el inciso había sido sustituido por el artículo 2°, N° 2, letra a), de la Ley 20.253, de 14 de marzo de 2008.

[25] Inciso agregado, como aparece en el texto, por el artículo 2°, N° 2, letra c), de la Ley 20.931, de 05 de julio de 2016. Se agregaron incisos segundo y tercero, pasando los que existían con anterioridad a ser cuarto, quinto y así sucesivamente.

La identificación se realizará en el lugar en que la persona se encontrare, por medio de documentos de identificación expedidos por la autoridad pública, como cédula de identidad, licencia de conducir o pasaporte. El funcionario policial deberá otorgar a la persona facilidades para encontrar y exhibir estos instrumentos[26].

Durante este procedimiento, sin necesidad de nuevo indicio, la policía podrá proceder al registro de las vestimentas, equipaje o vehículo de la persona cuya identidad se controla, y cotejar la existencia de las órdenes de detención que pudieren afectarle. La policía procederá a la detención, sin necesidad de orden judicial y en conformidad a lo dispuesto en el artículo 129, de quienes se sorprenda, a propósito del registro, en alguna de las hipótesis del artículo 130, así como de quienes al momento del cotejo registren orden de detención pendiente[27].

En caso de negativa de una persona a acreditar su identidad, o si habiendo recibido las facilidades del caso no le fuere posible hacerlo, la policía la conducirá a la unidad policial más cercana para fines de identificación. En dicha unidad se le darán facilidades para procurar una identificación satisfactoria por otros medios distintos de los ya mencionados, dejándola en libertad en caso de obtenerse dicho resultado, previo cotejo de la existencia de órdenes de detención que pudieren afectarle. Si no resultare posible acreditar su identidad, se le tomarán huellas digitales, las que sólo podrán ser usadas para fines de identificación y, cumplido dicho propósito, serán destruidas[28].

El conjunto de procedimientos detallados en los incisos precedentes no deberá extenderse por un plazo superior a ocho horas, transcurridas las

---

26 Inciso agregado, como aparece en el texto, por el artículo 2°, N° 2, letra c), de la Ley 20.931, de 05 de julio de 2016. Se agregaron incisos segundo y tercero, pasando los que existían con anterioridad a ser cuarto, quinto y así sucesivamente.

27 Inciso modificado, como aparece en el texto, por el artículo 2°, N° 2, letra d), de la Ley N° 20.931, de 05 de julio de 2016. Anteriormente, el inciso había sido sustituido por el artículo 2°, N° 2, letra b), de la Ley 20.253, de 14 de marzo de 2008.

28 Inciso modificado, como aparece en el texto, por el artículo 2°, N° 2, letra c), de la Ley 20.253, de 14 de marzo de 2008.

cuales la persona que ha estado sujeta a ellos deberá ser puesta en libertad, salvo que existan indicios de que ha ocultado su verdadera identidad o ha proporcionado una falsa, caso en el cual se estará a lo dispuesto en el inciso siguiente[29].

Si la persona se niega a acreditar su identidad o se encuentra en la situación indicada en el inciso anterior, se procederá a su detención como autora de la falta prevista y sancionada en el Nº 5 del artículo 496 del Código Penal. El agente policial deberá informar, de inmediato, de la detención al fiscal, quien podrá dejarla sin efecto u ordenar que el detenido sea conducido ante el juez dentro de un plazo máximo de veinticuatro horas, contado desde que la detención se hubiere practicado. Si el fiscal nada manifestare, la policía deberá presentar al detenido ante la autoridad judicial en el plazo indicado[30].

Los procedimientos dirigidos a obtener la identidad de una persona en conformidad a los incisos precedentes, deberán realizarse en la forma más expedita posible, y el abuso en su ejercicio podrá ser constitutivo del delito previsto y sancionado en el artículo 255 del Código Penal[31].

Si no pudiere lograrse la identificación por los documentos expedidos por la autoridad pública, las policías podrán utilizar medios tecnológicos de identificación para concluir con el procedimiento de identificación de que se trata[32].

Artículo 86. Derechos de la persona sujeta a control de identidad. En cualquier caso que hubiere sido necesario conducir a la unidad policial a la persona cuya identidad se tratare de averiguar en virtud del artícu-

---

29 Inciso modificado, como aparece en el texto, por el artículo 2º, Nº 2, letra d), de la Ley 20.253, de 14 de marzo de 2008. Anteriormente, había sido sustituido por el artículo 1º, Nº 2, de la Ley Nº 19.942, de 15 de abril de 2004.

30 Inciso agregado, junto al anterior y al que le sigue, en reemplazo del anterior inciso cuarto, por el artículo 1º, Nº 2, de la Ley Nº 19.942, de 15 de abril de 2004.

31 Inciso agregado, junto a los dos anteriores, en reemplazo del anterior inciso cuarto, por el artículo 1º, Nº 2, de la Ley Nº 19.942, de 15 de abril de 2004.

32 Inciso agregado, como aparece en el texto, por el artículo 2º, Nº 2, letra e), de la Ley 20.931, de 05 de julio de 2016.

lo precedente, el funcionario que practicare el traslado deberá informarle verbalmente de su derecho a que se comunique a su familia o a la persona que indicare, de su permanencia en el cuartel policial. El afectado no podrá ser ingresado a celdas o calabozos, ni mantenido en contacto con personas detenidas.

Artículo 87. Instrucciones generales. Sin perjuicio de las instrucciones particulares que el fiscal impartiere en cada caso, el ministerio público regulará mediante instrucciones generales la forma en que la policía cumplirá las funciones previstas en los artículos 83 y 85, así como la forma de proceder frente a hechos de los que tomare conocimiento y respecto de los cuales los datos obtenidos fueren insuficientes para estimar si son constitutivos de delito. Asimismo, podrá impartir instrucciones generales relativas a la realización de diligencias inmediatas para la investigación de determinados delitos[33].

Artículo 87 bis. Se considerará falta contra el buen servicio de los funcionarios policiales el incumplimiento de las instrucciones impartidas por los fiscales a las policías, dando lugar a las responsabilidades administrativas que correspondan, conforme lo establecen los respectivos reglamentos[34].

Artículo 88. Solicitud de registros de actuaciones. El ministerio público podrá requerir en cualquier momento los registros de las actuaciones de la policía.

Artículo 89. Examen de vestimentas, equipaje o vehículos. Se podrá practicar el examen de las vestimentas que llevare el detenido, del equipaje que portare o del vehículo que condujere.

---

33 Inciso modificado, como aparece en el texto, por el artículo 1°, N° 8, de la Ley N° 20.074, de 14 de noviembre de 2005.

34 Artículo agregado, por el que aparece en el texto, por el artículo 2°, N° 3, de la Ley 20.931, de 05 de julio de 2016.

Para practicar el examen de vestimentas, se comisionará a personas del mismo sexo del imputado y se guardarán todas las consideraciones compatibles con la correcta ejecución de la diligencia[35].

Artículo 90. Levantamiento del cadáver. En los casos de muerte en la vía pública, y sin perjuicio de las facultades que corresponden a los órganos encargados de la persecución penal, la descripción a que se refiere el artículo 181 y la orden de levantamiento del cadáver podrán ser realizadas por el jefe de la unidad policial correspondiente, en forma personal o por intermedio de un funcionario de su dependencia, quien dejará registro de lo obrado, en conformidad a las normas generales de este Código.

Artículo 91. Declaraciones del imputado ante la policía. La policía sólo podrá interrogar autónomamente al imputado en presencia de su defensor. Si éste no estuviere presente durante el interrogatorio, las preguntas se limitarán a constatar la identidad del sujeto.

Si, en ausencia del defensor, el imputado manifestare su deseo de declarar, la policía tomará las medidas necesarias para que declare inmediatamente ante el fiscal. Si esto no fuere posible, la policía podrá consignar las declaraciones que se allanare a prestar, bajo la responsabilidad y con la autorización del fiscal. El defensor podrá incorporarse siempre y en cualquier momento a esta diligencia.

Artículo 92. Prohibición de informar. Los funcionarios policiales no podrán informar a los medios de comunicación social acerca de la identidad de detenidos, imputados, víctimas, testigos, ni de otras personas que se encontraren o pudieren resultar vinculadas a la investigación de un hecho punible.

---

[35] Inciso modificado, como aparece en el texto, por el artículo 2º, Nº 4, de la Ley 20.931, de 05 de julio de 2016.

Párrafo 4º El imputado

I. Derechos y garantías del imputado

Artículo 93. Derechos y garantías del imputado. Todo imputado podrá hacer valer, hasta la terminación del proceso, los derechos y garantías que le confieren las leyes.

En especial, tendrá derecho a:

a) Que se le informe de manera específica y clara acerca de los hechos que se le imputaren y los derechos que le otorgan la Constitución y las leyes;

b) Ser asistido por un abogado desde los actos iniciales de la investigación;

c) Solicitar de los fiscales diligencias de investigación destinadas a desvirtuar las imputaciones que se le formularen;

d) Solicitar directamente al juez que cite a una audiencia, a la cual podrá concurrir con su abogado o sin él, con el fin de prestar declaración sobre los hechos materia de la investigación;

e) Solicitar que se active la investigación y conocer su contenido, salvo en los casos en que alguna parte de ella hubiere sido declarada secreta y sólo por el tiempo que esa declaración se prolongare;

f) Solicitar el sobreseimiento definitivo de la causa y recurrir contra la resolución que lo rechazare;

g) Guardar silencio o, en caso de consentir en prestar declaración, a no hacerlo bajo juramento. Sin perjuicio de lo dispuesto en los artículos 91 y 102, al ser informado el imputado del derecho que le asiste conforme a esta letra, respecto de la primera declaración que preste ante el fiscal o la policía, según el caso, deberá señalársele lo siguiente: «Tiene derecho a guardar silencio. El ejercicio de este derecho no le ocasionará ninguna consecuencia legal adversa; sin embargo, si renuncia a él, todo lo que manifieste podrá ser usado en su contra»[36];

---

[36] Letra modificada, como aparece en el texto, por el artículo único, Nº 2, de la Ley 20.592, del 02 de junio de 2012.

h) No ser sometido a tortura ni a otros tratos crueles, inhumanos o degradantes, e

i) No ser juzgado en ausencia, sin perjuicio de las responsabilidades que para él derivaren de la situación de rebeldía.

Artículo 94. Imputado privado de libertad. El imputado privado de libertad tendrá, además, las siguientes garantías y derechos:

a) A que se le exprese específica y claramente el motivo de su privación de libertad y, salvo el caso de delito flagrante, a que se le exhiba la orden que la dispusiere;

b) A que el funcionario a cargo del procedimiento de detención o de aprehensión le informe de los derechos a que se refiere el inciso segundo del artículo 135;

c) A ser conducido sin demora ante el tribunal que hubiere ordenado su detención;

d) A solicitar del tribunal que le conceda la libertad;

e) A que el encargado de la guardia del recinto policial al cual fuere conducido informe, en su presencia, al familiar o a la persona que le indicare, que ha sido detenido o preso, el motivo de la detención o prisión y el lugar donde se encontrare;

f) A entrevistarse privadamente con su abogado de acuerdo al régimen del establecimiento de detención, el que sólo contemplará las restricciones necesarias para el mantenimiento del orden y la seguridad del recinto;

g) A tener, a sus expensas, las comodidades y ocupaciones compatibles con la seguridad del recinto en que se encontrare, y

h) A recibir visitas y comunicarse por escrito o por cualquier otro medio, salvo lo dispuesto en el artículo 151.

Artículo 95. Amparo ante el juez de garantía. Toda persona privada de libertad tendrá derecho a ser conducida sin demora ante un juez de garantía, con el objeto de que examine la legalidad de su privación de libertad y, en todo caso, para que examine las condiciones en que se encontrare, constituyéndose, si fuere necesario, en el lugar en que ella estuviere. El juez podrá ordenar la libertad del afectado o adoptar las medidas que fueren procedentes.

El abogado de la persona privada de libertad, sus parientes o cualquier persona en su nombre podrán siempre ocurrir ante el juez que conociere del caso o aquél del lugar donde aquélla se encontrare, para solicitar que ordene que sea conducida a su presencia y se ejerzan las facultades establecidas en el inciso anterior.

Con todo, si la privación de libertad hubiere sido ordenada por resolución judicial, su legalidad sólo podrá impugnarse por los medios procesales que correspondan ante el tribunal que la hubiere dictado, sin perjuicio de lo establecido en el artículo 21 de la Constitución Política de la República.

Artículo 96. Derechos de los abogados. Todo abogado tendrá derecho a requerir del funcionario encargado de cualquier lugar de detención o prisión, la confirmación de encontrarse privada de libertad una persona determinada en ese o en otro establecimiento del mismo servicio y que se ubicare en la comuna.

En caso afirmativo y con el acuerdo del afectado, el abogado tendrá derecho a conferenciar privadamente con él y, con su consentimiento, a recabar del encargado del establecimiento la información consignada en la letra a) del artículo 94.

Si fuere requerido, el funcionario encargado deberá extender, en el acto, una constancia de no encontrarse privada de libertad en el establecimiento la persona por la que se hubiere consultado.

Artículo 97. Obligación de cumplimiento e información. El tribunal, los fiscales y los funcionarios policiales dejarán constancia en los respectivos registros, conforme al avance del procedimiento, de haber cumplido las normas legales que establecen los derechos y garantías del imputado.

Artículo 98. Declaración del imputado como medio de defensa. Durante todo el procedimiento y en cualquiera de sus etapas el imputado tendrá siempre derecho a prestar declaración, como un medio de defenderse de la imputación que se le dirigiere.

La declaración judicial del imputado se prestará en audiencia a la cual podrán concurrir los intervinientes en el procedimiento, quienes deberán ser citados al efecto.

La declaración del imputado no podrá recibirse bajo juramento. El juez o, en su caso, el presidente del tribunal, se limitará a exhortarlo a que diga la verdad y a que responda con claridad y precisión las preguntas que se le formularen. Regirá, correspondientemente, lo dispuesto en el artículo 326.

Si con ocasión de su declaración judicial, el imputado o su defensor solicitaren la práctica de diligencias de investigación, el juez podrá recomendar al ministerio público la realización de las mismas, cuando lo considerare necesario para el ejercicio de la defensa y el respeto del principio de objetividad.

Si el imputado no supiere la lengua castellana o si fuere sordo o mudo, se procederá a tomarle declaración de conformidad al artículo 291, incisos tercero y cuarto.

II. Imputado rebelde

Artículo 99. Causales de rebeldía. El imputado será declarado rebelde:

a) Cuando, decretada judicialmente su detención o prisión preventiva, no fuere habido, o

b) Cuando, habiéndose formalizado la investigación en contra del que estuviere en país extranjero, no fuere posible obtener su extradición.

Artículo 100. Declaración de rebeldía. La declaración de rebeldía del imputado será pronunciada por el tribunal ante el que debiere comparecer.

Artículo 101. Efectos de la rebeldía. Declarada la rebeldía, las resoluciones que se dictaren en el procedimiento se tendrán por notificadas personalmente al rebelde en la misma fecha en que se pronunciaren.

La investigación no se suspenderá por la declaración de rebeldía y el procedimiento continuará hasta la realización de la audiencia de preparación del juicio oral, en la cual se podrá sobreseer definitiva o temporalmente la causa de acuerdo al mérito de lo obrado. Si la declaración de rebeldía se produjere durante la etapa de juicio oral, el procedimiento se sobreseerá temporalmente, hasta que el imputado compareciere o fuere habido.

El sobreseimiento afectará sólo al rebelde y el procedimiento continuará con respecto a los imputados presentes.

El imputado que fuere habido pagará las costas causadas con su rebeldía, a menos que justificare debidamente su ausencia.

Párrafo 5º La defensa

Artículo 102. Derecho a designar libremente a un defensor. Desde la primera actuación del procedimiento y hasta la completa ejecución de la sentencia que se dictare, el imputado tendrá derecho a designar libremente uno o más defensores de su confianza. Si no lo tuviere, el juez procederá a hacerlo, en los términos que señale la ley respectiva. En todo caso, la designación del defensor deberá tener lugar antes de la realización de la primera audiencia a que fuere citado el imputado[37].

Si el imputado se encontrare privado de libertad, cualquier persona podrá proponer para aquél un defensor determinado, o bien solicitar se le nombre uno. Conocerá de dicha petición el juez de garantía competente o aquél correspondiente al lugar en que el imputado se encontrare.

El juez dispondrá la comparecencia del imputado a su presencia, con el objeto de que acepte la designación del defensor.

Si el imputado prefiriere defenderse personalmente, el tribunal lo autorizará sólo cuando ello no perjudicare la eficacia de la defensa; en caso contrario, le designará defensor letrado, sin perjuicio del derecho del imputado a formular planteamientos y alegaciones por sí mismo, según lo dispuesto en el artículo 8º.

Artículo 103. Efectos de la ausencia del defensor. La ausencia del defensor en cualquier actuación en que la ley exigiere expresamente su

---

37 Inciso modificado, como aparece en el texto, por el artículo único, Nº 3, de la Ley 20.592, del 02 de junio de 2012.

participación acarreará la nulidad de la misma, sin perjuicio de lo señalado en el artículo 286.

Artículo 103 bis. Sanciones al defensor que no asistiere o abandonare la audiencia injustificadamente. La ausencia injustificada del defensor a la audiencia del juicio oral, a la de preparación del mismo o del procedimiento abreviado, como asimismo a cualquiera de las sesiones de éstas, si se desarrollaren en varias, se sancionará con la suspensión del ejercicio de la profesión, la que no podrá ser inferior a quince ni superior a sesenta días. En idéntica sanción incurrirá el defensor que abandonare injustificadamente alguna de las mencionadas audiencias, mientras éstas se estuvieren desarrollando.

El tribunal impondrá la sanción después de escuchar al afectado y recibir la prueba que ofreciere, si la estimare procedente[38].

Artículo 104. Derechos y facultades del defensor. El defensor podrá ejercer todos los derechos y facultades que la ley reconoce al imputado, a menos que expresamente se reservare su ejercicio a este último en forma personal.

Artículo 105. Defensa de varios imputados en un mismo proceso. La defensa de varios imputados podrá ser asumida por un defensor común, a condición de que las diversas posiciones que cada uno de ellos sustentare no fueren incompatibles entre sí.

Si el tribunal advirtiere una situación de incompatibilidad la hará presente a los afectados y les otorgará un plazo para que la resuelvan o para que designen los defensores que se requirieren a fin de evitar la incompatibilidad de que se tratare. Si, vencido el plazo, la situación de incompatibilidad no hubiere sido resuelta o no hubieren sido designados el o los defensores necesarios, el mismo tribunal determinará los imputados que

---

[38] Artículo agregado, como aparece en el texto, por el artículo único, número 2, de la Ley N° 21.004, de 29 de marzo de 2017.

debieren considerarse sin defensor y procederá a efectuar los nombramientos que correspondieren.

Artículo 106. Renuncia o abandono de la defensa. La renuncia formal del defensor no lo liberará de su deber de realizar todos los actos inmediatos y urgentes que fueren necesarios para impedir la indefensión del imputado.

Sin perjuicio de lo anterior, no podrá ser presentada la mencionada renuncia del abogado defensor dentro de los diez días previos a la realización de la audiencia de juicio oral, como tampoco dentro de los siete días previos a la realización de la audiencia de preparación de juicio[39].

El abogado defensor que renunciare a su cargo en los plazos señalados en el inciso anterior, o abandonare o dejare de asistir injustificadamente a las audiencias mencionadas en el artículo 103 bis, será sancionado con la suspensión del ejercicio de la profesión en los términos previstos en el citado precepto.

En el caso de renuncia del defensor o en cualquier situación de abandono de hecho de la defensa, el tribunal deberá designar de oficio un defensor penal público que la asuma, a menos que el imputado se procurare antes un defensor de su confianza. Con todo, tan pronto este defensor hubiere aceptado el cargo, cesará en sus funciones el designado por el tribunal.

Artículo 107. Designación posterior. La designación de un defensor penal público no afectará el derecho del imputado a elegir posteriormente otro de su confianza; pero la sustitución no producirá efectos hasta que el defensor designado aceptare el mandato y fijare domicilio.

---

[39] Inciso agregado, como aparece en el texto, por el artículo único, número 3, de la Ley Nº 21.004, de 29 de marzo de 2017. Se agregaron los incisos segundo y tercero, nuevos, pasando el anterior tercero a ser cuarto.

Párrafo 6º La víctima

Artículo 108. Concepto. Para los efectos de este Código, se considera víctima al ofendido por el delito.

En los delitos cuya consecuencia fuere la muerte del ofendido y en los casos en que éste no pudiere ejercer los derechos que en este Código se le otorgan, se considerará víctima:

a) al cónyuge o al conviviente civil y a los hijos[40];

b) a los ascendientes;

c) al conviviente;

d) a los hermanos, y

e) al adoptado o adoptante.

Para los efectos de su intervención en el procedimiento, la enumeración precedente constituye un orden de prelación, de manera que la intervención de una o más personas pertenecientes a una categoría excluye a las comprendidas en las categorías siguientes.

Artículo 109. Derechos de la víctima. La víctima podrá intervenir en el procedimiento penal conforme a lo establecido en este Código, y tendrá, entre otros, los siguientes derechos:

a) Solicitar medidas de protección frente a probables hostigamientos, amenazas o atentados en contra suya o de su familia;

b) Presentar querella;

c) Ejercer contra el imputado acciones tendientes a perseguir las responsabilidades civiles provenientes del hecho punible;

d) Ser oída, si lo solicitare, por el fiscal antes de que éste pidiere o se resolviere la suspensión del procedimiento o su terminación anticipada;

---

[40] Letra modificada, como aparece en el texto, por el artículo 40, número i), de la Ley Nº 20.830, de 21 de abril de 2015.

e) Ser oída, si lo solicitare, por el tribunal antes de pronunciarse acerca del sobreseimiento temporal o definitivo u otra resolución que pusiere término a la causa[41]

f) Impugnar el sobreseimiento temporal o definitivo o la sentencia absolutoria, aun cuando no hubiere intervenido en el procedimiento.

g) Ser informada acerca de las postulaciones a la libertad condicional y de la concesión de permisos de salida ordinarios de la persona condenada. Para tales efectos, el tribunal que dicte la sentencia condenatoria deberá consultar a la víctima si desea mantenerse informada de esta materia, en cuyo caso ésta fijará un domicilio y establecerá un medio de notificación. Recibida por el tribunal la comunicación por parte de Gendarmería de Chile de que una persona ha solicitado la libertad condicional, o que se le ha concedido algún permiso de salida ordinario, deberá notificar dichas circunstancias a la víctima dentro del plazo de cinco días[42].

Tratándose de los delitos previstos en el Código Penal, en los artículos 141, inciso final; 142, inciso final; 150 A; 150 D; 361; 362; 363; 365 bis; 366, incisos primero y segundo; 366 bis; 366 quáter; 367; 367 ter; 372 bis; 411 quáter, cuando se cometan con fines de explotación sexual, y 433, número 1, en relación con la violación, así como también cualquier delito sobre violencia en contra de las mujeres, las víctimas tendrán además derecho a:

a) Contar con acceso a asistencia y representación judicial.

b) No ser enjuiciada, estigmatizada, discriminada ni cuestionada por su relato, conductas o estilo de vida.

c) Obtener una respuesta oportuna, efectiva y justificada.

d) Que se realice una investigación con debida diligencia desde un enfoque intersectorial, incorporando la perspectiva de género y de derechos humanos.

---

[41] Letra modificada,como aparece en el texto, por el artículo 3° N° 1 de la Ley 21.627, de 9 de noviembre de 2023.

[42] Letra incorporada por el artículo 3° de la Ley 21.627, de 9 de noviembre de 2023.

e) Recibir protección a través de las medidas contempladas en la legislación, cuando se encuentre amenazada o vulnerada su vida, integridad física, indemnidad sexual o libertad personal.

f) La protección de sus datos personales y los de sus hijas e hijos, respecto de terceros, y de su intimidad, honra y seguridad, para lo cual el tribunal que conozca del respectivo procedimiento podrá disponer las medidas que sean pertinentes.

g) Participar en el procedimiento recibiendo información clara, oportuna y completa de la causa. En particular, podrán obtener información de la causa personalmente, sin necesidad de requerir dicha información a través de un abogado.

h) Que se adopten medidas para prevenir la victimización secundaria, esto es, evitar toda consecuencia negativa que puedan sufrir con ocasión de su interacción en el proceso penal. Con dicha finalidad, la denuncia debe ser recibida en condiciones que garanticen el respeto por su seguridad, privacidad y dignidad. La negativa o renuencia a recibir la denuncia se considerará una infracción grave al principio de probidad administrativa.

Asimismo, tendrá derecho a que su declaración sea recibida en el tiempo más próximo desde la denuncia, por personal capacitado de Carabineros de Chile, de la Policía de Investigaciones de Chile o del Ministerio Público y cuente con el soporte necesario para evitar que vuelva a realizarse durante la etapa de investigación, a menos que ello sea indispensable para el esclarecimiento de los hechos o que la propia víctima lo requiera. La declaración judicial deberá ser recibida por jueces capacitados, y se garantizará en los casos referidos, el respeto por la seguridad, privacidad y dignidad de la víctima[43].

Los derechos precedentemente señalados no podrán ser ejercidos por quien fuere imputado del delito respectivo, sin perjuicio de los derechos que le correspondieren en esa calidad.

---

[43] Incisos 2º y 3º agregados por el art. 2, nº 1 de la Ley Nº 21.523, de 31 de diciembre de 2022. El anterior inciso segundo pasó a ser cuarto por esta modificación.

Artículo 109 bis. Medidas de protección especiales para víctimas de delitos de violencia sexual. En los delitos contemplados en el Código Penal, en los artículos 141, inciso final; 142, inciso final; 150 A; 150 D; 361; 362; 363; 365 bis; 366, incisos primero y segundo; 366 bis; 366 quáter; 367; 367 ter; 372 bis; 411 quáter, cuando se cometan con fines de explotación sexual, y 433, número 1, en relación con la violación, el juez de garantía y el tribunal de juicio oral en lo penal, de oficio o a petición de alguno de los intervinientes, deberá adoptar una o más de las siguientes medidas para proteger la identidad, intimidad, integridad física, sexual y psíquica de la o las víctimas:

a) Suprimir de las actas de las audiencias todo nombre, dirección o cualquier otra información que pudiera servir para identificar a las víctimas, sus familiares o testigos, directa o indirectamente.

b) Prohibir a los intervinientes que entreguen información o formulen declaraciones a los medios de comunicación social relativas a la identidad de la o las víctimas, a menos que ellas consientan de manera libre e informada en dar a conocer su identidad.

c) Impedir el acceso de personas determinadas o del público en general a la sala de audiencia, y ordenar su salida de ella, si alguna de las víctimas lo solicita.

d) Prohibir a los medios de comunicación social el acceso a la sala de audiencia, si alguna de las víctimas lo solicita.

e) Decretar alguna de las medidas establecidas en el artículo 308 para favorecer su declaración judicial.

El Ministerio Público y los tribunales de justicia deberán tomar todas las medidas que correspondan para impedir la identificación de la o las víctimas por parte de terceras personas ajenas al proceso penal, a menos que ellas consientan de manera libre e informada en dar a conocer su identidad[44].

---

[44] Artículo nuevo agregado por el art. 2, nº 2 de la Ley Nº 21.523, de 31 de diciembre de 2022.

Artículo 109 ter. Deber de prevención de la victimización secundaria. Las personas e instituciones que intervienen en el proceso penal, en sus etapas de denuncia, investigación y juzgamiento tienen el deber de prevenir la victimización secundaria, esto es, evitar toda consecuencia negativa que puedan sufrir las víctimas con ocasión de su interacción en el proceso penal.

Anualmente Carabineros de Chile, la Policía de Investigaciones de Chile, el Servicio Médico Legal, el Ministerio de Salud, el Ministerio Público, la Defensoría Penal Pública y el Poder Judicial realizarán planes de formación y perfeccionamiento que aborden la prevención de la victimización secundaria y la perspectiva de género en el proceso penal y fomenten una protección especial de las víctimas de violencia de género[45].

Artículo 110. Información a personas que no hubieren intervenido en el procedimiento. En los casos a que se refiere el inciso segundo del artículo 108, si ninguna de las personas enunciadas en ese precepto hubiere intervenido en el procedimiento, el ministerio público informará sus resultados al cónyuge del ofendido por el delito o, en su defecto, a alguno de los hijos u otra de esas personas.

Artículo 110 bis. Designación de curador ad litem. En los casos en que las víctimas menores de edad de los delitos establecidos en los Párrafos 5 y 6 del Título VII del Libro Segundo, y en los artículos 141, incisos cuarto y quinto; 142; 372 bis; 374 bis; 390; 391; 395; 397, número 1; 411 bis; 411 ter; 411 quáter, y 433, número 1, todos del Código Penal, carezcan de representante legal o cuando, por motivos fundados, se estimare que sus intereses son independientes o contradictorios con los de aquel a quien corresponda representarlos, el juez podrá designarles un curador *ad*

---

[45] Artículo nuevo agregado por el art. 2, nº 3 de la Ley Nº 21.523, de 31 de diciembre de 2022.

litem de cualquier institución que se dedique a la defensa, promoción o protección de los derechos de la infancia[46].

Párrafo 7° El querellante

Artículo 111. Querellante. La querella podrá ser interpuesta por la víctima, su representante legal o su heredero testamentario.

También se podrá querellar cualquier persona capaz de parecer en juicio domiciliada en la provincia, respecto de hechos punibles cometidos en la misma que constituyeren delitos terroristas, o delitos cometidos por un funcionario público que afectaren derechos de las personas garantizados por la Constitución o contra la probidad pública.

Los órganos y servicios públicos sólo podrán interponer querella cuando sus respectivas leyes orgánicas les otorguen expresamente las potestades correspondientes[47].

---

[46] Artículo nuevo agregado por el art. 32, N° 2, de la Ley N° 21.057, de 20 de enero de 2018. ARTÍCULO CON VIGENCIA DIFERIDA.
El artículo primero transitorio de la Ley N° 21.057, que regula las entrevistas grabadas en video y otras medidas de resguardo a menores de edad, víctimas de delitos sexuales, estableció su entrada en vigencia gradual, en tres etapas, a partir de la publicación de su reglamento, el que se contiene en el Decreto 401, de Justicia, publicado el 2.4.2019.
Primera etapa: entrará en vigencia transcurridos seis meses después de publicado en el Diario Oficial el reglamento a que alude el artículo 29, y comprenderá las regiones de Arica y Parinacota, de Tarapacá, de Antofagasta, del Maule, de Aysén del General Carlos Ibáñez del Campo, y de Magallanes y de la Antártica Chilena.
Segunda etapa: entrará en vigencia transcurridos dieciocho meses después de publicado en el Diario Oficial el reglamento a que alude el artículo 29, y comprenderá las regiones de Atacama, de Coquimbo, de Ñuble, del Biobío, de La Araucanía y de Los Ríos.
Tercera etapa: entrará en vigencia transcurridos treinta meses después de publicado en el Diario Oficial el reglamento a que alude el artículo 29, y comprenderá las regiones de Valparaíso, Metropolitana de Santiago, del Libertador General Bernardo O'Higgins y de Los Lagos.

[47] Inciso sustituido, por el que aparece en el texto, por el artículo 1°, N° 9, de la Ley N° 20.074 de 14 de noviembre de 2005.

Artículo 112. Oportunidad para presentar la querella. La querella podrá presentarse en cualquier momento, mientras el fiscal no declarare cerrada la investigación.

Admitida a tramitación, el juez la remitirá al ministerio público y el querellante podrá hacer uso de los derechos que le confiere el artículo 261.

Artículo 113. Requisitos de la querella. Toda querella criminal deberá presentarse por escrito ante el juez de garantía y deberá contener[48]:

a) La designación del tribunal ante el cual se entablare;

b) El nombre, apellido, profesión u oficio y domicilio del querellante, además de un medio de notificación electrónico del abogado patrocinante y del mandatario judicial, si no lo hubieren designado[49];

c) El nombre, apellido, profesión u oficio y residencia del querellado, o una designación clara de su persona, si el querellante ignorare aquellas circunstancias. Si se ignoraren dichas determinaciones, siempre se podrá deducir querella para que se proceda a la investigación del delito y al castigo de el o de los culpables;

d) La relación circunstanciada del hecho, con expresión del lugar, año, mes, día y hora en que se hubiere ejecutado, si se supieren;

e) La expresión de las diligencias cuya práctica se solicitare al ministerio público, y

f) La firma del querellante o la de otra persona a su ruego, si no supiere o no pudiere firmar.

Artículo 114. Inadmisibilidad de la querella. La querella no será admitida a tramitación por el juez de garantía:

a) Cuando fuere presentada extemporáneamente, de acuerdo a lo establecido en el artículo 112;

b) Cuando, habiéndose otorgado por el juez de garantía un plazo de tres días para subsanar los defectos que presentare por falta de alguno de

---

48 Rectificado como aparece en el texto, Diario Oficial de 13 de octubre de 2000.

49 Letra modificada por el artículo 2, Nº 2, de la Ley 21.694, de 4 de septiembre de 2024.

los requisitos señalados en el artículo 113, el querellante no realizare las modificaciones pertinentes dentro de dicho plazo;

c) Cuando los hechos expuestos en ella no fueren constitutivos de delito;

d) Cuando de los antecedentes contenidos en ella apareciere de manifiesto que la responsabilidad penal del imputado se encuentra extinguida. En este caso, la declaración de inadmisibilidad se realizará previa citación del ministerio público, y

e) Cuando se dedujere por persona no autorizada por la ley.

Artículo 115. Apelación de la resolución. La resolución que declarare inadmisible la querella será apelable, pero sin que en la tramitación del recurso pueda disponerse la suspensión del procedimiento.

La resolución que admitiere a tramitación la querella será inapelable.

Artículo 116. Prohibición de querella. No podrán querellarse entre sí, sea por delitos de acción pública o privada:

a) Los cónyuges, a no ser por delito que uno hubiere cometido contra el otro o contra sus hijos, o por el delito de bigamia[50].

b) Los convivientes civiles, a no ser por delito que uno hubiere cometido contra el otro o contra sus hijos[51].

c) Los consanguíneos en toda la línea recta, los colaterales y afines hasta el segundo grado, a no ser por delitos cometidos por unos contra los otros, o contra su cónyuge o hijos.

Artículo 117. Querella rechazada. Cuando no se diere curso a una querella en que se persiguiere un delito de acción pública o previa instancia particular, por aplicación de alguna de las causales previstas en las letras a) y b) del artículo 114, el juez la pondrá en conocimiento del mi-

---

[50] Letra modificada, como aparece en el texto, por el artículo 40, número ii), de la Ley Nº 20.830, de 21 de abril de 2015, que agrega la nueva letra b).

[51] Letra agregada, como aparece en el texto, por el artículo 40, número ii), de la Ley Nº 20.830, de 21 de abril de 2015.

nisterio público para ser tenida como denuncia, siempre que no le constare que la investigación del hecho hubiere sido iniciada de otro modo.

Artículo 118. Desistimiento. El querellante podrá desistirse de su querella en cualquier momento del procedimiento. En ese caso, tomará a su cargo las costas propias y quedará sujeto a la decisión general sobre costas que dictare el tribunal al finalizar el procedimiento.

Artículo 119. Derechos del querellado frente al desistimiento. El desistimiento de la querella dejará a salvo el derecho del querellado para ejercer, a su vez, la acción penal o civil a que dieren lugar la querella o acusación calumniosa, y a demandar los perjuicios que le hubiere causado en su persona o bienes y las costas.

Se exceptúa el caso en que el querellado hubiere aceptado expresamente el desistimiento del querellante.

Artículo 120. Abandono de la querella. El tribunal, de oficio o a petición de cualquiera de los intervinientes, declarará abandonada la querella por quien la hubiere interpuesto:

a) Cuando no adhiriere a la acusación fiscal o no acusare particularmente en la oportunidad que correspondiere;

b) Cuando no asistiere a la audiencia de preparación del juicio oral sin causa debidamente justificada, y

c) Cuando no concurriere a la audiencia del juicio oral o se ausentare de ella sin autorización del tribunal.

La resolución que declarare el abandono de la querella será apelable, sin que en la tramitación del recurso pueda disponerse la suspensión del procedimiento. La resolución que negare lugar al abandono será inapelable.

Artículo 121. Efectos del abandono. La declaración del abandono de la querella impedirá al querellante ejercer los derechos que en esa calidad le confiere este Código.

TÍTULO V. MEDIDAS CAUTELARES PERSONALES

Párrafo 1° Principio general

Artículo 122. Finalidad y alcance. Las medidas cautelares personales sólo serán impuestas cuando fueren absolutamente indispensables para asegurar la realización de los fines del procedimiento y sólo durarán mientras subsistiere la necesidad de su aplicación.

Estas medidas serán siempre decretadas por medio de resolución judicial fundada.

Párrafo 2° Citación

Artículo 123. Oportunidad de la citación judicial. Cuando fuere necesaria la presencia del imputado ante el tribunal, éste dispondrá su citación, de acuerdo con lo previsto en el artículo 33.

Artículo 124. Exclusión de otras medidas. Cuando la imputación se refiriere a faltas, o delitos que la ley no sancionare con penas privativas ni restrictivas de libertad, no se podrán ordenar medidas cautelares que recaigan sobre la libertad del imputado, con excepción de la citación.

Lo dispuesto en el inciso anterior no tendrá lugar en los casos a que se refiere el inciso cuarto del artículo 134 o cuando procediere el arresto por falta de comparecencia, la detención o la prisión preventiva de acuerdo a lo dispuesto en el artículo 33[52].

Artículo 124 bis. Tratándose del caso previsto en los párrafos tercero y final del numeral 6 del artículo 10 del Código Penal, no se podrán ordenar medidas cautelares que recaigan sobre la libertad del imputado, con excepción de la citación y las medidas cautelares previstas en los literales d) y g) del artículo 155. Lo anterior, no será aplicable si en el curso de la

---

[52] Artículo sustituido, por el que aparece en el texto, por el artículo único, N° 5, de la Ley N° 19.789, de 30 de enero de 2002.

investigación surgen antecedentes calificados que justifiquen la existencia de un delito[53].

Párrafo 3º Detención

Artículo 125. Procedencia de la detención. Ninguna persona podrá ser detenida sino por orden de funcionario público expresamente facultado por la ley y después que dicha orden le fuere intimada en forma legal, a menos que fuere sorprendida en delito flagrante y, en este caso, para el único objeto de ser conducida ante la autoridad que correspondiere.

Artículo 126. Presentación voluntaria del imputado. El imputado contra quien se hubiere emitido orden de detención por cualquier autoridad competente podrá ocurrir siempre ante el juez que correspondiere a solicitar un pronunciamiento sobre su procedencia o la de cualquier otra medida cautelar.

Artículo 127. Detención judicial. Salvo en los casos contemplados en el artículo 124, el tribunal, a solicitud del ministerio público, podrá ordenar la detención del imputado para ser conducido a su presencia, sin previa citación, cuando de otra manera la comparecencia pudiera verse demorada o dificultada.

Además, podrá decretarse la detención del imputado por un hecho al que la ley asigne una pena privativa de libertad de crimen[54].

Tratándose de hechos a los que la ley asigne las penas de crimen o simple delito, el juez podrá considerar como razón suficiente para ordenar la detención la circunstancia de que el imputado haya concurrido volun-

---

53 Artículo incorporado, como aparece en el texto, por el artículo 6, Nº 2 de la Ley 21.560 de 10 de abril de 2023.

54 Inciso agregado, como aparece en el texto, por el artículo 2º, Nº 5, letra a), de la Ley 20.931, de 05 de julio de 2016. Se agregaron el inciso segundo y tercero, pasando el que era el segundo a ser cuarto.

tariamente ante el fiscal o la policía, y reconocido voluntariamente su participación en ellos[55].

También se decretará la detención del imputado cuya presencia en una audiencia judicial fuere condición de ésta y que, legalmente citado, no compareciere sin causa justificada.

La resolución que denegare la orden de detención será susceptible del recurso de apelación por el Ministerio Público[56].

Artículo 127 bis[57].- El tribunal, a solicitud del Ministerio Público, decretará la detención respecto de quien tenga vigente una notificación roja de la Organización Internacional de Policía Criminal, para que sea conducido ante el juez dentro del plazo máximo de veinticuatro horas.

En la audiencia el Ministerio Público podrá solicitar una ampliación del plazo de detención hasta por cinco días, con el fin de que pueda solicitarse la detención previa del imputado o iniciarse el proceso de extradición.

Si ha transcurrido el plazo de la ampliación, sin que se haya solicitado la detención previa o iniciado el proceso de extradición, el juez de garantía deberá decretar la libertad inmediata del imputado.

Artículo 128. Detención por cualquier tribunal. Todo tribunal, aunque no ejerza jurisdicción en lo criminal, podrá dictar órdenes de detención contra las personas que, dentro de la sala de su despacho, cometieren algún crimen o simple delito, conformándose a las disposiciones de este Título.

Artículo 129. Detención en caso de flagrancia. Cualquier persona podrá detener a quien sorprendiere en delito flagrante, debiendo entregar

---

55 Inciso agregado, como aparece en el texto, por el artículo 2°, N° 5, letra a), de la Ley 20.931, de 05 de julio de 2016. Se agregaron el inciso segundo y tercero, pasando el que era el segundo a ser cuarto.

56 Inciso final agregado, como aparece en el texto, por el artículo 2°, N° 5, letra b), de la Ley 20.931, de 05 de julio de 2016.

57 Artículo incorporado por el artículo 2, N° 3, de la Ley 21.694 de 4 de septiembre de 2024.

inmediatamente al aprehendido a la policía, al ministerio público o a la autoridad judicial más próxima.

Los agentes policiales estarán obligados a detener a quienes sorprendieren in fraganti en la comisión de un delito. En el mismo acto, la policía podrá proceder al registro de las vestimentas, equipaje o vehículo de la persona detenida, debiendo cumplir con lo señalado en el inciso segundo del artículo 89 de este Código[58].

No obstará a la detención la circunstancia de que la persecución penal requiriere instancia particular previa, si el delito flagrante fuere de aquellos previstos y sancionados en los artículos 361 a 366 quater del Código Penal.

Tampoco impedirá la detención ni la incautación del dinero en efectivo o en instrumentos negociables al portador, por parte de agentes policiales, en caso del delito establecido en el artículo 168 bis del decreto con fuerza de ley N° 30, que aprueba la Ordenanza de Aduanas[59].

La policía deberá, asimismo, detener al sentenciado a penas privativas de libertad que hubiere quebrantado su condena, al que se fugare estando detenido, al que tuviere orden de detención pendiente, a quien fuere sorprendido en violación flagrante de las medidas cautelares personales que se le hubieren impuesto, al que fuere sorprendido infringiendo las condiciones impuestas en virtud de las letras a), b), c) y d) del artículo 17 ter de la ley N° 18.216 y al que violare la condición del artículo 238, letra b), que le hubiere sido impuesta para la protección de otras personas[60].

Sin perjuicio de lo señalado en el inciso anterior, el tribunal que correspondiere deberá, en caso de quebrantamiento de condena y tan pronto

---

58 Inciso modificado, como aparece en el texto, por el artículo 2°, N° 6, letra a), de la Ley 20.931, de 05 de julio de 2016.

59 Inciso incorporado por el artículo 3° de la Ley 21.632, de 23 de noviembre de 2023.

60 Inciso modificado, como aparece en el texto, por el artículo 3°, letra a), de la Ley N° 20.603, de 27 de junio de 2012. Anteriormente, el inciso había sido agregado por el artículo 1°, N° 10, letra b), de la Ley 20.074, de 14 de noviembre de 2005.

tenga conocimiento del mismo, despachar la respectiva orden de detención en contra del condenado[61].

En los casos de que trata este artículo, la policía podrá ingresar a un lugar cerrado, mueble o inmueble, cuando se encontrare en actual persecución del individuo a quien debiere detener, para practicar la respectiva detención. En este caso, la policía podrá registrar el lugar e incautar los objetos y documentos vinculados al caso que dio origen a la persecución, dando aviso de inmediato al fiscal, quien los conservará. Lo anterior procederá sin perjuicio de lo establecido en el artículo 215[62].

Artículo 130. Situación de flagrancia. Se entenderá que se encuentra en situación de flagrancia:

a) El que actualmente se encontrare cometiendo el delito;

b) El que acabare de cometerlo;

c) El que huyere del lugar de comisión del delito y fuere designado por el ofendido u otra persona como autor o cómplice;

d) El que, en un tiempo inmediato a la perpetración de un delito, fuere encontrado con objetos procedentes de aquél o con señales, en sí mismo o en sus vestidos, que permitieren sospechar su participación en él, o con las armas o instrumentos que hubieren sido empleados para cometerlo, y

e) El que las víctimas de un delito que reclamen auxilio, o testigos presenciales, señalaren como autor o cómplice de un delito que se hubiere cometido en un tiempo inmediato[63].

---

61 Inciso agregado, en sustitución del inciso final, como aparece en el texto, por el artículo 2°, N° 6, letra b), de la Ley 20.931, de 05 de julio de 2016. El inciso final fue sustituido por este y el inciso siguiente.

62 Inciso modificado, como aparece en el texto, por el artículo 2°, N° 6, letra c), de la Ley 20.931, de 05 de julio de 2016. Anteriormente, había sido agregado, en sustitución del inciso final, como aparece en el texto, por el artículo 2°, N° 6, letra b), de la Ley 20.931, de 05 de julio de 2016. El inciso final fue sustituido por este y el inciso anterior.

63 Letra sustituida, por la que aparece en el texto, por el artículo 1°, N° 11, de la Ley 20.074, de 14 de noviembre de 2005.

f) El que aparezca en un registro audiovisual cometiendo un crimen o simple delito al cual la policía tenga acceso en un tiempo inmediato[64].

Para los efectos de lo establecido en las letras d), e) y f) se entenderá por tiempo inmediato todo aquel que transcurra entre la comisión del hecho y la captura del imputado, siempre que no hubieren transcurrido más de doce horas[65].

Artículo 131. Plazos de la detención. Cuando la detención se practicare en cumplimiento de una orden judicial, los agentes policiales que la hubieren realizado o el encargado del recinto de detención conducirán inmediatamente al detenido a presencia del juez que hubiere expedido la orden. Si ello no fuere posible por no ser hora de despacho, el detenido podrá permanecer en el recinto policial o de detención hasta el momento de la primera audiencia judicial, por un período que en caso alguno excederá las veinticuatro horas.

Cuando la detención se practicare en virtud de los artículos 129 y 130, el agente policial que la hubiere realizado o el encargado del recinto de detención deberán informar de ella al ministerio público dentro de un plazo máximo de doce horas. El fiscal podrá dejar sin efecto la detención u ordenar que el detenido sea conducido ante el juez dentro de un plazo máximo de veinticuatro horas, contado desde que la detención se hubiere practicado. Si el fiscal nada manifestare, la policía deberá presentar el detenido ante la autoridad judicial en el plazo indicado.

Cuando el fiscal ordene poner al detenido a disposición del juez, deberá, en el mismo acto, dar conocimiento de esta situación al abogado de confianza de aquél o a la Defensoría Penal Pública[66].

---

64 Letra agregada, como aparece en el texto, por el artículo 2°, N° 7, letra a), de la Ley 20.931, de 05 de julio de 2016.

65 Inciso modificado, como aparece en el texto, por el artículo 2°, N° 7, letra b), de la Ley 20.931, de 05 de julio de 2016. Anteriormente el inciso había sido agregado por el artículo 2°, N° 3, de la Ley N° 20.253, de 14 de marzo de 2008.

66 Inciso agregado, como aparece en el texto, por el artículo 1°, N° 12, de la Ley 20.074, de 14 de noviembre de 2005. Se agregaron los actuales incisos tercero y cuarto.

Para los efectos de poner a disposición del juez al detenido, las policías cumplirán con su obligación legal dejándolo bajo la custodia de Gendarmería del respectivo tribunal[67].

Artículo 132. Comparecencia judicial. A la primera audiencia judicial del detenido deberá concurrir el fiscal o el abogado asistente del fiscal. La ausencia de éstos dará lugar a la liberación del detenido. No obstante lo anterior, el juez podrá suspender la audiencia por un plazo breve y perentorio no superior a dos horas, con el fin de permitir la concurrencia del fiscal o su abogado asistente. Transcurrido este plazo sin que concurriere ninguno de ellos, se procederá a la liberación del detenido[68].

En todo caso, el juez deberá comunicar la ausencia del fiscal o de su abogado asistente al fiscal regional respectivo a la mayor brevedad, con el objeto de determinar la eventual responsabilidad disciplinaria que correspondiere[69].

En la audiencia, el fiscal o el abogado asistente del fiscal actuando expresamente facultado por éste, procederá directamente a formalizar la investigación y a solicitar las medidas cautelares que procedieren, siempre que contare con los antecedentes necesarios y que se encontrare presente el defensor del imputado. En el caso de que no pudiere procederse de la manera indicada, el fiscal o el abogado asistente del fiscal actuando en la forma señalada, podrá solicitar una ampliación del plazo de detención hasta por tres días, con el fin de preparar su presentación. El juez accederá

---

67 Inciso agregado, como aparece en el texto, por el artículo 1°, N° 12, de la Ley 20.074, de 14 de noviembre de 2005. Se agregaron los actuales incisos tercero y cuarto.

68 Inciso modificado, como aparece en el texto, por el artículo 2°, N° 8, letra a), de la Ley 20.931, de 05 de julio de 2016. Anteriormente, el inciso había sido sustituido, por el artículo 1°, N° 13, de la Ley 20.074, de 14 de noviembre de 2005.

69 Inciso agregado, como aparece en el texto, por el artículo 2°, N° 8, letra b), de la Ley 20.931, de 05 de julio de 2016.

a la ampliación del plazo de detención cuando estimare que los antecedentes justifican esa medida[70].

En todo caso, la declaración de ilegalidad de la detención no impedirá que el fiscal o el abogado asistente del fiscal pueda formalizar la investigación y solicitar las medidas cautelares que sean procedentes, de conformidad con lo dispuesto en el inciso anterior, pero no podrá solicitar la ampliación de la detención. La declaración de ilegalidad de la detención no producirá efecto de cosa juzgada en relación con las solicitudes de exclusión de prueba que se hagan oportunamente, de conformidad con lo previsto en el artículo 276[71].

Tratándose de las investigaciones de asociaciones delictivas o criminales, en los términos del Párrafo 10 del Título VI del Libro II del Código Penal, de investigaciones dirigidas contra personas cuya identidad no puede ser determinada o de investigaciones dirigidas contra personas de nacionalidad extranjera cuyos antecedentes criminales son desconocidos, el plazo contemplado en el inciso tercero podrá ser ampliado por el juez de garantía hasta por el término de cinco días, cuando el fiscal así lo solicite, por ser conducente para el éxito de alguna diligencia. El juez se pronunciará de inmediato sobre dicha petición, que podrá ser formulada y resuelta de conformidad con lo dispuesto en el artículo 9° de este Código, sin necesidad de que el imputado sea conducido al tribunal hasta el término de éste[72].

Artículo 132 bis. Apelación de la resolución que declara la ilegalidad de la detención. Tratándose de los delitos establecidos en los artículos 141, 142, 361, 362, 365 bis, 390, 391, 390 bis, 390 ter, 433, 436 y 440 del Código Penal, en las leyes N° 17.798 y N° 20.000 que tengan penas de crimen o

---

70 Inciso agregado, junto al que sigue, como aparece en el texto, en reemplazo del inciso segundo anterior, por el artículo 2°, N° 4, de la Ley N° 20.253, de 14 de marzo de 2008.

71 Inciso agregado, como aparece en el texto, en reemplazo del inciso segundo anterior, por el artículo 2°, N° 4, de la Ley N° 20.253, de 14 de marzo de 2008.

72 Inciso final incorporado por el artículo 2, N° 4, de la Ley 21.694 de 4 de septiembre de 2024.

simple delito, y de los delitos de castración, mutilaciones y lesiones contra miembros de Carabineros, de la Policía de Investigaciones y de Gendarmería de Chile, en el ejercicio de sus funciones, la resolución que declare la ilegalidad de la detención será apelable por el fiscal o el abogado asistente del fiscal en el solo efecto devolutivo. En los demás casos no será apelable[73].

Artículo 133. Ingreso de personas detenidas. Los encargados de los establecimientos penitenciarios no podrán aceptar el ingreso de personas sino en virtud de órdenes judiciales.

Artículo 134. Citación, registro y detención en casos de flagrancia[74]. Quien fuere sorprendido por la policía in fraganti cometiendo un hecho de los señalados en el artículo 124, será citado a la presencia del fiscal, previa comprobación de su domicilio.

La policía podrá registrar las vestimentas, el equipaje o el vehículo de la persona que será citada[75].

Asimismo, podrá conducir al imputado al recinto policial, para efectuar allí la citación.

No obstante lo anterior, el imputado podrá ser detenido si hubiere cometido alguna de las faltas contempladas en el Código Penal, en los artículos 494, Nºs. 4 y 5, y 19, exceptuando en este último caso los hechos descritos en los artículos 189 y 233; 494 bis, 495 Nº 21, y 496, Nos. 3, 5 y 26[76]. Sin perjuicio de la detención por flagrancia que podrá realizar cual-

---

[73] Artículo modificado por el artículo 2, Nº 1, de la Ley Nº 21.212, de 04 de marzo de 2020. Anteriormente el artículo fue sustituido, por el que aparece en el texto, por el artículo 2º, Nº 9, de la Ley 20.931, de 05 de julio de 2016.

[74] Denominación sustituida, por la que aparece en el texto, por el artículo único, Nº 6, letra a), de la Ley Nº 19.789, de 30 de enero de 2001.

[75] El anterior inciso 2º fue sustituido por este inciso y los tres incisos siguientes, pasando el inciso tercero a ser inciso sexto, por el artículo único, Nº 6, letra b), de la Ley Nº 19.789, de 30 de enero de 2001.

[76] Inciso modificado, como aparece en el texto, por el artículo 2º, Nº 10, de la Ley Nº 20.931, de 05 de julio de 2016. Anteriormente, había sido modificado por el artículo 3º, Nº 1, de la Ley Nº 19.950, de 05 de junio de 2004.

quier persona dentro de las 12 horas desde el comienzo de la ocupación, de conformidad con los artículos 129 y 130, la policía siempre estará facultada para detener al imputado que estuviere cometiendo alguno de los delitos de ocupación de cosa inmueble descritos en los artículos 457, 457 bis, 458 y 458 bis del Código Penal, mientras se hallare en alguna de las hipótesis del artículo 130, para cuyos efectos se configurará el literal a) de dicha disposición mientras el imputado permanezca en el inmueble[77].

En todos los casos señalados en el inciso anterior, el agente policial deberá informar al fiscal, de inmediato, de la detención, para los efectos de lo dispuesto en el inciso segundo del artículo 131. El fiscal comunicará su decisión al defensor en el momento que la adopte[78].

El procedimiento indicado en el inciso primero podrá ser utilizado asimismo cuando, tratándose de un simple delito y no siendo posible conducir al imputado inmediatamente ante el juez, el funcionario a cargo del recinto policial considerare que existen suficientes garantías de su oportuna comparecencia[79].

Artículo 135. Información al detenido. El funcionario público a cargo del procedimiento de detención deberá informar al afectado acerca del motivo de la detención, al momento de practicarla.

Asimismo, le informará acerca de los derechos establecidos en los artículos 93, letras a), b) y g), y 94, letras f) y g), de este Código. Con todo, si, por las circunstancias que rodearen la detención, no fuere posible proporcionar inmediatamente al detenido la información prevista en este inciso, ella le será entregada por el encargado de la unidad policial a la cual fuere conducido. Se dejará constancia en el libro de guardia del recinto policial del hecho de haberse proporcionado la información, de la forma

---

77 Inciso modificado, como aparece en el texto, por el artículo 2º, Nº1, de la Ley 21.633, de 24 de noviembre de 2023.

78 Inciso modificado, como aparece en el texto, por el artículo 2º, Nº 6, de la Ley Nº 20.253, de 14 de marzo de 2008.

79 Inciso modificado, como aparece en el texto, por el artículo único, Nº 6, letra c), de la Ley Nº 19.789, de 30 de enero de 2001.

en que ello se hubiere realizado, del funcionario que la hubiere entregado y de las personas que lo hubieren presenciado.

La información de derechos prevista en el inciso anterior podrá efectuarse verbalmente, o bien por escrito, si el detenido manifestare saber leer y encontrarse en condiciones de hacerlo. En este último caso, se le entregará al detenido un documento que contenga una descripción clara de esos derechos, cuyo texto y formato determinará el ministerio público.

En los casos comprendidos en el artículo 138, la información prevista en los incisos precedentes será entregada al afectado en el lugar en que la detención se hiciere efectiva, sin perjuicio de la constancia respectiva en el libro de guardia.

Artículo 136. Fiscalización del cumplimiento del deber de información. El fiscal y, en su caso, el juez, deberán cerciorarse del cumplimiento de lo previsto en el artículo precedente. Si comprobaren que ello no hubiere ocurrido, informarán de sus derechos al detenido y remitirán oficio, con los antecedentes respectivos, a la autoridad competente, con el objeto de que aplique las sanciones disciplinarias correspondientes o inicie las investigaciones penales que procedieren.

Artículo 137. Difusión de derechos. En todo recinto policial, de los juzgados de garantía, de los tribunales de juicio oral en lo penal, del Ministerio Público y de la Defensoría Penal Pública, deberá exhibirse en lugar destacado y claramente visible al público, un cartel en el cual se consignen los derechos de las víctimas y aquéllos que les asisten a las personas que son detenidas. Asimismo, en todo recinto de detención policial y casa de detención deberá exhibirse un cartel en el cual se consignen los derechos de los detenidos. El texto y formato de estos carteles serán determinados por el Ministerio de Justicia[80].

---

[80] Artículo sustituido, por el que aparece en el texto, por el artículo único, N° 7, de la Ley N° 19.789, de 30 de enero de 2002.

Artículo 138. Detención en la residencia del imputado. La detención del que se encontrare en los casos previstos en el párrafo segundo del número 6° del artículo 10 del Código Penal se hará efectiva en su residencia. Si el detenido tuviere su residencia fuera de la ciudad donde funcionare el tribunal competente, la detención se hará efectiva en la residencia que aquél señalare dentro de la ciudad en que se encontrare el tribunal.

Párrafo 4° Prisión preventiva

Artículo 139. Procedencia de la prisión preventiva. Toda persona tiene derecho a la libertad personal y a la seguridad individual.

La prisión preventiva procederá cuando las demás medidas cautelares personales fueren estimadas por el juez como insuficientes para asegurar las finalidades del procedimiento, la seguridad del ofendido o de la sociedad[81].

Artículo 140. Requisitos para ordenar la prisión preventiva. Una vez formalizada la investigación, el tribunal, a petición del Ministerio Público o del querellante, podrá decretar la prisión preventiva del imputado siempre que el solicitante acreditare que se cumplen los siguientes requisitos:

a) Que existen antecedentes que justificaren la existencia del delito que se investigare;

b) Que existen antecedentes que permitieren presumir fundadamente que el imputado ha tenido participación en el delito como autor, cómplice o encubridor, y

c) Que existen antecedentes calificados que permitieren al tribunal considerar que la prisión preventiva es indispensable para el éxito de diligencias precisas y determinadas de la investigación, o que la libertad del imputado es peligrosa para la seguridad de la sociedad o del ofendido,

---

81 Inciso sustituido, por el que aparece en el texto, por el artículo 1°, N° 14, de la Ley N° 20.074, de 14 de noviembre de 2005.

o que existe peligro de que el imputado se dé a la fuga, conforme a las disposiciones de los incisos siguientes.

Se entenderá especialmente que la prisión preventiva es indispensable para el éxito de la investigación cuando existiere sospecha grave y fundada de que el imputado pudiere obstaculizar la investigación mediante la destrucción, modificación, ocultación o falsificación de elementos de prueba; o cuando pudiere inducir a coimputados, testigos, peritos o terceros para que informen falsamente o se comporten de manera desleal o reticente.

Para estimar si la libertad del imputado resulta o no peligrosa para la seguridad de la sociedad, el tribunal deberá considerar especialmente alguna de las siguientes circunstancias: la gravedad del hecho; la gravedad de la pena asignada al delito; el número de delitos que se le imputare y el carácter de los mismos; la existencia de procesos pendientes, y el hecho de haber actuado en grupo o pandilla o formando parte de una organización o asociación[82].

Se entenderá especialmente que la libertad del imputado constituye un peligro para la seguridad de la sociedad, cuando los delitos imputados tengan asignada pena de crimen en la ley que los consagra; cuando el imputado hubiere sido condenado con anterioridad por delito al que la ley señale igual o mayor pena, sea que la hubiere cumplido efectivamente o no; cuando los delitos imputados consistieren en atentados contra la vida o la integridad física de miembros de Carabineros de Chile, de la Policía de Investigaciones de Chile, funcionarios de las Fuerzas Armadas y de los servicios de su dependencia o de Gendarmería de Chile en razón de su cargo o con motivo u ocasión del ejercicio de sus funciones, que tengan asignada una pena igual o superior a la de presidio menor en su grado máximo en la ley que los consagra; cuando haya actuado haciendo uso de arma de fuego o de las armas señaladas en el artículo 3 de la ley N° 17.798, sobre control de armas[83]; cuando se encontrare sujeto a alguna medida cautelar

---

82 Inciso modificado por el artículo 1, letra a) i y ii, de la Ley 21.635, de 16 de diciembre de 2023.

83 Inciso modificado, como aparece en el texto, el artículo 1, letra b) i , de la Ley 21.635, de 16 de diciembre de 2023. Anteriormente había sido modificado por el artículo 6, N° 3, de la Ley 21.560 de 30 de abril de 2023.

personal como orden de detención judicial pendiente u otras, en libertad condicional o gozando de alguno de los beneficios alternativos a la ejecución de las penas privativas o restrictivas de libertad contemplados en la ley ; cuando, en los últimos dos años, ha sido reiteradamente sometido a las medidas cautelares personales de detención, prisión preventiva o a la señalada en el literal a) del inciso primero del artículo 155, si éstas se han decretado por delitos que tengan asignada pena aflictiva[84].

Se entenderá especialmente que existe peligro de fuga del imputado cuando se desconozca su identidad; cuando carezca de documentos de identidad que den cuenta de manera fidedigna de ella, o cuando se niegue a entregar dicha documentación o utilice documentos falsos o adulterados[85].

Se entenderá que la seguridad del ofendido se encuentra en peligro por la libertad del imputado cuando existieren antecedentes calificados que permitieren presumir que éste realizará atentados en contra de aquél, o en contra de su familia o de sus bienes.

Para efectos del inciso cuarto, sólo se considerarán aquellas órdenes de detención pendientes que se hayan emitido para concurrir ante un tribunal, en calidad de imputado[86] [87].

---

84 Inciso modificado, como aparece en el texto, por el artículo 1º, letra B) i, de la Ley 21.635. Anteriormente había sido modificado por el artículo 2º, Nº 11, letra a), de la Ley Nº 20.931, de 05 de julio de 2016.

85 Inciso agregado, como aparece en el texto, por el artículo 2º, Nº 5, de la Ley 21.694 de 4 de septiembre de 2024.

86 Inciso agregado, como aparece en el texto, por el artículo 2º, Nº 11, letra b), de la Ley Nº 20.931, de 05 de julio de 2016. Anteriormente, el artículo había sido sustituido, por el que aparece en el texto sin incluir este inciso final, por el artículo 2º, Nº 7, de la Ley Nº 20.253, de 14 de marzo de 2008.

87 Este artículo fue modificado por la letra b) del Artículo 3 de la Ley 20.603, publicada el 27.06.2012, lo que no se pudo reflejar en el texto definitivo por advertirse inconsistencias en su redacción. El artículo 3º, letra b) de la Ley 20.603 indica: «b) Reemplázase en el artículo 140, inciso cuarto, la oración "gozando de alguno de los beneficios alternativos a la ejecución de las penas alternativas o restrictivas de libertad contemplados en la ley" por lo siguiente: "cumpliendo alguna de las penas

Artículo 141. Improcedencia de la prisión preventiva. No se podrá ordenar la prisión preventiva:

a) Cuando el delito imputado estuviere sancionado únicamente con penas pecuniarias o privativas de derechos;

b) Cuando se tratare de delitos de acción privada, y

c) Cuando el imputado se encontrare cumpliendo efectivamente una pena privativa de libertad. Si por cualquier motivo fuere a cesar el cumplimiento efectivo de la pena y el fiscal o el querellante estimaren necesaria la prisión preventiva o alguna de las medidas previstas en el Párrafo 6°, podrá solicitarlas anticipadamente, de conformidad a las disposiciones de este Párrafo, a fin de que, si el tribunal acogiere la solicitud, la medida se aplique al imputado en cuanto cese el cumplimiento efectivo de la pena, sin solución de continuidad.

Podrá en todo caso decretarse la prisión preventiva en los eventos previstos en el inciso anterior, cuando el imputado hubiere incumplido alguna de las medidas cautelares previstas en el Párrafo 6° de este Título o cuando el tribunal considerare que el imputado pudiere incumplir con su obligación de permanecer en el lugar del juicio hasta su término y presentarse a los actos del procedimiento como a la ejecución de la sentencia, inmediatamente que fuere requerido o citado de conformidad a los artículos 33 y 123. Se decretará también la prisión preventiva del imputado que no asistiere a la audiencia del juicio oral, o a la de juicio simplificado, resolución que se dictará en la misma audiencia, a petición del fiscal o del querellante[88].

Artículo 142. Tramitación de la solicitud de prisión preventiva. La solicitud de prisión preventiva podrá plantearse verbalmente en la audien-

---

sustitutivas a la ejecución de las penas privativas o restrictivas de libertad contempladas en la ley"».

[88] Artículo modificado por el artículo 1°, N° 2, de la Ley 21.635, de 16 de diciembre de 2023. Anteriormente el artículo había sido sustituido, por el artículo 1°, N° 16, de la Ley N° 20.074, de 14 de noviembre de 2005.

cia de formalización de la investigación, en la audiencia de preparación del juicio oral o en la audiencia del juicio oral.

También podrá solicitarse en cualquier etapa de la investigación, respecto del imputado contra quien se hubiere formalizado ésta, caso en el cual el juez fijará una audiencia para la resolución de la solicitud, citando a ella al imputado, su defensor y a los demás intervinientes.

La presencia del imputado y su defensor constituye un requisito de validez de la audiencia en que se resolviere la solicitud de prisión preventiva.

Una vez expuestos los fundamentos de la solicitud por quien la hubiere formulado, el tribunal oirá en todo caso al defensor, a los demás intervinientes si estuvieren presentes y quisieren hacer uso de la palabra y al imputado.

Artículo 143. Resolución sobre la prisión preventiva. Al concluir la audiencia el tribunal se pronunciará sobre la prisión preventiva por medio de una resolución fundada, en la cual expresará claramente los antecedentes calificados que justificaren la decisión.

Artículo 144. Modificación y revocación de la resolución sobre la prisión preventiva. La resolución que ordenare o rechazare la prisión preventiva será modificable de oficio o a petición de cualquiera de los intervinientes, en cualquier estado del procedimiento.

Cuando el imputado solicitare la revocación de la prisión preventiva el tribunal podrá rechazarla de plano; asimismo, podrá citar a todos los intervinientes a una audiencia, con el fin de abrir debate sobre la subsistencia de los requisitos que autorizan la medida[89].

Si la prisión preventiva hubiere sido rechazada, ella podrá ser decretada con posterioridad en una audiencia, cuando existieren otros antecedentes que, a juicio del tribunal, justificaren discutir nuevamente su procedencia.

---

89 Inciso sustituido, por el que aparece en el texto, por el artículo 2°, N° 8, de la Ley N° 20.253, de 14 de marzo de 2008.

Artículo 145. Substitución de la prisión preventiva y revisión de oficio. En cualquier momento del procedimiento el tribunal, de oficio o a petición de parte, podrá substituir la prisión preventiva por alguna de las medidas que se contemplan en las disposiciones del Párrafo 6° de este Título.

Transcurridos seis meses desde que se hubiere ordenado la prisión preventiva o desde el último debate oral en que ella se hubiere decidido, el tribunal citará de oficio a una audiencia, con el fin de considerar su cesación o prolongación.

Artículo 146. Caución para reemplazar la prisión preventiva. Cuando la prisión preventiva hubiere sido o debiere ser impuesta únicamente para garantizar la comparecencia del imputado al juicio y a la eventual ejecución de la pena, el tribunal podrá autorizar su reemplazo por una caución económica suficiente, cuyo monto fijará[90].

La caución podrá consistir en el depósito por el imputado u otra persona de dinero o valores, la constitución de prendas o hipotecas, o la fianza de una o más personas idóneas calificadas por el tribunal.

Artículo 147. Ejecución de las cauciones económicas. En los casos de rebeldía o cuando el imputado se sustrajere a la ejecución de la pena, se procederá a ejecutar la garantía de acuerdo con las reglas generales y se entregará el monto que se obtuviere a la Corporación Administrativa del Poder Judicial.

Si la caución hubiere sido constituida por un tercero, producida alguna de las circunstancias a que se refiere el inciso anterior, el tribunal ordenará ponerla en conocimiento del tercero interesado, apercibiéndolo con que si el imputado no compareciere dentro de cinco días, se procederá a hacer efectiva la caución.

En ambos casos, si la caución no consistiere en dinero o valores, actuará como ejecutante el Consejo de Defensa del Estado, para lo cual el

---

90 Inciso modificado, como aparece en el texto, por el artículo 1°, N° 17, de la Ley N° 20.074, de 14 de noviembre de 2005.

tribunal procederá a poner los antecedentes en su conocimiento, oficiándole al efecto.

Artículo 148. Cancelación de la caución. La caución será cancelada y devueltos los bienes afectados, siempre que no hubieren sido ejecutados con anterioridad:

a) Cuando el imputado fuere puesto en prisión preventiva;

b) Cuando, por resolución firme, se absolviere al imputado, se sobreseyere la causa o se suspendiere condicionalmente el procedimiento, y

c) Cuando se comenzare a ejecutar la pena privativa de libertad o se resolviere que ella no debiere ejecutarse en forma efectiva, siempre que previamente se pagaren la multa y las costas que impusiere la sentencia.

Artículo 149. Recursos relacionados con la medida de prisión preventiva. La resolución que ordenare, mantuviere, negare lugar o revocare la prisión preventiva será apelable cuando hubiere sido dictada en una audiencia. No obstará a la procedencia del recurso, la circunstancia de haberse decretado, a petición de cualquiera de los intervinientes, alguna de las medidas cautelares señaladas en el artículo 155. En los demás casos no será susceptible de recurso alguno[91].

Tratándose de los delitos establecidos en los artículos 141, 142, 292, 293, 361, 362, 363, 365 bis, 366 incisos primero y segundo, 366 bis, 390, 390 bis, 390 ter, 391, 411 bis, 411 ter, 411 quáter, 433, 436, 438 y 440 del Código Penal, en las leyes Nº 17.798 y Nº 20.000 y de los delitos de castración, mutilaciones y lesiones contra miembros de Carabineros, de la Policía de Investigaciones y de Gendarmería de Chile, en el ejercicio de sus funciones, el imputado que hubiere sido puesto a disposición del tribunal en calidad de detenido o se encontrare en prisión preventiva no podrá ser puesto en libertad mientras no se encontrare ejecutoriada la resolución que negare, sustituyere o revocare la prisión preventiva. El recurso de apelación contra esta resolución deberá interponerse en la misma audiencia,

---

91 Inciso modificado, como aparece en el texto, por el artículo 1º, Nº 18, de la Ley Nº 20.074, de 14 de noviembre de 2005.

gozará de preferencia para su vista y fallo y será agregado extraordinariamente a la tabla el mismo día de su ingreso al Tribunal de Alzada, o a más tardar a la del día siguiente hábil. Cada Corte de Apelaciones deberá establecer una sala de turno que conozca estas apelaciones en días feriados[92].

En los casos en que no sea aplicable lo dispuesto en el inciso anterior, estando pendiente el recurso contra la resolución que dispone la libertad, para impedir la posible fuga del imputado la Corte de Apelaciones respectiva tendrá la facultad de decretar una orden de no innovar, desde luego y sin esperar la vista del recurso de apelación del fiscal o del querellante.

Artículo 150. Ejecución de la medida de prisión preventiva. El tribunal será competente para supervisar la ejecución de la prisión preventiva que ordenare en las causas de que conociere. A él corresponderá conocer de las solicitudes y presentaciones realizadas con ocasión de la ejecución de la medida.

La prisión preventiva se ejecutará en establecimientos especiales, diferentes de los que se utilizaren para los condenados o, al menos, en lugares absolutamente separados de los destinados para estos últimos.

El imputado será tratado en todo momento como inocente. La prisión preventiva se cumplirá de manera tal que no adquiera las características de una pena, ni provoque otras limitaciones que las necesarias para evitar la fuga y para garantizar la seguridad de los demás internos y de las personas que cumplieren funciones o por cualquier motivo se encontraren en el recinto.

El tribunal deberá adoptar y disponer las medidas necesarias para la protección de la integridad física del imputado, en especial aquellas des-

---

92 Inciso modificado por el artículo 2, N° 6, de la Ley 21.694 de 4 de septiembre de 2024. Anteriormente, fue modificado por el artículo 2, N° 1, de la Ley 21.577, de 15 de junio de 2023. Anteriormente el inciso había sido modificado por el artículo 2, n° 4, letras a) y b), de la Ley N° 21.523, de 31 de diciembre de 2022. Anteriormente fue modificado por el art. 2, N° 2, de la Ley N° 21.212, de 04 de marzo de 2020. Previamente había sido sustituido, por el que aparece en el texto, por el artículo 2°, N° 12, de la Ley N° 20.931, de 05 de julio de 2016.

tinadas a la separación de los jóvenes y no reincidentes respecto de la población penitenciaria de mayor peligrosidad.

El tribunal podrá excepcionalmente conceder al imputado permiso de salida por resolución fundada y por el tiempo estrictamente necesario para el cumplimiento de los fines del referido permiso, siempre que se asegure convenientemente que no se vulnerarán los objetivos de la prisión preventiva[93].

INCISO SUPRIMIDO[94].

Cualquier restricción que la autoridad penitenciaria impusiere al imputado deberá ser inmediatamente comunicada al tribunal, con sus fundamentos. Éste podrá dejarla sin efecto si la considerare ilegal o abusiva, convocando, si lo estimare necesario, a una audiencia para su examen.

Artículo 151. Prohibición de comunicaciones. El tribunal podrá, a petición del fiscal, restringir o prohibir las comunicaciones del detenido o preso hasta por un máximo de diez días, cuando considerare que ello resulta necesario para el exitoso desarrollo de la investigación. En todo caso esta facultad no podrá restringir el acceso del imputado a su abogado en los términos del artículo 94, letra f), ni al propio tribunal. Tampoco se podrá restringir su acceso a una apropiada atención médica.

El tribunal deberá instruir a la autoridad encargada del recinto en que el imputado se encontrare acerca del modo de llevar a efecto la medida, el que en ningún caso podrá consistir en el encierro en celdas de castigo.

Artículo 152. Límites temporales de la prisión preventiva. El tribunal, de oficio o a petición de cualquiera de los intervinientes, decretará la terminación de la prisión preventiva cuando no subsistieren los motivos que la hubieren justificado.

---

93 Inciso sustituido, por el que aparece en el texto, por el artículo 2°, N° 13, letra a), de la Ley N° 20.931, de 05 de julio de 2016.

94 Inciso suprimido por el artículo 2°, N° 13, letra b), de la Ley N° 20.931, de 05 de julio de 2016.

En todo caso, cuando la duración de la prisión preventiva hubiere alcanzado la mitad de la pena privativa de libertad que se pudiere esperar en el evento de dictarse sentencia condenatoria, o de la que se hubiere impuesto existiendo recursos pendientes, el tribunal citará de oficio a una audiencia, con el fin de considerar su cesación o prolongación.

Artículo 153. Término de la prisión preventiva por absolución o sobreseimiento. El tribunal deberá poner término a la prisión preventiva cuando dictare sentencia absolutoria y cuando decretare sobreseimiento definitivo o temporal, aunque dichas resoluciones no se encontraren ejecutoriadas.

En los casos indicados en el inciso precedente, se podrá imponer alguna de las medidas señaladas en el párrafo 6° de este Título, cuando se consideraren necesarias para asegurar la presencia del imputado.

Párrafo 5° Requisitos comunes a la prisión preventiva y a la detención

Artículo 154. Orden Judicial. Toda orden de prisión preventiva o de detención será expedida por escrito por el tribunal y contendrá:

a) El nombre y apellidos de la persona que debiere ser detenida o aprehendida o, en su defecto, las circunstancias que la individualizaren o determinaren;

b) El motivo de la prisión o detención, y

c) La indicación de ser conducido de inmediato ante el tribunal, al establecimiento penitenciario o lugar público de prisión o detención que determinará, o de permanecer en su residencia, según correspondiere.

Lo dispuesto en este artículo se entenderá sin perjuicio de lo previsto en el artículo 9° para los casos urgentes[95].

---

[95] Inciso agregado, como aparece en el texto, por el artículo 1°, N° 19, de la Ley N° 20.074, de 14 de noviembre de 2005.

Párrafo 6º Otras medidas cautelares personales

Artículo 155. Enumeración y aplicación de otras medidas cautelares personales. Para garantizar el éxito de las diligencias de investigación o la seguridad de la sociedad, proteger al ofendido o asegurar la comparecencia del imputado a las actuaciones del procedimiento o ejecución de la sentencia, después de formalizada la investigación el tribunal, a petición del fiscal, del querellante o la víctima, podrá imponer al imputado una o más de las siguientes medidas[96]:

a) La privación de libertad, total o parcial, en su casa o en la que el propio imputado señalare, si aquélla se encontrare fuera de la ciudad asiento del tribunal;

b) La sujeción a la vigilancia de una persona o institución determinada, las que informarán periódicamente al juez;

c) La obligación de presentarse periódicamente ante el juez o ante la autoridad que él designare;

d) La prohibición de salir del país, de la localidad en la cual residiere o del ámbito territorial que fijare el tribunal;

e) La prohibición de asistir a determinadas reuniones, recintos o espectáculos públicos, o de visitar determinados lugares;

f) La prohibición de comunicarse con personas determinadas, siempre que no se afectare el derecho a defensa;

g) La prohibición de aproximarse al ofendido o su familia y, en su caso, la obligación de abandonar el hogar que compartiere con aquél;

h) La prohibición de poseer, tener o portar armas de fuego, municiones o cartuchos, y[97]

---

[96] Encabezado modificado, como aparece en el texto, por el artículo 1º, Nº 20, de la Ley Nº 20.074, de 14 de noviembre de 2005.

[97] Letra agregada, como aparece en el texto, por el artículo 2º, Nº 1, letra c), de la Ley Nº 20.813 de 06 de febrero de 2015. El texto de las letras f) y g) se ajustó de acuerdo a lo dispuesto en las letras a) y b) del artículo 2º, Nº1 de la misma Ley.

i) La obligación del imputado de abandonar un inmueble determinado[98].

El tribunal podrá imponer una o más de estas medidas según resultare adecuado al caso y ordenará las actuaciones y comunicaciones necesarias para garantizar su cumplimiento.

La procedencia, duración, impugnación y ejecución de estas medidas cautelares se regirán por las disposiciones aplicables a la prisión preventiva, en cuanto no se opusieren a lo previsto en este Párrafo.

Artículo 156. Suspensión temporal de otras medidas cautelares personales. El tribunal podrá dejar temporalmente sin efecto las medidas contempladas en este Párrafo, a petición del afectado por ellas, oyendo al fiscal y previa citación de los demás intervinientes que hubieren participado en la audiencia en que se decretaron, cuando estimare que ello no pone en peligro los objetivos que se tuvieron en vista al imponerlas. Para estos efectos, el juez podrá admitir las cauciones previstas en el artículo 146.

Artículo 156 bis. Medidas cautelares especiales. En los casos de investigaciones por fraude en el otorgamiento de licencias médicas, el tribunal podrá, en la oportunidad y a petición de las personas señaladas en el artículo 155, decretar la suspensión de la facultad de emitir dichas licencias mientras dure la investigación o por el menor plazo que, fundadamente, determine[99].

TÍTULO VI. MEDIDAS CAUTELARES REALES

Artículo 157. Procedencia de las medidas cautelares reales. Durante la etapa de investigación, el ministerio público o la víctima podrán solicitar por escrito al juez de garantía que decrete respecto del imputado,

---

98 Letra agregada, como aparece en el texto, por el artículo 2°, N° 14, letra c), de la Ley N° 20.931 de 05 de julio de 2016. El texto de las letras g) y h) se ajustó de acuerdo a lo dispuesto en las letras a) y b) del artículo 2°, N°14 de la misma Ley.

99 Artículo agregado, como aparece en el texto, por el artículo 12 de la Ley N° 20.585, de 11 de mayo de 2012.

una o más de las medidas precautorias autorizadas en el Título V del Libro Segundo del Código de Procedimiento Civil. En estos casos, las solicitudes respectivas se substanciarán y regirán de acuerdo a lo previsto en el Título IV del mismo Libro. Con todo, concedida la medida, el plazo para presentar la demanda se extenderá hasta la oportunidad prevista en el artículo 60.

Del mismo modo, al deducir la demanda civil, la víctima podrá solicitar que se decrete una o más de dichas medidas.

El Ministerio Público deberá solicitar las medidas cautelares que correspondan para asegurar bienes suficientes con el fin de hacer efectivo el comiso de las ganancias provenientes del delito o, de proceder, el comiso por valor equivalente de instrumentos o efectos del delito. Para estos efectos, el juez podrá autorizar la retención de dineros o cosas muebles que se encuentren en poder del imputado o de terceros, o en cuentas de bancos o en fondos generales administrados por terceros[100].

Artículo 157 bis. Concesión de medidas sin audiencia del afectado. Las medidas solicitadas para asegurar bienes sobre los cuales hacer efectivo el comiso de ganancias o de valor equivalente de bienes o efectos podrán ser decretadas sin audiencia del afectado.

Si se procede de este modo, el juez deberá fijar un plazo no inferior a treinta ni superior a doscientos cuarenta días para que el Ministerio Público formalice la investigación respectiva. Para definir el plazo, el juez deberá considerar la complejidad de la investigación, el número de imputados, el carácter del o de los delitos investigados y la posible sanción.

Antes de vencido el plazo indicado en el inciso precedente, el Ministerio Público o la víctima podrán pedir una ampliación del mismo, en los términos del inciso anterior, cuando existieren motivos fundados que así lo justificaren.

---

[100] Inciso incorporado por el artículo 2, Nº 2, de la Ley 21.577 de 15 de junio de 2023.

Transcurrido este plazo, o su ampliación, sin que el Ministerio Público hubiere solicitado la mantención de la medida con ocasión de la formalización, la medida quedará sin efecto[101].

Artículo 157 ter. Medida cautelar real especial. Tratándose de los delitos de usurpación de inmuebles, el Ministerio Público o la víctima, en cualquier etapa del procedimiento, haya sido formalizada o no la investigación, podrán solicitar al juez que decrete el desalojo del o los ocupantes ilegales con el auxilio de la fuerza pública, acreditando la respectiva inscripción del inmueble y antecedentes de la ocupación. Para lo anterior, citará en el más breve plazo a una audiencia que se celebrará con los que asistan.

La medida cautelar descrita en el inciso anterior en caso alguno obstará al ejercicio de la facultad de detención por flagrancia conforme a lo dispuesto en los artículos 129, 130 y 134[102].

Artículo 158. Recurso de apelación. Serán apelables las resoluciones que negaren o dieren lugar a las medidas previstas en este Título.

TÍTULO VII. NULIDADES PROCESALES

Artículo 159. Procedencia de las nulidades procesales. Sólo podrán anularse las actuaciones o diligencias judiciales defectuosas del procedimiento que ocasionaren a los intervinientes un perjuicio reparable únicamente con la declaración de nulidad. Existe perjuicio cuando la inobservancia de las formas procesales atenta contra las posibilidades de actuación de cualquiera de los intervinientes en el procedimiento.

Artículo 160. Presunción de derecho del perjuicio. Se presumirá de derecho la existencia del perjuicio si la infracción hubiere impedido el

---

101 Inciso sustituido por el artículo 2, Nº 7, de la Ley 21.694 de 4 de septiembre de 2024. Anteriormente, el artículo fue incorporado por el artículo 2, Nº 3, de la Ley 21.577 de 15 de junio de 2023.

102 Artículo incorporado por el artículo 2º, Nº 2, de la Ley 21.633, de 24 de noviembre de 2023.

pleno ejercicio de las garantías y de los derechos reconocidos en la Constitución, o en las demás leyes de la República.

Artículo 161. Oportunidad para solicitar la nulidad. La declaración de nulidad procesal se deberá impetrar, en forma fundada y por escrito, incidentalmente, dentro de los cinco días siguientes a aquél en que el perjudicado hubiere tomado conocimiento fehaciente del acto cuya invalidación persiguiere, a menos que el vicio se hubiere producido en una actuación verificada en una audiencia, pues en tal caso deberá impetrarse verbalmente antes del término de la misma audiencia. Con todo, no podrá reclamarse la nulidad de actuaciones verificadas durante la etapa de investigación después de la audiencia de preparación del juicio oral. La solicitud de nulidad presentada extemporáneamente será declarada inadmisible.

Artículo 162. Titulares de la solicitud de declaración de nulidad. Sólo podrá solicitar la declaración de nulidad el interviniente en el procedimiento perjudicado por el vicio y que no hubiere concurrido a causarlo.

Artículo 163. Nulidad de oficio. Si el tribunal estimare haberse producido un acto viciado y la nulidad no se hubiere saneado aún, lo pondrá en conocimiento del interviniente en el procedimiento a quien estimare que la nulidad le ocasiona un perjuicio, a fin de que proceda como creyere conveniente a sus derechos, a menos de que se tratare de una nulidad de las previstas en el artículo 160, caso en el cual podrá declararla de oficio.

Artículo 164. Saneamiento de la nulidad. Las nulidades quedarán subsanadas si el interviniente en el procedimiento perjudicado no impetrare su declaración oportunamente, si aceptare expresa o tácitamente los efectos del acto y cuando, a pesar del vicio, el acto cumpliere su finalidad respecto de todos los interesados, salvo en los casos previstos en el artículo 160.

Artículo 165. Efectos de la declaración de nulidad. La declaración de nulidad del acto conlleva la de los actos consecutivos que de él emanaren o dependieren.

El tribunal, al declarar la nulidad, determinará concretamente cuáles son los actos a los que ella se extendiere y, siendo posible, ordenará que se renueven, rectifiquen o ratifiquen.

Con todo, la declaración de nulidad no podrá retrotraer el procedimiento a etapas anteriores, a pretexto de repetición del acto, rectificación del error o cumplimiento del acto omitido, salvo en los casos en que ello correspondiere de acuerdo con las normas del recurso de nulidad. De este modo, si durante la audiencia de preparación del juicio oral se declarare la nulidad de actuaciones judiciales realizadas durante la etapa de investigación, el tribunal no podrá ordenar la reapertura de ésta. Asimismo, las nulidades declaradas durante el desarrollo de la audiencia del juicio oral no retrotraerán el procedimiento a la etapa de investigación o a la audiencia de preparación del juicio oral.

La solicitud de nulidad constituirá preparación suficiente del recurso de nulidad para el caso que el tribunal no resolviere la cuestión de conformidad a lo solicitado.

LIBRO SEGUNDO
PROCEDIMIENTO ORDINARIO

TÍTULO I. ETAPA DE INVESTIGACIÓN

Párrafo 1° Persecución penal pública

Artículo 166. Ejercicio de la acción penal. Los delitos de acción pública serán investigados con arreglo a las disposiciones de este Título.

Cuando el ministerio público tomare conocimiento de la existencia de un hecho que revistiere caracteres de delito, con el auxilio de la policía, promoverá la persecución penal, sin que pueda suspender, interrumpir o hacer cesar su curso, salvo en los casos previstos en la ley.

Tratándose de delitos de acción pública previa instancia particular, no podrá procederse sin que, a lo menos, se hubiere denunciado el hecho con arreglo al artículo 54, salvo para realizar los actos urgentes de investigación o los absolutamente necesarios para impedir o interrumpir la comisión del delito.

En los delitos previstos en los artículos 459 y 460 del Código Penal, recibida la denuncia el fiscal comunicará los hechos a la Dirección General de Aguas del Ministerio de Obras Públicas[103].

Artículo 167. Archivo provisional. En tanto no se hubiere producido la intervención del juez de garantía en el procedimiento, el ministerio público podrá archivar provisionalmente aquellas investigaciones en las que no aparecieren antecedentes que permitieren desarrollar actividades conducentes al esclarecimiento de los hechos.

Si el delito mereciere pena aflictiva, el fiscal deberá someter la decisión sobre archivo provisional a la aprobación del Fiscal Regional.

Si el delito tuviere asignada pena de crimen, la forma y el medio en que se comunicará a la víctima, el fundamento de la decisión y las dili-

---

103 Inciso agregado, como aparece en el texto, por el artículo 3° de la Ley N° 21.064 de 27 de enero de 2018.

gencias de investigación efectivamente practicadas se regularán en un instructivo general dictado por el Fiscal Nacional[104].

La víctima podrá solicitar al ministerio público la reapertura del procedimiento y la realización de diligencias de investigación. Asimismo, podrá reclamar de la denegación de dicha solicitud ante las autoridades del ministerio público.

Artículo 168. Facultad para no iniciar investigación. En tanto no se hubiere producido la intervención del juez de garantía en el procedimiento, el fiscal podrá abstenerse de toda investigación, cuando los hechos relatados en la denuncia no fueren constitutivos de delito o cuando los antecedentes y datos suministrados permitieren establecer que se encuentra extinguida la responsabilidad penal del imputado. Esta decisión será siempre fundada y se someterá a la aprobación del juez de garantía.

Artículo 169. Control judicial. En los casos contemplados en los dos artículos anteriores, la víctima podrá provocar la intervención del juez de garantía deduciendo la querella respectiva.

Si el juez admitiere a tramitación la querella, el fiscal deberá seguir adelante la investigación conforme a las reglas generales.

Artículo 170. Principio de oportunidad. Los fiscales del ministerio público podrán no iniciar la persecución penal o abandonar la ya iniciada cuando se tratare de un hecho que no comprometiere gravemente el interés público, a menos que la pena mínima asignada al delito excediere la de presidio o reclusión menores en su grado mínimo o que se tratare de un delito cometido por un funcionario público en el ejercicio de sus funciones.

Tampoco procederá el ejercicio de esta facultad respecto del imputado que hubiere sido beneficiado con ella dentro de los dos años anteriores

---

[104] Inciso agregado por el artículo 2, Nº 8, de la Ley 21.694 de 4 de septiembre de 2024.

al hecho de que se trate, contados desde la resolución que lo tuvo por comunicado[105].

El ejercicio de esta facultad se regulará mediante instrucciones generales dictadas por el Ministerio Público, con el objetivo de establecer un uso racional de la misma[106].

Para estos efectos, el fiscal deberá emitir una decisión motivada, la que comunicará al juez de garantía. Éste, a su vez, la notificará a los intervinientes, si los hubiere.

Dentro de los diez días siguientes a la comunicación de la decisión del fiscal, el juez, de oficio o a petición de cualquiera de los intervinientes, podrá dejarla sin efecto cuando considerare que aquél ha excedido sus atribuciones en cuanto la pena mínima prevista para el hecho de que se tratare excediere la de presidio o reclusión menores en su grado mínimo, o se tratare de un delito cometido por un funcionario público en el ejercicio de sus funciones. También la dejará sin efecto cuando, dentro del mismo plazo, la víctima manifestare de cualquier modo su interés en el inicio o en la continuación de la persecución penal.

La decisión que el juez emitiere en conformidad al inciso anterior obligará al fiscal a continuar con la persecución penal.

Una vez vencido el plazo señalado en el inciso tercero o rechazada por el juez la reclamación respectiva, los intervinientes contarán con un plazo de diez días para reclamar de la decisión del fiscal ante las autoridades del ministerio público.

Conociendo de esta reclamación, las autoridades del ministerio público deberán verificar si la decisión del fiscal se ajusta a las políticas generales del servicio y a las normas que hubieren sido dictadas al respecto. Transcurrido el plazo previsto en el inciso precedente sin que se hubiere formulado reclamación o rechazada ésta por parte de las autoridades del

---

105 Inciso segundo agregado por el artículo 2, Nº 9, de la Ley 21.694 de 4 de septiembre de 2021.

106 Inciso agregado, como aparece en el texto, por el artículo 2º, Nº 15, de la Ley Nº 20.931, de 05 de julio de 2016. Los incisos segundo a séptimo pasaron a ser tercero a octavo a raíz de esta modificación.

ministerio público, se entenderá extinguida la acción penal respecto del hecho de que se tratare.

La extinción de la acción penal de acuerdo a lo previsto en este artículo no perjudicará en modo alguno el derecho a perseguir por la vía civil las responsabilidades pecuniarias derivadas del mismo hecho.

Artículo 171. Cuestiones prejudiciales civiles. Siempre que para el juzgamiento criminal se requiriere la resolución previa de una cuestión civil de que debiere conocer, conforme a la ley, un tribunal que no ejerciere jurisdicción en lo penal, se suspenderá el procedimiento criminal hasta que dicha cuestión se resolviere por sentencia firme.

Esta suspensión no impedirá que se verifiquen actuaciones urgentes y estrictamente necesarias para conferir protección a la víctima o a testigos o para establecer circunstancias que comprobaren los hechos o la participación del imputado y que pudieren desaparecer.

Cuando se tratare de un delito de acción penal pública, el ministerio público deberá promover la iniciación de la causa civil previa e intervendrá en ella hasta su término, instando por su pronta conclusión.

Párrafo 2° Inicio del procedimiento

Artículo 172. Formas de inicio. La investigación de un hecho que revistiere caracteres de delito podrá iniciarse de oficio por el ministerio público, por denuncia o por querella.

Artículo 173. Denuncia. Cualquier persona podrá comunicar directamente al ministerio público el conocimiento que tuviere de la comisión de un hecho que revistiere caracteres de delito.

También se podrá formular la denuncia ante los funcionarios de Carabineros de Chile, de la Policía de Investigaciones, de Gendarmería de Chile en los casos de los delitos cometidos dentro de los recintos penitenciarios, o ante cualquier tribunal con competencia criminal, todos los cuales deberán hacerla llegar de inmediato al ministerio público.

Artículo 174. Forma y contenido de la denuncia. La denuncia podrá formularse por cualquier medio y deberá contener la identificación del denunciante, el señalamiento de su domicilio, la narración circunstanciada del hecho, la designación de quienes lo hubieren cometido y de las personas que lo hubieren presenciado o que tuvieren noticia de él, todo en cuanto le constare al denunciante.

En el caso de la denuncia verbal se levantará un registro en presencia del denunciante, quien lo firmará junto con el funcionario que la recibiere. La denuncia escrita será firmada por el denunciante. En ambos casos, si el denunciante no pudiere firmar, lo hará un tercero a su ruego.

Con todo, si el denunciante, al tiempo de presentar la denuncia, manifiesta la intención de reservar su identidad, se le deberá garantizar el secreto de ella. El Ministerio Público deberá instruir y proveer protocolos y mecanismos necesarios a fin de brindar el adecuado secreto y reserva de que trata este inciso.

Sin perjuicio de lo anterior, el imputado podrá solicitar al tribunal que ponga término a la reserva cuando con motivo de esta circunstancia se afecten sus derechos de defensa.

Con todo, si el denunciante interviene de cualquier forma en el procedimiento penal, se aplicarán, desde ese instante, las normas de este Código, y sólo se mantendrá la reserva en cuanto al hecho de haber realizado la denuncia, y resultarán aplicables las normas de protección previstas en los artículos 109, letra a), y 308[107].

Artículo 175. Denuncia obligatoria. Estarán obligados a denunciar:

a) Los miembros de Carabineros de Chile, de la Policía de Investigaciones de Chile y de Gendarmería, todos los delitos que presenciaren o llegaren a su noticia. Los miembros de las Fuerzas Armadas estarán también obligados a denunciar todos los delitos de que tomaren conocimiento en el ejercicio de sus funciones;

---

[107] Incisos tercero, cuarto y quinto incorporados por el artículo 20, Nº 1, de la Ley 21.592 de 21 de agosto de 2023.

b) Los fiscales y los demás empleados públicos, los delitos de que tomaren conocimiento en el ejercicio de sus funciones y, especialmente, en su caso, los que notaren en la conducta ministerial de sus subalternos;

c) Los jefes de puertos, aeropuertos, estaciones de trenes o buses o de otros medios de locomoción o de carga, los capitanes de naves o de aeronaves comerciales que naveguen en el mar territorial o en el espacio territorial, respectivamente, y los conductores de los trenes, buses u otros medios de transporte o carga, los delitos que se cometieren durante el viaje, en el recinto de una estación, puerto o aeropuerto o a bordo del buque o aeronave;

d) Los jefes de establecimientos hospitalarios o de clínicas particulares y, en general, los profesionales en medicina, odontología, química, farmacia y de otras ramas relacionadas con la conservación o el restablecimiento de la salud, y los que ejercieren prestaciones auxiliares de ellas, que notaren en una persona o en un cadáver señales de envenenamiento o de otro delito[108];

e) Los directores, inspectores y profesores de establecimientos educacionales de todo nivel, los delitos que afectaren a los alumnos o que hubieren tenido lugar en el establecimiento, y[109]

f) Los jefes de establecimientos de salud, públicos o privados, y los sostenedores y directores de establecimientos educacionales, públicos o privados, respecto de los delitos perpetrados contra los profesionales y funcionarios de dichos establecimientos al interior de sus dependencias o mientras éstos se encontraren en el ejercicio de sus funciones o en razón, con motivo u ocasión de ellas. La misma obligación tendrán los directores de los Servicios Locales de Educación respecto de estos delitos, cuando ocurran en los establecimientos educacionales que formen parte del territorio de su competencia[110].

---

108 Letra modificada por el art. 2, Nº 1 de la Ley Nº 21.188, del 13 de diciembre de 2019.

109 Letra modificada por el art. 2, Nº 2 de la Ley Nº 21.188, del 13 de diciembre de 2019.

110 Letra agregada por el art. 2, Nº 3 de la Ley Nº 21.188, del 13 de diciembre de 2019.

g) Los jefes de seguridad o jefes de establecimientos donde ejerzan sus funciones las entidades obligadas y los representantes legales de las empresas que ejerzan actividades de seguridad privada, así como los organizadores o productores de eventos masivos, de acuerdo a la ley que regula esa materia[111].

La denuncia realizada por alguno de los obligados en este artículo eximirá al resto.

Artículo 176. Plazo para efectuar la denuncia. Las personas indicadas en el artículo anterior deberán hacer la denuncia dentro de las veinticuatro horas siguientes al momento en que tomaren conocimiento del hecho criminal. Respecto de los capitanes de naves o de aeronaves, este plazo se contará desde que arribaren a cualquier puerto o aeropuerto de la República.

Artículo 177. Incumplimiento de la obligación de denunciar. Las personas indicadas en el artículo 175 que omitieren hacer la denuncia que en él se prescribe incurrirán en la pena prevista en el artículo 494 del Código Penal, o en la señalada en disposiciones especiales, en lo que correspondiere.

La pena por el delito en cuestión no será aplicable cuando apareciere que quien hubiere omitido formular la denuncia arriesgaba la persecución penal propia, del cónyuge, de su conviviente o de ascendientes, descendientes o hermanos.

Artículo 178. Responsabilidad y derechos del denunciante. El denunciante no contraerá otra responsabilidad que la correspondiente a los delitos que hubiere cometido por medio de la denuncia o con ocasión de ella. Tampoco adquirirá el derecho a intervenir posteriormente en el procedimiento, sin perjuicio de las facultades que pudieren corresponderle en el caso de ser víctima del delito.

---

111 Letra agregada por artículo 117 de la ley 21.659, de 21 de marzo de 2024.

Sin perjuicio de lo dispuesto en el inciso anterior, el Ministerio Público podrá disponer medidas de protección en favor del denunciante cuando la entidad o la naturaleza de los hechos, o la calidad de la persona denunciada, indiquen que existe un riesgo plausible de ser él o su familia víctima de hostigamientos, amenazas u otros atentados con motivo de la denuncia[112].

Artículo 179. Autodenuncia. Quien hubiere sido imputado por otra persona de haber participado en la comisión de un hecho ilícito, tendrá el derecho de concurrir ante el ministerio público y solicitar se investigue la imputación de que hubiere sido objeto.

Si el fiscal respectivo se negare a proceder, la persona imputada podrá recurrir ante las autoridades superiores del ministerio público, a efecto de que revisen tal decisión.

Párrafo 3° Actuaciones de la investigación

Artículo 180. Investigación de los fiscales. Los fiscales dirigirán la investigación y podrán realizar por sí mismos o encomendar a la policía todas las diligencias de investigación que consideraren conducentes al esclarecimiento de los hechos.

Sin perjuicio de lo dispuesto en el Párrafo 1° de este Título, dentro de las veinticuatro horas siguientes a que tomare conocimiento de la existencia de un hecho que revistiere caracteres de delito de acción penal pública por alguno de los medios previstos en la ley, el fiscal deberá proceder a la práctica de todas aquellas diligencias pertinentes y útiles al esclarecimiento y averiguación del mismo, de las circunstancias relevantes para la aplicación de la ley penal, de los partícipes del hecho y de las circunstancias que sirvieren para verificar su responsabilidad. Asimismo, deberá impedir que el hecho denunciado produzca consecuencias ulteriores.

Los fiscales podrán exigir información de toda persona o funcionario público, los que no podrán excusarse de proporcionarla, salvo en los casos

---

112 Inciso incorporado por el artículo 20, N°2, de la Ley 21.592 de 21 de agosto de 2023.

expresamente exceptuados por la ley. Los notarios, archiveros y conservadores de bienes raíces, y demás organismos, autoridades y funcionarios públicos, deberán realizar las actuaciones y diligencias y otorgar los informes, antecedentes y copias de instrumentos que los fiscales les solicitaren, en forma gratuita y exentos de toda clase de derechos e impuestos[113].

Artículo 181. Actividades de la investigación. Para los fines previstos en el artículo anterior, la investigación se llevará a cabo de modo de consignar y asegurar todo cuanto condujere a la comprobación del hecho y a la identificación de los partícipes en el mismo. Así, se hará constar el estado de las personas, cosas o lugares, se identificará a los testigos del hecho investigado y se consignarán sus declaraciones. Del mismo modo, si el hecho hubiere dejado huellas, rastros o señales, se tomará nota de ellos y se los especificará detalladamente, se dejará constancia de la descripción del lugar en que aquél se hubiere cometido, del estado de los objetos que en él se encontraren y de todo otro dato pertinente.

Para el cumplimiento de los fines de la investigación se podrá disponer la práctica de operaciones científicas, la toma de fotografías, filmación o grabación y, en general, la reproducción de imágenes, voces o sonidos por los medios técnicos que resultaren más adecuados, requiriendo la intervención de los organismos especializados. En estos casos, una vez verificada la operación se certificará el día, hora y lugar en que ella se hubiere realizado, el nombre, la dirección y la profesión u oficio de quienes hubieren intervenido en ella, así como la individualización de la persona sometida a examen y la descripción de la cosa, suceso o fenómeno que se reprodujere o explicare. En todo caso se adoptarán las medidas necesarias para evitar la alteración de los originales objeto de la operación.

Artículo 182. Secreto de las actuaciones de investigación. Las actuaciones de investigación realizadas por el ministerio público y por la policía serán secretas para los terceros ajenos al procedimiento.

---

113 Inciso modificado, como aparece en el texto, por el artículo 1°, N° 21, de la Ley N° 20.074, de 14 de noviembre de 2005.

El imputado y los demás intervinientes en el procedimiento podrán examinar y obtener copias, a su cargo, de los registros y documentos de la investigación fiscal y podrán examinar los de la investigación policial[114].

El fiscal podrá disponer que determinadas actuaciones, registros o documentos sean mantenidas en secreto respecto del imputado o de los demás intervinientes, cuando lo considerare necesario para la eficacia de la investigación. En tal caso deberá identificar las piezas o actuaciones respectivas, de modo que no se vulnere la reserva y fijar un plazo no superior a cuarenta días para la mantención del secreto, el cual podrá ser ampliado por el mismo período, por una sola vez, con motivos fundados.

Esta ampliación no será oponible ni al imputado ni a su defensa[115].

El imputado o cualquier otro interviniente podrá solicitar del juez de garantía que ponga término al secreto o que lo limite, en cuanto a su duración, a las piezas o actuaciones abarcadas por él, o a las personas a quienes afectare.

Sin perjuicio de lo dispuesto en los incisos anteriores, no se podrá decretar el secreto sobre la declaración del imputado o cualquier otra actuación en que hubiere intervenido o tenido derecho a intervenir, las actuaciones en las que participare el tribunal, ni los informes evacuados por peritos, respecto del propio imputado o de su defensor.

Los funcionarios que hubieren participado en la investigación y las demás personas que, por cualquier motivo, tuvieren conocimiento de las actuaciones de la investigación estarán obligados a guardar secreto respecto de ellas.

Artículo 183. Proposición de diligencias. Durante la investigación, tanto el imputado como los demás intervinientes en el procedimiento podrán solicitar al fiscal todas aquellas diligencias que consideraren pertinentes y útiles para el esclarecimiento de los hechos. El fiscal deberá

---

114 Inciso sustituido, por el que aparece en el texto, por el artículo 1°, N° 22, de la Ley N° 20.074, de 14 de noviembre de 2005.

115 Inciso modificado, como aparece en el texto, por el artículo 2°, N° 16, de la Ley N° 20.931, de 05 de julio de 2016.

pronunciarse dentro de los diez días siguientes a la solicitud y ordenará que se lleven a efecto aquellas que estimare conducentes[116].

Si el fiscal rechazare la solicitud o no se pronunciare dentro del plazo establecido en el inciso anterior, se podrá reclamar ante las autoridades del Ministerio Público según lo disponga la ley orgánica constitucional respectiva, dentro del plazo de cinco días contado desde el rechazo o desde el vencimiento del señalado plazo, con el propósito de obtener un pronunciamiento definitivo acerca de la procedencia de la diligencia[117].

Artículo 184. Asistencia a diligencias. Durante la investigación, el fiscal podrá permitir la asistencia del imputado o de los demás intervinientes a las actuaciones o diligencias que debiere practicar, cuando lo estimare útil. En todo caso, podrá impartirles instrucciones obligatorias conducentes al adecuado desarrollo de la actuación o diligencia y podrá excluirlos de la misma en cualquier momento.

Artículo 185. Agrupación y separación de investigaciones. El fiscal podrá investigar separadamente cada delito de que conociere. No obstante, podrá desarrollar la investigación conjunta de dos o más delitos, cuando ello resultare conveniente. Asimismo, en cualquier momento podrá separar las investigaciones que se llevaren en forma conjunta.

Cuando dos o más fiscales se encontraren investigando los mismos hechos y con motivo de esta circunstancia se afectaren los derechos de la defensa del imputado, éste podrá pedir al superior jerárquico o al superior jerárquico común, en su caso, que resuelva cuál tendrá a su cargo el caso.

Artículo 186. Control judicial anterior a la formalización de la investigación. Cualquier persona que se considerare afectada por una investigación que no se hubiere formalizado judicialmente, podrá pedir al juez de garantía que le ordene al fiscal informar acerca de los hechos que fueren

---

116 Inciso modificado, como aparece en el texto, por el artículo 2°, N° 17, letra a), de la Ley N° 20.931, de 05 de julio de 2016.

117 Inciso sustituido, por el que aparece en el texto, por el artículo 2°, N° 17, letra b), de la Ley N° 20.931, de 05 de julio de 2016.

objeto de ella. También podrá el juez fijarle un plazo para que formalice la investigación.

Artículo 187. Objetos, documentos e instrumentos. Los objetos, documentos e instrumentos de cualquier clase que parecieren haber servido o haber estado destinados a la comisión del hecho investigado, o los que de él provinieren, o los que pudieren servir como medios de prueba, así como los que se encontraren en el sitio del suceso a que se refiere la letra c) del artículo 83, serán recogidos, identificados y conservados bajo sello. En todo caso, se levantará un registro de la diligencia, de acuerdo con las normas generales.

Si los objetos, documentos e instrumentos se encontraren en poder del imputado o de otra persona, se procederá a su incautación, de conformidad a lo dispuesto en este Título. Con todo, tratándose de objetos, documentos e instrumentos que fueren hallados en poder del imputado respecto de quien se practicare detención en ejercicio de la facultad prevista en el artículo 83 letra b) o se encontraren en el sitio del suceso, se podrá proceder a su incautación en forma inmediata[118].

Artículo 187 bis. Enajenación temprana de especies. A solicitud del Ministerio Público, el juez de garantía podrá disponer la enajenación temprana de los bienes incautados, siempre que se trate de vehículos motorizados, o se trate de bienes sujetos a corrupción, susceptibles de próximo deterioro y cuya conservación sea difícil o muy dispendiosa.

Para estos efectos, el juez de garantía deberá oficiar a la Dirección General del Crédito Prendario para que informe sobre la tasación del respectivo bien. En caso de que éste deba ser destruido por dicho organismo por carecer de valor, el juez de garantía así deberá decretarlo en la resolución.

Si el bien figura inscrito en algún registro público, sea que acredite o no propiedad, el juez de garantía, antes de resolver la enajenación temprana, deberá citar a quienes figuren como titulares de derechos en dichos

---

[118] Inciso modificado, como aparece en el texto, por el artículo 2º, Nº 11, de la Ley Nº 20.253, de 14 de marzo de 2008.

registros. En caso de que el citado no comparezca a la audiencia de enajenación temprana, se procederá en su ausencia.

La enajenación se llevará a cabo por la Dirección General del Crédito Prendario en subasta pública cuando la resolución que disponga la enajenación se encuentre firme o ejecutoriada.

El monto de lo obtenido en la subasta será depositado en el Banco del Estado de Chile, en cuentas o valores reajustables y con intereses.

En el evento que la sentencia sea absolutoria o no establezca el comiso de las especies enajenadas, el precio de la venta, sus reajustes e intereses serán restituidos a quien corresponda. En caso contrario se destinarán a la Corporación Administrativa del Poder Judicial[119].

Artículo 188. Conservación de las especies. Las especies recogidas durante la investigación serán conservadas bajo la custodia del ministerio público, quien deberá tomar las medidas necesarias para evitar que se alteren de cualquier forma.

Podrá reclamarse ante el juez de garantía por la inobservancia de las disposiciones antes señaladas, a fin que adopte las medidas necesarias para la debida preservación e integridad de las especies recogidas.

Los intervinientes tendrán acceso a esas especies, con el fin de reconocerlas o realizar alguna pericia, siempre que fueren autorizados por el ministerio público o, en su caso, por el juez de garantía. El ministerio público llevará un registro especial en el que conste la identificación de las personas que fueren autorizadas para reconocerlas o manipularlas, dejándose copia, en su caso, de la correspondiente autorización.

Artículo 189. Reclamaciones o tercerías. Las reclamaciones o tercerías que los intervinientes o terceros entablaren durante la investigación con el fin de obtener la restitución de objetos recogidos o incautados se tramitarán ante el juez de garantía. La resolución que recayere en el artí-

---

[119] Artículo incorporado por el artículo 2, N° 1, de la Ley 21.575 de 23 de mayo de 2023.

culo así tramitado se limitará a declarar el derecho del reclamante sobre dichos objetos, pero no se efectuará la devolución de éstos sino hasta después de concluido el procedimiento, a menos que el tribunal considerare innecesaria su conservación.

Lo dispuesto en el inciso precedente no se extenderá a las cosas hurtadas, robadas o , estafadas o que hayan sido objeto de usurpación en los términos de los artículos 457, 457 bis, 458 y 458 bis del Código Penal, las cuales se entregarán al dueño o legítimo tenedor en cualquier estado del procedimiento, una vez comprobado su dominio o tenencia por cualquier medio y establecido su valor[120].

En todo caso, se dejará constancia mediante fotografías u otros medios que resultaren convenientes de las especies restituidas o devueltas en virtud de este artículo.

Artículo 190. Testigos ante el ministerio público. Durante la etapa de investigación, los testigos citados por el fiscal estarán obligados a comparecer a su presencia y prestar declaración ante el mismo o ante su abogado asistente, salvo aquellos exceptuados únicamente de comparecer a que se refiere el artículo 300. El fiscal o el abogado asistente del fiscal no podrán exigir del testigo el juramento o promesa previstos en el artículo 306[121].

Si el testigo citado no compareciere sin justa causa o, compareciendo, se negare injustificadamente a declarar, se le impondrán, respectivamente, las medidas de apremio previstas en el inciso primero y las sanciones contempladas en el inciso segundo del artículo 299[122].

Tratándose de testigos que fueren empleados públicos o de una empresa del Estado, el organismo público o la empresa respectiva adoptará las

120 Inciso modificado, como aparece en el texto, por el artículo 2º, Nº 3, de la Ley 21.633, de 24 de noviembre de 2023. Anteriormente había sido modificado por el artículo 3º, Nº 2, de la Ley Nº 19.950, de 05 de junio de 2004.

121 Inciso modificado, como aparece en el texto, por el artículo 2º, Nº 12, letra a), de la Ley Nº 20.253, de 14 de marzo de 2008.

122 Inciso modificado, como aparece en el texto, por el artículo 2º, Nº 12, letra b), de la Ley Nº 20.253, de 14 de marzo de 2008.

medidas correspondientes, las que serán de su cargo si irrogaren gastos, para facilitar la comparecencia del testigo, sea que se encontrare en el país o en el extranjero.

Artículo 191. Anticipación de prueba. Al concluir la declaración del testigo, el fiscal o el abogado asistente del fiscal, en su caso, le hará saber la obligación que tiene de comparecer y declarar durante la audiencia del juicio oral, así como de comunicar cualquier cambio de domicilio o de morada hasta esa oportunidad[123].

Si, al hacérsele la prevención prevista en el inciso anterior, el testigo manifestare la imposibilidad de concurrir a la audiencia del juicio oral, por tener que ausentarse a larga distancia o por existir motivo que hiciere temer la sobreviniencia de su muerte, su incapacidad física o mental, o algún otro obstáculo semejante, el fiscal podrá solicitar del juez de garantía que se reciba su declaración anticipadamente.

En los casos previstos en el inciso precedente, el juez deberá citar a todos aquellos que tuvieren derecho a asistir al juicio oral, quienes tendrán todas las facultades previstas para su participación en la audiencia del juicio oral.

Sin perjuicio de lo anterior, la inasistencia del imputado válidamente emplazado no obstará a la validez de la audiencia en la que se rinda la prueba anticipada[124].

Artículo 191 bis. Anticipación de prueba de menores de edad[125]. El fiscal podrá solicitar que se reciba la declaración anticipada de los me-

---

[123] Inciso modificado, como aparece en el texto, por el artículo 2°, N° 13, de la Ley N° 20.253, de 14 de marzo de 2008.

[124] Inciso agregado, como aparece en el texto, por el artículo 2°, N° 18, de la Ley N° 20.931, de 05 de julio de 2016.

[125] Artículo derogado por el art 32, N° 3 de la Ley N° 21.057, de 20 de enero de 2018. ARTÍCULO CON VIGENCIA DIFERIDA.
El artículo primero transitorio de la Ley N° 21.057, que regula las entrevistas grabadas en video y otras medidas de resguardo a menores de edad, víctimas de delitos sexuales, estableció su entrada en vigencia gradual, en tres etapas, a partir de la

nores de 18 años que fueren víctimas de alguno de los delitos contemplados en el Libro Segundo, Título VII, párrafos 5, 6 y 6 bis del Código Penal. En dichos casos, el juez, considerando las circunstancias personales y emocionales del menor de edad, podrá, acogiendo la solicitud de prueba anticipada, proceder a interrogarlo, debiendo los intervinientes dirigir las preguntas por su intermedio[126].

Con todo, si se modificaren las circunstancias que motivaron la recepción de prueba anticipada, la misma deberá rendirse en el juicio oral.

La declaración deberá realizarse en una sala acondicionada, con los implementos adecuados a la edad y etapa evolutiva del menor de edad.

En los casos previstos en este artículo, el juez deberá citar a todos aquellos que tuvieren derecho a asistir al juicio oral[127].

Artículo 191 ter. Anticipación de prueba con el fin de evitar la victimización secundaria. El fiscal podrá solicitar al juez de garantía que se reciba la declaración anticipada de aquellas víctimas de alguno de

---

publicación de su reglamento, el que se contiene en el Decreto 401, de Justicia, publicado el 2.4.2019.

Primera etapa: entrará en vigencia transcurridos seis meses después de publicado en el Diario Oficial el reglamento a que alude el artículo 29, y comprenderá las regiones de Arica y Parinacota, de Tarapacá, de Antofagasta, del Maule, de Aysén del General Carlos Ibáñez del Campo, y de Magallanes y de la Antártica Chilena.

Segunda etapa: entrará en vigencia transcurridos dieciocho meses después de publicado en el Diario Oficial el reglamento a que alude el artículo 29, y comprenderá las regiones de Atacama, de Coquimbo, de Ñuble, del Biobío, de La Araucanía y de Los Ríos.

Tercera etapa: entrará en vigencia transcurridos treinta meses después de publicado en el Diario Oficial el reglamento a que alude el artículo 29, y comprenderá las regiones de Valparaíso, Metropolitana de Santiago, del Libertador General Bernardo O'Higgins y de Los Lagos.

El art. quinto transitorio de la Ley N! 21.057 dispone que este artículo 191 bis del Código Procesal Penal se entenderá vigente para todos los procesos que hayan sido iniciados antes de la entrada en vigencia de la Ley N° 21.057.

126 Inciso modificado por el art 7, n° 1 de la Ley N° 21.522 de 30 de diciembre de 2022.

127 Artículo agregado, como aparece en el texto, por el artículo 2°, N° 14, de la Ley N° 20.253, de 14 de marzo de 2008.

los delitos contemplados en el Código Penal, en los artículos 141 inciso final; 150 A; 150 D; 361; 365 bis; 366 incisos primero y segundo; 372 bis; 411 quáter, cuando se cometan con fines de explotación sexual, y 433, número 1, cuando se cometa violación, con el fin de evitar victimización secundaria.

En los casos previstos en el inciso precedente, el juez deberá citar a todos aquellos que tuvieren derecho a asistir al juicio oral, quienes tendrán todas las facultades previstas para su participación en la audiencia del juicio oral.

Sin perjuicio de lo anterior, la inasistencia del imputado válidamente emplazado no obstará a la validez de la audiencia en la que se rinda la prueba anticipada[128].

Artículo 192. Anticipación de prueba testimonial en el extranjero. Si el testigo se encontrare en el extranjero y no pudiere aplicarse lo previsto en el inciso final del artículo 190, el fiscal podrá solicitar al juez de garantía que también se reciba su declaración anticipadamente.

Para ese efecto, se recibirá la declaración del testigo, según resultare más conveniente y expedito, ante un cónsul chileno o ante el tribunal del lugar en que se hallare.

La petición respectiva se hará llegar, por conducto de la Corte de Apelaciones correspondiente, al Ministerio de Relaciones Exteriores para su diligenciamiento, y en ella se individualizarán los intervinientes a quienes deberá citarse para que concurran a la audiencia en que se recibirá la declaración, en la cual podrán ejercer todas las facultades que les corresponderían si se tratase de una declaración prestada durante la audiencia del juicio oral.

Si se autorizare la práctica de esta diligencia en el extranjero y ella no tuviere lugar, el ministerio público deberá pagar a los demás intervinientes que hubieren comparecido a la audiencia los gastos en que hubieren incurrido, sin perjuicio de lo que se resolviere en cuanto a costas.

---

[128] Artículo nuevo agregado por el art. 2, nº 5 de la Ley Nº 21.523, de 31 de diciembre de 2022.

Artículo 193. Comparecencia del imputado ante el ministerio público. Durante la etapa de investigación el imputado estará obligado a comparecer ante el fiscal, cuando éste así lo dispusiere.

Mientras el imputado se encuentre detenido o en prisión preventiva, el fiscal estará facultado para hacerlo traer a su presencia cuantas veces fuere necesario para los fines de la investigación, sin más trámite que dar aviso al juez y al defensor[129].

Artículo 194. Declaración voluntaria del imputado. Si el imputado se allanare a prestar declaración ante el fiscal y se tratare de su primera declaración, antes de comenzar el fiscal le comunicará detalladamente cuál es el hecho que se le atribuyere, con todas las circunstancias de tiempo, lugar y modo de comisión, en la medida conocida, incluyendo aquellas que fueren de importancia para su calificación jurídica, las disposiciones legales que resultaren aplicables y los antecedentes que la investigación arrojare en su contra. A continuación, el imputado podrá declarar cuanto tuviere por conveniente sobre el hecho que se le atribuyere.

En todo caso, el imputado no podrá negarse a proporcionar al ministerio público su completa identidad, debiendo responder las preguntas que se le dirigieren con respecto a su identificación.

En el registro que de la declaración se practicare de conformidad a las normas generales se hará constar, en su caso, la negativa del imputado a responder una o más preguntas.

Artículo 195. Métodos prohibidos. Queda absolutamente prohibido todo método de investigación o de interrogación que menoscabe o coarte la libertad del imputado para declarar. En consecuencia, no podrá ser sometido a ninguna clase de coacción, amenaza o promesa.

Sólo se admitirá la promesa de una ventaja que estuviere expresamente prevista en la ley penal o procesal penal.

---

[129] Inciso sustituido, por el que aparece en el texto, por el artículo 2°, N° 15, de la Ley N° 20.253, de 14 de marzo de 2008.

Se prohíbe, en consecuencia, todo método que afecte la memoria o la capacidad de comprensión y de dirección de los actos del imputado, en especial cualquier forma de maltrato, amenaza, violencia corporal o psíquica, tortura, engaño, o la administración de psicofármacos y la hipnosis.

Las prohibiciones previstas en este artículo rigen aun para el evento de que el imputado consintiere en la utilización de alguno de los métodos vedados.

Artículo 196. Prolongación excesiva de la declaración. Si el examen del imputado se prolongare por mucho tiempo, o si se le hubiere dirigido un número de preguntas tan considerable que provocare su agotamiento, se concederá el descanso prudente y necesario para su recuperación.

Se hará constar en el registro el tiempo invertido en el interrogatorio.

Artículo 197. Exámenes corporales. Si fuere necesario para constatar circunstancias relevantes para la investigación, podrán efectuarse exámenes corporales del imputado o del ofendido por el hecho punible, tales como pruebas de carácter biológico, extracciones de sangre u otros análogos, siempre que no fuere de temer menoscabo para la salud o dignidad del interesado.

Si la persona que ha de ser objeto del examen, apercibida de sus derechos, consintiere en hacerlo, el fiscal o la policía ordenará que se practique sin más trámite. En caso de negarse, se solicitará la correspondiente autorización judicial, exponiéndose al juez las razones del rechazo[130].

El juez de garantía autorizará la práctica de la diligencia siempre que se cumplieren las condiciones señaladas en el inciso primero.

Artículo 198. Exámenes médicos y pruebas relacionadas con los delitos previstos en los artículos 361 a 367 y en el artículo 375 del

[130] Inciso sustituido, por el que aparece en el texto, por el artículo único, N° 8, de la Ley N° 19.789, de 30 de enero de 2002.

Código Penal. Tratándose de los delitos previstos en los artículos 361 a 367 y en el artículo 375 del Código Penal, los hospitales, clínicas y establecimientos de salud semejantes, sean públicos o privados, deberán practicar los reconocimientos, exámenes médicos y pruebas biológicas conducentes a acreditar el hecho punible y a identificar a los partícipes en su comisión, debiendo conservar los antecedentes y muestras correspondientes[131].

Se levantará acta, en duplicado, del reconocimiento y de los exámenes realizados, la que será suscrita por el jefe del establecimiento o de la respectiva sección y por los profesionales que los hubieren practicado. Una copia será entregada a la persona que hubiere sido sometida al reconocimiento, o a quien la tuviere bajo su cuidado; la otra, así como las muestras obtenidas y los resultados de los análisis y exámenes practicados, se mantendrán en custodia y bajo estricta reserva en la dirección del hospital, clínica o establecimiento de salud, por un período no inferior a un año, para ser remitidos al ministerio público.

Si los mencionados establecimientos no se encontraren acreditados ante el Servicio Médico Legal para determinar huellas genéticas, tomarán las muestras biológicas y obtendrán las evidencias necesarias, y procederán a remitirlas a la institución que corresponda para ese efecto, de acuerdo a la ley que crea el Sistema Nacional de Registros de ADN y su Reglamento[132].

Artículo 199. Exámenes médicos y autopsias. En los delitos en que fuere necesaria la realización de exámenes médicos para la determinación del hecho punible, el fiscal podrá ordenar que éstos sean llevados a efecto por el Servicio Médico Legal o por cualquier otro servicio médico.

---

[131] Inciso modificado, como aparece en el texto, por el artículo 2°, N° 2, de la Ley N° 20.507, de 08 de abril de 2011.

[132] Inciso agregado, como aparece en el texto, por el artículo 23, N° 1, de la Ley N° 19.970, de 06 de octubre de 2004. De acuerdo al art. 24 de la misma ley, esta modificación comenzaría a regir a contar de la dictación de su reglamento, el que fue aprobado por el Decreto N° 634, del Ministerio de Justicia, publicado en el Diario Oficial el 25 de noviembre de 2008.

Las autopsias que el fiscal dispusiere realizar como parte de la investigación de un hecho punible serán practicadas en las dependencias del Servicio Médico Legal, por el legista correspondiente; donde no lo hubiere, el fiscal designará el médico encargado y el lugar en que la autopsia debiere ser llevada a cabo.

Para los efectos de su investigación, el fiscal podrá utilizar los exámenes practicados con anterioridad a su intervención, si le parecieren confiables.

Artículo 199 bis. Exámenes y pruebas de ADN. Los exámenes y pruebas biológicas destinados a la determinación de huellas genéticas sólo podrán ser efectuados por profesionales y técnicos que se desempeñen en el Servicio Médico Legal, o en aquellas instituciones públicas o privadas que se encontraren acreditadas para tal efecto ante dicho Servicio.

Las instituciones acreditadas constarán en una nómina que, en conformidad a lo dispuesto en el Reglamento, publicará el Servicio Médico Legal en el Diario Oficial[133].

Artículo 200. Lesiones corporales. Toda persona a cuyo cargo se encontrare un hospital u otro establecimiento de salud semejante, fuere público o privado, dará en el acto cuenta al fiscal de la entrada de cualquier individuo que tuviere lesiones corporales de significación, indicando brevemente el estado del paciente y la exposición que hicieren la o las personas que lo hubieren conducido acerca del origen de dichas lesiones y del lugar y estado en que se le hubiere encontrado. La denuncia deberá consignar el estado del paciente, describir los signos externos de las lesiones e incluir las exposiciones que hicieren el afectado o las personas que lo hubieren conducido.

---

133 Artículo agregado, como aparece en el texto, por el artículo 23, Nº 2, de la Ley Nº 19.970, de 06 de octubre de 2004. De acuerdo al art. 24 de la misma ley, esta modificación comenzaría a regir a contar de la dictación de su reglamento, el que fue aprobado por el Decreto Nº 634, del Ministerio de Justicia, publicado en el Diario Oficial el 25 de noviembre de 2008.

En ausencia del jefe del establecimiento, dará cuenta el que lo subrogare en el momento del ingreso del lesionado.

El incumplimiento de la obligación prevista en este artículo se castigará con la pena que prevé el artículo 494 del Código Penal.

Artículo 201. Hallazgo de un cadáver. Cuando hubiere motivo para sospechar que la muerte de una persona fuere el resultado de un hecho punible, el fiscal procederá, antes de la inhumación del cadáver o inmediatamente después de su exhumación, a practicar el reconocimiento e identificación del difunto y a ordenar la autopsia.

El cadáver podrá entregarse a los parientes del difunto o a quienes invocaren título o motivo suficiente, previa autorización del fiscal, tan pronto la autopsia se hubiere practicado.

Artículo 202. Exhumación. En casos calificados y cuando considerare que la exhumación de un cadáver pudiere resultar de utilidad en la investigación de un hecho punible, el fiscal podrá solicitar autorización judicial para la práctica de dicha diligencia.

El tribunal resolverá según lo estimare pertinente, previa citación del cónyuge o del conviviente civil, o de los parientes más cercanos del difunto[134].

En todo caso, practicados el examen o la autopsia correspondientes se procederá a la inmediata sepultura del cadáver.

Artículo 203. Pruebas caligráficas. El fiscal podrá solicitar al imputado que escriba en su presencia algunas palabras o frases, a objeto de practicar las pericias caligráficas que considerare necesarias para la investigación. Si el imputado se negare a hacerlo, el fiscal podrá solicitar al juez de garantía la autorización correspondiente.

---

[134] Inciso modificado, como aparece en el texto, por el artículo 40, número iii), de la Ley Nº 20.830, de 21 de abril de 2015.

Artículo 204. Entrada y registro en lugares de libre acceso público. Carabineros de Chile y la Policía de Investigaciones podrán efectuar el registro de lugares y recintos de libre acceso público, en búsqueda del imputado contra el cual se hubiere librado orden de detención, o de rastros o huellas del hecho investigado o medios que pudieren servir a la comprobación del mismo.

Artículo 205. Entrada y registro en lugares cerrados. Cuando se presumiere que el imputado, o medios de comprobación del hecho que se investigare, se encontrare en un determinado edificio o lugar cerrado, se podrá entrar al mismo y proceder al registro, siempre que su propietario o encargado consintiere expresamente en la práctica de la diligencia.

En este caso, el funcionario que practicare el registro deberá individualizarse y cuidará que la diligencia se realizare causando el menor daño y las menores molestias posibles a los ocupantes. Asimismo, entregará al propietario o encargado un certificado que acredite el hecho del registro, la individualización de los funcionarios que lo hubieren practicado y de aquél que lo hubiere ordenado.

Si, por el contrario, el propietario o el encargado del edificio o lugar no permitiere la entrada y registro, la policía adoptará las medidas tendientes a evitar la posible fuga del imputado y el fiscal solicitará al juez la autorización para proceder a la diligencia. En todo caso, el fiscal hará saber al juez las razones que el propietario o encargado hubiere invocado para negar la entrada y registro.

Artículo 206. Entrada y registro en lugares cerrados sin autorización u orden. La policía podrá entrar en un lugar cerrado y registrarlo, sin el consentimiento expreso de su propietario o encargado ni autorización u orden previa, cuando las llamadas de auxilio de personas que se encontraren en el interior u otros signos evidentes indicaren que en el recinto se está cometiendo un delito, o que exista algún indicio de que se está procediendo a la destrucción de objetos o documentos, de cualquier clase, que pudiesen haber servido o haber estado destinados a la comisión de un hecho constitutivo de delito, o aquellos que de éste provinieren[135].

De dicho procedimiento deberá darse comunicación al fiscal inmediatamente terminado y levantarse un acta circunstanciada que será enviada a éste dentro de las doce horas siguientes. Copia de dicha acta se entregará al propietario o encargado del lugar[136].

Tratándose del delito de abigeato, la policía podrá ingresar a los predios cuando existan indicios o sospechas de que se está perpetrando dicho ilícito, siempre que las circunstancias hagan temer que la demora en obtener la autorización del propietario o del juez, en su caso, facilitará la concreción del mismo o la impunidad de sus hechores[137].

Artículo 207. Horario para el registro. El registro deberá hacerse en el tiempo que media entre las seis y las veintidós horas; pero podrá verificarse fuera de estas horas en lugares de libre acceso público y que se encontraren abiertos durante la noche. Asimismo, procederá en casos urgentes, cuando su ejecución no admitiere demora. En este último evento, la resolución que autorizare la entrada y el registro deberá señalar expresamente el motivo de la urgencia.

Artículo 208. Contenido de la orden de registro. La orden que autorizare la entrada y registro deberá señalar:

a) El o los edificios o lugares que hubieren de ser registrados;

b) El fiscal que lo hubiere solicitado;

c) La autoridad encargada de practicar el registro, y

---

[135] Inciso modificado, como aparece en el texto, por el artículo 2°, N° 19 de la Ley N° 20.931 de 05 de julio de 2016. Anteriormente había sido modificado por el artículo 2°, N° 16, letra a), de la Ley N° 20.253, de 14 de marzo de 2008.

[136] Inciso agregado, como aparece en el texto, por el artículo 2°, N° 16, letra b), de la Ley N° 20.253, de 14 de marzo de 2008.

[137] Inciso agregado por el artículo 2° de la Ley N° 20.090, de 11 de enero de 2006. NOTA: la modificación señala que se agrega un inciso segundo, nuevo; no obstante, por la modificación introducida por la Ley N° 20.253, que agregó un nuevo inciso, este pasó a ser tercero.

d) El motivo del registro y, en su caso, del ingreso nocturno.

La orden tendrá una vigencia máxima de diez días, después de los cuales caducará la autorización. Con todo, el juez que emitiere la orden podrá establecer un plazo de vigencia inferior.

Artículo 209. Entrada y registro en lugares especiales. Para proceder al examen y registro de lugares religiosos, edificios en que funcionare alguna autoridad pública o recintos militares, el fiscal deberá oficiar previamente a la autoridad o persona a cuyo cargo estuvieren, informando de la práctica de la actuación. Dicha comunicación deberá ser remitida con al menos 48 horas de anticipación y contendrá las señas de lo que hubiere de ser objeto del registro, a menos que fuere de temer que por dicho aviso pudiere frustrarse la diligencia. Además, en ella se indicará a las personas que lo acompañarán e invitará a la autoridad o persona a cargo del lugar, edificio o recinto a presenciar la actuación o a nombrar a alguna persona que asista.

Si la diligencia implicare el examen de documentos reservados o de lugares en que se encontrare información o elementos de dicho carácter y cuyo conocimiento pudiere afectar la seguridad nacional, la autoridad o persona a cuyo cargo se encontrare el recinto informará de inmediato y fundadamente de este hecho al Ministro de Estado correspondiente, a través del conducto regular, quien, si lo estimare procedente, oficiará al fiscal manifestando su oposición a la práctica de la diligencia. Tratándose de entidades con autonomía constitucional, dicha comunicación deberá remitirse a la autoridad superior correspondiente.

En este caso, si el fiscal estimare indispensable la realización de la actuación, remitirá los antecedentes al fiscal regional, quien, si compartiere esa apreciación, solicitará a la Corte Suprema que resuelva la controversia, decisión que se adoptará en cuenta. Mientras estuviere pendiente esa determinación, el fiscal dispondrá el sello y debido resguardo del lugar que debiere ser objeto de la diligencia.

Regirá, en lo pertinente, lo dispuesto en el artículo 19, y, si la diligencia se llevare a cabo, se aplicará a la información o elementos que el fiscal resolviere incorporar a los antecedentes de la investigación lo dispuesto en el artículo 182.

Artículo 210. Entrada y registro en lugares que gozan de inviolabilidad diplomática. Para la entrada y registro de locales de embajadas, residencias de los agentes diplomáticos, sedes de organizaciones y organismos internacionales y de naves y aeronaves que, conforme al Derecho Internacional, gozaren de inviolabilidad, el juez pedirá su consentimiento al respectivo jefe de misión por oficio, en el cual le solicitará que conteste dentro de veinticuatro horas. Este será remitido por conducto del Ministerio de Relaciones Exteriores.

Si el jefe de misión negare su consentimiento o no contestare en el término indicado, el juez lo comunicará al Ministerio de Relaciones Exteriores. Mientras el Ministro no contestare manifestando el resultado de las gestiones que practicare, el juez se abstendrá de ordenar la entrada en el lugar indicado. Sin perjuicio de ello, se podrán adoptar medidas de vigilancia, conforme a las reglas generales.

En casos urgentes y graves, podrá el juez solicitar la autorización del jefe de misión directamente o por intermedio del fiscal, quien certificará el hecho de haberse concedido.

Artículo 211. Entrada y registro en locales consulares. Para la entrada y registro de los locales consulares o partes de ellos que se utilizaren exclusivamente para el trabajo de la oficina consular, se deberá recabar el consentimiento del jefe de la oficina consular o de una persona que él designare, o del jefe de la misión diplomática del mismo Estado.

Regirá, en lo demás, lo dispuesto en el artículo precedente.

Artículo 212. Procedimiento para el registro. La resolución que autorizare la entrada y el registro de un lugar cerrado se notificará al dueño o encargado, invitándolo a presenciar el acto, a menos que el juez de garantía autorizare la omisión de estos trámites sobre la base de antecedentes que hicieren temer que ello pudiere frustrar el éxito de la diligencia[138].

---

[138] Inciso sustituido, por el que aparece en el texto, por el artículo único, Nº 9, de la Ley Nº 19.789, de 30 de enero de 2002.

Si no fuere habida alguna de las personas expresadas, la notificación se hará a cualquier persona mayor de edad que se hallare en el lugar o edificio, quien podrá, asimismo, presenciar la diligencia.

Si no se hallare a nadie, se hará constar esta circunstancia en el acta de la diligencia.

Artículo 213. Medidas de vigilancia. Aun antes de que el juez de garantía dictare la orden de entrada y registro de que trata el artículo 208, el fiscal podrá disponer las medidas de vigilancia que estimare convenientes para evitar la fuga del imputado o la substracción de documentos o cosas que constituyeren el objeto de la diligencia.

Artículo 214. Realización de la entrada y registro. Practicada la notificación a que se refiere el artículo 212, se procederá a la entrada y registro. Si se opusiere resistencia al ingreso, o nadie respondiere a los llamados, se podrá emplear la fuerza pública. En estos casos, al terminar el registro se cuidará que los lugares queden cerrados, a objeto de evitar el ingreso de otras personas en los mismos. Todo ello se hará constar por escrito.

En los registros se procurará no perjudicar ni molestar al interesado más de lo estrictamente necesario.

El registro se practicará en un solo acto, pero podrá suspenderse cuando no fuere posible continuarlo, debiendo reanudarse apenas cesare el impedimento.

Artículo 215. Objetos y documentos no relacionados con el hecho investigado. Si durante la práctica de la diligencia de registro se descubriere objetos o documentos que permitieren sospechar la existencia de un hecho punible distinto del que constituyere la materia del procedimiento en que la orden respectiva se hubiere librado, podrán proceder a su incautación, debiendo dar aviso de inmediato al fiscal, quien los conservará[139].

---

[139] Inciso modificado, como aparece en el texto, por el artículo 2°, N° 20 de la Ley N° 20.931 de 05 de julio de 2016.

Artículo 216. Constancia de la diligencia. De todo lo obrado durante la diligencia de registro deberá dejarse constancia escrita y circunstanciada. Los objetos y documentos que se incautaren serán puestos en custodia y sellados, entregándose un recibo detallado de los mismos al propietario o encargado del lugar.

Si en el lugar o edificio no se descubriere nada sospechoso, se dará testimonio de ello al interesado, si lo solicitare.

Artículo 217. Incautación de objetos y documentos. Los objetos y documentos relacionados con el hecho investigado, los que pudieren ser objeto de la pena de comiso y aquellos que pudieren servir como medios de prueba, serán incautados, previa orden judicial librada a petición del fiscal, cuando la persona en cuyo poder se encontraren no los entregare voluntariamente, o si el requerimiento de entrega voluntaria pudiere poner en peligro el éxito de la investigación.

Si los objetos y documentos se encontraren en poder de una persona distinta del imputado, en lugar de ordenar la incautación, o bien con anterioridad a ello, el juez podrá apercibirla para que los entregue. Regirán, en tal caso, los medios de coerción previstos para los testigos. Con todo, dicho apercibimiento no podrá ordenarse respecto de las personas a quienes la ley reconoce la facultad de no prestar declaración.

Cuando existieren antecedentes que permitieren presumir suficientemente que los objetos y documentos se encuentran en un lugar de aquellos a que alude el artículo 205 se procederá de conformidad a lo allí prescrito.

Artículo 218. Retención e incautación de correspondencia. A petición del fiscal, el juez podrá autorizar, por resolución fundada, la retención de la correspondencia postal, telegráfica o de otra clase y los envíos dirigidos al imputado o remitidos por él, aun bajo nombre supuesto, o de aquéllos de los cuales, por razón de especiales circunstancias, se presumiere que emanan de él o de los que él pudiere ser el destinatario, cuando por motivos fundados fuere previsible su utilidad para la investigación. Del mismo modo, se podrá disponer la obtención de copias o respaldos de la correspondencia electrónica dirigida al imputado o emanada de éste.

El fiscal deberá examinar la correspondencia o los envíos retenidos y conservará aquellos que tuvieren relación con el hecho objeto de la investigación. Para los efectos de su conservación se aplicará lo dispuesto en el artículo 188. La correspondencia o los envíos que no tuvieren relación con el hecho investigado serán devueltos o, en su caso, entregados a su destinatario, a algún miembro de su familia o a su mandatario o representante legal. La correspondencia que hubiere sido obtenida de servicios de comunicaciones será devuelta a ellos después de sellada, otorgando, en caso necesario, el certificado correspondiente.

Artículo 218 bis. Preservación provisoria de datos informáticos. El Ministerio Público con ocasión de una investigación penal podrá requerir, a cualquier proveedor de servicio, la conservación o protección de datos informáticos o informaciones concretas incluidas en un sistema informático, que se encuentren a su disposición hasta que se obtenga la respectiva autorización judicial para su entrega. Los datos se conservarán durante un período de 90 días, prorrogable una sola vez, hasta que se autorice la entrega o se cumplan 180 días. La empresa requerida estará obligada a prestar su colaboración y guardar secreto del desarrollo de esta diligencia[140].

Artículo 218 ter. Registros de llamadas y otros antecedentes de tráfico comunicacional. Cuando existan fundadas sospechas basadas en hechos determinados y ello sea útil para la investigación, el Ministerio Público podrá requerir a cualquier proveedor de servicios, previa autorización judicial, que entregue la información que tenga almacenada relativa al tráfico de llamadas telefónicas, de envíos de correspondencia o de tráfico de datos en internet de sus abonados, referida al período de tiempo determinado en la resolución judicial.

Para efectos de este artículo se entenderá por datos relativos al tráfico todos aquellos referidos a una comunicación realizada por medio de un sistema informático o de telecomunicaciones, generados por este último en tanto elemento de la cadena de comunicación, y que indiquen el ori-

---

[140] Artículo agregado por el art. 18, Nº 1 de la Ley Nº 21.459, de 20 de junio de 2022.

gen, el destino, la ruta, la hora, la fecha, el tamaño y la duración de la comunicación o el tipo de servicio subyacente.

El Ministerio Público podrá requerir, en el marco de una investigación penal en curso y sin autorización judicial, a cualquier proveedor de servicios que ofrezca servicios en territorio chileno, que facilite los datos de suscriptor que posea sobre sus abonados, así como también la información referente a las direcciones IP utilizadas por éstos para facilitar la identificación de quienes corresponda en el marco de la investigación. Los proveedores de servicios deberán mantener el secreto de esta solicitud.

Por datos de suscriptor se entenderá aquella información que posea un proveedor de servicios relacionada con sus abonados, excluidos los datos sobre tráfico y contenido, y que permita determinar su identidad, tales como la información del nombre del titular del servicio, número de identificación, domicilio, número de teléfono y correo electrónico. Las empresas concesionarias de servicios públicos de telecomunicaciones y proveedores de internet deberán mantener, con carácter reservado y adoptando las medidas de seguridad correspondientes, a disposición del Ministerio Público a efectos de una investigación penal, por un plazo de un año, una nómina y registro actualizado de sus rangos autorizados de direcciones IP y de los números IP de las conexiones que realicen sus clientes o usuarios, con sus correspondientes datos relativos al tráfico, así como los domicilios o residencias de sus clientes o usuarios.

Los funcionarios públicos, los intervinientes en la investigación penal y los empleados de las empresas mencionadas en este artículo que intervengan en este tipo de requerimientos deberán guardar secreto acerca de ellos, salvo que se les cite a declarar.

La entrega de los antecedentes deberá realizarse en el plazo que disponga la resolución judicial. Si el requerido estima que no puede cumplir con el plazo en atención al volumen y la naturaleza de la información solicitada o la información no existe o no la posee, deberá comunicar dicha circunstancia fundadamente al tribunal, dentro del término señalado en la resolución judicial respectiva.

Si a pesar de las medidas señaladas en este artículo la información no es entregada, podrá ser requerida al representante legal de la institución u organización de que se trate, bajo apercibimiento de arresto.

La infracción a la mantención de la nómina y registro actualizado de los antecedentes a que se refiere el inciso cuarto será castigada según las sanciones y el procedimiento previsto en los artículos 36 y 36 A de la ley N° 18.168, General de Telecomunicaciones. El incumplimiento de las obligaciones de mantener con carácter reservado y adoptar las medidas de seguridad correspondientes de los antecedentes señalados en dicho inciso, será sancionado con la pena prevista en la letra f) del artículo 36 B de la ley N° 18.168. Los registros así obtenidos quedarán bajo custodia del Ministerio Público, quien cuidará que los datos en cuestión no sean conocidos por terceras personas.

Los registros sólo podrán ser utilizados para los efectos de la investigación en la que fueron solicitados, u otras seguidas por delitos que merezcan pena de crimen o sean propias del sistema de análisis criminal y focos investigativos, de acuerdo con lo establecido en el artículo 37 bis de la ley N° 19.640, que establece la ley orgánica constitucional del Ministerio Público, y no podrán ser utilizados para otros fines.

El ejercicio de esta facultad se regulará mediante instrucciones generales dictadas por el Fiscal Nacional, conforme a lo establecido en el artículo 17 letra a) de la ley N° 19.640, con el objeto de asegurar su uso racional[141].

Artículo 219. Copias de comunicaciones o transmisiones. El juez de garantía podrá autorizar, a petición del fiscal, que cualquier empresa de comunicaciones facilite copias de las comunicaciones transmitidas o recibidas por ellas. Del mismo modo, podrá ordenar la entrega de las versiones que existieren de las transmisiones de radio, televisión u otros medios.

---

141 Artículo incorporado por el artículo 2, N° 4, de la Ley 21.577 de 15 de junio de 2023.

Artículo 220. Objetos y documentos no sometidos a incautación. No podrá disponerse la incautación, ni la entrega bajo el apercibimiento previsto en el inciso segundo del artículo 217:

a) De las comunicaciones entre el imputado y las personas que pudieren abstenerse de declarar como testigos por razón de parentesco o en virtud de lo prescrito en el artículo 303;

b) De las notas que hubieren tomado las personas mencionadas en la letra a) precedente, sobre comunicaciones confiadas por el imputado, o sobre cualquier circunstancia a la que se extendiere la facultad de abstenerse de prestar declaración, y c) De otros objetos o documentos, incluso los resultados de exámenes o diagnósticos relativos a la salud del imputado, a los cuales se extendiere naturalmente la facultad de abstenerse de prestar declaración.

Las limitaciones previstas en este artículo sólo regirán cuando las comunicaciones, notas, objetos o documentos se encontraren en poder de las personas a quienes la ley reconoce la facultad de no prestar declaración; tratándose de las personas mencionadas en el artículo 303, la limitación se extenderá a las oficinas o establecimientos en los cuales ellas ejercieren su profesión o actividad.

Asimismo, estas limitaciones no regirán cuando las personas facultadas para no prestar testimonio fueren imputadas por el hecho investigado o cuando se tratare de objetos y documentos que pudieren caer en comiso, por provenir de un hecho punible o haber servido, en general, a la comisión de un hecho punible.

En caso de duda acerca de la procedencia de la incautación, el juez podrá ordenarla por resolución fundada. Los objetos y documentos así incautados serán puestos a disposición del juez, sin previo examen del fiscal o de la policía, quien decidirá, a la vista de ellos, acerca de la legalidad de la medida. Si el juez estimare que los objetos y documentos incautados se encuentran entre aquellos mencionados en este artículo, ordenará su inmediata devolución a la persona respectiva. En caso contrario, hará entrega de los mismos al fiscal, para los fines que éste estimare convenientes.

Si en cualquier momento del procedimiento se constatare que los objetos y documentos incautados se encuentran entre aquellos comprendidos en este artículo, ellos no podrán ser valorados como medios de prueba en la etapa procesal correspondiente.

Artículo 221. Inventario y custodia. De toda diligencia de incautación se levantará inventario, conforme a las reglas generales. El encargado de la diligencia otorgará al imputado o a la persona que los hubiere tenido en su poder un recibo detallado de los objetos y documentos incautados.

Los objetos y documentos incautados serán inventariados y sellados y se pondrán bajo custodia del ministerio público en los términos del artículo 188.

I. Interceptación de comunicaciones[142]

Artículo 222. Ámbito de aplicación. El juez de garantía, a petición del Ministerio Público, podrá ordenar la interceptación y grabación de las comunicaciones telefónicas o de otras formas de comunicación cuando existan fundadas sospechas basadas en hechos determinados de que una persona ha cometido o participado en la preparación o comisión, o que ella prepara actualmente la comisión o participación en un delito al que la ley le asigna pena de crimen, y la investigación de tales delitos lo haga imprescindible[143].

La orden a que se refiere el inciso precedente sólo podrá afectar al imputado o a personas respecto de las cuales existieren fundadas sospechas basadas en hechos determinados, de que sirven de intermediarias de dichas comunicaciones y, asimismo, de aquellas que facilitaren sus medios de comunicación al imputado o sus intermediarios y la investigación de tales delitos lo hiciere imprescindible.

No se podrán interceptar las comunicaciones entre el imputado y su abogado, a menos que el juez de garantía lo ordenare, por estimar fundadamente, sobre la base de hechos determinados de los que dejará constan-

---

142 Epígrafe incorporado por el artículo 2, Nº 5, de la Ley 21.577 de 15 de junio de 2023.

143 Inciso primero reemplazado, como aparece en el texto, por el artículo 2, Nº 6, letra a), de la Ley 21.577 de 15 de junio de 2023.

cia en la respectiva resolución, que el abogado pudiere tener responsabilidad penal en los hechos investigados[144].

La orden que disponga la interceptación y grabación deberá consignar las circunstancias necesarias para individualizar o determinar al afectado por la medida y, de ser posible, los datos que permitan singularizar los medios de comunicación o telecomunicación a intervenir y grabar, tales como números de líneas telefónicas, direcciones IP, casillas de correos, entre otros. También señalará la autoridad o funcionario policial que se encargará de la diligencia de interceptación y grabación, la forma de la interceptación, su alcance y su duración[145].

La interceptación no podrá exceder de sesenta días. El juez podrá prorrogar este plazo por períodos de hasta igual duración, para lo cual deberá examinar cada vez la concurrencia de los requisitos previstos en los incisos precedentes[146].

Las empresas concesionarias de servicios públicos de telecomunicaciones y prestadores de servicios de internet deberán dar cumplimiento a esta medida, proporcionando a los funcionarios encargados de la diligencia las facilidades necesarias para que se lleve a cabo con la oportunidad con que se requiera. Con este objetivo los proveedores de tales servicios deberán mantener, en carácter reservado y bajo las medidas de seguridad correspondientes, a disposición del Ministerio Público, un listado actualizado de sus rangos autorizados de direcciones IP y un registro, no inferior a un año, de los números IP de las conexiones que realicen sus abonados. Transcurrido el plazo máximo de mantención de los datos señalados precedentemente, las empresas y prestadores de servicios deberán destruir en forma segura dicha información. La negativa o entorpecimiento a la práctica de la medida de interceptación y grabación será constitutiva del

---

144 Inciso modificado por el artículo 2, Nº 6, letra c) de la Ley 21.577 de 15 de junio de 2023.

145 Inciso reemplazado, como aparece en el texto, por el artículo 2, Nº 6, letra d), de la Ley 21.577 de 15 de junio de 2023.

146 Inciso incorporado por el artículo 2, Nº 6, letra e), de la Ley 21.577 de 15 de junio de 2023.

delito de desacato. Asimismo, los encargados de realizar la diligencia y los empleados de las empresas mencionadas en este inciso deberán guardar secreto acerca de la misma, salvo que se les citare como testigos al procedimiento[147].

Si las sospechas tenidas en consideración para ordenar la medida se disiparen o hubiere transcurrido el plazo de duración fijado para la misma, ella deberá ser interrumpida inmediatamente.

Artículo 223. Registro de la interceptación. La interceptación[148] de que trata el artículo precedente será registrada mediante su grabación magnetofónica u otros medios técnicos análogos que aseguraren la fidelidad del registro. La grabación será entregada directamente al ministerio público, quien la conservará bajo sello y cuidará que la misma no sea conocida por terceras personas.

Cuando lo estimare conveniente, el ministerio público podrá disponer la transcripción escrita de la grabación, por un funcionario que actuará, en tal caso, como ministro de fe acerca de la fidelidad de aquélla. Sin perjuicio de ello, el ministerio público deberá conservar los originales de la grabación, en la forma prevista en el inciso precedente.

La incorporación al juicio oral de los resultados obtenidos de la medida de interceptación se realizará de la manera que determinare el tribunal, en la oportunidad procesal respectiva. En todo caso, podrán ser citados como testigos los encargados de practicar la diligencia.

Las comunicaciones que resulten impertinentes o irrelevantes para la investigación de los hechos de que se trate serán entregadas, en su oportunidad, a las personas afectadas con la medida. El Ministerio Público destruirá toda transcripción o copia de ellas.

---

147 Inciso modificado, como aparece en el texto, por el artículo 2°, N° 6, letra f), de la Ley 21.577 de 15 de junio de 2023. Anteriormente, había sido modificado por el artículo 3° de la Ley N° 20.526, de 13 de agosto de 2011. Anteriormente había sido modificado por artículo 1°, N° 23 de la Ley N° 20.074 de 14 de noviembre de 2005 y por el artículo 3°, letra a) de la Ley N° 19.927, de 14 de enero de 2004.

148 Inciso modificado por el art. 18, N° 2, de la Ley N° 21.459 de 20 de junio de 2022.=

Lo prescrito en el inciso precedente no regirá respecto de aquellas grabaciones que contengan informaciones relevantes para otros procedimientos seguidos por hechos que puedan constituir un delito al que la ley le asigne pena de crimen, de las cuales se podrá hacer uso conforme a las normas precedentes[149].

Artículo 224. Notificación al afectado por la interceptación. La medida de interceptación será notificada al afectado por la misma con posterioridad a su realización, en cuanto el objeto de la investigación lo permitiere, y en la medida que ello no pusiere en peligro la vida o la integridad corporal de terceras personas. En lo demás regirá lo previsto en el artículo 182.

Artículo 225. Prohibición de utilización. Los resultados de la medida de interceptación telefónica o de otras formas de comunicaciones[150] no podrán ser utilizados como medios de prueba en el procedimiento, cuando ella hubiere tenido lugar fuera de los supuestos previstos por la ley o cuando no se hubieren cumplido los requisitos previstos en el artículo 222 para la procedencia de la misma.

Artículo 225 bis. Registro remoto de equipos informáticos y ámbito de aplicación. A petición fundada del Ministerio Público, el juez de garantía podrá autorizar la utilización de programas computacionales, contraseñas, códigos de seguridad o de acceso u otros datos similares, que permitan acceder de manera remota y aprehender el contenido de un dispositivo, computador o sistema informático, sin conocimiento de su usuario, cuando existan fundadas sospechas basadas en hechos determinados, de que una persona ha cometido o participado en la preparación o comisión, o

---

149 Incisos cuarto y quinto sustituidos, como aparece en el texto, por el artículo 2, Nº 7, letra b), de la Ley 21.577 de 15 de junio de 2023.

150 Inciso modificado por el art. 18, Nº 2, de la Ley Nº 21.459 de 20 de junio de 2022.

que el delito se esté cometiendo actualmente, o que se esté preparando la comisión o participación en una asociación delictiva o criminal[151].

La medida será autorizada por un plazo máximo de 30 días. El juez de garantía podrá prorrogar este plazo por períodos de hasta igual duración, con un máximo de 60 días, para lo cual deberá examinar cada vez la concurrencia de los requisitos previstos en el inciso anterior[152].

Artículo 225 ter. Requisitos de la resolución que autoriza la medida. La resolución judicial que autorice el acceso remoto deberá especificar, a solicitud del fiscal:

a) Los dispositivos, computadores o sistemas informáticos específicos objeto de la medida y las circunstancias necesarias para individualizar o determinar al afectado por la medida.

b) El alcance de la medida, la forma en la que se procederá al acceso y aprehensión de contenidos relevantes para la causa y el programa computacional software mediante el cual se realizará acceso remoto.

c) Los agentes autorizados para la ejecución de la medida.

d) La autorización, en su caso, para la realización y conservación de copias de los contenidos para la causa.

e) Las medidas técnicas específicas necesarias para preservar la integridad de los contenidos, así como para impedir el acceso y la supresión de dichos datos del sistema informático objeto de la medida.

f) La duración precisa de la medida[153].

Artículo 225 quáter. Ampliación del registro. Cuando al ejecutarse el acceso remoto surjan motivos para creer que los contenidos buscados están almacenados en otro sistema informático o en una parte de él, el juez de garantía, a petición fundada del Ministerio Público, podrá autorizar la ampliación de los términos del acceso remoto.

---

[151] Inciso modificado, como aparece en el texto, por el artículo 2, Nº 10 de la Ley 21.694 de 4 de septiembre de 2024.

[152] Artículo agregado por el artículo 2, Nº 8, de la Ley 21.577 de 15 de junio de 2023.

[153] Artículo agregado por el artículo 2, Nº 8, de la Ley 21.577 de 15 de junio de 2023.

La resolución judicial que autorice la ampliación del registro deberá especificar los antecedentes señalados en el artículo anterior, que resulten pertinentes para el desarrollo de la ampliación[154].

Artículo 225 quinquies. Deber de colaboración. Los prestadores de servicios de telecomunicaciones, de acceso a una red de telecomunicaciones o de servicios de la sociedad de la información y los titulares o responsables del sistema informático o contenido objeto del acceso remoto, están obligados a colaborar con los funcionarios policiales encargados de ejecutar la medida. Asimismo, están obligados a facilitar la asistencia necesaria para que los contenidos aprehendidos puedan ser objeto de examen y visualización.

Los sujetos requeridos para prestar la colaboración en este tipo de requerimientos deberán guardar secreto acerca de los mismos, salvo que se les cite a declarar. La ejecución de la técnica de investigación, en los términos de la resolución judicial que la autoriza, no podrá ser objeto de sanción penal o civil.

Artículo 226. Otros medios técnicos de investigación. Cuando el procedimiento tenga por objeto la investigación de un hecho punible al que la ley asigna pena de crimen, el juez de garantía podrá ordenar, a petición del Ministerio Público, el empleo de medios tecnológicos para captar, grabar y registrar subrepticiamente imágenes o sonidos en lugares cerrados o que no sean de libre acceso al público, cuando existan fundadas sospechas basadas en hechos determinados y graves que lo hagan imprescindible para el esclarecimiento de los hechos. Regirán, en lo pertinente, las disposiciones de los artículos 222 a 225[155].

---

[154] Artículo agregado por el artículo 2, Nº 8, de la Ley 21.577 de 15 de junio de 2023.

[155] Inciso sustituido, como aparece en el texto, por el artículo 2, Nº 9, de la Ley 21.577 de 15 de junio de 2023.

Párrafo 3° bis Diligencias especiales de investigación aplicables para casos de criminalidad organizada

I. Medidas intrusivas referidas a las comunicaciones, imágenes y sonidos, y al registro de equipos informáticos[156]

Artículo 226 A. Ámbito de aplicación. Las técnicas especiales de investigación previstas en este Párrafo serán aplicables en la investigación de hechos que involucren la participación en una asociación delictiva o criminal o bien cuando se trate de hechos que hagan presumir fundadamente la existencia de alguna de ellas, de acuerdo con lo previsto en los artículos siguientes[157].

Las medidas de retención e incautación de correspondencia y de obtención de copias de comunicaciones o transmisiones serán aplicables a la investigación según lo dispuesto en el artículo 218.

Las medidas de interceptación y grabación de comunicaciones, de conversaciones o imágenes obtenidos en lugares cerrados o que no sean de libre acceso al público serán aplicables, previa autorización judicial, cuando existan fundadas sospechas, basadas en hechos determinados, de la intervención en una asociación delictiva o criminal y su uso sea imprescindible para el éxito de la investigación.

El uso y autorización de las medidas intrusivas indicadas en los incisos anteriores se regirán por las reglas generales establecidas en el artículo 222[158].

---

[156] Texto incorporado por el artículo 2, N° 10, de la Ley 21.577 de 15 de junio de 2023.

[157] Inciso modificado, como aparece en el texto, por el artículo 2, N° 11, de la Ley 21.694 de 4 de septiembre de 2024.

[158] Artículo sustituido, como aparece en el texto, por el artículo 2, N° 11, de la Ley 21.577 de 15 de junio de 2023.

II. Agentes encubiertos, agentes reveladores e informantes[159]

Artículo 226 B. Ámbito de aplicación. El Fiscal Regional competente podrá autorizar a funcionarios policiales determinados para que se desempeñen como agentes encubiertos o agentes reveladores cuando sea necesario para lograr el esclarecimiento de hechos que involucren la participación en una asociación delictiva o criminal, establecer la identidad e intervención de sus responsables, conocer los planes de la asociación, y prevenir la comisión de sus delitos o comprobar los que hubieren cometido.

El Fiscal Regional deberá resolver la solicitud efectuada por el fiscal en un plazo máximo de 72 horas. En caso de negativa, el fiscal podrá solicitar nuevamente autorización para que funcionarios policiales se desempeñen como agentes encubiertos o agentes reveladores, aportando nuevos antecedentes.

No será necesaria la autorización establecida en el inciso primero, en aquellos casos en que sea el Fiscal Nacional o el Fiscal Regional quien dirija personalmente la investigación, conforme a lo establecido en los artículos 18 y 19 de la ley Nº 19.640.

Al autorizar la medida el Fiscal Regional deberá asegurarse que ella se limite a las acciones estrictamente necesarias para los objetivos de la investigación, que los agentes reveladores o infiltrados no induzcan a la perpetración de delitos, y que la seguridad de los agentes reveladores o infiltrados se encuentra debidamente resguardada.

El acto que autorice la medida será mantenido en poder del Ministerio Público en dos registros distintos. Con todo, la información relativa a la verdadera identidad del agente se mantendrá únicamente en un registro.

La autorización deberá consignar, además, la identidad supuesta con la que actuará en el caso concreto, si la tuviere. Asimismo, el acto que autorice deberá:

---

159 Epígrafe incorporado por el artículo 2, Nº 12, de la Ley 21.577 de 15 de junio de 2023.

a) Circunscribir el ámbito de actuación de dichos agentes en conformidad con los antecedentes y el delito o los delitos invocados en la solicitud correspondiente.

b) Expresar la duración de la autorización, la que no podrá exceder de sesenta días. Ella será prorrogable por períodos iguales, y deberá cumplir los mismos requisitos establecidos para su otorgamiento.

c) Establecer las medidas que deben adoptar para asegurar los objetivos establecidos en el inciso anterior, incluyendo aquellas previstas en el inciso cuarto del artículo 226 C.

Si se cumplen las mismas circunstancias indicadas en el inciso primero, el Fiscal Regional podrá autorizar a cualquier persona para que se desempeñe como informante.

Las autorizaciones establecidas en este artículo serán confidenciales y sólo podrán ser conocidas por terceros en los casos señalados en la ley.

Cuando la ley autorice el conocimiento por parte de terceros, el Ministerio Público pondrá a su disposición el registro que no consigna la información verdadera sobre la identidad de los agentes e informantes. El acceso al registro completo deberá ser autorizado por el juez de garantía competente con audiencia del Ministerio Público y se otorgará la autorización únicamente si es estrictamente necesario, si no pone en peligro la seguridad personal del agente o informante y si existen todas las medidas necesarias para que la información no llegue a terceros. Teniendo en consideración los antecedentes concretos, el juez podrá autorizar el acceso al registro total o parcialmente[160].

La resolución que se pronuncie sobre la solicitud de autorización de acceso al registro será apelable por todos los intervinientes. La información del registro sólo podrá ser puesta a disposición de los intervinientes una vez que la resolución se encuentre ejecutoriada[161].

---

160 Artículo incorporado por el artículo 2, Nº 12, de la ley 21.577 de 15 de junio de 2023.

161 Inciso final incorporado, como aparece en el texto, por el artículo 2, Nº 12, de la Ley 21.694, de 4 de septiembre de 2024.

Artículo 226 C. Agente encubierto. Agente encubierto es el funcionario policial que oculta su identidad oficial y se involucra o introduce en las asociaciones delictivas o criminales o agrupaciones u organizaciones a que se refiere el artículo anterior, con el objetivo de identificar a los participantes, reunir información y recoger antecedentes necesarios para la investigación.

El agente encubierto podrá tener una identidad e historia ficticias. La Dirección Nacional del Servicio de Registro Civil e Identificación deberá otorgar los medios necesarios para su oportuna y debida materialización. Los funcionarios policiales que han actuado en una investigación con identidad falsa podrán mantener dicha identidad cuando testifiquen en el proceso que pueda derivarse de los hechos en que hayan intervenido y siempre que así se disponga mediante resolución judicial fundada.

Asimismo, el Fiscal Regional podrá autorizar la apertura de una cuenta bancaria, la obtención de otras piezas de identidad relevantes tales como una licencia de conducir y la contratación de servicios básicos haciendo uso de la identidad ficticia. El uso de esta facultad se orientará exclusivamente a reforzar la credibilidad de la identidad e historia ficticias. Un reglamento expedido en conjunto por el Ministerio de Justicia y Derechos Humanos y el Ministerio del Interior y Seguridad Pública deberá establecer los procedimientos y condiciones de ejercicio de esta facultad.

Sin perjuicio de las penas aplicables por la perpetración de otros delitos, el uso manifiestamente indebido de las facultades asociadas a la historia ficticia será sancionado con la pena de presidio menor en su grado mínimo.

La información que vaya obteniendo el agente encubierto deberá ser puesta a la mayor brevedad posible en conocimiento de quien solicitó la autorización de la medida[162].

---

162 Artículo incorporado por el artículo 2, Nº 12, de la ley 21.577 de 15 de junio de 2023.

Artículo 226 D. Agente revelador. Agente revelador es el funcionario policial que simula requerir de otro la ejecución de una conducta delictiva con el objetivo de lograr la concreción de los propósitos delictivos de éste.

El agente revelador podrá tener una identidad e historia ficticias. La Dirección Nacional del Servicio de Registro Civil e Identificación deberá otorgar los medios necesarios para la oportuna y debida materialización de aquellas. Los funcionarios policiales que hubiesen actuado en una investigación con identidad falsa podrán mantener dicha identidad cuando testifiquen en el proceso que pudiera derivarse de los hechos en que hubieran intervenido y siempre que así se acuerde mediante resolución judicial fundada.

La información que obtenga el agente revelador deberá ser puesta a la mayor brevedad posible en conocimiento de quien solicitó la autorización de la medida[163].

Artículo 226 E. Informantes. Informante es quien suministra antecedentes sustanciales a los organismos policiales acerca de la preparación o de la comisión de un delito de asociación delictiva o criminal y requiere de protección.

La autorización que conceda la calidad de informante deberá ser otorgada por el Fiscal Regional.

Contando con autorización del Fiscal Regional, el Ministerio Público también podrá disponer que sea tratado como informante quien participe, con su conocimiento y bajo su control, de una operación encubierta o de una entrega vigilada[164].

---

[163] Artículo incorporado por el artículo 2, Nº 12, de la ley 21.577 de 15 de junio de 2023.

[164] Artículo incorporado por el artículo 2, Nº 12, de la ley 21.577 de 15 de junio de 2023.

III. Entregas vigiladas[165]

Artículo 226 F. Ámbito de aplicación. El Fiscal Regional podrá autorizar la entrega vigilada de objetos cuya fabricación, elaboración, distribución, transporte, comercialización, importación, exportación, posesión, o tenencia esté prohibida o restringida, o los objetos por las que se hayan sustituido total o parcialmente las anteriores mencionadas, de los instrumentos que hayan servido para la comisión de los delitos de que se trate, y de los efectos y ganancias de tales delitos, siempre que ello resulte útil para la investigación de la participación en una asociación delictiva o criminal, o para establecer la identidad e intervención de intervinientes distintos de quienes se encuentran en posesión de los bienes en cuestión.

Se entenderá por entrega vigilada la técnica consistente en permitir que los objetos a los que se refiere el inciso anterior se trasladen, guarden, intercepten o circulen dentro del territorio nacional, salgan de él o entren en él, sin la interferencia de las policías o del Ministerio Público, pero bajo su conocimiento y vigilancia o control.

Al autorizar la medida, el Fiscal Regional deberá asegurarse que ella se limite a las acciones estrictamente necesarias para los objetivos de la investigación, que los agentes estatales no induzcan a la perpetración de delitos, que el procedimiento no ponga en riesgo la integridad personal de terceros y que los bienes cuya entrega vigilada se autoriza puedan ser, en definitiva, sujetos a comiso.

La resolución que autorice la medida deberá:

a) Delimitar el objeto de la entrega vigilada, así como el tipo y cantidad de las especies de que se trate.

b) Expresar la duración de la autorización, la que no podrá exceder de sesenta días, y será prorrogable por períodos iguales.

c) Establecer las medidas que deben ser tomadas para asegurar los objetivos establecidos en el inciso anterior.

---

[165] Epígrafe incorporado por el artículo 2, N° 13, de la ley 21.577 de 15 de junio de 2023.

Cuando los objetos se encuentren en zonas sujetas a la potestad aduanera, el Servicio Nacional de Aduanas observará las instrucciones que imparta el Ministerio Público para los efectos de aplicar esta técnica de investigación.

Cuando la entrega vigilada o controlada deba practicarse total o parcialmente en territorio extranjero, ella se ajustará a lo dispuesto en los acuerdos o tratados internacionales ratificados por Chile y que se encuentren vigentes, si los hubiere[166].

Artículo 226 G. Suspensión de la entrega vigilada. Si las diligencias ponen en peligro la vida o integridad física de los funcionarios policiales o agentes encubiertos o reveladores que intervengan en la operación, la recolección de antecedentes relevantes para la investigación o el aseguramiento de los partícipes, el Ministerio Público podrá disponer la suspensión de la entrega vigilada y solicitar al juez de garantía que autorice la detención de los partícipes y la incautación de los instrumentos, objetos o efectos del delito[167].

IV. Disposiciones comunes[168]

Artículo 226 H. Exención de responsabilidad criminal. El agente encubierto, el agente revelador, el informante, así como los funcionarios que participen en una entrega vigilada u otra medida dispuesta de conformidad a este Párrafo, estarán exentos de responsabilidad criminal siempre que se trate de aquellos delitos en que deban incurrir o que no hayan podido impedir en cumplimiento de la resolución que autoriza la medida[169].

---

[166] Artículo incorporado por el artículo 2, Nº 13, de la Ley 21.577 de 15 de junio de 2023.

[167] Artículo incorporado por el artículo 2, Nº 13, de la Ley 21.577 de 15 de junio de 2023.

[168] Epígrafe incorporado por el artículo 2, Nº 14, de la Ley 21.577 de 15 de junio de 2023.

[169] Artículo incorporado por el artículo 2, Nº 14, de la Ley 21.577 de 15 de junio de 2023.

Artículo 226 I. Prohibición de la inducción a la perpetración de delitos. El agente encubierto, el agente revelador y los funcionarios que participen en una entrega vigilada o en otra medida dispuesta de conformidad a este Párrafo, no podrán inducir a la perpetración de delitos que, de otro modo, no habrían sido cometidos por éste[170].

Artículo 226 J. Secreto y acceso a la información de defensa. El Ministerio Público podrá disponer el secreto de determinadas actuaciones, registros o documentos respecto de uno o más intervinientes, cuando estime que existe riesgo para el éxito de la investigación o para la seguridad de los agentes encubiertos, agentes reveladores, informantes, testigos, peritos y, en general, de quienes hayan cooperado eficazmente en el procedimiento.

Se aplicará lo dispuesto en el artículo 182. Con todo, el Ministerio Público podrá disponer que se mantenga el secreto hasta el cierre de la investigación. Además deberá adoptar medidas para garantizar que el término del secreto no ponga en riesgo la seguridad de las personas mencionadas en el inciso anterior.

Tras el cierre de la investigación, el juez de garantía deberá procurar el acceso de la defensa a todos los medios de prueba pertinentes, y sólo lo restringirá en aquellos casos establecidos en el artículo 226 B, inciso final.

En los casos en que se haya dispuesto la medida de protección prevista en la letra a) del inciso segundo del artículo 226 N, la resolución que se pronuncie sobre su mantención o levantamiento será apelable en ambos efectos por cualquiera de los intervinientes. La información sólo podrá ser puesta a disposición de los intervinientes una vez que la resolución que levante la reserva se encuentre ejecutoriada.

Ejecutoriada la resolución que dispone o confirma el rechazo del levantamiento de la medida de protección establecida en el literal a) del inciso segundo del artículo 226 N, no podrá renovarse la discusión sobre esta materia en ninguna audiencia o etapa del proceso, sin perjuicio que pueda

---

170 Artículo incorporado por el artículo 2, N° 14, de la Ley 21.577 de 15 de junio de 2023.

solicitarse por escrito antes de la audiencia de preparación de juicio oral, y por una sola vez[171].

El que de cualquier modo informe, difunda o divulgue información relativa a una investigación amparada por el secreto, incurrirá en la pena de presidio menor en su grado medio a máximo[172].

Artículo 226 K. Extralimitación en el uso de técnicas especiales. Los funcionarios policiales, agentes encubiertos y reveladores que ejecuten las medidas o actuaciones a que se refieren los artículos 226 B, 226 D y 226 F sin observar el objeto o límites impuestos por la autorización respectiva serán sancionados, además de las penas que corresponda por los delitos cometidos, con la pena de suspensión del empleo en su grado máximo y multa de quince a veinte unidades tributarias mensuales.

La misma pena se aplicará al fiscal que al ejecutar técnicas especiales imparta órdenes que impliquen un abuso en su ejercicio, en atención a lo autorizado por el Fiscal Regional o en la resolución judicial.

El juez de garantía declarará nulas las actuaciones que excedan manifiestamente el objeto de las técnicas especiales y las excluirá, de conformidad con el artículo 276.

El agente policial o fiscal del Ministerio Público que perpetre el delito del artículo 269 ter del Código Penal con ocasión del uso de las técnicas especiales referidas en el inciso primero, será castigado con la pena de presidio menor en su grado máximo a presidio mayor en su grado mínimo e inhabilitación especial perpetua para el cargo[173].

Artículo 226 L. Utilización de medios de prueba. Los antecedentes o evidencia obtenidos mediante la aplicación de las facultades previstas en este Párrafo y que resulten irrelevantes para el procedimiento serán en-

---

171 Incisos cuarto y quinto incorporados por el artículo 2, Nº 13, de la Ley 21.694, de 4 de septiembre de 2024.

172 Artículo incorporado por el artículo 2, Nº 14, de la Ley 21.577 de 15 de junio de 2023.

173 Artículo incorporado por el artículo 2, Nº 14, de la Ley 21.577 de 15 de junio de 2023.

tregados o devueltos en su oportunidad a las personas respecto de quienes se solicitó la medida y se destruirá todo registro, transcripción o copia de ellos por el Ministerio Público.

Lo prescrito en el inciso precedente no regirá respecto de aquellos antecedentes o evidencia que puedan ser útiles o relevantes para otros procedimientos seguidos por hechos en cuya investigación también sean aplicables las disposiciones de este Párrafo, delitos que merezcan pena de crimen o sean propias del sistema de análisis criminal y focos investigativos, de acuerdo con lo dispuesto en el artículo 37 bis de la ley Nº 19.640[174].

Artículo 226 M. Rendición de cuentas. El Fiscal Nacional deberá dar cuenta, anualmente, sobre el número de medidas especiales utilizadas de conformidad con este Párrafo, con la ley Nº 20.000 y con la ley Nº 19.913 y sobre sus efectos, tanto a la Comisión de Seguridad Pública del Senado como a la Comisión de Seguridad Ciudadana de la Cámara de Diputados, en sesiones que tendrán el carácter de reservadas[175].

V. De las medidas de protección para agentes encubiertos, reveladores e informantes[176]

Artículo 226 N. Medidas especiales de protección. Sin perjuicio de las reglas generales sobre protección a los testigos contempladas en este Código, en cualquier etapa del procedimiento el Ministerio Público dispondrá, de oficio o a petición de parte, las medidas especiales de protección que resulten adecuadas cuando estime, por las circunstancias del caso, que existe riesgo o peligro grave para la vida o la integridad física de un informante, agente encubierto, agente revelador o de un testigo

---

[174] Artículo incorporado por el artículo 2, Nº 14, de la Ley 21.577 de 15 de junio de 2023.

[175] Artículo incorporado por el artículo 2, Nº 14, de la Ley 21.577 de 15 de junio de 2023.

[176] Epígrafe incorporado por el artículo 2, Nº 15, de la Ley 21.577 de 15 de junio de 2023.

protegido, como asimismo de su cónyuge, conviviente civil, ascendientes, descendientes, hermanos u otras personas a quienes se hallen ligados por relaciones de afecto.

Para proteger la identidad, domicilio, profesión y lugar de trabajo de los sujetos indicados en el inciso anterior, el fiscal podrá aplicar medidas tales como:

a) Que en los registros de las diligencias que se practiquen no consten su nombre, apellidos, profesión u oficio, domicilio, lugar de trabajo, ni cualquier otro dato que pueda servir para su identificación. Podrá utilizar una clave u otro mecanismo de verificación para esos efectos.

b) Que su domicilio, para efectos de notificaciones y citaciones, sea fijado en la sede de la fiscalía o del tribunal. El órgano interviniente deberá hacerlas llegar reservadamente a su destinatario.

c) Que las diligencias que tengan lugar durante el curso de la investigación a las que deba comparecer como testigo, se realicen en un lugar distinto de aquél donde funciona la fiscalía y de cuya ubicación no se dejará constancia en el registro respectivo[177].

Artículo 226 O. Prohibición de revelación de información. Dispuesta la medida de protección de la identidad a que se refiere el artículo anterior, el tribunal, sin audiencia de los intervinientes, deberá decretar la prohibición de revelar, en cualquier forma, la identidad de los sujetos protegidos o los antecedentes que conduzcan a su identificación. Asimismo, deberá decretar la prohibición para que sean fotografiados, o se capte su imagen a través de cualquier otro medio.

La infracción de estas prohibiciones será sancionada con la pena de reclusión menor en su grado medio a máximo, tratándose de quien proporcione la información. En caso de que la información fuere difundida por algún medio de comunicación social, se impondrá, además, a su director una multa de diez a cincuenta unidades tributarias mensuales.

---

177 Artículo incorporado por el artículo 2, Nº 15, de la Ley 21.577 de 15 de junio de 2023.

En ningún caso el tribunal podrá fundar la condena únicamente en declaraciones realizadas por agentes encubiertos, agentes reveladores e informantes, respecto de los cuales se haya decretado la prohibición de revelación de su identidad[178].

Artículo 226 P. Declaración en juicio. Las declaraciones de los agentes encubiertos, agentes reveladores , informantes o de testigos y peritos protegidos de conformidad a lo dispuesto en el artículo 226 N[179] podrán ser recibidas anticipadamente en conformidad con el artículo 191 cuando se estime necesario para su seguridad personal. En este caso, el juez de garantía podrá disponer que los testimonios de estas personas se presten por cualquier medio idóneo que impida su identificación física normal. Igual sistema de declaración protegida podrá disponerse por el tribunal de juicio oral en lo penal, en su caso.

Sea que la declaración se preste de manera anticipada o en el desarrollo del juicio oral propiamente tal, los agentes encubiertos, agentes reveladores, informantes, testigos, víctimas y peritos protegidos de conformidad a lo dispuesto en el artículo 226 N, podrán declarar vía remota, si el fiscal así lo solicita, salvo que el tribunal lo deniegue por resolución fundada. En este caso, deberá coordinar con el Ministerio Público las medidas de protección que han de adoptarse en la declaración del compareciente[180].

El tribunal podrá exigir, cuando sea procedente, que la comparecencia vía remota de los intervinientes o partes respectivas sea ante el tribunal con competencia en materia penal más cercano al lugar donde se encuentren. El tribunal deberá comprobar en forma previa la identidad del testigo protegido, agente encubierto o revelador o del informante, en particular los antecedentes relativos a sus nombres y apellidos, edad, lugar de naci-

---

178 Artículo incorporado por el artículo 2, Nº 15, de la Ley 21.577 de 15 de junio de 2023.

179 Inciso modificado por el artículo 2, Nº 14, letra a), i y ii, de la Ley 21.694 de 4 de septiembre de 2024.

180 Inciso modificado, como aparece en el texto, por el artículo 2, Nº 14, letra b), de la Ley 21.694 de 4 de septiembre de 2024.

miento, estado civil, profesión, industria o empleo y residencia o domicilio. Consignada en el registro tal comprobación, el tribunal podrá resolver que se excluya del debate cualquier referencia a la identidad que pueda poner en peligro su protección. Un funcionario designado por el tribunal donde deba declarar el testigo o perito deberá estar presente durante dicha declaración, para garantizar el desarrollo de ésta en las condiciones que establece la ley[181].

En ningún caso las declaraciones de los testigos protegidos, agentes encubiertos o reveladores o de los informantes podrán ser recibidas e introducidas en el juicio sin que la defensa haya podido ejercer su derecho a contrainterrogarlo personalmente, con los resguardos contemplados en los incisos precedentes. Si la declaración se presta de forma anticipada, el juez de garantía podrá disponer el alzamiento del secreto establecido en el artículo 226 J y procurará el acceso de la defensa a todos los medios de prueba pertinentes. Sólo lo restringirá en aquellos casos establecidos en el artículo 226 B, inciso final.

Dispuesta por el fiscal la protección de la identidad de los testigos o peritos en la etapa de investigación, el tribunal deberá mantenerla, sin perjuicio de los otros derechos que se confieren a los demás intervinientes[182].

Artículo 226 Q. Protección policial. De oficio o a petición del interesado, durante el desarrollo del juicio o incluso una vez que éste ha finalizado, si las circunstancias de peligro se mantienen el fiscal o el tribunal otorgarán protección policial a quien la necesite, de conformidad con lo prevenido en el artículo 308[183].

---

[181] Inciso incorporado por el artículo 2, Nº 14, letra c), de la Ley 21.694, de 4 de septiembre de 2024.

[182] Artículo incorporado por el artículo 2, Nº 15, de la Ley 21.577 de 15 de junio de 2023.

[183] Artículo incorporado por el artículo 2, Nº 15, de la Ley 21.577 de 15 de junio de 2023.

Artículo 226 R. Medidas de protección complementarias. Las medidas de protección antes descritas podrán ir acompañadas de otras medidas complementarias que se estimen idóneas en función del caso, si fuere necesario[184].

Artículo 226 S. Cambio de identidad. El tribunal podrá autorizar a los agentes encubiertos, reveladores e informantes a cambiar de identidad, con posterioridad al juicio, en caso de ser necesario para su seguridad.

La Dirección Nacional del Servicio de Registro Civil e Identificación adoptará todos los resguardos necesarios para asegurar el carácter secreto de estas medidas.

Todas las actuaciones judiciales y administrativas a que dé lugar esta medida serán secretas. El funcionario del Estado que viole este sigilo será sancionado con la pena de presidio menor en sus grados medio a máximo.

Quienes hayan sido autorizados para cambiar de identidad sólo podrán usar sus nuevos nombres y apellidos en el futuro. El uso malicioso de su anterior identidad será sancionado con la pena de presidio menor en su grado mínimo[185].

Artículo 226 T. Violación del secreto de la investigación y de la identidad. La violación del secreto de la investigación y de la identidad de las personas a que se refieren los artículos precedentes será castigada con presidio menor en su grado máximo e inhabilitación absoluta perpetua para cargos u oficios públicos[186].

Artículo 226 U. Valoración de la prueba y condena. El tribunal valorará el testimonio de agentes encubiertos, agentes reveladores e informantes conforme a las reglas de la sana crítica.

---

184 Artículo incorporado por el artículo 2, Nº 15, de la Ley 21.577 de 15 de junio de 2023.

185 Artículo incorporado por el artículo 2, Nº 15, de la Ley 21.577 de 15 de junio de 2023.

186 Artículo incorporado por el artículo 2, Nº 15, de la Ley 21.577 de 15 de junio de 2023.

En ningún caso el tribunal podrá fundar la condena únicamente en declaraciones realizadas por agentes encubiertos, agentes reveladores, informantes y testigos protegidos respecto de los cuales se haya decretado la prohibición de revelación de su identidad[187].

Artículo 226 V. Protección de las víctimas. Es deber del Ministerio Público y de las policías otorgar protección a las víctimas de delitos o de amenazas emanadas de asociaciones delictivas o criminales. El fiscal podrá utilizar o solicitar, según sea el caso, la aplicación de las medidas previstas en este Párrafo, aun cuando la víctima no intervenga como testigo o informante.

VI. Regla común al presente Párrafo[188]

Artículo 226 W. Hallazgo casual con ocasión de diligencias especiales de investigación. Si con motivo de las diligencias especiales de investigación previstas en este Párrafo, y en el marco de la autorización concedida por el juez para su ejecución, ocurren hallazgos de objetos, documentos o antecedentes de los cuales no se tenía noticia, que permiten sospechar la existencia de un hecho punible distinto, dichos objetos, documentos o antecedentes podrán ser utilizados para la posterior persecución del delito descubierto, si éste tiene asignado una pena igual o superior a presidio menor en su grado máximo o una pena igual o superior a la del delito objeto de la investigación.

Lo señalado en el inciso anterior no se aplicará a la interceptación de comunicaciones, las que se regirán por lo indicado en el inciso final del artículo 223[189].

---

187 Artículo incorporado por el artículo 2, Nº 15, de la Ley 21.577 de 15 de junio de 2023.

188 Epígrafe incorporado por el artículo 2, Nº 16, de la Ley 21.577 de 15 de junio de 2023.

189 Artículo incorporado por el artículo 2, Nº 16, de la Ley 21.577 de 15 de junio de 2023.

Artículo 226 X. Regla especial referida a delitos terroristas. Cuando se hayan cometido o preparado la comisión de los delitos sancionados en la ley Nº 18.314, las diligencias especiales de investigación previstas en este Párrafo podrán ser utilizadas por el fiscal, sea que se trate de una persona, de una agrupación de dos o más personas o de una asociación delictiva o criminal[190].

Artículo 226 Y. Medidas de protección de jueces. En las investigaciones por hechos que involucren la participación en una asociación delictiva o criminal, y en todas las demás etapas del procedimiento, el juez de garantía o los jueces del tribunal de juicio oral en lo penal, por motivo de seguridad y en casos graves y calificados, podrán hacer reserva de su identidad en las audiencias en que deban participar, por resolución fundada. Además, se podrán suprimir sus nombres del acta respectiva.

Respecto del juez que haga reserva de su identidad en los términos señalados en el inciso precedente, las causas legales de recusación serán consideradas como causas de implicancia para su procedencia, declaración, tramitación y efectos, especialmente para lo dispuesto en el literal a) del artículo 374 del presente Código y en el artículo 224 del Código Penal.

El defensor y el fiscal de la causa siempre podrán conocer la identidad de quienes hayan hecho esta reserva.

La revelación de la información reservada será sancionada de conformidad con lo dispuesto en el inciso segundo del artículo 226 O[191].

Artículo 226 Z. Comparecencia a audiencias. En casos graves y calificados por motivos de seguridad, y por resolución fundada, el juez de garantía o el tribunal de juicio oral en lo penal podrá disponer la comparecencia del imputado privado de libertad a las audiencias a que deba

---

[190] Artículo incorporado por el artículo 2, Nº 16, de la Ley 21.577 de 15 de junio de 2023.

[191] Artículo incorporado por el artículo 2, Nº 15, de la Ley 21.694 de 4 de septiembre de 2024.

asistir por medios tecnológicos, y permitirá, siempre y cada vez que así lo requiera, la comunicación directa y privada con su abogado[192].

Párrafo 4º Registros de la investigación

Artículo 227. Registro de las actuaciones del ministerio público. El ministerio público deberá dejar constancia de las actuaciones que realizare, tan pronto tuvieren lugar, utilizando al efecto cualquier medio que permitiere garantizar la fidelidad e integridad de la información, así como el acceso a la misma de aquellos que de acuerdo a la ley tuvieren derecho a exigirlo.

La constancia de cada actuación deberá consignar a lo menos la indicación de la fecha, hora y lugar de realización, de los funcionarios y demás personas que hubieren intervenido y una breve relación de sus resultados.

Artículo 228. Registro de las actuaciones policiales. La policía levantará un registro, en el que dejará constancia inmediata de las diligencias practicadas, con expresión del día, hora y lugar en que se hubieren realizado y de cualquier circunstancia que pudiere resultar de utilidad para la investigación. Se dejará constancia en el registro de las instrucciones recibidas del fiscal y del juez.

El registro será firmado por el funcionario a cargo de la investigación y, en lo posible, por las personas que hubieren intervenido en los actos o proporcionado alguna información.

En todo caso, estos registros no podrán reemplazar las declaraciones de la policía en el juicio oral.

Artículo 228 bis. Para efectos de lo señalado en el artículo anterior, en las actuaciones que desempeñe la policía en el procedimiento penal podrán utilizar sistemas de registro y almacenamiento audiovisual, sea en lugares públicos o de libre acceso al público, o en las actuaciones establecidas en los artículos 129, 204, 205 y 206.

---

192 Artículo incorporado por el artículo 2, Nº 15, de la Ley 21.694 de 4 de septiembre de 2024.

Sin perjuicio de lo establecido en el inciso primero, los funcionarios de las unidades establecidas en un decreto supremo deberán utilizar sistemas de registro y almacenamiento audiovisual en las actuaciones descritas en el inciso anterior.

Cada tres años, a propuesta de las policías, con aprobación del Ministerio del Interior y Seguridad Pública, el Presidente de la República, mediante decreto supremo, suscrito además por el Ministro de Hacienda, determinará las referidas unidades sobre las que recaiga esta obligación.

Las imágenes y/o sonidos obtenidos deberán ser entregados al Ministerio Público. Aquellos obtenidos en lugares o situaciones distintas a las previstas en el inciso primero del presente artículo, o bien, si éstos no resultan útiles para las investigaciones, serán destruidos una vez transcurridos dos años desde su captura, previa orden de destrucción emanada del Ministerio Público y dirigida al jefe de la unidad policial respectiva.

Los sistemas de registro y almacenamiento audiovisual deberán garantizar la integridad de los registros para su posterior tratamiento en la investigación.

La ausencia de grabación no obstará, por esa sola circunstancia, la validez del procedimiento, ni implicará la exclusión de prueba dependiente de ella, de conformidad con el artículo 276.

La falta de integridad de la grabación no implicará, por esa sola circunstancia, su exclusión como medio de prueba de conformidad con el artículo 276, ni de los otros medios de prueba dependientes de ella. A las imágenes o sonidos obtenidos a través de este artículo les serán aplicables lo prescrito en el artículo 182.

Los funcionarios policiales que modifiquen, oculten, eliminen sin la orden previa del Ministerio Público según lo dispuesto en el inciso cuarto del presente artículo, o alteren de cualquier forma los sistemas de registro y almacenamiento audiovisual, serán sancionados, además de las penas que correspondan por los delitos cometidos, con la pena de suspensión del empleo en su grado máximo y multa de quince a veinte unidades tributarias mensuales.

Un reglamento dictado por el Ministerio del Interior y Seguridad Pública, previo informe emitido por la policía, establecerá las reglas del uso de los sistemas de registro y almacenamiento audiovisual, la forma de almacenamiento y conservación de la información obtenida, el proceso de destrucción según lo prescrito en este artículo, los estándares de revisión, mantención y actualización permanente de los dispositivos, los deberes de capacitación asociados, y los mecanismos de control y evaluación del proceso y resultados[193].

Párrafo 4° bis[194] De la cooperación eficaz con la investigación

Artículo 228 bis A. Cooperación eficaz. Se entiende por cooperación eficaz el suministro de datos o informaciones precisas, verídicas y comprobables que contribuyan al esclarecimiento de los hechos investigados o permitan la identificación de sus responsables, o sirvan para prevenir o impedir la perpetración, la continuidad o la reiteración de otros delitos, o faciliten la práctica de cualquier clase de comiso.

La cooperación eficaz solo procederá cuando la información suministrada se refiera a investigaciones relativas a los delitos de asociación delictiva o criminal, de crímenes o simples delitos contenidos en la Ley que sanciona el Tráfico Ilícito de Estupefacientes y Sustancias Sicotrópicas, de los crímenes y simples delitos que sanciona la Ley sobre Control de Armas, de crímenes o simples delitos contenidos en la Ley que sanciona Conductas Terroristas, de delitos calificados como económicos, de homicidios, de secuestro, de sustracción de menores, de los delitos de lavado y blanqueo de activos, de los delitos establecidos en los Párrafos 5, 6, 9 y 9 bis del Título V del Libro II del Código Penal, de los delitos contenidos en el Párrafo 5 bis del Título VIII del Libro II del mismo cuerpo legal o de los delitos contenidos en la ley N° 21.459.

---

193 Artículo incorporado por el artículo 1° de la Ley 21.638 de 26 de diciembre de 2023. Esta norma comenzará a regir 6 meses después de la publicación en el Diario Oficial de los reglamentos a que hace referencia el primer inciso del artículo primero transitorio del citado cuerpo legal.

194 Párrafo 4° bis y los artículos 228 bis A a 228 septies incorporados por el artículo 2, N° 16, de la Ley 21.694, de 4 de septiembre de 2024.

La cooperación eficaz podrá ser establecida en virtud de un acuerdo de cooperación, o en virtud de su reconocimiento por parte del juez, en las condiciones definidas en los artículos siguientes.

El tribunal estará obligado a reconocer el acuerdo de cooperación, salvo que éste no fuere procedente conforme al inciso segundo.

En todo caso, el fiscal podrá solicitar siempre, sin necesidad de un acuerdo, el reconocimiento de la cooperación eficaz del imputado en aquellos casos en que se cumplan los requisitos establecidos en este artículo.

Si el autor estuvo involucrado en los hechos que colabora a esclarecer, su cooperación eficaz debe extenderse más allá de su propia contribución al delito.

Lo previsto en este Párrafo no se aplicará a los empleados públicos que desempeñen un cargo de elección popular o de exclusiva confianza de éstos, o de alta dirección pública del primer nivel jerárquico; a los fiscales del Ministerio Público; ni a aquellos que, perteneciendo o no al orden judicial, ejerzan jurisdicción.

Artículo 228 ter. Acuerdos de cooperación. El fiscal podrá acordar con el cooperador los términos en que se prestará la cooperación, y podrá disponer una o más de las siguientes medidas:

a) El otorgamiento de una rebaja de la pena aplicable al hecho. Se podrá acordar la concesión de una rebaja de la pena aplicable en uno o dos grados. Si se tratare de delitos que la ley califica como económicos, se podrá acordar la concesión de una atenuante muy calificada de la ley N° 21.595, de delitos económicos, y la rebaja adicional de un grado de la pena aplicable.

b) La adopción de medidas de protección, incluyendo aquellas que se encuentran establecidas en el Párrafo 3° bis del Título I del Libro II.

c) La prohibición del uso de la información entregada en virtud de la cooperación en todo procedimiento penal que pueda seguirse en su contra. En ningún caso podrá ser admisible como medio de prueba, cualquiera sea el soporte en que ella conste.

d) El ejercicio de facultades procesales o formas de término anticipado que procedan de conformidad con la ley.

El acuerdo de cooperación establecerá las condiciones o el contenido básico que ha de cumplir la información entregada y las obligaciones que contrae tanto el cooperador como el fiscal. Cuando una de las obligaciones que contrae el cooperador consista en declarar en juicio, no procederá a su respecto lo previsto en el artículo 305, salvo que se acredite incumplimiento del acuerdo.

Artículo 228 quáter. Acuerdo de cooperación eficaz calificada. Si se tratare de hechos relativos a los delitos señalados en el artículo 228 bis A, se entenderá como cooperación eficaz calificada la entrega de información o datos precisos, comprobados y verídicos, que permitan satisfacer uno o más de los siguientes fines:

a) La identificación de líderes, jefes, financistas o fundadores de asociaciones delictivas o criminales. La información deberá permitir presumir fundadamente su intervención en el hecho punible.

b) La identificación de bienes, flujos de dinero y fuentes de financiación de asociaciones delictivas o criminales, que faciliten su incautación o la práctica de cualquier clase de comiso.

c) La identificación del lugar donde se encuentra la víctima de un delito de secuestro, de sustracción de menores, de trata de personas, o el cuerpo de una víctima de homicidio.

La cooperación eficaz calificada podrá ser establecida solo en virtud de un acuerdo de cooperación. En estos casos el fiscal, previa autorización del Fiscal Regional, podrá acordar con el cooperador el Z sobreseimiento definitivo o la rebaja de hasta tres grados de la pena, según la entidad y relevancia de la información entregada, y si ésta cumple con los fines de uno o más de los literales del inciso anterior. La cooperación eficaz calificada procederá respecto de imputados en la misma investigación o, incluso, de imputados que se encuentren investigados por otros delitos. En este último caso, el colaborador tendrá la calidad de testigo. Si el autor estuvo involucrado en los hechos que colabora a esclarecer, su cooperación eficaz debe extenderse más allá de su propia contribución al delito.

El acuerdo de cooperación eficaz podrá incluir, además, el otorgamiento de una medida de protección al cooperador, en los términos de la letra b) del inciso primero del artículo 228 ter.

Artículo 228 quinquies. Cooperación eficaz calificada de un condenado. Si se tratare de investigaciones por los delitos señalados en el artículo 228 bis A, el fiscal, previa aprobación del Fiscal Regional, podrá acordar con el cooperador solicitar la revisión de la condena por parte del juez de garantía competente, y dispondrá una rebaja de la pena hasta en un tercio, o en uno o dos grados en casos de presidio perpetuo.

El cooperador deberá entregar información o datos precisos, comprobados y verídicos, que permitan satisfacer alguno de los fines de los literales indicados en el artículo anterior.

En estos casos el fiscal deberá otorgar, además, una medida de protección al cooperador, en los términos de la letra b) del inciso primero del artículo 228 ter. Asimismo, el juez podrá adoptar las medidas de protección necesarias.

El juez podrá rechazar la reducción de la condena si la solicitud del fiscal no está suficientemente fundada o no concurren los requisitos establecidos en este artículo.

Artículo 228 sexies. Efectos del acuerdo de cooperación. El cooperador podrá exigir al juez de garantía o al tribunal de juicio oral en lo penal, según corresponda, el cumplimiento de las condiciones establecidas en el acuerdo de cooperación que hubiesen sido incumplidas por el fiscal.

En caso de que se verifique el incumplimiento de las medidas contempladas en las letras a), b) y c) del inciso primero del artículo 228 ter, o las previstas en los artículos 228 quáter y 228 quinquies, el tribunal las decretará por resolución fundada.

En caso de que se verifique el incumplimiento de las medidas de la letra d) del inciso primero del artículo 228 ter, el tribunal otorgará el plazo de hasta diez días para que el fiscal cumpla con la obligación contraída. Transcurrido el plazo sin que el fiscal haya cumplido con la obligación, el tribunal decretará el sobreseimiento definitivo de la causa, e informará de ello al Fiscal Regional para que aplique las sanciones disciplinarias correspondientes.

El juez denegará las solicitudes previstas en los incisos anteriores en caso de incumplimiento del cooperador.

Para resolver las solicitudes a que se refiere este artículo, el juez citará a una audiencia en que solo podrán participar el fiscal, el cooperador y su defensor, si corresponde.

Los que por cualquier motivo tuvieren conocimiento del acuerdo de cooperación, estarán obligados a guardar secreto respecto de él. La infracción a esta prohibición será sancionada con la pena de presidio menor en su grado medio a máximo.

Artículo 228 septies. Reconocimiento de la cooperación eficaz por el tribunal. El tribunal podrá reconocer la cooperación eficaz del condenado en la sentencia, aun cuando ella no sea invocada por el fiscal, si durante el juicio queda acreditado que el acusado cooperó con la investigación en los términos definidos en el artículo 228 bis A.

En este caso el tribunal solo podrá reducir la pena en un grado. Si se tratare de delitos calificados como económicos, el tribunal podrá otorgarle a la cooperación eficaz el efecto de una atenuante de conformidad con el artículo 13 de la ley N° 21.595.

Párrafo 5° Formalización de la investigación

Artículo 229. Concepto de la formalización de la investigación. La formalización de la investigación es la comunicación que el fiscal efectúa al imputado, en presencia del juez de garantía, de que desarrolla actualmente una investigación en su contra respecto de uno o más delitos determinados.

Artículo 229 bis. Reformalización. Después de formalizada la investigación y hasta antes del vencimiento del plazo para el cierre de ésta, el fiscal podrá solicitar al juez de garantía la realización de una audiencia en fecha próxima para reformalizar la investigación, modificando, complementando o precisando los hechos y delitos que la integran[195].

Artículo 230. Oportunidad de la formalización de la investigación. El fiscal podrá formalizar la investigación cuando considerare oportuno formalizar el procedimiento por medio de la intervención judicial.

Cuando el fiscal debiere requerir la intervención judicial para la práctica de determinadas diligencias de investigación, la recepción anticipada de prueba o la resolución sobre medidas cautelares, estará obligado a formalizar la investigación, a menos que lo hubiere realizado previamente. Exceptúanse los casos expresamente señalados en la ley.

Artículo 231. Solicitud de audiencia para la formalización de la investigación. Si el fiscal deseare formalizar la investigación respecto de un imputado que no se encontrare en el caso previsto en el artículo 132, solicitará al juez de garantía la realización de una audiencia en fecha próxima, mencionando la individualización del imputado, la indicación del delito que se le atribuyere, la fecha y lugar de su comisión y el grado de participación del imputado en el mismo.

A esta audiencia se citará al imputado, a su defensor y a los demás intervinientes en el procedimiento.

Artículo 232. Audiencia de formalización de la investigación. En la audiencia, el juez ofrecerá la palabra al fiscal para que exponga verbalmente los cargos que presentare en contra del imputado y las solicitudes que efectuare al tribunal. Enseguida, el imputado podrá manifestar lo que estimare conveniente.

A continuación el juez abrirá debate sobre las demás peticiones que los intervinientes plantearen.

El imputado podrá reclamar ante las autoridades del ministerio público, según lo disponga la ley orgánica constitucional respectiva, de la for-

---

195 Artículo incorporado por el artículo 2, Nº 17, de la Ley 21.594, de 4 de septiembre de 2024.

malización de la investigación realizada en su contra, cuando considerare que ésta hubiere sido arbitraria.

Artículo 233. Efectos de la formalización de la investigación. La formalización de la investigación producirá los siguientes efectos:

a) Suspenderá el curso de la prescripción de la acción penal en conformidad a lo dispuesto en el artículo 96 del Código Penal;

b) Comenzará a correr el plazo previsto en el artículo 247, y

c) El ministerio público perderá la facultad de archivar provisionalmente el procedimiento.

Artículo 234. Plazo judicial para el cierre de la investigación. Cuando el juez de garantía, de oficio o a petición de alguno de los intervinientes y oyendo al ministerio público, lo considerare necesario con el fin de cautelar las garantías de los intervinientes y siempre que las características de la investigación lo permitieren, podrá fijar en la misma audiencia un plazo para el cierre de la investigación, al vencimiento del cual se producirán los efectos previstos en el artículo 247.

Artículo 235. Juicio inmediato. En la audiencia de formalización de la investigación, el fiscal podrá solicitar al juez que la causa pase directamente a juicio oral. Si el juez acogiere dicha solicitud, en la misma audiencia el fiscal deberá formular verbalmente su acusación y ofrecer prueba. También en la audiencia el querellante podrá adherirse a la acusación del fiscal o acusar particularmente y deberá indicar las pruebas de que pensare valerse en el juicio. El imputado podrá realizar las alegaciones que correspondieren y ofrecer, a su turno, prueba.

Al término de la audiencia, el juez dictará auto de apertura del juicio oral. No obstante, podrá suspender la audiencia y postergar esta resolución, otorgando al imputado un plazo no menor de quince ni mayor de treinta días, dependiendo de la naturaleza del delito, para plantear sus solicitudes de prueba.

Las resoluciones que el juez dictare en conformidad a lo dispuesto en este artículo no serán susceptibles de recurso alguno.

Artículo 236. Autorización para practicar diligencias sin conocimiento del afectado. Las diligencias de investigación que de conformidad al artículo 9° requirieren de autorización judicial previa podrán ser solicitadas por el fiscal aun antes de la formalización de la investigación. Si el fiscal requiriere que ellas se llevaren a cabo sin previa comunicación al afectado, el juez autorizará que se proceda en la forma solicitada cuando la gravedad de los hechos o la naturaleza de la diligencia de que se tratare permitiere presumir que dicha circunstancia resulta indispensable para su éxito.

Si con posterioridad a la formalización de la investigación el fiscal solicitare proceder de la forma señalada en el inciso precedente, el juez lo autorizará cuando la reserva resultare estrictamente indispensable para la eficacia de la diligencia.

Párrafo 6° Suspensión condicional del procedimiento y acuerdos reparatorios

Artículo 237. Suspensión condicional del procedimiento. El fiscal, con el acuerdo del imputado, podrá solicitar al juez de garantía la suspensión condicional del procedimiento[196].

El juez podrá requerir del ministerio público los antecedentes que estimare necesarios para resolver[197].

La suspensión condicional del procedimiento podrá decretarse:

a) Si la pena que pudiere imponerse al imputado, en el evento de dictarse sentencia condenatoria, no excediere de tres años de privación de libertad;

b) Si el imputado no hubiere sido condenado anteriormente por crimen o simple delito, y

---

[196] Inciso modificado, como aparece en el texto, por artículo 1°, N° 24, letra a), de la Ley N° 20.074 de 14 de noviembre de 2005, que trasladó la frase final como nuevo inciso segundo.

[197] Inciso agregado, como aparece en el texto, por artículo 1°, N° 24, letra a), de la Ley N° 20.074 de 14 de noviembre de 2005, que trasladó la frase final del inciso primero, dejándola como este nuevo inciso segundo.

c) Si el imputado no tuviere vigente una suspensión condicional del procedimiento, o hayan transcurrido más de tres años desde la anterior resolución que hubiere decretado una suspensión condicional del procedimiento, al momento de verificarse los hechos materia del nuevo proceso[198].

La presencia del defensor del imputado en la audiencia en que se ventilare la solicitud de suspensión condicional del procedimiento constituirá un requisito de validez de la misma.

Si el querellante o la víctima asistieren a la audiencia en que se ventile la solicitud de suspensión condicional del procedimiento, deberán ser oídos por el tribunal[199].

Tratándose de imputados por delitos de homicidio, secuestro, robo con violencia o intimidación en las personas o fuerza en las cosas, sustracción de menores, aborto; por los contemplados en los artículos 361 a 366 bis y 367 del Código Penal; por los delitos señalados en los artículos 8°, 9°, 10, 13, 14 y 14 D de la ley N° 17.798; por los delitos o cuasidelitos contemplados en otros cuerpos legales que se cometan empleando alguna de las armas o elementos mencionados en las letras a), b), c), d) y e) del artículo 2° y en el artículo 3° de la citada ley N° 17.798, y por conducción en estado de ebriedad causando la muerte o lesiones graves o gravísimas, el fiscal deberá someter su decisión de solicitar la suspensión condicional del procedimiento al Fiscal Regional[200].

Al decretar la suspensión condicional del procedimiento, el juez de garantía establecerá las condiciones a las que deberá someterse el imputado, por el plazo que determine, el que no podrá ser inferior a un año

---

198 Letra sustituida, como aparece en el texto, por el artículo 2, N° 18, de la Ley 21.694, de 4 de septiembre de 2024. Anteriormente, la letra había sido agregada, como aparece en el texto, por el artículo 2°, N° 17, letra a), número 3., de la Ley N° 20.253, de 14 de marzo de 2008. Los números 1. y 2. del artículo 2°, N° 17, letra a) referido permiten adecuar la puntuación a la nueva letra agregada.

199 Inciso sustituido, por el que aparece en el texto, por artículo 1°, N° 24, letra b), de la Ley N° 20.074 de 14 de noviembre de 2005.

200 Inciso sustituido, por el que aparece en el texto, por el artículo 2°, N° 2, de la Ley N° 20.813, de 06 de febrero de 2015. Anteriormente, había sido agregado por el artículo 2°, N° 17, letra b), de la Ley N° 20.253, de 14 de marzo de 2008.

ni superior a tres. Durante dicho período no se reanudará el curso de la prescripción de la acción penal. Asimismo, durante el término por el que se prolongare la suspensión condicional del procedimiento se suspenderá el plazo previsto en el artículo 247[201].

La resolución que se pronunciare acerca de la suspensión condicional del procedimiento será apelable por el imputado, por la víctima, por el ministerio público y por el querellante[202].

La suspensión condicional del procedimiento no impedirá de modo alguno el derecho a perseguir por la vía civil las responsabilidades pecuniarias derivadas del mismo hecho.

Artículo 238. Condiciones por cumplir decretada la suspensión condicional del procedimiento. El juez de garantía dispondrá, según correspondiere, que durante el período de suspensión, el imputado esté sujeto al cumplimiento de una o más de las siguientes condiciones:

a) Residir o no residir en un lugar determinado;

b) Abstenerse de frecuentar determinados lugares o personas;

c) Someterse a un tratamiento médico, psicológico o de otra naturaleza;

d) Tener o ejercer un trabajo, oficio, profesión o empleo, o asistir a algún programa educacional o de capacitación;

e) Pagar una determinada suma, a título de indemnización de perjuicios, a favor de la víctima o garantizar debidamente su pago. Se

---

201 El artículo 3° de la Ley N° 21.240 dispuso lo siguiente: Artículo 3.- En las investigaciones penales que se vinculen a los delitos previstos en los artículos 318, 318 bis y 318 ter del Código Penal en las que el Ministerio Público solicite la suspensión condicional del procedimiento, según lo prevén los artículos 237 y siguientes del Código Procesal Penal, se incluirá preferentemente como condición de esta suspensión la realización de acciones o servicios destinados a beneficiar a la localidad en la que habita el imputado

202 Inciso modificado, como aparece en el texto, por artículo 1°, N° 24, letra c), de la Ley N° 20.074 de 14 de noviembre de 2005. NOTA: la referencia de la norma es al inciso sexto, que pasó a ser séptimo, aunque en realidad corresponde al inciso octavo.

podrá autorizar el pago en cuotas o dentro de un determinado plazo, el que en ningún caso podrá exceder el período de suspensión del procedimiento;

f) Acudir periódicamente ante el ministerio público y, en su caso, acreditar el cumplimiento de las demás condiciones impuestas;

g) Fijar domicilio e informar al ministerio público de cualquier cambio del mismo, y

h) Otra condición que resulte adecuada en consideración con las circunstancias del caso concreto de que se tratare y fuere propuesta, fundadamente, por el Ministerio Público[203].

Durante el período de suspensión y oyendo en una audiencia a todos los intervinientes que concurrieren a ella, el juez podrá modificar una o más de las condiciones impuestas.

Artículo 238 bis[204]. Suspensión condicional para el tratamiento problemático de drogas y/o alcohol. Se podrá decretar la suspensión condicional del procedimiento con acuerdo del fiscal y del imputado, respecto de toda persona que voluntariamente acepte la condición de someterse a un tratamiento por consumo problemático de drogas y/o alcohol.

La suspensión condicional del procedimiento, en estos casos, podrá decretarse:

a) Si se acredita la dependencia o consumo problemático de drogas y/o alcohol como factor determinante para la comisión del delito;

b) Si la pena que pudiere imponerse al imputado, en el evento de dictarse sentencia condenatoria, no excediere de cinco años de privación de libertad, y

c) Si el imputado no hubiere sido condenado anteriormente por crimen o simple delito.

---

203 Letra agregada, como aparece en el texto, por artículo 1°, N° 25, letra c), de la Ley N° 20.074 de 14 de noviembre de 2005. Las letras a) y b) de la misma norma adecuaron la enumeración.

204 Artículo incorporado por el artículo 2, N° 19, de la Ley 21.694 de 4 de septiembre de 2024.

Para acreditar la dependencia o consumo problemático de drogas y/o alcohol se confeccionará un informe de evaluación diagnóstica por una institución o por profesionales designados por el tribunal de forma previa, y deberá preferirse al Servicio Nacional para la Prevención y Rehabilitación del Consumo de Drogas y Alcohol en caso de existir oferta, el cual estará sujeto a la confirmación diagnóstica de la institución tratante.

La audiencia se realizará con la comparecencia de los intervinientes, juez, fiscal, defensor e imputado, favoreciendo la participación del imputado e impulsándolo a que sea parte activa de la decisión del tribunal, con el objeto de obtener información sobre los factores de riesgo que podrían desencadenar una potencial recaída y definir las condiciones de la suspensión condicional del procedimiento que favorezcan su rehabilitación.

La presencia del defensor del imputado en la audiencia en que se discutiere la solicitud de suspensión condicional del procedimiento constituirá un requisito de validez de la misma.

Si el querellante o la víctima asistieren a la audiencia en que se discuta la solicitud de suspensión condicional del procedimiento, deberán ser oídos por el tribunal.

Al decretar la suspensión condicional del procedimiento, el juez de garantía establecerá las condiciones a las que deberá someterse el imputado y la duración de la medida, cuyo plazo no podrá ser inferior a un año ni superior a cinco. Durante dicho período no se reanudará el curso de la prescripción de la acción penal. Asimismo, durante el término por el que se prolongare la suspensión condicional del procedimiento se suspenderá el plazo previsto en el artículo 247.

La resolución que se pronunciare acerca de la suspensión condicional del procedimiento será apelable por el imputado, por la víctima, por el Ministerio Público y por el querellante.

Artículo 238 ter[205]. Audiencias de seguimiento de suspensión condicional para el tratamiento problemático de drogas y/o alcohol. Para

[205] Artículo incorporado por el artículo 2, Nº 19, de la Ley 21.694 de 4 de septiembre de 2024.

el cumplimiento de los objetivos del proceso de rehabilitación se realizarán audiencias de seguimiento de la suspensión condicional con el fin de potenciar medidas terapéuticas que fomenten los factores protectores y disminuyan los factores de riesgo frente al consumo problemático de drogas y/o alcohol. El juez determinará la periodicidad de estas audiencias, las que, en todo caso, deberán realizarse al menos una vez al mes.

El tribunal a solicitud de alguno de los intervinientes podrá modificar las condiciones de la suspensión condicional del procedimiento cuando aquellas tengan objetivos terapéuticos tomando en consideración la voluntad del imputado.

Artículo 238 quáter[206]. Audiencias de egreso de suspensión condicional para el tratamiento problemático de drogas y/o alcohol. Después de cumplir el período decretado de la suspensión condicional para el tratamiento problemático de drogas y/o alcohol, o habiendo finalizado el tratamiento y la fase de seguimiento, se realizará la respectiva audiencia de egreso de la suspensión condicional del procedimiento donde se revisarán los avances obtenidos y el caso será sobreseído de manera definitiva.

Artículo 239. Revocación de la suspensión condicional. Cuando el imputado incumpliere, sin justificación, grave o reiteradamente las condiciones impuestas, o fuere objeto de una nueva formalización de la investigación por hechos distintos, el juez, a petición del fiscal o la víctima, revocará la suspensión condicional del procedimiento, y éste continuará de acuerdo a las reglas generales.

Respecto de la suspensión condicional del procedimiento para el tratamiento de drogas y/o alcohol, se entenderá como incumplimiento de las condiciones la no adherencia al tratamiento y el incumplimiento grave y reiterado de las actividades determinantes para su rehabilitación.

---

206 Artículo incorporado por el artículo 2, Nº 19, de la Ley 21.694 de 4 de septiembre de 2024.

La resolución dictada de conformidad a este artículo será apelable[207].

Artículo 240. Efectos de la suspensión condicional del procedimiento. La suspensión condicional del procedimiento no extingue las acciones civiles de la víctima o de terceros. Sin embargo, si la víctima recibiere pagos en virtud de lo previsto en el artículo 238, letra e), ellos se imputarán a la indemnización de perjuicios que le pudiere corresponder.

Transcurrido el plazo que el tribunal hubiere fijado de conformidad al artículo 237, inciso quinto, sin que la suspensión fuere revocada, se extinguirá la acción penal, debiendo el tribunal dictar de oficio o a petición de parte el sobreseimiento definitivo.

Artículo 241. Procedencia de los acuerdos reparatorios. El imputado y la víctima podrán convenir acuerdos reparatorios, los que el juez de garantía aprobará, en audiencia a la que citará a los intervinientes para escuchar sus planteamientos, si verificare que los concurrentes al acuerdo hubieren prestado su consentimiento en forma libre y con pleno conocimiento de sus derechos.

Los acuerdos reparatorios sólo podrán referirse a hechos investigados que afectaren bienes jurídicos disponibles de carácter patrimonial, consistieren en lesiones menos graves o constituyeren delitos culposos.

Sin perjuicio de lo señalado en los incisos precedentes, los acuerdos reparatorios procederán también respecto de los delitos de los artículos 144 inciso primero, 146, 161-A, 161 B, 231, inciso segundo del 247, 284, 296, 297, 494 Nº 4 y 494 Nº 5, todos del Código Penal. Asimismo, procederán también respecto de los delitos contemplados en el decreto con fuerza de ley Nº 3, de 2006, que fija el texto refundido, coordinado y sistematizado de la ley Nº 19.039, de Propiedad Industrial, y en la ley Nº 17.336, de Propiedad Intelectual[208].

---

207 Inciso segundo reemplazado, como aparece en el texto, por el artículo 2, Nº 20, de la Ley 21.694, de 4 de septiembre de 2024.

208 Inciso agregado por el artículo 1º, nº 1, letra a), de la Ley Nº 21.394 de 30 de noviembre de 2021.

En consecuencia, de oficio o a petición del ministerio público, el juez negará aprobación a los acuerdos reparatorios convenidos en procedimientos que versaren sobre hechos diversos de los previstos en los incisos segundo y tercero[209], o si el consentimiento de los que lo hubieren celebrado no apareciere libremente prestado, o si existiere un interés público prevalente en la continuación de la persecución penal. Se entenderá especialmente que concurre este interés si el imputado hubiere incurrido reiteradamente en hechos como los que se investigaren en el caso particular.

Artículo 242. Efectos penales del acuerdo reparatorio. Una vez cumplidas las obligaciones contraídas por el imputado en el acuerdo reparatorio o garantizadas debidamente a satisfacción de la víctima, el tribunal dictará sobreseimiento definitivo, total o parcial, en la causa, con lo que se extinguirá, total o parcialmente, la responsabilidad penal del imputado que lo hubiere celebrado[210].

Cuando el imputado incumpliere de forma injustificada, grave o reiterada las obligaciones contraídas, la víctima podrá solicitar que el juez resuelva el cumplimiento de las obligaciones de conformidad al artículo siguiente o que se deje sin efecto el acuerdo reparatorio y se oficie al Ministerio Público a fin de reiniciar la investigación penal. En este último caso, el asunto no será susceptible de un nuevo acuerdo reparatorio[211].

Artículo 243. Efectos civiles del acuerdo reparatorio. Ejecutoriada la resolución judicial que aprobare el acuerdo reparatorio, podrá solicitarse su cumplimiento ante el juez de garantía con arreglo a lo establecido en los artículos 233 y siguientes del Código de Procedimiento Civil.

El acuerdo reparatorio no podrá ser dejado sin efecto por ninguna acción civil.

---

209 Inciso modificado por el artículo 1°, n° 1, letra b), de la Ley N° 21.394 de 30 de noviembre de 2021.

210 Artículo modificado, como aparece en el texto, por artículo 1°, N° 26, de la Ley N° 20.074 de 14 de noviembre de 2005.

211 Inciso agregado por el artículo 1°, n° 2 de la Ley N° 21.394 de 30 de noviembre de 2021.

Artículo 244. Efectos subjetivos del acuerdo reparatorio. Si en la causa existiere pluralidad de imputados o víctimas, el procedimiento continuará respecto de quienes no hubieren concurrido al acuerdo.

Artículo 245. Oportunidad para pedir y decretar la suspensión condicional del procedimiento o los acuerdos reparatorios. La suspensión condicional del procedimiento y el acuerdo reparatorio podrán solicitarse y decretarse en cualquier momento posterior a la formalización de la investigación. Si no se planteare en esa misma audiencia la solicitud respectiva, el juez citará a una audiencia, a la que podrán comparecer todos los intervinientes en el procedimiento.

Una vez declarado el cierre de la investigación, la suspensión condicional del procedimiento y el acuerdo reparatorio sólo podrán ser decretados durante la audiencia de preparación del juicio oral.

Sin perjuicio de lo señalado precedentemente, podrán, excepcionalmente, solicitarse y decretarse la suspensión condicional del procedimiento y los acuerdos reparatorios, aun cuando hubiere finalizado la audiencia de preparación del juicio oral y hasta antes del envío del auto de apertura al tribunal de juicio oral en lo penal. La solicitud se resolverá de conformidad a lo establecido en el artículo 280 bis[212].

Artículo 246. Registro. El ministerio público llevará un registro en el cual dejará constancia de los casos en que se decretare la suspensión condicional del procedimiento o se aprobare un acuerdo reparatorio.

El registro tendrá por objeto verificar que el imputado cumpla las condiciones que el juez impusiere al disponer la suspensión condicional del procedimiento, o reúna los requisitos necesarios para acogerse, en su caso, a una nueva suspensión condicional o acuerdo reparatorio.

El registro será reservado, sin perjuicio del derecho de la víctima de conocer la información relativa al imputado.

---

[212] Inciso agregado por el artículo 1º, nº 3 de la Ley Nº 21.394 de 30 de noviembre de 2021.

Párrafo 7º Conclusión de la investigación

Artículo 247. Plazo para declarar el cierre de la investigación. Transcurrido el plazo de dos años desde la fecha en que la investigación hubiere sido formalizada, el fiscal deberá proceder a cerrarla.

Si el fiscal no declarare cerrada la investigación en el plazo señalado, el imputado o el querellante podrán solicitar al juez que aperciba al fiscal para que proceda a tal cierre.

Para estos efectos, el juez citará a los intervinientes a una audiencia y si el fiscal no compareciere, el juez otorgará un plazo máximo de dos días para que éste se pronuncie, dando cuenta de ello al fiscal regional. Transcurrido tal plazo sin que el fiscal se pronuncie o si, compareciendo, se negare a declarar cerrada la investigación, el juez decretará el sobreseimiento definitivo de la causa, informando de ello al fiscal regional a fin de que éste aplique las sanciones disciplinarias correspondientes. Esta resolución será apelable[213].

Si el fiscal se allanare a la solicitud de cierre de la investigación, deberá formular en la audiencia la declaración en tal sentido y tendrá el plazo de diez días para deducir acusación.

Transcurrido este plazo sin que se hubiere deducido acusación, el juez fijará un plazo máximo de dos días para que el fiscal deduzca la acusación, dando cuenta de inmediato de ello al fiscal regional. Transcurrido dicho plazo, el juez, de oficio o a petición de cualquiera de los intervinientes, sin que se hubiere deducido la acusación, en audiencia citada al efecto dictará sobreseimiento definitivo. En este caso, informará de ello al fiscal regional a fin de que éste aplique las sanciones disciplinarias correspondientes[214].

El plazo de dos años previsto en este artículo se suspenderá en los casos siguientes:

a) cuando se dispusiere la suspensión condicional del procedimiento;

---

[213] Inciso sustituido, por el que aparece en el texto, por el artículo 2º, Nº 22, letra a), de la Ley Nº 20.931 de 05 de julio de 2016.

[214] Inciso sustituido, por el que aparece en el texto, por el artículo 2º, Nº 22, letra b), de la Ley Nº 20.931 de 05 de julio de 2016.

b) cuando se decretare sobreseimiento temporal de conformidad a lo previsto en el artículo 252, y

c) desde que se alcanzare un acuerdo reparatorio hasta el cumplimiento de las obligaciones contraídas por el imputado a favor de la víctima o hasta que hubiere debidamente garantizado su cumplimiento a satisfacción de esta última[215].

Artículo 248. Cierre de la investigación. Practicadas las diligencias necesarias para la averiguación del hecho punible y sus autores, cómplices o encubridores, el fiscal declarará cerrada la investigación y podrá, dentro de los diez días siguientes:

a) Solicitar el sobreseimiento definitivo o temporal de la causa;

b) Formular acusación, cuando estimare que la investigación proporciona fundamento serio para el enjuiciamiento del imputado contra quien se hubiere formalizado la misma, o

c) Comunicar la decisión del ministerio público de no perseverar en el procedimiento, por no haberse reunido durante la investigación los antecedentes suficientes para fundar una acusación.

La comunicación de la decisión contemplada en la letra c) precedente dejará sin efecto la formalización de la investigación, dará lugar a que el juez revoque las medidas cautelares que se hubieren decretado, y la prescripción de la acción penal continuará corriendo como si nunca se hubiere interrumpido.

Artículo 249. Citación a audiencia. Cuando decidiere solicitar el sobreseimiento definitivo o temporal, o comunicar la decisión a que se refiere la letra c) del artículo anterior, el fiscal deberá formular su requerimiento al juez de garantía, quien citará a todos los intervinientes a una audiencia.

Artículo 250. Sobreseimiento definitivo. El juez de garantía decretará el sobreseimiento definitivo:

---

[215] Inciso sustituido, por el que aparece en el texto, por artículo 1°, N° 27, de la Ley N° 20.074 de 14 de noviembre de 2005.

a) Cuando el hecho investigado no fuere constitutivo de delito;

b) Cuando apareciere claramente establecida la inocencia del imputado;

c) Cuando el imputado estuviere exento de responsabilidad criminal en conformidad al artículo 10 del Código Penal o en virtud de otra disposición legal;

d) Cuando se hubiere extinguido la responsabilidad penal del imputado por algunos de los motivos establecidos en la ley;

e) Cuando sobreviniere un hecho que, con arreglo a la ley, pusiere fin a dicha responsabilidad, y f) Cuando el hecho de que se tratare hubiere sido materia de un procedimiento penal en el que hubiere recaído sentencia firme respecto del imputado.

El juez no podrá dictar sobreseimiento definitivo respecto de los delitos que, conforme a los tratados internacionales ratificados por Chile y que se encuentren vigentes, sean imprescriptibles o no puedan ser amnistiados, salvo en los casos de los números 1° y 2° del artículo 93 del Código Penal.

Artículo 251. Efectos del sobreseimiento definitivo. El sobreseimiento definitivo pone término al procedimiento y tiene la autoridad de cosa juzgada.

Artículo 252. Sobreseimiento temporal. El juez de garantía decretará el sobreseimiento temporal en los siguientes casos:

a) Cuando para el juzgamiento criminal se requiriere la resolución previa de una cuestión civil, de acuerdo con lo dispuesto en el artículo 171;

b) Cuando el imputado no compareciere al procedimiento y fuere declarado rebelde, de acuerdo con lo dispuesto en los artículos 99 y siguientes, y

c) Cuando, después de cometido el delito, el imputado cayere en enajenación mental, de acuerdo con lo dispuesto en el Título VII del Libro Cuarto.

El tribunal de juicio oral en lo penal dictará sobreseimiento temporal cuando el acusado no hubiere comparecido a la audiencia del juicio oral y hubiere sido declarado rebelde de conformidad a lo dispuesto en los artículos 100 y 101 de este Código[216].

Artículo 253. Recursos. El sobreseimiento sólo será impugnable por la vía del recurso de apelación ante la Corte de Apelaciones respectiva.

Artículo 254. Reapertura del procedimiento al cesar la causal de sobreseimiento temporal. A solicitud del fiscal o de cualquiera de los restantes intervinientes, el juez podrá decretar la reapertura del procedimiento cuando cesare la causa que hubiere motivado el sobreseimiento temporal.

Artículo 255. Sobreseimiento total y parcial. El sobreseimiento será total cuando se refiriere a todos los delitos y a todos los imputados; y parcial cuando se refiriere a algún delito o a algún imputado, de los varios a que se hubiere extendido la investigación y que hubieren sido objeto de formalización de acuerdo al artículo 229.

Si el sobreseimiento fuere parcial, se continuará el procedimiento respecto de aquellos delitos o de aquellos imputados a que no se extendiere aquél.

Artículo 256. Facultades del juez respecto del sobreseimiento. El juez de garantía, al término de la audiencia a que se refiere el artículo 249, se pronunciará sobre la solicitud de sobreseimiento planteada por el fiscal. Podrá acogerla, sustituirla, decretar un sobreseimiento distinto del requerido o rechazarla, si no la considerare procedente. En este último caso, dejará a salvo las atribuciones del ministerio público contempladas en las letras b) y c) del artículo 248.

Artículo 257. Reapertura de la investigación. Dentro de los diez días siguientes al cierre de la investigación, los intervinientes podrán reiterar la solicitud de diligencias precisas de investigación que oportunamente

---

216 Inciso agregado, como aparece en el texto, por artículo 1°, N° 28, de la Ley N° 20.074 de 14 de noviembre de 2005.

hubieren formulado durante la investigación y que el Ministerio Público hubiere rechazado o respecto de las cuales no se hubiere pronunciado[217].

El imputado o el querellante podrán solicitar la reapertura de la investigación con el único objeto de pedir la realización de diligencias precisas cuya necesidad de cumplimiento hubiere surgido a raíz de la reformalización de la investigación realizada por el Ministerio Público.

Si el juez de garantía acogiere la solicitud a que se refieren los incisos anteriores, ordenará al fiscal reabrir la investigación y proceder al cumplimiento de las diligencias, en el plazo que le fijará. El fiscal, el imputado o el querellante, según corresponda, podrán solicitar ampliación del mismo plazo por una sola vez[218].

El juez no decretará ni renovará aquellas diligencias que en su oportunidad se hubieren ordenado a petición de los intervinientes y no se hubieren cumplido por negligencia o hecho imputable a los mismos, ni tampoco las que fueren manifiestamente impertinentes, las que tuvieren por objeto acreditar hechos públicos y notorios ni, en general, todas aquellas que hubieren sido solicitadas con fines puramente dilatorios.

Vencido el plazo o su ampliación, o aun antes de ello si se hubieren cumplido las diligencias, el fiscal cerrará nuevamente la investigación y procederá en la forma señalada en el artículo 248.

Artículo 258. Forzamiento de la acusación. Si el querellante particular se opusiere a la solicitud de sobreseimiento formulada por el fiscal, el juez dispondrá que los antecedentes sean remitidos al fiscal regional, a objeto que éste revise la decisión del fiscal a cargo de la causa.

Si el fiscal regional, dentro de los tres días siguientes, decidiere que el ministerio público formulará acusación, dispondrá simultáneamente si el caso habrá de continuar a cargo del fiscal que hasta el momento lo hubiere conducido, o si designará uno distinto. En dicho evento, la acusación del

---

217 Inciso sustituido, por el que aparece en el texto, por artículo 1°, N° 29, de la Ley N° 20.074 de 14 de noviembre de 2005.

218 Inciso segundo reemplazado por los incisos segundo y tercero, como aparece en el texto, por el artículo 2, N° 21, de la Ley 21.694 de 4 de septiembre de 2024.

ministerio público deberá ser formulada dentro de los diez días siguientes, de conformidad a las reglas generales.

Por el contrario, si el fiscal regional, dentro del plazo de tres días de recibidos los antecedentes, ratificare la decisión del fiscal a cargo del caso, el juez podrá disponer que la acusación correspondiente sea formulada por el querellante, quien la habrá de sostener en lo sucesivo en los mismos términos que este Código lo establece para el ministerio público, o bien procederá a decretar el sobreseimiento correspondiente.

En caso de que el fiscal hubiere comunicado la decisión a que se refiere la letra c) del artículo 248, el querellante podrá solicitar al juez que lo faculte para ejercer los derechos a que se refiere el inciso anterior.

La resolución que negare lugar a una de las solicitudes que el querellante formulare de conformidad a este artículo será inapelable, sin perjuicio de los recursos que procedieren en contra de aquella que pusiere término al procedimiento.

TÍTULO II. PREPARACIÓN DEL JUICIO ORAL

Párrafo 1° Acusación

Artículo 259. Contenido de la acusación. La acusación deberá contener en forma clara y precisa:

a) La individualización de el o los acusados y de su defensor;

b) La relación circunstanciada de el o los hechos atribuidos y de su calificación jurídica;

c) La relación de las circunstancias modificatorias de la responsabilidad penal que concurrieren, aun subsidiariamente de la petición principal;

d) La participación que se atribuyere al acusado;

e) La expresión de los preceptos legales aplicables;

f) El señalamiento de los medios de prueba de que el ministerio público pensare valerse en el juicio;

g) La pena cuya aplicación se solicitare, y h) En su caso, la solicitud de que se proceda de acuerdo al procedimiento abreviado.

Si, de conformidad a lo establecido en la letra f) de este artículo, el fiscal ofreciere rendir prueba de testigos, deberá presentar una lista, individualizándolos con nombre, apellidos, profesión y domicilio o residencia, salvo en el caso previsto en el inciso segundo del artículo 307, y señalando, además, los puntos sobre los que habrán de recaer sus declaraciones. En el mismo escrito deberá individualizar, de igual modo, al perito o los peritos cuya comparecencia solicitare, indicando sus títulos o calidades.

Si el fiscal solicita la aplicación del comiso de ganancias o, de ser procedente, del comiso por valor equivalente de efectos o instrumentos del delito, deberá indicar su monto aproximado y expresar con claridad y precisión los fundamentos de su solicitud, y señalará los medios de prueba de que piensa valerse y dando, en su caso, cumplimiento a lo dispuesto en el inciso precedente[219].

La acusación sólo podrá referirse a hechos y personas incluidos en la formalización de la investigación, aunque se efectuare una distinta calificación jurídica. Con todo, en la acusación podrá solicitarse el comiso de ganancias respecto de terceros en los casos previstos por la ley[220].

Párrafo 2º Audiencia de preparación del juicio oral

Artículo 260. Citación a la audiencia. Presentada la acusación, el juez de garantía ordenará su notificación a todos los intervinientes y citará, dentro de las veinticuatro horas siguientes, a la audiencia de preparación del juicio oral, la que deberá tener lugar en un plazo no inferior a veinticinco ni superior a treinta y cinco días. Al acusado se le entregará la copia de la acusación, en la que se dejará constancia, además, del hecho de encontrarse a su disposición, en el tribunal, los antecedentes acumulados durante la investigación.

---

219 Inciso incorporado por el artículo 2, Nº 17, letra a), de la Ley 21.577 de 15 de junio de 2023.

220 Inciso modificado, como aparece en el texto, por el artículo 2, Nº 17 , letra b), de la Ley 21.577 de 15 de junio de 2023.

Artículo 261. Actuación del querellante. Hasta quince días antes de la fecha fijada para la realización de la audiencia de preparación del juicio oral, el querellante, por escrito, podrá:

a) Adherir a la acusación del ministerio público o acusar particularmente. En este segundo caso, podrá plantear una distinta calificación de los hechos, otras formas de participación del acusado, solicitar otra pena o ampliar la acusación del fiscal, extendiéndola a hechos o a imputados distintos, siempre que hubieren sido objeto de la formalización de la investigación;

b) Señalar los vicios formales de que adoleciere el escrito de acusación, requiriendo su corrección;

c) Ofrecer la prueba que estimare necesaria para sustentar su acusación, lo que deberá hacerse en los mismos términos previstos en el artículo 259, y d) Deducir demanda civil, cuando procediere.

Artículo 262. Plazo de notificación. Las actuaciones del querellante, las acusaciones particulares, adhesiones y la demanda civil deberán ser notificadas al acusado, a más tardar, diez días antes de la realización de la audiencia de preparación del juicio oral.

Artículo 263. Facultades del acusado. Hasta la víspera del inicio de la audiencia de preparación del juicio oral, por escrito, o al inicio de dicha audiencia, en forma verbal, el acusado podrá:

a) Señalar los vicios formales de que adoleciere el escrito de acusación, requiriendo su corrección;

b) Deducir excepciones de previo y especial pronunciamiento, y

c) Exponer los argumentos de defensa que considere necesarios y señalar los medios de prueba cuyo examen en el juicio oral solicitare, en los mismos términos previstos en el artículo 259.

Artículo 264. Excepciones de previo y especial pronunciamiento. El acusado podrá oponer como excepciones de previo y especial pronunciamiento las siguientes:

a) Incompetencia del juez de garantía;

b) Litis pendencia;

c) Cosa juzgada;

d) Falta de autorización para proceder criminalmente, cuando la Constitución o la ley lo exigieren, y

e) Extinción de la responsabilidad penal.

Artículo 265. Excepciones en el juicio oral. No obstante lo dispuesto en el artículo 263, si las excepciones previstas en las letras c) y e) del artículo anterior no fueren deducidas para ser discutidas en la audiencia de preparación del juicio oral, ellas podrán ser planteadas en el juicio oral.

Párrafo 3° Desarrollo de la audiencia de preparación del juicio oral

Artículo 266. Oralidad e inmediación. La audiencia de preparación del juicio oral será dirigida por el juez de garantía, quien la presenciará en su integridad, se desarrollará oralmente y durante su realización no se admitirá la presentación de escritos.

Sin embargo, el juez de garantía podrá autorizar la comparecencia por medios tecnológicos de las víctimas, por motivos calificados o de seguridad. La petición deberá formularse hasta siete días antes de la fecha fijada para la audiencia[221].

Artículo 267. Resumen de las presentaciones de los intervinientes. Al inicio de la audiencia, el juez de garantía hará una exposición sintética de las presentaciones que hubieren realizado los intervinientes.

Artículo 268. Defensa oral del imputado. Si el imputado no hubiere ejercido por escrito las facultades previstas en el artículo 263, el juez le otorgará la oportunidad de efectuarlo verbalmente.

---

[221] Inciso segundo agregado por el artículo 2, N° 22, de la Ley 21.694 de 4 de septiembre de 2024.

Artículo 269. Comparecencia del fiscal y del defensor. La presencia del fiscal y del defensor del imputado durante la audiencia constituye un requisito de validez de la misma.

Si en la audiencia se ventilare la aprobación de convenciones probatorias, procedimiento abreviado, suspensión condicional del procedimiento o un acuerdo reparatorio, o cualquier otra actuación en que la ley exigiere expresamente la participación del imputado, su presencia constituirá un requisito de validez de aquella[222].

La inasistencia o el abandono injustificado de la audiencia por parte del fiscal deberá ser subsanada de inmediato por el tribunal, el que, además, pondrá este hecho en conocimiento del fiscal regional respectivo para que determine la responsabilidad del fiscal ausente, de conformidad a lo que disponga la ley orgánica constitucional del Ministerio Público. Si no compareciere el defensor, el tribunal declarará el abandono de la defensa, designará un defensor de oficio al imputado y dispondrá la suspensión de la audiencia por un plazo que no excediere de cinco días, a objeto de permitir que el defensor designado se interiorice del caso[223].

INCISO SUPRIMIDO[224].

Artículo 270. Corrección de vicios formales en la audiencia de preparación del juicio oral. Cuando el juez considerare que la acusación del fiscal, la del querellante o la demanda civil adolecen de vicios formales, ordenará que los mismos sean subsanados, sin suspender la audiencia, si ello fuere posible.

En caso contrario, ordenará la suspensión de la misma por el período necesario para la corrección del procedimiento, el que en ningún caso podrá exceder de cinco días. Transcurrido este plazo, si la acusación del

---

[222] Inciso agregado por el artículo 1°, n° 4 de la Ley N° 21.394 de 30 de noviembre de 2021.

[223] Inciso modificado, como aparece en el texto, por el artículo único, número 4, letra a), de la Ley N° 21.004, de 29 de marzo de 2017.

[224] Inciso suprimido por el artículo único, número 4, letra b), de la Ley N° 21.004, de 29 de marzo de 2017.

querellante o la demanda civil no hubieren sido rectificadas, se tendrán por no presentadas. Si no lo hubiere sido la acusación del fiscal, a petición de éste, el juez podrá conceder una prórroga hasta por otros cinco días, sin perjuicio de lo cual informará al fiscal regional.

Si el ministerio público no subsanare oportunamente los vicios, el juez procederá a decretar el sobreseimiento definitivo de la causa, a menos que existiere querellante particular, que hubiere deducido acusación o se hubiere adherido a la del fiscal. En este caso, el procedimiento continuará sólo con el querellante y el ministerio público no podrá volver a intervenir en el mismo.

La falta de oportuna corrección de los vicios de su acusación importará, para todos los efectos, una grave infracción a los deberes del fiscal.

Artículo 271. Resolución de excepciones en la audiencia de preparación del juicio oral. Si el imputado hubiere planteado excepciones de previo y especial pronunciamiento, el juez abrirá debate sobre la cuestión. Asimismo, de estimarlo pertinente, el juez podrá permitir durante la audiencia la presentación de los antecedentes que estimare relevantes para la decisión de las excepciones planteadas.

El juez resolverá de inmediato las excepciones de incompetencia, litis pendencia y falta de autorización para proceder criminalmente, si hubieren sido deducidas. La resolución que recayere respecto de dichas excepciones será apelable.

Tratándose de las restantes excepciones previstas en el artículo 264, el juez podrá acoger una o más de las que se hubieren deducido y decretar el sobreseimiento definitivo, siempre que el fundamento de la decisión se encontrare suficientemente justificado en los antecedentes de la investigación. En caso contrario, dejará la resolución de la cuestión planteada para la audiencia del juicio oral. Esta última decisión será inapelable.

Artículo 272. Debate acerca de las pruebas ofrecidas por las partes. Durante la audiencia de preparación del juicio oral cada parte podrá formular las solicitudes, observaciones y planteamientos que estimare relevantes con relación a las pruebas ofrecidas por las demás, para los fines previstos en los incisos segundo y tercero del artículo 276.

Artículo 273. Conciliación sobre la responsabilidad civil en la audiencia de preparación del juicio oral. El juez deberá llamar al querellante y al imputado a conciliación sobre las acciones civiles que hubiere deducido el primero y proponerles bases de arreglo. Regirán a este respecto los artículos 263 y 267 del Código de Procedimiento Civil.

Si no se produjere conciliación, el juez resolverá en la misma audiencia las solicitudes de medidas cautelares reales que la víctima hubiere formulado al deducir su demanda civil.

Artículo 274. Unión y separación de acusaciones. Cuando el ministerio público formulare diversas acusaciones que el juez considerare conveniente someter a un mismo juicio oral, y siempre que ello no perjudicare el derecho a defensa, podrá unirlas y decretar la apertura de un solo juicio oral, si ellas estuvieren vinculadas por referirse a un mismo hecho, a un mismo imputado o porque debieren ser examinadas unas mismas pruebas.

El juez de garantía podrá dictar autos de apertura del juicio oral separados, para distintos hechos o diferentes imputados que estuvieren comprendidos en una misma acusación, cuando, de ser conocida en un solo juicio oral, pudiere provocar graves dificultades en la organización o el desarrollo del juicio o detrimento al derecho de defensa, y siempre que ello no implicare el riesgo de provocar decisiones contradictorias.

Artículo 275. Convenciones probatorias. Durante la audiencia, el fiscal, el querellante, si lo hubiere, y el imputado podrán solicitar en conjunto al juez de garantía que de por acreditados ciertos hechos, que no podrán ser discutidos en el juicio oral. El juez de garantía podrá formular proposiciones a los intervinientes sobre la materia.

Si la solicitud no mereciere reparos, por conformarse a las alegaciones que hubieren hecho los intervinientes, el juez de garantía indicará en el auto de apertura del juicio oral los hechos que se dieren por acreditados, a los cuales deberá estarse durante el juicio oral.

El juez de garantía, luego de examinar las pruebas ofrecidas y escuchar a los intervinientes que hubieren comparecido a la audiencia, podrá proponer a los intervinientes convenciones probatorias sobre los hechos que, de acuerdo con lo alegado en la audiencia, no fueren objeto de controversia, pudiendo éstos aceptarlas o desestimarlas. En caso de ser aceptadas, deberá dejarse constancia de ellas en el auto de apertura.

El tribunal de juicio oral en lo penal podrá considerar por concurrente la atenuante prevista en el numeral 9° del artículo 11 del Código Penal, si los hechos que fueron objeto de alguna convención probatoria hubiesen sido considerados al momento de formar la convicción del tribunal al dictar una sentencia condenatoria[225].

Artículo 276. Exclusión de pruebas para el juicio oral. El juez de garantía, luego de examinar las pruebas ofrecidas y escuchar a los intervinientes que hubieren comparecido a la audiencia, ordenará fundadamente que se excluyan de ser rendidas en el juicio oral aquellas que fueren manifiestamente impertinentes y las que tuvieren por objeto acreditar hechos públicos y notorios.

Si estimare que la aprobación en los mismos términos en que hubieren sido ofrecidas las pruebas testimonial y documental produciría efectos puramente dilatorios en el juicio oral, dispondrá también que el respectivo interviniente reduzca el número de testigos o de documentos, cuando mediante ellos deseare acreditar unos mismos hechos o circunstancias que no guardaren pertinencia sustancial con la materia que se someterá a conocimiento del tribunal de juicio oral en lo penal.

Del mismo modo, el juez excluirá las pruebas que provinieren de actuaciones o diligencias que hubieren sido declaradas nulas y aquellas que hubieren sido obtenidas con inobservancia de garantías fundamentales.

Las demás pruebas que se hubieren ofrecido serán admitidas por el juez de garantía al dictar el auto de apertura del juicio oral.

---

[225] Incisos tercero y cuarto incorporados por el artículo 2, N° 23, de la Ley 21.694 de 4 de septiembre de 2024.

Artículo 277. Auto de apertura del juicio oral. Al término de la audiencia, el juez de garantía dictará el auto de apertura del juicio oral. Esta resolución deberá indicar:

a) El tribunal competente para conocer el juicio oral;

b) La o las acusaciones que deberán ser objeto del juicio y las correcciones formales que se hubieren realizado en ellas;

c) La demanda civil;

d) Los hechos que se dieren por acreditados, en conformidad con lo dispuesto en el artículo 275;

e) Las pruebas que deberán rendirse en el juicio oral, de acuerdo a lo previsto en el artículo anterior, y

f) La individualización de quienes debieren ser citados a la audiencia del juicio oral, con mención de los testigos a los que debiere pagarse anticipadamente sus gastos de traslado y habitación y los montos respectivos.

El auto de apertura del juicio oral sólo será susceptible del recurso de apelación, cuando lo interpusiere el ministerio público por la exclusión de pruebas decretada por el juez de garantía de acuerdo a lo previsto en el inciso tercero del artículo precedente. Este recurso será concedido en ambos efectos. Lo dispuesto en este inciso se entenderá sin perjuicio de la procedencia, en su caso, del recurso de nulidad en contra de la sentencia definitiva que se dictare en el juicio oral, conforme a las reglas generales.

Si se excluyeren, por resolución firme, pruebas de cargo que el Ministerio Público considere esenciales para sustentar su acusación en el juicio oral respectivo, el fiscal podrá solicitar el sobreseimiento definitivo de la causa ante el juez competente, el que la decretará en audiencia convocada al efecto[226].

Artículo 278. Nuevo plazo para presentar prueba. Cuando, al término de la audiencia, el juez de garantía comprobare que el acusado no

---

[226] Inciso agregado, como aparece en el texto, por artículo 1º, Nº 30, de la Ley Nº 20.074 de 14 de noviembre de 2005.

hubiere ofrecido oportunamente prueba por causas que no le fueren imputables, podrá suspender la audiencia hasta por un plazo de diez días.

Artículo 279. Devolución de los documentos de la investigación. El tribunal devolverá a los intervinientes los documentos que hubieren acompañado durante el procedimiento.

Artículo 280. Prueba anticipada. Durante la audiencia de preparación del juicio oral también se podrá solicitar la prueba testimonial anticipada conforme a lo previsto en el artículo 191.

Si con posterioridad a la realización de la audiencia de preparación del juicio oral, sobreviniere, respecto de los testigos, alguna de las circunstancias señaladas en el inciso segundo del artículo 191 o se tratare de las situaciones señaladas en los artículos 191 bis y 191 ter[227], cualquiera de

---

[227] Inciso modificado como aparece en el texto por el art. 2, nº 6 de la Ley Nº 21.523 de 31 de diciembre de 2022.
Anteriormente, el artículo 36, Nº 4 de la Ley Nº 21.057, de 20 de enero de 2018, dispuso la supresión de la frase: "o se tratare de la situación señalada en el artículo 191 bis" del inciso segundo de este artículo.
ARTÍCULO CON VIGENCIA DIFERIDA.
El artículo primero transitorio de la Ley Nº 21.057, que regula las entrevistas grabadas en video y otras medidas de resguardo a menores de edad, víctimas de delitos sexuales, estableció su entrada en vigencia gradual, en tres etapas, a partir de la publicación de su reglamento, el que se contiene en el Decreto 401, de Justicia, publicado el 2.4.2019.
Primera etapa: entrará en vigencia transcurridos seis meses después de publicado en el Diario Oficial el reglamento a que alude el artículo 29, y comprenderá las regiones de Arica y Parinacota, de Tarapacá, de Antofagasta, del Maule, de Aysén del General Carlos Ibáñez del Campo, y de Magallanes y de la Antártica Chilena.
Segunda etapa: entrará en vigencia transcurridos dieciocho meses después de publicado en el Diario Oficial el reglamento a que alude el artículo 29, y comprenderá las regiones de Atacama, de Coquimbo, de Ñuble, del Biobío, de La Araucanía y de Los Ríos.
Tercera etapa: entrará en vigencia transcurridos treinta meses después de publicado en el Diario Oficial el reglamento a que alude el artículo 29, y comprenderá las

los intervinientes podrá solicitar al juez de garantía, en audiencia especial citada al efecto, la rendición de prueba anticipada[228].

Asimismo, se podrá solicitar la declaración de peritos en conformidad con las normas del Párrafo 6° del Título III del Libro Segundo, cuando fuere previsible que la persona de cuya declaración se tratare se encontrará en la imposibilidad de concurrir al juicio oral, por alguna de las razones contempladas en el inciso segundo del artículo 191[229].

Para los efectos de lo establecido en los incisos anteriores, el juez de garantía citará a una audiencia especial para la recepción de la prueba anticipada[230].

Artículo 280 bis. Audiencia intermedia. Una vez fallado el recurso de apelación contra el auto de apertura del juicio oral o habiendo transcurrido el plazo para interponerlo, y antes de su envío al tribunal de juicio oral en lo penal competente, en conjunto con la solicitud de aplicación del procedimiento abreviado, la suspensión condicional del procedimiento, acuerdos reparatorios o el arribo de convenciones probatorias, se solicitará al juez de garantía, por una única vez, la realización de una nueva audiencia, a efectos de resolver la solicitud.

La solicitud de nueva audiencia se realizará de común acuerdo entre los intervinientes que correspondan, de conformidad a lo previsto en el artículo 237, si la solicitud se tratare de la aplicación de una suspensión condicional del procedimiento; en el artículo 241, si se tratare de la aplicación de un acuerdo reparatorio; en el artículo 275, si se tratare de convenciones probatorias; o en el artículo 406, si se tratare de la aplicación de un procedimiento abreviado.

---

regiones de Valparaíso, Metropolitana de Santiago, del Libertador General Bernardo O'Higgins y de Los Lagos.

228 Inciso agregado, como aparece en el texto, por el artículo 2°, N° 18., de la Ley N° 20.253, de 14 de marzo de 2008.

229 Inciso modificado, como aparece en el texto, por artículo 1°, N° 31, letra a), de la Ley N° 20.074 de 14 de noviembre de 2005.

230 Inciso agregado, como aparece en el texto, por artículo 1°, N° 31, letra b), de la Ley N° 20.074 de 14 de noviembre de 2005.

La solicitud suspenderá el plazo de remisión del auto de apertura al tribunal de juicio oral en lo penal competente.

El juez de garantía citará a la audiencia al fiscal, al imputado, al defensor, a la víctima y al querellante si lo hubiere, dentro del plazo de cinco días contados desde la solicitud.

Finalizada la audiencia, el juez de garantía procederá conforme a las reglas generales. En el caso de arribarse a convenciones probatorias, el tribunal procederá a la dictación de un nuevo auto de apertura del juicio oral[231].

TÍTULO III. JUICIO ORAL

Párrafo 1° Actuaciones previas al juicio oral

Artículo 281. Fecha, lugar, integración y citaciones. El juez de garantía hará llegar el auto de apertura del juicio oral al tribunal competente, no antes de las veinticuatro horas ni después de las setenta y dos horas siguientes al momento en que quedare firme[232].

También pondrá a disposición del tribunal de juicio oral en lo penal las personas sometidas a prisión preventiva o a otras medidas cautelares personales.

Una vez distribuida la causa, cuando procediere, el juez presidente de la sala respectiva procederá de inmediato a decretar la fecha para la celebración de la audiencia del mismo, la que deberá tener lugar no antes de quince ni después de sesenta días desde la notificación del auto de apertura del juicio oral.

---

231 Artículo agregado por el artículo 1°, n° 5 de la Ley N° 21.394 de 30 de noviembre de 2021.

232 Inciso modificado, como aparece en el texto, el artículo 1°, n° 6 de la Ley N° 21.394 de 30 de noviembre de 2021. Anteriormente fue modificado por el artículo 1°, N° 32, de la Ley N° 20.074 de 14 de noviembre de 2005.

Señalará, asimismo, la localidad en la cual se constituirá y funcionará el tribunal de juicio oral en lo penal, si se tratare de alguno de los casos previstos en el artículo 21 A del Código Orgánico de Tribunales.

En su resolución, el juez presidente indicará también el nombre de los jueces que integrarán la sala. Con la aprobación del juez presidente del comité de jueces, convocará a un número de jueces mayor de tres para que la integren, cuando existieren circunstancias que permitieren presumir que con el número ordinario no se podrá dar cumplimiento a lo exigido en el artículo 284.

Ordenará, por último, que se cite a la audiencia de todos quienes debieren concurrir a ella. El acusado deberá ser citado con, a lo menos, siete días de anticipación a la realización de la audiencia, bajo los apercibimientos previstos en los artículos 33 y 141, inciso cuarto.

Párrafo 2° Principios del juicio oral

Artículo 282. Continuidad del juicio oral. La audiencia del juicio oral se desarrollará en forma continua y podrá prolongarse en sesiones sucesivas, hasta su conclusión. Constituirán, para estos efectos, sesiones sucesivas, aquellas que tuvieren lugar en el día siguiente o subsiguiente de funcionamiento ordinario del tribunal.

Artículo 283. Suspensión de la audiencia o del juicio oral. El tribunal podrá suspender la audiencia hasta por dos veces solamente por razones de absoluta necesidad y por el tiempo mínimo necesario de acuerdo con el motivo de la suspensión. Al reanudarla, efectuará un breve resumen de los actos realizados hasta ese momento.

El juicio se suspenderá por las causas señaladas en el artículo 252. Con todo, el juicio seguirá adelante cuando la declaración de rebeldía se produjere respecto del imputado a quien se le hubiere otorgado la posibilidad de prestar declaración en el juicio oral, siempre que el tribunal estimare que su ulterior presencia no resulta indispensable para la prosecución del juicio o cuando sólo faltare la dictación de la sentencia.

La suspensión de la audiencia o la interrupción del juicio oral por un período que excediere de diez días impedirá su continuación. En tal caso, el tribunal deberá decretar la nulidad de lo obrado en él y ordenar su reinicio.

Cuando fuere necesario suspender la audiencia, el tribunal comunicará verbalmente la fecha y hora de su continuación, lo que se tendrá como suficiente citación.

En aquellos casos en que, debido al número de imputados, o de querellantes, o de la prueba ofrecida, el juicio oral se extendiera por más de seis meses, el tribunal podrá suspender la audiencia hasta por tres veces adicionales a las dos señaladas en el inciso primero; y si en las mismas circunstancias el juicio oral se extendiera por más de un año, el tribunal podrá suspender la audiencia hasta por seis veces adicionales a las dos señaladas en el inciso primero. El plazo total de estas suspensiones no podrá extenderse por más de treinta días en el primer caso, ni de sesenta en el segundo[233].

Artículo 284. Presencia ininterrumpida de los jueces y del ministerio público en el juicio oral. La audiencia del juicio oral se realizará con la presencia ininterrumpida de los jueces que integraren el tribunal y del fiscal, sin perjuicio de lo dispuesto en el artículo 258.

Lo dispuesto en el inciso final del artículo 76 respecto de la inhabilidad se aplicará también a los casos en que, iniciada la audiencia, faltare un integrante del tribunal de juicio oral en lo penal.

Cualquier infracción de lo dispuesto en este artículo implicará la nulidad del juicio oral y de la sentencia que se dictare en él.

Artículo 285. Presencia del acusado en el juicio oral. El acusado deberá estar presente durante toda la audiencia.

El tribunal podrá autorizar la salida de la sala del acusado cuando éste lo solicitare, ordenando su permanencia en una sala próxima.

Asimismo, el tribunal podrá disponer que el acusado abandonare la sala de audiencia, cuando su comportamiento perturbare el orden.

---

[233] Inciso agregado por el artículo 1°, n° 7 de la Ley N° 21.394 de 30 de noviembre de 2021.

En ambos casos, el tribunal adoptará las medidas necesarias para asegurar la oportuna comparecencia del acusado.

El presidente de la sala deberá informar al acusado de lo ocurrido en su ausencia, en cuanto éste reingresare a la sala de audiencia.

Artículo 286. Presencia del defensor en el juicio oral. La presencia del defensor del acusado durante toda la audiencia del juicio oral será un requisito de validez del mismo, de acuerdo a lo previsto en el artículo 103.

La no comparecencia del defensor a la audiencia constituirá abandono de la defensa y obligará al tribunal a la designación de un defensor penal público, de acuerdo con lo dispuesto en el inciso cuarto del artículo 106[234].

No se podrá suspender la audiencia por la falta de comparecencia del defensor elegido por el acusado. En tal caso, se designará de inmediato un defensor penal público al que se concederá un período prudente para interiorizarse del caso.

Artículo 287. Sanciones al fiscal que no asistiere o abandonare la audiencia injustificadamente. A la inasistencia o abandono injustificado del fiscal a la audiencia del juicio oral o a alguna de sus sesiones, si se desarrollare en varias, se aplicará lo previsto en el inciso segundo del artículo 269[235].

Artículo 288. Ausencia del querellante o de su apoderado en el juicio oral. La no comparecencia del querellante o de su apoderado a la audiencia, o el abandono de la misma sin autorización del tribunal, dará lugar a la declaración de abandono establecida en la letra c) del artículo 120.

---

[234] Inciso modificado, como aparece en el texto, por el artículo único, número 5, de la Ley Nº 21.004, de 29 de marzo de 2017.

[235] Artículo sustituido, por el que aparece en el texto, por el artículo único, número 6, de la Ley Nº 21.004, de 29 de marzo de 2017.

Artículo 289. Publicidad de la audiencia del juicio oral. La audiencia del juicio oral será pública, pero el tribunal podrá disponer, a petición de parte y por resolución fundada, una o más de las siguientes medidas, cuando considerare que ellas resultan necesarias para proteger la intimidad, el honor o la seguridad de cualquier persona que debiere tomar parte en el juicio o para evitar la divulgación de un secreto protegido por la ley:

a) Impedir el acceso u ordenar la salida de personas determinadas de la sala donde se efectuare la audiencia;

b) Impedir el acceso del público en general u ordenar su salida para la práctica de pruebas específicas, y

c) Prohibir al fiscal, a los demás intervinientes y a sus abogados que entreguen información o formulen declaraciones a los medios de comunicación social durante el desarrollo del juicio.

Los medios de comunicación social podrán fotografiar, filmar o transmitir alguna parte de la audiencia que el tribunal determinare, salvo que las partes se opusieren a ello. Si sólo alguno de los intervinientes se opusiere, el tribunal resolverá.

Artículo 290. Incidentes en la audiencia del juicio oral. Los incidentes promovidos en el transcurso de la audiencia del juicio oral se resolverán inmediatamente por el tribunal. Las decisiones que recayeren sobre estos incidentes no serán susceptibles de recurso alguno.

Artículo 291. Oralidad. La audiencia del juicio se desarrollará en forma oral, tanto en lo relativo a las alegaciones y argumentaciones de las partes como a las declaraciones del acusado, a la recepción de las pruebas y, en general, a toda intervención de quienes participaren en ella. Las resoluciones serán dictadas y fundamentadas verbalmente por el tribunal y se entenderán notificadas desde el momento de su pronunciamiento, debiendo constar en el registro del juicio.

El tribunal no admitirá la presentación de argumentaciones o peticiones por escrito durante la audiencia del juicio oral.

Sin embargo, quienes no pudieren hablar o no lo supieren hacer en el idioma castellano, intervendrán por escrito o por medio de intérpretes.

El acusado sordo o que no pudiere entender el idioma castellano será asistido de un intérprete que le comunicará el contenido de los actos del juicio.

Sin embargo, el tribunal podrá autorizar la comparecencia por medios tecnológicos de las víctimas, por motivos calificados o de seguridad. La petición deberá formularse hasta siete días antes de la fecha fijada para la audiencia o del día eventual en que deban declarar estas últimas[236].

Párrafo 3° Dirección y disciplina

Artículo 292. Facultades del juez presidente de la sala en la audiencia del juicio oral. El juez presidente de la sala dirigirá el debate, ordenará la rendición de las pruebas, exigirá el cumplimiento de las solemnidades que correspondieren y moderará la discusión. Podrá impedir que las alegaciones se desvíen hacia aspectos no pertinentes o inadmisibles, pero sin coartar el ejercicio de la acusación ni el derecho a defensa.

También podrá limitar el tiempo del uso de la palabra a las partes que debieren intervenir durante el juicio, fijando límites máximos igualitarios para todas ellas o interrumpiendo a quien hiciere uso manifiestamente abusivo de su facultad.

Además, ejercerá las facultades disciplinarias destinadas a mantener el orden y decoro durante el debate, y, en general, a garantizar la eficaz realización del mismo.

En uso de estas facultades, el presidente de la sala podrá ordenar la limitación del acceso de público a un número determinado de personas. También podrá impedir el acceso u ordenar la salida de aquellas personas que se presentaren en condiciones incompatibles con la seriedad de la audiencia.

Artículo 293. Deberes de los asistentes a la audiencia del juicio oral. Quienes asistieren a la audiencia deberán guardar respeto y silencio

---

[236] Inciso final incorporado por el artículo 2, N° 24, de la Ley 21.694, de 4 de septiembre de 2024.

mientras no estuvieren autorizados para exponer o debieren responder a las preguntas que se les formularen. No podrán llevar armas ni ningún elemento que pudiere perturbar el orden de la audiencia. No podrán adoptar un comportamiento intimidatorio, provocativo o contrario al decoro.

Artículo 294. Sanciones. Quienes infringieren las medidas sobre publicidad previstas en el artículo 289 o lo dispuesto en el artículo 293 podrán ser sancionados de conformidad con los artículos 530 ó 532 del Código Orgánico de Tribunales, según correspondiere.

Sin perjuicio de lo anterior, el tribunal podrá expulsar a los infractores de la sala.

En caso de que el expulsado fuere el fiscal o el defensor, deberá procederse a su reemplazo antes de continuar el juicio. Si lo fuere el querellante, se procederá en su ausencia y si lo fuere su abogado, deberá reemplazarlo.

Párrafo 4° Disposiciones generales sobre la prueba

Artículo 295. Libertad de prueba. Todos los hechos y circunstancias pertinentes para la adecuada solución del caso sometido a enjuiciamiento podrán ser probados por cualquier medio producido e incorporado en conformidad a la ley.

Artículo 296. Oportunidad para la recepción de la prueba. La prueba que hubiere de servir de base a la sentencia deberá rendirse durante la audiencia del juicio oral, salvas las excepciones expresamente previstas en la ley. En estos últimos casos, la prueba deberá ser incorporada en la forma establecida en el Párrafo 9° de este Título.

Artículo 297. Valoración de la prueba. Los tribunales apreciarán la prueba con libertad, pero no podrán contradecir los principios de la lógica, las máximas de la experiencia y los conocimientos científicamente afianzados.

El tribunal deberá hacerse cargo en su fundamentación de toda la prueba producida, incluso de aquélla que hubiere desestimado, indicando en tal caso las razones que hubiere tenido en cuenta para hacerlo.

La valoración de la prueba en la sentencia requerirá el señalamiento del o de los medios de prueba mediante los cuales se dieren por acreditados cada uno de los hechos y circunstancias que se dieren por probados. Esta fundamentación deberá permitir la reproducción del razonamiento utilizado para alcanzar las conclusiones a que llegare la sentencia.

Párrafo 5° Testigos

Artículo 298. Deber de comparecer y declarar. Toda persona que no se encontrare legalmente exceptuada tendrá la obligación de concurrir al llamamiento judicial practicado con el fin de prestar declaración testimonial; de declarar la verdad sobre lo que se le preguntare y de no ocultar hechos, circunstancias o elementos acerca del contenido de su declaración.

Para la citación de los testigos regirán las normas previstas en el Párrafo 4° del Título II del Libro Primero.

En casos urgentes, los testigos podrán ser citados por cualquier medio, haciéndose constar el motivo de la urgencia. Con todo, en estos casos no procederá la aplicación de los apercibimientos previstos en el artículo 33 sino una vez practicada la citación con las formalidades legales.

Artículo 299. Renuencia a comparecer o a declarar. Si el testigo legalmente citado no compareciere sin justa causa, se procederá conforme a lo dispuesto en el inciso tercero del artículo 33. Además, podrá imponérsele el pago de las costas provocadas por su inasistencia.

El testigo que se negare sin justa causa a declarar, será sancionado con las penas que establece el inciso segundo del artículo 240 del Código de Procedimiento Civil.

Artículo 300. Excepciones a la obligación de comparecencia. No estarán obligados a concurrir al llamamiento judicial de que tratan los artículos precedentes, y podrán declarar en la forma señalada en el artículo 301:

a) El Presidente de la República y los ex Presidentes; los Ministros de Estado; los Senadores y Diputados; los miembros de la Corte Suprema; los integrantes del Tribunal Constitucional; el Contralor General de la República y el Fiscal Nacional;

b) Los Comandantes en Jefe de las Fuerzas Armadas, el General Director de Carabineros de Chile y el Director General de la Policía de Investigaciones de Chile;

c) Los chilenos o extranjeros que gozaren en el país de inmunidad diplomática, en conformidad a los tratados vigentes sobre la materia, y

d) Los que, por enfermedad grave u otro impedimento calificado por el tribunal, se hallaren en imposibilidad de hacerlo.

Con todo, si las personas enumeradas en las letras a), b) y d) renunciaren a su derecho a no comparecer, deberán prestar declaración conforme a las reglas generales. También deberán hacerlo si, habiendo efectuado el llamamiento un tribunal de juicio oral en lo penal, la unanimidad de los miembros de la sala, por razones fundadas, estimare necesaria su concurrencia ante el tribunal.

Artículo 301. Declaración de personas exceptuadas. Las personas comprendidas en las letras a), b) y d) del artículo anterior serán interrogadas en el lugar en que ejercieren sus funciones o en su domicilio. A tal efecto, propondrán oportunamente la fecha y el lugar correspondientes. Si así no lo hicieren, los fijará el tribunal. En caso de inasistencia del testigo, se aplicarán las normas generales. A la audiencia ante el tribunal tendrán siempre derecho a asistir los intervinientes. El tribunal podrá calificar las preguntas que se dirigieren al testigo, teniendo en cuenta su pertinencia con los hechos y la investidura o estado del deponente.

Las personas comprendidas en la letra c) del artículo precedente declararán por informe, si consintieren a ello voluntariamente. Al efecto se les dirigirá un oficio respetuoso, por medio del ministerio respectivo.

Artículo 302. Facultad de no declarar por motivos personales. No estarán obligados a declarar el cónyuge o el conviviente del imputado, sus ascendientes o descendientes, sus parientes colaterales hasta el segundo grado de consanguinidad o afinidad, su pupilo o su guardador, su adoptante o adoptado.

Si se tratare de personas que, por su inmadurez o por insuficiencia o alteración de sus facultades mentales, no comprendieren el significado de la facultad de abstenerse, se requerirá la decisión del representante legal o, en su caso, de un curador designado al efecto. Si el representante interviniere en el procedimiento, se designará un curador, quien deberá resguardar los intereses del testigo. La sola circunstancia de que el testigo fuere menor de edad no configurará necesariamente alguna de las situaciones previstas en la primera parte de este inciso.

Las personas comprendidas en este artículo deberán ser informadas acerca de su facultad de abstenerse, antes de comenzar cada declaración. El testigo podrá retractar en cualquier momento el consentimiento que hubiere dado para prestar su declaración. Tratándose de las personas mencionadas en el inciso segundo de este artículo, la declaración se llevará siempre a cabo en presencia del representante legal o curador.

Artículo 303. Facultad de abstenerse de declarar por razones de secreto. Tampoco estarán obligadas a declarar aquellas personas que, por su estado, profesión o función legal, como el abogado, médico o confesor, tuvieren el deber de guardar el secreto que se les hubiere confiado, pero únicamente en lo que se refiriere a dicho secreto.

Las personas comprendidas en el inciso anterior no podrán invocar la facultad allí reconocida cuando se las relevare del deber de guardar secreto por aquel que lo hubiere confiado.

Artículo 304. Deber de comparecencia en ambos casos. Los testigos comprendidos en los dos artículos precedentes deberán comparecer a la presencia judicial y explicar los motivos de los cuales surgiere la facultad de abstenerse que invocaren. El tribunal podrá considerar como suficiente el juramento o promesa que los mencionados testigos prestaren acerca de la veracidad del hecho fundante de la facultad invocada.

Los testigos comprendidos en los dos artículos precedentes estarán obligados a declarar respecto de los demás imputados con quienes no estuvieren vinculados de alguna de las maneras allí descritas, a menos que su declaración pudiere comprometer a aquéllos con quienes existiere dicha relación.

Artículo 305. Principio de no autoincriminación. Todo testigo tendrá el derecho de negarse a responder aquellas preguntas cuya respuesta pudiere acarrearle peligro de persecución penal por un delito.

El testigo tendrá el mismo derecho cuando, por su declaración, pudiere incriminar a alguno de los parientes mencionados en el artículo 302, inciso primero.

Artículo 306. Juramento o promesa. Todo testigo, antes de comenzar su declaración, prestará juramento o promesa de decir verdad sobre lo que se le preguntare, sin ocultar ni añadir nada de lo que pudiere conducir al esclarecimiento de los hechos.

No se tomará juramento o promesa a los testigos menores de dieciocho años, ni a aquellos de quienes el tribunal sospechare que pudieren haber tomado parte en los hechos investigados. Se hará constar en el registro la omisión del juramento o promesa y las causas de ello.

El tribunal, si lo estimare necesario, instruirá al testigo acerca del sentido del juramento o promesa y de su obligación de ser veraz, así como de las penas con las cuales la ley castiga el delito de falso testimonio en causa criminal.

Artículo 307. Individualización del testigo. La declaración del testigo comenzará por el señalamiento de los antecedentes relativos a su persona, en especial sus nombres y apellidos, edad, lugar de nacimiento, estado, profesión, industria o empleo y residencia o domicilio, todo ello sin perjuicio de las excepciones contenidas en leyes especiales.

Si existiere motivo para temer que la indicación pública de su domicilio pudiere implicar peligro para el testigo u otra persona, el presidente de la sala o el juez, en su caso, podrá autorizar al testigo a no responder a dicha pregunta durante la audiencia.

Si el testigo hiciere uso del derecho previsto en el inciso precedente, quedará prohibida la divulgación, en cualquier forma, de su identidad o de antecedentes que condujeren a ella. El tribunal deberá decretar esta prohibición. La infracción a esta norma será sancionada con la pena de reclusión mayor en su grado mínimo, tratándose de quien proporcionare la información. En caso que la información fuere difundida por algún medio de comunicación social, además se impondrá a su director una multa de diez a cincuenta ingresos mínimos mensuales[237].

Artículo 308. Protección a los testigos. El tribunal, en casos graves y calificados, o para evitar toda consecuencia negativa que puedan sufrir los testigos con ocasión de su interacción en un juicio oral, podrá, por solicitud de cualquiera de las partes o del propio testigo, disponer medidas especiales destinadas a proteger la seguridad de este último, las que podrán consistir, entre otras, en autorizarlo para deponer vía sistema de vídeo conferencia, separado del resto de la sala de audiencias mediante algún sistema de obstrucción visual, o por otros mecanismos que impidan el contacto directo del testigo con los intervinientes o el público. Dichas medidas durarán el tiempo razonable que el tribunal dispusiere y podrán ser renovadas cuantas veces fuere necesario[238].

De igual forma, el ministerio público, de oficio o a petición del interesado, adoptará las medidas que fueren procedentes para conferir al testigo, antes o después de prestadas sus declaraciones, la debida protección.

Se entenderá que constituye un caso grave y calificado especialmente cuando existan malos tratos de obra o amenazas en los términos del artículo 296 del Código Penal. Para adoptar esta decisión, el tribunal podrá oír de manera reservada al testigo, sin participación de los intervinientes en el juicio[239].

Artículo 309. Declaración de testigos. En el procedimiento penal no existirán testigos inhábiles. Sin perjuicio de ello, los intervinientes

---

[237] Inciso modificado, como aparece en el texto, por el artículo 2°, N° 23, de la Ley N° 20.931 de 05 de julio de 2016.

[238] Inciso modificado por el art. 2, n° 7, letra a), de la Ley N° 21.523 de 3 de diciembre de 2022. Anteriormente había sido sustituido por el artículo 2°, N° 24, letra a), de la Ley N° 20.931 de 05 de julio de 2016.

[239] Inciso modificado por el art. 2, n° 7, letra b) de la Ley N° 21.523 de 31 de diciembre de 2022. Anteriormente había sido agregado por el artículo 2°, N° 24, letra b), de la Ley N° 20.931 de 05 de julio de 2016.

podrán dirigir al testigo, preguntas tendientes a demostrar su credibilidad o falta de ella, la existencia de vínculos con alguno de los intervinientes que afectaren o pudieren afectar su imparcialidad, o algún otro defecto de idoneidad.

Todo testigo dará razón circunstanciada de los hechos sobre los cuales declarare, expresando si los hubiere presenciado, si los dedujere de antecedentes que le fueren conocidos o si los hubiere oído referir a otras personas.

Artículo 310. Testigos menores de edad. El testigo menor de edad sólo será interrogado por el presidente de la sala, debiendo los intervinientes dirigir las preguntas por su intermedio *teniendo éste el deber de impedir que se formulen preguntas que puedan causar sufrimiento o afectación grave de la dignidad del niño, niña o adolescente, a efectos de resguardar su interés superior*[240].

---

[240] El art. 36, N° 5 de la Ley N° 21.057, de 20 de enero de 2018, dispuso la incorporación en este artículo, a continuación de la palabra "intermedio", de la siguiente frase: ", teniendo éste el deber de impedir que se formulen preguntas que puedan causar sufrimiento o afectación grave de la dignidad del niño, niña o adolescente, a efectos de resguardar su interés superior".
ARTÍCULO CON VIGENCIA DIFERIDA.
El artículo primero transitorio de la Ley N° 21.057, que regula las entrevistas grabadas en video y otras medidas de resguardo a menores de edad, víctimas de delitos sexuales, estableció su entrada en vigencia gradual, en tres etapas, a partir de la publicación de su reglamento, el que se contiene en el Decreto 401, de Justicia, publicado el 2.4.2019.
Primera etapa: entrará en vigencia transcurridos seis meses después de publicado en el Diario Oficial el reglamento a que alude el artículo 29, y comprenderá las regiones de Arica y Parinacota, de Tarapacá, de Antofagasta, del Maule, de Aysén del General Carlos Ibáñez del Campo, y de Magallanes y de la Antártica Chilena.
Segunda etapa: entrará en vigencia transcurridos dieciocho meses después de publicado en el Diario Oficial el reglamento a que alude el artículo 29, y comprenderá las regiones de Atacama, de Coquimbo, de Ñuble, del Biobío, de La Araucanía y de Los Ríos.
Tercera etapa: entrará en vigencia transcurridos treinta meses después de publicado en el Diario Oficial el reglamento a que alude el artículo 29, y comprenderá las

Artículo 311. Testigos sordos o mudos. Si el testigo fuere sordo, las preguntas le serán dirigidas por escrito; y si fuere mudo, dará por escrito sus contestaciones.

Si no fuere posible proceder de esa manera, la declaración del testigo será recibida por intermedio de una o más personas que pudieren entenderse con él por signos o que comprendieren a los sordomudos. Estas personas prestarán previamente el juramento o promesa prescritos en el artículo 306.

Artículo 312. Derechos del testigo. El testigo que careciere de medios suficientes o viviere solamente de su remuneración, tendrá derecho a que la persona que lo presentare le indemnice la pérdida que le ocasionare su comparecencia para prestar declaración y le pague, anticipadamente, los gastos de traslado y habitación, si procediere.

Se entenderá renunciado este derecho si no se ejerciere en el plazo de veinte días, contado desde la fecha en que se prestare la declaración.

En caso de desacuerdo, estos gastos serán regulados por el tribunal a simple requerimiento del interesado, sin forma de juicio y sin ulterior recurso.

Tratándose de testigos presentados por el ministerio público, o por intervinientes que gozaren de privilegio de pobreza, la indemnización será pagada anticipadamente por el Fisco y con este fin, tales intervinientes deberán expresar en sus escritos de acusación o contestación el nombre de los testigos a quien debiere efectuarse el pago y el monto aproximado a que el mismo alcanzará.

Lo prescrito en este artículo se entenderá sin perjuicio de la resolución que recayere acerca de las costas de la causa.

Artículo 313. Efectos de la comparecencia respecto de otras obligaciones similares. La comparecencia del testigo a la audiencia a la que debiere concurrir, constituirá siempre suficiente justificación cuando su

---

regiones de Valparaíso, Metropolitana de Santiago, del Libertador General Bernardo O'Higgins y de Los Lagos.

presencia fuere requerida simultáneamente para dar cumplimiento a obligaciones laborales, educativas o de otra naturaleza y no le ocasionará consecuencias jurídicas adversas bajo circunstancia alguna.

Párrafo 6° Informe de peritos

Artículo 314. Procedencia del informe de peritos. El ministerio público y los demás intervinientes podrán presentar informes elaborados por peritos de su confianza y solicitar en la audiencia de preparación del juicio oral que éstos fueren citados a declarar a dicho juicio, acompañando los comprobantes que acreditaren la idoneidad profesional del perito[241].

Procederá el informe de peritos en los casos determinados por la ley y siempre que para apreciar algún hecho o circunstancia relevante para la causa fueren necesarios o convenientes conocimientos especiales de una ciencia, arte u oficio.

Los informes deberán emitirse con imparcialidad, ateniéndose a los principios de la ciencia o reglas del arte u oficio que profesare el perito.

Artículo 315. Contenido del informe de peritos. Sin perjuicio del deber de los peritos de concurrir a declarar ante el tribunal acerca de su informe, éste deberá entregarse por escrito y contener:

a) La descripción de la persona o cosa que fuere objeto de él, del estado y modo en que se hallare;

b) La relación circunstanciada de todas las operaciones practicadas y su resultado, y

c) Las conclusiones que, en vista de tales datos, formularen los peritos conforme a los principios de su ciencia o reglas de su arte u oficio.

No obstante, de manera excepcional, las pericias consistentes en análisis de alcoholemia, de ADN y aquellas que recayeren sobre sustancias estupefacientes o psicotrópicas, podrán ser incorporadas al juicio oral me-

---

[241] Inciso modificado, como aparece en el texto, por artículo 1°, N° 33, letras a) y b), de la Ley N° 20.074 de 14 de noviembre de 2005.

diante la sola presentación del informe respectivo. Sin embargo, si alguna de las partes lo solicitare fundadamente, la comparecencia del perito no podrá ser substituida por la presentación del informe[242].

Artículo 316. Admisibilidad del informe y remuneración de los peritos. El juez de garantía admitirá los informes y citará a los peritos cuando, además de los requisitos generales para la admisibilidad de las solicitudes de prueba, considerare que los peritos y sus informes otorgan suficientes garantías de seriedad y profesionalismo. Con todo, el juez de garantía podrá limitar el número de informes o de peritos, cuando unos u otros resultaren excesivos o pudieren entorpecer la realización del juicio[243].

Los honorarios y demás gastos derivados de la intervención de los peritos mencionados en este artículo corresponderán a la parte que los presentare.

Excepcionalmente, el juez de garantía podrá relevar a la parte, total o parcialmente, del pago de la remuneración del perito, cuando considerare que ella no cuenta con medios suficientes para solventarlo o cuando, tratándose del imputado, la no realización de la diligencia pudiere importar un notorio desequilibrio en sus posibilidades de defensa. En este último caso, el juez de garantía regulará prudencialmente la remuneración del perito, teniendo presente los honorarios habituales en la plaza y el total o la parte de la remuneración que no fuere asumida por el solicitante será de cargo fiscal[244].

---

[242] Inciso agregado, como aparece en el texto, por artículo 1°, N° 34, de la Ley N° 20.074 de 14 de noviembre de 2005.

[243] Inciso modificado, como aparece en el texto, por artículo 1°, N° 35, de la Ley N° 20.074 de 14 de noviembre de 2005.

[244] Inciso modificado, como aparece en el texto, por artículo 1°, N° 35, de la Ley N° 20.074 de 14 de noviembre de 2005.

Artículo 317. Incapacidad para ser perito. No podrán desempeñar las funciones de peritos las personas a quienes la ley reconociere la facultad de abstenerse de prestar declaración testimonial.

Artículo 318. Improcedencia de inhabilitación de los peritos. Los peritos no podrán ser inhabilitados. No obstante, durante la audiencia del juicio oral podrán dirigírseles preguntas orientadas a determinar su imparcialidad e idoneidad, así como el rigor técnico o científico de sus conclusiones. Las partes o el tribunal podrán requerir al perito información acerca de su remuneración y la adecuación de ésta a los montos usuales para el tipo de trabajo realizado.

Artículo 319. Declaración de peritos. La declaración de los peritos en la audiencia del juicio oral se regirá por las normas previstas en el artículo 329 y, supletoriamente, por las establecidas para los testigos.

Si el perito se negare a prestar declaración, se le aplicará lo dispuesto para los testigos en el artículo 299 inciso segundo.

Artículo 320. Instrucciones necesarias para el trabajo de los peritos. Durante la etapa de investigación o en la audiencia de preparación del juicio oral, los intervinientes podrán solicitar del juez de garantía que dicte las instrucciones necesarias para que sus peritos puedan acceder a examinar los objetos, documentos o lugares a que se refiriere su pericia o para cualquier otro fin pertinente. El juez de garantía accederá a la solicitud, a menos que, presentada durante la etapa de investigación, considerare necesario postergarla para proteger el éxito de ésta.

Artículo 321. Auxiliares del ministerio público como peritos. El ministerio público podrá presentar como peritos a los miembros de los organismos técnicos que le prestaren auxilio en su función investigadora, ya sea que pertenecieren a la policía, al propio ministerio público o a otros organismos estatales especializados en tales funciones.

Artículo 322. Terceros involucrados en el procedimiento. En caso necesario, los peritos y otros terceros que debieren intervenir en el procedimiento para efectos probatorios podrán pedir al ministerio público que adopte medidas tendientes a que se les brinde la protección prevista para los testigos.

Párrafo 7º Otros medios de prueba

Artículo 323. Medios de prueba no regulados expresamente. Podrán admitirse como pruebas películas cinematográficas, fotografías, fonografías, videograbaciones y otros sistemas de reproducción de la imagen o del sonido, versiones taquigráficas y, en general, cualquier medio apto para producir fe.

El tribunal determinará la forma de su incorporación al procedimiento, adecuándola, en lo posible, al medio de prueba más análogo.

Párrafo 8º Prueba de las acciones civiles

Artículo 324. Prueba de las acciones civiles. La prueba de las acciones civiles en el procedimiento criminal se sujetará a las normas civiles en cuanto a la determinación de la parte que debiere probar y a las disposiciones de este Código en cuanto a su procedencia, oportunidad, forma de rendirla y apreciación de su fuerza probatoria.

Lo previsto en este artículo se aplicará también a las cuestiones civiles a que se refiere el inciso primero del artículo 173 del Código Orgánico de Tribunales.

Párrafo 9º Desarrollo del juicio oral

Artículo 325. Apertura del juicio oral. El día y hora fijados, el tribunal se constituirá con la asistencia del fiscal, del acusado, de su defensor y de los demás intervinientes. Asimismo, verificará la disponibilidad de los testigos, peritos, intérpretes y demás personas que hubieren sido citadas a la audiencia y declarará iniciado el juicio.

El presidente de la sala señalará las acusaciones que deberán ser objeto del juicio contenidas en el auto de apertura del juicio oral, advertirá al acusado que deberá estar atento a lo que oirá y dispondrá que los peritos y los testigos hagan abandono de la sala de la audiencia.

Seguidamente concederá la palabra al fiscal, para que exponga su acusación, al querellante para que sostenga la acusación, así como la demanda civil si la hubiere interpuesto[245].

Artículo 326. Defensa y declaración del acusado. Realizadas las exposiciones previstas en el artículo anterior, se le indicará al acusado que tiene la posibilidad de ejercer su defensa en conformidad a lo dispuesto en el artículo 8°.

Al efecto, se ofrecerá la palabra al abogado defensor, quien podrá exponer los argumentos en que fundare su defensa.

Asimismo, el acusado podrá prestar declaración. En tal caso, el juez presidente de la sala le permitirá que manifieste libremente lo que creyere conveniente respecto de la o de las acusaciones formuladas. Luego, podrá ser interrogado directamente por el fiscal, el querellante y el defensor, en ese mismo orden. Finalmente, el o los jueces podrán formularle preguntas destinadas a aclarar sus dichos.

En cualquier estado del juicio, el acusado podrá solicitar ser oído, con el fin de aclarar o complementar sus dichos.

Artículo 327. Comunicación entre el acusado y su defensor. El acusado podrá comunicarse libremente con su defensor durante el juicio, siempre que ello no perturbare el orden de la audiencia. No obstante, no podrá hacerlo mientras prestare declaración.

Artículo 328. Orden de recepción de las pruebas en la audiencia del juicio oral. Cada parte determinará el orden en que rendirá su prueba, correspondiendo recibir primero la ofrecida para acreditar los hechos y peticiones de la acusación y de la demanda civil y luego la prueba ofrecida

---

[245] Inciso sustituido, por el que aparece en el texto, por artículo 1°, N° 36, de la Ley N° 20.074 de 14 de noviembre de 2005.

por el acusado respecto de todas las acciones que hubieren sido deducidas en su contra.

Artículo 329. Peritos y testigos en la audiencia del juicio oral. Durante la audiencia, los peritos y testigos deberán ser interrogados personalmente. Su declaración personal no podrá ser sustituida por la lectura de los registros en que constaren anteriores declaraciones o de otros documentos que las contuvieren, sin perjuicio de lo dispuesto en los artículos 331 y 332.

El juez presidente de la sala identificará al perito o testigo y ordenará que preste juramento o promesa de decir la verdad.

La declaración de los testigos se sujetará al interrogatorio de las partes. Los peritos deberán exponer brevemente el contenido y las conclusiones de su informe, y a continuación se autorizará que sean interrogados por las partes. Los interrogatorios serán realizados en primer lugar por la parte que hubiere ofrecido la respectiva prueba y luego por las restantes. Si en el juicio intervinieren como acusadores el ministerio público y el querellante particular, o el mismo se realizare contra dos o más acusados, se concederá sucesivamente la palabra a todos los acusadores o a todos los acusados, según corresponda.

Finalmente, los miembros del tribunal podrán formular preguntas al testigo o perito con el fin de aclarar sus dichos.

A solicitud de alguna de las partes, el tribunal podrá autorizar un nuevo interrogatorio de los testigos o peritos que ya hubieren declarado en la audiencia.

Antes de declarar, los peritos y los testigos no podrán comunicarse entre sí, ni ver, oír ni ser informados de lo que ocurriere en la audiencia.

Los testigos y peritos que, por algún motivo grave y difícil de superar no pudieren comparecer a declarar a la audiencia del juicio, podrán hacerlo a través de videoconferencia o a través de cualquier otro medio tecnológico apto para su interrogatorio y contrainterrogatorio. La parte que los presente justificará su petición en una audiencia previa que será especialmente citada al efecto, debiendo aquéllos comparecer ante el tribunal con competencia en materia penal más cercano al lugar donde se encuentren[246].

Excepcionalmente, en el caso de fallecimiento o incapacidad sobreviniente del perito para comparecer, las pericias podrán introducirse mediante la exposición que realice otro perito de la misma especialidad y que forme parte de la misma institución del fallecido o incapacitado. Esta solicitud se tramitará conforme a lo dispuesto en el artículo 283[247].

Artículo 330. Métodos de interrogación. En sus interrogatorios, las partes que hubieren presentado a un testigo o perito no podrán formular sus preguntas de tal manera que ellas sugirieren la respuesta.

En relación a la víctima, no se podrán realizar interrogaciones ni contrainterrogatorios que humillen, causen sufrimiento, intimiden o lesionen su dignidad[248].

Durante el contrainterrogatorio, las partes podrán confrontar al perito o testigo con su propios dichos u otras versiones de los hechos presentadas en el juicio.

En ningún caso se admitirán preguntas engañosas, aquéllas destinadas a coaccionar o a acosar ilegítimamente al testigo o perito, ni las que fueren formuladas en términos poco claros para ellos[249].

Estas normas se aplicarán al imputado cuando se allanare a prestar declaración.

Artículo 330 bis. Testigo hostil. Las partes que hubieren presentado a un testigo o perito podrán ser autorizadas por el tribunal a formular preguntas sugestivas o indicativas, cuando al declarar mantenga una actitud

---

[246] Inciso agregado, como aparece en el texto, por artículo 1°, N° 37, de la Ley N° 20.074 de 14 de noviembre de 2005.

[247] Inciso agregado, como aparece en el texto, por el artículo 2°, N° 25, de la Ley N° 20.931 de 05 de julio de 2016.

[248] Inciso agregado por el art 2, n° 8, letra a), de la Ley N° 21.523 de 31 de diciembre de 2022.

[249] Inciso modificado por el art 2, n° 8, letra b), de la Ley N° 21.523 de 31 de diciembre de 2022.

evidentemente hostil para responder las preguntas que se le formulan. Con todo, deberá darse cumplimiento estricto a lo dispuesto en las letras b) y h) del inciso segundo del artículo 109, cualquiera sea el delito de que se trate[250].

Artículo 331. Reproducción de declaraciones anteriores en la audiencia del juicio oral[251]. Podrá reproducirse o darse lectura a los registros en que constaren anteriores declaraciones de testigos, peritos o imputados, en los siguientes casos:

a) Cuando se tratare de declaraciones de testigos o peritos que hubieren fallecido o caído en incapacidad física o mental, o estuvieren ausentes del país, o cuya residencia se ignorare o que por cualquier motivo difícil de superar no pudieren declarar en el juicio, siempre que ellas hubieren sido recibidas por el juez de garantía en una audiencia de prueba formal, en conformidad con lo dispuesto en los artículos 191, 192 y 280[252];

b) Cuando constaren en registros o dictámenes que todas las partes acordaren en incorporar, con aquiescencia del tribunal;

c) Cuando la no comparecencia de los testigos, peritos o coimputados fuere imputable al acusado;

d) Cuando se tratare de declaraciones realizadas por coimputados rebeldes, prestadas ante el juez de garantía, y

e) Cuando las hipótesis previstas en la letra a) sobrevengan con posterioridad a lo previsto en el artículo 280 y se trate de testigos, o de peritos privados cuya declaración sea considerada esencial por el tribunal, podrá incorporarse la respectiva declaración o pericia mediante la lectura de la misma, previa solicitud fundada de alguno de los intervinientes[253].

---

250 Artículo incorporado por el artículo 2, Nº 25, de la Ley 21.694 de 4 de septiembre de 2024.

251 Encabezamiento modificado, como aparece en el texto, por artículo 1º, Nº 38, letra a), de la Ley Nº 20.074 de 14 de noviembre de 2005.

252 Letra modificada, como aparece en el texto, por artículo 1º, Nº 38, letra b), de la Ley Nº 20.074 de 14 de noviembre de 2005.

253 Letra agregada, como aparece en el texto, por el artículo 2º, Nº 26, letra c) de la Ley Nº 20.931 de 05 de julio de 2016. Las letras a) y b) del artículo 2º, Nº 26 corrigieron

f) Cuando existan antecedentes fundados sobre la retractación de la víctima, los que serán valorados por el tribunal de acuerdo a lo dispuesto en el artículo 297, teniendo en especial consideración los informes psicológicos acompañados y los antecedentes relativos a la evaluación del riesgo en que se encuentra[254].

Artículo 332. Lectura para apoyo de memoria en la audiencia del juicio oral. Sólo una vez que el acusado o el testigo hubieren prestado declaración, se podrá leer en el interrogatorio parte o partes de sus declaraciones anteriores prestadas ante el fiscal, el abogado asistente del fiscal, en su caso, o el juez de garantía, cuando fuere necesario para ayudar la memoria del respectivo acusado o testigo, para demostrar o superar contradicciones o para solicitar las aclaraciones pertinentes[255].

Con los mismos objetivos, se podrá leer durante la declaración de un perito partes del informe que él hubiere elaborado.

Artículo 333. Lectura o exhibición de documentos, objetos y otros medios. Los documentos serán leídos y exhibidos en el debate, con indicación de su origen. Los objetos que constituyeren evidencia deberán ser exhibidos y podrán ser examinados por las partes. Las grabaciones, los elementos de prueba audiovisuales, computacionales o cualquier otro de carácter electrónico apto para producir fe, se reproducirán en la audiencia por cualquier medio idóneo para su percepción por los asistentes. El tribunal podrá autorizar, con acuerdo de las partes, la lectura o reproducción parcial o resumida de los medios de prueba mencionados, cuando ello pareciere conveniente y se asegurare el conocimiento de su contenido. Todos estos medios podrán ser exhibidos al acusado, a los peritos o testigos durante sus declaraciones, para que los reconocieren o se refirieren a su conocimiento de ellos.

---

la puntuación al haberse agregado una letra.

254 Letra agregada por el art 2, nº 9, de la Ley Nº 21.523 de 31 de diciembre de 2022.

255 Inciso modificado, como aparece en el texto, por el artículo 2º, Nº 19, de la Ley Nº 20.253, de 14 de marzo de 2008.

Con todo, si no hubiere controversia sobre el origen y veracidad del documento que se quiere incorporar como evidencia, será suficiente para este propósito la singularización de dicho documento, debiéndose entregar copia del mismo al tribunal. La parte que acompañe el documento deberá señalar, al momento de acompañarlo, qué parte de él solicita que sea apreciada por el tribunal, sin perjuicio de la facultad de éste de valorar la prueba[256].

Artículo 334. Prohibición de lectura de registros y documentos. Salvo en los casos previstos en los artículos 331 y 332, no se podrá incorporar o invocar como medios de prueba ni dar lectura durante el juicio oral, a los registros y demás documentos que dieren cuenta de diligencias o actuaciones realizadas por la policía o el ministerio público.

Ni aun en los casos señalados se podrá incorporar como medio de prueba o dar lectura a actas o documentos que dieren cuenta de actuaciones o diligencias declaradas nulas, o en cuya obtención se hubieren vulnerado garantías fundamentales.

Artículo 335. Antecedentes de la suspensión condicional del procedimiento, acuerdos reparatorios y procedimiento abreviado. No se podrá invocar, dar lectura ni incorporar como medio de prueba al juicio oral ningún antecedente que dijere relación con la proposición, discusión, aceptación, procedencia, rechazo o revocación de una suspensión condicional del procedimiento, de un acuerdo reparatorio o de la tramitación de un procedimiento abreviado.

Artículo 336. Prueba no solicitada oportunamente. A petición de alguna de las partes, el tribunal podrá ordenar la recepción de pruebas que ella no hubiere ofrecido oportunamente, cuando justificare no haber sabido de su existencia sino hasta ese momento.

---

[256] Inciso incorporado por el artículo 2, Nº 26, de la Ley 21.694 de 4 de septiembre de 2024.

Si con ocasión de la rendición de una prueba surgiere una controversia relacionada exclusivamente con su veracidad, autenticidad o integridad, el tribunal podrá autorizar la presentación de nuevas pruebas destinadas a esclarecer esos puntos, aunque ellas no hubieren sido ofrecidas oportunamente y siempre que no hubiere sido posible prever su necesidad.

Artículo 337. Constitución del tribunal en lugar distinto de la sala de audiencias. Cuando lo considerare necesario para la adecuada apreciación de determinadas circunstancias relevantes del caso, el tribunal podrá constituirse en un lugar distinto de la sala de audiencias, manteniendo todas las formalidades propias del juicio.

Artículo 338. Alegato final y clausura de la audiencia del juicio oral. Concluida la recepción de las pruebas, el juez presidente de la sala otorgará sucesivamente la palabra al fiscal, al acusador particular, al actor civil y al defensor, para que expongan sus conclusiones. El tribunal tomará en consideración la extensión del juicio para determinar el tiempo que concederá al efecto[257].

Seguidamente, se otorgará al fiscal, al acusador particular, al actor civil y al defensor la posibilidad de replicar. Las respectivas réplicas sólo podrán referirse a las conclusiones planteadas por las demás partes[258].

Por último, se otorgará al acusado la palabra, para que manifestare lo que estimare conveniente. A continuación se declarará cerrado el debate.

Párrafo 10° Sentencia definitiva

Artículo 339. Deliberación. Inmediatamente después de clausurado el debate, los miembros del tribunal que hubieren asistido a él pasarán a deliberar en privado.

---

257 Inciso modificado, como aparece en el texto, por artículo 1°, N° 39, de la Ley N° 20.074 de 14 de noviembre de 2005.

258 Inciso modificado, como aparece en el texto, por artículo 1°, N° 39, de la Ley N° 20.074 de 14 de noviembre de 2005.

Artículo 340. Convicción del tribunal. Nadie podrá ser condenado por delito sino cuando el tribunal que lo juzgare adquiriere, más allá de toda duda razonable, la convicción de que realmente se hubiere cometido el hecho punible objeto de la acusación y que en él hubiere correspondido al acusado una participación culpable y penada por la ley.

El tribunal formará su convicción sobre la base de la prueba producida durante el juicio oral.

No se podrá condenar a una persona con el solo mérito de su propia declaración.

Artículo 341. Sentencia y acusación. La sentencia condenatoria no podrá exceder el contenido de la acusación. En consecuencia, no se podrá condenar por hechos o circunstancias no contenidos en ella.

Con todo, el tribunal podrá dar al hecho una calificación jurídica distinta de aquella contenida en la acusación o apreciar la concurrencia de causales modificatorias agravantes de la responsabilidad penal no incluidas en ella, siempre que hubiere advertido a los intervinientes durante la audiencia.

Si durante la deliberación uno o más jueces consideraren la posibilidad de otorgar a los hechos una calificación distinta de la establecida en la acusación, que no hubiere sido objeto de discusión durante la audiencia, deberán reabrirla, a objeto de permitir a las partes debatir sobre ella.

Artículo 342. Contenido de la sentencia. La sentencia definitiva contendrá:

a) La mención del tribunal y la fecha de su dictación; la identificación del acusado y la de el o los acusadores;

b) La enunciación breve de los hechos y circunstancias que hubieren sido objeto de la acusación; en su caso, los daños cuya reparación reclamare en la demanda civil y su pretensión reparatoria, y las defensas del acusado;

c) La exposición clara, lógica y completa de cada uno de los hechos y circunstancias que se dieren por probados, fueren ellos favorables o desfavorables al acusado, y de la valoración de los medios de prueba que fundamentaren dichas conclusiones de acuerdo con lo dispuesto en el artículo 297;

d) Las razones legales o doctrinales que sirvieren para calificar jurídicamente cada uno de los hechos y sus circunstancias y para fundar el fallo;

e) La resolución que condenare o absolviere a cada uno de los acusados por cada uno de los delitos que la acusación les hubiere atribuido; la que se pronunciare sobre la responsabilidad civil de los mismos y fijare el monto de las indemnizaciones a que hubiere lugar;

f) El pronunciamiento sobre las costas de la causa, y

g) La firma de los jueces que la hubieren dictado.

La sentencia será siempre redactada por uno de los miembros del tribunal colegiado, designado por éste, en tanto la disidencia o prevención será redactada por su autor. La sentencia señalará el nombre de su redactor y el del que lo sea de la disidencia o prevención.

Artículo 343. Decisión sobre absolución o condena. Una vez concluida la deliberación privada de los jueces, de conformidad a lo previsto en el artículo 339, la sentencia definitiva que recayere en el juicio oral deberá ser pronunciada en la audiencia respectiva, comunicándose la decisión relativa a la absolución o condena del acusado por cada uno de los delitos que se le imputaren, indicando respecto de cada uno de ellos los fundamentos principales tomados en consideración para llegar a dichas conclusiones.

Excepcionalmente, cuando la audiencia del juicio se hubiere prolongado por más de dos días y la complejidad del caso no permitiere pronunciar la decisión inmediatamente, el tribunal podrá prolongar su deliberación hasta por veinticuatro horas, hecho que será dado a conocer a los intervinientes en la misma audiencia, fijándose de inmediato la oportunidad en que la decisión les será comunicada.

La omisión del pronunciamiento de la decisión de conformidad a lo previsto en los incisos precedentes producirá la nulidad del juicio, el que deberá repetirse en el más breve plazo posible.

En el caso de condena, el tribunal deberá resolver sobre las circunstancias modificatorias de responsabilidad penal en la misma oportunidad prevista en el inciso primero. No obstante, tratándose de circunstancias ajenas al hecho punible, y los demás factores relevantes para la determinación y cumplimiento de la pena, el tribunal abrirá debate sobre tales circunstancias y factores, inmediatamente después de pronunciada la decisión a que se refiere el inciso primero y en la misma audiencia. Para dichos efectos, el tribunal recibirá los antecedentes que hagan valer los intervinientes para fundamentar sus peticiones, dejando su resolución para la audiencia de lectura de sentencia[259].

Artículo 344. Plazo para redacción de la sentencia. Al pronunciarse sobre la absolución o condena, el tribunal podrá diferir la redacción del fallo y, en su caso, la determinación de la pena hasta por un plazo de diez días, fijando la fecha de la audiencia en que tendrá lugar su lectura. No obstante, si el juicio hubiere durado más de cinco días, el tribunal dispondrá, para la fijación de la fecha de la audiencia para su comunicación, de un día adicional por cada dos de exceso de duración del juicio. En ambos casos, si el vencimiento del plazo para la redacción del fallo coincidiere con un día domingo o festivo, el plazo se diferirá hasta el día siguiente que no sea domingo o festivo[260]. El transcurso de estos plazos sin que hubiere tenido lugar la audiencia citada, constituirá falta grave que deberá ser sancionada disciplinariamente. Sin perjuicio de ello, se deberá citar a una nueva audiencia de lectura de la sentencia, la que en caso alguno podrá tener lugar después del segundo día contado desde la fecha fijada para la primera. Transcurrido este plazo adicional sin que se comunicare la sentencia se producirá la nulidad del juicio, a menos que la decisión hubiere sido la de absolución del acusado. Si, siendo varios los acusados, se hubiere absuelto

---

[259] Inciso modificado, como aparece en el texto, por artículo 1°, N° 40, de la Ley N° 20.074 de 14 de noviembre de 2005.

[260] Frase intercalada, como aparece en el texto, por el artículo 1, N° 8 de la Ley N° 21.394, de 30 de noviembre de 2021.

a alguno de ellos, la repetición del juicio sólo comprenderá a quienes hubieren sido condenados[261].

El vencimiento del plazo adicional mencionado en el inciso precedente sin que se diere a conocer el fallo, sea que se produjere o no la nulidad del juicio, constituirá respecto de los jueces que integraren el tribunal una nueva infracción que deberá ser sancionada disciplinariamente.

Artículo 345. DEROGADO[262]

Artículo 346. Audiencia de comunicación de la sentencia. Una vez redactada la sentencia, de conformidad a lo previsto en el artículo 342, se procederá a darla a conocer en la audiencia fijada al efecto, oportunidad a contar de la cual se entenderá notificada a todas las partes, aun cuando no asistieren a la misma[263].

Artículo 347. Decisión absolutoria y medidas cautelares personales. Comunicada a las partes la decisión absolutoria prevista en el artículo 343, el tribunal dispondrá, en forma inmediata, el alzamiento de las medidas cautelares personales que se hubieren decretado en contra del acusado y ordenará se tome nota de este alzamiento en todo índice o registro público y policial en el que figuraren. También se ordenará la cancelación de las garantías de comparecencia que se hubieren otorgado[264].

Artículo 348. Sentencia condenatoria. La sentencia condenatoria fijará todas las penas principales y accesorias que corresponda imponer, con indicación específica de cada una de ellas y se pronunciará sobre la

---

[261] Inciso modificado por el artículo 2, N° 27, de la Ley 21.694 de 4 de septiembre de 2024. Anteriormente, el inciso fue sustituido por artículo 1°, N° 41, de la Ley N° 20.074 de 14 de noviembre de 2005.

[262] Artículo derogado por artículo 1°, N° 42, de la Ley N° 20.074 de 14 de noviembre de 2005.

[263] Artículo modificado, como aparece en el texto, por artículo 1°, N° 43, de la Ley N° 20.074 de 14 de noviembre de 2005.

[264] Artículo modificado, como aparece en el texto, por artículo 1°, N° 44, de la Ley N° 20.074 de 14 de noviembre de 2005.

eventual aplicación de alguna de las penas sustitutivas a la privación o restricción de libertad previstas en la ley[265].

La sentencia que condenare a una pena temporal deberá expresar con toda precisión el día desde el cual empezará ésta a contarse y fijará el tiempo de detención, prisión preventiva y privación de libertad impuesta en conformidad a la letra a) del artículo 155 que deberá servir de abono para su cumplimiento. Para estos efectos, se abonará a la pena impuesta un día por cada día completo, o fracción igual o superior a doce horas, de dichas medidas cautelares que hubiere cumplido el condenado[266].

La sentencia condenatoria dispondrá también el comiso de los instrumentos o efectos del delito o su restitución, cuando fuere procedente.

Cuando se hubiere declarado falso, en todo o en parte, un instrumento público, el tribunal, junto con su devolución, ordenará que se lo reconstituya, cancele o modifique de acuerdo con la sentencia.

Cuando se pronunciare la decisión de condena, el tribunal podrá disponer, a petición de alguno de los intervinientes, la revisión de las medidas cautelares personales, atendiendo al tiempo transcurrido y a la pena probable. En cuanto al comiso de las ganancias del delito o del valor equivalente de efectos o instrumentos del delito, si éstas o aquél ascienden a un monto superior a 400 unidades tributarias mensuales, se estará a lo dispuesto en el artículo siguiente. De lo contrario, el tribunal lo impondrá en la misma sentencia condenatoria si fuere procedente[267].

Artículo 348 bis. Comiso de ganancias y comiso por valor equivalente. En caso de haberse solicitado la aplicación del comiso de ganancias o de valor equivalente por un monto superior a 400 unidades tributarias

---

[265] Inciso modificado por el art. 1 de la Ley N° 21.418, de 05 de febrero de 2022. Anteriormente, había sido modificado por el art. 3°, letra c) de la Ley N° 20.603, de 27 de junio de 2012.

[266] Inciso sustituido, como aparece en el texto, por artículo 1°, N° 45, letra a), de la Ley N° 20.074 de 14 de noviembre de 2005.

[267] Inciso modificado, como aparece en el texto, por el artículo 2, N°18, de la Ley 21.577 de 15 de junio de 2023. Anteriormente, el inciso había sido agregado, por artículo 1°, N° 45, letra b), de la Ley N° 20.074 de 14 de noviembre de 2005.

mensuales, o si la aplicación del comiso afecta a terceros, en la sentencia condenatoria se citará a una audiencia especial.

Si el comiso sólo afecta a personas que han sido condenadas, la audiencia tendrá lugar dentro del décimo día a contar de la fecha en que la sentencia quede ejecutoriada. Si el comiso afecta a terceros, la audiencia no podrá tener lugar antes de treinta ni después de sesenta días contados desde la fecha en que la sentencia quede ejecutoriada. En ambos casos, se debe notificar la resolución a los afectados.

La resolución y la audiencia respectiva se sujetarán a lo dispuesto en los artículos 415 quinquies, 415 sexies y 415 septies.

El tribunal pronunciará su decisión de imposición del comiso o rechazo de la solicitud. En el primer caso determinará el monto por el cual se lo impone. De haber bienes asegurados para hacerlo efectivo, los deberá identificar[268].

Artículo 349. Pronunciamiento sobre la demanda civil. Tanto en el caso de absolución como en el de condena deberá el tribunal pronunciarse acerca de la demanda civil válidamente interpuesta.

Artículo 350. DEROGADO[269]

Artículo 351. Reiteración de crímenes o simples delitos de una misma especie. En los casos de reiteración de crímenes o simples delitos de una misma especie se impondrá la pena correspondiente a las diversas infracciones, estimadas como un solo delito, aumentándola en uno o dos grados.

Si, por la naturaleza de las diversas infracciones, éstas no pudieren estimarse como un solo delito, el tribunal aplicará la pena señalada a aquella que, considerada aisladamente, con las circunstancias del caso, tuviere

---

[268] Artículo incorporado por el artículo 2, Nº 19, de la Ley 21.577 de 15 de junio de 2023.

[269] Artículo derogado por artículo 62, de la Ley Nº 19.806 de 31 de mayo de 2002.

asignada una pena mayor, aumentándola en uno o dos grados, según fuere el número de los delitos.

Podrá, con todo, aplicarse las penas en la forma establecida en el artículo 74 del Código Penal si, de seguirse este procedimiento, hubiere de corresponder al condenado una pena menor.

Para los efectos de este artículo, se considerará delitos de una misma especie aquellos que afectaren al mismo bien jurídico.

LIBRO TERCERO
RECURSOS

TÍTULO I. DISPOSICIONES GENERALES

Artículo 352. Facultad de recurrir. Podrán recurrir en contra de las resoluciones judiciales el ministerio público y los demás intervinientes agraviados por ellas, sólo por los medios y en los casos expresamente establecidos en la ley.

Artículo 353. Aumento de los plazos. Si el juicio oral hubiere sido conocido por un tribunal que se hubiese constituido y funcionado en una localidad situada fuera de su lugar de asiento, los plazos legales establecidos para la interposición de los recursos se aumentarán conforme a la tabla de emplazamiento prevista en el artículo 259 del Código de Procedimiento Civil.

Artículo 354. Renuncia y desistimiento de los recursos. Los recursos podrán renunciarse expresamente, una vez notificada la resolución contra la cual procedieren.

Quienes hubieren interpuesto un recurso podrán desistirse de él antes de su resolución. En todo caso, los efectos del desistimiento no se extenderán a los demás recurrentes o a los adherentes al recurso.

El defensor no podrá renunciar a la interposición de un recurso, ni desistirse de los recursos interpuestos, sin mandato expreso del imputado.

Artículo 355. Efecto de la interposición de recursos. La interposición de un recurso no suspenderá la ejecución de la decisión, salvo que se impugnare una sentencia definitiva condenatoria o que la ley dispusiere expresamente lo contrario.

Artículo 356. Prohibición de suspender la vista de la causa por falta de integración del tribunal. No podrá suspenderse la vista de un recurso penal por falta de jueces que pudieren integrar la sala. Si fuere necesario, se interrumpirá la vista de recursos civiles para que se integren a la sala jueces no inhabilitados. En consecuencia, la audiencia sólo se suspenderá si no se alcanzare, con los jueces que conformaren ese día el tribunal, el mínimo de miembros no inhabilitados que debieren intervenir en ella.

Artículo 357. Suspensión de la vista de la causa por otras causales. La vista de los recursos penales no podrá suspenderse por las causales previstas en los numerales 1, 5, 6 y 7 del artículo 165 del Código de Procedimiento Civil.

Al confeccionar la tabla o disponer la agregación extraordinaria de recursos o determinar la continuación para el día siguiente de un pleito, la Corte adoptará las medidas necesarias para que la sala que correspondiere no viere alterada su labor.

Si en la causa hubiere personas privadas de libertad, sólo se suspenderá la vista de la causa por muerte del abogado del recurrente, del cónyuge o del conviviente civil o de alguno de sus ascendientes o descendientes, ocurrida dentro de los ocho días anteriores al designado para la vista del recurso[270].

En los demás casos la vista sólo podrá suspenderse si lo solicitare el recurrente o todos los intervinientes facultados para concurrir a ella, de común acuerdo. Este derecho podrá ejercerse una sola vez por el recurrente o por todos los intervinientes, por medio de un escrito que deberá presentarse hasta las doce horas del día hábil anterior a la audiencia correspondiente, a menos que la agregación de la causa se hubiere efectuado con menos de setenta y dos horas antes de la vista, caso en el cual la suspensión podrá solicitarse hasta antes de que comenzare la audiencia.

Artículo 358. Reglas generales de vista de los recursos. La vista de la causa se efectuará en una audiencia pública.

---

[270] Inciso modificado, como aparece en el texto, por el artículo 40, número iv), de la Ley Nº 20.830, de 21 de abril de 2015.

La falta de comparecencia de uno o más recurrentes a la audiencia dará lugar a que se declare el abandono del recurso respecto de los ausentes. La incomparecencia de uno o más de los recurridos permitirá proceder en su ausencia.

La audiencia se iniciará con el anuncio, tras el cual, sin mediar relación, se otorgará la palabra a el o los recurrentes para que expongan los fundamentos del recurso, así como las peticiones concretas que formularen. Luego se permitirá intervenir a los recurridos y finalmente se volverá a ofrecer la palabra a todas las partes con el fin de que formulen aclaraciones respecto de los hechos o de los argumentos vertidos en el debate.

En cualquier momento del debate, cualquier miembro del tribunal podrá formular preguntas a los representantes de las partes o pedirles que profundicen su argumentación o la refieran a algún aspecto específico de la cuestión debatida.

Concluido el debate, el tribunal pronunciará sentencia de inmediato o, si no fuere posible, en un día y hora que dará a conocer a los intervinientes en la misma audiencia. La sentencia será redactada por el miembro del tribunal colegiado que éste designare y el voto disidente o la prevención, por su autor.

Artículo 359. Prueba en los recursos. En el recurso de nulidad podrá producirse prueba sobre las circunstancias que constituyeren la causal invocada, siempre que se hubiere ofrecido en el escrito de interposición del recurso.

Esta prueba se recibirá en la audiencia conforme con las reglas que rigen su recepción en el juicio oral. En caso alguno la circunstancia de que no pudiere rendirse la prueba dará lugar a la suspensión de la audiencia.

Artículo 360. Decisiones sobre los recursos. El tribunal que conociere de un recurso sólo podrá pronunciarse sobre las solicitudes formuladas por los recurrentes, quedándole vedado extender el efecto de su decisión a cuestiones no planteadas por ellos o más allá de los límites de lo solicitado, salvo en los casos previstos en este artículo y en el artículo 379 inciso segundo.

Si sólo uno de varios imputados por el mismo delito entablare el recurso contra la resolución, la decisión favorable que se dictare aprovechará a los demás, a menos que los fundamentos fueren exclusivamente personales del recurrente, debiendo el tribunal declararlo así expresamente.

Si la resolución judicial hubiere sido objeto de recurso por un solo interviniente, la Corte no podrá reformarla en perjuicio del recurrente.

Artículo 361. Aplicación supletoria. Los recursos se regirán por las normas de este Libro. Supletoriamente, serán aplicables las reglas del Título III del Libro Segundo de este Código.

TÍTULO II. RECURSO DE REPOSICIÓN

Artículo 362. Reposición de las resoluciones dictadas fuera de audiencias. De las sentencias interlocutorias, de los autos y de los decretos dictados fuera de audiencias, podrá pedirse reposición al tribunal que los hubiere pronunciado. El recurso deberá interponerse dentro de tercero día y deberá ser fundado.

El tribunal se pronunciará de plano, pero podrá oír a los demás intervinientes si se hubiere deducido en un asunto cuya complejidad así lo aconsejare.

Cuando la reposición se interpusiere respecto de una resolución que también fuere susceptible de apelación y no se dedujere a la vez este recurso para el caso de que la reposición fuere denegada, se entenderá que la parte renuncia a la apelación.

La reposición no tendrá efecto suspensivo, salvo cuando contra la misma resolución procediere también la apelación en este efecto.

Artículo 363. Reposición en las audiencias orales. La reposición de las resoluciones pronunciadas durante audiencias orales deberá promoverse tan pronto se dictaren y sólo serán admisibles cuando no hubieren sido precedidas de debate. La tramitación se efectuará verbalmente, de inmediato, y de la misma manera se pronunciará el fallo.

TÍTULO III. RECURSO DE APELACIÓN

Artículo 364. Resoluciones inapelables. Serán inapelables las resoluciones dictadas por un tribunal de juicio oral en lo penal.

Artículo 365. Tribunal ante el que se entabla el recurso de apelación. El recurso de apelación deberá entablarse ante el mismo juez que hubiere dictado la resolución y éste lo concederá o lo denegará.

Artículo 366. Plazo para interponer el recurso de apelación. El recurso de apelación deberá entablarse dentro de los cinco días siguientes a la notificación de la resolución impugnada.

Artículo 367. Forma de interposición del recurso de apelación. El recurso de apelación deberá ser interpuesto por escrito, con indicación de sus fundamentos y de las peticiones concretas que se formularen.

Artículo 368. Efectos del recurso de apelación. La apelación se concederá en el solo efecto devolutivo, a menos que la ley señalare expresamente lo contrario.

Artículo 369. Recurso de hecho. Denegado el recurso de apelación, concedido siendo improcedente u otorgado con efectos no ajustados a derecho, los intervinientes podrán ocurrir de hecho, dentro de tercero día, ante el tribunal de alzada, con el fin de que resuelva si hubiere lugar o no al recurso y cuáles debieren ser sus efectos.

Presentado el recurso, el tribunal de alzada solicitará, cuando correspondiere, los antecedentes señalados en el artículo 371 y luego fallará en cuenta. Si acogiere el recurso por haberse denegado la apelación, retendrá tales antecedentes o los recabará, si no los hubiese pedido, para pronunciarse sobre la apelación.

Artículo 370. Resoluciones apelables. Las resoluciones dictadas por el juez de garantía serán apelables en los siguientes casos:

a) Cuando pusieren término al procedimiento, hicieren imposible su prosecución o la suspendieren por más de treinta días, y

b) Cuando la ley lo señalare expresamente.

Artículo 371. Antecedentes a remitir concedido el recurso de apelación. Concedido el recurso, el juez remitirá al tribunal de alzada copia fiel de la resolución y de todos los antecedentes que fueren pertinentes para un acabado pronunciamiento sobre el recurso.

TÍTULO IV. RECURSO DE NULIDAD

Artículo 372. Del recurso de nulidad. El recurso de nulidad se concede para invalidar el juicio oral total o parcialmente junto con la sentencia definitiva, o sólo esta última, según corresponda, por las causales expresamente señaladas en la ley[271].

Deberá interponerse, por escrito, dentro de los quince días siguientes a la notificación de la sentencia definitiva, ante el tribunal que hubiere conocido del juicio oral.

No obstante, si el juicio hubiere durado más de cinco días, el recurrente dispondrá para la interposición del recurso de un día adicional por cada dos de exceso de duración del juicio. En ningún caso este plazo podrá ser superior a treinta días[272].

Si el vencimiento del plazo para la interposición del recurso coincide con un domingo o festivo, el plazo se diferirá hasta el día siguiente que no sea domingo o festivo[273].

Artículo 373. Causales del recurso. Procederá la declaración de nulidad total o sólo la parcial del juicio oral y de la sentencia, si el vicio

---

[271] Inciso modificado por el artículo 2, Nº 28, letra a), de la Ley 21.694 de 4 de septiembre de 2024. Anteriormente había sido modificado por el artículo 1, Nº 9 de la Ley Nº 21.394, de 30 de noviembre de 2021.

[272] Inciso incorporado por el artículo 2, Nº 28, letra b), de la Ley 21.694, de 4 de septiembre de 2024.

[273] Inciso incorporado por el artículo 2, Nº 28, letra b), de la Ley 21.694, de 4 de septiembre de 2024.

hubiere generado efectos que son divisibles y subsanables por separado sólo respecto de determinados delitos o recurrentes[274]:

a) Cuando, en la cualquier etapa del procedimiento o en el pronunciamiento de la sentencia, se hubieren infringido sustancialmente derechos o garantías asegurados por la Constitución o por los tratados internacionales ratificados por Chile que se encuentren vigentes, y[275]

b) Cuando, en el pronunciamiento de la sentencia, se hubiere hecho una errónea aplicación del derecho que hubiere influido sustancialmente en lo dispositivo del fallo.

Artículo 374. Motivos absolutos de nulidad. El juicio oral y la sentencia, o parte de éstos, serán siempre anulados[276]:

a) Cuando la sentencia hubiere sido pronunciada por un tribunal incompetente, o no integrado por los jueces designados por la ley; cuando hubiere sido pronunciada por un juez de garantía o con la concurrencia de un juez de tribunal de juicio oral en lo penal legalmente implicado, o cuya recusación estuviere pendiente o hubiere sido declarada por tribunal competente; y cuando hubiere sido acordada por un menor número de votos o pronunciada por menor número de jueces que el requerido por la ley, o con concurrencia de jueces que no hubieren asistido al juicio;

b) Cuando la audiencia del juicio oral hubiere tenido lugar en ausencia de alguna de las personas cuya presencia continuada exigen, bajo sanción de nulidad, los artículos 284 y 286;

c) Cuando al defensor se le hubiere impedido ejercer las facultades que la ley le otorga;

d) Cuando en el juicio oral hubieren sido violadas las disposiciones establecidas por la ley sobre publicidad y continuidad del juicio;

---

[274] Epígrafe modificado por el artículo 1, N° 10 de la Ley N° 21.394, de 30 de noviembre de 2021.

[275] Letra modificada, como aparece en el texto, por artículo 1°, N° 46, de la Ley N° 20.074 de 14 de noviembre de 2005.

[276] Epígrafe modificado por el artículo 1, N° 11 de la Ley N° 21.394, de 30 de noviembre de 2021.

e) Cuando, en la sentencia, se hubiere omitido alguno de los requisitos previstos en el artículo 342, letras c), d) o e);

f) Cuando la sentencia se hubiere dictado con infracción de lo prescrito en el artículo 341, y g) Cuando la sentencia hubiere sido dictada en oposición a otra sentencia criminal pasada en autoridad de cosa juzgada.

Artículo 375. Defectos no esenciales. No causan nulidad los errores de la sentencia recurrida que no influyeren en su parte dispositiva, sin perjuicio de lo cual la Corte podrá corregir los que advirtiere durante el conocimiento del recurso.

Artículo 376. Tribunal competente para conocer del recurso. El conocimiento del recurso que se fundare en la causal prevista en el artículo 373, letra a), corresponderá a la Corte Suprema.

La respectiva Corte de Apelaciones conocerá de los recursos que se fundaren en las causales señaladas en el artículo 373, letra b), y en el artículo 374.

No obstante lo dispuesto en el inciso precedente, cuando el recurso se fundare en la causal prevista en el artículo 373, letra b), y respecto de la materia de derecho objeto del mismo existieren distintas interpretaciones sostenidas en diversos fallos emanados de los tribunales superiores, corresponderá pronunciarse a la Corte Suprema.

Del mismo modo, si un recurso se fundare en distintas causales y por aplicación de las reglas contempladas en los incisos precedentes correspondiere el conocimiento de al menos una de ellas a la Corte Suprema, ésta se pronunciará sobre todas. Lo mismo sucederá si se dedujeren distintos recursos de nulidad contra la sentencia y entre las causales que los fundaren hubiere una respecto de la cual correspondiere pronunciarse a la Corte Suprema.

Artículo 377. Preparación del recurso. Si la infracción invocada como motivo del recurso se refiriere a una ley que regulare el procedimiento, el recurso sólo será admisible cuando quien lo entablare hubiere reclamado oportunamente del vicio o defecto.

No será necesaria la reclamación del inciso anterior cuando se tratare de alguna de las causales del artículo 374; cuando la ley no admitiere recurso alguno contra la resolución que contuviere el vicio o defecto, cuando éste hubiere tenido lugar en el pronunciamiento mismo de la sentencia que se tratare de anular, ni cuando dicho vicio o defecto hubiere llegado al conocimiento de la parte después de pronunciada la sentencia.

Artículo 378. Requisitos del escrito de interposición. En el escrito en que se interpusiere el recurso de nulidad se consignarán los fundamentos del mismo y las peticiones concretas que se sometieren al fallo del tribunal.

El recurso podrá fundarse en varias causales, caso en el cual se indicará si se invocan conjunta o subsidiariamente. Cada motivo de nulidad deberá ser fundado separadamente.

Cuando el recurso se fundare en la causal prevista en el artículo 373, letra b), y el recurrente sostuviere que, por aplicación del inciso tercero del artículo 376, su conocimiento correspondiere a la Corte Suprema, deberá, además, indicar en forma precisa los fallos en que se hubiere sostenido las distintas interpretaciones que invocare y acompañar copia de las sentencias o de las publicaciones que se hubieren efectuado del texto íntegro de las mismas.

Artículo 379. Efectos de la interposición del recurso. La interposición del recurso de nulidad suspende los efectos de la sentencia condenatoria recurrida. En lo demás, se aplicará lo dispuesto en el artículo 355.

Interpuesto el recurso, no podrán invocarse nuevas causales. Con todo, la Corte, de oficio, podrá acoger el recurso que se hubiere deducido en favor del imputado por un motivo distinto del invocado por el recurrente, siempre que aquél fuere alguno de los señalados en el artículo 374.

Artículo 380. Admisibilidad del recurso en el tribunal a quo. Interpuesto el recurso, el tribunal a quo se pronunciará sobre su admisibilidad.

La inadmisibilidad sólo podrá fundarse en haberse deducido el recurso en contra de resolución que no fuere impugnable por este medio o en haberse deducido fuera de plazo.

La resolución que declarare la inadmisibilidad será susceptible de reposición dentro de tercero día.

Artículo 381. Antecedentes a remitir concedido el recurso. Concedido el recurso, el tribunal remitirá a la Corte copia de la sentencia definitiva, del registro de la audiencia del juicio oral o de las actuaciones determinadas de ella que se impugnaren, y del escrito en que se hubiere interpuesto el recurso.

Artículo 382. Actuaciones previas al conocimiento del recurso. Ingresado el recurso a la Corte, se abrirá un plazo de cinco días para que las demás partes solicitaren que se le declare inadmisible, se adhirieren a él o le formularen observaciones por escrito.

La adhesión al recurso deberá cumplir con todos los requisitos necesarios para interponerlo y su admisibilidad se resolverá de plano por la Corte.

Hasta antes de la audiencia en que se conociere el recurso, el acusado podrá solicitar la designación de un defensor penal público con domicilio en la ciudad asiento de la Corte, para que asuma su representación, cuando el juicio oral se hubiere desarrollado en una ciudad distinta.

Artículo 383. Admisibilidad del recurso en el tribunal ad quem. Transcurrido el plazo previsto en el artículo anterior, el tribunal *ad quem* se pronunciará en cuenta acerca de la admisibilidad del recurso.

Lo declarará inadmisible si concurrieren las razones contempladas en el artículo 380, el escrito de interposición careciere de fundamentos de hecho y de derecho o de peticiones concretas, o el recurso no se hubiere preparado oportunamente.

Sin embargo, si el recurso se hubiere deducido para ante la Corte Suprema, ella no se pronunciará sobre su admisibilidad, sino que ordenará que sea remitido junto con sus antecedentes a la Corte de Apelaciones respectiva para que, si lo estima admisible, entre a conocerlo y fallarlo, en los siguientes casos:

a) Si el recurso se fundare en la causal prevista en el artículo 373, letra a), y la Corte Suprema estimare que, de ser efectivos los hechos invocados como fundamento, serían constitutivos de alguna de las causales señaladas en el artículo 374;

b) Si, respecto del recurso fundado en la causal del artículo 373, letra b), la Corte Suprema estimare que no existen distintas interpretaciones sobre la materia de derecho objeto del mismo o, aun existiendo, no fueren determinantes para la decisión de la causa, y c) Si en alguno de los casos previstos en el inciso final del artículo 376, la Corte Suprema estimare que concurre respecto de los motivos de nulidad invocados alguna de las situaciones previstas en las letras a) y b) de este artículo.

Artículo 384. Fallo del recurso. La Corte deberá fallar el recurso dentro de los veinte días siguientes a la fecha en que hubiere terminado de conocer de él.

En la sentencia, el tribunal deberá exponer los fundamentos que sirvieren de base a su decisión; pronunciarse sobre las cuestiones controvertidas, salvo que acogiere el recurso, en cuyo caso podrá limitarse a la causal o causales que le hubieren sido suficientes, y declarar si es nulo o no total o parcialmente el juicio oral y la sentencia definitiva reclamados, o si solamente es nula dicha sentencia, en los casos que se indican en el artículo siguiente[277].

El fallo del recurso se dará a conocer en la audiencia indicada al efecto, con la lectura de su parte resolutiva o de una breve síntesis de la misma[278].

Artículo 385. Nulidad de la sentencia. La Corte podrá invalidar sólo la sentencia y dictar, sin nueva audiencia pero separadamente, la senten-

---

277 Inciso modificado por el artículo 1, N° 12 de la Ley N° 21.394, de 30 de noviembre de 2021.

278 Inciso agregado, como aparece en el texto, por artículo 1°, N° 47, de la Ley N° 20.074 de 14 de noviembre de 2005.

cia de reemplazo que se conformare a la ley, si la causal de nulidad no se refiriere a formalidades del juicio ni a los hechos y circunstancias que se hubieren dado por probados, sino se debiere a que el fallo hubiere calificado de delito un hecho que la ley no considerare tal, aplicado una pena cuando no procediere aplicar pena alguna, o impuesto una superior a la que legalmente correspondiere.

La sentencia de reemplazo reproducirá las consideraciones de hecho, los fundamentos de derecho y las decisiones de la resolución anulada, que no se refieran a los puntos que hubieren sido objeto del recurso o que fueren incompatibles con la resolución recaída en él, tal como se hubieren dado por establecidos en el fallo recurrido[279].

Artículo 386. Nulidad del juicio oral y de la sentencia. Salvo los casos mencionados en el artículo 385, si la Corte acogiere el recurso anulará total o parcialmente la sentencia y el juicio oral, determinará el estado en que hubiere de quedar el procedimiento y ordenará la remisión de los autos al tribunal no inhabilitado que correspondiere, para que éste disponga la realización de un nuevo juicio oral[280].

En caso de que se declare la nulidad parcial del juicio oral y la sentencia, existiendo pluralidad de delitos o de imputados, la Corte deberá precisar a qué prueba, a qué hechos y a qué imputados afecta la declaración de nulidad parcial del juicio oral y la sentencia[281].

No será obstáculo para que se ordene efectuar un nuevo juicio oral la circunstancia de haberse dado lugar al recurso por un vicio o defecto cometido en el pronunciamiento mismo de la sentencia.

Artículo 387. Improcedencia de recursos. La resolución que fallare un recurso de nulidad no será susceptible de recurso alguno, sin perjuicio

---

279 Inciso agregado, como aparece en el texto, por artículo 1º, Nº 48, de la Ley Nº 20.074 de 14 de noviembre de 2005.

280 Inciso modificado por el artículo 1, Nº 13, letra a), de la Ley Nº 21.394, de 30 de noviembre de 2021.

281 Inciso agregado por el artículo 1, Nº 13, letra b), de la Ley Nº 21.394, de 30 de noviembre de 2021.

de la revisión de la sentencia condenatoria firme de que se trata en este Código.

Tampoco será susceptible de recurso alguno la sentencia que se dictare en el nuevo juicio que se realizare como consecuencia de la resolución que hubiere acogido el recurso de nulidad. No obstante, si la sentencia fuere condenatoria y la que se hubiere anulado hubiese sido absolutoria, procederá el recurso de nulidad en favor del acusado, conforme a las reglas generales.

LIBRO CUARTO
PROCEDIMIENTOS ESPECIALES Y EJECUCIÓN

TÍTULO I. PROCEDIMIENTO SIMPLIFICADO

Artículo 388. Ámbito de aplicación. El conocimiento y fallo de las faltas se sujetará al procedimiento previsto en este Título.

El procedimiento se aplicará, además, respecto de los hechos constitutivos de simple delito para los cuales el ministerio público requiriere la imposición de una pena que no excediere de presidio o reclusión menores en su grado mínimo[282].

Artículo 389. Normas supletorias. El procedimiento simplificado se regirá por las normas de este Título y, en lo que éste no proveyere, supletoriamente por las del Libro Segundo de este Código, en cuanto se adecuen a su brevedad y simpleza.

Artículo 390. Requerimiento. Recibida por el fiscal la denuncia de un hecho constitutivo de alguno de los delitos a que se refiere el artículo 388, solicitará del juez de garantía competente la citación inmediata a audiencia, a menos que fueren insuficientes los antecedentes aportados, se encontrare extinguida la responsabilidad penal del imputado o el fiscal decidiere hacer aplicación de la facultad que le concede el artículo 170. De igual manera, cuando los antecedentes lo ameritaren y hasta la deducción de la acusación, el fiscal podrá dejar sin efecto la formalización de la investigación que ya hubiere realizado de acuerdo con lo previsto en el artículo 230, y proceder conforme a las reglas de este Título[283].

Asimismo, si el fiscal formulare acusación y la pena requerida no excediere de presidio o reclusión menores en su grado mínimo, la acusación se

---

282 Inciso modificado, como aparece en el texto, por artículo 1°, N° 49, de la Ley N° 20.074 de 14 de noviembre de 2005.

283 Inciso modificado, como aparece en el texto, por artículo 1°, N° 50, letra a), de la Ley N° 20.074 de 14 de noviembre de 2005.

tendrá como requerimiento, debiendo el juez disponer la continuación del procedimiento de conformidad a las normas de este Título[284].

Tratándose de las faltas indicadas en los artículos 494, Nº 5, y 496, Nº 11, del Código Penal, sólo podrán efectuar el requerimiento precedente las personas a quienes correspondiere la titularidad de la acción conforme a lo dispuesto en los artículos 54 y 55. Si la falta contemplada en el artículo 494 bis del Código Penal se cometiere en un establecimiento de comercio, para la determinación del valor de las cosas hurtadas se considerará el precio de venta, salvo que los antecedentes que se reúnan permitan formarse una convicción diferente[285].

Artículo 391. Contenido del requerimiento. El requerimiento deberá contener:

a) La individualización del imputado;

b) Una relación sucinta del hecho que se le atribuyere, con indicación del tiempo y lugar de comisión y demás circunstancias relevantes;

c) La cita de la disposición legal infringida;

d) La exposición de los antecedentes o elementos que fundamentaren la imputación;

e) La pena solicitada por el requirente, y[286]

f) La individualización y firma del requirente.

Si el fiscal solicita la aplicación del comiso de ganancias o del comiso por valor equivalente de bienes o instrumentos, deberá indicar su monto aproximado y expresar con claridad y precisión los fundamentos de su solicitud, exponiendo los antecedentes o elementos en los que ella se basa[287].

---

284 Inciso agregado, como aparece en el texto, por artículo 1º, Nº 50, letra b), de la Ley Nº 20.074 de 14 de noviembre de 2005.

285 Inciso agregado, como aparece en el texto, por el artículo 3º, Nº 3, de la Ley Nº 19.950, de 05 de junio de 2004.

286 Letra agregada, como aparece en el texto, por artículo 1º, Nº 51, letra b), de la Ley Nº 20.074 de 14 de noviembre de 2005. La letra a) artículo 1º, Nº 51 corrigió la puntuación conforme a esta modificación.

287 Inciso agregado por el artículo 2, Nº 20, de la Ley 21.577 de 15 de junio de 2023.

Artículo 392. Procedimiento monitorio. Se aplicará el procedimiento monitorio a la tramitación de las faltas respecto de las cuales el fiscal pidiere sólo pena de multa. En el requerimiento señalado en el artículo precedente el fiscal indicará el monto de la multa que solicitare imponer[288].

Si el juez estimare suficientemente fundado el requerimiento y la proposición relativa a la multa, deberá acogerlos inmediatamente, dictando una resolución que así lo declare. Dicha resolución contendrá, además, las siguientes indicaciones:

a) La instrucción acerca del derecho del imputado de reclamar en contra del requerimiento y de la imposición de la sanción, dentro de los quince días siguientes a su notificación, así como de los efectos de la interposición del reclamo;

b) La instrucción acerca de la posibilidad de que dispone el imputado en orden a aceptar el requerimiento y la multa impuesta, así como de los efectos de la aceptación, y

c) El señalamiento del monto de la multa y de la forma en que la misma debiere enterarse en arcas fiscales, así como del hecho que, si la multa fuere pagada dentro de los quince días siguientes a la notificación al imputado de la resolución prevista en este inciso, ella será rebajada en 25%, expresándose el monto a enterar en dicho caso.

Si el imputado pagare dicha multa o transcurriere el plazo de quince días desde la notificación de la resolución que la impusiere, sin que el imputado reclamare sobre su procedencia o monto, se entenderá que acepta su imposición. En dicho evento la resolución se tendrá, para todos los efectos legales, como sentencia ejecutoriada.

Por el contrario, si, dentro del mismo plazo de quince días, el imputado manifestare, de cualquier modo fehaciente, su falta de conformidad con la imposición de la multa o su monto, se proseguirá con el procedimiento en la forma prevista en los artículos siguientes. Lo mismo sucederá si el juez no considerare suficientemente fundado el requerimiento o la multa propuesta por el fiscal.

---

288 Inciso sustituido, como aparece en el texto, por el artículo 2°, N° 1, de la Ley N° 19.762, de 13 de octubre de 2001.

Artículo 393. Citación a audiencia[289]**.** Recibido el requerimiento, el tribunal ordenará su notificación al imputado y citará a todos los intervinientes a la audiencia a que se refiere el artículo 394, la que no podrá tener lugar antes de veinte ni después de cuarenta días contados desde la fecha de la resolución. El imputado deberá ser citado con, a lo menos, diez días de anticipación a la fecha de la audiencia. La citación del imputado se hará bajo el apercibimiento señalado en el artículo 33 y a la misma se acompañarán copias del requerimiento y de la querella, en su caso[290].

En el procedimiento simplificado no procederá la interposición de demandas civiles, salvo aquella que tuviere por objeto la restitución de la cosa o su valor. La resolución que dispusiere la citación ordenará que las partes comparezcan a la audiencia, con todos sus medios de prueba. Si alguna de ellas requiriere de la citación de testigos o peritos por medio del tribunal, deberán formular la respectiva solicitud con una anticipación no inferior a cinco días a la fecha de la audiencia.

Artículo 393 bis. Procedimiento simplificado en caso de falta o simple delito flagrante. Tratándose de una persona sorprendida in fraganti cometiendo una falta o un simple delito de aquéllos a que da lugar este procedimiento, el fiscal podrá disponer que el imputado sea puesto a disposición del juez de garantía, para el efecto de comunicarle en la audiencia de control de la detención, de forma verbal, el requerimiento a que se refiere el artículo 391, y proceder de inmediato conforme a lo dispuesto en este Título[291].

Artículo 394. Primeras actuaciones de la audiencia. Al inicio de la audiencia, el tribunal efectuará una breve relación del requerimiento y de la querella, en su caso. Cuando se encontrare presente la víctima, el

---

[289] Encabezado sustituido, por el que aparece en el texto, por el artículo 1°, N° 52, letra a), de la Ley N° 20.074 de 14 de noviembre de 2005.

[290] Inciso modificado, como aparece en el texto, por el artículo 1°, N° 52, letra b), de la Ley N° 20.074 de 14 de noviembre de 2005.

[291] Artículo agregado, como aparece en el texto, por el artículo único, N° 10, de la Ley N° 19.789, de 30 de enero de 2002.

juez instruirá a ésta y al imputado sobre la posibilidad de poner término al procedimiento de conformidad a lo previsto en el artículo 241, si ello procediere atendida la naturaleza del hecho punible materia del requerimiento. Asimismo, el fiscal podrá proponer la suspensión condicional del procedimiento, si se cumplieren los requisitos del artículo 237[292].

Artículo 395. Resolución inmediata. Una vez efectuado lo prescrito en el artículo anterior, el tribunal preguntará al imputado si admite responsabilidad en los hechos contenidos en el requerimiento o si, por el contrario, solicitará la realización de la audiencia. Para los efectos de lo dispuesto en el presente inciso, en caso de que del imputado admitiere su responsabilidad, el fiscal podrá modificar la pena requerida y solicitar una pena inferior en un grado al mínimo de los señalados por la ley y en el caso de la multa, podrá solicitar una inferior al mínimo legal.

Con todo, la regla señalada en el inciso anterior sobre la facultad del fiscal para modificar la pena, sólo será aplicable en la primera audiencia a la que se haya citado al imputado, o en la nueva audiencia a la que se le deba citar, cuando su no comparecencia se encuentre debidamente justificada.

Si el imputado compareciere a una nueva audiencia, en razón de su inasistencia injustificada a la primera audiencia a la que se haya citado, su admisión de responsabilidad podrá ser considerada por el fiscal como suficiente para estimar que concurre la circunstancia atenuante del artículo 11, Nº 9, del Código Penal, sin perjuicio de las demás reglas que fueren aplicables para la determinación de la pena.

Si el imputado admitiere su responsabilidad en el hecho, el tribunal dictará sentencia inmediatamente. En estos casos, el juez no podrá imponer una pena superior a la solicitada en el requerimiento, permitiéndose

[292] Artículo modificado, como aparece en el texto, por el artículo 1º, Nº 53, de la Ley Nº 20.074 de 14 de noviembre de 2005.

la incorporación de antecedentes que sirvieren para la determinación de la pena[293].

Artículo 395 bis. Preparación del juicio simplificado. Si el imputado no admitiere responsabilidad, el juez procederá en la misma audiencia e inmediatamente a la preparación del juicio simplificado, salvo que esta audiencia coincida con la del artículo 132, en cuyo caso la preparación del juicio podrá realizarse a más tardar dentro de quinto día[294].

Artículo 396. Realización del juicio. El juicio simplificado deberá tener lugar en la misma audiencia en que se proceda con su preparación, si ello fuere posible, o a más tardar dentro de trigésimo día.

El juicio simplificado comenzará dándose lectura al requerimiento del fiscal y a la querella, si la hubiere. En seguida, se oirá a los comparecientes y se recibirá la prueba, tras lo cual se preguntará al imputado si tuviere algo que agregar. Con su nueva declaración o sin ella, el juez pronunciará su decisión de absolución o condena, y fijará una nueva audiencia, para dentro de los cinco días próximos, para dar a conocer el texto escrito de la sentencia. Sin perjuicio de lo anterior, si el vencimiento del plazo para la redacción del fallo coincidiere con un día domingo o festivo, el plazo se diferirá hasta el día siguiente que no sea domingo o festivo[295].

La audiencia no podrá suspenderse, ni aun por falta de comparecencia de alguna de las partes o por no haberse rendido prueba en la misma.

Sin embargo, si no hubiere comparecido algún testigo o perito cuya citación judicial hubiere sido solicitada de conformidad a lo dispuesto en el inciso tercero del artículo 393 y el tribunal considerare su declaración como indispensable para la adecuada resolución de la causa, dispondrá lo

---

[293] Artículo sustituido por el artículo 1, Nº 14 de la Ley Nº 21.394, de 30 de noviembre de 2021.

[294] Artículo sustituido por el artículo 1, Nº 15 de la Ley Nº 21.394, de 30 de noviembre de 2021.

[295] El artículo 1, Nº 16 de la Ley Nº 21.394, de 30 de noviembre de 2021, sustituyó el inciso primero de este artículo por los actuales primero y segundo, como aparecen en el texto.

necesario para asegurar su comparecencia. La suspensión no podrá en caso alguno exceder de cinco días, transcurridos los cuales deberá proseguirse conforme a las reglas generales, aun a falta del testigo o perito.

En caso que el imputado requerido, válidamente emplazado, no asista injustificadamente a la audiencia de juicio por segunda ocasión, el tribunal deberá recibir, siempre que considere que ello no vulnera el derecho a defensa del imputado, la prueba testimonial y pericial del Ministerio Público, de la defensa y del querellante, en carácter de prueba anticipada, conforme a lo previsto en el artículo 191 de este Código, sin que sea necesaria su comparecencia posterior al juicio[296].

Si se solicita en el requerimiento el comiso de ganancias o el comiso por valor equivalente de bienes o instrumentos por un monto igual o inferior a 400 unidades tributarias mensuales, el juez se pronunciará acerca de su procedencia en la sentencia. Si el monto es superior o si el comiso afecta a terceros, se estará a lo dispuesto en el artículo 348 bis[297].

Artículo 397. Reiteración de faltas. En caso de reiteración de faltas de una misma especie se aplicará, en lo que correspondiere, las reglas contenidas en el artículo 351.

Artículo 398. Suspensión de la imposición de condena por falta. Cuando resulte mérito para condenar por la falta imputada, pero concurrieren antecedentes favorables que no hicieren aconsejable la imposición de la pena al imputado, el juez podrá dictar la sentencia y disponer en ella la suspensión de la pena y sus efectos por un plazo de seis meses. En tal caso, no procederá acumular esta suspensión con alguna de las penas sustitutivas contempladas en la ley N° 18.216[298].

---

[296] Inciso agregado, como aparece en el texto, por el artículo 2°, N° 28, de la Ley N° 20.931 de 05 de julio de 2016.

[297] Inciso agregado por el artículo 2, letra 21, de la Ley 21.577 de 15 de junio de 2023.

[298] Inciso modificado, como aparece en el texto, por el artículo 3°, letra d), de la Ley N° 20.603, de 27 de junio de 2012. Anteriormente el inciso había sido sustituido por el artículo 1°, N° 57, de la Ley N° 20.074 de 14 de noviembre de 2005.

Transcurrido el plazo previsto en el inciso anterior sin que el imputado hubiere sido objeto de nuevo requerimiento o de una formalización de la investigación, el tribunal dejará sin efecto la sentencia y, en su reemplazo, decretará el sobreseimiento definitivo de la causa.

Esta suspensión no afecta la responsabilidad civil derivada del delito.

Artículo 399. Recursos. Contra la sentencia definitiva sólo podrá interponerse el recurso de nulidad previsto en el Título IV del Libro Tercero. El fiscal requirente y el querellante, en su caso, sólo podrán recurrir si hubieren concurrido al juicio.

TÍTULO II. PROCEDIMIENTO POR DELITO DE ACCIÓN PRIVADA

Artículo 400. Inicio del procedimiento. El procedimiento comenzará sólo con la interposición de la querella por la persona habilitada para promover la acción penal, ante el juez de garantía competente. Este escrito deberá cumplir con los requisitos de los artículos 113 y 261, en lo que no fuere contrario a lo dispuesto en este Título.

El querellante deberá acompañar una copia de la querella por cada querellado a quien la misma debiere ser notificada.

En la misma querella se podrá solicitar al juez la realización de determinadas diligencias destinadas a precisar los hechos que configuran el delito de acción privada. Ejecutadas las diligencias, el tribunal citará a las partes a la audiencia a que se refiere el artículo 403.

Artículo 401. Desistimiento de la querella. Si el querellante se desistiere de la querella se decretará sobreseimiento definitivo en la causa y el querellante será condenado al pago de las costas, salvo que el desistimiento obedeciere a un acuerdo con el querellado.

Con todo, una vez iniciado el juicio no se dará lugar al desistimiento de la acción privada, si el querellado se opusiere a él.

Artículo 402. Abandono de la acción. La inasistencia del querellante a la audiencia del juicio, así como su inactividad en el procedimiento por más de treinta días, entendiendo por tal la falta de realización de diligencias útiles para dar curso al proceso que fueren de cargo del querellante, producirán el abandono de la acción privada. En tal caso el tribunal deberá, de oficio o a petición de parte, decretar el sobreseimiento definitivo de la causa.

Lo mismo se observará si, habiendo muerto o caído en incapacidad el querellante, sus herederos o representante legal no concurrieren a sostener la acción dentro del término de noventa días.

Artículo 403. Comparecencia de las partes a la audiencia en los delitos de acción privada. El querellante y querellado podrán comparecer a la audiencia en forma personal o representados por mandatario con facultades suficientes para transigir. Sin perjuicio de ello, deberán concurrir en forma personal, cuando el tribunal así lo ordenare.

Artículo 404. Conciliación. Al inicio de la audiencia, el juez instará a las partes a buscar un acuerdo que ponga término a la causa. Tratándose de los delitos de calumnia o de injuria, otorgará al querellado la posibilidad de dar explicaciones satisfactorias de su conducta.

Artículo 405. Normas supletorias. En lo que no proveyere este título, el procedimiento por delito de acción privada se regirá por las normas del Título I del Libro Cuarto, con excepción del artículo 398.

TÍTULO III. PROCEDIMIENTO ABREVIADO

Artículo 406. Presupuestos del procedimiento abreviado. Se aplicará el procedimiento abreviado para conocer y fallar, los hechos respecto de los cuales el fiscal requiriere la imposición de una pena privativa de libertad no superior a diez años de presidio mayor en su grado mínimo, o bien cualesquiera otras penas de distinta naturaleza, cualquiera fuere su entidad o monto, ya fueren ellas únicas, conjuntas o alternativas[299].

[299] Inciso modificado, como aparece en el texto, por el artículo 2, Nº 29, letra a)¿ de la Ley 21.694, de la Ley 21.694 de 4 de septiembre de 2024. Anteriormente, había sido modificado por el artículo 2º, Nº 29, de la Ley Nº 20.931 de 05 de julio de 2016.

Para ello, será necesario que el imputado, en conocimiento de los hechos materia de la acusación y de los antecedentes de la investigación que la fundaren, los acepte expresamente y manifieste su conformidad con la aplicación de este procedimiento.

La existencia de varios acusados o la atribución de varios delitos a un mismo acusado no impedirá la aplicación de las reglas del procedimiento abreviado a aquellos acusados o delitos respecto de los cuales concurrieren los presupuestos señalados en este artículo[300].

Artículo 407. Oportunidad para solicitar el procedimiento abreviado. Una vez formalizada la investigación, la tramitación de la causa conforme a las reglas del procedimiento abreviado podrá ser acordada en cualquier etapa del procedimiento, hasta la audiencia de preparación del juicio oral.

Sin perjuicio de lo señalado en el inciso precedente, podrá solicitarse el procedimiento abreviado, aun cuando hubiere finalizado la audiencia de preparación del juicio oral y hasta antes del envío del auto de apertura al tribunal de juicio oral en lo penal. La solicitud se resolverá de conformidad a lo establecido en el artículo 280 bis[301].

Si no se hubiere deducido aún acusación, el fiscal y el querellante, en su caso, las formularán verbalmente en la audiencia que el tribunal convocare para resolver la solicitud de procedimiento abreviado, a la que deberá citar a todos los intervinientes. Deducidas verbalmente las acusaciones, se procederá en lo demás en conformidad a las reglas de este Título.

Si se hubiere deducido acusación, el fiscal y el acusador particular podrán modificarla según las reglas generales, así como la pena requerida, con el fin de permitir la tramitación del caso conforme a las reglas de este

---

Anteriormente había sido modificado por el artículo 1º, Nº 58, de la Ley Nº 20.074 de 14 de noviembre de 2005 y por el artículo 62, de la Ley Nº 19.806 de 31 de mayo de 2002.

300 El antiguo inciso segundo fue suprimido por el artículo 2, Nº 29, letra b), de la Ley 21.694, de 4 de septiembre de 2024.

301 Inciso agregado por el artículo 1, Nº 17 de la Ley Nº 21.394, de 30 de noviembre de 2021.

Título. Para estos efectos, la aceptación de los hechos a que se refiere el inciso segundo del artículo 406 podrá ser considerada por el fiscal como suficiente para estimar que concurre la circunstancia atenuante del artículo 11, Nº 9, del Código Penal, sin perjuicio de las demás reglas que fueren aplicables para la determinación de la pena.

Sin perjuicio de lo establecido en los incisos anteriores, respecto de los delitos señalados en el artículo 449 del Código Penal, si el imputado acepta expresamente los hechos y los antecedentes de la investigación en que se fundare un procedimiento abreviado, el fiscal o el querellante, según sea el caso, podrá solicitar una pena inferior en un grado al mínimo de los señalados por la ley, debiendo considerar previamente lo establecido en las reglas 1a o 2a de ese artículo[302].

Sin perjuicio de lo establecido en los incisos anteriores, si el imputado acepta expresamente los hechos y los antecedentes de la investigación en que se fundare un procedimiento abreviado, el fiscal o el querellante, según sea el caso, podrá solicitar una pena inferior en un grado al mínimo de los señalados por la ley[303].

Artículo 408. Oposición del querellante al procedimiento abreviado. El querellante sólo podrá oponerse al procedimiento abreviado cuando en su acusación particular hubiere efectuado una calificación jurídica de los hechos, atribuido una forma de participación o señalado circunstancias modificatorias de la responsabilidad penal diferentes de las consignadas por el fiscal en su acusación y, como consecuencia de ello, la pena solicitada excediere el límite señalado en el artículo 406.

---

[302] Inciso agregado, como aparece en el texto, por el artículo 2º, Nº 30, de la Ley Nº 20.931 de 05 de julio de 2016. Anteriormente todo el artículo había sido sustituido, por el artículo 1º, Nº 59, de la Ley Nº 20.074 de 14 de noviembre de 2005.

[303] Inciso sustituido, por el que aparece en el texto, en virtud del artículo 2, Nº 20, de la Ley 21.694 de 4 de septiembre de 2024. Anteriormente, el artículo fue sustituido por el artículo 1º, Nº 59, de la Ley Nº 20.074 de 14 de noviembre de 2005.

Artículo 409. Intervención previa del juez de garantía. Antes de resolver la solicitud del fiscal, el juez de garantía consultará al acusado a fin de asegurarse que éste ha prestado su conformidad al procedimiento abreviado en forma libre y voluntaria, que conociere su derecho a exigir un juicio oral, que entendiere los términos del acuerdo y las consecuencias que éste pudiere significarle y, especialmente, que no hubiere sido objeto de coacciones ni presiones indebidas por parte del fiscal o de terceros.

Artículo 410. Resolución sobre la solicitud de procedimiento abreviado. El juez aceptará la solicitud del fiscal y del imputado cuando los antecedentes de la investigación fueren suficientes para proceder de conformidad a las normas de este Título, la pena solicitada por el fiscal se conformare a lo previsto en el inciso primero del artículo 406 y verificare que el acuerdo hubiere sido prestado por el acusado con conocimiento de sus derechos, libre y voluntariamente.

Cuando no lo estimare así, o cuando considerare fundada la oposición del querellante, rechazará la solicitud de procedimiento abreviado y dictará el auto de apertura del juicio oral. En este caso, se tendrán por no formuladas la aceptación de los hechos por parte del acusado y la aceptación de los antecedentes a que se refiere el inciso segundo del artículo 406, como tampoco las modificaciones de la acusación o de la acusación particular efectuadas para posibilitar la tramitación abreviada del procedimiento. Asimismo, el juez dispondrá que todos los antecedentes relativos al planteamiento, discusión y resolución de la solicitud de proceder de conformidad al procedimiento abreviado sean eliminadas del registro.

Artículo 411. Trámite en el procedimiento abreviado. Acordado el procedimiento abreviado, el juez abrirá el debate, otorgará la palabra al fiscal, quien efectuará una exposición resumida de la acusación y de las actuaciones y diligencias de la investigación que la fundamentaren. A continuación, se dará la palabra a los demás intervinientes. En todo caso, la exposición final corresponderá siempre al acusado.

Si el fiscal solicita la aplicación del comiso de ganancias o del comiso por valor equivalente de bienes e instrumentos, deberá indicar su monto aproximado y expresar con claridad y precisión los fundamentos de su solicitud[304].

Artículo 411 bis. Sanciones al fiscal que no asistiere o abandonare la audiencia injustificadamente. A la inasistencia o abandono injustificado del fiscal a la audiencia del procedimiento abreviado o a alguna de sus sesiones, si se desarrollare en varias, se aplicará lo previsto en el inciso segundo del artículo 269[305].

Artículo 412. Fallo en el procedimiento abreviado. Terminado el debate, el juez dictará sentencia. En caso de ser condenatoria, no podrá imponer una pena superior ni más desfavorable a la requerida por el fiscal o el querellante, en su caso.

La sentencia condenatoria no podrá emitirse exclusivamente sobre la base de la aceptación de los hechos por parte del imputado.

En ningún caso el procedimiento abreviado obstará a la concesión de alguna de las penas sustitutivas consideradas en la ley, cuando correspondiere[306].

La sentencia no se pronunciará sobre la demanda civil que hubiere sido interpuesta.

Artículo 413. Contenido de la sentencia en el procedimiento abreviado. La sentencia dictada en el procedimiento abreviado contendrá:

a) La mención del tribunal, la fecha de su dictación y la identificación de los intervinientes;

b) La enunciación breve de los hechos y circunstancias que hubieren sido objeto de la acusación y de la aceptación por el acusado, así como de la defensa de éste;

---

[304] Inciso agregado por el artículo 2, N° 22, de la Ley 21.577 de 15 de junio de 2023.

[305] Artículo agregado, como aparece en el texto, por el artículo único, número 7, de la Ley N° 21.004, de 29 de marzo de 2017.

[306] Inciso modificado, como aparece en el texto, por artículo 3°, letra c), de la Ley N° 20.603 de 27 de junio de 2012.

c) La exposición clara, lógica y completa de cada uno de los hechos que se dieren por probados sobre la base de la aceptación que el acusado hubiere manifestado respecto a los antecedentes de la investigación, así como el mérito de éstos, valorados en la forma prevista en el artículo 297;

d) Las razones legales o doctrinales que sirvieren para calificar jurídicamente cada uno de los hechos y sus circunstancias y para fundar su fallo;

e) La resolución que condenare o absolviere al acusado. La sentencia condenatoria fijará las penas y se pronunciará sobre la aplicación de alguna de las penas sustitutivas a la privación o restricción de libertad previstas en la ley[307];

f) El pronunciamiento sobre las costas, y g) La firma del juez que la hubiere dictado.

La sentencia que condenare a una pena temporal deberá expresar con toda precisión el día desde el cual empezará ésta a contarse y fijará el tiempo de detención o prisión preventiva que deberá servir de abono para su cumplimiento.

La sentencia condenatoria dispondrá también el comiso de los instrumentos o efectos del delito o su restitución, cuando fuere procedente.

Si el fiscal solicita el comiso de ganancias o el comiso por valor equivalente de efectos o instrumentos del delito por un monto igual o inferior a 400 unidades tributarias mensuales, el juez se pronunciará acerca de su procedencia en la sentencia. Si el monto es superior o si el comiso afecta a terceros, se estará a lo dispuesto en el artículo 348 bis[308].

Artículo 414. Recursos en contra de la sentencia dictada en el procedimiento abreviado. La sentencia definitiva dictada por el juez de garantía en el procedimiento abreviado sólo será impugnable por apelación, que se deberá conceder en ambos efectos.

---

307 Inciso modificado, como aparece en el texto, por artículo 3º, letra c), de la Ley Nº 20.603 de 27 de junio de 2012.

308 Inciso agregado por el artículo 2, Nº23, de la Ley 21.577 de 15 de junio de 2023.

En el conocimiento del recurso de apelación la Corte podrá pronunciarse acerca de la concurrencia de los supuestos del procedimiento abreviado previstos en el artículo 406.

Artículo 415. Normas aplicables en el procedimiento abreviado. Se aplicarán al procedimiento abreviado las disposiciones consignadas en este Título, y en lo no previsto en él, las normas comunes previstas en este Código y las disposiciones del procedimiento ordinario.

TÍTULO III BIS. PROCEDIMIENTO RELATIVO A LA IMPOSICIÓN DE COMISO SIN CONDENA PREVIA[309]

Artículo 415 bis. Ámbito de aplicación. Las reglas de este Título son aplicables en los casos en que la ley dispone el comiso de bienes o activos obtenidos a través de la comisión del hecho ilícito o utilizados en su perpetración sin sujetar su procedencia a la dictación de una sentencia condenatoria relativa al hecho.

Es competente para conocer del procedimiento relativo al comiso sin condena el tribunal que haya dictado la resolución que ponga término a la investigación o juicio respectivo[310].

Artículo 415 ter. Inicio del procedimiento. Habiéndose incautado bienes o habiéndolos asegurado conforme al artículo 157, el Ministerio Público o el querellante solicitará mediante requerimiento escrito presentado ante el tribunal que se cite a audiencia especial para hacer efectivo el comiso. La solicitud deberá ser presentada en un plazo no superior a diez días contado desde que quede ejecutoriada la última resolución que recaiga sobre la respectiva investigación o juicio, poniéndole término temporal o definitivo.

Transcurrido este plazo sin que se haya deducido el requerimiento, el tribunal abrirá un plazo máximo de cinco días para que el fiscal deduzca

---

[309] Título incorporado por el artículo 2, Nº 24, de la Ley 21.577 de 15 de junio de 2023.

[310] Artículo incorporado por el artículo 2, Nº 24, de la Ley 21.577 de 15 de junio de 2023.

el requerimiento o comunique fundadamente su decisión de no hacerlo, y dará cuenta de inmediato de ello al Fiscal Regional. De no deducirse requerimiento dentro de este plazo, de oficio el tribunal dejará sin efecto la incautación y las medidas cautelares que se hayan dispuesto[311].

Artículo 415 quáter. Contenido del requerimiento. El requerimiento deberá contener:

a) La individualización de todas las personas que conforme a la ley podrían ser afectadas en su propiedad o patrimonio por la imposición del comiso, cuando los hubiere.

b) Una relación sucinta del hecho que se le atribuyó, y las razones manifestadas en la resolución que puso término al procedimiento, de su término sin condena.

c) La exposición de los antecedentes o elementos que fundan la solicitud.

d) La exposición del monto y de los bienes muebles e inmuebles cuyo comiso se solicita.

e) La individualización y firma del requirente[312].

Artículo 415 quinquies. Citación a audiencia. En la resolución que provee el requerimiento se citará a audiencia especial de comiso, la que no podrá tener lugar antes de treinta ni después de sesenta días.

En la citación el juez ordenará que las partes comparezcan a la audiencia con todos sus medios de prueba. Si alguna de las partes requiere de la citación de testigos o peritos por medio del tribunal, deberá formular la respectiva solicitud, al menos, diez días antes de la fecha de la audiencia.

El requerimiento y la resolución que recaiga sobre éste serán notificados a todas las personas señaladas en la letra a) del artículo precedente y, en su caso, a los demás intervinientes en la respectiva investigación

---

311 Artículo incorporado por el artículo 2, Nº 24, de la Ley 21.577 de 15 de junio de 2023.

312 Artículo incorporado por el artículo 2, Nº 24, de la Ley 21.577 de 15 de junio de 2023.

o juicio, con a lo menos quince días de anticipación a la fecha de la audiencia[313].

Artículo 415 sexies. Desarrollo de la audiencia. La audiencia comenzará con la lectura del requerimiento de aplicación del comiso formulada por el Ministerio Público o el querellante y la presentación de los antecedentes que serán ofrecidos por las demás partes. En caso de que alguna de las partes lo solicite, el tribunal podrá disponer la realización de una audiencia de preparación. De lo contrario, la audiencia seguirá su curso procediéndose a recibir la prueba ofrecida.

En aquello que no sea incompatible con la naturaleza de este procedimiento, la audiencia se regirá por las normas del juicio simplificado.

La prueba de los hechos de los que depende la procedencia del comiso, incluido su monto, será producida conforme a lo dispuesto en el artículo 295 y apreciada conforme a lo dispuesto en el artículo 297. El tribunal formará su convicción sobre la base de la prueba preponderante producida durante la audiencia.

En caso de no existir oposición, el juez podrá fallar con el sólo mérito del contenido del requerimiento de comiso presentado y debidamente notificado[314].

Artículo 415 septies. Contenido de la sentencia. La sentencia en el procedimiento de comiso sin condena previa contendrá:

a) La mención del tribunal, la fecha de su dictación y la identificación de los intervinientes y la certificación de haberse cursado las notificaciones a las que se refiere el artículo 415 quinquies, inciso tercero.

b) La enunciación de la solicitud del Ministerio Público, de la querellante y de las defensas de los afectados, si los hubiere, y sus fundamentos respectivos.

---

[313] Artículo incorporado por el artículo 2, Nº 24, de la Ley 21.577 de 15 de junio de 2023.

[314] Artículo incorporado por el artículo 2, Nº 24, de la Ley 21.577 de 15 de junio de 2023.

c) El análisis breve de la prueba producida.

d) Las razones de hecho y de derecho que sirven de fundamento a la sentencia, en particular las que se refieren a la existencia del hecho ilícito del que proceden las ganancias o su conexión con los instrumentos o efectos de que se trate.

e) La decisión del asunto, imponiendo el comiso o denegándolo, y en el primer caso determinando el monto por el cual se lo impone[315].

Artículo 415 octies. Recursos. Contra la sentencia definitiva podrá interponerse el recurso de nulidad previsto en el Título IV del Libro III, en cuanto se pretenda la impugnación de la imposición o denegación del comiso. Si lo impugnado fuere el monto procederá el recurso de apelación, el cual podrá en su caso interponerse en subsidio del recurso de nulidad.

El fiscal requirente y el querellante, en su caso, sólo podrán recurrir si concurrieron al juicio.

El tribunal que conozca del recurso podrá decretar la nulidad de la audiencia prevista en el artículo 415 sexies o, de tratarse exclusivamente de un error de derecho, anulará la sentencia y dictará sentencia de reemplazo[316].

Artículo 415 nonies. Ejecución. Una vez ejecutoriada la sentencia que impone el comiso, ella será ejecutada conforme a lo dispuesto en el artículo 468 bis[317].

---

315 Artículo incorporado por el artículo 2, Nº 24, de la Ley 21.577 de 15 de junio de 2023.

316 Artículo incorporado por el artículo 2, Nº 24, de la Ley 21.577 de 15 de junio de 2023.

317 Artículo incorporado por el artículo 2, Nº 24, de la Ley 21.577 de 15 de junio de 2023.

TÍTULO IV. PROCEDIMIENTO RELATIVO A PERSONAS QUE GOZAN DE FUERO CONSTITUCIONAL

Párrafo 1° Personas que tienen el fuero del artículo 58 de la Constitución Política

Artículo 416. Solicitud de desafuero. Una vez cerrada la investigación, si el fiscal estimare que procediere formular acusación por crimen o simple delito en contra de una persona que tenga el fuero a que se refieren los incisos segundo a cuarto del artículo 58 de la Constitución Política, remitirá los antecedentes a la Corte de Apelaciones correspondiente, a fin de que, si hallare mérito, declare que ha lugar a formación de causa.

Igual declaración requerirá si, durante la investigación, el fiscal quisiere solicitar al juez de garantía la prisión preventiva del aforado u otra medida cautelar en su contra.

Si se tratare de un delito de acción privada, el querellante deberá ocurrir ante la Corte de Apelaciones solicitando igual declaración, antes de que se admitiere a tramitación su querella por el juez de garantía.

Artículo 417. Detención in fraganti. Si el aforado fuere detenido por habérsele sorprendido en delito flagrante, el fiscal lo pondrá inmediatamente a disposición de la Corte de Apelaciones respectiva. Asimismo, remitirá la copia del registro de las diligencias que se hubieren practicado y que fueren conducentes para resolver el asunto.

Artículo 418. Apelación. La resolución que se pronunciare sobre la petición de desafuero será apelable para ante la Corte Suprema.

Artículo 419. Comunicación en caso de desafuero de diputado o senador. Si la persona desaforada fuere un diputado o un senador, una vez que se hallare firme la resolución que declarare haber lugar a formación de causa, será comunicada por la Corte de Apelaciones respectiva a la rama del Congreso Nacional a que perteneciere el imputado. Desde la fecha de esa comunicación, el diputado o senador quedará suspendido de su cargo.

Artículo 420. Efectos de la resolución que diere lugar a formación de causa. Si se diere lugar a formación de causa, se seguirá el procedimiento conforme a las reglas generales.

Sin embargo, en el caso a que se refiere el inciso primero del artículo 416, el juez de garantía fijará de inmediato la fecha de la audiencia de preparación del juicio oral, la que deberá efectuarse dentro de los quince días siguientes a la recepción de los antecedentes por el juzgado de garantía. A su vez, la audiencia del juicio oral deberá iniciarse dentro del plazo de quince días contado desde la notificación del auto de apertura del juicio oral. Con todo, se aplicarán los plazos previstos en las reglas generales cuando el imputado lo solicitare para preparar su defensa.

Artículo 421. Efectos de la resolución que no diere lugar a formación de causa. Si, en el caso del inciso primero del artículo 416, la Corte de Apelaciones declarare no haber lugar a formación de causa, esta resolución producirá los efectos del sobreseimiento definitivo respecto del aforado favorecido con aquella declaración.

Tratándose de la situación contemplada en el inciso tercero del mismo artículo, el juez de garantía no admitirá a tramitación la querella y archivará los antecedentes.

Artículo 422. Pluralidad de sujetos. Si aparecieren implicados individuos que no gozaren de fuero, se seguirá adelante el procedimiento en relación con ellos.

Párrafo 2° Delegados Presidenciales Regionales, Delegados Presidenciales Provinciales y Gobernadores Regionales[318]

Artículo 423. Remisión a normas del Párrafo 1°. El procedimiento establecido en el Párrafo 1° de este Título es aplicable a los casos de des-

---

[318] Epígrafe modificado, como aparece en el texto, por el artículo 13, N° 1, de la Ley N° 21.073, de 22 de febrero de 2018.

afuero de gobernadores regionales, delegados presidenciales regionales o delegados presidenciales provinciales, en lo que fuere pertinente[319].

TÍTULO V. QUERELLA DE CAPÍTULOS

Artículo 424. Objeto de la querella de capítulos. La querella de capítulos tiene por objeto hacer efectiva la responsabilidad criminal de los jueces, fiscales judiciales y fiscales del ministerio público por actos que hubieren ejecutado en el ejercicio de sus funciones e importaren una infracción penada por la ley.

Artículo 425. Solicitud de admisibilidad de los capítulos de acusación. Una vez cerrada la investigación, si el fiscal estimare que procede formular acusación por crimen o simple delito contra un juez, un fiscal judicial o un fiscal del ministerio público, remitirá los antecedentes a la Corte de Apelaciones correspondiente, a fin de que, si hallare mérito, declare admisibles los capítulos de acusación.

En el escrito de querella se especificarán los capítulos de acusación, y se indicarán los hechos que constituyeren la infracción de la ley penal cometida por el funcionario capitulado.

Igual declaración a la prevista en el inciso primero requerirá el fiscal si, durante la investigación, quisiere solicitar al juez de garantía la prisión preventiva de algunas de esas personas u otra medida cautelar en su contra.

Si se tratare de un delito de acción privada, el querellante deberá ocurrir ante la Corte de Apelaciones solicitando igual declaración, antes

---

[319] El artículo 13, Nº 2, de la Ley Nº 21.073, de 22 de febrero de 2018 dispuso que se modificara este artículo, reemplazando la expresión «de un intendente, de un gobernador o de un presidente de consejo regional» por «de un delegado presidencial regional, de un delegado presidencial provincial o de un gobernador regional», pero, atendido que la frase a sustituir no existe en su texto, no es posible modificarla. El texto actual fue modificado por el artículo 3º, Nº 2, de la Ley 21.074, de 15 de febrero de 2018. Esa es probablemente la razón del error anterior.

de que se admitiere a tramitación por el juez de garantía la querella que hubiere presentado por el delito.

Artículo 426. Juez, fiscal judicial o fiscal detenido in fraganti. Si un juez, un fiscal judicial o un fiscal del ministerio público fuere detenido por habérsele sorprendido en delito flagrante, el fiscal lo pondrá inmediatamente a disposición de la Corte de Apelaciones respectiva. Asimismo, remitirá la copia del registro de las diligencias que se hubieren practicado y que fueren conducentes para resolver el asunto.

Artículo 427. Apelación. La resolución que se pronunciare sobre la querella de capítulos será apelable para ante la Corte Suprema.

Artículo 428. Efectos de la sentencia que declara admisible la querella de capítulos. Cuando por sentencia firme se hubieren declarado admisibles todos o alguno de los capítulos de acusación, el funcionario capitulado quedará suspendido del ejercicio de sus funciones y el procedimiento penal continuará de acuerdo a las reglas generales.

Sin embargo, en el caso a que se refiere el inciso primero del artículo 425, el juez de garantía fijará de inmediato la fecha de la audiencia de preparación del juicio oral la que deberá verificarse dentro de los quince días siguientes a la recepción de los antecedentes por el juzgado de garantía. A su vez, la audiencia del juicio oral deberá iniciarse dentro del plazo de quince días contado desde la notificación del auto de apertura del juicio oral. Con todo, se aplicarán los plazos previstos en las reglas generales cuando el imputado lo solicitare para preparar su defensa.

Artículo 429. Efectos de la sentencia que declara inadmisible la querella de capítulos. Si, en el caso del inciso primero del artículo 425, la Corte de Apelaciones declarare inadmisibles todos los capítulos de acusación comprendidos en la querella, tal resolución producirá los efectos del sobreseimiento definitivo respecto del juez, fiscal judicial o fiscal del ministerio público favorecido con aquella declaración.

Tratándose de la situación contemplada en el inciso final del mismo artículo, el juez de garantía no admitirá a tramitación la querella que ante él se hubiere presentado y archivará los antecedentes.

Artículo 430. Pluralidad de sujetos. Si en el mismo procedimiento aparecieren implicados otros individuos que no fueren jueces, fiscales judiciales o fiscales del ministerio público, se seguirá adelante en relación con ellos.

TÍTULO VI. EXTRADICIÓN

Párrafo 1º Extradición activa

Artículo 431. Procedencia de la extradición activa. Cuando en la tramitación de un procedimiento penal se hubiere formalizado la investigación por un delito que tuviere señalada en la ley una pena privativa de libertad cuya duración mínima excediere de un año, respecto de un individuo que se encontrare en país extranjero, el ministerio público deberá solicitar del juez de garantía que eleve los antecedentes a la Corte de Apelaciones, a fin de que este tribunal, si estimare procedente la extradición del imputado al país en el que actualmente se encontrare, ordene sea pedida. Igual solicitud podrá hacer el querellante, si no la formulare el ministerio público.

El mismo procedimiento se empleará en los casos enumerados en el artículo 6º del Código Orgánico de Tribunales.

La extradición procederá, asimismo, con el objeto de hacer cumplir en el país una sentencia definitiva condenatoria a una pena privativa de libertad de cumplimiento efectivo superior a un año.

Artículo 432. Tramitación ante el juez de garantía. Se podrá formalizar la investigación respecto del imputado ausente, el que será representado en la audiencia respectiva por un defensor penal público, si no contare con defensor particular.

Al término de la audiencia, previo debate, el juez de garantía accederá a la solicitud de extradición si estimare que en la especie concurren los requisitos del artículo 140.

Si el juez de garantía diere lugar a la solicitud de extradición a petición del fiscal o del querellante, declarará la procedencia de pedir, en el país extranjero, la prisión preventiva u otra medida cautelar personal respecto del imputado, en caso de que se cumplan las condiciones que permitirían decretar en Chile la medida respectiva.

Para que el juez eleve los antecedentes a la Corte de Apelaciones, será necesario que conste en el procedimiento el país y lugar en que el imputado se encontrare en la actualidad.

Artículo 433. Audiencia ante la Corte de Apelaciones. Recibidos los antecedentes por la Corte de Apelaciones, ésta fijará una audiencia para fecha próxima, a la cual citará al ministerio público, al querellante, si éste hubiere solicitado la extradición y al defensor del imputado. La audiencia, que tendrá lugar con los litigantes que asistieren y que no se podrá suspender a petición de éstos, se iniciará con una relación pública de los antecedentes que motivaren la solicitud; luego, se concederá la palabra al fiscal, en su caso al querellante y al defensor.

Artículo 434. Solicitud de detención previa u otra medida cautelar personal. Durante la tramitación de la extradición, a petición del fiscal o del querellante que la hubiere requerido, la Corte de Apelaciones podrá solicitar del Ministerio de Relaciones Exteriores que se pida al país en que se encontrare el imputado que ordene la detención previa de éste o adopte otra medida destinada a evitar la fuga de la persona cuya extradición se solicitará, cuando el juez de garantía hubiere comprobado la concurrencia de los requisitos que admitirían decretar la prisión preventiva u otra medida cautelar personal.

La solicitud de la Corte de Apelaciones deberá consignar los antecedentes que exigiere el tratado aplicable para solicitar la detención previa o, a falta de tratado, al menos los antecedentes contemplados en el artículo 442.

Artículo 435. Fallo de la solicitud de extradición activa. Finalizada la audiencia, la Corte de Apelaciones resolverá en un auto fundado si debiere o no solicitarse la extradición del imputado.

En contra de la resolución de la Corte de Apelaciones que se pronunciare sobre la solicitud de extradición, no procederá recurso alguno.

Artículo 436. Fallo que acoge la solicitud de extradición activa. En caso de acoger la solicitud de extradición, la Corte de Apelaciones se dirigirá al Ministerio de Relaciones Exteriores, al que hará llegar copia de la resolución de que se trata en el artículo anterior, pidiendo que se practiquen las gestiones diplomáticas que fueren necesarias para obtener la extradición.

Acompañará, además, copia de la formalización de la investigación que se hubiere formulado en contra del imputado; de los antecedentes que la hubieren motivado o de la resolución firme que hubiere recaído en el procedimiento, si se tratare de un condenado; de los textos legales que tipificaren y sancionaren el delito, de los referentes a la prescripción de la acción y de la pena, y toda la información conocida sobre la filiación, identidad, nacionalidad y residencia del imputado.

Cumplidos estos trámites, la Corte de Apelaciones devolverá los antecedentes al tribunal de origen.

Artículo 437. Tramitación del fallo que acoge la solicitud de extradición activa. El Ministerio de Relaciones Exteriores legalizará y traducirá los documentos acompañados, si fuere del caso, y hará las gestiones necesarias para dar cumplimiento a la resolución de la Corte de Apelaciones. Si se obtuviere la extradición del imputado, lo hará conducir del país en que se encontrare, hasta ponerlo a disposición de aquel tribunal.

En este último caso, la Corte de Apelaciones ordenará que el imputado sea puesto a disposición del tribunal competente, a fin de que el procedimiento siga su curso o de que cumpla su condena, si se hubiere pronunciado sentencia firme.

Artículo 438. Extradición activa improcedente o no concedida. Si la Corte de Apelaciones declarare no ser procedente la extradición se devolverán los antecedentes al tribunal, a fin de que proceda según corresponda.

Si la extradición no fuere concedida por las autoridades del país en que el imputado se encontrare, se comunicará el hecho al tribunal de garantía, para idéntico fin.

Artículo 439. Multiplicidad de imputados en un mismo procedimiento. Si el procedimiento comprendiere a un imputado que se encontrare en el extranjero y a otros imputados presentes, se observarán las disposiciones anteriores en cuanto al primero y, sin perjuicio de su cumplimiento, se proseguirá sin interrupción en contra de los segundos.

Párrafo 2° Extradición pasiva

Artículo 440. Procedencia de la extradición pasiva. Cuando un país extranjero solicitare a Chile la extradición de individuos que se encontraren en el territorio nacional y que en el país requirente estuvieren imputados de un delito o condenados a una pena privativa de libertad de duración superior a un año, el Ministerio de Relaciones Exteriores remitirá la petición y sus antecedentes a la Corte Suprema.

Artículo 441. Tribunal de primera instancia en la extradición pasiva. Recibidos los antecedentes, se designará al ministro de la Corte Suprema que conocerá en primera instancia de la solicitud de extradición, quien fijará, desde luego, día y hora para la realización de la audiencia a que se refiere el artículo 448 y pondrá la petición y sus antecedentes en conocimiento del representante del Estado requirente y del imputado, a menos que se hubieren solicitado medidas cautelares personales en contra de este último. Si se hubieren pedido tales medidas, el conocimiento de la petición y los antecedentes se suministrará al imputado una vez que las mismas se hubieren decretado.

Artículo 442. Detención previa. Antes de recibirse la solicitud formal de extradición, el Ministro de la Corte Suprema podrá decretar la detención del imputado, si así se hubiere estipulado en el tratado respectivo o lo requiriere el Estado extranjero mediante una solicitud que contemple las siguientes menciones mínimas:

a) La identificación del imputado;

b) La existencia de una sentencia condenatoria firme o de una orden restrictiva o privativa de la libertad personal del imputado;

c) La calificación del delito que motivare la solicitud, el lugar y la fecha de comisión de aquél, y d) La declaración de que se solicitará formalmente la extradición.

La detención previa se decretará por el plazo que determinare el tratado aplicable o, en su defecto, por un máximo de dos meses a contar de la fecha en que el Estado requirente fuere notificado del hecho de haberse producido la detención previa del imputado.

Artículo 443. Representación del Estado requirente. El ministerio público representará el interés del Estado requirente en el procedimiento de extradición pasiva, lo que no obstará al cumplimiento de lo dispuesto en su ley orgánica constitucional.

En cualquier momento, antes de la audiencia a que se refiere el artículo 448, el Estado requirente podrá designar otro representante, caso en el cual cesará la intervención del ministerio público.

Artículo 444. Ofrecimiento y producción de pruebas. Si el Estado requirente y el imputado quisieren rendir prueba testimonial, pericial o documental, la deberán ofrecer con a lo menos tres días de anticipación a la audiencia, individualizando a los testigos, si los hubiere, en la solicitud que presentaren. Esta prueba se producirá en la audiencia a que se refiere el artículo 448.

Artículo 445. Declaración del imputado. En la audiencia prevista en el artículo 448, el imputado tendrá derecho siempre a prestar declaración, ocasión en la que podrá ser libre y directamente interrogado por el representante del Estado requirente y por su defensor.

Artículo 446. Procedencia de la prisión preventiva y de otras medidas cautelares personales. Presentada la solicitud de extradición, el Estado requirente podrá solicitar la prisión preventiva del individuo cuya extradición se requiriere, u otras medidas cautelares personales, que se decretarán si se cumplieren los requisitos que disponga el tratado respectivo o, en su defecto, los previstos en el Título V del Libro I.

Artículo 447. De la modificación, revocación o sustitución de las medidas cautelares personales. En cualquier estado del procedimiento se podrán modificar, revocar o sustituir las medidas cautelares personales que se hubieren decretado, de acuerdo a las reglas generales, pero el Ministro de la Corte Suprema tomará las medidas que estimare necesarias para evitar la fuga del imputado[320].

Artículo 448. Audiencia en la extradición pasiva. La audiencia será pública, y a su inicio el representante del Estado requirente dará breve cuenta de los antecedentes en que se funda la petición de extradición. Si fuere el ministerio público, hará saber también los hechos y circunstancias que obraren en beneficio del imputado.

A continuación se rendirá la prueba testimonial, pericial o documental que las partes hubieren ofrecido.

Una vez rendida la prueba, si el imputado lo deseare podrá prestar declaración y, de hacerlo, pondrá ser contrainterrogado.

En caso de que se hubiere rendido prueba o hubiere declarado el imputado, se le concederá la palabra al representante del Estado requirente, para que exponga sus conclusiones.

Luego, se le concederá la palabra al imputado para que, personalmente o a través de su defensor, efectuare las argumentaciones que estimare procedentes.

---

320 Artículo sustituido, por el que aparece en el texto, por el artículo 1°, N° 60, de la Ley N° 20.074 de 14 de noviembre de 2005.

Artículo 449. Fallo de la extradición pasiva. El tribunal concederá la extradición si estimare comprobada la existencia de las siguientes circunstancias:

a) La identidad de la persona cuya extradición se solicitare;

b) Que el delito que se le imputare o aquél por el cual se le hubiere condenado sea de aquellos que autorizan la extradición según los tratados vigentes o, a falta de éstos, en conformidad con los principios de derecho internacional, y

c) Que de los antecedentes del procedimiento pudiere presumirse que en Chile se deduciría acusación en contra del imputado por los hechos que se le atribuyen.

La sentencia correspondiente se dictará, por escrito, dentro de quinto día de finalizada la audiencia.

Artículo 450. Recursos en contra de la sentencia que falla la petición de extradición. En contra de la sentencia que se pronunciare sobre la extradición procederán el recurso de apelación y el recurso de nulidad, el que sólo podrá fundarse en una o más de las causales previstas en los artículos 373, letra a), y 374. Corresponderá conocer de estos recursos a la Corte Suprema.

En el evento de interponerse ambos recursos, deberán deducirse en forma conjunta en un mismo escrito, uno en subsidio del otro y dentro del plazo previsto para el recurso de apelación.

La Corte Suprema conocerá del recurso en conformidad a las reglas generales previstas en este Código para la tramitación de los recursos.

Artículo 451. Sentencia que concede la extradición pasiva. Ejecutoriada que fuere la sentencia que concediere la extradición, el Ministro de la Corte Suprema pondrá al sujeto requerido a disposición del Ministerio de Relaciones Exteriores, a fin de que sea entregado al país que la hubiere solicitado.

Artículo 452. Sentencia que deniega la extradición pasiva. Si la sentencia denegare la extradición, aun cuando no se encontrare ejecutoriada, el Ministro de la Corte Suprema procederá a decretar el cese de cualquier medida cautelar personal que se hubiere decretado en contra del sujeto cuya extradición se solicitare.

Ejecutoriada la sentencia que denegare la extradición, el Ministro de la Corte comunicará al Ministerio de Relaciones Exteriores el resultado del procedimiento, incluyendo copia autorizada de la sentencia que en él hubiere recaído.

Artículo 453. Desistimiento del Estado requirente. Se sobreseerá definitivamente en cualquier etapa del procedimiento en que el Estado requirente se desistiere de su solicitud.

Artículo 454. Extradición pasiva simplificada. Si la persona cuya extradición se requiriere, luego de ser informada acerca de sus derechos a un procedimiento formal de extradición y de la protección que éste le brinda, con asistencia letrada, expresa ante el Ministro de la Corte Suprema que conociere de la causa, su conformidad en ser entregada al Estado solicitante, el Ministro concederá sin más trámite la extradición, procediéndose en este caso en conformidad con el artículo 451.

TÍTULO VII. PROCEDIMIENTO PARA LA APLICACIÓN EXCLUSIVA DE MEDIDAS DE SEGURIDAD

Párrafo 1° Disposiciones generales

Artículo 455. Procedencia de la aplicación de medidas de seguridad. En el proceso penal sólo podrá aplicarse una medida de seguridad al enajenado mental que hubiere realizado un hecho típico y antijurídico y siempre que existieren antecedentes calificados que permitieren presumir que atentará contra sí mismo o contra otras personas.

Artículo 456. Supletoriedad de las normas del Libro Segundo para la aplicación de medidas de seguridad. El procedimiento para la aplicación de medidas de seguridad se rige por las reglas contenidas en este

Título y en lo que éste no prevea expresamente, por las disposiciones del Libro Segundo, en cuanto no fueren contradictorias.

Artículo 457. Clases de medidas de seguridad. Podrán imponerse al enajenado mental, según la gravedad del caso, la internación en un establecimiento psiquiátrico o su custodia y tratamiento.

En ningún caso la medida de seguridad podrá llevarse a cabo en un establecimiento carcelario. Si la persona se encontrare recluida, será trasladada a una institución especializada para realizar la custodia, tratamiento o la internación. Si no lo hubiere en el lugar, se habilitará un recinto especial en el hospital público más cercano.

La internación se efectuará en la forma y condiciones que se establecieren en la sentencia que impone la medida. Cuando la sentencia dispusiere la medida de custodia y tratamiento, fijará las condiciones de éstos y se entregará al enajenado mental a su familia, a su guardador, o a alguna institución pública o particular de beneficencia, socorro o caridad.

Párrafo 2° Sujeto inimputable por enajenación mental

Artículo 458. Imputado enajenado mental. Cuando en el curso del procedimiento aparecieren antecedentes calificados que permitieren presumir fundadamente la inimputabilidad por enajenación mental del imputado, el ministerio público o juez de garantía, de oficio o a petición de parte, solicitará el informe psiquiátrico correspondiente, explicitando la conducta punible que se investiga en relación a éste. El juez ordenará la suspensión del procedimiento hasta tanto no se remitiere el informe requerido, sin perjuicio de continuarse respecto de los demás coimputados, si los hubiere[321].

Mientras no se reciba el informe del inciso anterior, el juez podrá otorgar, mantener, sustituir o revocar las medidas cautelares señaladas en el Título V del Libro I, o bien disponer la internación provisional prevista en

---

[321] Artículo modificado por el artículo 2, N° 31, de la Ley 21.694, de 4 de septiembre de 2024.

el artículo 464, según resulte más idóneo a los fines del proceso y la condición del imputado, conforme a los antecedentes del procedimiento[322].

Artículo 459. Designación de curador. Existiendo antecedentes acerca de la enajenación mental del imputado, sus derechos serán ejercidos por un curador ad litem designado al efecto.

Artículo 460. Actuación del ministerio público. Si el fiscal hallare mérito para sobreseer temporal o definitivamente la causa, efectuará la solicitud respectiva en la oportunidad señalada en el artículo 248, caso en el cual procederá de acuerdo a las reglas generales.

Con todo, si al concluir su investigación, el fiscal estimare concurrente la causal de extinción de responsabilidad criminal prevista en el artículo 10, número 1°, del Código Penal y, además, considerare aplicable una medida de seguridad, deberá solicitar que se proceda conforme a las reglas previstas en este Título.

Artículo 461. Requerimiento de medidas de seguridad. En el caso previsto en el inciso segundo del artículo anterior, el fiscal requerirá la medida de seguridad, mediante solicitud escrita, que deberá contener, en lo pertinente, las menciones exigidas en el escrito de acusación.

El fiscal no podrá, en caso alguno, solicitar la aplicación del procedimiento abreviado o la suspensión condicional del procedimiento.

En los casos previstos en este artículo, el querellante podrá acompañar al escrito a que se refiere el artículo 261 los antecedentes que considerare demostrativos de la imputabilidad de la persona requerida.

Artículo 462. Resolución del requerimiento. Formulado el requerimiento, corresponderá al juez de garantía declarar que el sujeto requerido se encuentra en la situación prevista en el artículo 10, número 1°, del Código Penal. Si el juez apreciare que los antecedentes no permiten establecer con certeza la inimputabilidad, rechazará el requerimiento.

---

322 Inciso incorporado por el artículo 2, N° 31, letra b), de la Ley 21.694 de 4 de septiembre de 2024.

Al mismo tiempo, dispondrá que la acusación se formulare por el querellante, siempre que éste se hubiere opuesto al requerimiento del fiscal, para que la sostuviere en lo sucesivo en los mismos términos que este Código establece para el ministerio público. En caso contrario, ordenará al ministerio público la formulación de la acusación conforme al trámite ordinario.

Los escritos de acusación podrán contener peticiones subsidiarias relativas a la imposición de medidas de seguridad.

Artículo 463. Reglas especiales relativas a la aplicación de medidas de seguridad. Cuando se proceda en conformidad a las normas de este Párrafo, se aplicarán las siguientes reglas especiales:

a) El procedimiento no se podrá seguir conjuntamente contra sujetos enajenados mentales y otros que no lo fueren;

b) El juicio se realizará a puerta cerrada, sin la presencia del enajenado mental, cuando su estado imposibilite la audiencia, y

c) La sentencia absolverá si no se constatare la existencia de un hecho típico y antijurídico o la participación del imputado en él, o, en caso contrario, podrá imponer al inimputable una medida de seguridad.

Artículo 464. Internación provisional del imputado. Durante el procedimiento el tribunal podrá ordenar, a petición de alguno de los intervinientes, la internación provisional del imputado en un establecimiento asistencial, cuando concurrieren los requisitos señalados en los artículos 140 y 141, y el informe psiquiátrico practicado al imputado señalare que éste sufre una grave alteración o insuficiencia en sus facultades mentales que hicieren temer que atentará contra sí o contra otras personas.

Se aplicarán, en lo que fueren pertinentes, las normas contenidas en los párrafos 4°, 5° y 6° del Título V del Libro Primero.

Párrafo 3° Imputado que cae en enajenación durante el procedimiento

Artículo 465. Imputado que cae en enajenación mental. Si, después de iniciado el procedimiento, el imputado cayere en enajenación mental, el juez de garantía decretará, a petición del fiscal o de cualquiera de los intervinientes, previo informe psiquiátrico, el sobreseimiento temporal del procedimiento hasta que desapareciere la incapacidad del imputado o el sobreseimiento definitivo si se tratare de una enajenación mental incurable.

La regla anterior sólo se aplicará cuando no procediere la terminación del procedimiento por cualquier otra causa.

Si en el momento de caer en enajenación el imputado se hubiere formalizado la investigación o se hubiere deducido acusación en su contra, y se estimare que corresponde adoptar una medida de seguridad, se aplicará lo dispuesto en el Párrafo 2° de este Título.

TÍTULO VIII. EJECUCIÓN DE LAS SENTENCIAS CONDENATORIAS Y MEDIDAS DE SEGURIDAD

Párrafo 1°. Intervinientes

Artículo 466. Intervinientes. Durante la ejecución de la pena o de la medida de seguridad, sólo podrán intervenir ante el competente juez de garantía el ministerio público, el imputado, su defensor y el delegado a cargo de la pena sustitutiva de prestación de servicios en beneficio de la comunidad, de libertad vigilada o de libertad vigilada intensiva, según corresponda[323].

El condenado o el curador, en su caso, podrán ejercer durante la ejecución de la pena o medida de seguridad todos los derechos y facultades que la normativa penal y penitenciaria le otorgare.

El Consejo de Defensa del Estado podrá tener la calidad de interviniente para todos los efectos de la ejecución de la pena en su aspecto patrimonial y especialmente respecto del cumplimiento del comiso impuesto en la sentencia, haya o no comparecido en la causa respectiva.

---

[323] Inciso modificado, como aparece en el texto, por el artículo 3°, letra e), de la Ley N° 20.603, de 27 de junio de 2012.

Sin perjuicio de lo previsto en el inciso precedente y para sus mismos efectos, tratándose de los delitos contemplados en la ley Nº 19.913, que crea la Unidad de Análisis Financiero y modifica diversas disposiciones en materia de lavado y blanqueo de activos, y en la ley Nº 20.000, que sustituye la ley Nº 19.366, que sanciona el tráfico ilícito de estupefacientes y sustancias psicotrópicas, podrán tener, además, la calidad de intervinientes, tanto el Ministerio del Interior y Seguridad Pública como el Servicio Nacional para la Prevención y Rehabilitación del Consumo de Drogas y Alcohol, hayan o no comparecido en la causa respectiva[324].

Párrafo 2º Ejecución de las sentencias

Artículo 467. Normas aplicables a la ejecución de sentencias penales. La ejecución de las sentencias penales se efectuará de acuerdo con las normas de este Párrafo y con las establecidas por el Código Penal y demás leyes especiales.

Artículo 468. Ejecución de la sentencia penal. Las sentencias condenatorias penales no podrán ser cumplidas sino cuando se encontraren ejecutoriadas. Cuando la sentencia se hallare firme, el tribunal decretará una a una todas las diligencias y comunicaciones que se requirieren para dar total cumplimiento al fallo.

Cuando el condenado debiere cumplir pena privativa de libertad, el tribunal remitirá copia de la sentencia, con el atestado de hallarse firme, al establecimiento penitenciario correspondiente, dando orden de ingreso. Si el condenado estuviere en libertad, el tribunal ordenará inmediatamente su aprehensión y, una vez efectuada, procederá conforme a la regla anterior.

---

[324] Inciso tercero e inciso final incorporado, como aparece en el texto, por el artículo 2, Nº 2, de la Ley 21.575 de 23 de mayo de 2023.

Si la sentencia hubiere concedido una pena sustitutiva a las penas privativas o restrictivas de libertad consideradas en la ley, remitirá copia de la misma a la institución encargada de su ejecución[325].

Asimismo, ordenará y controlará el efectivo cumplimiento de las multas y comisos impuestos en la sentencia, ejecutará las cauciones en conformidad con el artículo 147, cuando procediere, y dirigirá las comunicaciones que correspondiere a los organismos públicos o autoridades que deban intervenir en la ejecución de lo resuelto.

Artículo 468 bis. Ejecución del comiso de ganancias. Toda sentencia que imponga el comiso de las ganancias provenientes del delito será ejecutada como decisión civil dictada por un tribunal con competencia en lo penal.

Tratándose de comiso de ganancias, en caso de que los bienes decomisados sean dinero o derechos a sumas de dinero, se los transferirá al Fisco. Los fondos obtenidos mediante la realización de los bienes decomisados también serán transferidos al Fisco[326].

El comiso de inmuebles o de bienes de propiedad registral conlleva la facultad de realizar aquellas inscripciones necesarias para ejecutar eficazmente el bien decomisado.

El Conservador de Bienes Raíces respectivo, efectuadas las cancelaciones e inscripciones que procedan, deberá remitir copia de dichas inscripciones al tribunal que decretó el comiso, el que deberá oficiar a la Dirección General del Crédito Prendario y acompañar copia de las nuevas inscripciones de propiedad a nombre del Fisco de Chile y copia autorizada de la sentencia para que proceda a rematarlo en subasta pública.

Los notarios, archiveros, conservadores de bienes raíces, el Servicio de Registro Civil e Identificación y demás organismos, autoridades y empleados públicos deberán realizar las actuaciones y diligencias y otorgar las copias de los instrumentos que les sean solicitados para efectuar la subas-

---

325 Inciso modificado, como aparece en el texto, por el artículo 3º, letra f), de la Ley Nº 20.603, de 27 de junio de 2012.

326 Inciso sustituido por el artículo 2, Nº 32, de la Ley 21.694, de 4 de septiembre de 2024.

ta o destrucción de las especies, según corresponda, en forma gratuita y exentas de toda clase de derechos, tasas e impuestos.

Toda actuación o diligencia previa a la subasta pública que deba efectuar la Dirección General del Crédito Prendario con el objeto de que los bienes queden en condiciones de ser subastados, se efectuará con auxilio de la fuerza pública a solicitud de la referida institución.

Lo dispuesto en el presente artículo será aplicable también a la ejecución de todo comiso impuesto sin condena previa[327].

Artículo 469. Destino de las especies decomisadas. Fuera de los casos previstos en el artículo precedente, los dineros y otros valores decomisados se destinarán a la Corporación Administrativa del Poder Judicial[328].

Si el tribunal estimare necesario ordenar la destrucción de las especies, se llevará a cabo bajo la responsabilidad del administrador del tribunal, salvo que se le encomendare a otro organismo público. En todo caso, se registrará la ejecución de la diligencia.

Las demás especies decomisadas se pondrán a disposición de la Dirección General del Crédito Prendario para que proceda a su enajenación en subasta pública, o a destruirlas si carecieren de valor. El producto de la enajenación tendrá el mismo destino que se señala en el inciso primero.

En los casos de los artículos 367 quáter, incisos primero y segundo, 367 quinquies y 367 septies del Código Penal, el tribunal destinará los instrumentos tecnológicos decomisados, tales como computadores, reproductores de imágenes o sonidos y otros similares, al Servicio Nacional de Menores o a los departamentos especializados en la materia de los organismos policiales que correspondan[329].

---

327 Artículo modificado, como aparece en el texto, por el artículo 49, Nº 1, de la Ley 21.595 de 17 de agosto de 2023. Anteriormente, el artículo había sido incorporado por el artículo 2, Nº 3, de la Ley 21.575 de 23 de mayo de 2023.

328 Inciso sustituido, como aparece en el texto, por el artículo 49, Nº 2, de la Ley 21.595 de 17 de agosto de 2023.

329 Inciso modificado por el art. 7, nº 2 de la Ley Nº 21.522 de 30 de diciembre de 2022. Anteriormente el inciso fue agregado por el artículo 3º, letra b) de la Ley Nº 19.927, de 14 de enero de 2004.

En los casos de los artículos 292, 293 y 294 del Código Penal, el tribunal destinará, a solicitud del Ministerio Público, los instrumentos tecnológicos decomisados, señalados en el inciso anterior, a los organismos policiales que correspondan[330].

Artículo 470. Especies retenidas y no decomisadas. Transcurridos a lo menos seis meses desde la fecha de la resolución firme que hubiere puesto término al juicio, sin que hubieren sido reclamadas por su legítimo titular las cosas corporales muebles retenidas y no decomisadas que se encontraren a disposición del tribunal, deberá procederse de acuerdo a lo dispuesto en los incisos siguientes.

Si se tratare de especies, el administrador del tribunal, previo acuerdo del comité de jueces, las venderá en pública subasta. Los remates se podrán efectuar dos veces al año.

El producto de los remates, así como los dineros o valores retenidos y no decomisados, se destinarán a la Corporación Administrativa del Poder Judicial.

Si se hubiere decretado el sobreseimiento temporal o la suspensión condicional del procedimiento, el plazo señalado en el inciso primero será de un año.

Las especies que se encontraren bajo la custodia o a disposición del Ministerio Público, transcurridos a lo menos seis meses desde la fecha en que se dictare alguna de las resoluciones o decisiones a que se refieren los artículos 167, 168, 170 y 248 letra c), de este Código, serán remitidas a la Dirección General del Crédito Prendario, para que proceda de conformidad a lo dispuesto en el inciso tercero del artículo anterior[331].

---

[330] Inciso incorporado por el artículo 2, Nº 33, de la Ley 21.694 de 4 de septiembre de 2024.

[331] Inciso agregado, como aparece en el texto, por el artículo 1º, Nº 61, de la Ley Nº 20.074 de 14 de noviembre de 2005.

Lo dispuesto en los incisos anteriores no tendrá aplicación tratándose de especies de carácter ilícito. En tales casos, el fiscal solicitará al juez que le autorice proceder a su destrucción[332].

Artículo 471. Control sobre las especies puestas a disposición del tribunal. En el mes de junio de cada año, los tribunales con competencia en materia criminal presentarán a la respectiva Corte de Apelaciones un informe detallado sobre el destino dado a las especies que hubieren sido puestas a disposición del tribunal.

Artículo 472. Ejecución civil. En el cumplimiento de la decisión civil de la sentencia, regirán las disposiciones sobre ejecución de las resoluciones judiciales que establece el Código de Procedimiento Civil.

Párrafo 3°. Revisión de las sentencias firmes

Artículo 473. Procedencia de la revisión. La Corte Suprema podrá rever extraordinariamente las sentencias firmes en que se hubiere condenado a alguien por un crimen o simple delito, para anularlas, en los siguientes casos:

a) Cuando, en virtud de sentencias contradictorias, estuvieren sufriendo condena dos o más personas por un mismo delito que no hubiere podido ser cometido más que por una sola;

b) Cuando alguno estuviere sufriendo condena como autor, cómplice o encubridor del homicidio de una persona cuya existencia se comprobare después de la condena;

c) Cuando alguno estuviere sufriendo condena en virtud de sentencia fundada en un documento o en el testimonio de una o más personas, siempre que dicho documento o dicho testimonio hubiere sido declarado falso por sentencia firme en causa criminal;

d) Cuando, con posterioridad a la sentencia condenatoria, ocurriere o se descubriere algún hecho o apareciere algún documento desconocido

---

332 Inciso agregado, como aparece en el texto, por el artículo 1°, N° 61, de la Ley N° 20.074 de 14 de noviembre de 2005.

durante el proceso, que fuere de tal naturaleza que bastare para establecer la inocencia del condenado, y

e) Cuando la sentencia condenatoria hubiere sido pronunciada a consecuencia de prevaricación o cohecho del juez que la hubiere dictado o de uno o más de los jueces que hubieren concurrido a su dictación, cuya existencia hubiere sido declarada por sentencia judicial firme.

Artículo 474. Plazo y titulares de la solicitud de revisión. La revisión de la sentencia firme podrá ser pedida, en cualquier tiempo, por el ministerio público, por el condenado, o su cónyuge o conviviente civil, ascendientes, descendientes o hermanos de éste. Asimismo, podrá interponer tal solicitud quien hubiere cumplido su condena o sus herederos, cuando el condenado hubiere muerto y se tratare de rehabilitar su memoria[333].

Artículo 475. Formalidades de la solicitud de revisión. La solicitud se presentará ante la secretaría de la Corte Suprema; deberá expresar con precisión su fundamento legal y acompañar copia fiel de la sentencia cuya anulación se solicitare y los documentos que comprobaren los hechos en que se sustenta.

Si la causal alegada fuere la de la letra b) del artículo 473, la solicitud deberá indicar los medios con que se intentare probar que la persona víctima del pretendido homicidio hubiere vivido después de la fecha en que la sentencia la supone fallecida; y si fuere la de la letra d), indicará el hecho o el documento desconocido durante el proceso, expresará los medios con que se pretendiere acreditar el hecho y se acompañará, en su caso, el documento o, si no fuere posible, se manifestará al menos su naturaleza y el lugar y archivo en que se encuentra.

La solicitud que no se conformare a estas prescripciones o que adolezca de manifiesta falta de fundamento será rechazada de plano, decisión que deberá tomarse por la unanimidad del tribunal.

---

[333] Artículo modificado, como aparece en el texto, por el artículo 40, número v), de la Ley Nº 20.830, de 21 de abril de 2015.

Apareciendo interpuesta en forma legal, se dará traslado de la petición al fiscal, o al condenado, si el recurrente fuere el ministerio público; en seguida, se mandará traer la causa en relación, y, vista en la forma ordinaria, se fallará sin más trámite.

Artículo 476. Improcedencia de la prueba testimonial. No podrá probarse por testigos los hechos en que se funda la solicitud de revisión.

Artículo 477. Efectos de la interposición de la solicitud de revisión. La solicitud de revisión no suspenderá el cumplimiento de la sentencia que se intentare anular[334].

Con todo, si el tribunal lo estimare conveniente, en cualquier momento del trámite podrá suspender la ejecución de la sentencia recurrida y aplicar, si correspondiere, alguna de las medidas cautelares personales a que se refiere el Párrafo 6° del Título V del Libro Primero.

Artículo 478. Decisión del tribunal. La resolución de la Corte Suprema que acogiere la solicitud de revisión declarará la nulidad de la sentencia.

Si de los antecedentes resultare fehacientemente acreditada la inocencia del condenado, el tribunal además dictará, acto seguido y sin nueva vista pero separadamente, la sentencia de reemplazo que corresponda.

Asimismo, cuando hubiere mérito para ello y así lo hubiere recabado quien hubiere solicitado la revisión, la Corte podrá pronunciarse de inmediato sobre la procedencia de la indemnización a que se refiere el artículo 19, N° 7, letra i), de la Constitución Política.

Artículo 479. Efectos de la sentencia. Si la sentencia de la Corte Suprema o, en caso de que hubiere nuevo juicio, la que pronunciare el tribunal que conociere de él, comprobare la completa inocencia del condenado por la sentencia anulada, éste podrá exigir que dicha sentencia se publique

---

[334] Inciso modificado, como aparece en el texto, por el artículo 62, de la Ley N° 19.806 de 31 de mayo de 2002.

en el Diario Oficial a costa del Fisco y que se devuelvan por quien las hubiere percibido las sumas que hubiere pagado en razón de multas, costas e indemnización de perjuicios en cumplimiento de la sentencia anulada.

El cumplimiento del fallo en lo atinente a las acciones civiles que emanan de él será conocido por el juez de letras en lo civil que corresponda, en juicio sumario.

Los mismos derechos corresponderán a los herederos del condenado que hubiere fallecido.

Además, la sentencia ordenará, según el caso, la libertad del imputado y la cesación de la inhabilitación.

Artículo 480. Información de la revisión en un nuevo juicio. Si el ministerio público resolviere formalizar investigación por los mismos hechos sobre los cuales recayó la sentencia anulada, el fiscal acompañará en la audiencia respectiva copia fiel del fallo que acogió la revisión solicitada.

Párrafo 4° Ejecución de medidas de seguridad

Artículo 481. Duración y control de las medidas de seguridad. Las medidas de seguridad impuestas al enajenado mental sólo podrán durar mientras subsistieren las condiciones que las hubieren hecho necesarias, y en ningún caso podrán extenderse más allá de la sanción restrictiva o privativa de libertad que hubiere podido imponérsele o del tiempo que correspondiere a la pena mínima probable, el que será señalado por el tribunal en su fallo.

Se entiende por pena mínima probable, para estos efectos, el tiempo mínimo de privación o restricción de libertad que la ley prescribiere para el delito o delitos por los cuales se hubiere dirigido el procedimiento en contra del sujeto enajenado mental, formalizado la investigación o acusado, según correspondiere.

La persona o institución que tuviere a su cargo al enajenado mental deberá informar semestralmente sobre la evolución de su condición al ministerio público y a su curador o a sus familiares, en el orden de prelación mencionado en el artículo 108.

El ministerio público, el curador o familiar respectivo podrá solicitar al juez de garantía la suspensión de la medida o la modificación de las condiciones de la misma, cuando el caso lo aconsejare.

Sin perjuicio de lo anterior, el ministerio público deberá inspeccionar, cada seis meses, los establecimientos psiquiátricos o instituciones donde se encontraren internados o se hallaren cumpliendo un tratamiento enajenados mentales, en virtud de las medidas de seguridad que se les hubieren impuesto, e informará del resultado al juez de garantía, solicitando la adopción de las medidas que fueren necesarias para poner remedio a todo error, abuso o deficiencia que observare en la ejecución de la medida de seguridad.

El juez de garantía, con el solo mérito de los antecedentes que se le proporcionaren, adoptará de inmediato las providencias que fueren urgentes, y citará a una audiencia al ministerio público y al representante legal del enajenado mental, sin perjuicio de recabar cualquier informe que estimare necesario, para decidir la continuación o cesación de la medida, o la modificación de las condiciones de aquélla o del establecimiento en el cual se llevare a efecto.

Artículo 482. Condenado que cae en enajenación mental. Si después de dictada la sentencia, el condenado cayere en enajenación mental, el tribunal, oyendo al fiscal y al defensor, dictará una resolución fundada declarando que no se deberá cumplir la sanción restrictiva o privativa de libertad y dispondrá, según el caso, la medida de seguridad que correspondiere. El tribunal velará por el inmediato cumplimiento de su resolución. En lo demás, regirán las disposiciones de este Párrafo.

TÍTULO FINAL. ENTRADA EN VIGENCIA DE ESTE CÓDIGO

Artículo 483. Aplicación de las disposiciones del Código. Las disposiciones de este Código sólo se aplicarán a los hechos acaecidos con posterioridad a su entrada en vigencia.

Artículo 484. Entrada en vigencia respecto de hechos acaecidos en el territorio nacional. Este Código comenzará a regir, para las distintas

Regiones del país, al término de los plazos que establece el artículo 4° transitorio de la Ley N° 19.640, Orgánica Constitucional del Ministerio Público.

En consecuencia, regirá para las regiones de Coquimbo y de la Araucanía, desde el 16 de diciembre de 2000; para las regiones de Antofagasta, Atacama y del Maule, desde el 16 de octubre de 2001; para las regiones de Tarapacá, de Aisén del General Carlos Ibáñez del Campo y de Magallanes y de la Antártica Chilena, desde el 16 de diciembre de 2002; para las regiones de Valparaíso, del Libertador General Bernardo O'Higgins, del Bío Bío y de Los Lagos, desde el 16 de diciembre de 2003, y para la Región Metropolitana de Santiago, desde el 16 de junio de 2005[335].

Artículo 485. Entrada en vigencia respecto de hechos acaecidos en el extranjero. Este Código se aplicará a los hechos que acaecieren en el extranjero con posterioridad a su entrada en vigencia en la Región Metropolitana de Santiago y fueren de competencia de los tribunales nacionales. Asimismo, se aplicará a las solicitudes de asistencia de autoridades competentes de país extranjero que digan relación con hechos ocurridos con posterioridad al 16 de diciembre de 2000.

A partir del 16 de junio de 2005, también se aplicará a las solicitudes de extradición pasiva y detención previa a las mismas que reciba la Corte Suprema, que versen sobre hechos ocurridos en el extranjero con posterioridad a la entrada en vigencia de este Código en la Región Metropolitana de Santiago. En consecuencia, los Ministros de esa Corte a quienes, en virtud del número 3° del artículo 52 del Código Orgánico de Tribunales, correspondiere conocer las extradiciones pasivas que versen sobre hechos acaecidos con anterioridad a dicha entrada en vigencia, continuarán apli-

---

[335] Inciso modificado, como aparece en el texto, por el artículo 2°, de la Ley N° 19.919, de 20 de diciembre de 2003. Anteriormente había sido modificado, sustituyendo a los anteriores segundo y tercero, lo que fue modificado por el artículo 2°, N° 2, de la Ley N° 19.762, de 13 de octubre de 2001.

cando el procedimiento establecido en el Código de Procedimiento Penal[336].

Artículo transitorio. Reglas para la aplicación de las penas por tribunales con competencia en lo criminal sujetos a distintos procedimientos. Si una persona hubiere cometido distintos hechos, debido a los cuales fuere juzgada por un juzgado de letras del crimen o con competencia en lo criminal, con sujeción al Código de Procedimiento Penal, y también lo fuere por un juzgado de garantía o un tribunal oral en lo penal conforme a este Código, en el pronunciamiento de las sentencias condenatorias que se dictaren con posterioridad a la primera se estará a lo previsto en el artículo 164 del Código Orgánico de Tribunales.

Y por cuanto he tenido a bien aprobarlo y sancionarlo; por tanto promúlguese y llévese a efecto como Ley de la República.

Santiago, 29 de septiembre de 2000. RICARDO LAGOS ESCOBAR, Presidente de la República. José Antonio Gómez Urrutia, Ministro de Justicia.

Lo que transcribo a Ud. para su conocimiento. Saluda atentamente a Ud., Jaime Arellano Quintana, Subsecretario de Justicia.

NOTA: A continuación se agregan las disposiciones transitorias de la Ley N° 21.394 que INTRODUCE REFORMAS AL SISTEMA DE JUSTICIA PARA ENFRENTAR LA SITUACIÓN LUEGO DEL ESTADO DE EXCEPCIÓN CONSTITUCIONAL DE CATÁSTROFE POR CALAMIDAD PÚBLICA.

En ellas se establecen reglas especiales, en general por el lapso de un año, por lo que se transcriben aquellas que dicen relación con el CPP y el sistema procesal penal.

DISPOSICIONES TRANSITORIAS DE LA LEY N° 21.394

Artículo primero. Vigencia temporal. Las disposiciones transitorias contenidas en los artículos segundo transitorio al undécimo transitorio de

---

336 Artículo sustituido, por el que aparece en el texto, por el artículo 1°, N° 62, de la Ley N° 20.074 de 14 de noviembre de 2005.

esta ley regirán por el lapso de un año desde el día de la publicación de la presente ley.

La disposición contenida en el numeral 6) del artículo 6º de esta ley entrará en vigor al día siguiente de aquel en que expire la vigencia señalada en el inciso anterior.

Artículo segundo. Citación a la audiencia de preparación de juicio oral. Presentada la acusación, el juez de garantía ordenará su notificación a todos los intervinientes y citará, dentro de las veinticuatro horas siguientes, a la audiencia de preparación del juicio oral, la que deberá tener lugar en un plazo no inferior a veinticinco ni superior a sesenta días. En caso de que existiere un imputado sujeto a la medida cautelar de prisión preventiva o de privación de libertad total del artículo 155 letra a) del Código Procesal Penal, se aplicarán los plazos establecidos en el artículo 260 del Código Procesal Penal.

Artículo tercero. Fecha para la celebración de la audiencia de juicio oral. La audiencia de juicio oral deberá tener lugar no antes de quince ni después de noventa días desde la notificación del auto de apertura. En caso de que existiere un imputado sujeto a la medida cautelar de prisión preventiva o de privación de libertad total del artículo 155 letra a) del Código Procesal Penal, se aplicarán los plazos establecidos en el artículo 281 del Código Procesal Penal.

Artículo cuarto. Audiencia de juicio oral en la ley Nº 20.084. El juicio oral deberá tener lugar no antes de los quince ni después de los sesenta días siguientes a la notificación del auto de apertura del juicio oral. En caso que existiere un imputado sujeto a la medida cautelar de internación provisoria o de privación de libertad total del artículo 155 letra a) del Código Procesal Penal, se aplicarán los plazos establecidos en el artículo 39 de la ley Nº 20.084.

Artículo quinto. Plazo para redacción de la sentencia definitiva del juicio oral. Al pronunciarse sobre la absolución o condena, el tribunal podrá diferir la redacción del fallo y, en su caso, la determinación de la pena hasta por un plazo de diez días, fijando la fecha de la audiencia en que tendrá lugar su lectura. No obstante, si el juicio hubiere durado más de cinco días, el tribunal dispondrá, para la fijación de la fecha de la audiencia para su comunicación, de un día adicional por cada dos de exceso de duración del juicio.

Artículo sexto. Plazo para interponer el recurso de apelación. El recurso de apelación que procediere contra el auto de apertura del juicio oral, de la sentencia definitiva dictada en procedimiento abreviado y de la resolución que dictare el sobreseimiento definitivo o temporal, deberá entablarse dentro de los diez días siguientes a la notificación de la resolución impugnada.

Artículo séptimo. Fallo del recurso de nulidad. La Corte deberá fallar el recurso dentro de los cuarenta días siguientes a la fecha en que hubiere terminado de conocer de él.

Artículo octavo. Preparación del juicio simplificado. Si el imputado no admitiere responsabilidad, el juez procederá, en la misma audiencia e inmediatamente, a la preparación del juicio simplificado, salvo que esta audiencia coincida con la del artículo 132 del Código Procesal Penal, en cuyo caso la preparación del juicio podrá realizarse a más tardar dentro de trigésimo día.

Artículo noveno. Audiencia de lectura de sentencia de juicio simplificado. El juez pronunciará su decisión de absolución o condena, y fijará una audiencia, dentro de los diez días próximos, para dar a conocer el texto escrito de la sentencia.

Artículo décimo. Actuaciones que se pueden resolver por escrito. Los juzgados de garantía y los tribunales de juicio oral en lo penal, según corresponda, resolverán por escrito las solicitudes de mero trámite de nuevo día y hora para realizar audiencias en que no sea requisito la presencia del imputado, o de notificación por correo electrónico del artículo 31 del Código Procesal Penal.

Artículo undécimo. Audiencias por vía remota o semipresencial. Los juzgados de garantía y los tribunales de juicio oral en lo penal, según corresponda, sin perjuicio de las disposiciones del Código Procesal Penal, podrán decretar el desarrollo de audiencias vía remota o semipresencial. Para estos efectos, el tribunal examinará previamente que bajo estas modalidades no se vulneran las garantías del debido proceso contempladas en la Constitución Política de la República y en los tratados internacionales ratificados por Chile y que se encuentren vigentes.

En especial, dicha facultad podrá referirse a las audiencias de sobreseimientos definitivos y temporales; amparo ante el juez de garantía; de aumento o cierre del plazo de investigación; de reapertura del procedimiento del artículo 254 del Código Procesal Penal; de reapertura de la investigación del artículo 257 del Código Procesal Penal; de reagendamiento del juicio oral y del juicio oral simplificado; de seguimiento de penas sustitutivas de la ley N° 18.216 y de petición de la pena establecida en el artículo 33 de la misma ley; de prescripción de la pena del artículo 5° y de remisión de condena del artículo 55, ambos de la ley N° 20.084; de revisión de medidas cautelares; de solicitud y decreto de suspensión condicional del procedimiento y acuerdos reparatorios de conformidad al artículo 245 del Código Procesal Penal; de seguimiento de suspensión condicional del procedimiento; de revocación de suspensión condicional del procedimiento por nueva formalización conforme al artículo 239 del Código Procesal Penal; de defensa penitenciaria relacionadas con cambio de recinto penitenciario o de módulo, cómputo de tiempo de cumplimiento de condena, abonos, sanciones por infracción a régimen interno y otros de la misma naturaleza; de declaración judicial del imputado del artículo 98 del Código Procesal Penal; de declaraciones de competencia; de lectura de sentencia del artículo 346 del Código Procesal Penal; de abonos de cumplimiento de penas; de unificación de penas conforme al artículo 164 del Código Orgánico de Tribunales; y la audiencia de factibilidad a que refiere el inciso cuarto del presente artículo, sin perjuicio de las demás audiencias que el tribunal estime que pudieren celebrarse por vía remota o semipresencial.

Con todo, una vez notificado a los intervinientes que la audiencia respectiva se realizará por vía remota o semipresencial, el fiscal, el defensor o el querellante si lo hubiere, podrán oponerse por escrito dentro del plazo de cuarenta y ocho horas, por considerar que pudieren afectarse las garantías del debido proceso contempladas en la Constitución Política de la República y en los tratados internacionales ratificados por Chile y que se encuentren vigentes. El tribunal resolverá, inmediatamente y por la vía más expedita, según los argumentos presentados por los intervinientes.

En el caso del juicio oral, el tribunal citará a los intervinientes a una audiencia de factibilidad, para efectos de determinar su desarrollo de forma presencial, semipresencial o vía remota. En ésta, el tribunal podrá decretar el desarrollo de la audiencia del juicio oral vía remota o de manera semipresencial, cuando existiere acuerdo entre el fiscal, el defensor y el querellante, si lo hubiere, y previo examen de que las condiciones acordadas para la realización de la audiencia no vulneran las garantías del debido proceso contempladas en la Constitución Política de la República y en los tratados internacionales ratificados por Chile y que se encuentren vigentes. Si no existiera dicho acuerdo, el tribunal igualmente podrá decretar su desarrollo vía remota o de manera semipresencial, siempre que estimare que dicha modalidad no vulnera las garantías del debido proceso a que hace referencia el inciso tercero. De la resolución del tribunal, tanto el fiscal, como el defensor, o el querellante si lo hubiere, podrán oponerse, lo que será resuelto en la misma audiencia de factibilidad.

En el caso del juicio oral simplificado, el tribunal podrá decretar su desarrollo de manera presencial, semipresencial, o por vía remota, examinando previamente que bajo estas últimas dos modalidades no se vulneran las garantías del debido proceso contempladas en la Constitución Política de la República y en los tratados internacionales ratificados por Chile y que se encuentren vigentes. Sin perjuicio de lo anterior, cualquiera de los intervinientes podrá solicitar de manera fundada que se efectúe una audiencia de factibilidad, en los términos del inciso precedente; debiendo el tribunal resolver si ésta es o no necesaria.

Para los efectos de lo dispuesto en los dos incisos anteriores, se procederá de conformidad a lo establecido en los protocolos de actuación interinstitucionales que se celebren al efecto, aprobados por la Comisión Permanente de Coordinación del Sistema de Justicia Penal. Estos protocolos no podrán afectar las atribuciones de los tribunales ni los derechos o garantías constitucionales.

Artículo duodécimo. Las disposiciones contenidas en los artículos 3°, 4°, 5° y 7°, y en los numerales 5) y 16) del artículo 6° de esta ley entrarán en vigor transcurridos diez días desde la publicación de la presente ley.

Sin perjuicio de lo dispuesto en el inciso primero, durante el periodo de un año desde la entrada en vigencia señalada en dicho inciso, las disposiciones contenidas en los numerales 8), 9) y 10) del artículo 3°; en los numerales 2) y 4) del artículo 4°; en el numeral 2) del artículo 5°; y en los numerales 2), 3) y 4) del artículo 6° de esta ley regirán en los tiempos y territorios en que las disposiciones del artículo decimosexto transitorio no fueren aplicables, de conformidad a la extensión temporal o territorial que conforme dicho artículo disponga la Corte Suprema. Asimismo, el numeral 2) del artículo 9° de esta ley comenzará a regir concluida la vigencia del artículo decimoséptimo transitorio.

Sin perjuicio de lo dispuesto en el inciso primero, las disposiciones contenidas en el numeral 21) del artículo 3° y en los numerales 12), 13) y 14) del artículo 6° entrarán en vigencia al día siguiente de la publicación en el Diario Oficial del reglamento a que alude el artículo decimoctavo transitorio.

APÉNDICE CÓDIGO PROCESAL PENAL
LEYES COMPLEMENTARIAS

LEY Nº 18.216[1]
ESTABLECE PENAS QUE INDICA COMO SUSTITUTIVAS A LAS PENAS PRIVATIVAS O RESTRICTIVAS DE LIBERTAD[2]

La Junta de Gobierno de la República de Chile ha dado su aprobación al siguiente

Proyecto de Ley:

TÍTULO PRELIMINAR

Artículo 1º.- La ejecución de las penas privativas o restrictivas de libertad podrá sustituirse por el tribunal que las imponga, por alguna de las siguientes penas[3]:

a) Remisión condicional.

b) Reclusión parcial.

c) Libertad vigilada.

d) Libertad vigilada intensiva.

e) Expulsión, en el caso señalado en el artículo 34.

f) Prestación de servicios en beneficio de la comunidad.

No procederá la facultad establecida en el inciso precedente ni la del artículo 33 de esta ley, tratándose de los autores de los delitos consumados previstos en los artículos 141, incisos tercero, cuarto y quinto; 142, 150 A, 150 B, 293, 361, 362, 363, 365 bis, 366 incisos primero y segundo, 366 bis, 372 bis, 390, 390 bis, 390 ter, 391 y 411 quáter del Código Penal; o de los delitos o cuasidelitos que se cometan empleando

---

1 Fecha de publicación: 14 de mayo de 1983. Fecha de promulgación: 20 de abril de 1983.

2 Encabezado de la ley sustituido por el que aparece en el texto por el art. 1, nº 1 de la ley Nº 20.603, de 27 de junio de 2012.

3 Artículo sustituido por el que aparece en el texto por el art. 1, Nº 2 de la ley Nº 20.603, de 27 de junio de 2012.

alguna de las armas o elementos mencionados en las letras a), b), c), d) y e) del artículo 2° y en el artículo 3° de la ley N° 17.798, salvo en los casos en que en la determinación de la pena se hubiere considerado la circunstancia primera establecida en el artículo 11 del mismo Código. Tampoco procederá respecto de aquellos delitos contra la vida y la integridad física de funcionarios de Carabineros de Chile, Policía de Investigaciones y Gendarmería de Chile, o de funcionarios de las Fuerzas Armadas y servicios de su dependencia. En estos últimos dos supuestos, cuando los delitos se cometan mientras el funcionario ejerce funciones de resguardo del orden público, de protección de la infraestructura crítica, de resguardo de fronteras y/o funciones de fiscalización[4] [5].

En ningún caso podrá imponerse la pena establecida en la letra f) del inciso primero a los condenados por crímenes o simples delitos señalados por las leyes números 20.000, 19.366 y 18.403. No se aplicará ninguna de las penas sustitutivas contempladas en esta ley a las personas que hubieren sido condenadas con anterioridad por alguno de dichos crímenes o simples delitos en virtud de sentencia ejecutoriada, hayan cumplido o no efectivamente la condena[6].

---

4 Inciso modificado por el artículo cuarto, n° 1, letras a), b) y c) de la Ley N° 21.694 de 04 de septiembre de 2024. Anteriormente fue modificado por el art. 1 de la Ley 21.560, de 10 de abril de 2023. Asimismo, fue modificado con anterioridad por el art. 6, de la Ley N° 21.523 de 31 de diciembre de 2022 y por el art. 2, letra a), N°I, de la Ley N° 21.412, de 25 de enero de 2022. Con anterioridad, había sido modificado por el artículo 3, N° 1, de la Ley N° 21.212, de 04 de marzo de 2020. Anteriormente, había sido modificado por Inciso modificado por el art. 2, letra a), N°II, de la Ley N° 21.412, de 25 de enero de 2022. Anteriormente había sido modificado por el art. 2 de la ley N° 20.968, de 22 de noviembre de 2016 y el art. 6, N° 1 de la Ley N° 20.931, de 05 de julio de 2016 y el art. 4 de la ley N° 20.813, de 06 de febrero de 2015, lo había sustituido.

5 Inciso agregado por el artículo 1 de la ley 21.560 de 10 de abril de 2023.

6 Inciso modificado por el artículo cuarto, n° 2 de la Ley N° 21.694 de 04 de septiembre de 2024. El N° 3 del artículo cuarto de la Ley N° 21.694 de 04 de septiembre de 2024, suprimió el inciso cuarto, pasando los incisos quinto, sexto y séptimo a ser cuarto, quinto y sexto respectivamente.

Tampoco podrán imponerse las penas establecidas en el inciso primero a los condenados por crímenes o simples delitos contemplados en la ley Nº 17.798[7].

Tratándose de simples delitos previstos en dicha ley, sólo procederán las penas sustitutivas de reclusión parcial y libertad vigilada intensiva[8].

Tampoco podrá el tribunal aplicar las penas señaladas en el inciso primero a los autores del delito consumado previsto en el artículo 436, inciso primero, del Código Penal, que hubiesen sido condenados anteriormente por alguno de los delitos contemplados en los artículos 433, 436 y 440 del mismo Código.

No regirán las prohibiciones dispuestas en los incisos anteriores respecto de quienes se les hubiere reconocido la circunstancia atenuante de cooperación eficaz, cuando ésta fuere procedente de conformidad con la ley[9].

Para los efectos de esta ley, no se considerarán las condenas por crimen o simple delito cumplidas, respectivamente, diez o cinco años antes de la comisión del nuevo ilícito.

Igualmente, si una misma sentencia impusiere a la persona dos o más penas privativas de libertad, se sumará su duración, y el total que así resulte se considerará como la pena impuesta a efectos de su eventual sustitución y para la aplicación de la pena mixta del artículo 33[10].

---

[7] Inciso modificado por el artículo cuarto, nº 4 de la Ley Nº 21.694 de 04 de septiembre de 2024.

[8] Inciso modificado por el artículo cuarto, nº 5 de la Ley Nº 21.694 de 04 de septiembre de 2024. Anteriormente, se habían intercalado nuevos incisos cuarto y quinto, pasando los anteriores incisos cuarto, quinto y sexto a ser sexto, séptimo y octavo, respectivamente, por el art. 2, letra b), de la Ley Nº 21.412, de 25 de enero de 2022.

[9] Inciso agregado por el artículo cuarto, nº 6 de la Ley Nº 21.694 de 04 de septiembre de 2024.

[10] Inciso agregado por el art. 6, Nº 1 de la ley Nº 20.931, de 05 de julio de 2016.

Artículo 2º.- En los casos de faltas, regirá lo dispuesto en el artículo 398 del Código Procesal Penal o en la ley Nº 18.287, según sea el tribunal que conozca del proceso[11].

Artículo 2º bis.- Las penas del artículo 1º y el régimen del artículo 33 sólo serán aplicables por los delitos previstos en los artículos 433, 436 inciso primero, 440, 443, 443 bis y 448 bis del Código Penal, a aquellos condenados respecto de quienes se tome la muestra biológica para la obtención de la huella genética, de acuerdo a las previsiones de la ley Nº 19.970, sin perjuicio del cumplimiento de los requisitos que, para cada una de las penas sustitutivas o para el régimen intensivo del artículo 33, establecen esta ley y su reglamento.

Para el cumplimiento de lo dispuesto en el inciso anterior, el tribunal deberá ordenar la diligencia señalada en la respectiva sentencia. En aquellos casos en que el condenado, debidamente notificado, no compareciere para tales efectos, el tribunal podrá revocar la pena sustitutiva y ordenar que se cumpla la pena efectiva[12].

TÍTULO I. DE LA REMISIÓN CONDICIONAL Y DE LA RECLUSIÓN PARCIAL[13]

Párrafo 1º De la remisión condicional[14]

Artículo 3º.- La remisión condicional consiste en la sustitución del cumplimiento de la pena privativa de libertad por la discreta observación

---

11 Referencias sustituidas por el art. 11 de la ley Nº 19.806, de 31 de mayo de 2002 y por el art 1, Nº 3 de la ley Nº 20.603 de 27 de junio de 2012.

12 Artículo agregado por el art. 6, Nº 2 de la ley Nº 20.931, de 05 de julio de 2016.

13 Denominación del título modificada por el art 1, Nº 4, de la ley Nº 20.603, de 27 de junio de 2012.

14 Epígrafe modificado por el art 1, Nº 5 de la ley Nº 20.603, de 27 de junio de 2012.

y asistencia del condenado ante la autoridad administrativa durante cierto tiempo[15].

Artículo 4°.- La remisión condicional podrá decretarse:

a) Si la pena privativa o restrictiva de libertad que impusiere la sentencia no excediere de tres años;

b) Si el penado no hubiese sido condenado anteriormente por crimen o simple delito. En todo caso, no se considerarán para estos efectos las condenas cumplidas diez o cinco años antes, respectivamente, de la comisión del nuevo ilícito;

c) Si los antecedentes personales del condenado, su conducta anterior y posterior al hecho punible y la naturaleza, modalidades y móviles determinantes del delito permitieren presumir que no volverá a delinquir, y

d) Si las circunstancias indicadas en las letras b) y c) precedentes hicieren innecesaria una intervención o la ejecución efectiva de la pena.

Con todo, no procederá la remisión condicional como pena sustitutiva si el sentenciado fuere condenado por aquellos ilícitos previstos en los artículos 15, letra b), o 15 bis, letra b), debiendo el tribunal, en estos casos, imponer la pena de reclusión parcial, libertad vigilada o libertad vigilada intensiva, si procediere[16].

Artículo 5°.- Al aplicar esta sanción, el tribunal establecerá un plazo de observación que no será inferior al de la duración de la pena, con un mínimo de un año y un máximo de tres, e impondrá al condenado las siguientes condiciones:

a) Residencia en un lugar determinado, que podrá ser propuesto por el condenado. Éste podrá ser cambiado, en casos especiales, según la calificación efectuada por Gendarmería de Chile;

---

15 Artículo reemplazado por el que aparece en el texto por el art. 1, N° 6 de la Ley N° 20.603, de 27 de junio de 2012.

16 Artículo reemplazado por el que aparece en el texto por el art. 1, N° 7 de la Ley N° 20.603, de 27 de junio de 2012.

b) Sujeción al control administrativo y a la asistencia de Gendarmería de Chile, en la forma que precisará el reglamento. Dicho servicio recabará anualmente, al efecto, un certificado de antecedentes prontuariales, y

c) Ejercicio de una profesión, oficio, empleo, arte, industria o comercio, si el condenado careciere de medios conocidos y honestos de subsistencia y no poseyere la calidad de estudiante[17].

Artículo 6°.- DEROGADO[18].

Párrafo 2° De la reclusión parcial[19]

Artículo 7°.- La pena de reclusión parcial consiste en el encierro en el domicilio del condenado o en establecimientos especiales, durante cincuenta y seis horas semanales. La reclusión parcial podrá ser diurna, nocturna o de fin de semana, conforme a los siguientes criterios:

1) La reclusión diurna consistirá en el encierro en el domicilio del condenado, durante un lapso de ocho horas diarias y continuas, las que se fijarán entre las ocho y las veintidós horas.

2) La reclusión nocturna consistirá en el encierro en el domicilio del condenado o en establecimientos especiales, entre las veintidós horas de cada día hasta las seis horas del día siguiente.

3) La reclusión de fin de semana consistirá en el encierro en el domicilio del condenado o en establecimientos especiales, entre las veintidós horas del día viernes y las seis horas del día lunes siguiente.

Para el cumplimiento de la reclusión parcial, el juez preferirá ordenar su ejecución en el domicilio del condenado, estableciendo como mecanismo de control de la misma el sistema de monitoreo telemático, salvo que Gendarmería de Chile informe desfavorablemente la factibilidad técnica de su imposición, de conformidad a lo dispuesto en los artículos 23 bis y siguientes de esta ley. En tal caso, entendido como excepcional, se podrán

---

17 Artículo reemplazado por el que aparece en el texto por el art. 1, Nº 8 de la Ley Nº 20.603, de 27 de junio de 2012.

18 Artículo derogado por el art. 1, Nº 9 de la Ley Nº 20.603, de 27 de junio de 2012.

19 Epígrafe modificado por el art. 1, Nº 10 de la Ley Nº 20.603, de 27 de junio de 2012.

decretar otros mecanismos de control similares, en la forma que determine el tribunal.

Para los efectos de esta ley, se entenderá por domicilio la residencia regular que el condenado utilice para fines habitacionales[20].

Artículo 8°.- La reclusión parcial podrá disponerse[21]:

a) Si la pena privativa o restrictiva de libertad que impusiere la sentencia no excediere de tres años[22];

b) Si el penado no hubiese sido condenado anteriormente por crimen o simple delito, o lo hubiese sido a una pena privativa o restrictiva de libertad que no excediere de dos años, o a más de una, siempre que en total no superaren de dicho límite. En todo caso, no se considerarán para estos efectos las condenas cumplidas diez o cinco años antes, respectivamente, de la comisión del nuevo ilícito. No obstante lo anterior, si dentro de los diez o cinco años anteriores, según corresponda, a la comisión del nuevo crimen o simple delito, le hubieren sido impuestas dos reclusiones parciales, no será procedente la aplicación de esta pena sustitutiva. Respecto de los delitos comprendidos en los Párrafos 1 a 4 bis del Título IX del Libro Segundo y en el artículo 456 bis A, todos del Código Penal, con excepción de aquellos contemplados en los artículos 438; 448, inciso primero, y 448 quinquies de ese cuerpo legal, no será procedente la aplicación de esta pena sustitutiva si dentro de los diez o cinco años anteriores, según co-

---

20 Artículo reemplazado por el que aparece en el texto por el art. 1, N° 11 de la Ley N° 20.603, de 27 de junio de 2012.

21 Artículo reemplazado por el que aparece en el texto por el art. 1, N° 12 de la Ley N° 20.603, de 27 de junio de 2012.

22 NOTA: El artículo 6° transitorio de la LEY 19047, publicada el 14.02.1991, dispuso que, para los efectos de los reos que estén cumpliendo actualmente condenas, o se encuentren actualmente procesados, se establecen las Siguientes modificaciones transitorias a la presente ley, sustituyendo, como se señala, la letra que indica, de este artículo: a) Si la pena privativa o restrictiva de libertad impuesta por la sentencia que falta por cumplir no exceda de un año.

rresponda, a la comisión del nuevo crimen o simple delito, le hubiere sido impuesta al condenado una reclusión parcial, y[23]

c) Si existieren antecedentes laborales, educacionales o de otra naturaleza similar que justificaren la pena, así como si los antecedentes personales del condenado, su conducta anterior y posterior al hecho punible y la naturaleza, modalidades y móviles determinantes del delito, permitieren presumir que la pena de reclusión parcial lo disuadirá de cometer nuevos ilícitos.

Artículo 9º.- Para los efectos de la conversión de la pena inicialmente impuesta, se computarán ocho horas continuas de reclusión parcial por cada día de privación o restricción de libertad[24].

Artículo 10.- DEROGADO[25].

Artículo 10 bis.- DEROGADO[26].

Artículo 11.- DEROGADO[27].

Artículo 12.- DEROGADO[28].

Párrafo 3º Prestación de servicios en beneficio de la comunidad[29]

Artículo 10.- La pena de prestación de servicios en beneficio de la comunidad consiste en la realización de actividades no remuneradas a favor

---

23 Letra modificada por el art. 6, Nº 3, letras a) y b) de la Ley Nº 20.931, de 05 de julio de 2016.

24 Artículo modificado por el art. 1, Nº 13 de la Ley Nº 20.603, de 27 de junio de 2012.

25 Artículo derogado por el art. 1, Nº 14 de la Ley Nº 20.603, de 27 de junio de 2012.

26 Artículo derogado por el art. 1, Nº 14 de la Ley Nº 20.603, de 27 de junio de 2012.

27 Artículo derogado por el art. 1, Nº 14 de la Ley Nº 20.603, de 27 de junio de 2012.

28 Artículo derogado por el art. 1, Nº 14 de la Ley Nº 20.603, de 27 de junio de 2012.

29 Párrafo intercalado por el art. 1, Nº 15 de la Ley Nº 20.603, de 27 de junio de 2012, pasando a ser Nº 4 el anterior existente. El nuevo párrafo 3º incluye los artículos 10, 11, 12, 12 bis y 12 ter.

de la colectividad o en beneficio de personas en situación de precariedad, coordinadas por un delegado de Gendarmería de Chile.

El trabajo en beneficio de la comunidad será facilitado por Gendarmería de Chile, pudiendo establecer los convenios que estime pertinentes para tal fin con organismos públicos y privados sin fines de lucro.

Artículo 11.- La pena de prestación de servicios en beneficio de la comunidad podrá decretarse por el juez si se cumplen, copulativamente, los siguientes requisitos:

a) Si la pena originalmente impuesta fuere igual o inferior a trescientos días.

b) Si existieren antecedentes laborales, educacionales o de otra naturaleza similar que justificaren la pena, o si los antecedentes personales del condenado, su conducta anterior y posterior al hecho punible y la naturaleza, modalidades y móviles determinantes del delito permitieren presumir que la pena de prestación de servicios en beneficio de la comunidad lo disuadirá de cometer nuevos ilícitos.

c) Si concurriere la voluntad del condenado de someterse a esta pena. El juez deberá informarle acerca de las consecuencias de su incumplimiento.

Esta pena procederá por una sola vez y únicamente para el caso en que los antecedentes penales anteriores del condenado hicieren improcedente la aplicación de las demás penas sustitutivas establecidas en la presente ley.

Artículo 12.- La duración de la pena de prestación de servicios en beneficio de la comunidad se determinará considerando cuarenta horas de trabajo comunitario por cada treinta días de privación de libertad. Si la pena originalmente impuesta fuere superior a treinta días de privación de libertad, corresponderá hacer el cálculo proporcional para determinar el número exacto de horas por las que se extenderá la sanción. En todo caso, la pena impuesta no podrá extenderse por más de ocho horas diarias.

Si el condenado aportare antecedentes suficientes que permitieren sostener que trabaja o estudia regularmente, el juez deberá compatibilizar las reglas anteriores con el régimen de estudio o trabajo del condenado.

Artículo 12 bis.- En caso de decretarse la sanción de prestación de servicios en beneficio de la comunidad, el delegado de Gendarmería de Chile responsable de gestionar su cumplimiento informará al tribunal que dictó la sentencia, dentro de los treinta días siguientes a la fecha en que la condena se encontrare firme o ejecutoriada, el lugar donde ella se llevará a cabo, el tipo de servicio que se prestará y el calendario de su ejecución. El mencionado tribunal notificará lo anterior al Ministerio Público y al defensor.

Artículo 12 ter.- Los delegados de prestación de servicios en beneficio de la comunidad son funcionarios dependientes de Gendarmería de Chile, encargados de supervisar la correcta ejecución de esta pena sustitutiva.

La habilitación para ejercer las funciones de delegado de prestación de servicios en beneficio de la comunidad será otorgada por el Ministerio de Justicia a quienes acrediten idoneidad y preparación, en la forma que determine el reglamento.

Sin perjuicio de lo anterior, para desempeñar el cargo de delegado de prestación de servicios en beneficio de la comunidad se requiere poseer título profesional de una carrera de al menos ocho semestres de duración, otorgado por una universidad o instituto profesional reconocidos por el Estado o su equivalente, en el caso de profesionales titulados en universidades extranjeras.

Párrafo 4º Normas especiales[30]

Artículo 13.- Si alguna de las penas establecidas en este Título se impusiere al personal de las Fuerzas Armadas y Carabineros de Chile mientras esté en servicio, se observarán las normas siguientes:

a) En el caso de aplicarse la remisión condicional, el control administrativo y la asistencia del sujeto se ejercerá por el juez institucional

---

[30] Este párrafo 4º corresponde al anterior párrafo 3º, numeración que fue modificada por el art. 1, Nº 15 de la Ley Nº 20.603, de 27 de junio de 2012, que intercaló un nuevo párrafo 3º, pasando a ser este el párrafo Nº 4.

respectivo, quien podrá delegar tal facultad en la autoridad que estime conveniente y que corresponda a la institución a que perteneciere el condenado, como asimismo, solicitar se revoque la sustitución de la pena, en caso de incumplimiento, y

b) En el caso de aplicarse la pena de reclusión parcial en establecimientos especiales, ésta se cumplirá en la unidad militar o policial a que perteneciere el condenado.

Se entenderá que concurren las condiciones señaladas en las letras a) y c) del artículo 5°, por el solo hecho de permanecer el condenado en servicio.

Si el condenado dejare de pertenecer a la institución durante la época de cumplimiento de alguna de las penas establecidas en este Título, el tiempo de sujeción a la vigilancia del juez institucional o de permanencia en reclusión parcial en la unidad militar o policial correspondiente, se computará como período sometido a la vigilancia de Gendarmería de Chile o como tiempo cumplido en un establecimiento penal, según el caso. Este tiempo le será computable, además, para los efectos previstos en el artículo 2°, letra d), del decreto ley N° 409, de 1932. El lapso que restare se cumplirá de acuerdo con las normas generales[31].

Artículo 13 bis.- En caso de aplicarse la pena de prestación de servicios en beneficio de la comunidad, el juez podrá, de oficio o a solicitud del condenado, efectuar un control sobre las condiciones de su cumplimiento, debiendo citar, en ese caso, a una audiencia de seguimiento durante el período que dure su ejecución.

Al concluir dicho período, el delegado responsable de gestionar el cumplimiento de la pena remitirá al tribunal un informe sobre la ejecución efectiva de la misma[32].

---

[31] Artículo sustituido por el que aparece en el texto por el art. 1, N° 16 de la Ley N° 20.603, de 27 de junio de 2012.

[32] Artículo agregado por el art. 1, N° 17 de la Ley N° 20.603, de 27 de junio de 2012.

TÍTULO II. DE LA LIBERTAD VIGILADA Y LA LIBERTAD VIGILADA INTENSIVA[33]

Párrafo 1° De la libertad vigilada y la libertad vigilada intensiva[34]

Artículo 14.- La libertad vigilada consiste en someter al penado a un régimen de libertad a prueba que tenderá a su reinserción social a través de una intervención individualizada, bajo la vigilancia y orientación permanentes de un delegado.

La libertad vigilada intensiva consiste en la sujeción del condenado al cumplimiento de un programa de actividades orientado a su reinserción social en el ámbito personal, comunitario y laboral, a través de una intervención individualizada y bajo la aplicación de ciertas condiciones especiales[35].

Artículo 15.- La libertad vigilada podrá decretarse:

a) Si la pena privativa o restrictiva de libertad que impusiere la sentencia fuere superior a dos años y no excediere de tres, o

b) Si se tratare de alguno de los delitos contemplados en el artículo 4° de la ley N° 20.000, que sanciona el tráfico ilícito de estupefacientes y sustancias sicotrópicas, o en los incisos segundo y tercero del artículo 196 del decreto con fuerza de ley N° 1, de 2009, del Ministerio de Transportes y Telecomunicaciones, que fija el texto refundido, coordinado y sistematizado de la Ley de Tránsito, y la pena privativa o restrictiva de libertad que se impusiere fuere superior a quinientos cuarenta días y no excediere de tres años.

En los casos previstos en las dos letras anteriores, deberá cumplirse, además, lo siguiente:

---

33 Denominación del título modificada por el art. 1, N° 18, de la Ley N° 20.603, de 27 de junio de 2012.

34 Epígrafe sustituido por el que aparece en el texto por el art. 1, N° 19, de la Ley N° 20.603, de 27 de junio de 2012.

35 Artículo sustituido por el que aparece en el texto por el art. 1, N° 20 de la Ley N° 20.603, de 27 de junio de 2012.

1.- Que el penado no hubiere sido condenado anteriormente por crimen o simple delito. En todo caso, no se considerarán para estos efectos las condenas cumplidas diez o cinco años antes, respectivamente, del ilícito sobre el que recayere la nueva condena, y

2.- Que los antecedentes sociales y características de personalidad del condenado, su conducta anterior y posterior al hecho punible y la naturaleza, modalidades y móviles determinantes del delito permitieren concluir que una intervención individualizada de conformidad al artículo 16 de esta ley, parece eficaz en el caso específico, para su efectiva reinserción social. Dichos antecedentes deberán ser aportados por los intervinientes antes del pronunciamiento de la sentencia o en la oportunidad prevista en el artículo 343 del Código Procesal Penal. Excepcionalmente, si éstos no fueren aportados en dicha instancia, podrá el juez solicitar informe a Gendarmería de Chile, pudiendo suspender la determinación de la pena dentro del plazo previsto en el artículo 344 del Código Procesal Penal[36].

Artículo 15 bis.- La libertad vigilada intensiva podrá decretarse:

a) Si la pena privativa o restrictiva de libertad que impusiere la sentencia fuere superior a tres años y no excediere de cinco, o

b) Si se tratare de alguno de los delitos establecidos en los artículos 296, 297, 390, 390 bis, 390 ter, 391, 395, 396, 397, 398 o 399 del Código Penal, cometidos en el contexto de violencia intrafamiliar, y aquellos contemplados en los artículos 363, 365 bis, 366, 366 bis, 366 quáter, 366 quinquies, 367, 367 ter, 367 quáter inciso segundo y 411 ter del mismo Código, y la pena privativa o restrictiva de libertad que se impusiere fuere superior a quinientos cuarenta días y no excediere de cinco años[37].

---

36 Artículo sustituido por el que aparece en el texto por el art. 1, N° 21 de la Ley N° 20.603, de 27 de junio de 2012.

37 Inciso modificado por el artículo 5 de la Ley N° 21.522 de 30 de diciembre de 2022. Anteriormente fue modificado por el art. 3, N° 2, de la Ley N° 21.212, de 04 de marzo de 2020.

En los casos previstos en las dos letras anteriores, deberán cumplirse, además, las condiciones indicadas en ambos numerales del inciso segundo del artículo anterior[38].

Artículo 16.- Al imponer la pena de libertad vigilada o libertad vigilada intensiva, el tribunal establecerá un plazo de intervención igual al que correspondería cumplir si se aplicara efectivamente la pena privativa o restrictiva de libertad que se sustituye.

El delegado que hubiere sido designado para el control de estas penas, deberá proponer al tribunal que hubiere dictado la sentencia, en un plazo máximo de cuarenta y cinco días, un plan de intervención individual, el que deberá comprender la realización de actividades tendientes a la rehabilitación y reinserción social del condenado, tales como la nivelación escolar, la participación en actividades de capacitación o inserción laboral, o de intervención especializada de acuerdo a su perfil. El plan deberá considerar el acceso efectivo del condenado a los servicios y recursos de la red intersectorial, e indicar con claridad los objetivos perseguidos con las actividades programadas y los resultados esperados.

El juez, a propuesta del respectivo delegado, podrá ordenar que el condenado sea sometido, en forma previa, a los exámenes médicos, psicológicos o de otra naturaleza que parezcan necesarios para efectos de la elaboración del plan de intervención individual. En tal caso, podrá suspenderse el plazo a que se refiere el inciso anterior por un máximo de 60 días.

Una vez aprobado judicialmente el plan, el delegado informará al juez acerca de su cumplimiento, de conformidad a lo dispuesto en el artículo 23 de esta ley.

Sin perjuicio de lo anterior, el delegado podrá proponer al juez la reducción del plazo de intervención, o bien, el término anticipado de la pena, en los casos que considere que el condenado ha dado cumplimiento a los objetivos del plan de intervención[39].

---

[38] Artículo agregado por el art. 1, N° 22 de la Ley N° 20.603, de 27 de junio de 2012.

[39] Artículo sustituido por el que aparece en el texto por el art. 1, N° 23 de la Ley N° 20.603, de 27 de junio de 2012.

Artículo 17.- Al decretar la pena sustitutiva de libertad vigilada o de libertad vigilada intensiva, el tribunal impondrá al condenado las siguientes condiciones:

a) Residencia en un lugar determinado, el que podrá ser propuesto por el condenado, debiendo, en todo caso, corresponder a una ciudad en que preste funciones un delegado de libertad vigilada o de libertad vigilada intensiva. La residencia podrá ser cambiada en casos especiales calificados por el tribunal y previo informe del delegado respectivo;

b) Sujeción a la vigilancia y orientación permanentes de un delegado por el período fijado, debiendo el condenado cumplir todas las normas de conducta y las instrucciones que aquél imparta respecto a educación, trabajo, morada, cuidado del núcleo familiar, empleo del tiempo libre y cualquiera otra que sea pertinente para una eficaz intervención individualizada, y

c) Ejercicio de una profesión, oficio, empleo, arte, industria o comercio, bajo las modalidades que se determinen en el plan de intervención individual, si el condenado careciere de medios conocidos y honestos de subsistencia y no poseyere la calidad de estudiante[40].

Artículo 17 bis.- Junto con la imposición de las condiciones establecidas en el artículo anterior, si el condenado presentare un consumo problemático de drogas o alcohol, el tribunal deberá imponerle, en la misma sentencia, la obligación de asistir a programas de tratamiento de rehabilitación de dichas sustancias, de acuerdo a lo señalado en este artículo.

Para estos efectos, durante la etapa de investigación, los intervinientes podrán solicitar al tribunal que decrete la obligación del imputado de asistir a una evaluación por un médico calificado por el Servicio de Salud correspondiente para determinar si éste presenta o no consumo problemático de drogas o alcohol. El juez accederá a lo solicitado si existieren antecedentes que permitan presumir dicho consumo problemático.

---

[40] Artículo sustituido por el que aparece en el texto por el art. 1, N° 24 de la Ley N° 20.603, de 27 de junio de 2012.

La Secretaría Regional Ministerial de Justicia, previo informe de la Secretaría Regional Ministerial de Salud, entregará a la Corte de Apelaciones respectiva la nómina de facultativos habilitados para practicar los exámenes y remitir los informes a que se refiere este artículo.

Si se decretare la evaluación y el imputado se resistiere o negare a la práctica de el o los exámenes correspondientes, el juez podrá considerar dicha resistencia o negativa como antecedente para negar la sustitución de la pena privativa o restrictiva de libertad.

La obligación de someterse a un tratamiento podrá consistir en la asistencia a programas ambulatorios, la internación en centros especializados o una combinación de ambos tipos de tratamiento. El plazo de la internación no podrá ser superior al total del tiempo de la pena sustitutiva. Lo anterior deberá enmarcarse dentro del plan de intervención individual aprobado judicialmente.

Habiéndose decretado la obligación de someterse a tratamiento, el delegado informará mensualmente al tribunal respecto del desarrollo del mismo. El juez efectuará un control periódico del cumplimiento de esta condición, debiendo citar bimestralmente a audiencias de seguimiento, durante todo el período que dure el tratamiento, sin perjuicio de lo dispuesto en el artículo 23 de esta ley[41].

Artículo 17 ter.- En caso de imponerse la libertad vigilada intensiva deberán decretarse, además, una o más de las siguientes condiciones:

a) Prohibición de acudir a determinados lugares;

b) Prohibición de aproximarse a la víctima, o a sus familiares u otras personas que determine el tribunal, o de comunicarse con ellos;

c) Obligación de mantenerse en el domicilio o lugar que determine el juez, durante un lapso máximo de ocho horas diarias, las que deberán ser continuas, y

---

[41] Artículo agregado por el art. 1, N° 25 de la Ley N° 20.603, de 27 de junio de 2012.

d) Obligación de cumplir programas formativos, laborales, culturales, de educación vial, sexual, de tratamiento de la violencia u otros similares[42].

Artículo 17 quáter.- El control del delegado en las penas sustitutivas de libertad vigilada y libertad vigilada intensiva, se ejecutará en base a las medidas de supervisión que sean aprobadas por el tribunal, las que incluirán la asistencia obligatoria del condenado a encuentros periódicos previamente fijados con el delegado y a programas de intervención psicosocial. Tratándose de la libertad vigilada intensiva, el tribunal considerará, especialmente, la periodicidad e intensidad en la aplicación del plan de intervención individualizada[43].

Artículo 18.- El Estado, a través de los organismos pertinentes, promoverá y fortalecerá especialmente la formación educacional, la capacitación y la colocación laboral de los condenados a la pena sustitutiva de libertad vigilada y a la de libertad vigilada intensiva, con el fin de permitir e incentivar su inserción al trabajo. Asimismo, el delegado deberá apoyar y articular el acceso del condenado a la red de protección del Estado, particularmente, en las áreas de salud mental, educación, empleo y de desarrollo comunitario y familiar, según se requiera.

Los organismos estatales y comunitarios que otorguen servicios pertinentes a salud, educación, capacitación profesional, empleo, vivienda, recreación y otros similares, deberán considerar especialmente toda solicitud que los delegados de libertad vigilada formularen para el adecuado tratamiento de las personas sometidas a su orientación y vigilancia[44].

Artículo 19.- DEROGADO[45].

---

[42] Artículo agregado por el art. 1, N° 25 de la Ley N° 20.603, de 27 de junio de 2012.

[43] Artículo agregado por el art. 1, N° 26 de la Ley N° 20.603, de 27 de junio de 2012.

[44] Artículo sustituido por el que aparece en el texto por el art. 1, N° 27 de la Ley N° 20.603, de 27 de junio de 2012.

[45] Artículo derogado por el art. 1, N° 28 de la Ley N° 20.603, de 27 de junio de 2012.

Párrafo 2º De los delegados de libertad vigilada y de libertad vigilada intensiva[46]

Artículo 20.- Los delegados de libertad vigilada y de libertad vigilada intensiva son funcionarios de Gendarmería de Chile, encargados de conducir el proceso de reinserción social de la persona condenada a la pena sustitutiva de la libertad vigilada y libertad vigilada intensiva, mediante la intervención, orientación y supervisión de los condenados, a fin de evitar su reincidencia y facilitar su integración a la sociedad.

La habilitación para ejercer las funciones de delegado de libertad vigilada y de libertad vigilada intensiva será otorgada por el Ministerio de Justicia a quienes acrediten idoneidad y preparación, en la forma que determine el reglamento[47].

Artículo 20 bis.- Sin perjuicio de los restantes requisitos que señale el reglamento, para desempeñar el cargo de delegado de libertad vigilada y libertad vigilada intensiva se requiere:

a) Poseer el título de psicólogo o asistente social, otorgado por una universidad reconocida por el Estado o su equivalente, en el caso de profesionales titulados en universidades extranjeras;

b) Experiencia mínima de un año en el área de la intervención psicosocial, y

c) Aprobar el curso de habilitación de delegado de libertad vigilada y libertad vigilada intensiva[48].

Artículo 21.- El Ministerio de Justicia podrá celebrar convenios con personas naturales o jurídicas, estatales o privadas, para el control de la libertad vigilada y de la libertad vigilada intensiva, quienes deberán ejercer

---

46 Epígrafe sustituido por el que aparece en el texto por el art. 1, Nº 29 de la Ley Nº 20.603, de 27 de junio de 2012.

47 Artículo sustituido por el que aparece en el texto por el art. 1, Nº 30 de la Ley Nº 20.603, de 27 de junio de 2012.

48 Artículo agregado por el art. 1, Nº 31 de la Ley Nº 20.603, de 27 de junio de 2012.

este cometido por intermedio de delegados habilitados para el ejercicio de estas funciones y en conformidad con las normas que fije el reglamento[49].

Artículo 22.- Un reglamento establecerá las normas relativas a la organización de los sistemas de libertad vigilada y de libertad vigilada intensiva, incluyendo los programas, las características y los aspectos particulares que éstos deberán tener. El Ministerio de Justicia impartirá las normas técnicas que sean necesarias a este respecto y evaluará, periódicamente, su cumplimiento y los resultados de dichos sistemas[50].

Artículo 23.- Los delegados de libertad vigilada deberán informar al respectivo tribunal, al menos semestralmente, sobre la evolución y cumplimiento del plan de intervención individualizada impuesto por el juez a las personas sometidas a su vigilancia y orientación. Emitirán, además, los informes que los tribunales les soliciten sobre esta materia cada vez que ellos fueren requeridos.

Lo mismo les será aplicable a los delegados de libertad vigilada intensiva, quienes informarán al respectivo tribunal al menos trimestralmente.

En todo caso, el tribunal citará a lo menos anualmente a una audiencia de revisión de la libertad vigilada y, a lo menos, semestralmente, en el caso de la libertad vigilada intensiva.

A estas audiencias deberán comparecer el condenado y su defensor.

En el caso del delegado de libertad vigilada o de libertad vigilada intensiva, el tribunal podrá estimar como suficiente la entrega del informe periódico que se remita por el delegado, salvo que solicite su comparecencia personal.

El Ministerio Público podrá comparecer cuando lo estimare procedente[51].

---

[49] Artículo modificado por el art. 1, Nº 32 de la Ley Nº 20.603, de 27 de junio de 2012.

[50] Artículo sustituido por el que aparece en el texto por el art. 1, Nº 33 de la Ley Nº 20.603, de 27 de junio de 2012.

[51] Artículo sustituido por el que aparece en el texto por el art. 1, Nº 34 de la Ley Nº 20.603, de 27 de junio de 2012.

TÍTULO III. DEL MONITOREO TELEMÁTICO[52]

Artículo 23 bis.- Se entenderá por monitoreo telemático toda supervisión por medios tecnológicos de las penas establecidas por esta ley.

Dicho control podrá ser utilizado para la supervisión de las penas de reclusión parcial y de libertad vigilada intensiva.

Tratándose de la pena de libertad vigilada intensiva prevista en el artículo 15 bis, el monitoreo sólo se utilizará para el control de los delitos establecidos en la letra b) de dicho precepto. Para decretarlo, el tribunal tendrá en cuenta las circunstancias de comisión del delito y especialmente las necesidades de protección de la víctima.

Si se estimare conveniente que la víctima porte un dispositivo de control para su protección, el tribunal requerirá, en forma previa a su entrega, el consentimiento de aquélla. En cualquier caso, la ausencia de dicho consentimiento no obstará a que el tribunal pueda imponer al condenado la medida de monitoreo telemático.

A fin de resolver acerca de la imposición de esta medida de control, el tribunal deberá considerar la factibilidad técnica informada por Gendarmería de Chile para cada caso particular. Este informe deberá ser presentado en la oportunidad prevista en el artículo 343 del Código Procesal Penal. La elaboración del informe podrá solicitarse a Gendarmería de Chile directamente por el fiscal, el defensor o el tribunal en subsidio, durante la etapa de investigación.

Este mecanismo se aplicará por un plazo igual al de la duración de la pena sustitutiva que se impusiere.

Sin perjuicio de lo anterior, a solicitud del condenado, el tribunal podrá citar a una audiencia a fin de resolver acerca de la mantención, modificación o cesación de esta medida. En este caso, podrá ordenar la modifi-

---

[52] Título agregado por el art. 1, Nº 35 de la Ley Nº 20.603, de 27 de junio de 2012. Este artículo agregó los Títulos III, IV y V, pasando el anterior Título III a ser Título VI.

cación o cesación de la medida cuando hubieren variado las circunstancias consideradas al momento de imponer esta supervisión[53].

Artículo 23 bis A.- Tratándose del régimen de pena mixta, previsto en el artículo 33 de esta ley, la supervisión a través de monitoreo telemático será obligatoria durante todo el período de la libertad vigilada intensiva[54].

Artículo 23 ter.- Toda orden de aplicación del mecanismo de monitoreo contemplado en el artículo anterior, deberá ser expedida por escrito por el tribunal, y contendrá los siguientes datos:

a) Identificación del proceso;

b) Identificación del condenado;

c) La fecha de inicio y de término de la aplicación del mecanismo de control, y

d) Todos aquellos datos que el tribunal estimare importantes para su correcta aplicación[55].

Artículo 23 quáter.- La responsabilidad de la administración del dispositivo será de cargo de Gendarmería de Chile, institución que podrá contratar servicios externos para estos efectos, de conformidad a la ley N° 19.886, de Bases sobre Contratos Administrativos de Suministro y Prestación de Servicios.

---

53 Artículo agregado por el art. 1, N° 35 de la Ley N° 20.603, de 27 de junio de 2012. Este artículo agregó los Títulos III, IV y V, pasando el anterior Título III a ser Título VI.

54 Artículo agregado por el art. 1, N° 35 de la Ley N° 20.603, de 27 de junio de 2012. Este artículo agregó los Títulos III, IV y V, pasando el anterior Título III a ser Título VI.

55 Artículo agregado por el art. 1, N° 35 de la Ley N° 20.603, de 27 de junio de 2012. Este artículo agregó los Títulos III, IV y V, pasando el anterior Título III a ser Título VI.

Los requisitos y características técnicas del sistema de monitoreo telemático, así como los procedimientos para su instalación, administración y retiro, serán regulados en el reglamento a que alude el artículo 23 octies[56].

Artículo 23 quinquies.- La información obtenida en la aplicación del sistema de monitoreo telemático sólo podrá ser utilizada para controlar el cumplimiento de la pena sustitutiva de que se trate. Sin perjuicio de lo anterior, podrá ser utilizada por un fiscal del Ministerio Público que se encontrare conduciendo una investigación en la cual el condenado sometido a monitoreo telemático apareciere como imputado. Para ello, el fiscal deberá solicitar previamente autorización al juez de garantía, en conformidad con lo previsto en los artículos 9º y 236 del Código Procesal Penal.

Cuando se pusiere término a la utilización del monitoreo telemático, y transcurridos dos años desde el cumplimiento de la condena, Gendarmería de Chile procederá a la destrucción de la información proporcionada por este sistema, en la forma que determine el reglamento al que se refiere el artículo 23 octies.

El que conociendo, en razón de su cargo, la información a que alude el inciso anterior, la revelare indebidamente, será sancionado con la pena prevista en el inciso primero del artículo 246 del Código Penal[57].

Artículo 23 sexies.- El sujeto afecto al sistema de control de monitoreo que dolosamente arrancare, destruyere, hiciere desaparecer o, en general, inutilizare de cualquier forma el dispositivo, responderá por el delito de daños, de conformidad a lo establecido en los artículos 484 y siguientes del Código Penal, sin perjuicio de lo dispuesto en los artículos 25 y 27 de esta ley.

---

[56] Artículo agregado por el art. 1, Nº 35 de la Ley Nº 20.603, de 27 de junio de 2012. Este artículo agregó los Títulos III, IV y V, pasando el anterior Título III a ser Título VI.

[57] Artículo agregado por el art. 1, Nº 35 de la Ley Nº 20.603, de 27 de junio de 2012. Este artículo agregó los Títulos III, IV y V, pasando el anterior Título III a ser Título VI.

Asimismo, si por cualquier circunstancia el dispositivo de monitoreo quedare inutilizado o sufriere un desperfecto, pudiendo advertirlo el condenado, éste deberá informarlo a la brevedad a Gendarmería de Chile. En caso de no hacerlo, el tribunal podrá otorgar mérito suficiente a dicha omisión para dejar sin efecto la sustitución de la pena, de conformidad con lo dispuesto en el artículo 25 de esta ley[58].

Artículo 23 septies.- La instalación, mantención y utilización de los dispositivos de control telemático de que trata esta ley, serán siempre gratuitas para los sujetos afectos al sistema de monitoreo telemático[59].

Artículo 23 octies.- Las normas referidas al mecanismo de control de monitoreo telemático contenidas en este Título, se aplicarán en conformidad a un reglamento especialmente dictado al efecto, el que será suscrito por los Ministros de Justicia y de Hacienda.

TÍTULO IV. DEL INCUMPLIMIENTO Y EL QUEBRANTAMIENTO[60]

Párrafo 1° Disposiciones generales[61]

Artículo 24.- El tribunal, dentro de las cuarenta y ocho horas siguientes desde que se encuentre firme y ejecutoriada la sentencia, deberá in-

---

58 Artículo agregado por el art. 1, N° 35 de la Ley N° 20.603, de 27 de junio de 2012. Este artículo agregó los Títulos III, IV y V, pasando el anterior Título III a ser Título VI.

59 Artículo agregado por el art. 1, N° 35 de la Ley N° 20.603, de 27 de junio de 2012. Este artículo agregó los Títulos III, IV y V, pasando el anterior Título III a ser Título VI.

60 Título agregado por el art. 1, N° 35 de la Ley N° 20.603, de 27 de junio de 2012. Este artículo agregó los Títulos III, IV y V, pasando el anterior Título III a ser Título VI.

61 Párrafo agregado por el art. 1, N° 35 de la Ley N° 20.603, de 27 de junio de 2012. Este artículo agregó los Títulos III, IV y V, pasando el anterior Título III a ser Título VI.

formar a Gendarmería de Chile respecto de la imposición de alguna de las penas sustitutivas establecidas en esta ley.

El condenado a una pena sustitutiva deberá presentarse a Gendarmería de Chile dentro del plazo de cinco días, contado desde que estuviere firme y ejecutoriada la sentencia. Si transcurrido el referido plazo el condenado no se presentare a cumplirla, dicho organismo informará al tribunal de tal situación. Con el mérito de esta comunicación, el juez podrá despachar inmediatamente una orden de detención[62].

Artículo 25.- Para determinar las consecuencias que se impondrán en caso de incumplimiento del régimen de ejecución de las penas sustitutivas de que trata esta ley, se observarán las siguientes reglas:

1.- Tratándose de un incumplimiento grave o reiterado de las condiciones impuestas y atendidas las circunstancias del caso, el tribunal deberá revocar la pena sustitutiva impuesta o reemplazarla por otra pena sustitutiva de mayor intensidad.

2.- Tratándose de otros incumplimientos injustificados, el tribunal deberá imponer la intensificación de las condiciones de la pena sustitutiva. Esta intensificación consistirá en establecer mayores controles para el cumplimiento de dicha pena[63].

Artículo 26.- La decisión del tribunal de dejar sin efecto la pena sustitutiva, sea como consecuencia de un incumplimiento o por aplicación de lo dispuesto en el artículo siguiente, someterá al condenado al cumplimiento del saldo de la pena inicial, abonándose a su favor el tiempo de ejecución de dicha pena sustitutiva de forma proporcional a la duración de ambas.

---

62 Artículo agregado por el art. 1, Nº 35 de la Ley Nº 20.603, de 27 de junio de 2012. Este artículo agregó los Títulos III, IV y V, pasando el anterior Título III a ser Título VI.

63 Artículo agregado por el art. 1, Nº 35 de la Ley Nº 20.603, de 27 de junio de 2012. Este artículo agregó los Títulos III, IV y V, pasando el anterior Título III a ser Título VI.

Tendrán aplicación, en su caso, las reglas de conversión del artículo 9° de esta ley[64].

Artículo 27.- Las penas sustitutivas reguladas en esta ley siempre se considerarán quebrantadas por el solo ministerio de la ley y darán lugar a su revocación, si durante su cumplimiento el condenado cometiere nuevo crimen o simple delito y fuere condenado por sentencia firme[65].

Artículo 28.- Recibida por el tribunal la comunicación de un incumplimiento de condiciones, deberá citar al condenado a una audiencia que se celebrará dentro del plazo de quince días, en la que se discutirá si efectivamente se produjo un incumplimiento de condiciones o, en su caso, un quebrantamiento. Dicha resolución se notificará por cédula al condenado.

El condenado tendrá derecho a asistir a la audiencia con un abogado y, si no dispusiere de uno, el Estado deberá designarle un defensor penal público.

Las audiencias se regirán conforme a lo dispuesto en el Código Procesal Penal, en lo que fuere pertinente. En todo caso, si fuere necesario presentar prueba para acreditar algún hecho, no regirán las reglas sobre presentación de prueba en el juicio oral, debiendo procederse desformalizadamente[66].

---

64 Artículo agregado por el art. 1, N° 35 de la Ley N° 20.603, de 27 de junio de 2012. Este artículo agregó los Títulos III, IV y V, pasando el anterior Título III a ser Título VI.

65 Artículo agregado por el art. 1, N° 35 de la Ley N° 20.603, de 27 de junio de 2012. Este artículo agregó los Títulos III, IV y V, pasando el anterior Título III a ser Título VI.

66 Artículo agregado por el art. 1, N° 35 de la Ley N° 20.603, de 27 de junio de 2012. Este artículo agregó los Títulos III, IV y V, pasando el anterior Título III a ser Título VI.

Párrafo 2º Normas especiales para la pena de prestación de servicios en beneficio de la comunidad[67]

Artículo 29.- En caso de incumplimiento de la pena de prestación de servicios en beneficio de la comunidad, el delegado deberá informar al tribunal competente.

El tribunal citará a una audiencia para resolver sobre la mantención o la revocación de la pena[68].

Artículo 30.- El juez deberá revocar la pena de prestación de servicios en beneficio de la comunidad cuando expresamente el condenado solicitare su revocación o por aplicación de lo dispuesto en el artículo 27 de esta ley.

Adicionalmente, podrá revocarla, previo informe del delegado, cuando el condenado se encontrare en alguna de las siguientes situaciones:

a) Se ausentare del trabajo en beneficio de la comunidad que estuviere realizando, durante al menos dos jornadas laborales. Si el penado faltare al trabajo por causa justificada, no se entenderá dicha ausencia como abandono de la actividad.

b) Su rendimiento en la ejecución de los servicios fuere sensiblemente inferior al mínimo exigible, a pesar de los requerimientos del responsable del centro de trabajo.

c) Se opusiere o incumpliere en forma reiterada y manifiesta las instrucciones que se le dieren por el responsable del centro de trabajo[69].

---

67 Párrafo agregado por el art. 1, Nº 35 de la Ley Nº 20.603, de 27 de junio de 2012. Este artículo agregó los Títulos III, IV y V, pasando el anterior Título III a ser Título VI.

68 Artículo agregado por el art. 1, Nº 35 de la Ley Nº 20.603, de 27 de junio de 2012. Este artículo agregó los Títulos III, IV y V, pasando el anterior Título III a ser Título VI.

69 Artículo agregado por el art. 1, Nº 35 de la Ley Nº 20.603, de 27 de junio de 2012. Este artículo agregó los Títulos III, IV y V, pasando el anterior Título III a ser Título VI.

Artículo 31.- Habiéndose decretado la revocación de la pena de prestación de servicios en beneficio de la comunidad, se abonará al tiempo de reclusión un día por cada ocho horas efectivamente trabajadas.

Si el tribunal no revocare la pena, podrá ordenar que su cumplimiento se ejecute en un lugar distinto a aquel en que originalmente se desarrollaba. En este caso, y para efectos del cómputo de la pena, se considerará el período efectivamente trabajado con anterioridad, en los términos del inciso anterior[70].

TÍTULO V. DEL REEMPLAZO DE LA PENA SUSTITUTIVA Y LAS PENAS MIXTAS[71]

Párrafo 1° Del reemplazo de la pena sustitutiva[72]

Artículo 32.- Sin perjuicio de lo dispuesto en el artículo 25 de esta ley, una vez cumplida la mitad del período de observación de la pena sustitutiva respectiva, y previo informe favorable de Gendarmería de Chile, el tribunal, de oficio o a petición de parte, podrá reemplazar la pena conforme a lo siguiente:

a) En caso que la pena sustitutiva que se encontrare cumpliendo el condenado fuere la libertad vigilada intensiva, podrá sustituirla por la libertad vigilada.

b) En caso que la pena sustitutiva que se encontrare cumpliendo el condenado fuere la libertad vigilada, podrá sustituirla por la remisión condicional.

---

70 Artículo agregado por el art. 1, N° 35 de la Ley N° 20.603, de 27 de junio de 2012. Este artículo agregó los Títulos III, IV y V, pasando el anterior Título III a ser Título VI.

71 Título agregado por el art. 1, N° 35 de la Ley N° 20.603, de 27 de junio de 2012. Este artículo agregó los Títulos III, IV y V, pasando el anterior Título III a ser Título VI.

72 Párrafo agregado por el art. 1, N° 35 de la Ley N° 20.603, de 27 de junio de 2012. Este artículo agregó los Títulos III, IV y V, pasando el anterior Título III a ser Título VI.

Cuando a un penado se le hubiere sustituido la libertad vigilada intensiva por la libertad vigilada, sólo podrá reemplazarse esta última por la remisión condicional si se contare con informe favorable de Gendarmería de Chile y el condenado hubiere cumplido más de dos tercios de la pena originalmente impuesta.

Para estos efectos, el tribunal citará a los intervinientes a audiencia, en la que examinará los antecedentes, oirá a los presentes y resolverá.

En caso que el tribunal se pronunciare rechazando el reemplazo de la pena sustitutiva, éste no podrá discutirse nuevamente sino hasta transcurridos seis meses desde de su denegación[73].

Párrafo 2º De las penas mixtas[74]

Artículo 33.- El tribunal podrá, de oficio o a petición de parte, previo informe favorable de Gendarmería de Chile, disponer la interrupción de la pena privativa de libertad originalmente impuesta, reemplazándola por el régimen de libertad vigilada intensiva, siempre que concurran los siguientes requisitos:

a) Que la sanción impuesta al condenado fuere de cinco años y un día de presidio o reclusión mayor en su grado mínimo, u otra pena inferior;

b) Que al momento de discutirse la interrupción de la pena privativa de libertad, el penado no registrare otra condena por crimen o simple delito, sin perjuicio de lo dispuesto en el inciso segundo del artículo 15 bis;

c) Que el penado hubiere cumplido al menos un tercio de la pena privativa de libertad de manera efectiva, y

d) Que el condenado hubiere observado un comportamiento calificado como "muy bueno" o "bueno" en los tres bimestres anteriores a su solicitud, de conformidad a lo dispuesto en el decreto supremo Nº 2.442,

---

73 Artículo agregado por el art. 1, Nº 35 de la Ley Nº 20.603, de 27 de junio de 2012. Este artículo agregó los Títulos III, IV y V, pasando el anterior Título III a ser Título VI.

74 Párrafo agregado por el art. 1, Nº 35 de la Ley Nº 20.603, de 27 de junio de 2012. Este artículo agregó los Títulos III, IV y V, pasando el anterior Título III a ser Título VI.

de 1926, del Ministerio de Justicia, Reglamento de la Ley de Libertad Condicional.

En el caso que el tribunal dispusiere la interrupción de la pena privativa de libertad, reemplazándola por el régimen de libertad vigilada intensiva, ésta deberá ser siempre controlada mediante monitoreo telemático.

Para estos efectos, el informe de Gendarmería de Chile a que se refiere el inciso primero, deberá contener lo siguiente:

1) Una opinión técnica favorable que permita orientar sobre los factores de riesgo de reincidencia, a fin de conocer las posibilidades del condenado para reinsertarse adecuadamente en la sociedad, mediante una pena a cumplir en libertad. Dicha opinión contendrá, además, los antecedentes sociales y las características de personalidad del condenado y una propuesta de plan de intervención individual que deberá cumplirse en libertad. Considerará, asimismo, la existencia de investigaciones formalizadas o acusaciones vigentes en contra del condenado.

2) Informe de comportamiento, de conformidad a lo dispuesto en el decreto supremo N° 2.442, de 1926, del Ministerio de Justicia, Reglamento de la Ley de Libertad Condicional.

3) Factibilidad técnica de la aplicación del monitoreo telemático, la cual incluirá aspectos relativos a la conectividad de las comunicaciones en el domicilio y la comuna que fije el condenado para tal efecto.

Con lo anterior, el tribunal citará a los intervinientes a audiencia, en la que examinará los antecedentes, oirá a los presentes y resolverá.

En dicha audiencia, el tribunal podrá requerir a Gendarmería de Chile mayores antecedentes respecto a la factibilidad técnica del monitoreo.

En caso de disponerse la interrupción de la pena privativa de libertad, el tribunal fijará el plazo de observación de la libertad vigilada intensiva por un período igual al de duración de la pena que al condenado le restare por cumplir. Además, determinará las condiciones a que éste quedará sujeto conforme a lo prescrito en los artículos 17, 17 bis y 17 ter de esta ley.

Si el tribunal no otorgare la interrupción de la pena regulada en este artículo, ésta no podrá discutirse nuevamente sino hasta transcurridos seis meses desde de su denegación.

Si el penado cumpliere satisfactoriamente la pena de libertad vigilada intensiva, el tribunal lo reconocerá en una resolución fundada, remitiendo el saldo de la pena privativa de libertad interrumpida y teniéndola por cumplida con el mérito de esta resolución.

Los condenados que fueren beneficiados con la interrupción de la pena privativa de libertad no podrán acceder al reemplazo de la pena sustitutiva a que se refiere el artículo 32 de esta ley[75].

Párrafo 3º De la regla especial aplicable a los extranjeros[76]

Artículo 34.- Si el condenado a una pena igual o inferior a cinco años de presidio o reclusión menor en su grado máximo fuere un extranjero que no residiere legalmente en el país, el juez, de oficio o a petición de parte, podrá sustituir el cumplimiento de dicha pena por la expulsión de aquél del territorio nacional. La misma sustitución se aplicará respecto del extranjero que resida legalmente en el país, a menos que el juez, fundadamente, establezca que su arraigo en el país aconseje no aplicar esta medida, debiendo recabar para estos efectos un informe técnico al Servicio Nacional de Migraciones, el que deberá ser evacuado al tenor del artículo 129 de la Ley de Migración y Extranjería. No procederá esta sustitución respecto de los delitos cometidos con infracción de la ley Nº 20.000 y de los incisos segundo, tercero, cuarto y quinto del artículo 168 de la Ordenanza de Aduanas, ni de los condenados por los delitos contemplados en el párrafo V bis, de los delitos de tráfico ilícito de migrantes y trata de personas, del Título octavo del Libro Segundo del Código Penal[77].

A la audiencia que tenga por objetivo resolver acerca de la posible sustitución de la pena privativa de libertad por la expulsión del territorio nacional deberá ser citado el Ministerio del Interior y Seguridad Pública,

---

75 Artículo agregado por el art. 1, Nº 35 de la Ley Nº 20.603, de 27 de junio de 2012. Este artículo agregó los Títulos III, IV y V, pasando el anterior Título III a ser Título VI.

76 Párrafo agregado por el art. 1, Nº 35 de la Ley Nº 20.603, de 27 de junio de 2012. Este artículo agregó los Títulos III, IV y V, pasando el anterior Título III a ser Título VI.

77 Inciso modificado por el art. 175 Nº 16, letra a) de la Ley Nº 21.325 de 20 de abril de 2021

a fin de ser oído. Si se ordenare la expulsión, deberá oficiarse a la Policía de Investigaciones de Chile para efectos de que lleve a cabo la implementación de esta pena y se ordenará la internación del condenado hasta la ejecución de la misma, debiendo informarse de ello al Servicio Nacional de Migraciones[78].

El condenado extranjero al que se le aplicare la pena de expulsión no podrá regresar al territorio nacional en un plazo de diez años, contado desde la fecha de la sustitución de la pena.

En caso que el condenado regresare al territorio nacional dentro del plazo señalado en el inciso anterior, se revocará la pena de expulsión, debiendo cumplirse el saldo de la pena privativa de libertad originalmente impuesta[79].

TÍTULO VI. DISPOSICIONES GENERALES[80]

Artículo 35.- El tribunal que impusiere, de oficio o a petición de parte, alguna de las penas sustitutivas previstas en esta ley, deberá así ordenarlo en la respectiva sentencia condenatoria, expresando los fundamentos en que se apoya y los antecedentes que fundaren su convicción.

Si el tribunal negare la solicitud para conceder alguna de las penas sustitutivas establecidas en esta ley, deberá exponer los fundamentos de su decisión en la sentencia.

Tratándose de delitos de acción privada o de acción penal pública previa instancia particular, el juez de garantía o el tribunal de juicio oral en lo penal deberá citar a la víctima o a quien la represente, a la audiencia a que se refiere

---

78 Inciso modificado por el art. 175 N° 16, letra b), n° i y ii de la Ley N° 21.325 de 20 de abril de 2021

79 Artículo agregado por el art. 1, N° 35 de la Ley N° 20.603, de 27 de junio de 2012. Este artículo agregó los Títulos III, IV y V, pasando el anterior Título III a ser Título VI.

80 Título sustituido por el nuevo Título VI, conformado por los siguientes artículos 35 a 40, por el art. 1, N° 36 de la Ley N° 20.603, de 27 de junio de 2012. Anteriormente este correspondía al Título III, integrado por los artículos 24 a 31.

el artículo 343 del Código Procesal Penal, para debatir sobre la procedencia de aplicar cualquiera de las penas sustitutivas contenidas en esta ley[81].

Artículo 36.- El conocimiento de las gestiones a que dé lugar la ejecución de las penas sustitutivas que contempla esta ley, se regirá por las normas generales de competencia del Código Orgánico de Tribunales y del Código Procesal Penal.

Sin perjuicio de lo anterior, en casos excepcionales, el tribunal que conozca o deba conocer de la ejecución de una pena sustitutiva podrá declararse incompetente, a fin de que conozca del asunto el juzgado de garantía del lugar en que deba cumplirse dicha pena, cuando exista una distancia considerable entre el lugar donde se dictó la sentencia condenatoria y el de su ejecución[82].

Artículo 37.- La decisión acerca de la concesión, denegación, revocación, sustitución, reemplazo, reducción, intensificación y término anticipado de las penas sustitutivas que establece esta ley y la referida a la interrupción de la pena privativa de libertad a que alude el artículo 33, será apelable para ante el tribunal de alzada respectivo, de acuerdo a las reglas generales.

Sin perjuicio de lo anterior, cuando la decisión que conceda o deniegue una pena sustitutiva esté contenida formalmente en la sentencia definitiva, el recurso de apelación contra dicha decisión deberá interponerse dentro de los cinco días siguientes a su notificación o, si se impugnare además la sentencia definitiva por la vía del recurso de nulidad, se interpondrá conjuntamente con éste, en carácter de subsidiario y para el caso en que el fallo del o de los recursos de nulidad no altere la decisión del tribunal a quo relativa a la concesión o denegación de la pena sustitutiva.

---

81 Artículo agregado en el título sustituido por el nuevo Título VI, conformado por los siguientes artículos 35 a 40, por el art. 1, N° 36 de la Ley N° 20.603, de 27 de junio de 2012. Anteriormente este correspondía al Título III, integrado por los artículos 24 a 31.

82 Artículo agregado en el título sustituido por el nuevo Título VI, conformado por los siguientes artículos 35 a 40, por el art. 1, N° 36 de la Ley N° 20.603, de 27 de junio de 2012. Anteriormente este correspondía al Título III, integrado por los artículos 24 a 31.

Habiéndose presentado uno o más recursos de nulidad, conjuntamente o no con el recurso de apelación, el tribunal a quo se pronunciará de inmediato sobre la admisibilidad de este último, pero sólo lo concederá una vez ejecutoriada la sentencia definitiva condenatoria y únicamente para el evento de que la resolución sobre el o los recursos de nulidad no altere la decisión del tribunal a quo respecto de la concesión o denegación de la pena sustitutiva.

En caso contrario, se tendrá por no interpuesto[83].

Artículo 38.- La imposición por sentencia ejecutoriada de alguna de las penas sustitutivas establecidas en esta ley a quienes no hubieren sido condenados anteriormente por crimen o simple delito tendrá mérito suficiente para la omisión, en los certificados de antecedentes, de las anotaciones a que diere origen la sentencia condenatoria. El tribunal competente deberá oficiar al Servicio de Registro Civil e Identificación al efecto.

Para los efectos previstos en el inciso precedente no se considerarán las condenas por crimen o simple delito cumplidas, respectivamente, diez o cinco años antes de la comisión del nuevo ilícito.

El cumplimiento satisfactorio de las penas sustitutivas que prevé el artículo 1° de esta ley por personas que no hubieren sido condenadas anteriormente por crimen o simple delito, en los términos que señala el inciso primero, tendrá mérito suficiente para la eliminación definitiva, para todos los efectos legales y administrativos, de tales antecedentes prontuariales. El tribunal que declare cumplida la respectiva pena sustitutiva deberá oficiar al Servicio de Registro Civil e Identificación, el que practicará la eliminación.

Exceptúanse de las normas de los incisos anteriores los certificados que se otorguen para el ingreso a las Fuerzas Armadas, a las Fuerzas de Orden y Seguridad Pública y a Gendarmería de Chile, y los que se requieran para su agregación a un proceso criminal[84].

---

83 Artículo agregado en el título sustituido por el nuevo Título VI, conformado por los siguientes artículos 35 a 40, por el art. 1, N° 36 de la Ley N° 20.603, de 27 de junio de 2012. Anteriormente este correspondía al Título III, integrado por los artículos 24 a 31.

84 Artículo agregado en el título sustituido por el nuevo Título VI, conformado por los siguientes artículos 35 a 40, por el art. 1, N° 36 de la Ley N° 20.603, de 27 de junio de

Artículo 39.- En aquellos tribunales de garantía integrados por más de tres jueces, el Comité de Jueces, a propuesta del Juez Presidente, deberá considerar, en el procedimiento objetivo y general de distribución de causas, la designación preferente de jueces especializados para el conocimiento de las materias previstas en esta ley.

Artículo 40.- Las disposiciones contenidas en esta ley no serán aplicables a aquellos adolescentes que hubieren sido condenados de conformidad a lo establecido en la ley N° 20.084, que establece un sistema de responsabilidad de los adolescentes por infracciones a la ley penal[85].

ARTÍCULOS TRANSITORIOS (DEROGADOS)

Artículo 1°.- DEROGADO[86].

Artículo 2°.- DEROGADO[87].

JOSE T. MERINO CASTRO, Almirante, Comandante en Jefe de la Armada, Miembro de la Junta de Gobierno.- FERNANDO MATTHEI AUBEL, General del Aire, Comandante en Jefe de la Fuerza Aérea, Miembro de la Junta de Gobierno.- CESAR MENDOZA DURAN, General Director de Carabineros, Miembro de la Junta de Gobierno.- CESAR RAUL BENAVIDES ESCOBAR, Teniente General de Ejército, Miembro de la Junta de Gobierno.

Por cuanto he tenido a bien aprobar la precedente ley, la sanciono y la firmo en señal de promulgación.

Llévese a efecto como Ley de la República.

2012. Anteriormente este correspondía al Título III, integrado por los artículos 24 a 31.

85 Artículo agregado en el título sustituido por el nuevo Título VI, conformado por los siguientes artículos 35 a 40, por el art. 1, N° 36 de la Ley N° 20.603, de 27 de junio de 2012. Anteriormente este correspondía al Título III, integrado por los artículos 24 a 31.

86 Artículo transitorio derogado por el art. 1, N° 37 de la Ley N° 20.603, de 27 de junio de 2012.

87 Artículo transitorio derogado por el art. 1, N° 37 de la Ley N° 20.603, de 27 de junio de 2012.

Regístrese en la Contraloría General de la República, publíquese en el Diario Oficial e insértese en la Recopilación Oficial de dicha Contraloría.

Santiago, 20 de abril de 1983.- AUGUSTO PINOCHET UGARTE, General de Ejército, Presidente de la República.- Jaime del Valle Alliende, Ministro de Justicia.

Lo que transcribo para su conocimiento.- Le saluda atentamente.- Alicia Cantarero Aparicio, Subsecretario de Justicia.

LEY Nº 20.000[88]
SUSTITUYE LA LEY Nº 19.366, QUE SANCIONA EL TRÁFICO ILÍCITO DE ESTUPEFACIENTES Y SUSTANCIAS SICOTRÓPICAS

Teniendo presente que el H. Congreso Nacional ha dado su aprobación al siguiente

Proyecto de ley:

TÍTULO I. DE LOS DELITOS Y SANCIONES

Párrafo 1º De los crímenes y simples delitos

Artículo 1º.- Los que elaboren, fabriquen, transformen, preparen o extraigan sustancias o drogas estupefacientes o sicotrópicas productoras de dependencia física o síquica, capaces de provocar graves efectos tóxicos o daños considerables a la salud, sin la debida autorización, serán castigados con presidio mayor en sus grados mínimo a medio y multa de cuarenta a cuatrocientas unidades tributarias mensuales.

Si se tratare de otras drogas o sustancias de esta índole que no produzcan los efectos indicados en el inciso anterior, podrá rebajarse la pena hasta en un grado.

Incurren también en este delito, quienes tengan en su poder elementos, instrumentos, materiales o equipos comúnmente destinados a la elaboración, fabricación, preparación, transformación o extracción de las sustancias o drogas a que se refieren los incisos anteriores.

Artículo 2º.- La producción, fabricación, elaboración, distribución, transporte, comercialización, importación, exportación, posesión o tenencia de precursores o de sustancias químicas esenciales, con el objetivo

[88] Fecha de publicación: 16 de febrero de 2005. Fecha de promulgación: 02 de febrero de 2005.

de destinarlos a la preparación de drogas estupefacientes o sustancias sicotrópicas para perpetrar, dentro o fuera del país, alguno de los hechos considerados como delitos en esta ley, será castigado con presidio menor en su grado máximo a presidio mayor en su grado mínimo y multa de cuarenta a cuatrocientas unidades tributarias mensuales.

Si alguna de las conductas descritas en el inciso anterior se hubiere realizado sin conocer el destino de los precursores o de las sustancias químicas esenciales por negligencia inexcusable, la pena será de presidio menor en sus grados mínimo a medio.

Artículo 3º.- Las penas establecidas en el artículo 1º se aplicarán también a quienes trafiquen, bajo cualquier título, con las sustancias a que dicha disposición se refiere, o con las materias primas que sirvan para obtenerlas y a quienes, por cualquier medio, induzcan, promuevan o faciliten el uso o consumo de tales sustancias.

Se entenderá que trafican los que, sin contar con la autorización competente, importen, exporten, transporten, adquieran, transfieran, sustraigan, posean, suministren, guarden o porten tales sustancias o materias primas.

Artículo 4º.- El que, sin la competente autorización posea, transporte, guarde o porte consigo pequeñas cantidades de sustancias o drogas estupefacientes o sicotrópicas, productoras de dependencia física o síquica, o de materias primas que sirvan para obtenerlas, sea que se trate de las indicadas en los incisos primero o segundo del artículo 1º, será castigado con presidio menor en sus grados medio a máximo y multa de diez a cuarenta unidades tributarias mensuales, a menos que justifique que están destinadas a la atención de un tratamiento médico o a su uso o consumo personal exclusivo y próximo en el tiempo.

En igual pena incurrirá el que adquiera, transfiera, suministre o facilite a cualquier título pequeñas cantidades de estas sustancias, drogas o materias primas, con el objetivo de que sean consumidas o usadas por otro.

Se entenderá que no concurre la circunstancia de uso o consumo personal exclusivo y próximo en el tiempo, cuando de la droga poseída, transportada, guardada o portada no permita racionalmente suponer que está destinada al uso o consumo descrito o cuando las circunstancias de la posesión, transporte, guarda o porte sean indiciarias del propósito de traficar a cualquier título[89].

Artículo 5º.- El que sin el consentimiento de la persona afectada le administre a ésta alguna de las sustancias referidas en el artículo 1 será sancionado con la pena de presidio menor en su grado medio a máximo y multa de once a veinte unidades tributarias mensuales.

Si se hubiese obrado con violencia o intimidación para administrar u obligar a otro a consumir las sustancias referidas en el artículo 1, la pena será de presidio mayor en sus grados mínimo a medio.

Lo dispuesto en los incisos precedentes no será aplicable si el hecho fuere constitutivo de un delito sancionado con igual o mayor pena por otra disposición legal, en cuyo caso, sin perjuicio de lo dispuesto en el artículo 63 del Código Penal, el suministro de dichas sustancias o el empleo de violencia o intimidación serán considerados como una sola circunstancia agravante.

Si los delitos previstos en el presente artículo se hubieren realizado para facilitar o permitir la ejecución de otros delitos, las penas previstas de unos y otros se aplicarán de conformidad a lo dispuesto en el artículo 74 del Código Penal[90].

Artículo 5 bis.- El que suministre a menores de dieciocho años de edad, a cualquier título, productos que contengan solventes o gases inhalantes capaces de provocar daños a la salud o dependencia física o psíquica, tales como benceno, tolueno, u otras sustancias similares, incurrirá en la pena de presidio menor en su grado máximo a presidio mayor en su grado mínimo y multa de ochenta a cuatrocientas unidades tributarias mensuales.

---

89 Inciso modificado, por el artículo 1, Nº 1, de la Ley 21.575 de 23 de mayo de 2023.

90 Artículo sustituido, como aparece en el texto, por el artículo 1, Nº 2, de la Ley 21.575 de 23 de mayo de 2023.

Atendidas las circunstancias del delito, podrá imponerse, además, la clausura a que hace referencia el artículo 7[91].

Artículo 6º.- El médico cirujano, odontólogo o médico veterinario que recete alguna de las sustancias señaladas en el artículo 1º, sin necesidad médica o terapéutica, será penado con presidio mayor en sus grados mínimo a medio y multa de cuarenta a cuatrocientas unidades tributarias mensuales.

Artículo 7º.- El que, encontrándose autorizado para suministrar a cualquier título las sustancias o drogas a que se refiere el artículo 1º, o las materias que sirvan para obtenerlas, lo hiciere en contravención de las disposiciones legales o reglamentarias que lo regulan, será sancionado con presidio mayor en sus grados mínimo a medio y multa de cuarenta a cuatrocientas unidades tributarias mensuales. Atendidas las circunstancias del delito, podrá imponerse, además, la medida de clausura temporal del establecimiento por un plazo no inferior a sesenta días ni superior a ciento veinte días, aun cuando el autor del hecho sea empleado o dependiente de cualquier modo en dicho establecimiento. En caso de reiteración, podrá imponerse la clausura definitiva y la prohibición perpetua para el autor de tales ilícitos de participar en otro establecimiento de igual naturaleza.

Artículo 8º.- El que, careciendo de la debida autorización, siembre, plante, cultive o coseche especies vegetales del género cannabis u otras productoras de sustancias estupefacientes o sicotrópicas, incurrirá en la pena de presidio menor en su grado máximo a presidio mayor en su grado mínimo y multa de cuarenta a cuatrocientas unidades tributarias mensuales, a menos que justifique que están destinadas a su uso o consumo personal exclusivo y próximo en el tiempo, caso en el cual sólo se aplicarán las sanciones de los artículos 50 y siguientes.

---

91 Artículo incorporado por el artículo 1, Nº 3, de la Ley 21.575 de 23 de mayo de 2023.

Según la gravedad del hecho y las circunstancias personales del responsable, la pena podrá rebajarse en un grado.

Se entenderá justificado el cultivo de especies vegetales del género cannabis para la atención de un tratamiento médico, con la presentación de la receta extendida para ese efecto por un médico cirujano tratante, la que deberá indicar el diagnóstico de la enfermedad, su tratamiento y duración, además de la forma de administración del cannabis, la que no podrá ser mediante combustión. Será sancionado con la pena de presidio mayor en su grado mínimo quien falsifique o maliciosamente haga uso de recetas falsas para justificar el cultivo de especies vegetales del género cannabis. Si se acreditare que dicha conducta tiene por objeto la comercialización de la droga o su facilitación a un tercero, la pena aumentará en un grado[92].

Artículo 9°.- La autorización a que se refiere el artículo anterior será otorgada por el Servicio Agrícola y Ganadero. No podrá otorgarse dicha autorización a las personas naturales respecto de las cuales se hubiere decretado la suspensión condicional del procedimiento prevista en el artículo 237 del Código Procesal Penal o hayan sido condenadas por alguna de las conductas punibles contempladas en esta ley o en las leyes 19.366 y 19.913. Tampoco se otorgará a las personas jurídicas, cuando cualesquiera de sus representantes legales o administradores, y socios en el caso de las sociedades que no sean anónimas, se encuentren en alguna de dichas situaciones[93].

Se suspenderá la autorización concedida por el solo ministerio de la ley si, con posterioridad a ésta, se formaliza la investigación por alguno de los delitos aludidos; y se entenderá cancelada definitivamente, de igual modo, desde que se encuentre ejecutoriada la respectiva sentencia de término condenatoria.

Las resoluciones judiciales aludidas en los incisos anteriores se comunicarán al Servicio Agrícola y Ganadero tan pronto se encuentren firmes.

---

92 Inciso incorporado por el artículo 1, N° 4, de la Ley 21.575 de 23 de mayo de 2023.

93 Inciso modificado, como aparece en el texto, por el artículo 1, N° 5, de la Ley 21.575 de 23 de mayo de 2023.

Dicho Servicio, a la brevedad, dictará la correspondiente resolución, de carácter declarativo, y la comunicará a los interesados.

Artículo 10.- El que, estando autorizado para efectuar las siembras, plantaciones, cultivos o cosechas a que se refiere el artículo anterior, desvíe o destine al tráfico ilícito alguna de las especies vegetales allí señaladas, o sus rastrojos, florescencias, semillas u otras partes activas, será penado con presidio mayor en sus grados mínimo a medio y multa de cuarenta a cuatrocientas unidades tributarias mensuales.

Si, por imprudencia o negligencia culpable, abandonare en lugares de fácil acceso al público plantas, sus rastrojos, florescencias, semillas u otras partes activas, o no cumpliere con las obligaciones establecidas en el reglamento sobre cierro y destrucción de tales especies, será castigado con reclusión o relegación menores en su grado mínimo y multa de veinte a doscientas unidades tributarias mensuales.

Artículo 11.- El propietario, poseedor, mero tenedor o administrador a cualquier título de bienes raíces o muebles que, aun sin concierto previo, los facilite a otro a sabiendas de que serán destinados a la comisión de alguno de los delitos contemplados en los artículos 1°, 2°, 3° u 8°, será penado con la misma sanción establecida para el respectivo delito.

Artículo 12.- Quien se encuentre, a cualquier título, a cargo de un establecimiento de comercio, cine, hotel, restaurante, bar, centro de baile o música, recinto deportivo, establecimiento educacional de cualquier nivel, u otros abiertos al público, y tolere o permita el tráfico o consumo de alguna de las sustancias mencionadas en el artículo 1°, será castigado con presidio menor en sus grados medio a máximo y multa de cuarenta a doscientas unidades tributarias mensuales, a menos que le corresponda una sanción mayor por su participación en el hecho.

El tribunal podrá, además, imponer las medidas de clausura a que hace referencia el artículo 7°.

Artículo 13.- El funcionario público que, en razón de su cargo, tome conocimiento de alguno de los delitos contemplados en esta ley y omita denunciarlo al Ministerio Público, a los funcionarios de Carabineros de Chile o de la Policía de Investigaciones, o de Gendarmería en los casos de los delitos cometidos dentro de los recintos penitenciarios, o ante cualquier tribunal con competencia en lo criminal, será castigado con presidio menor en sus grados medio a máximo y multa de cuarenta a cuatrocientas unidades tributarias mensuales.

Artículo 14.- El personal militar a que se refiere el artículo 6º del Código de Justicia Militar, con excepción de los conscriptos, el de la Policía de Investigaciones de Chile, el de Gendarmería de Chile y el de aeronáutica a que se refiere el artículo 57 del Código Aeronáutico que consuma alguna de las sustancias señaladas en los artículos 1º y 5º de esta ley, será castigado con la pena de presidio menor en sus grados mínimo a medio.

No obstante, si consumieren tales sustancias en los lugares o situaciones mencionados en el artículo 5º, Nº 3º, del Código de Justicia Militar, la sanción será presidio menor en sus grados medio a máximo.

Los conscriptos que consuman alguna de las sustancias señaladas en los artículos 1º y 5º de esta ley, en los lugares o situaciones indicados en el artículo 5º, Nº 3º, del Código de Justicia Militar, serán castigados con la pena de presidio menor en su grado mínimo.

Las mismas penas expresadas en los incisos anteriores se aplicará al respectivo personal si guarda o porta consigo dichas sustancias, aun cuando sean para su uso o consumo personal exclusivo y próximo en el tiempo.

Esta pena no se aplicará a los que justifiquen el uso, consumo, porte o tenencia de dichas sustancias en la atención de un tratamiento médico.

Corresponderá a la autoridad superior de cada organismo prevenir el uso indebido de sustancias estupefacientes o sicotrópicas, debiendo ordenar la realización periódica de controles de consumo conforme a las normas contenidas en un reglamento que se dictará al efecto.

Artículo 15.- Los oficiales y el personal de Gente de Mar de dotación de buques de la marina mercante, de naves especiales y de artefactos navales que, a bordo o en el cumplimiento de sus funciones, porten para su exclusivo uso personal y próximo en el tiempo o consuman alguna de las sustancias señaladas en los artículos 1º y 5º, serán sancionados con presidio o reclusión menores en sus grados medio a máximo y multa de diez a cien unidades tributarias mensuales.

Dichas penas no se aplicarán a los que justifiquen el uso, consumo, porte o tenencia de alguna de dichas sustancias en la atención de un tratamiento médico.

Artículo 16.- Los que se asociaren u organizaren con el objeto de cometer alguno de los delitos contemplados en esta ley serán sancionados, por este solo hecho, según las normas que siguen:

1.- Con presidio mayor en sus grados medio a máximo, al que financie de cualquier forma, ejerza el mando o dirección, o planifique el o los delitos que se propongan.

2.- Con presidio mayor en sus grados mínimo a medio, al que suministre vehículos, armas, municiones, instrumentos, alojamientos, escondite, lugar de reunión o cualquiera otra forma de colaboración para la consecución de los fines de la organización.

Si el autor, cómplice o encubridor del delito establecido en este artículo cometiere, además, alguno de los delitos contemplados en esta ley, se estará a lo dispuesto en el artículo 74 del Código Penal para los efectos de la aplicación de la pena.

Artículo 17.- La conspiración para cometer los delitos contemplados en esta ley será sancionada con la pena asignada al delito respectivo, rebajada en un grado.

Artículo 18.- Los delitos de que trata esta ley se sancionarán como consumados desde que haya principio de ejecución.

Párrafo 2º De las circunstancias agravantes

Artículo 19.- Tratándose de los delitos anteriormente descritos, la pena deberá ser aumentada en un grado si concurre alguna de las circunstancias siguientes:

a) Si el imputado formó parte de una agrupación o reunión de delincuentes, sin incurrir en el delito de organización del artículo 16.

b) Si se utilizó violencia, armas o engaño en su comisión.

c) Si se suministró, promovió, indujo o facilitó el uso o consumo de drogas o sustancias estupefacientes o sicotrópicas a menores de dieciocho años de edad, o a personas con sus facultades mentales disminuidas o perturbadas.

d) Si el delito se cometió por funcionarios públicos aprovechando o abusando de su calidad de tales.

e) Si el delito se cometió valiéndose de niños, niñas o adolescentes o personas exentas de responsabilidad penal[94].

f) Si el delito se cometió en las inmediaciones o en el interior de un establecimiento de enseñanza o en sitios a los que escolares y estudiantes acuden a realizar actividades educativas, deportivas o sociales.

g) Si el delito se perpetró en una institución deportiva, cultural o social, mientras ésta cumplía sus fines propios; o en sitios donde se estaban realizando espectáculos públicos, actividades recreativas, culturales o sociales.

h) Si el delito fue cometido en un centro hospitalario, asistencial, lugar de detención o reclusión, recinto militar o policial.

i) Si el delito es perpetrado por una persona que desempeñe funciones laborales o educativas de manera permanente con menores de edad, o tenga con ellos una relación directa y constante[95].

Si concurren dos o más de las circunstancias señaladas precedentemente, la pena podrá ser aumentada en dos grados.

La pena se aumentará en dos grados cuando quien se valga de niños, niñas o adolescentes o personas exentas de responsabilidad penal en los

---

94 Letra modificada por el artículo 1, Nº 6, letra a), i), de la Ley 21.575 de 23 de mayo de 2023.

95 Letra incorporada por el artículo 1, Nº 6, letra a), ii), de la Ley 21.575 de 23 de mayo de 2023.

términos señalados en la letra e) proveyere de armas de fuego a estos últimos para alcanzar sus fines delictivos[96].

Artículo 20.- En los delitos contemplados en esta ley no procederá la atenuante de responsabilidad penal contenida en el número 7 del artículo 11 del Código Penal.

Artículo 21.- Para determinar si existe reincidencia en los delitos castigados en esta ley, se considerarán las sentencias firmes dictadas en un Estado extranjero, aun cuando la pena impuesta no haya sido cumplida.

Párrafo 3° De la cooperación eficaz

Artículo 22[97].-

TÍTULO II. DE LAS TÉCNICAS DE INVESTIGACIÓN

Párrafo 1° De las entregas vigiladas o controladas

Artículo 23.- El Ministerio Público podrá autorizar que los envíos ilícitos o sospechosos de las sustancias a que se refieren los artículos 1° y 2°, o las sustancias por las que se hayan sustituido, total o parcialmente, las anteriormente mencionadas, los instrumentos que hubieren servido o pudieren servir para la comisión de alguno de los delitos sancionados en esta ley y los efectos de tales delitos, se trasladen, guarden, intercepten o circulen dentro del territorio nacional, salgan de él o entren en él, bajo la vigilancia o el control de la autoridad correspondiente, con el propósito de individualizar a las personas que participen en la ejecución de tales hechos, conocer sus planes, evitar el uso ilícito de las especies referidas o prevenir y comprobar cualquiera de tales delitos.

---

96 Inciso incorporado por el artículo 1, Nº 6, letra b), de la Ley 21.575 de 23 de mayo de 2023.

97 Artículo suprimido por el artículo séptimo, nº 1 de la Ley Nº 21.694 de 04 de septiembre de 2024.

Se utilizará esta técnica de investigación cuando se presuma fundadamente que ella facilitará la individualización de otros partícipes, sea en el país o en el extranjero, como, asimismo, el cumplimiento de alguno de los fines descritos en el inciso anterior.

Cuando las sustancias, instrumentos y efectos del delito se encuentren en zonas sujetas a la potestad aduanera, el Servicio Nacional de Aduanas observará las instrucciones que imparta el Ministerio Público para los efectos de aplicar esta técnica de investigación.

El Ministerio Público podrá disponer en cualquier momento la suspensión de la entrega vigilada o controlada y solicitar al juez de garantía que ordene la detención de los partícipes y la incautación de las sustancias y demás instrumentos, si las diligencias llegaren a poner en peligro la vida o integridad de los funcionarios, agentes encubiertos o informantes que intervengan en la operación, la recolección de antecedentes importantes para la investigación o el aseguramiento de los partícipes. Lo anterior es sin perjuicio de que, si surgiere ese peligro durante las diligencias, los funcionarios policiales encargados de la entrega vigilada o controlada apliquen las normas sobre detención en caso de flagrancia.

El Ministerio Público deberá adoptar todas las medidas necesarias para vigilar las especies y bienes a que se alude en el inciso primero, como, asimismo, para proteger a todos los que participen en la operación. En el plano internacional, la entrega vigilada o controlada se adecuará a lo dispuesto en los acuerdos o tratados internacionales.

Sin perjuicio de las facultades que se le confieren en los artículos 47 y siguientes, el Ministerio Público podrá solicitar a las autoridades policiales y judiciales extranjeras, directamente y sin sujeción a lo dispuesto en los incisos primero y segundo del artículo 76 del Código de Procedimiento Civil, la remisión de los elementos de convicción necesarios para acreditar el hecho delictuoso y las responsabilidades penales investigadas en el país, de conformidad a los convenios y tratados internacionales vigentes, como asimismo, otorgar a dichas autoridades extranjeras tales antecedentes o elementos de convicción.

No obstará a la consumación de los delitos que se pesquisen con ocasión de una entrega vigilada o controlada, el hecho de que en ella se hayan sustituido las sustancias a que se refieren los artículos 1° y 2° de esta ley, o de que hayan participado funcionarios, agentes encubiertos, agentes reveladores o informantes.

La intervención de estos últimos no será considerada inducción o instigación al delito.

Párrafo 2° De la restricción de las comunicaciones y otros medios técnicos de investigación

Artículo 24.- Las medidas de retención e incautación de correspondencia, obtención de copias de comunicaciones o transmisiones, interceptación de comunicaciones telefónicas y uso de otros medios técnicos de investigación, se podrán aplicar respecto de todos los delitos previstos en esta ley y cualquiera sea la pena que merecieren, de conformidad a las disposiciones pertinentes del Código Procesal Penal.

Sin perjuicio de lo anterior, no regirá lo dispuesto en el inciso cuarto del artículo 222 de ese Código, en cuanto a indicar circunstanciadamente el nombre y dirección del afectado por la medida, siendo suficiente consignar las circunstancias que lo individualizaren o determinaren.

Asimismo, no obstante lo prevenido en el artículo 167 de dicho Código, si las diligencias ordenadas no dieren resultado, el fiscal podrá archivar provisionalmente la investigación hasta que aparezcan mejores y nuevos antecedentes.

Párrafo 3° Del agente encubierto, el agente revelador y el informante

Artículo 25.- El Ministerio Público podrá autorizar a funcionarios policiales para que se desempeñen como agentes encubiertos o agentes reveladores y, a propuesta de dichos funcionarios, para que determinados informantes de esos Servicios actúen en alguna de las dos calidades anteriores.

Agente encubierto es el funcionario policial que oculta su identidad oficial y se involucra o introduce en las organizaciones delictuales o en meras asociaciones o agrupaciones con propósitos delictivos, con el objetivo de identificar a los participantes, reunir información y recoger antecedentes necesarios para la investigación.

El agente encubierto podrá tener una historia ficticia. La Dirección Nacional del Servicio de Registro Civil e Identificación deberá otorgar los medios necesarios para la oportuna y debida materialización de ésta.

Agente revelador es el funcionario policial que simula ser comprador o adquirente, para sí o para terceros, de sustancias estupefacientes o sicotrópicas, con el propósito de lograr la manifestación o incautación de la droga.

Informante es quien suministra antecedentes a los organismos policiales acerca de la preparación o comisión de un delito o de quienes han participado en él, o que, sin tener la intención de cometerlo y con conocimiento de dichos organismos, participa en los términos señalados en alguno de los incisos anteriores.

El agente encubierto, el agente revelador y el informante en sus actuaciones como agente encubierto o agente revelador, estarán exentos de responsabilidad criminal por aquellos delitos en que deban incurrir o que no hayan podido impedir, siempre que sean consecuencia necesaria del desarrollo de la investigación y guarden la debida proporcionalidad con la finalidad de la misma.

TÍTULO III. DE LA COMPETENCIA DEL MINISTERIO PÚBLICO

Párrafo 1° De la investigación

Artículo 26.- El Ministerio Público podrá efectuar indagaciones y actuaciones en el extranjero dirigidas a recoger antecedentes acerca de hechos constitutivos de alguno de los delitos contemplados en la presente ley, pudiendo solicitar directamente asesoría a las representaciones diplomáticas y consulares chilenas.

Artículo 27.- El Ministerio Público podrá solicitar al juez de garantía que decrete las siguientes medidas cautelares, sin comunicación previa al afectado, antes de la formalización de la investigación:

a) impedir la salida del país de quienes, a lo menos, se sospeche fundadamente que están vinculados a alguno de los delitos previstos en esta ley, por un período máximo de sesenta días. Para estos efectos, deberá comunicar la prohibición y su alzamiento a la Policía de Investigaciones y a Carabineros de Chile. En todo caso, transcurrido este plazo, la medida de arraigo caducará por el solo ministerio de la ley, de lo cual deberán tomar nota de oficio los organismos señalados, y

b) ordenar cualquiera medida cautelar real que sea necesaria para evitar el uso, aprovechamiento, beneficio o destino de cualquier clase de bienes, valores o dineros provenientes de los delitos materia de la investigación. Para estos efectos, y sin perjuicio de las demás facultades conferidas por la ley, el juez podrá decretar, entre otras, la prohibición de celebrar determinados actos y contratos y su inscripción en toda clase de registros; retener en bancos o entidades financieras depósitos de cualquiera naturaleza que sean; impedir transacciones de acciones, bonos o debentures y, en general, cuanto conduzca a evitar la conversión del provecho ilícito en actividades que oculten o disimulen su origen delictual.

También con la autorización del juez de garantía, otorgada de conformidad al artículo 236 del Código Procesal Penal, el Ministerio Público podrá, sin comunicación previa al afectado, recoger e incautar la documentación y los antecedentes necesarios para la investigación de los hechos, en caso de aparecer indicios graves que de esta diligencia pudiere resultar el descubrimiento o la comprobación de algún hecho o circunstancia importante para aquélla. Se aplicará, al efecto, lo dispuesto en los artículos 216 y 221 del Código Procesal Penal.

Artículo 28.- Los notarios, conservadores y archiveros deberán entregar al Ministerio Público, en forma expedita y rápida, los informes, documentos, copias de instrumentos y datos que se les soliciten.

El otorgamiento de los antecedentes mencionados en este artículo será gratuito y libre de toda clase de derechos e impuestos.

Artículo 29.- El que se resista o se niegue injustificadamente a entregar al Ministerio Público los informes, documentos y demás antecedentes que se le soliciten en conformidad al artículo precedente, será castigado con la pena de presidio menor en sus grados medio a máximo.

Artículo 29 bis.- Los exámenes establecidos en el artículo 197 del Código Procesal Penal serán también procedentes cuando, en una diligencia de control de identidad migratorio, aparezcan fundadas sospechas de que la persona cuya identidad se controlare porta dentro de su cuerpo, para efectos de transporte, drogas o sustancias estupefacientes o sicotrópicas ilegales. En este caso, se procederá de la forma dispuesta en los incisos segundo y tercero del artículo antes citado[98].

Párrafo 2° De las medidas de protección a testigos, peritos, agentes encubiertos, reveladores, informantes y cooperador eficaz

Artículo 30.- Sin perjuicio de las reglas generales sobre protección a los testigos contempladas en el Código Procesal Penal, en cualquier etapa del procedimiento, cuando el Ministerio Público estimare, por las circunstancias del caso, que existe riesgo o peligro grave para la vida o la integridad física de un testigo o de un perito, de un informante o de un agente encubierto o revelador y, en general de quienes hayan colaborado eficazmente en el procedimiento, en los términos del artículo 22, como asimismo de su cónyuge, o conviviente civil, ascendientes, descendientes, hermanos u otras personas a quienes se hallaren ligados por relaciones de afecto, dispondrá, de oficio o a petición de parte, las medidas especiales de protección que resulten adecuadas[99].

Para proteger la identidad de los que intervengan en el procedimiento, su domicilio, profesión y lugar de trabajo, el fiscal podrá aplicar medidas tales como:

a) que no consten en los registros de las diligencias que se practiquen su nombre, apellidos, profesión u oficio, domicilio, lugar de trabajo, ni cualquier otro dato que pudiera servir para la identificación de los mismos, pudiéndose utilizar una clave u otro mecanismo de verificación, para esos efectos;

---

98 Artículo agregado por el art. 8 de la Ley N° 20-074 de 14 de noviembre de 205.

99 Inciso modificado por el art. 36 de la Ley N° 20.830, de 21 de abril de 2015.

b) que su domicilio sea fijado, para efectos de notificaciones y citaciones, en la sede de la fiscalía o del tribunal, debiendo el órgano interviniente hacerlas llegar reservadamente a su destinatario, y

c) que las diligencias que tengan lugar durante el curso de la investigación, a las cuales deba comparecer el testigo o perito protegido, se realicen en un lugar distinto de aquél donde funciona la fiscalía y de cuya ubicación no se dejará constancia en el registro respectivo.

Artículo 31.- Dispuesta que sea la medida de protección de la identidad a que se refiere el artículo anterior, el tribunal, sin audiencia de los intervinientes, deberá decretar la prohibición de revelar, en cualquier forma, la identidad de testigos o peritos protegidos, o los antecedentes que conduzcan a su identificación. Asimismo, deberá decretar la prohibición para que sean fotografiados, o se capte su imagen a través de cualquier otro medio.

La infracción de estas prohibiciones será sancionada con la pena de reclusión menor en su grado medio a máximo, tratándose de quien proporcionare la información. En caso de que la información fuere difundida por algún medio de comunicación social, se impondrá, además, a su director, una multa de diez a cincuenta unidades tributarias mensuales.

Artículo 32.- Las declaraciones del cooperador eficaz, de los agentes encubiertos, agentes reveladores, informantes, y, en general, de testigos y peritos, cuando se estimare necesario para su seguridad personal, podrán ser recibidas anticipadamente en conformidad con el artículo 191 del Código Procesal Penal. En este caso, el juez de garantía podrá disponer que los testimonios de estas personas se presten por cualquier medio idóneo que impida su identificación física normal. Igual sistema de declaración protegida podrá disponerse por el tribunal de juicio oral en lo penal, en su caso.

Si las declaraciones se han de prestar de conformidad al inciso precedente, el tribunal deberá comprobar en forma previa la identidad del testigo o perito, en particular los antecedentes relativos a sus nombres y apellidos, edad, lugar de nacimiento, estado civil, profesión, industria o empleo y residencia o domicilio. Consignada en el registro tal comprobación, el tribunal podrá resolver que se excluya del debate cualquier referencia a la identidad que pudiere poner en peligro la protección de ésta.

En ningún caso la declaración de cualquier testigo o perito protegido podrá ser recibida e introducida al juicio sin que la defensa haya podido ejercer su derecho a contrainterrogarlo personalmente, con los resguardos contemplados en los incisos precedentes.

Dispuesta por el fiscal la protección de la identidad de los testigos en la etapa de investigación, el tribunal deberá mantenerla, sin perjuicio de los otros derechos que se confieren a los demás intervinientes.

Artículo 33.- De oficio o a petición del interesado, durante el desarrollo del juicio, o incluso una vez que éste hubiere finalizado, si las circunstancias de peligro se mantienen, el fiscal o el tribunal otorgarán protección policial a quien la necesitare, de conformidad a lo prevenido en el artículo 308 del Código Procesal Penal.

Artículo 34.- Las medidas de protección antes descritas podrán ir acompañadas, en caso de ser necesario, de otras medidas complementarias, tales como la provisión de los recursos económicos suficientes para facilitar la reinserción del sujeto u otra medida que se estime idónea en función del caso.

Artículo 35.- El tribunal podrá autorizar a estas personas para cambiar de identidad, con posterioridad al juicio, en caso de ser necesario para su seguridad.

La Dirección Nacional del Servicio de Registro Civil e Identificación adoptará todos los resguardos necesarios para asegurar el carácter secreto de estas medidas, conforme al reglamento que se dicte al efecto.

Todas las actuaciones judiciales y administrativas a que dé lugar esta medida serán secretas. El funcionario del Estado que violare este sigilo será sancionado con la pena de presidio menor en sus grados medio a máximo.

Quienes hayan sido autorizados para cambiar de identidad sólo podrán usar sus nuevos nombres y apellidos en el futuro. El uso malicioso de su anterior identidad será sancionado con la pena de presidio menor en su grado mínimo.

Artículo 36.- Cuando se trate de la investigación de los delitos a que se refiere esta ley, si el Ministerio Público estimare que existe riesgo para la seguridad de los agentes encubiertos, agentes reveladores, informantes, testigos, peritos y, en general, de quienes hayan cooperado eficazmente en el procedimiento podrá disponer que determinadas actuaciones, registros o documentos sean mantenidos en secreto respecto de uno o más intervinientes.

Se aplicará lo dispuesto en el artículo 182 del Código Procesal Penal, pero el Ministerio Público podrá disponer que se mantenga el secreto hasta el cierre de la investigación. Además, deberá adoptar medidas para garantizar que el término del secreto no ponga en riesgo la seguridad de las personas mencionadas en el inciso anterior.

Artículo 37.- La violación del secreto de la investigación y de la identidad de las personas a que se refieren los artículos precedentes será castigada con presidio menor en sus grados medio a máximo.

Párrafo 3º De las medidas para asegurar el mejor resultado de la Investigación

Artículo 38.- Sin perjuicio de lo dispuesto en el artículo 36, la investigación de los delitos a que se refiere esta ley será siempre secreta para los terceros ajenos al procedimiento y también para los terceros afectados por una investigación preliminar del Ministerio Público. Respecto del imputado y de los demás intervinientes, la investigación será secreta cuando así lo disponga el Ministerio Público, por un plazo máximo de ciento veinte días, renovables sucesivamente, con autorización del juez de garantía, por plazos máximos de sesenta días.

A estas investigaciones no les será aplicable lo dispuesto en el artículo 186 del Código Procesal Penal, cuando se haya decretado el secreto en los términos señalados en el inciso precedente.

El que de cualquier modo informe, difunda o divulgue información relativa a una investigación amparada por el secreto e, incluso, al hecho de estarse realizando ésta, incurrirá en la pena de presidio menor en su grado medio a máximo.

Artículo 39.- Tratándose de la investigación de los delitos establecidos en esta ley, el plazo contemplado en el inciso segundo del artículo 132 del Código Procesal Penal podrá ser ampliado por el juez de garantía hasta por el término de cinco días, cuando el fiscal así lo solicite, por ser conducente para el éxito de alguna diligencia. El juez se pronunciará de inmediato sobre dicha petición, que podrá ser formulada y resuelta de conformidad con lo prevenido en el artículo 9° del Código Procesal Penal.

Artículo 40.- Los bienes muebles e inmuebles, instrumentos, objetos de cualquier clase y los efectos incautados de los delitos a que se refiere esta ley y de que se hace mención en los artículos 187 y 188 del Código Procesal Penal, podrán ser destinados provisionalmente por el juez de garantía, a solicitud del Ministerio Público, a una institución del Estado o, previa caución, a una institución privada sin fines de lucro, que tenga como objetivo la prevención del consumo indebido, el tratamiento y la rehabilitación de las personas afectadas por la drogadicción, o el control del tráfico ilegal de estupefacientes. Asimismo, los bienes podrán ser destinados provisionalmente a unidades policiales que participen en la investigación y desarticulación de organizaciones criminales destinadas a cometer los delitos sancionados en la presente ley. En todo caso, cada institución deberá acreditar recursos suficientes para hacerse cargo de los costos de conservación, los que se financiarán con cargo a su presupuesto. Los inmuebles incautados y destinados provisionalmente estarán exentos del pago de impuestos, contribuciones o cargas mientras subsista la incautación. Para estos efectos, el juez de garantía informará al Servicio de Impuestos Internos, a la Tesorería General de la República y a la municipalidad de la comuna en la que se encuentre el bien respectivo, la destinación provisional y, cuando fuere procedente, su término, en ambos casos mediante remisión de copia de la resolución que así lo disponga. La institución destinataria de inmuebles incautados asumirá la responsabilidad de su administración y deberá rendir cuentas de su gestión al juez de garantía a lo menos trimestralmente[100].

La incautación de las armas se regirá por la ley N° 17.798, sobre Control de Armas. Los dineros se depositarán en el Banco del Estado de Chile, en cuentas o valores reajustables.

Si la incautación recae sobre establecimientos industriales o mercantiles, sementeras, plantíos o en general frutos pendientes, el juez de garantía, a solicitud del Ministerio Público, designará un administrador provisional, quien deberá rendir cuenta de su gestión a este último, a lo menos trimestralmente. La incautación de un inmueble comprende la de sus frutos o rentas.

Si el juez de garantía, a solicitud del Ministerio Público, estimare conveniente la enajenación de alguna de las especies a que se hace mención en este artículo, lo dispondrá en resolución fundada. Si se tratare de bienes sujetos a corrupción, o susceptibles de próximo deterioro, o cuya conservación sea difícil o muy dispendiosa, deberá, en todo caso, procederse a su enajenación. La enajenación se llevará a cabo por la Dirección General del Crédito Prendario en subasta pública, salvo que el tribunal, también a petición del Ministerio Público, dispusiere la venta directa.

En este último caso y en el evento de que la sentencia no condene a la pena de comiso de las especies enajenadas, el precio de la venta, sus reajustes e intereses serán restituidos a quien corresponda. Lo mismo sucederá con los dineros aludidos en el inciso segundo.

El Ministerio Público deberá informar al Servicio Nacional para la Prevención y Rehabilitación del Consumo de Drogas y Alcohol, trimestralmente, sobre los dineros, valores y demás bienes incautados conforme a esta ley[101].

---

100 Inciso modificado por el artículo 1, N° 7, letra a), i), ii) y iii), de la Ley 21.575 de 23 de mayo de 2023, anteriormente modificado por el art. 28, N° 1, letra a) de la Ley N° 20.502, de 21 de febrero de 2011.

101 Inciso modificado por el art. 28, N° 1, letra b) de la Ley N° 20.502, de 21 de febrero de 2011.

Artículo 40 bis.- A solicitud del Ministerio Público o del Servicio Nacional para la Prevención y Rehabilitación del Consumo de Drogas y Alcohol, el juez de garantía podrá disponer la enajenación temprana de los bienes incautados, siempre que se trate de vehículos motorizados, o bienes respecto de los cuales existan antecedentes de que continúan siendo utilizados en actividades ilícitas, o se trate de bienes sujetos a corrupción, susceptibles de próximo deterioro, cuya conservación sea difícil o muy dispendiosa.

Para estos efectos, el juez de garantía deberá oficiar al Servicio Nacional para la Prevención y Rehabilitación del Consumo de Drogas y Alcohol para que tome conocimiento de la resolución que dispone la enajenación temprana, y también deberá oficiar a la Dirección General del Crédito Prendario para que informe sobre la tasación del respectivo bien. En caso de que éste deba ser destruido por carecer de valor, de conformidad a lo dispuesto en el inciso primero del artículo 46, el juez de garantía así deberá decretarlo en la resolución.

Si el bien figura inscrito en algún registro público, sea que acredite o no propiedad, el juez de garantía, antes de resolver la enajenación temprana, deberá citar a quienes figuren como titulares de derechos en dichos registros. En caso de que el citado no comparezca a la audiencia de enajenación temprana, se procederá en su ausencia.

La enajenación se llevará a cabo por la Dirección General del Crédito Prendario en subasta pública cuando la resolución que disponga la enajenación se encuentre firme o ejecutoriada, de acuerdo con lo dispuesto en el artículo 46 y en el artículo 468 bis del Código Procesal Penal.

El monto de lo obtenido en la subasta será depositado en el Banco del Estado de Chile, en cuentas o valores reajustables y con intereses.

En el evento que la sentencia no establezca el comiso de las especies enajenadas, el precio de la venta, sus reajustes e intereses serán restituidos a quien corresponda[102].

---

102 Artículo incorporado por el artículo 1, N° 8, de la Ley 21.575 de 23 de mayo de 2023.

Artículo 41.- Sin perjuicio de lo dispuesto en el artículo 23, las sustancias y especies a que se refieren los artículos 1º, 2º, 5 bis y 8º y, en su caso, las materias primas empleadas en su elaboración, que sean incautadas en conformidad a la ley, deberán ser entregadas dentro de las veinticuatro horas siguientes al Servicio de Salud que corresponda.

Con todo, cuando circunstancias especiales así lo aconsejen, el juez de garantía, a solicitud del Ministerio Público, podrá ampliar este plazo hasta en cuarenta y ocho horas, a solicitud de los funcionarios que hubieren incautado las referidas sustancias o materias primas.

Las sustancias estupefacientes o sicotrópicas y sus materias primas y las que contengan gases o solventes inhalantes, así como sus contenedores,deberán destruirse en el plazo de quince días por el Servicio de Salud respectivo, una vez separada una cantidad técnicamente suficiente para los análisis de que trata el artículo 43, siempre que respecto de dichas sustancias no se discuta su legítima tenencia o posesión por terceros[103].

Artículo 42.- Los funcionarios responsables del retardo en el cumplimiento de las obligaciones impuestas en el artículo anterior serán sancionados con una multa a beneficio fiscal equivalente al cinco por ciento de su remuneración imponible mensual, por cada día de atraso, sin que pueda exceder del total de dicha remuneración.

Artículo 43.- El Servicio de Salud deberá remitir al Ministerio Público, en el más breve plazo, el que no podrá exceder de 30 días, un protocolo del análisis químico de la sustancia suministrada, en el que se identificará el producto y se señalará su peso o cantidad, su naturaleza, contenido, composición y grado de pureza, como, asimismo, un informe acerca de los componentes tóxicos y sicoactivos asociados, los efectos que produzca y la peligrosidad que revista para la salud pública[104].

---

[103] Artículo modificado por el artículo 1, Nº 9, de la Ley 21.575 de 23 de mayo de 2023.

[104] Inciso modificado, por el artículo 1, Nº 10, letra a), de la Ley 21.575 de 23 de mayo de 2023.

Conservará, en todo caso, una determinada cantidad de dicha sustancia para el evento de que cualquiera de los intervinientes solicite nuevos análisis de la misma, de conformidad a los artículos 188, inciso tercero, y 320 del Código Procesal Penal.

Esta muestra se conservará por el plazo máximo de dos años, al cabo del cual se destruirá. De los procedimientos administrativos de destrucción se levantará acta, copia de la cual deberá hacerse llegar al Ministerio Público dentro de quinto día de haberse producido.

Efectuado el análisis a que se refiere el inciso primero, los precursores y sustancias químicas esenciales deberán ser enajenados en la forma dispuesta en el artículo 40 bis; o a través de venta directa, a solicitud del Ministerio Público con autorización del juez de garantía; o destruidos por el Servicio de Salud respectivo, conforme a lo dispuesto en el inciso tercero del artículo 41[105].

Artículo 44.- Cuando las sustancias estupefacientes o sicotrópicas incautadas, las plantas o materias primas, con excepción de los precursores y sustancias químicas esenciales, hagan difícil, por su cantidad, lugar de ubicación u otras circunstancias, su traslado y almacenamiento, el juez de garantía, a petición del Ministerio Público, decretará su incineración o destrucción en el mismo lugar donde hubieren sido encontradas, debiendo, en este caso, darse cumplimiento a las demás normas de los artículos 40 a 43.

Artículo 45.- Sin perjuicio de las reglas generales, caerán especialmente en comiso los bienes raíces; los muebles, tales como vehículos motorizados terrestres, naves y aeronaves, dinero, efectos de comercio y valores mobiliarios; y, en general, todo otro instrumento que haya servido o hubiere estado destinado a la comisión de cualquiera de los delitos penados en esta ley; los efectos que de ellos provengan y las utilidades que hubieren originado, cualquiera que sea su naturaleza jurídica, o las trans-

---

[105] Inciso sustituido, por el que aparece en el texto, por el artículo 1, Nº 10, letra b), de la Ley 21.575 de 23 de mayo de 2023.

formaciones que hubieren experimentado, como, asimismo, todos aquellos bienes facilitados o adquiridos por terceros a sabiendas o no pudiendo menos que conocer del destino u origen de los mismos[106].

Igual sanción se aplicará respecto de las sustancias señaladas en el inciso primero del artículo 2°, y de las materias primas, elementos, materiales, equipos e instrumentos usados o destinados a ser utilizados, en cualquier forma, para cometer alguno de los delitos sancionados en esta ley.

Se impondrá el comiso de toda cosa que hubiere sido empleada como instrumento en la perpetración de un delito previsto en esta ley y que fuere especialmente apta para ser utilizada delictivamente. Se entenderá que son especialmente aptas para ser utilizadas delictivamente aquellas cosas que se encuentren en general prohibidas por la ley. El tribunal deberá decretar el comiso de cosas especialmente aptas para ser utilizadas delictivamente incluso cuando el imputado fuere absuelto o sobreseído. Para ello bastará el establecimiento de su uso en un hecho delictivo. El comiso de instrumentos especialmente aptos para ser utilizados delictivamente procederá aun respecto del tercero de buena fe y que tuviere título para poseer la cosa, a menos que se acredite que él no tuvo responsabilidad en el uso de la cosa por parte del hechor. Si el comiso afecta a un tercero de buena fe, éste podrá solicitar indemnización al responsable.

El comiso de una cosa que no fuere especialmente apta para ser utilizada delictivamente y que ha servido de instrumento en la perpetración del delito será impuesto en la sentencia condenatoria y no procederá respecto del tercero de buena fe.

Se impondrá el comiso de toda cosa obtenida o producida a través de la perpetración de un delito previsto en esta ley. El comiso de los efectos del delito será decretado por el juez incluso si el imputado fuere absuelto o sobreseído, siempre que se establezca que la cosa proviene de un hecho ilícito. Dicho comiso no procederá respecto del tercero de buena fe. Tra-

---

[106] Inciso modificado por el artículo 1, Nº 11, letra a), de la Ley 21.575 de 23 de mayo de 2023.

tándose de efectos de posesión ilícita, el comiso procederá en todos los casos.

Cuando por cualquier circunstancia no sea posible decomisar las especies señaladas en este artículo que han sido usadas como instrumentos en la perpetración del delito o que han sido obtenidas o producidas a través de su perpetración, el tribunal aplicará el comiso a una suma de dinero equivalente a su valor o a otros bienes que sean de propiedad del condenado.

El tribunal podrá decretar el comiso de los activos patrimoniales cuyo valor corresponda a la cuantía de las ganancias obtenidas a través de la perpetración de un delito sancionado en la presente ley cuando establezca que tales ganancias provienen de los delitos objeto de la condena. Las ganancias comprenden los frutos y las utilidades que el delito ha originado, cualquiera sea su naturaleza jurídica, así como el equivalente a los costos evitados mediante el hecho ilícito. Siempre que se establezca que las ganancias proceden de un hecho ilícito el juez decretará el comiso de ellas, aunque el imputado fuere sobreseído o absuelto.

Tratándose de delitos de esta ley perpetrados de conformidad con la modalidad descrita en el artículo 16, se impondrá el comiso de todos los activos vinculados a la actividad en cuyo contexto se hubiere ejecutado el delito objeto de la condena, a menos que se acredite su origen lícito[107].

Artículo 46.- Los bienes decomisados en conformidad a esta ley serán enajenados en subasta pública por la Dirección General del Crédito Prendario, la que podrá, además, ordenar su destrucción, por carecer de valor, lo que será determinado por el Departamento de Tasaciones de dicha institución[108].

Una vez decretado el comiso de un inmueble que haya sido destinado provisionalmente al Servicio Nacional para la Prevención y Rehabilitación

---

[107] Incisos tercero, cuarto, quinto, sexto, séptimo y octavo incorporados por el artículo 1, Nº 11, letra b) de la Ley 21.575 de 23 de mayo de 2023.

[108] Inciso modificado por el artículo 1, Nº 12, letra a), de la Ley 21.575 de 23 de mayo de 2023.

del Consumo de Drogas y Alcohol o a otro organismo público, éste, previa autorización de la Dirección de Presupuestos, podrá solicitar al juez de garantía que le sea transferido su dominio, con fines de prevención y rehabilitación del consumo de drogas o alcohol, sin que proceda en este caso la enajenación en pública subasta establecida en el artículo 469 del Código Procesal Penal[109].

El producto de la enajenación de los bienes y valores decomisados y los dineros en tal situación, el producto de la enajenación temprana a que se refiere el artículo 40 bis, así como los dineros incautados no decomisados y no reclamados por sus dueños, ingresarán a un fondo especial del Servicio Nacional para la Prevención y Rehabilitación del Consumo de Drogas y Alcohol, con el objetivo de ser utilizados en programas de prevención del consumo de drogas y alcohol, tratamiento y rehabilitación de las personas afectadas por la drogadicción y alcoholismo. Asimismo, podrá ser utilizado en proyectos, estudios e investigaciones, infraestructura y capacitaciones, que permitan apoyar directamente el efectivo cumplimiento de la labor del Servicio. Un reglamento establecerá la forma de distribución de los fondos, así como los mecanismos que garanticen la transparencia de los actos tendientes a su traspaso[110].

No obstante lo anterior, parte de dichos recursos podrán ser destinados a las unidades del Ministerio Público que cumplan funciones de análisis, investigación o persecución del crimen organizado dedicado a la comisión de los delitos sancionados en la presente ley, así como también a las unidades de Carabineros de Chile, Gendarmería de Chile, Dirección General del Territorio Marítimo y de Marina Mercante y de la Policía de Investigaciones de Chile que tengan como objeto la desarticulación de organizaciones

---

109 Inciso incorporado por el artículo 1, Nº 12, letra b), de la Ley 21.575 de 23 de mayo de 2023.

110 Inciso modificado por el artículo 1, Nº 2, letra c, i), ii), iii), de la Ley 21575 de 23 de mayo de 2023, anteriormente modificado por el art. 28, Nº 2, letra a) de la Ley Nº 20.502, de 21 de febrero de 2011.

criminales dedicadas a la perpetración de dichos delitos, en la forma que establezca el reglamento señalado en el inciso anterior[111].

Igual aplicación se dará al monto de las multas impuestas en esta ley y al precio de la subasta de las especies de que hace mención el artículo 470 del Código Procesal Penal. Se exceptúan de esta disposición las armas de fuego y demás elementos a que se refiere la ley N° 17.798, sobre Control de Armas[112].

El tribunal deberá informar al Servicio Nacional para la Prevención y Rehabilitación del Consumo de Drogas y Alcohol sobre los bienes que hubieran sido declarados en comiso, así como de las multas impuestas en conformidad con esta ley, dentro de los quince días hábiles a la fecha en que la sentencia que así lo decreta haya quedado ejecutoriada[113].

En lo no contemplado en esta ley, regirán las reglas generales contenidas en el Párrafo 2° del Título VIII del Libro Cuarto del Código Procesal Penal.

El Fondo a que se refiere este artículo será el continuador del Fondo establecido en el artículo 28 de la ley N° 19.366.

Párrafo 4° De la Cooperación Internacional

Artículo 47.- El Ministerio Público, directamente y sin sujeción a lo dispuesto en los incisos primero y segundo del artículo 76 del Código de Procedimiento Civil, podrá requerir y otorgar cooperación y asistencia internacional destinada al éxito de las investigaciones sobre los delitos materia de esta ley, de acuerdo con lo pactado en convenciones o tratados internacionales, pudiendo proporcionar antecedentes específicos, aun

---

111 Inciso incorporado por el artículo 1, N° 12, letra c) de la Ley 21.575 de 23 de mayo de 2023.

112 Inciso modificado por el artículo séptimo, n° 2 de la Ley N° 21.694 de 04 de septiembre de 2024.

113 Inciso modificado por el art. 28, N° 2, letra b) de la Ley N° 20.502, de 21 de febrero de 2011.

cuando ellos se encontraren en la situación prevista en el inciso tercero del artículo 182 del Código Procesal Penal.

Igualmente, a solicitud de las entidades de países extranjeros que correspondan, podrá proporcionar información sobre operaciones sujetas a secreto o reserva legal a las que haya tenido acceso en conformidad con la legislación nacional aplicable, con el fin de ser utilizada en la investigación de aquellos delitos, háyanse cometido en Chile o en el extranjero. La entrega de la información solicitada deberá condicionarse a que ésta no será utilizada con fines diferentes a los señalados anteriormente y a que ella mantendrá su carácter confidencial.

Los antecedentes, documentos y demás medios de prueba obtenidos según este artículo y lo pactado en convenciones o tratados internacionales se entenderán producidos conforme a la ley, independientemente de lo que se resuelva, con posterioridad, sobre su incorporación al juicio, o el mérito probatorio que el tribunal le asigne.

Artículo 48.- Los delitos de esta ley serán susceptibles de extradición, tanto activa como pasiva, aun en ausencia de reciprocidad o de tratado sobre la materia.

Artículo 49.- El Ministro de Justicia podrá disponer, de acuerdo con los tratados internacionales vigentes sobre la materia o sobre la base del principio de reciprocidad, que los extranjeros condenados por alguno de los delitos contemplados en esta ley cumplan en el país de su nacionalidad las penas corporales que les hubieren sido impuestas.

TÍTULO IV. DE LAS FALTAS

Párrafo 1º De las faltas

Artículo 50.- Los que consumieren alguna de las drogas o sustancias estupefacientes o sicotrópicas de que hace mención el artículo 1º, en lugares públicos o abiertos al público, tales como calles, caminos, plazas, teatros, cines, hoteles, cafés, restaurantes, bares, estadios, centros de baile o de música; o en establecimientos educacionales o de capacitación, serán sancionados con alguna de las siguientes penas:

a) Multa de una a diez unidades tributarias mensuales.

b) Asistencia obligatoria a programas de prevención hasta por sesenta días, o tratamiento o rehabilitación en su caso por un período de hasta ciento ochenta días en instituciones autorizadas por el Servicio de Salud competente. Para estos efectos, el Ministerio de Salud o el Servicio Nacional para la Prevención y Rehabilitación del Consumo de Drogas y Alcohol deberán asignar preferentemente los recursos que se requieran[114].

c) Participación en actividades determinadas a beneficio de la comunidad, con acuerdo del infractor y a propuesta del departamento social de la municipalidad respectiva, hasta por un máximo de treinta horas, o en cursos de capacitación por un número de horas suficientes para el aprendizaje de la técnica o arte objeto del curso. Para estos efectos, cada municipalidad deberá anualmente informar a el o los juzgados de garantía correspondientes acerca de los programas en beneficio de la comunidad de que disponga. El juez deberá indicar el tipo de actividades a que se refiere esta letra, el lugar en que se desarrollarán y el organismo o autoridad encargada de su supervisión. Esta medida se cumplirá sin afectar la jornada educacional o laboral del infractor.

Se aplicará como pena accesoria, en su caso, la suspensión de la licencia para conducir vehículos motorizados por un plazo máximo de seis meses. En caso de reincidencia, la suspensión será de hasta un año y, de reincidir nuevamente, podrá extenderse hasta por dos años. Esta medida no podrá ser suspendida, ni aun cuando el juez hiciere uso de la facultad contemplada en el artículo 398 del Código Procesal Penal.

Idénticas penas se aplicarán a quienes tengan o porten en tales lugares las drogas o sustancias antes indicadas para su uso o consumo personal exclusivo y próximo en el tiempo.

---

[114] Inciso modificado por el art. 28, Nº 3 de la Ley Nº 20.502, de 21 de febrero de 2011.

Con las mismas penas serán sancionados quienes consuman dichas drogas en lugares o recintos privados, si se hubiesen concertado para tal propósito.

Se entenderá justificado el uso, consumo, porte o tenencia de alguna de dichas sustancias para la atención de un tratamiento médico.

Párrafo 2° De las faltas especiales

Artículo 51.- Si la falta de que hace mención el artículo anterior se cometiere en un lugar de detención, recinto militar o policial por personas ajenas a él o en un establecimiento educacional o de salud por quienes se desempeñen como docentes o trabajadores, la sanción pecuniaria se aplicará en su máximo.

Párrafo 3° De la aplicación de la pena

Artículo 52.- Si el sentenciado no pagare la multa impuesta en virtud de la letra a) del artículo 50, el tribunal podrá aplicar, por vía de sustitución, la pena de asistencia obligatoria a programas de prevención hasta por 60 días, o de tratamiento o rehabilitación, en su caso, por un período de hasta 180 días, en instituciones autorizadas por el servicio de salud competente, o la pena de prestación de servicios en beneficio de la comunidad.

Para proceder a cualquiera de dichas sustituciones, se requerirá del acuerdo del condenado. En caso contrario, el tribunal impondrá, por vía de sustitución y apremio de la multa, la pena de reclusión, regulándose un día por cada tercio de unidad tributaria mensual, sin que ella pueda nunca exceder de seis meses.

En caso de incumplimiento de las penas de asistencia obligatoria a programas de prevención o de tratamiento o rehabilitación, el encargado de la respectiva institución informará al tribunal que haya impuesto la sanción, el que lo citará a una audiencia, conjuntamente con el condenado, su defensor y el Ministerio Público, para resolver sobre la mantención o revocación de la pena. En caso de decretarse la revocación, el tribunal impondrá al condenado la pena de reclusión, regulándose un día por cada tercio de unidad tributaria mensual, sin que ella pueda nunca exceder de seis meses.

En cuanto a la regulación y revocación de la pena de servicios en favor de la comunidad, regirán las disposiciones contenidas en los artículos 49 a 49 sexies del Código Penal.

Sin perjuicio de lo dispuesto en los incisos anteriores, en casos debidamente calificados el tribunal podrá eximir al condenado del pago de la multa o imponerle una inferior al mínimo establecido en la ley, debiendo dejar constancia en la sentencia o en la resolución posterior a ésta, de las razones que motivaron la decisión[115].

Artículo 53.- Las disposiciones de este Título se aplicarán también al menor de dieciocho años, el que será puesto a disposición del juez de menores correspondiente. El juez, prescindiendo de la declaración de haber obrado o no con discernimiento respecto del que tuviere más de dieciséis años, podrá imponer al menor alguna de las medidas establecidas en la ley Nº 16.618 o de las siguientes, según estimare más apropiado para su rehabilitación:

a) asistencia obligatoria a programas de prevención, hasta por sesenta días, o tratamiento o rehabilitación, en su caso, por un período de hasta ciento ochenta días, en instituciones consideradas idóneas por el Servicio de Salud de la ciudad asiento de la Corte de Apelaciones respectiva. Esta medida se cumplirá, en lo posible, sin afectar la jornada escolar o laboral del infractor.

b) participación del menor, con acuerdo expreso de éste, en actividades determinadas a beneficio de la comunidad, a propuesta del departamento social de la municipalidad respectiva, hasta por un máximo de treinta horas, o en cursos de capacitación por un número de horas suficientes para el aprendizaje de la técnica o arte objeto del curso. El juez de menores deberá indicar el tipo de actividades de que se trate, el lugar en que se

---

115 Artículo sustituido, por el que aparece en el texto, por el art. 3 de la Ley Nº 20.587, de 08 de junio de 2012.

desarrollarán y el organismo o autoridad encargada de su supervisión. Esta medida se cumplirá sin afectar la jornada escolar o laboral del infractor.

Artículo 54.- Las faltas a que aluden los artículos 50 y 51 serán de conocimiento del juez de garantía, de acuerdo a las reglas generales establecidas en el Título I del Libro Cuarto del Código Procesal Penal.

Los autores de las faltas contempladas en este Título serán citados por los agentes de la policía para que comparezcan a la fiscalía correspondiente, a la cual se remitirá la respectiva denuncia.

Si las personas señaladas en el inciso anterior no tuvieren, manifiestamente, control sobre sus actos y hubiere riesgo de que pueda afectarse su integridad física o de terceros, los agentes de la policía podrán conducirlos al recinto hospitalario más cercano, para que reciban la atención de salud que según el caso se necesite.

El tribunal determinará la sanción correspondiente teniendo en cuenta las circunstancias personales del infractor y su mayor probabilidad de rehabilitación. Para estos efectos, el juez establecerá la obligación del infractor de ser examinado por un médico calificado por el Servicio de Salud correspondiente, con el fin de determinar si es o no dependiente de sustancias estupefacientes o sicotrópicas, el grado de dependencia y el tratamiento que debiera seguir el afectado. En todo caso, el aludido examen podrá ser decretado desde que se inicie el respectivo procedimiento.

En caso de resistencia o negativa del infractor a practicarse el examen decretado, el juez ordenará las medidas conducentes a su cumplimiento.

La Secretaría Regional Ministerial de Justicia, previo informe de la Secretaría Regional Ministerial de Salud, entregará a la Corte de Apelaciones respectiva la nómina de facultativos habilitados para practicar los exámenes y remitir los informes a que se refiere este artículo.

El fiscal, con el acuerdo del infractor, podrá solicitar al juez de garantía la suspensión condicional del procedimiento, en los términos previstos en los artículos 237 y siguientes del Código Procesal Penal. En tal evento, se podrá imponer como condición la asistencia obligatoria a programas de prevención, tratamiento o rehabilitación, en su caso, por el tiempo que sea necesario, de acuerdo al informe a que se refiere el inciso cuarto de este artículo, en instituciones consideradas idóneas por el Servicio de Salud competente.

Si el imputado sirviere un cargo público que, legalmente, no puede ser desempeñado por una persona que tenga dependencia de sustancias o drogas estupefacientes o sicotrópicas, el juez de garantía enviará al organismo respectivo copia de la sentencia ejecutoriada que lo condene por alguna de estas faltas o de la resolución que dispone la suspensión condicional del procedimiento, en su caso, a fin de que se adopten las medidas pertinentes para dar cumplimiento a las disposiciones estatutarias que procedan.

TÍTULO V. DE LAS MEDIDAS DE CONTROL DE PRECURSORES Y SUSTANCIAS QUÍMICAS ESENCIALES

Artículo 55.- Las personas naturales o jurídicas que produzcan, fabriquen, preparen, importen o exporten, transporten, distribuyan, comercialicen, almacenen o eliminen precursores o sustancias químicas esenciales catalogadas por el reglamento a que alude el artículo 58 como susceptibles de ser utilizadas para la fabricación ilícita de drogas estupefacientes o sicotrópicas, deberán inscribirse en un registro especial que la Subsecretaría del Interior creará para tal efecto[116].

Sólo quienes se hayan inscrito en ese registro especial podrán efectuar las operaciones y actividades previstas en el inciso precedente con precursores y sustancias químicas esenciales catalogadas en dicho reglamento. Las inscripciones deberán ser renovadas periódicamente.

Artículo 56.- Para inscribirse en el registro se deberán presentar antecedentes que permitan la plena individualización de la persona interesada y del domicilio en que funciona la industria. En caso de tratarse de una persona jurídica, se requerirán además los antecedentes de su constitución

[116] Inciso modificado por el artículo 1, N° 13, de la Ley 21.575 de 23 de mayo de 2023. Anteriormente había sido modificado por el art. 28, N° 4 de la Ley N° 20.502, de 21 de febrero de 2011.

legal, el número de rol único tributario y los poderes vigentes de el o los representantes legales. Para los efectos de evaluar la circunstancia mencionada en el inciso siguiente, se deberán acompañar los certificados de antecedentes penales respectivos.

La inscripción en el registro especial sólo podrá ser denegada a las personas naturales respecto de las cuales se hubiere formalizado la investigación, decretado la suspensión condicional del procedimiento prevista en el artículo 237 del Código Procesal Penal o hayan sido condenadas por alguna de las conductas punibles contempladas en esta ley o en las leyes Nºs. 19.366 y 19.913. También se podrá denegar respecto de las personas jurídicas, cuando cualesquiera de sus representantes legales o administradores, y socios en el caso de las sociedades que no sean anónimas, se encuentren en alguna de dichas situaciones.

Del mismo modo, la inscripción en el registro será suspendida si, con posterioridad a ella, se formaliza la investigación por alguno de los delitos aludidos y se cancelará, desde que se encuentre ejecutoriada la respectiva sentencia de término condenatoria.

Para efectos de la suspensión, cancelación o denegación de la inscripción en el registro, el Ministerio Público remitirá trimestralmente a la Subsecretaría del Interior la nómina de los sujetos que han sido condenados, beneficiarios de suspensión condicional del procedimiento o formalizados por los delitos establecidos en esta ley y en las leyes Nos. 19.366 y 19.913. La Subsecretaría, a la brevedad, dictará la correspondiente resolución, de carácter declarativo, y la comunicará a los interesados[117].

Artículo 57.- Las personas que se encuentren registradas en conformidad al artículo 55 deberán mantener un inventario de las existencias de las sustancias a que se refiere dicho artículo y una relación completa y actualizada del movimiento que éstas experimenten, los que deberán ser remitidos a la autoridad responsable del registro con la frecuencia y bajo

---

117 Inciso modificado por el artículo 1, Nº 14 de la Ley 21.575 de 23 de mayo de 2023. Anteriormente, fue modificado por el art. 28, Nº 5 de la Ley Nº 20.502, de 21 de febrero de 2011.

las modalidades que el reglamento indique y podrán ser examinados tanto por ésta como por la Policía de Investigaciones de Chile y Carabineros de Chile, quienes colaborarán con la autoridad. Asimismo, las personas registradas comunicarán a la autoridad responsable del registro las operaciones de importación y exportación, con antelación a la fecha prevista para el embarque o para el envío legal de la exportación, respecto de lo cual la Subsecretaría del Interior notificará al país importador[118].

El intercambio de información que se realice con organismos internacionales y con otros Estados, por aplicación de lo señalado en el inciso precedente, se sujetará a lo dispuesto en las convenciones y tratados internacionales, o en su defecto, al principio de reciprocidad, y se condicionará a que el Estado que reciba la información mantenga el carácter confidencial con que se le remite.

Las personas naturales o jurídicas que no se encuentren registradas y que produzcan, fabriquen, preparen, transporten, importen, exporten, distribuyan, comercialicen, almacenen o eliminen precursores o sustancias químicas esenciales catalogadas por el reglamento a que alude el artículo 58, podrán ser examinadas por las autoridades señaladas en el inciso primero y estarán sujetas a las sanciones correspondientes[119].

Artículo 58.- El reglamento determinará el listado de precursores y sustancias químicas esenciales catalogadas como susceptibles de ser utilizadas para la fabricación ilícita de drogas estupefacientes o sicotrópicas, el que será actualizado periódicamente; las características que tendrá el registro especial; el período de renovación de las inscripciones; la forma, plazos y otras modalidades con que se ejecutarán las obligaciones impuestas por este Título; las normas relativas a su control y fiscalización y la coordinación con el Servicio Nacional de Aduanas y demás entidades públi-

---

118 Inciso modificado por el artículo 1, N° 15, letra a), i), ii), de la Ley 21.575 de 23 de mayo de 2023. Anteriormente, fue modificado por el art. 28, N° 6 de la Ley N° 20.502, de 21 de febrero de 2011.

119 Inciso final agregado por el artículo 1, N° 15, letra b), de la Ley 21.575 de la Ley 21.575 de 23 de mayo de 2023.

cas con competencia relativa al control del movimiento de las sustancias antes mencionadas.

Artículo 59.- La infracción a las obligaciones de registrarse, de mantener inventario y relación de movimientos e informar sobre los mismos cuando la autoridad lo requiera, de mantener actualizados los datos en el Registro y de informar importaciones y exportaciones, será sancionada con multa de cuarenta a mil unidades tributarias mensuales. El producto de las multas ingresará al fondo especial a que se refiere el artículo 46 de esta ley y se destinará a los fines que allí se contemplan. En casos calificados de reincidencia, procederá además la clausura del establecimiento[120].

Para la determinación del monto de la multa se considerará la gravedad de la infracción, la conducta previa del infractor y la naturaleza de las sustancias sobre la cual recayó la infracción.

Las multas deberán pagarse dentro de los quince días siguientes a la fecha en que se encuentre firme la respectiva resolución[121].

Artículo 60.- Las personas que se encuentren registradas en conformidad al artículo 55 deberán informar inmediatamente a las autoridades competentes cualquier operación de la que sean parte y sobre la cual tengan certeza o indicio de que precursores o sustancias químicas esenciales catalogadas por el reglamento puedan ser desviadas para la fabricación ilícita de drogas estupefacientes o sicotrópicas, absteniéndose de realizar la operación sin efectuar previamente la comunicación.

TÍTULO VI. DISPOSICIONES VARIAS

Artículo 61.- Los abogados que se desempeñen como funcionarios o empleados contratados a cualquier título en los servicios de la Administración del Estado o en instituciones o servicios descentralizados, territorial

---

120 Inciso modificado por el artículo 1, Nº 16, letra a), i), ii), de la Ley 21.575 de 23 de mayo de 2023.

121 Incisos segundo y tercero incorporados por el artículo 1, Nº 16, letra b), de la Ley 21.575 de 23 de mayo de 2023.

o funcionalmente, no podrán patrocinar ni actuar como apoderados o mandatarios de imputados por crímenes, simples delitos o faltas contemplados en esta ley.

Si se tratare de actuaciones relativas a crímenes o simples delitos, la infracción de esta prohibición se sancionará administrativamente con la destitución del cargo o con el término del contrato. Si se tratare de faltas, se considerará infracción grave de las obligaciones funcionarias, pudiendo disponerse hasta su destitución o el término del contrato.

No se aplicará la prohibición establecida en el inciso primero a los abogados que se desempeñen en la Defensoría Penal Pública o como prestadores del servicio de defensa penal pública, cuando intervengan en esas calidades, ni a los abogados en su desempeño como funcionarios de las Corporaciones de Asistencia Judicial, a los contratados por éstas, y a los egresados de Facultades de Derecho que estén realizando la práctica gratuita requerida para obtener el título de abogado, sólo en lo relativo a su actuación en dichas Corporaciones.

Para efectos de lo dispuesto en este artículo, el juez de garantía o el Ministerio Público, en su caso, deberá informar a la Contraloría General de la República sobre la identidad de los abogados que patrocinen o actúen como apoderados o mandatarios de imputados por crímenes, simples delitos o faltas contemplados en esta ley.

Artículo 62.- No se aplicará ninguna de las penas sustitutivas contempladas en la ley N° 18.216 a la persona que haya sido condenada con anterioridad por alguno de los crímenes o simples delitos contemplados en esta ley o en la ley N° 19.366, en virtud de sentencia ejecutoriada, haya cumplido, o no, efectivamente la condena, a menos que le sea reconocida la circunstancia atenuante de cooperación eficaz[122].

---

[122] Artículo modificado por el art. séptimo, n° 3 de la Ley N° 21.694 de 04 de septiembre de 2024. Anteriormente fue modificado por el artículo 5 de la Ley N° 20.603, de 27 de junio de 2012.

Artículo 63.- Un reglamento señalará las sustancias, productos que contengan solventes o gases inhalantes y especies vegetales a que se refieren los artículos 1°, 2°, 5 bis y 8°; los requisitos, obligaciones y demás exigencias que deberán cumplirse para el otorgamiento de las autorizaciones a que se refiere el artículo 9°, y las normas relativas al control y fiscalización de dichas plantaciones[123].

Artículo 64.- Sin perjuicio de lo dispuesto en el artículo 1° transitorio, derógase la ley N° 19.366. Toda referencia legal o reglamentaria a dicha ley debe entenderse hecha a esta ley.

Artículo 65.- Para los efectos de lo establecido en el N° 3 del artículo 6° del Código Orgánico de Tribunales, en cuanto al sometimiento a la jurisdicción chilena de crímenes y simples delitos perpetrados fuera del territorio de la República, las disposiciones de esta ley se entenderán comprendidas en el párrafo 14 del Título VI del Libro II del Código Penal, sobre crímenes y simples delitos contra la salud pública.

Artículo 66.- Derógase el artículo 299 bis del Código de Justicia Militar.

Artículo 67.- Suprímese, en el artículo 193 del Código Aeronáutico, la frase "o de drogas estupefacientes o sicotrópicas" y la coma (,) que la sigue.

Artículo 68.- Introdúcense las siguientes modificaciones en la ley N° 18.575, Orgánica Constitucional de Bases Generales de la Administración del Estado, cuyo texto refundido, coordinado y sistematizado fue fijado por el decreto con fuerza de ley N° 1-19.653, del Ministerio Secretaría General de la Presidencia, de 2001:

1.- Intercálase el siguiente inciso segundo, nuevo, en el artículo 40, pasando el actual inciso segundo a ser inciso tercero:

---

123 Artículo modificado por el artículo 1, N° 17, letras a) y b), de la Ley, de la Ley 21.575 de 23 de mayo de 2023.

"No podrá ser Ministro de Estado el que tuviere dependencia de sustancias o drogas estupefacientes o sicotrópicas ilegales, a menos que justifique su consumo por un tratamiento médico. Para asumir alguno de esos cargos, el interesado deberá prestar una declaración jurada que acredite que no se encuentra afecto a esta causal de inhabilidad".

2.- Intercálase el siguiente artículo 55 bis, nuevo:

"Artículo 55 bis.- No podrá desempeñar las funciones de Subsecretario, jefe superior de servicio ni directivo superior de un órgano u organismo de la Administración del Estado, hasta el grado de jefe de división o su equivalente, el que tuviere dependencia de sustancias o drogas estupefacientes o sicotrópicas ilegales, a menos que justifique su consumo por un tratamiento médico.

Para asumir alguno de esos cargos, el interesado deberá prestar una declaración jurada que acredite que no se encuentra afecto a esta causal de inhabilidad".

3.- Agréganse los siguientes incisos tercero y cuarto, nuevos, al artículo 61:

"Corresponderá a la autoridad superior de cada órgano u organismo de la Administración del Estado prevenir el consumo indebido de sustancias o drogas estupefacientes o sicotrópicas, de acuerdo con las normas contenidas en el reglamento.

El reglamento a que se refiere el inciso anterior contendrá, además, un procedimiento de control de consumo aplicable a las personas a que se refiere el artículo 55 bis. Dicho procedimiento de control comprenderá a todos los integrantes de un grupo o sector de funcionarios que se determinará en forma aleatoria; se aplicará en forma reservada y resguardará la dignidad e intimidad de ellos, observando las prescripciones de la ley N° 19.628, sobre protección de los datos de carácter personal. Sólo será admisible como prueba de la dependencia una certificación médica, basada en los exámenes que correspondan".

4.- Introdúcense las siguientes modificaciones al artículo 64:

a) Intercálase el siguiente inciso segundo, nuevo:

"En el caso de la inhabilidad a que se refiere el artículo 55 bis, junto con admitirla ante el superior jerárquico, el funcionario se someterá a un programa de tratamiento y rehabilitación en alguna de las instituciones que autorice el reglamento. Si concluye ese programa satisfactoriamente, deberá aprobar un control de consumo toxicológico y clínico que se le aplicará, con los mecanismos de resguardo a que alude el artículo 61, inciso cuarto".

b) En el inciso segundo, que pasa a ser inciso tercero, sustitúyese la frase "esta norma" por "cualquiera de estas normas", y agrégase la siguiente oración, pasando el punto aparte (.) a ser punto seguido (.): "Lo anterior es sin perjuicio de la aplicación de las reglas sobre salud irrecuperable o incompatible con el desempeño del cargo, si procedieren, tratándose de la situación a que alude el inciso segundo".

Artículo 69.- Introdúcense las siguientes modificaciones en la ley N° 19.175, Orgánica Constitucional de Gobierno y Administración Regional, cuyo texto refundido fue fijado por el decreto N° 291, de 1993, del Ministerio del Interior:

1.- Intercálase el siguiente inciso segundo, nuevo, en el artículo 6°:

"No podrá ser intendente o gobernador el que tuviere dependencia de sustancias o drogas estupefacientes o sicotrópicas ilegales, a menos que justifique su consumo por un tratamiento médico. Para asumir alguno de esos cargos, el interesado deberá prestar una declaración jurada que acredite que no se encuentra afecto a esta causal de inhabilidad".

2.- Agrégase el siguiente inciso segundo, nuevo, al artículo 31:

"No podrá ser consejero regional el que tuviere dependencia de sustancias o drogas estupefacientes o sicotrópicas ilegales, a menos que justifique su consumo por un tratamiento médico. Para asumir el cargo, el interesado deberá prestar una declaración jurada que acredite que no se encuentra afecto a esta causal de inhabilidad".

Artículo 70.- Introdúcese el siguiente inciso segundo en el artículo 73 de la ley N° 18.695, Orgánica Constitucional de Municipalidades, cuyo texto refundido, coordinado, sistematizado y actualizado fue fijado por el decreto con fuerza de ley N° 1-19.704, de 2002, del Ministerio del Interior:

"No podrá ser alcalde ni concejal el que tuviere dependencia de sustancias o drogas estupefacientes o sicotrópicas ilegales, a menos que justifique su consumo por un tratamiento médico".

Artículo 71.- Agrégase en el artículo 10 de la ley Nº 17.997, Orgánica Constitucional del Tribunal Constitucional, el siguiente inciso final:

"En forma previa al juramento o promesa, el Presidente y los Ministros prestarán una declaración jurada en la cual acrediten que no se encuentran afectos a ninguna causal de inhabilidad".

Artículo 72.- Agrégase en el artículo 2º de la ley Nº 18.460, Orgánica Constitucional sobre el Tribunal Calificador de Elecciones, el siguiente inciso final:

"En forma previa al juramento o promesa, los Ministros prestarán una declaración jurada en la cual acrediten que no se encuentran afectos a ninguna causal de inhabilidad".

Artículo 73.- Introdúcense las siguientes modificaciones en la ley Nº 19.640, Orgánica Constitucional del Ministerio Público:

1.- Intercálase el siguiente artículo 9º bis:

"Artículo 9º bis.- Asimismo, el Fiscal Nacional, los Fiscales Regionales y los fiscales adjuntos, antes de asumir sus cargos, deberán efectuar una declaración jurada en la cual acrediten que no tienen dependencia de sustancias o drogas estupefacientes o sicotrópicas ilegales o, si la tuvieren, que su consumo está justificado por un tratamiento médico".

2.- Agrégase el siguiente inciso tercero al artículo 50:

"Sin embargo, no se aplicará la medida de remoción respecto del fiscal adjunto que incurra en la prohibición a que se refiere el artículo 9º bis, siempre que admita ese hecho ante su superior jerárquico y se someta a un programa de tratamiento y rehabilitación en alguna de las instituciones que autorice el reglamento. Si concluye ese programa satisfactoriamente, deberá aprobar un control de consumo toxicológico y clínico que se le aplicará, con los mecanismos de resguardo a que alude el inciso segundo del artículo 66. El incumplimiento de esta norma hará procedente la remoción, sin perjuicio de la aplicación de las reglas sobre salud irrecuperable o incompatible con el desempeño del cargo, si procedieren".

3.- Intercálase el siguiente inciso segundo, nuevo, en el artículo 66:

"En el reglamento se contendrán normas para prevenir el consumo indebido de sustancias o drogas estupefacientes o sicotrópicas. Además, se establecerá un procedimiento de control de consumo aplicable a las personas a que se refiere el artículo 9° bis. Dicho procedimiento de control comprenderá a todos los integrantes de un grupo o sector de funcionarios que se determinará en forma aleatoria, se aplicará en forma reservada y resguardará la dignidad e intimidad de ellos, observando las prescripciones de la ley N° 19.628, sobre protección de los datos de carácter personal. Sólo será admisible como prueba de la dependencia una certificación médica, basada en los exámenes que correspondan".

Artículo 74.- Introdúcense las siguientes modificaciones en la ley N° 18.840, Orgánica Constitucional del Banco Central de Chile:

a) Intercálase el siguiente artículo 14 bis:

"Artículo 14 bis.- No podrá ser consejero el que tuviere dependencia de sustancias o drogas estupefacientes o sicotrópicas ilegales, a menos que justifique su consumo por un tratamiento médico.

Para asumir el cargo, el interesado deberá prestar una declaración jurada que acredite que no se encuentra afecto a esta causal de inhabilidad".

b) Introdúcese el siguiente artículo 81 bis, nuevo:

"Artículo 81 bis.- No podrá desempeñar las funciones de directivo superior, o su equivalente, el que tuviere dependencia de sustancias o drogas estupefacientes ilegales, a menos que justifique su consumo por un tratamiento médico. Para asumir alguno de esos cargos, el interesado deberá prestar una declaración jurada que acredite que no se encuentra afecto a esta causal de inhabilidad.

El Reglamento del Personal establecerá normas para prevenir el consumo indebido de sustancias o drogas estupefacientes o sicotrópicas.

Dicho reglamento contendrá, además, un procedimiento de control de consumo aplicable a las personas a que se refiere el inciso primero. Dicho procedimiento de control comprenderá a todos los integrantes de un grupo o sector de funcionarios que se determinará en forma aleatoria; se aplicará en forma reservada y resguardará la dignidad e intimidad de ellos, observando las prescripciones de la ley N° 19.628, sobre protección de los datos de carácter personal. Sólo será admisible como prueba de la dependencia una certificación médica, basada en los exámenes que correspondan.

En el caso de la inhabilidad a que se refiere el inciso primero, junto con admitirla ante el superior jerárquico, el funcionario se someterá a un programa de tratamiento y rehabilitación en alguna de las instituciones que autorice el reglamento. Si concluye ese programa satisfactoriamente, deberá aprobar un control de consumo toxicológico y clínico que se le aplicará, con los mecanismos de resguardo a que alude el inciso precedente. Lo anterior es sin perjuicio de la aplicación de las reglas sobre salud irrecuperable o incompatible con el desempeño del cargo, si procedieren".

Artículo 75.- Introdúcense las siguientes modificaciones en el Código Orgánico de Tribunales:

1.- Intercálase el siguiente artículo 100, nuevo:

"Artículo 100.- La Corte Suprema, mediante auto acordado, dictará normas para prevenir el consumo indebido de sustancias o drogas estupefacientes o sicotrópicas por parte de los funcionarios judiciales.

Ese auto acordado contendrá, además, un procedimiento de control de consumo aplicable a los miembros del escalafón primario. Dicho procedimiento de control comprenderá a todos los integrantes de un grupo o sector de funcionarios que se determinará en forma aleatoria, se aplicará en forma reservada y resguardará la dignidad e intimidad de ellos, observando las prescripciones de la ley N° 19.628, sobre protección de los datos de carácter personal. Sólo será admisible como prueba de la dependencia una certificación médica, basada en los exámenes que correspondan".

2.- Intercálase el siguiente artículo 251, nuevo:

"Artículo 251.- No puede ser juez la persona que tuviere dependencia de sustancias o drogas estupefacientes o sicotrópicas ilegales, a menos que justifique su consumo por un tratamiento médico".

3.- Intercálase el siguiente artículo 323 ter, nuevo:

"Artículo 323 ter.- Asimismo, antes de asumir sus cargos, los miembros del escalafón primario deberán prestar una declaración jurada que acredite que no se encuentran afectos a la causal de inhabilidad contemplada en el artículo 251.

En caso de inhabilidad sobreviniente, el funcionario deberá admitirla ante su superior jerárquico y someterse a un programa de tratamiento y rehabilitación en alguna de las instituciones que autorice el auto acordado de la Corte Suprema. Si concluye ese programa satisfactoriamente, deberá aprobar un control de consumo toxicológico y clínico que se le aplicará, con los mecanismos de resguardo a que alude el inciso segundo del artículo 100. El incumplimiento de esta norma dará lugar al correspondiente juicio de amovilidad, salvo que la Corte Suprema acuerde su remoción. Lo anterior es sin perjuicio de la aplicación de las reglas sobre salud irrecuperable o incompatible con el desempeño del cargo, si procedieren".

Artículo 76.- El mayor gasto fiscal que represente la aplicación de esta ley se financiará con cargo al presupuesto del Ministerio del Interior.

ARTÍCULOS TRANSITORIOS

Artículo 1º.- Esta ley sólo se aplicará a los hechos delictivos cometidos con posterioridad a su entrada en vigencia. En consecuencia, la ley Nº 19.366, el artículo 299 bis del Código de Justicia Militar y el artículo 193 del Código Aeronáutico continuarán vigentes para todos los efectos relativos a la persecución de los delitos contemplados en sus disposiciones y perpetrados con anterioridad a la publicación de esta ley, sin perjuicio de las normas relativas a la pena, en que regirá lo dispuesto en el artículo 18 del Código Penal. Asimismo, la tramitación de los respectivos procesos, la prueba y la apreciación de la misma, se regirán por las normas de dichos cuerpos legales.

En el caso de los procesos que, una vez en vigencia esta ley, se continúen tramitando conforme a las leyes procesales penales anteriores a la entrada en vigor del Código Procesal Penal, la autorización a que se refiere el artículo 9º no se concederá a los acusados y se suspenderá respecto de quienes se dicte auto de procesamiento. Asimismo, se denegará respecto de los procesados la inscripción en el registro especial a que se refiere el Título V y se suspenderá la que ya se hubiere practicado respecto de quienes sean sometidos a proceso.

Artículo 2º.- En tanto no se dicte el reglamento a que se refiere el artículo 63, regirá el actual.

Artículo 3º.- En la Región Metropolitana de Santiago, mientras no se implemente el Ministerio Público, ni entre a regir el Código Procesal Penal establecido en la ley Nº 19.696, se aplicarán las siguientes reglas:

a) Se mantendrá vigente la ley Nº 19.366, en lo relativo a las normas procesales de carácter orgánico y penal que ésta contempla, salvo en lo que respecta al inciso tercero del artículo 31, que se reemplaza por el siguiente:

"Las medidas no podrán decretarse por un plazo superior a sesenta días, prorrogables por períodos de igual duración".

b) El Consejo de Defensa del Estado conservará sus actuales facultades y la estructura prevista por la ley Nº 19.366 para el ejercicio de las mismas.

c) La resolución judicial que otorgue la libertad provisional a los procesados por los delitos a que se refieren los artículos 1º, 2º, 3º y 16 de esta ley, deberá siempre elevarse en consulta, y la sala deberá resolver sólo con titulares.

d) Los jueces de letras con competencia en lo criminal ejercerán las atribuciones que confieren al Ministerio Público los artículos 23, 30 y 31 de esta ley, relativos a las entregas vigiladas o controladas y a las medidas de protección a testigos, peritos, agentes encubiertos, reveladores, informantes y cooperador eficaz.

e) Al comenzar a regir la reforma procesal penal en dicha Región, no surtirán efecto las modificaciones que el artículo 4º de la ley Nº 19.806 introdujo a la ley Nº 19.366 y cuya entrada en vigencia estaba condicionada a ese hecho, por mandato del inciso segundo del artículo transitorio de la misma ley Nº 19.806.

Artículo 4º.- Facúltase al Ministerio de Bienes Nacionales para que, dentro de un plazo de ciento veinte días, contados desde la publicación de esta ley, proceda, con consulta al Ministerio del Interior, a enajenar en subasta pública las especies decomisadas que hubieran sido puestas a su disposición en virtud de la ley Nº 19.366, debiendo ingresar el producto de estas enajenaciones al fondo especial del Ministerio del Interior a que se refiere el artículo 46 de la presente ley.

Tratándose de dineros, efectos de comercio o valores mobiliarios, el Ministerio de Bienes Nacionales, de oficio, efectuará los depósitos que corresponda en el fondo especial aludido en el inciso anterior".

Habiéndose cumplido con lo establecido en el Nº 1º del artículo 82 de la Constitución Política de la República y por cuanto he tenido a bien aprobarlo y sancionarlo; por tanto promúlguese y llévese a efecto como Ley de la República.

Santiago, 2 de febrero de 2005.- RICARDO LAGOS ESCOBAR, Presidente de la República.- Jorge Correa Sutil, Ministro del Interior (S).- Jaime Campos Quiroga, Ministro de Justicia (S).

Lo que transcribo a Ud., para su conocimiento.- Saluda Atte. a Ud., Carlos Varas González, Subsecretario del Interior Subrogante.

TRIBUNAL CONSTITUCIONAL

Proyecto de Ley que sustituye la ley Nº 19.366, que sanciona el tráfico ilícito de estupefacientes y sustancias sicotrópicas

El Secretario del Tribunal Constitucional, quien suscribe, certifica que la Honorable Cámara de Diputados envió el proyecto de ley enunciado en el rubro, aprobado por el Congreso Nacional, a fin de que este Tribunal ejerciera el control de constitucionalidad respecto de los artículos 26, 27, 54, 68, 69, 70, 71, 72, 73, 74, 75 y 76 permanentes y 3º transitorio del mismo, y por sentencia de 25 de enero de 2005, dictada en los autos Rol Nº 433, declaró:

1. Que los artículos 26, 27 —salvo la letra a) de su inciso segundo—, 54, 68, 69, 70, 72, 73, 74 —sin perjuicio de lo señalado en la declaración segunda—, 75 —sin perjuicio de lo señalado en la declaración tercera—,

y 76 permanentes y 3° transitorio del proyecto remitido, son constitucionales.

2. Que, igualmente, el artículo 74, N°s. 2 y 3, del proyecto remitido es constitucional en el entendido de lo señalado en el considerando cuadragésimo noveno de esta sentencia.

3. Que, de la misma manera, el artículo 75, letra b), del proyecto remitido es constitucional en el entendido de lo señalado en el considerando quincuagésimo cuarto de esta sentencia.

4. Que la letra a) del inciso segundo del artículo 27 del proyecto remitido es inconstitucional y debe ser eliminado de su texto.

5. Que el artículo 71 del proyecto remitido es inconstitucional y debe ser eliminado de su texto.

6. Que el artículo 63, inciso segundo, del proyecto remitido es igualmente inconstitucional y debe ser eliminado de su texto.

Santiago, enero 26 de 2005.- Rafael Larraín Cruz, Secretario.

LEY Nº 20.393[124] ESTABLECE LA RESPONSABILIDAD PENAL DE LAS PERSONAS JURÍDICAS EN LOS DELITOS QUE INDICA[125]

Teniendo presente que el H. Congreso Nacional ha dado su aprobación al siguiente

Proyecto de Ley:

Artículo Primero.- Apruébase la siguiente ley sobre responsabilidad penal de las personas jurídicas:

Artículo 1.- Contenido de la ley. La presente ley regula la responsabilidad penal de las personas jurídicas por los delitos señalados en el inciso siguiente, el procedimiento para la investigación y establecimiento de dicha responsabilidad penal, la determinación de las sanciones procedentes y su ejecución.

Los delitos por los cuales la persona jurídica responde penalmente conforme a la presente ley son los siguientes:

1. Los delitos a que se refieren los artículos 1, 2, 3 y 4 de la Ley de Delitos Económicos, sean o no considerados como delitos económicos por esa ley.

2. Los previstos en el artículo 8 de la ley Nº 18.314 que determina conductas terroristas y fija su penalidad; en el Título II de la ley Nº 17.798, sobre Control de Armas, y en los artículos 411 quáter, 448 septies y 448 octies del Código Penal.

---

124 Fecha de publicación: 02 de diciembre de 2009. Fecha de promulgación: 25 de noviembre de 2009.

125 Denominación sustituida, por la que aparece en el texto, por el art. 10, letra a) de la Ley Nº 21.132, de 31 de enero de 2019.

En lo no previsto por esta ley serán aplicables, supletoriamente, las disposiciones contenidas en el Libro I del Código Penal y en el Código Procesal Penal, en lo que resulte pertinente.

Para los efectos de esta ley no será aplicable lo dispuesto en el inciso segundo del artículo 58 del Código Procesal Penal[126].

Artículo 2.- Ámbito de aplicación personal. Serán penalmente responsables en los términos de esta ley las personas jurídicas de derecho privado, las empresas públicas creadas por ley; las empresas, sociedades y universidades del Estado; los partidos políticos y las personas jurídicas religiosas de derecho público[127].

TÍTULO I. RESPONSABILIDAD PENAL DE LAS PERSONAS JURÍDICAS

1.- De la atribución de responsabilidad penal de las personas jurídicas

Artículo 3.- Presupuestos de la responsabilidad penal. Una persona jurídica será penalmente responsable por cualquiera de los delitos señalados en el artículo 1, perpetrado en el marco de su actividad por o con la intervención de alguna persona natural que ocupe un cargo, función o posición en ella, o le preste servicios gestionando asuntos suyos ante terceros, con o sin su representación, siempre que la perpetración del hecho se vea fa-

---

126 Inciso sustituido, por el que aparece en el texto, por el artículo 50, Nº 1, de la Ley 21.595 de 17 de agosto de 2023, que entrará en vigencia el 1 de septiembre de 2024. Anteriormente fue modificado por el art. 5 de la Ley Nº 21.488 de 27 de septiembre de 2022. Con anterioridad fue modificado por el art. 21, Nº 1 de la Ley Nº 21.459, de 20 de junio de 2022. Anteriormente fue modificado por el art. 4, Nº 1, de la Ley Nº 21.412, de 25 de enero de 2022. Antes de ello fue modificado por el art 175, Nº 12 de la Ley Nº 21.325 de 20 de abril de 2021 y por el art. 10, letra b) de la Ley Nº 21.132, de 31 de enero de 2019 y por el art 2, Nº 1 de la Ley Nº 21.121, de 20 de noviembre de 201.

127 Artículo sustituido, por el que aparece en el texto, por el artículo 50 Nº 2, de la Ley 21.595 de 17 de agosto de 2023.

vorecida o facilitada por la falta de implementación efectiva de un modelo adecuado de prevención de tales delitos, por parte de la persona jurídica.

Si concurrieren los requisitos previstos en el inciso anterior, una persona jurídica también será responsable por el hecho perpetrado por o con la intervención de una persona natural relacionada en los términos previstos por dicho inciso con una persona jurídica distinta, siempre que ésta le preste servicios gestionando asuntos suyos ante terceros, con o sin su representación, o carezca de autonomía operativa a su respecto, cuando entre ellas existan relaciones de propiedad o participación.

Lo dispuesto en este artículo no tendrá aplicación cuando el hecho punible se perpetre exclusivamente en contra de la propia persona jurídica[128].

Artículo 4.- Modelo de prevención de delitos. Se entenderá que un modelo de prevención de delitos efectivamente implementado por la persona jurídica es adecuado para los efectos de eximirla de responsabilidad penal cuando, en la medida exigible a su objeto social, giro, tamaño, complejidad, recursos y a las actividades que desarrolle, considere seria y razonablemente los siguientes aspectos:

1. Identificación de las actividades o procesos de la persona jurídica que impliquen riesgo de conducta delictiva.

2. Establecimiento de protocolos y procedimientos para prevenir y detectar conductas delictivas en el contexto de las actividades a que se refiere el número anterior, los que deben considerar necesariamente canales seguros de denuncia y sanciones internas para el caso de incumplimiento.

Estos protocolos y procedimientos, incluyendo las sanciones internas, deberán comunicarse a todos los trabajadores. La normativa interna deberá ser incorporada expresamente en los respectivos contratos de trabajo y de prestación de servicios de todos los trabajadores, empleados y prestadores de servicios de la persona jurídica, incluidos sus máximos ejecutivos.

3. Asignación de uno o más sujetos responsables de la aplicación de dichos protocolos, con la adecuada independencia, dotados de facultades

---

128 Artículo sustituido, por el que aparece en el texto, por el artículo 50, N° 3, de la Ley 21.595 de 17 de agosto de 2023.

efectivas de dirección y supervisión y acceso directo a la administración de la persona jurídica para informarla oportunamente de las medidas y planes implementados en el cumplimiento de su cometido, para rendir cuenta de su gestión y requerir la adopción de medidas necesarias para su cometido que pudieran ir más allá de su competencia. La persona jurídica deberá proveer al o a los responsables de los recursos y medios materiales e inmateriales necesarios para realizar adecuadamente sus labores, en consideración al tamaño y capacidad económica de la persona jurídica.

4. Previsión de evaluaciones periódicas por terceros independientes y mecanismos de perfeccionamiento o actualización a partir de tales evaluaciones[129].

Artículo 5.- Autonomía de la responsabilidad penal de la persona jurídica. No obstará a la responsabilidad penal de una persona jurídica la falta de declaración de responsabilidad penal de la persona natural que hubiere perpetrado el hecho o intervenido en su perpetración, sea porque ésta, a pesar de la ilicitud del hecho, no hubiere sido penalmente responsable, sea porque tal responsabilidad se hubiere extinguido, sea porque no se hubiere podido continuar el procedimiento en su contra no obstante la punibilidad del hecho.

Asimismo, no obstará a la responsabilidad penal de la persona jurídica la falta de identificación de la o las personas naturales que hubieren perpetrado el hecho o intervenido en su perpetración, siempre que conste que el hecho no pudo sino haber sido perpetrado por o con la intervención de alguna de las personas y en las circunstancias señaladas en el artículo 3[130].

---

[129] Artículo sustituido, por el que aparece en el texto, por el artículo 50, Nº 4, de la Ley 21.595 de 17 de agosto de 2023.

[130] Artículo sustituido, como aparece en el texto, por el artículo 50, Nº 5, de la Ley 21.595 de 17 de agosto de 2023.

2.- De las circunstancias que atenúan la responsabilidad penal de la persona jurídica

Artículo 6º.- Circunstancias atenuantes. Serán circunstancias atenuantes de la responsabilidad penal de la persona jurídica, las siguientes:

1) La prevista en el número 7º del artículo 11 del Código Penal.

2) La prevista en el número 9º del artículo 11 del Código Penal. Se entenderá especialmente que la persona jurídica colabora sustancialmente cuando, en cualquier estado de la investigación o del procedimiento judicial, sus representantes legales hayan puesto, antes de conocer que el procedimiento judicial se dirige contra ella, el hecho punible en conocimiento de las autoridades o aportado antecedentes para establecer los hechos investigados.

3) La adopción por parte de la persona jurídica, antes de la formalización de la investigación, de medidas eficaces para prevenir la reiteración de la misma clase de delitos objeto de la investigación. Se entenderá por medidas eficaces la autonomía debidamente acreditada del encargado de prevención de delitos, así como también las medidas de prevención y supervisión implementadas que sean idóneas en relación con la situación, tamaño, giro, nivel de ingresos y complejidad de la estructura organizacional de la persona jurídica[131].

3.- De las circunstancias que agravan la responsabilidad penal

Artículo 7.- Circunstancias agravantes. Constituyen circunstancias agravantes de la responsabilidad penal de la persona jurídica:

1. La de haber sido condenada dentro de los diez años anteriores a la perpetración del hecho.

2. Las que afecten a la persona natural que hubiere perpetrado o intervenido en el hecho, cuando su perpetración o intervención bajo esas circunstancias también se hubiere visto favorecida o facilitada por la falta

---

[131] Numeral 3) reemplazado, como aparece en el texto, por el artículo 50, Nº 6, de la Ley 21.595 de 17 de agosto de 2023.

de implementación efectiva de un modelo adecuado de prevención de delitos[132].

TÍTULO II. CONSECUENCIAS DE LA DECLARACIÓN DE RESPONSABILIDAD PENAL DE LA PERSONA JURÍDICA

1.- De las penas en general

Artículo 8.- Penas. Serán aplicables a la persona jurídica una o más de las siguientes penas:

1. La extinción de la persona jurídica.
2. La inhabilitación para contratar con el Estado.
3. La pérdida de beneficios fiscales y la prohibición de recibirlos.
4. La supervisión de la persona jurídica.
5. La multa.
6. El comiso a que se refiere el inciso tercero del artículo 14.
7. La publicación de un extracto de la sentencia condenatoria[133].

Artículo 9.- Extinción de la persona jurídica. Por la pena de extinción de la persona jurídica se dispone la pérdida definitiva de la personalidad jurídica. Para su imposición el tribunal tendrá especialmente en cuenta el peligro de reiteración delictiva que pueda representar el funcionamiento de la persona jurídica.

Esta pena sólo se podrá imponer tratándose de crímenes, si concurre la circunstancia agravante establecida en el número 1 del artículo 7 o en caso de reiteración delictiva.

La pena de extinción de la persona jurídica no se aplicará a las empresas públicas creadas por ley ni a las personas jurídicas que presten un servicio de utilidad pública cuya interrupción pueda causar graves con-

---

132 Artículo sustituido, como aparece en el texto, por el artículo 50, Nº 7, de la Ley 21.595 de 17 de agosto de 2023.

133 Artículo sustituido, como aparece en el texto, por el artículo 50, Nº 8, de la Ley 21.595 de 17 de agosto de 2023. Anteriormente, había sido modificado por el artículo art 2, Nº 2 de la Ley Nº 21.121, de 20 de noviembre de 2018.

secuencias sociales y económicas o daños serios a la comunidad o sea perjudicial para el Estado[134].

Artículo 10.- Inhabilitación para contratar con el Estado. El tribunal podrá imponer a la persona jurídica la inhabilitación para contratar con el Estado, conforme a las reglas del Párrafo 5 del Título II de la Ley de Delitos Económicos.

La inhabilitación perpetua para contratar con el Estado sólo podrá ser impuesta respecto de crímenes, si concurre la circunstancia agravante prevista en el número 1 del artículo 7 o en caso de reiteración delictiva[135].

Artículo 11.- Pérdida de beneficios fiscales y prohibición de recibirlos. Por la pena de pérdida de beneficios fiscales se impone la pérdida de todos los subsidios, créditos fiscales u otros beneficios otorgados por el Estado sin prestación recíproca de bienes o servicios y, en especial, los subsidios para financiamiento de actividades específicas o programas especiales y gastos inherentes o asociados a la realización de éstos, sea que tales recursos se asignen a través de fondos concursables o en virtud de leyes permanentes o subsidios, subvenciones en áreas especiales o contraprestaciones establecidas en estatutos especiales y otras de similar naturaleza, así como la prohibición de recibir tales beneficios por un período de uno a cinco años.

Si la persona jurídica no recibe tales beneficios fiscales al tiempo de la condena, se le impondrá la prohibición de recibirlos, por el mismo período[136].

---

[134] Artículo sustituido por el artículo 50, Nº 9, de la Ley 21.595 de 17 de agosto de 2023. Anteriormente había sido modificado por el art 2, Nº 3 de la Ley Nº 21.121, de 20 de noviembre de 2018.

[135] Inciso sustituido por el artículo 50, Nº 10, de la Ley 21.595 de 17 de agosto de 2023. Anteriormente había sido modificado Inciso modificado por el art 2, Nº 3 de la Ley Nº 21.121, de 20 de noviembre de 2018 y por el art 2, Nº 4, letra a) de la Ley Nº 21.121, de 20 de noviembre de 2018.

[136] Artículo sustituido por el artículo 50, Nº 11, de la Ley 21.595 de 17 de agosto de 2023.

Artículo 11 bis.- Supervisión de la persona jurídica. El tribunal podrá imponer a la persona jurídica la supervisión si, debido a la inexistencia o grave insuficiencia de un sistema efectivo de prevención de delitos, ello resulta necesario para prevenir la perpetración de nuevos delitos en su seno.

La supervisión de la persona jurídica consiste en su sujeción a un supervisor nombrado por el tribunal, encargado de asegurar que la persona jurídica elabore, implemente o mejore efectivamente un sistema adecuado de prevención de delitos y de controlar dicha elaboración, implementación o mejoramiento por un plazo mínimo de seis meses y máximo de dos años.

La persona jurídica estará obligada a poner a disposición del supervisor toda la información necesaria para su desempeño.

El supervisor tendrá facultades para impartir instrucciones obligatorias e imponer condiciones de funcionamiento exclusivamente en lo que concierna al sistema de prevención de delitos, sin que pueda inmiscuirse en otras dimensiones de la organización o actividad de la persona jurídica. Además, tendrá derecho a acceder a todas las instalaciones y locales pertenecientes a la persona jurídica.

Para los efectos de sus deberes y responsabilidad, se considerará que el supervisor tiene la calidad de empleado público. Su remuneración será fijada por el tribunal de acuerdo con criterios de mercado, será de cargo de la persona jurídica y sólo rendirá cuentas a éste de su cometido[137].

Artículo 13.- Publicación de un extracto de la sentencia condenatoria. Siempre que se condene a una persona jurídica se impondrá la pena consistente en la publicación en el Diario Oficial y en otro diario de circulación nacional de un extracto que contenga una síntesis de la sentencia, que

---

137 Artículo incorporado por el artículo 50, N° 12, de la Ley 21.595 de 17 de agosto de 2023. Anteriormente, había sido modificado por el artículo 2, N° 5, letra a), b) y c) de la Ley N° 21.121 de 20 de noviembre de 2018.

reproduzca sus fundamentos principales y la decisión de condena, a costa de la persona jurídica condenada[138].

2.- De la determinación de las penas

Artículo 14.- Penas de crimen y de simple delito. Tratándose de un crimen se podrá imponer a la persona jurídica responsable una o más de las siguientes penas:

1. La extinción de la persona jurídica en los casos previstos en el inciso segundo del artículo 9.
2. La pérdida de beneficios fiscales y la prohibición de recibirlos por un período no inferior a tres años.
3. La multa por un mínimo de 200 días-multa.

Tratándose de un simple delito se podrá imponer a la persona jurídica responsable una o más de las siguientes penas:

1. La pérdida de beneficios fiscales y la prohibición de recibirlos por un período de hasta tres años.
2. La multa por un máximo de 200 días-multa.

Tanto respecto de crímenes como de simples delitos se podrá imponer, además, las penas de inhabilitación para contratar con el Estado; de supervisión de la persona jurídica, en los términos señalados en los artículos 10 y 11 bis; y de comiso del producto del delito de que es responsable la persona jurídica, así como los demás bienes, efectos, objetos, documentos, instrumentos, dineros o valores provenientes de él. Cuando por cualquier circunstancia no sea posible decomisar estas especies, se podrá aplicar el comiso a una suma de dinero equivalente a su valor.

---

[138] Artículo sustituido, por el artículo 50, Nº 14, de la Ley 21.595 de 17 de agosto de 2023.

En todo caso se impondrá la publicación de un extracto de la sentencia condenatoria[139] [140].

Artículo 15.- Determinación del número y naturaleza de las penas. El tribunal impondrá siempre la pena de multa.

Adicionalmente, podrá imponer cualquiera otra pena que fuere procedente conforme al artículo precedente, para lo cual atenderá a los siguientes factores:

1. La existencia o inexistencia de un modelo de prevención de delitos y su mayor o menor grado de implementación.
2. El grado de sujeción y cumplimiento de la normativa legal y reglamentaria y de las reglas técnicas de obligatoria observancia en el ejercicio de su giro o actividad habitual.
3. Los montos de dinero involucrados en la perpetración del delito.
4. El tamaño, la naturaleza y el giro de la persona jurídica.
5. La extensión del mal causado por el delito.
6. La gravedad de las consecuencias sociales y económicas que pueda causar a la comunidad la imposición de la pena cuando se trate de empresas que presten un servicio de utilidad pública.
7. Las circunstancias atenuantes o agravantes aplicables a la persona jurídica previstas en esta ley que concurrieren en el delito[141].

Artículo 16.- Determinación de la extensión de las penas concretas. La extensión de las penas distintas de la extinción de la persona jurídica

---

139 Artículo sustituido por el artículo 50, Nº 15, de la Ley 21.595 de 17 de agosto de 2023. Anteriormente, había sido modificado por el artículo 2, Nº 7, de la Ley 21.121 de 20 de noviembre de 2018.

140 Inciso final agregado por el art. 4, Nº 2, de la Ley Nº 21.412, de 25 de enero de 2022.

141 Artículo sustituido por el artículo 50, Nº 16, de la Ley 21.595 de 17 de agosto de 2023 Anteriormente el inciso fue modificado por el art. 21, Nº 2 de la Ley Nº 21.459 de 20 de junio de 2022. Anteriormente fue modificado por el art. 4, Nº 2, de la Ley Nº 21.412, de 25 de enero de 2022. Anteriormente fue modificado por el art 2, Nº 8, letra a) de la Ley Nº 21.121, de 20 de noviembre de 2018.

será determinada en el punto medio de su extensión, a menos que, sobre la base de los factores mencionados en el inciso segundo del artículo anterior, corresponda imponer dentro de ese marco una pena de otra extensión.

Para la determinación de la pena de multa se estará, además, a lo dispuesto en el artículo 12[142].

2 bis.- Ejecución de las penas[143]

Artículo 17.- Ejecución de la extinción de la persona jurídica. La sentencia que declare la extinción de la personalidad jurídica designará a una persona encargada de su liquidación, quien deberá realizar los actos o contratos necesarios para:

1. Concluir toda actividad de la persona jurídica, salvo aquellas que sean indispensables para el éxito de la liquidación.

2. Pagar los pasivos de la persona jurídica, incluidos los derivados de la perpetración del hecho. Los plazos de todas esas deudas se entenderán caducados de pleno derecho, haciéndolas inmediatamente exigibles y su pago se realizará con estricto respeto de las preferencias y de la prelación de créditos establecida por la ley.

3. Repartir los bienes remanentes entre los accionistas, socios, dueños o propietarios a prorrata de sus respectivas participaciones, sin perjuicio de su derecho para perseguir de los responsables del delito el resarcimiento de los perjuicios sufridos por la persona jurídica a consecuencia de éste, en conformidad con las leyes aplicables en cada caso.

Excepcionalmente, cuando así lo aconseje el interés social, el tribunal podrá, mediante resolución fundada, ordenar la enajenación de todo o parte del activo de la persona jurídica disuelta como un conjunto o unidad

---

142 Artículo sustituido por el artículo 50, N° 17, de la Ley 21.595 de 17 de agosto de 2023. Anteriormente fue modificado por el art 2, N° 9 de la Ley N° 21.121, de 20 de noviembre de 2018.

143 Título introducido por el artículo 50, N° 18, de la Ley 21.595 de 17 de agosto de 2023.

económica, en subasta pública y al mejor postor, la que deberá efectuarse ante el propio tribunal[144].

Artículo 17 bis.- Ejecución de la inhabilitación para contratar con el Estado. La inhabilitación para contratar con el Estado regirá a contar de la fecha en que la resolución se encuentre ejecutoriada. El tribunal comunicará tal circunstancia a la Dirección de Compras y Contratación Pública. Dicha Dirección mantendrá un registro actualizado de las personas jurídicas a las que se les haya impuesto esta pena[145].

Artículo 17 ter.- Ejecución de la pérdida de beneficios fiscales y de la prohibición de recibirlos. Una vez ejecutoriada la sentencia que impusiere la pena de pérdida de beneficios fiscales y la prohibición de recibirlos, el tribunal lo comunicará al Ministerio de Hacienda y a la Subsecretaría de Desarrollo Regional y Administrativo del Ministerio del Interior y Seguridad Pública, con el fin de que sea consignada en los registros centrales de colaboradores del Estado y municipalidades que la ley les encomienda administrar[146].

Artículo 17 quáter.- Ejecución de la supervisión de la persona jurídica. Ejecutoriada la sentencia condenatoria que imponga la supervisión de la persona jurídica por un período determinado, el tribunal competente para la supervisión de la ejecución de la pena designará a un supervisor y le dará instrucciones sobre el objeto preciso de su cometido, sus facultades y los límites de ellas, de lo cual será notificada la persona jurídica. Con este fin se citará a una audiencia especial, en la que deberán ser oídos todos los intervinientes.

---

144 Artículo sustituido por el artículo 50, Nº 19 de la Ley 21.595 de 17 de agosto de 2023.

145 Artículo incorporado por el artículo 50, Nº 20, de la Ley 21.595 de 17 de agosto de 2023.

146 Artículo incorporado por el artículo 50, Nº 21, de la Ley 21.595 de 17 de agosto de 2023.

Las instrucciones obligatorias y las condiciones impuestas por el supervisor podrán ser reclamadas judicialmente.

En caso de incumplimiento injustificado de las instrucciones obligatorias o de las condiciones impuestas por el supervisor el tribunal podrá imponer, a solicitud del supervisor y oyendo a la persona jurídica, la retención y prohibición de celebrar actos y contratos sobre bienes o activos de ésta hasta que cese el incumplimiento, a título de apremio.

En casos de incumplimiento grave o reiterado el tribunal podrá, a solicitud del supervisor y oyendo a la persona jurídica, ordenar el reemplazo de sus órganos directivos y, en caso de no realizarse el reemplazo o de persistir el incumplimiento, la designación de un administrador provisional hasta que se verifique un cambio de circunstancias o hasta el cumplimiento íntegro de la supervisión.

Un reglamento establecerá los requisitos que habiliten para ejercer como supervisor, el procedimiento para su designación y reemplazo y para la determinación de su remuneración. Los requisitos para ejercer como supervisor deberán garantizar calificación y experiencia profesional pertinente y ausencia de factores que pudieran dar lugar a conflictos de interés en el ejercicio del cargo[147].

Artículo 17 quinquies.- Ejecución de la multa. La multa será ejecutada conforme a las reglas generales previstas por el Código Penal.

Excepcionalmente, cuando su pago inmediato pueda poner en riesgo la continuidad del giro de la persona jurídica condenada o cuando así lo aconseje el interés social, el tribunal podrá autorizar que el pago de la multa se efectúe por parcialidades, dentro de un plazo que no exceda de veinticuatro meses[148].

---

[147] Artículo incorporado por el artículo 50, Nº 22, de la Ley 21.595 de 17 de agosto de 2023.

[148] Artículo incorporado por el artículo 50, Nº 23, de la Ley 21.595 de 17 de agosto de 2023.

Artículo 18.- Ejecución de la pena y las consecuencias adicionales en caso de disolución o transformación de la persona jurídica. En caso de transformación, fusión, absorción, división o disolución voluntaria de la persona jurídica responsable, sea antes o después de la condena, las penas y consecuencias adicionales se harán efectivas de acuerdo con las reglas siguientes:

1. Si se impusiere la pena de comiso y éste recayere en una especie, se ejecutará contra la persona jurídica resultante que la tuviere o, en caso de disolución de común acuerdo, contra el socio o partícipe en el capital que la tuviere tratándose de la disolución de una persona jurídica con fines de lucro, o contra la persona que conforme a los estatutos de la persona jurídica o a la ley la hubiere recibido tratándose de la disolución de una persona jurídica sin fines de lucro. Si el comiso recayere en cantidades de dinero, se ejecutará del modo previsto para la ejecución de la multa, de acuerdo con el número siguiente.

2. Si se impusiere la pena de multa, la persona jurídica resultante responderá de su pago. Si hubiere dos o más personas jurídicas resultantes todas ellas serán solidariamente responsables. En los casos de disolución de común acuerdo de una persona jurídica con fines de lucro, la multa se hará efectiva sobre los socios y partícipes en el capital, quienes responderán solidariamente. Tratándose de personas jurídicas sin fines de lucro, la multa se hará efectiva sobre las personas que hayan recibido las propiedades de aquéllas conforme a sus estatutos o a la ley, quienes responderán solidariamente.

3. Si se tratare de cualquier otra pena, el tribunal decidirá si ella habrá o no de hacerse efectiva sobre las personas naturales o jurídicas a que se refieren los dos números anteriores, atendiendo a las finalidades que en cada caso se persiguieren, así como a la mayor o menor continuidad sustancial de los medios materiales y humanos de la persona jurídica inicial en la o las personas jurídicas resultantes y a la actividad desarrollada. Si por aplicación de esta regla dejare de imponerse o ejecutarse una pena, el tribunal aplicará en vez de ella una pena de multa, aun cuando ya se hubiere impuesto otra multa. En tal caso, se podrán superar hasta en un quinto los respectivos límites máximos previstos en el artículo 12.

Sólo se podrá limitar el efecto de la imposición de la solidaridad reduciendo el valor a pagar respecto de la persona natural que demostrare que el pago en ese régimen le ocasionará un perjuicio desproporcionado. Con todo, el valor por pagar no podrá ser nunca inferior al valor de la cuota de liquidación que se le hubiere asignado o de los bienes que hubiere recibido en virtud de la disolución.

Todo lo anterior será sin perjuicio de los derechos de terceros de buena fe.

Las reglas de este artículo serán también aplicables en caso de transferencia de bienes o activos de la persona jurídica responsable, antes o después de la condena, siempre que la transferencia abarque la mayor parte de los bienes o activos de ésta y que exista continuidad sustancial de los medios materiales y humanos y de la actividad de la persona jurídica responsable en el o los adquirentes, de modo que pueda presumirse una fusión, absorción o división encubiertas[149].

Artículo 18 bis.- Ejecución de la pena en caso de transferencia de bienes o activos de la persona jurídica. En caso de transferencia de bienes o activos de la persona jurídica responsable, sea antes o después de la condena, el comiso de cantidades y la multa podrán hacerse efectivos contra el adquirente si los bienes de aquélla no fueren suficientes, hasta el límite del valor de lo adquirido y siempre que el adquirente hubiere podido prever la condena de la persona jurídica responsable al momento de la adquisición[150].

3.- Extinción de la responsabilidad penal de la persona jurídica

Artículo 19.- Extinción de la responsabilidad penal. La responsabilidad penal de la persona jurídica se extingue por las mismas causales señaladas en el artículo 93 del Código Penal, salvo la prevista en su número 1°.

---

149 Artículo sustituido por el artículo 50, N° 24, de la Ley 21.595 de 17 de agosto de 2023.

150 Artículo incorporado por el artículo 50, N° 25, de la Ley 21.595 de 17 de agosto de 2023.

No obstará al pronunciamiento de una condena contra una persona jurídica la circunstancia de que ésta hubiere sido objeto de disolución, transformación, absorción, fusión o división[151].

TÍTULO III. PROCEDIMIENTO

4.- Comiso de ganancias[152]

Artículo 19 bis.- Comiso de ganancias. Las ganancias obtenidas por la persona jurídica, a través del delito de que es responsable, serán decomisadas conforme a las reglas sobre comiso de ganancias establecidas en el Código Penal, el Código Procesal Penal y el Código Orgánico de Tribunales.

Cuando concurran los requisitos señalados en el artículo 41 de la Ley de Delitos Económicos, serán decomisadas las ganancias obtenidas por la persona jurídica a través de un hecho ilícito que corresponde a un delito, aun sin necesidad de condena, de acuerdo con las disposiciones del Título III bis del Libro IV del Código Procesal Penal.

El comiso de ganancias será impuesto también respecto de la persona jurídica que hubiere recibido la ganancia como aporte a su patrimonio.

No podrá imponerse el comiso respecto de las ganancias obtenidas por una persona jurídica y que hubieren sido distribuidas entre sus socios, accionistas o beneficiarios que no hubieren tenido conocimiento de su procedencia ilícita al momento de su adquisición. En tal caso, la ganancia distribuida podrá considerarse para la determinación de la pena de multa que correspondiere imponer a la persona jurídica de acuerdo con el artículo 12[153].

---

151 Inciso incorporado por el artículo 50, Nº 26, de la Ley 21.595 de 17 de agosto de 2023.

152 Apartado incorporado por el artículo 50, Nº 27, de la Ley 21.595 de 17 de agosto de 2023.

153 Artículo incorporado por el artículo 50, Nº 28, de la Ley 21.595 de 17 de agosto de 2023.

1.- Inicio de la investigación de la responsabilidad penal de la persona jurídica

Artículo 20.- Investigación de la responsabilidad penal de la persona jurídica. Si durante la investigación de un delito el Ministerio Público toma conocimiento de circunstancias que funden la responsabilidad penal de una persona jurídica en los términos de esta ley, ampliará dicha investigación con el fin de determinar tal responsabilidad.

La investigación también podrá iniciarse por denuncia o por querella. En este último caso, podrá ser deducida por la víctima de conformidad con el Código Procesal Penal, así como por cualquier persona capaz de parecer en juicio domiciliada en la provincia, respecto de hechos punibles que afecten el ejercicio de la función pública o la probidad administrativa, o respecto de aquellos delitos que puedan causar graves consecuencias sociales y económicas.

Lo dispuesto en los incisos precedentes se entiende sin perjuicio de las reglas especiales que la ley establezca sobre el ejercicio de la acción penal por el respectivo delito[154].

Artículo 20 bis.- Supervisión de la persona jurídica como medida cautelar. Una vez formalizada la investigación contra una persona jurídica, el fiscal del Ministerio Público podrá solicitar que se imponga como medida cautelar durante el procedimiento la supervisión de la persona jurídica conforme a lo previsto en los artículos 11 bis y 17 quáter.

El tribunal acogerá la solicitud cuando se cumplan los requisitos señalados en las letras a) y b) del artículo 140 del Código Procesal Penal respecto de una persona natural cuyo hecho pueda dar lugar a la responsabilidad penal de la persona jurídica y se acredite que la medida, atendida la inexistencia o grave insuficiencia de un sistema efectivo de prevención de delitos, es estrictamente necesaria para prevenir la perpetración de nuevos delitos en su seno. La solicitud y la ejecución de la medida caute-

---

154 Artículo sustituido por el artículo de 50, N° 20, de la Ley 21.595 de 17 de agosto de 2023.

lar se regirán, en todo lo no previsto por esta ley, por lo dispuesto en el Párrafo 4º del Título V del Libro I del Código Procesal Penal[155].

Artículo 21.- Aplicación de las normas relativas al imputado. En lo no regulado en esta ley, serán aplicables a las personas jurídicas las disposiciones relativas al imputado, al acusado y al condenado, establecidas en el Código Procesal Penal y en las leyes especiales respectivas, siempre que aquéllas resulten compatibles con la naturaleza específica de las personas jurídicas.

En especial, les serán aplicables las disposiciones contenidas en los artículos 4º, 7º, 8º, 10, 93, 98, 102, 183, 184, 186, 193, 194 y 257 del Código Procesal Penal, derechos y garantías que podrán ser ejercidos por cualquier representante de la persona jurídica.

Artículo 22.- Formalización de la investigación. Cuando el fiscal considere oportuno formalizar el procedimiento dirigido en contra de la persona jurídica, solicitará al juez de garantía la citación del representante legal de aquélla, de conformidad al artículo 230 y siguientes del Código Procesal Penal. Será requisito previo para proceder de esta forma, al menos, que se haya solicitado una audiencia de formalización de la investigación o presentado un requerimiento de acuerdo a las reglas del procedimiento simplificado, respecto de la persona natural que pudiese comprometer la responsabilidad de la persona jurídica según lo disponen los incisos primero y segundo del artículo 3º, salvo en los casos establecidos en el artículo 5º.

Dicha solicitud deberá contener, además, la individualización del representante legal de la persona jurídica.

Artículo 23.- Representación de la persona jurídica. Si citado para comparecer a una audiencia ante el tribunal, el representante legal de la persona jurídica imputada no se presentare injustificadamente, el tribunal podrá ordenar que sea arrestado hasta la realización de la audiencia, la que

---

[155] Artículo incorporado por el artículo 50, Nº 30, de la Ley 21.595 de 17 de agosto de 2023.

deberá efectuarse dentro de un plazo máximo de veinticuatro horas desde que se produzca la privación de libertad.

Si el representante legal no fuere habido, el fiscal solicitará al tribunal que designe a un defensor penal público, quien realizará la función de un curador ad litem, en representación de la persona jurídica.

En todo caso, la persona jurídica podrá designar en cualquier momento a un defensor de su confianza.

Cuando la ley procesal penal exigiere la presencia del imputado como condición o requisito para la realización de una audiencia judicial, se entenderá que dicha exigencia es satisfecha con la presencia del curador ad litem o del defensor de confianza, en su caso. Procederán respecto de ambos, para dichos efectos, los apercibimientos previstos en el inciso primero.

Si se formalizare una investigación con respecto a dicho representante por el mismo hecho punible por el cual se investiga la responsabilidad penal de la persona jurídica, cesará su representación, y el tribunal solicitará al órgano competente de aquélla la designación de un nuevo representante, dentro del plazo que le señale. Si transcurrido el tiempo fijado por el tribunal no se notifica la designación ordenada, el tribunal designará al efecto un curador ad litem[156].

Artículo 24.- Improcedencia de la aplicación del principio de oportunidad. Lo dispuesto en el artículo 170 del Código Procesal Penal no será aplicable respecto de la responsabilidad penal de la persona jurídica.

Artículo 25.- Suspensión condicional del procedimiento. La suspensión condicional del procedimiento podrá decretarse siempre que no existiere una condena u otra suspensión condicional del procedimiento vigente, respecto de la persona jurídica imputada por algunos de los delitos previstos en esta ley.

---

[156] Inciso final agregado por el art 2, N° 10 de la Ley N° 21.121, de 20 de noviembre de 2018.

El juez de garantía dispondrá, según correspondiere, que durante el período de suspensión, el que no podrá ser inferior a seis meses ni superior a tres años, la persona jurídica esté sujeta al cumplimiento de una o más de las siguientes condiciones:

1) Pagar una determinada suma a beneficio fiscal.

2) Prestar un determinado servicio a favor de la comunidad.

3) Informar periódicamente su estado financiero a la institución que se determinare.

4) Implementar un programa para hacer efectivo el modelo de organización, administración y supervisión a que se refiere el artículo 4º.

4 bis) Someterse a supervisión en los términos de los artículos 11 bis y 17 quáter[157].

5) Cualquiera otra condición que resulte adecuada en consideración a las circunstancias del caso concreto y fuere propuesta, fundadamente, por el Ministerio Público.

En los casos en que el juez imponga la medida señalada en el número 1), deberá comunicarlo a la Tesorería General de la República.

Artículo 26.- Determinación del procedimiento aplicable a la responsabilidad penal de la persona jurídica. Si el fiscal, al acusar o requerir de acuerdo a las normas del procedimiento simplificado, solicitare la aplicación de alguna de las penas contempladas para los simples delitos, en su grado mínimo, el conocimiento y fallo de aquéllas se realizará conforme a las normas del procedimiento simplificado.

En los casos en que el fiscal acusare solicitando sólo penas de crimen o de simple delito en su grado medio, su conocimiento y fallo se realizará conforme a las normas del juicio oral del Título III del Libro II del Código Procesal Penal.

Si el fiscal requiriere o acusare a la persona natural y jurídica en el mismo acto, se seguirá conforme al procedimiento aplicable a la persona natural. Lo anterior no será aplicable tratándose de penas de crimen.

---

[157] Letra incorporada por el artículo 50, Nº 31, de la Ley 21.595 de 17 de agosto de 2023.

Respecto de la responsabilidad penal de las personas jurídicas, no será procedente el procedimiento monitorio.

Artículo 27.- Procedimiento abreviado. El procedimiento establecido en los artículos 406 y siguientes del Código Procesal Penal será aplicable para determinar la responsabilidad y para imponer las sanciones establecidas en la presente ley.

Se seguirá este procedimiento para conocer y fallar los hechos respecto de los cuales el fiscal requiriere la imposición de una o más penas de simple delito.

El tribunal no podrá imponer una pena superior ni más desfavorable a la requerida por el fiscal.

Artículo 28.- Defensa de las personas jurídicas. Toda persona jurídica que no pudiere procurarse defensa por sus propios medios, tendrá derecho a solicitar al juez la designación de un defensor penal público.

Artículo 29.- Suspensión de la condena. Si en la sentencia condenatoria el tribunal impusiere alguna pena de simple delito en su grado mínimo, podrá, mediante resolución fundada y de manera excepcional, considerando especialmente el número de trabajadores o las ventas anuales netas o los montos de exportación de la empresa, disponer la suspensión de la condena y sus efectos por un plazo no inferior a seis meses ni superior a dos años. En este caso, el tribunal podrá sustraer de este efecto la pena accesoria de comiso.

Tratándose de empresas del Estado o de empresas que prestan un servicio de utilidad pública cuya interrupción pudiere causar graves consecuencias sociales y económicas o daños serios a la comunidad, el juez podrá disponer la suspensión cualquiera fuere la pena impuesta en la sentencia.

Transcurrido el plazo previsto en el inciso primero sin que la persona jurídica hubiere sido objeto de nuevo requerimiento o de una nueva formalización de la investigación, el tribunal dejará sin efecto la sentencia y, en su reemplazo, decretará el sobreseimiento definitivo de la causa.

Esta suspensión no afecta la responsabilidad civil derivada del delito.

Artículo Segundo.- Introdúcese, en el artículo 294 bis del Código Penal, el siguiente inciso segundo:

"Cuando la asociación se hubiere formado a través de una persona jurídica, se impondrá además, como consecuencia accesoria de la pena impuesta a los responsables individuales, la disolución o cancelación de la personalidad jurídica".

Artículo Tercero.- Introdúcese, en el artículo 28 de la ley N° 19.913, que crea la Unidad de Análisis Financiero y modifica diversas disposiciones en materia de lavado y blanqueo de activos, el siguiente inciso segundo:

"Cuando la asociación se hubiere formado a través de una persona jurídica, se impondrá además, como consecuencia accesoria de la pena impuesta a los responsables individuales, la disolución o cancelación de la personalidad jurídica".

Y por cuanto he tenido a bien aprobarlo y sancionarlo; por tanto promúlguese y llévese a efecto como Ley de la República.

Santiago, 25 de noviembre de 2009.- MICHELLE BACHELET JERIA, Presidenta de la República.- Andrés Velasco Brañes, Ministro de Hacienda.- Edmundo Pérez Yoma, Ministro del Interior.- Mariano Fernández Amunátegui, Ministro de Relaciones Exteriores.- Carlos Maldonado Curti, Ministro de Justicia.

Lo que transcribo a usted para su conocimiento.- Saluda Atte. a usted, María Olivia Recart Herrera, Subsecretaria de Hacienda.

LEY Nº 21.057[158]
REGULA ENTREVISTAS GRABADAS EN VIDEO Y, OTRAS MEDIDAS DE RESGUARDO A MENORES DE EDAD, VÍCTIMAS DE DELITOS SEXUALES

Teniendo presente que el H. Congreso Nacional ha dado su aprobación al siguiente

Proyecto de ley:

"TÍTULO I. DISPOSICIONES GENERALES

Artículo 1º.- Objeto de la ley. La presente ley regula la realización de la entrevista investigativa videograbada y de la declaración judicial con el objeto de prevenir la victimización secundaria de niños, niñas y adolescentes que hayan sido víctimas de los delitos contemplados en los Párrafos 5, 6 y 6 bis del Título VII del Libro Segundo, y en los artículos 141, incisos cuarto y quinto; 142; 372 bis; 390; 390 bis, 390 ter[159],391; 395; 397, número 1; 411 bis; 411 ter; 411 quáter, y 433, número 1, todos del Código Penal[160].

Mediante la prevención de la victimización secundaria se busca evitar toda consecuencia negativa que puedan sufrir los niños, niñas y adolescentes con ocasión de su interacción, en calidad de víctimas, con las personas o instituciones que intervienen en las etapas de denuncia, investigación y juzgamiento de los delitos señalados en el inciso anterior.

Asimismo, para los efectos de esta ley, se considera niño o niña a toda persona menor de catorce años de edad y adolescente a todos los

---

158 Promulgada el 08 de enero de 2018. Publicada en el Diario Oficial el 20 de enero de 2018.

159 Artículo modificado, como aparece en el texto, por el artículo único, Nº 1 de la Ley Nº 21.266, de 21 de septiembre de 2020.

160 Inciso modificado, como aparece en el texto, por el art. 2, nº 1, letras a) y b), de la Ley Nº 21.522 de 30 de diciembre de 2022.

que hayan cumplido catorce años y no hayan alcanzado la mayoría de edad.

Las normas de la presente ley se aplicarán con pleno respeto de los derechos de los niños, niñas y adolescentes asegurados en la Convención sobre los Derechos del Niño, y los estándares internacionales para la protección de los niños víctimas y testigos de delitos.

Artículo 2º.- Especialidad. Las disposiciones contenidas en la presente ley se aplicarán con preferencia a las del Código Procesal Penal.

Artículo 3º.- Principios de aplicación. Las interacciones con niños, niñas o adolescentes en las etapas de denuncia, investigación y juzgamiento estarán sometidas a los siguientes principios de aplicación:

a) Interés superior. Los niños, niñas y adolescentes son sujetos de derecho, por lo que las personas e instituciones que deban intervenir en las etapas de denuncia, investigación y juzgamiento procurarán generar las condiciones necesarias para que en cada etapa del proceso aquéllos puedan ejercer plenamente sus derechos y garantías conforme al nivel de desarrollo de sus capacidades.

b) Autonomía progresiva. Los niños, niñas y adolescentes son sujetos dotados de autonomía progresiva, por lo que en las etapas de denuncia, investigación y juzgamiento tendrán derecho a ser oídos y participar en los asuntos que les afecten, atendiendo a su edad y el grado de madurez que manifiesten.

c) Participación voluntaria. La participación de los niños, niñas o adolescentes en las etapas de denuncia, investigación y juzgamiento será siempre voluntaria, y no podrán ser forzados a intervenir en ellas por persona alguna bajo ninguna circunstancia.

Los funcionarios públicos involucrados en el proceso penal deberán resguardar lo señalado en esta letra y su incumplimiento será considerado infracción grave de los deberes funcionarios.

d) Prevención de la victimización secundaria. Constituye un principio rector de la presente ley la prevención de la victimización secundaria, para cuyo propósito las personas e instituciones que intervengan en las etapas de denuncia, investigación y juzgamiento procurarán adoptar las medidas necesarias para proteger la integridad física y psíquica, así como la privacidad de los menores de edad. Asimismo, procurarán la adopción de las medidas necesarias para que las interacciones descritas en la presente ley sean realizadas de forma adaptada al niño, niña o adolescente, en un ambiente adecuado a sus especiales necesidades y teniendo en cuenta su madurez intelectual y la evolución de sus capacidades, asegurando el debido respeto a su dignidad personal.

e) Asistencia oportuna y tramitación preferente. Las personas e instituciones que intervengan en las etapas de denuncia e investigación procurarán adoptar las medidas necesarias para favorecer la asistencia oportuna de los niños, niñas o adolescentes, como también la tramitación preferente de las diligencias de investigación.

Por su parte, los tribunales con competencia en lo penal, de oficio o a petición de parte, programarán con preferencia aquellas audiencias en que se traten materias relativas a niños, niñas o adolescentes. Asimismo, en casos en los que así se precise, el tribunal dispondrá todas las medidas para otorgar celeridad a las actuaciones, de manera tal de agilizar el procedimiento con el fin de minimizar el período en que el niño, niña o adolescente deba participar en el proceso penal.

Los fiscales tramitarán con preferencia las causas a que hace referencia la presente ley, de acuerdo con las instrucciones generales que dicte el Fiscal Nacional del Ministerio Público.

f) Resguardo de su dignidad. Todo niño, niña o adolescente es una persona única y valiosa y, como tal, se deberá respetar y proteger su dignidad individual, sus necesidades particulares, sus intereses y su intimidad.

TÍTULO II. DENUNCIA, ENTREVISTA INVESTIGATIVA VIDEOGRABADA Y DECLARACIÓN JUDICIAL

1. De la denuncia

Artículo 4°.- De la denuncia. La denuncia deberá efectuarse en los términos previstos en el artículo 173 del Código Procesal Penal.

Cuando la denuncia sea efectuada por un niño, niña o adolescente deberá ser recibida en condiciones que garanticen su participación voluntaria, privacidad, seguridad y que permitan controlar la presencia de otras personas.

El funcionario que reciba la denuncia consultará al niño, niña o adolescente sus datos de identificación y luego se limitará a registrar, de manera íntegra, todas las manifestaciones verbales y conductuales que voluntariamente éste exprese respecto al objeto de su denuncia. Si no quisiera identificarse, o sólo lo hiciere parcialmente o mediante un apelativo, no podrá ser expuesto a nuevas preguntas al respecto.

En ningún caso el niño, niña o adolescente podrá ser expuesto a preguntas que busquen establecer la ocurrencia de los hechos o la determinación de sus partícipes.

Si un niño, niña o adolescente acude a interponer la denuncia acompañado por un adulto de su confianza, se deberá garantizar que en ningún caso su participación voluntaria sea reemplazada por la intervención del adulto. Con todo, dicho adulto podrá, a su turno, exponer el conocimiento que tuviere de los hechos denunciados por el niño, niña o adolescente. En este caso, se podrán dirigir al adulto todas las preguntas que sean necesarias realizar en relación con los hechos denunciados por el niño, niña o adolescente, como también para determinar la identidad del menor cuando éste no haya querido identificarse, o sólo lo haya hecho parcialmente o mediante un apelativo. En este caso, se evitará en todo momento que el niño, niña o adolescente escuche el relato del adulto y las preguntas que a éste se le realicen. Se procurará, del mismo modo, que el adulto no influya en la información espontáneamente manifestada por el niño, niña o adolescente.

La denuncia deberá ser recibida de manera inmediata y, en los casos en que ésta no se efectúe directamente en dependencias del Ministerio Público, deberá ser puesta en conocimiento del fiscal que corresponda, de la forma más rápida posible y por la vía más expedita. En todo caso, el plazo máximo para hacer esta comunicación no podrá ser superior a ocho horas.

Si con ocasión de una pericia que hubiere sido ordenada en el curso de un procedimiento penal, el niño, niña o adolescente señalare antecedentes que hicieren presumible la comisión de un delito de aquellos contemplados en el inciso primero del artículo 1°, el perito, desde el momento de la revelación, se ceñirá a lo previsto en los incisos precedentes y deberá poner los antecedentes en conocimiento del Ministerio Público, dentro del plazo máximo de veinticuatro horas. Asimismo, si la pericia hubiere sido ordenada por un tribunal con competencia en materias de familia, el perito deberá comunicar a dicho tribunal, dentro del plazo máximo de veinticuatro horas, los hechos que haya conocido, tribunal que, con el mérito de la comunicación, ordenará remitir copia de los antecedentes de la causa al Ministerio Público.

Habiendo tomado conocimiento de la denuncia, el Ministerio Público determinará las diligencias de investigación que se deban llevar a cabo y solicitará las medidas tendientes a proteger y asistir al menor de edad que haya sido víctima o testigo, dentro de un plazo máximo de veinticuatro horas, término que se contará desde la recepción de la denuncia.

Con todo, si se detectaren antecedentes de grave vulneración de derechos del niño, niña o adolescente, atribuibles a acciones u omisiones del padre, de la madre o de ambos, o de la persona que lo tenga bajo su cuidado u otra persona que viva con él o ella, el Ministerio Público informará al juzgado con competencia en materias de familia o al juez de garantía competente, de manera inmediata y por la vía más expedita posible, con el fin de requerir la adopción de medidas de protección.

2. De la entrevista investigativa videograbada

Artículo 5°.- Objeto de la entrevista investigativa videograbada. La entrevista investigativa videograbada tendrá como propósito disponer de antecedentes que puedan orientar el desarrollo de la investigación penal mediante la información que el niño, niña o adolescente entregue de los hechos denunciados y de sus partícipes, cualquiera sea la forma en que ésta se exprese, procurando, por esta vía, evitar la exposición reiterada e injustificada del niño, niña o adolescente a instancias que busquen establecer la ocurrencia de los hechos materia de la investigación y de la participación criminal. Esta entrevista deberá ser videograbada, según lo dispone el artículo 22.

Artículo 6º.- Designación del entrevistador. La entrevista investigativa videograbada será realizada por un entrevistador designado por el fiscal, de entre los que cuenten con acreditación vigente en el registro de entrevistadores elaborado por el Ministerio de Justicia y Derechos Humanos.

Artículo 7º.- Oportunidad de la entrevista investigativa videograbada. La entrevista investigativa videograbada se realizará en el tiempo más próximo a la denuncia, a menos que el niño, niña o adolescente no se encuentre disponible y en condiciones físicas y psíquicas para participar en ella, lo que deberá ser calificado por un profesional de la Unidad de Atención a Víctimas y Testigos de la fiscalía respectiva.

La evaluación del profesional de la Unidad de Atención a Víctimas y Testigos del Ministerio Público se realizará en el menor tiempo posible y en condiciones que garanticen la menor interacción presencial del niño, niña o adolescente. Los profesionales a cargo de esta evaluación en ningún caso podrán hacer al niño, niña o adolescente preguntas que busquen establecer la ocurrencia de los hechos o la determinación de sus partícipes.

El Ministerio Público deberá adoptar las medidas de protección que resulten pertinentes atendidas las circunstancias personales del niño, niña o adolescente, y que propendan a su participación voluntaria en la investigación.

Artículo 8º.- Del desarrollo de la entrevista investigativa videograbada. La entrevista investigativa videograbada se desarrollará en una sala que cumpla con lo previsto en los artículos 20 y 21 de esta ley, y en la que sólo estarán presentes el entrevistador y el niño, niña o adolescente. Sin perjuicio de lo anterior, en aquellos casos en que existan dificultades de comunicación con el entrevistado, el fiscal podrá autorizar la presencia de un traductor, intérprete u otro especialista profesional o técnico idóneo.

Artículo 9º.- Suspensión de la entrevista investigativa videograbada. Si surge algún motivo que impida al niño, niña o adolescente continuar interviniendo en el desarrollo de esta diligencia, el fiscal, a sugerencia del entrevistador, la suspenderá por el tiempo mínimo necesario de acuerdo con el motivo de la suspensión.

Artículo 10.- De la realización de otras entrevistas investigativas videograbadas. Sólo cuando aparezcan hechos o antecedentes que no hayan sido materia de la entrevista investigativa videograbada, que modifiquen lo expuesto en ella y puedan afectar sustancialmente el curso de la investigación, el fiscal, de oficio o a solicitud de cualquiera de los intervinientes, podrá disponer la realización de una segunda entrevista investigativa videograbada, la que, en todo caso, se sujetará a las disposiciones de esta ley. Se dejará constancia en la carpeta investigativa de la decisión del fiscal y de los hechos y antecedentes que se tuvieron en cuenta para adoptarla.

No obstante lo señalado en el inciso anterior, la decisión del fiscal de disponer la realización de una segunda entrevista investigativa videograbada deberá someterse a la aprobación del Fiscal Regional.

Si el niño, niña o adolescente manifestare espontáneamente su voluntad de realizar nuevas declaraciones, el fiscal tomará todas las providencias y medidas necesarias para la realización de una nueva entrevista investigativa videograbada conforme a las disposiciones de esta ley y, bajo ningún respecto, se deberá entorpecer su participación voluntaria en el proceso ni el ejercicio de sus derechos.

En todo caso, previo a la realización de una nueva entrevista investigativa videograbada, se deberá verificar que el niño, niña o adolescente se encuentre disponible y en condiciones físicas y psíquicas para participar en ella, para lo cual el fiscal dispondrá una nueva evaluación de un profesional de la Unidad de Atención a Víctimas y Testigos de la fiscalía respectiva, en los términos previstos en el artículo 7°.

La nueva entrevista investigativa videograbada será realizada por el mismo entrevistador que hubiere participado en la entrevista original y sólo excepcionalmente, en caso que éste se encontrare impedido por causa debidamente justificada, el fiscal designará un nuevo entrevistador.

Artículo 11.- Otras diligencias investigativas. Las demás diligencias investigativas que supongan una interacción presencial con el niño, niña o adolescente serán realizadas excepcionalmente, y sólo cuando sean absolutamente necesarias. Se deberá dejar constancia en la carpeta investigativa de las razones y los fundamentos que se tuvieron en consideración para decretar estas diligencias.

Para los efectos de la elaboración de todo informe pericial médico legal, los profesionales a cargo de dichas diligencias deberán limitarse exclusivamente a practicar una anamnesis, los reconocimientos, pruebas biológicas y exámenes médicos que correspondan, y no podrán en caso alguno formular al niño, niña o adolescente preguntas relativas a la participación criminal, al relato de la agresión sufrida o, en general, que busquen establecer la ocurrencia de los hechos materia de la investigación.

En el caso que el fiscal ordene o autorice la realización de una pericia psicológica, deberá justificar su decisión según las instrucciones generales que dicte el Fiscal Nacional del Ministerio Público.

Artículo 12.- Prohibición de referirse al contenido de la entrevista investigativa. Los testigos citados a declarar al juicio oral no podrán hacer alusión al contenido de la entrevista investigativa que hubiere prestado el niño, niña o adolescente. Esta prohibición no se aplicará a los peritos.

3. De la declaración judicial

Artículo 13.- Objeto de la declaración judicial. Esta declaración tendrá como propósito que el niño, niña o adolescente preste declaración en juicio en una sala que cumpla con lo previsto en los artículos 20 y 21 de esta ley, y en la que sólo estarán presentes el entrevistador y el niño, niña o adolescente. Sin perjuicio de lo anterior, en aquellos casos en que existan dificultades de comunicación con el niño, niña o adolescente, el tribunal podrá autorizar la presencia de un traductor, intérprete u otro especialista profesional o técnico idóneo.

Sin perjuicio del registro de la audiencia, esta declaración deberá ser videograbada de manera independiente, según lo dispone el artículo 22.

Artículo 14.- Declaración voluntaria en juicio de los adolescentes. No obstante lo indicado en el artículo anterior, los adolescentes, cuando así lo manifestaren libre y voluntariamente, podrán declarar en el juicio sin la intervención de entrevistador. El tribunal, previo a autorizar dicha solicitud, deberá velar por que el adolescente se encuentre disponible y en condiciones físicas y psíquicas para participar en ella.

En tal caso, el adolescente prestará declaración en una sala distinta de aquella en que se encuentren los demás intervinientes, especialmente acondicionada para ello y que cuente con un sistema interconectado de comunicación que permita que el juez lo interrogue presencialmente en dicha sala, debiendo los demás intervinientes dirigir las preguntas por su intermedio.

Artículo 15.- Designación del entrevistador que actuará como intermediario en la declaración judicial. Durante la audiencia de preparación de juicio oral, el juez de garantía designará al entrevistador que actuará como intermediario en la declaración judicial. Para tales efectos, el juez seleccionará al entrevistador de entre aquellos que cuenten con acreditación vigente ante el Ministerio de Justicia y Derechos Humanos, debiendo escuchar previamente a los intervinientes.

El tribunal de juicio oral en lo penal, al momento de dictar la resolución a que se refiere el artículo 281 del Código Procesal Penal, podrá modificar la designación a que se refiere el inciso anterior, disponiendo que actúe como intermediario en la declaración judicial un funcionario del Poder Judicial o un juez del mismo tribunal, que cuente con acreditación vigente ante el Ministerio de Justicia y Derechos Humanos.

En ningún caso este entrevistador podrá ser un fiscal adjunto o abogado asistente de fiscal, ni tampoco algún funcionario de la Policía de Investigaciones de Chile o de Carabineros de Chile que hubiere participado en alguna diligencia de investigación distinta de la entrevista investigativa videograbada.

Si el entrevistador que hubiere sido designado por el juez de garantía se encontrare impedido para actuar como intermediario en la declaración judicial, el tribunal o juez de garantía, en su caso, de oficio o a petición de cualquiera de los intervinientes, procederá a la designación de un nuevo entrevistador.

Artículo 16.- De la declaración judicial anticipada. El fiscal, la víctima, el querellante y el curador ad litem podrán solicitar la declaración judicial anticipada de los niños, niñas y adolescentes víctimas de los delitos contemplados en el artículo 1°.

La solicitud de prueba anticipada podrá realizarse desde la formalización de la investigación y hasta antes del inicio de la audiencia de juicio, debiendo siempre plantearse y desarrollarse ante el juez de garantía.

Una vez efectuada la solicitud de prueba anticipada, el juez citará a los intervinientes a una audiencia donde se discutirá su procedencia. En caso de acogerse la solicitud planteada, el juez citará a una audiencia para rendir la prueba de que se trate, notificando a todos los intervinientes y al entrevistador que designe.

La inasistencia del imputado válidamente emplazado no obstará a la validez de la audiencia en la que se rinda la prueba anticipada.

Esta prueba será incorporada en el juicio a través del soporte en que conste la videograbación, conforme a lo establecido en el artículo 331 del Código Procesal Penal.

El niño, niña o adolescente no prestará nueva declaración judicial, ya sea anticipadamente o en juicio, salvo que éste así lo solicitare libre y espontáneamente, o en caso de petición fundada de alguno de los intervinientes por la existencia de nuevos antecedentes que la justifiquen y que pudieren afectar sustancialmente el resultado del juicio.

Para dictar las resoluciones a que se refiere el presente artículo, el juez deberá considerar el interés superior del niño, niña o adolescente, así como sus circunstancias personales.

Artículo 17.- Del desarrollo de la declaración judicial. La declaración judicial se desarrollará bajo la dirección, control y supervisión del juez presidente del tribunal o del juez de garantía, en su caso, en una sala distinta a aquella en que se realice la audiencia, especialmente acondicionada para ello, que cumpla los requisitos de los artículos 20 y 21 de la presente ley, y que cuente con un sistema interconectado de comunicación con la sala de audiencia.

La declaración judicial deberá realizarse de manera continua en un único día, sin perjuicio de lo cual podrán realizarse las pausas necesarias para el descanso del niño, niña o adolescente, debiendo siempre considerarse su interés superior, tanto para decretar la suspensión como para ordenar la reanudación de la declaración.

El juez presidente del tribunal o juez de garantía deberá velar, en todo momento, por que el entrevistador desarrolle su actividad en la declaración judicial de manera imparcial y neutral, cautelando especialmente que realice las preguntas conforme al inciso siguiente.

Los intervinientes dirigirán sus preguntas al juez, quien, en su caso, las transmitirá al entrevistador. Éste, a su vez, deberá plantear al niño, niña o adolescente las preguntas en un lenguaje y modo adecuados a su edad, madurez y condición psíquica.

Artículo 18.- Reproducción del video de la entrevista investigativa videograbada en la audiencia de juicio. Durante el desarrollo de la audiencia de juicio, el tribunal podrá permitir la exhibición del registro de la entrevista investigativa videograbada sólo en los siguientes casos:

a) Cuando se trate de entrevistas investigativas videograbadas realizadas a niños, niñas o adolescentes que hubieren fallecido, o caído en incapacidad mental o física que les inhabilite para comparecer a la audiencia de juicio.

b) Cuando se trate de entrevistas realizadas a niños, niñas o adolescentes que, durante su comparecencia a la audiencia de juicio oral, sufran una incapacidad grave, psíquica o física, para prestar declaración.

c) Cuando sea necesario para complementar la declaración prestada, o para demostrar contradicciones o inconsistencias con lo declarado. En este caso, para autorizar la exhibición del registro será requisito que el niño, niña o adolescente haya declarado previamente en la audiencia de juicio o en la audiencia de prueba anticipada.

d) Cuando se haya citado al entrevistador que haya realizado la entrevista investigativa, con la finalidad de revisar la metodología empleada.

En este caso regirá la prohibición dispuesta en el artículo 12, y la declaración del entrevistador y la exhibición del video se limitarán únicamente a informar al tribunal sobre la metodología y técnica empleadas. Además, la exhibición del video se realizará durante la declaración del entrevistador, y en ningún caso podrá sustituir la declaración judicial del niño, niña o adolescente.

La exhibición del registro de la entrevista investigativa videograbada no podrá debatirse, ordenarse o materializarse en presencia del niño, niña o adolescente.

En el caso de la letra c), toda la confrontación a que hubiere lugar se realizará entre el registro videograbado de la entrevista investigativa y el de la declaración judicial. La exhibición de la entrevista investigativa, cuando fuere autorizada, se realizará una vez concluida la participación del niño, niña o adolescente en la audiencia de juicio, y bajo ninguna circunstancia se autorizará a que se reanude su participación.

4. Disposiciones comunes a la entrevista investigativa videograbada y a la declaración judicial

Artículo 19.- Del entrevistador. La entrevista investigativa videograbada y la declaración judicial sólo podrán ser realizadas o asistidas, respectivamente, por quienes reúnan los siguientes requisitos:

a) Formación especializada en metodología y técnicas de entrevista investigativa videograbada y declaración judicial a niños y niñas o adolescentes, según disponga el reglamento, y

b) Acreditación vigente otorgada por el Ministerio de Justicia y Derechos Humanos.

Artículo 20.- Lugar donde deben efectuarse la entrevista investigativa videograbada y la declaración judicial. La entrevista investigativa videograbada y la declaración judicial serán realizadas en dependencias especialmente acondicionadas para ello, con los implementos adecuados en atención a la edad y a la etapa evolutiva del niño, niña o adolescente, y que reúnan las condiciones previstas en el artículo 21.

Las instituciones públicas que dispongan de tales dependencias deberán facilitar su utilización para llevar a cabo dichas diligencias. Para estos efectos, el Ministerio Público, el Poder Judicial, Carabineros de Chile y la Policía de Investigaciones de Chile celebrarán convenios, a nivel nacional o regional, entre sí y con otras instituciones públicas.

Artículo 21.- Condiciones de realización de las entrevistas investigativas videograbadas y de las declaraciones judiciales. Las entrevistas investigativas videograbadas y las declaraciones judiciales se realizarán en condiciones que:

a) Protejan la privacidad de la interacción con el niño, niña o adolescente.

b) Resguarden la seguridad del niño, niña o adolescente.

c) Permitan controlar la presencia de participantes.

d) Sean tecnológicamente adecuadas para videograbar el relato que preste el niño, niña o adolescente y, en el caso de la declaración judicial, para su reproducción instantánea y su intercomunicación.

Artículo 22.- Del registro de la entrevista investigativa videograbada y de la declaración judicial. La entrevista investigativa y la declaración judicial serán videograbadas a través de medios tecnológicos idóneos que permitan su reproducción íntegra y fidedigna.

El reglamento a que se refiere el artículo 29 determinará los estándares mínimos para la producción, almacenamiento, custodia y disposición de los registros de las entrevistas investigativas videograbadas y de la declaración judicial.

Artículo 23.- Reserva del contenido de la entrevista investigativa videograbada y de la declaración judicial. El contenido de la entrevista investigativa videograbada será reservado y sólo podrán acceder a él los intervinientes, las policías en el cumplimiento de una diligencia específica, los jueces de familia dentro del ámbito de su competencia y los peritos que deban conocerlo con la finalidad de elaborar sus informes.

Los intervinientes, las policías y los peritos podrán obtener copia del registro de la entrevista investigativa videograbada, debiendo el fiscal entregarla, siempre que se hubiere distorsionado suficientemente aquellos elementos de la videograbación que permitan identificar al niño, niña o adolescente, sin que ello afecte su comprensión. Asimismo, las personas precedentemente indicadas podrán acceder al contenido íntegro y fidedigno de la entrevista investigativa videograbada, sin las distorsiones mencionadas, sólo mediante su exhibición en dependencias del Ministerio Público, debiendo siempre velar por el respeto de los derechos de los demás intervinientes. El fiscal podrá rechazar la entrega de la copia de la entrevista investigativa videograbada o su exhibición si se hubiere decretado la reserva de la entrevista conforme al inciso tercero del artículo 182 del Código Procesal Penal, sin perjuicio de los derechos de los intervinientes para limitar o poner término a la reserva conforme al inciso cuarto del mismo artículo.

La declaración judicial y la entrevista investigativa videograbada cuya reproducción fuere autorizada por el tribunal, conforme al artículo 18, sólo serán presenciadas o exhibidas por los intervinientes, salvo que el tribunal, por razones fundadas, autorice el ingreso de personas distintas a la sala de audiencia.

Los medios de comunicación social y las personas que asistan a la audiencia no podrán fotografiar o filmar parte alguna de la declaración judicial o de la entrevista investigativa videograbada del niño, niña o adolescente que se reproduzca en el juicio, ni exhibir dichas imágenes o registros, ni difundir datos que permitan identificar al declarante o a su familia, ni hacer citas textuales de su declaración. Lo anterior no obsta al derecho de los referidos medios a informar sobre el proceso y los presuntos responsables del hecho investigado.

El contenido de la declaración judicial será reservado, y ninguna persona podrá obtener copia del registro audiovisual de la misma. Los intervinientes sólo podrán obtener copia fidedigna del audio de la declaración judicial que haya prestado el niño, niña o adolescente.

El que fuera de los casos permitidos por este artículo y el artículo 23 bis fotografíe, filme, transmita, comparta, difunda, transfiera, exhiba, o de cualquier otra forma copie o reproduzca el contenido de la entrevista investigativa videograbada o declaración judicial o su registro, sea total o parcialmente, o difunda imágenes o datos que identifiquen al declarante o su familia, sufrirá la pena de reclusión menor en sus grados medio a máximo[161].

Artículo 23 bis.- Acceso a los registros de entrevistas investigativas videograbadas y declaraciones judiciales. Sin perjuicio de lo establecido en el artículo anterior, para el cumplimiento del proceso de formación previsto en el artículo 28, las instituciones señaladas en el artículo 27 podrán solicitar al Ministerio Público o al Poder Judicial, según corresponda, acceso al registro de las entrevistas investigativas videograbadas y de las declaraciones judiciales en las que haya participado un determinado entrevistador. El requerimiento que enviará la institución deberá incluir la individualización del evaluador y del entrevistador que será evaluado, quienes serán los únicos que tendrán acceso al contenido del respectivo registro de la entrevista investigativa videograbada o de la declaración judicial, en ambos casos, de acuerdo a los términos del inciso segundo del artículo 23.

Asimismo, los entrevistadores podrán solicitar al Ministerio Público acceso al registro de la entrevista investigativa videograbada cuando hubieren sido citados a declarar en juicio oral, con la finalidad de revisar la metodología y técnica empleadas en ella, conforme a la letra d) del inciso primero del artículo 18.

Un reglamento dictado por el Ministerio de Justicia y Derechos Humanos establecerá la forma y el procedimiento en que se formularán las solicitudes y se otorgará el acceso a la información. Asimismo, creará un sistema que permita individualizar a las personas que accedan al registro,

---

161 Inciso final modificado por el art. único, N° 1, letras a) y b) de la Ley N° 21.182, de 22 de octubre de 2019.

resguardando la confidencialidad y seguridad de éste, y el respeto a los principios de aplicación mencionados en el artículo 3[162].

TÍTULO III. MEDIDAS DE PROTECCIÓN EN FAVOR DE LOS NIÑOS, NIÑAS O ADOLESCENTES

Artículo 24.- Medidas generales de protección. El tribunal o el juez de garantía, en su caso, de oficio o a petición de alguno de los intervinientes, deberá adoptar una o más de las siguientes medidas para proteger la identidad o la integridad física y psíquica de los niños, niñas o adolescentes:

a) Suprimir de las actas de las audiencias todo nombre, dirección o cualquier otra información que pudiera servir para identificarlo directa o indirectamente.

b) Prohibir a los intervinientes que entreguen información o formulen declaraciones a los medios de comunicación social relativas a la identidad de la víctima y su declaración.

c) Impedir el acceso de personas determinadas o del público en general a la sala de audiencia, y ordenar su salida de ella.

d) Prohibir a los medios de comunicación social el acceso a la sala de audiencia.

e) Resguardar la privacidad del niño, niña o adolescente que concurra a declarar, y evitar que tenga contacto con los demás asistentes a la audiencia, especialmente durante el ingreso y salida del recinto donde funcione el tribunal.

Dichas medidas durarán el tiempo que el tribunal disponga y podrán ser renovadas cuantas veces sea necesario.

De igual forma, el Ministerio Público, de oficio o a petición de alguno de los intervinientes, deberá adoptar todas las medidas que sean procedentes para conferir al niño, niña o adolescente la debida protección.

---

162 Artículo agregado por el art. único, N° 2, de la Ley N° 21.182, de 22 de octubre de 2019.

Artículo 25.- Medidas especiales de protección. El juez de garantía podrá disponer, a petición del fiscal, querellante, curador ad litem o de la propia víctima, y aun antes de la formalización de la investigación, cuando existan antecedentes que hagan presumir un peligro para el ofendido, una o más de las siguientes medidas de protección a su respecto:

a) Prohibición o limitación de la concurrencia del presunto agresor al lugar de estudio del niño, niña o adolescente, así como a cualquier otro lugar donde éstos permanezcan, visiten o concurran habitualmente. En caso de que concurran al mismo establecimiento, el juez adoptará medidas específicas tendientes a resguardar los derechos de aquéllos.

b) El abandono del presunto agresor del hogar que le sirve de domicilio, residencia o morada al ofendido, cuando corresponda.

c) Confiar el cuidado del niño, niña o adolescente a una persona de su confianza, y que, a juicio del tribunal, reúna las condiciones necesarias para resguardar su integridad física y psíquica.

Cuando resulte procedente, el tribunal deberá remitir inmediatamente copia íntegra de los antecedentes que tuvo a la vista para tomar su decisión al juzgado con competencia en materias de familia correspondiente, el cual iniciará los procesos que estime pertinentes para resguardar el interés superior del niño, niña o adolescente.

Artículo 26.- Medidas de protección para la declaración judicial de niños, niñas o adolescentes testigos de los delitos indicados en el artículo 1°. En el caso de la declaración judicial de niños y niñas testigos, el tribunal decretará, como medida especial destinada a protegerlos, que aquélla se realice en la forma señalada en el inciso segundo del artículo 14.

Si el testigo fuere un adolescente, el tribunal podrá, considerando sus circunstancias personales y psicológicas, adoptar medidas especiales de protección para impedir el contacto directo con los intervinientes y el público, incluyendo la señalada en el inciso anterior.

TÍTULO IV. DE LA FORMACIÓN Y ACREDITACIÓN DE ENTREVISTADORES Y DE LOS PROTOCOLOS DE ATENCIÓN INSTITUCIONAL

Artículo 27.- Disposición de entrevistadores. La Policía de Investigaciones de Chile, Carabineros de Chile y el Ministerio Público contarán con personal debidamente calificado, y con acreditación vigente, en metodología y técnicas de entrevista investigativa videograbada y declaración judicial a niños, niñas o adolescentes. Por su parte, el Poder Judicial podrá contar con jueces y funcionarios que, cumpliendo los requisitos establecidos en el artículo 19, puedan ser elegidos como intermediarios en la declaración judicial de conformidad con el artículo 15.

Para los efectos del inciso precedente deberán garantizar:

a) Que los entrevistadores sean idóneos para tales funciones, teniendo en consideración sus conocimientos, experiencia, motivación y, si corresponde, su conducta funcionaria previa.

b) Que los entrevistadores puedan llevar a cabo las funciones de forma exclusiva o preferente.

c) Que se creen las condiciones necesarias para la formación continua de entrevistadores, su seguimiento y evaluación.

Excepcionalmente, para garantizar el funcionamiento del sistema, en caso de no existir suficientes entrevistadores acreditados pertenecientes a la Policía de Investigaciones de Chile, Carabineros de Chile y el Ministerio Público, el Ministerio del Interior y Seguridad Pública deberá proveer los entrevistadores necesarios, quienes igualmente deberán cumplir con los requisitos señalados en el artículo 19.

Artículo 28.- Proceso de formación de entrevistadores. La formación de los entrevistadores se llevará a cabo mediante un curso inicial de formación especializada en metodología y técnicas de entrevista investigativa videograbada a niños, niñas o adolescentes, y un programa de formación continua.

Los cursos de formación especializada en metodología y técnicas de entrevista investigativa deberán incorporar a lo menos:

a) Los contenidos y actividades que garanticen que los participantes desarrollen correctamente cada una de las fases de una entrevista investigativa videograbada, considerando el contexto penal chileno y las particularidades de niños, niñas o adolescentes víctimas de los delitos señalados en el inciso primero del artículo 1°.

b) Instancias de práctica con retroalimentación experta.

c) Sistema de evaluación que mida las competencias del entrevistador. Por su parte, el programa de formación continua contemplará un sistema permanente de capacitación, seguimiento y evaluación de las competencias del entrevistador, que garanticen la mantención de los conocimientos y habilidades adquiridas en el curso inicial de formación especializada previsto en el inciso anterior.

Para dar cumplimiento a lo establecido en este artículo, las instituciones señaladas en el artículo 27 podrán celebrar convenios con instituciones, organismos o entidades, públicas o privadas, nacionales o extranjeras, que impartan cursos de formación especializada en entrevistas videograbadas y que cumplan los estándares técnicos establecidos previamente por el Ministerio de Justicia y Derechos Humanos en el reglamento e, igualmente, con lo que dispongan los protocolos de atención institucional del artículo 31.

Los convenios deberán suscribirse de forma tal que aseguren la continuidad y calidad del proceso de formación de los entrevistadores.

Artículo 29.- Reglamento. Un reglamento dictado por el Ministerio de Justicia y Derechos Humanos[163] establecerá:

a) Las condiciones y requisitos que deberán cumplir los programas de los cursos de formación especializada en metodología y técnicas de entrevista y declaración judicial del niño, niña o adolescente.

b) La forma, condiciones y requisitos para la implementación del programa de formación continua, seguimiento y evaluación de las personas

---

[163] El Reglamento fue aprobado por el Decreto N° 471, del Ministerio de Justicia y Derechos Humanos, de 02 de abril de 2019.

que efectuarán las entrevistas investigativas videograbadas y declaraciones judiciales.

c) La forma, condiciones y requisitos para el desarrollo de los procesos de acreditación de los entrevistadores y su vigencia.

d) Las especificaciones técnicas de las salas en que se desarrollen la entrevista investigativa videograbada y declaración judicial de niños, niñas o adolescentes.

e) Los estándares mínimos para la producción, almacenamiento, custodia y disposición de los registros de la entrevista investigativa videograbada y declaración judicial de niños, niñas y adolescentes.

f) La forma, condiciones, plazos y requisitos para revalidar la acreditación de entrevistador.

g) Cualquier otro aspecto necesario para la correcta implementación del sistema de entrevistas investigativas videograbadas y declaraciones judiciales de niños, niñas o adolescentes.

Los criterios que establezca el reglamento deberán ser revisados y actualizados, a lo menos, cada tres años, a fin de adecuar las prácticas nacionales a la evolución de los protocolos y reglas internacionales vigentes.

Artículo 30.- Funciones del Ministerio de Justicia y Derechos Humanos. Corresponderá a este Ministerio ejercer las siguientes funciones:

a) Coordinar la actuación de los organismos encargados de dar cumplimiento a la presente ley, con el fin de establecer lineamientos, estándares y criterios generales. Esta coordinación se dará en el marco de las sesiones de la Comisión Permanente de Coordinación del Sistema de Justicia Penal, dispuesta en la ley N° 19.665.

b) Evaluar el funcionamiento del sistema, con el objeto de proponer las reformas que estime pertinentes, dentro del ámbito de su competencia. Asimismo, proponer a los organismos públicos involucrados en su funcionamiento los protocolos de actuación y atención institucional a niños, niñas o adolescentes.

c) Acreditar como entrevistadores, y revalidar dicha acreditación, a quienes cumplan con los requisitos establecidos en la presente ley y en su reglamento. Esta acreditación será siempre temporal, con un tiempo de vigencia establecido en el reglamento respectivo y cuya renovación estará siempre sujeta a la aprobación de los requisitos dispuestos en él.

d) Mantener y administrar un registro actualizado de los entrevistadores con acreditación vigente, con indicación de la institución a la que pertenecen y su domicilio, el que estará siempre a disposición del Poder Judicial y del Ministerio Público, a través de medios técnicos óptimos.

Artículo 31.- Protocolos de atención institucional. Los protocolos de actuación y de atención institucional a que hace referencia la letra b) del artículo 30 deberán considerar, al menos, los siguientes aspectos:

a) Los estándares de derivación de denuncias a las instancias correspondientes bajo los parámetros señalados en el artículo 4° de la presente ley.

b) Los estándares de coordinación interinstitucional que permitan que los niños, niñas o adolescentes, víctimas o testigos, reciban apoyo y puedan acceder a los recursos de resguardo de la salud física y psíquica, de manera oportuna y eficiente.

c) Los estándares de coordinación interinstitucional que permitan la adopción oportuna de medidas adecuadas de protección, con el objeto de atender las necesidades del niño, niña o adolescente.

d) Los estándares de coordinación interinstitucional que permitan que el sistema de entrevistas investigativas videograbadas y declaraciones judiciales de los niños, niñas o adolescentes mantenga, en todo momento, una adecuada cobertura territorial a nivel provincial y regional.

e) Las medidas para asegurar que las interacciones con niños, niñas o adolescentes se realicen en condiciones que resguarden su privacidad, confidencialidad y seguridad.

f) Las medidas que permitan generar las condiciones necesarias para que en cada interacción con niños, niñas o adolescentes, éstos puedan ejercer plenamente sus derechos conforme al desarrollo de sus capacidades.

g) Las medidas para evitar la realización de diligencias innecesarias, reducir al mínimo las entrevistas y procurar la celeridad y tramitación preferente de las diligencias que supongan la interacción con niños, niñas o adolescentes.

h) Los estándares técnicos que deberán satisfacer los cursos de formación especializada de entrevistadores.

i) Las características de las entrevistas, las que se elaborarán bajo procedimientos estandarizados, basados en la experiencia empírica y en los resultados de la evaluación constante de la práctica de entrevistadores, como también, en los conocimientos técnicos existentes en la materia.

TÍTULO V. NORMAS ADECUATORIAS

Artículo 32.- Introdúcense las siguientes modificaciones en el Código Procesal Penal:

1) Derógase el inciso tercero del artículo 78 bis.

2) Agrégase, en el Párrafo 6º del Título IV del Libro Primero, un artículo 110 bis del siguiente tenor:

"Artículo 110 bis.- Designación de curador ad litem. En los casos en que las víctimas menores de edad de los delitos establecidos en los Párrafos 5, 6 y 6 bis del Título VII del Libro Segundo y en los artículos 141, incisos cuarto y quinto; 142; 372 bis; 390; 391; 395; 397, número 1; 411 bis; 411 ter; 411 quáter, y 433, número 1, todos del Código Penal, carezcan de representante legal o cuando, por motivos fundados, se estimare que sus intereses son independientes o contradictorios con los de aquel a quien corresponda representarlos, el juez podrá designarles un curador ad litem de cualquier institución que se dedique a la defensa, promoción o protección de los derechos de la infancia"[164].

3) Derógase el artículo 191 bis.

4) Suprímese, en el inciso segundo del artículo 280, la siguiente frase: "o se tratare de la situación señalada en el artículo 191 bis".

5) Incorpórase, en el artículo 310, a continuación de la palabra "intermedio", la siguiente frase: ", teniendo éste el deber de impedir que se

---

164 Número modificado por el art. 2, nº 2, letras a) y b) de la Ley Nº 21.522 de 30 de diciembre de 2022.

formulen preguntas que puedan causar sufrimiento o afectación grave de la dignidad del niño, niña o adolescente, a efectos de resguardar su interés superior".

DISPOSICIONES TRANSITORIAS

Artículo primero.- La presente ley comenzará a regir en forma gradual, de conformidad con el inciso final del artículo 77 de la Constitución Política de la República, de acuerdo al cronograma que a continuación se indica:

Primera etapa: entrará en vigencia transcurridos seis meses después de publicado en el Diario Oficial el reglamento a que alude el artículo 29, y comprenderá las regiones de Arica y Parinacota, de Tarapacá, de Antofagasta, del Maule, de Aysén del General Carlos Ibáñez del Campo, y de Magallanes y de la Antártica Chilena[165].

Segunda etapa: entrará en vigencia transcurridos veintiséis meses[166] después de publicado en el Diario Oficial el reglamento a que alude el artículo 29, y comprenderá las regiones de Atacama, de Coquimbo, de Ñuble, del Biobío, de La Araucanía y de Los Ríos[167].

Tercera etapa: entrará en vigencia transcurridos cuarenta y dos meses[168] después de publicado en el Diario Oficial el reglamento a que alude el artículo 29, y comprenderá las regiones de Valparaíso, Metropolitana de Santiago, del Libertador General Bernardo O'Higgins y de Los Lagos[169].

---

[165] Párrafo modificado por el art. 2, N° 1 de la Ley N° 21.110, de 20 de septiembre de 2018.

[166] Inciso modificado, como aparece en el texto, por el artículo único, N° 2, letra a), de la Ley N° 21.266 de 21 de septiembre de 2020.

[167] Párrafo modificado por el art. 2, N° 2 de la Ley N° 21.110, de 20 de septiembre de 2018.

[168] Inciso modificado, como aparece en el texto, por el artículo único, N° 2, letra b), de la Ley N° 21.266 de 21 de septiembre de 2020.

[169] Párrafo modificado por el art. 2, N° 3 de la Ley N° 21.110, de 20 de septiembre de 2018.

La Comisión de Coordinación del Sistema de Justicia Penal deberá informar mensualmente a la Comisión de Constitución, Legislación, Justicia y Reglamento de la Cámara de Diputados y a la Defensoría de los Derechos de la Niñez, acerca del cronograma y estado de avance de la implementación de la ley N° 21.057[170].

Artículo segundo.- Sin perjuicio de lo dispuesto en el artículo anterior, para los efectos de la implementación del sistema, la formación de los entrevistadores que habrán de disponer la Policía de Investigaciones de Chile, Carabineros de Chile y el Ministerio Público, y la construcción de salas de toma de entrevistas investigativas y de declaración judicial, como también para dar inicio al proceso de acreditación y para el desarrollo de las demás funciones que la presente ley le asigna al Ministerio de Justicia y Derechos Humanos, los artículos 19 y 20, y el Título IV entrarán en vigencia en la fecha de publicación de esta ley.

Artículo tercero.- El reglamento a que alude el artículo 29 de esta ley deberá dictarse dentro del plazo de cuatro meses contado desde su publicación[171].

Artículo cuarto.- El mayor gasto que represente la aplicación de la presente ley durante el primer año presupuestario de su entrada en vigencia se financiará con cargo a las partidas 03 Poder Judicial, 10 Ministerio de Justicia y Derechos Humanos, y 23 Ministerio Público, y en lo que faltare, con cargo a los recursos de la partida presupuestaria Tesoro Público, de la Ley de Presupuestos del Sector Público. En los años siguientes, los recursos se consultarán en los presupuestos de las respectivas partidas presupuestarias.

---

170 Inciso final agregado por el artículo único, N° 2, letra c), de la Ley N° 21.266 de 21 de septiembre de 2020.

171 El Reglamento fue aprobado por el Decreto N° 471, del Ministerio de Justicia y Derechos Humanos, de 02 de abril de 2019.

Artículo quinto.- El artículo 191 bis del Código Procesal Penal se entenderá vigente para todos los procesos que hayan sido iniciados antes de la entrada en vigencia de la presente ley".

Habiéndose cumplido con lo establecido en el N° 1 del artículo 93 de la Constitución Política de la República y por cuanto he tenido a bien aprobarlo y sancionarlo; por tanto promúlguese y llévese a efecto como Ley de la República.

Santiago, 9 de enero de 2018.- MICHELLE BACHELET JERIA, Presidenta de la República.- Jaime Campos Quiroga, Ministro de Justicia y Derechos Humanos.- Mario Fernández Baeza, Ministro del Interior y Seguridad Pública.- Nicolás Eyzaguirre Guzmán, Ministro de Hacienda.

Lo que transcribo a Ud. para su conocimiento.- Atentamente, Nicolás Mena Letelier, Subsecretario de Justicia y Derechos Humanos.

TRIBUNAL CONSTITUCIONAL

Proyecto de ley que regula entrevistas grabadas en video y otras medidas de resguardo a menores de edad, víctimas de delitos sexuales, correspondiente al boletín N° 9245-07

El Secretario del Tribunal Constitucional, quien suscribe, certifica que el Honorable Senado de la República envió el proyecto de ley enunciado en el rubro, aprobado por el Congreso Nacional, a fin de que este Tribunal ejerciera el control preventivo de constitucionalidad respecto del proyecto de ley referido y, que esta Magistratura, por sentencia de 5 de diciembre de 2017, en el proceso Rol N° 3.965-17-CPR.

Se declara:

1°. Que, las disposiciones que a continuación se señalan, son conformes con la Constitución Política:

a. Artículos 4°, incisos séptimo, octavo y noveno; 6°; 7°, inciso final; 8°; 10; 11, incisos primero y tercero; 13; 14; 15; 16; 17; 19; 23, incisos segundo y tercero; 27; 29; y, 30, literal a); y,

b. Artículo segundo transitorio.

2º. Que, la disposición contenida en el artículo 29, literal a) del proyecto de ley, es inconstitucional y, en consecuencia, debe eliminarse del texto sometido a control preventivo de constitucionalidad.

3º. Que, este Tribunal Constitucional no emite pronunciamiento en examen preventivo de constitucionalidad, por no versar sobre materias propias de ley orgánica constitucional, de las disposiciones contenidas en los artículos 9º y 23, inciso cuarto, del proyecto de ley examinado.

Santiago, 5 de diciembre de 2017.- Rodrigo Pica Flores, Secretario.

DECRETO 400 DEL MINISTERIO DE DEFENSA NACIONAL[172]
FIJA TEXTO REFUNDIDO, COORDINADO Y SISTEMATIZADO DE LA LEY Nº 17.798, SOBRE CONTROL DE ARMAS

Núm. 400 Santiago, 6 de Diciembre de 1977.- Teniendo presente:

Que es de manifiesta necesidad incorporar a la ley Nº 17.798, sobre "Control de Armas", las diversas modificaciones de que ha sido objeto, coordinando y sistematizando sus preceptos.

Que por razones de orden administrativo y de utilidad práctica, resulta necesario indicar la correspondencia de la nueva numeración del articulado de la ley con la del texto original, e igualmente señalar, mediante notas al margen, el origen de las normas que se incorporan y que forman parte de las leyes que la han modificado y que se coordinan en el presente texto, y

Vistos:

Las facultades que me confiere el decreto ley Nº 2.042, de 1977, Decreto:

Fíjase el siguiente texto refundido, coordinado y sistematizado de la ley Nº 17.798, que establece el control de Armas.

TÍTULO I. CONTROL Y TENENCIA RESPONSABLE DE ARMAS Y ELEMENTOS SIMILARES[173]

Artículo 1º.- El Ministerio de Defensa Nacional a través de la Dirección General de Movilización Nacional estará a cargo de la supervigilancia y

---

172 Fecha de promulgación: 13 de abril de 1978. Fecha de publicación en el Diario Oficial: 06 de diciembre de 1976

173 Epígrafe modificado por el art. 1, Nº 1, de la Ley Nº 21.412, de 25 de enero de 2022.

control de las armas, explosivos, fuegos artificiales y artículos pirotécnicos y otros elementos similares de que trata esta ley[174].

Sin perjuicio de lo señalado en el inciso anterior, la Dirección General de Movilización Nacional actuará como autoridad central de coordinación de todas las autoridades ejecutoras y contraloras que correspondan a las comandancias de guarnición de las Fuerzas Armadas y autoridades de Carabineros de Chile y, asimismo, de las autoridades asesoras que correspondan al Banco de Pruebas de Chile y a los servicios especializados de las Fuerzas Armadas, en los términos previstos en esta ley y en su reglamento[175].

Lo dispuesto en los incisos precedentes debe entenderse sin perjuicio de las facultades que corresponden al Ministerio del Interior y Seguridad Pública en lo relativo a la mantención del orden público y la seguridad pública interior; al procesamiento y tratamiento de datos y a la coordinación y fomento de medidas de prevención y control de la violencia relacionadas con el uso de armas, conforme a lo dispuesto en el artículo 3° de la ley N° 20.502[176].

Artículo 2°.- Quedan sometidos a este control:

a) El material de uso bélico, entendiéndose por tal las armas, cualquiera sea su naturaleza, sus municiones, explosivos o elementos similares construidos para ser utilizados en la guerra por las fuerzas armadas, y los medios de combate terrestre, naval y aéreo, fabricados o acondicionados especialmente para esta finalidad[177];

---

174 Inciso modificado por el art. 1 N° 1 de la Ley N° 19.680 de 25 de mayo de 2000. Anteriormente este artículo fue sustituido por el art. único, N° 1 de la Ley N° 18.592 de 21 de enero de 1987.

175 Inciso sustituido por el que aparece en el texto por el art. 1, N° 1 de la Ley N° 20.014 de 13 de mayo de 2005. Anteriormente este artículo fue sustituido por el art. único, N° 1 de la Ley N° 18.592 de 21 de enero de 1987.

176 Inciso agregado por el art. 1, N° 1 de la Ley N° 20.813, de 06 de febrero de 2015. Anteriormente este artículo fue sustituido por el art. único, N° 1 de la Ley N° 18.592 de 21 de enero de 1987.

177 Letra sustituida por la que aparee en el texto por el art. 1, N° 2, letra a) de la Ley N° 20.813, de 06 de febrero de 2015. Anteriormente este artículo fue sustituido por

b) Las armas de fuego, sea cual fuere su calibre, y sus partes, dispositivos y piezas.

Se entenderá por arma de fuego toda aquella que tenga cañón y que dispare, que esté concebida para disparar o que pueda adaptarse o transformarse para disparar municiones o cartuchos, aprovechando la fuerza de la expansión de los gases de la pólvora, o cualquier compuesto químico. El reglamento determinará las armas que se consideren adaptables o transformables para el disparo.

Las armas de fuego se clasifican, conforme a su uso, en armas de defensa personal, de seguridad privada, deportivas, de caza mayor o menor, de control de fauna dañina, de caza submarina, de uso industrial, de colección, y de ornato o adorno, así como toda otra categoría que el reglamento señale[178];

c) Las municiones y cartuchos;

d) Los explosivos y otros artefactos de similar naturaleza de uso industrial, minero u otro uso legítimo que requiera de autorización, sus partes, dispositivos y piezas, incluyendo los detonadores y otros elementos semejantes[179];

e) Las sustancias químicas que esencialmente son susceptibles de ser usadas o empleadas para la fabricación de explosivos, o que sirven de base para la elaboración de municiones, proyectiles, misiles o cohetes, bombas, cartuchos, y los elementos lacrimógenos[180];

---

el art. único, N° 2 de la Ley N° 18.592 de 21 de enero de 1987.

178 Letra sustituida por la que aparece en el texto por el art. 2, letra a), de la Ley N° 21.412, de 25 de enero de 2022. Anteriormente esta letra había sido modificada por el art. 1, No 2, letra b) de la Ley No 20.813, de 06 de febrero de 2015. Y antes, este artículo fue sustituido por el art. único, No 2 de la Ley No 18.592 de 21 de enero de 1987.

179 Letra sustituida por la que aparee en el texto por el art. 1, N° 2, letra c) de la Ley N° 20.813, de 06 de febrero de 2015. Antes había sido modificada por el art. 1, N° 1, letra a), de la Ley N° 20.014, de 13 de mayo de 2005. Anteriormente este artículo fue sustituido por el art. único, N° 2 de la Ley N° 18.592 de 21 de enero de 1987.

180 El art. 42, letra a) de la Ley N° 21.250, de 17 de agosto de 2020 suprimió la frase "o de efecto fisiológico" de la letra e), como aparece en el texto.

f) Los fuegos artificiales, artículos pirotécnicos y otros artefactos de similar naturaleza, sus partes, dispositivos y piezas. En este caso no será aplicable lo dispuesto en los artículos 8° y 14 A[181];

g) Las instalaciones destinadas a la fabricación, armaduría, prueba, reparación, práctica o deporte, almacenamiento o depósito de estos elementos, y[182]

h) Las armas basadas en pulsaciones eléctricas, tales como los bastones eléctricos o de electroshock y otras similares[183].

[184].

Artículo 3°.- Ninguna persona podrá poseer o tener alguna de las siguientes armas, artefactos o municiones:

a) Armas largas cuyos cañones hayan sido recortados.

b) Armas cortas de cualquier calibre que funcionen en forma totalmente automática.

c) Armas de fantasía, entendiéndose por tales aquellas que se esconden bajo una apariencia inofensiva.

d) Armas de juguete, fogueo, balines, postones o aire comprimido, adaptadas o transformadas para el disparo de municiones o cartuchos.

e) Armas artesanales o hechizas, artefactos o dispositivos, cualquiera sea su forma de fabricación, partes o apariencia, que no sean los señalados

---

181 Letra modificada por el art. 1, N° 2, letra d) de la Ley N° 20.813, de 06 de febrero de 2015. Antes había sido sustituida por el art. 1, N° 1, letra b), de la Ley N° 20.014, de 13 de mayo de 2005. Anteriormente este artículo fue sustituido por el art. único, N° 2 de la Ley N° 18.592 de 21 de enero de 1987.

182 Inciso modificado por el art. 2, letra b), de la Ley N° 21.412, de 25 de enero de 2022. Anteriormente la letra había sido modificada por el art. 1, N° 2, letra e) de la Ley N° 20.813, de 06 de febrero de 2015 y antes, había sido sustituida por el art. 1, N° 1, letra b) de la Ley N° 20.014, de 13 de mayo de 2005. Anteriormente, el artículo fue sustituido por el art. único, N° 2 de la Ley N° 18.592 de 21 de enero de 1987.

183 Letra agregada por el art. 1, N° 2, letra f) de la Ley N° 20.813, de 06 de febrero de 2015. Anteriormente este artículo fue sustituido por el art. único, N° 2 de la Ley N° 18.592 de 21 de enero de 1987.

184 Inciso suprimido por el art. 2, letra c), de la Ley N° 21.412, de 25 de enero de 2022.

en las letras a) o b) del artículo 2, y que hayan sido creados, adaptados o transformados para el disparo de municiones o cartuchos.

f) Armas cuyos números de serie o sistemas de individualización se encuentren adulterados, borrados o carezcan de ellos.

g) Ametralladoras y subametralladoras, metralletas o cualquiera otra arma automática o semiautomática de mayor poder destructor o efectividad, sea por su potencia, por el calibre de sus proyectiles o por sus dispositivos de puntería.

h) Silenciadores.

i) Municiones perforantes, explosivas, incendiarias, adaptadas, de alto calibre y toda aquella que por su naturaleza no corresponda al uso civil, lo que será determinado por la Dirección General de Movilización Nacional, mediante resolución fundada.

j) Dispositivos liberadores de automatismo, que permitan modificar los sistemas de disparo de las armas de semiautomática a automática.

k) Armas transformadas respecto de su condición original, a menos que la Dirección General de Movilización Nacional lo autorice para fines exclusivamente deportivos y siempre que no implique una transformación estructural del arma[185].

Asimismo, ninguna persona podrá poseer, tener o portar artefactos fabricados sobre la base de gases asfixiantes, paralizantes o venenosos, de sustancias corrosivas o de metales que por la expansión de los gases producen esquirlas, bombas o artefactos explosivos o incendiarios; ni los implementos específicamente adaptados para el lanzamiento o activación de cualquiera de estos elementos[186].

---

185 Inciso modificado por el art. 3, letra a), de la Ley N° 21.412, de 25 de enero de 2022. Anteriormente, este inciso fue modificado por el art. 1, No 3, letra a) de la Ley No 20.813, de 06 de febrero de 2015, habiéndose modificado previamente por el art. 1, No 3, letra a), de la Ley No 20.014, de 13 de mayo de 2005. Anteriormente este artículo fue sustituido por el art. único, No 3 de la Ley No 18.592 de 21 de enero de 1987.

186 Inciso modificado por el art. 3, letra b), números I y II, de la Ley N° 21.412, de 25 de enero de 2022. Anteriormente, el inciso fue sustituido por el art. 1, No 3, letra b) de la Ley No 20.813, de 06 de febrero de 2015. Antes había sido modificado por

[187].

Se exceptúa de estas prohibiciones a las Fuerzas Armadas y a Carabineros de Chile. La Policía de Investigaciones de Chile, Gendarmería de Chile y la Dirección General de Aeronáutica Civil, estarán exceptuadas sólo respecto de la tenencia y posesión de armas automáticas livianas y semiautomáticas, y de disuasivos químicos, lacrimógenos, paralizantes o explosivos y de granadas, hasta la cantidad que autorice el Ministro de Defensa Nacional, a proposición del Director del respectivo Servicio. Estas armas y elementos podrán ser utilizados en la forma que señale el respectivo Reglamento Orgánico y de Funcionamiento Institucional[188].

Ninguna persona podrá poseer, desarrollar, producir, almacenar, conservar o emplear armas químicas, biológicas o toxínicas. La prohibición anterior y los delitos asociados a ésta quedarán sujetos a la ley que implementa la convención sobre la prohibición del desarrollo, la producción, el almacenamiento y el empleo de armas químicas y sobre su destrucción y la convención sobre la prohibición del desarrollo, la producción y el almacenamiento de armas bactereológicas (biológicas) y toxínicas y sobre su destrucción[189].

En todo caso, ninguna persona podrá poseer o tener armas nucleares[190].

---

el art. 1, No 3, letra b), de la Ley No 20.014, de 13 de mayo de 2005. Anteriormente este artículo fue sustituido por el art. único, No 3 de la Ley No 18.592 de 21 de enero de 1987.

187 Inciso suprimido por el art. 3, letra c), de la Ley Nº 21.412, de 25 de enero de 2022. Anteriormente, el inciso había sido agregado por el art. 1, No 3, letra c), de la Ley No 20.014, de 13 de mayo de 2005, pasando el anterior inciso tercero a ser cuarto. Anteriormente este artículo fue sustituido por el art. único, No 3 de la Ley No 18.592 de 21 de enero de 1987.

188 Inciso modificado por el art. 3, Nº 1 de la Ley Nº 19.047, de 14 de febrero de 1991.

189 Inciso agregado por el art. 42, letra b), i). de la Ley Nº 21.250, de 17 de agosto de 2020.

190 El art. 42, letra b) ii), de la Ley Nº 21.250, de 17 de agosto de 2020 suprimió la frase “o de efecto fisiológico” de la letra e), como aparece en el texto.

NOTA[191]

Artículo 3° A.- Los fuegos artificiales, artículos pirotécnicos y otros artefactos similares, que se importen, fabriquen, transporten, almacenen o distribuyan en el país, deberán cumplir con los requisitos y especificaciones técnicas que establezca el reglamento.

Prohíbese la fabricación, importación, comercialización, distribución, venta, entrega a cualquier título y uso de fuegos artificiales, artículos pirotécnicos y otros artefactos de similar naturaleza, sus piezas o partes, comprendidos en los grupos números 1 y 2 del Reglamento Complementario de esta ley[192][193].

Artículo 4°.- Para fabricar, armar, transformar, importar, internar, exportar o efectuar actividades de corretaje de las armas o elementos indicados en el artículo 2° y para hacer instalaciones destinadas a su fabricación, armaduría, almacenamiento o depósito, se requerirá autorización de la Dirección General de Movilización Nacional, la que se otorgará en la forma y condiciones que determine el reglamento[194].

Ninguna persona, natural o jurídica, podrá poseer o tener las armas, elementos o instalaciones indicados en el artículo 2, ni transportar, almacenar, distribuir, celebrar convenciones sobre dichas armas y elementos, o transbordarlas, sin la autorización de la misma Dirección o de las autoridades a que se refiere el inciso siguiente, otorgada en la forma que de-

---

191 NOTA: El artículo 10 transitorio de la LEY 19047, publicada el 14.02.1991, dispuso que las personas que posean armas o elementos prohibidos por la presente ley, podrán hacer entrega de ellos a cualquier autoridad pública, dentro del plazo de 90 días, contados desde la publicación de esta ley, quedando exentas de la responsabilidad penal que se derive únicamente de la posesión o tenencia indebida.

192 Artículo agregado por el art. 1, N° 3 de la Ley N° 19.680, de 25 de mayo de 2000. Inciso modificado por el art. 1, N° 4

193 Inciso modificado por el art. 1, N° 4 de la Ley N° 20.813 de 06 de febrero de 2015

194 Inciso modificado por el art. 4, letra a), de la Ley N° 21.412, de 25 de enero de 2022., Anteriormente fue modificado por el art. 1, N° 4, letra a) de la Ley N° 20.014, de 13 de mayo de 2005.

termine el reglamento. Sin perjuicio de lo anterior, las armas adaptables o transformables para el disparo señaladas en la letra b) del artículo 2, tales como armas de fogueo, de señales u otras, sólo podrán tenerse o poseerse para fines debidamente acreditados de adiestramiento canino profesional, control de fauna dañina, espectáculos públicos, filmaciones cinematográficas y artes escénicas, y otros similares que determine el reglamento. No obstante, tratándose de las armas y elementos establecidos en la letra a) del artículo 2, esta autorización sólo podrá ser otorgada por la Dirección General de Movilización Nacional[195].

La autorización que exige el inciso anterior, con la excepción señalada, deberá otorgarse por las

Comandancias de Guarnición de las Fuerzas Armadas o por la autoridad de Carabineros de Chile de mayor jerarquía, designadas en uno o en otro caso por el Ministro de Defensa Nacional, a proposición del Director General de Movilización Nacional, el que podrá también señalar para este efecto, a nivel local, y con las facultades que indica el reglamento, a otras autoridades militares o de Carabineros de Chile.

La venta de las armas señaladas en el artículo 2° y de sus elementos, incluyendo municiones o cartuchos, efectuada por las personas autorizadas, requerirá, al menos, que el vendedor individualice, en cada acto y de manera completa, al comprador y el arma respectiva, sin perjuicio de las demás obligaciones establecidas en el reglamento[196].

Sin perjuicio de lo señalado en los incisos precedentes, el Banco de Pruebas de Chile continuará asesorando a la Dirección General de Movilización Nacional, a través del Instituto de Investigaciones y Control del Ejército (IDIC), en la determinación de la peligrosidad, estabilidad y calidad de las armas y elementos sometidos a control. En cuanto al material de uso

---

195 Inciso sustituido por el art. 4, letra b), de la Ley N° 21.412, de 25 de enero de 2022. Anteriormente, el inciso fue modificado por el art. 1, No 4, letra b), de la Ley No 20.014, de 13 de mayo de 2005.

196 Inciso agregado por el art. 1, N° 5, letra a) de la Ley N° 20.813, de 06 de febrero de 2015, pasando los anteriores incisos cuarto, quinto, sexto y séptimo a ser quinto, sexto, séptimo y octavo, respectivamente.

bélico fabricado por las empresas privadas, su peligrosidad, estabilidad, funcionamiento y calidad será controlado y certificado por los Servicios Especializados de las Fuerzas Armadas[197].

El Director General de Movilización Nacional podrá solicitar, por intermedio del Ministro de Defensa Nacional, la asesoría técnica a organismos o personal dependiente de las Instituciones de las Fuerzas Armadas, para supervisar, en las fábricas de material de uso bélico autorizadas, el proceso de fabricación e individualización, la producción y los inventarios.

El derecho a adquirir, almacenar y manipular explosivos por quienes laboran en faenas mineras será objeto de un reglamento especial dictado por el Ministerio de Defensa Nacional con la asesoría del Servicio Nacional de Geología y Minería[198].

Las Fuerzas Armadas, Carabineros de Chile y la Policía de Investigaciones de Chile[199], estarán exceptuados de las autorizaciones y controles a que se refieren los incisos precedentes, como, asimismo, lo que las Fábricas y Maestranzas del Ejército, Astilleros y Maestranzas de la Armada y la Empresa Nacional de Aeronáutica produzcan para el uso de las Instituciones de la Defensa Nacional. Sin embargo, el Ministro de Defensa Nacional autorizará a dichas Empresas en lo relativo a la exportación de las armas y elementos indicados en el artículo 2°, y respecto de lo que produzcan para los particulares e industria bélica privada[200].

La Dirección General de Movilización Nacional y las autoridades indicadas en el inciso tercero podrán, en virtud de una resolución fundada, denegar, suspender, condicionar o limitar las autorizaciones que exige esta ley.

---

197 Inciso modificado por el art. 1, N° 5, letra b) de la Ley N° 20.813, de 06 de febrero de 2015.

198 Inciso modificado por el art. 3, N° 2 de la Ley N° 19.047, de 14 de febrero de 1991.

199 Inciso modificado por el art. 4, letra c), de la Ley N° 21.412, de 25 de enero de 2022.

200 NOTA: El artículo 9° transitorio de la LEY 19047, publicada el 14.02.1991, dispuso que para los efectos del presente inciso, el Ministerio de Defensa Nacional deberá proceder a la dictación del reglamento especial de explosivos para las faenas mineras, en un plazo máximo de noventa días.

Las personas naturales o jurídicas, de derecho público o privado, que dicten cursos, capacitaciones, certificaciones u otorguen títulos técnicos o profesionales de armero o similares, deberán informar a la Dirección General de Movilización Nacional, conforme lo determine el reglamento, de las personas que asistan a ellos, se certifiquen u obtengan dichos títulos[201].

Artículo 4° A.- Previo al ingreso al país de armas de fuego o municiones, el consignatario o importador, según el caso, deberá informar a la Dirección General de Movilización Nacional sobre su origen, e incluirá tanto al fabricante como a los intermediarios que hubieren tenido el arma o municiones con anterioridad al referido ingreso. Dicha institución deberá entregar un certificado que acredite el cumplimiento de la diligencia antes referida, el que deberá ser presentado por el consignatario o importador, según corresponda, ante el Servicio Nacional de Aduanas al ingresar la mercancía.

Toda arma de fuego o munición que ingrese al país y que no cuente con el certificado previsto en este artículo será retenida por el Servicio Nacional de Aduanas y remitida a la autoridad fiscalizadora correspondiente, sin perjuicio de lo dispuesto en el inciso primero del artículo 23. El consignatario o importador, según el caso, podrá recuperar el arma de fuego o munición sólo una vez que haya informado satisfactoriamente a la Dirección General de Movilización Nacional sobre el origen e intermediarios del arma o municiones, y emitirá al efecto el certificado a que se refiere el inciso anterior, el que deberá ser presentado ante el Servicio Nacional de Aduanas para cursar la destinación aduanera.

La Dirección General de Movilización Nacional, previo a autorizar la inscripción de un arma en el Registro Nacional de Inscripciones de Armas, deberá proceder a tomar muestras del efecto del disparo en los proyectiles y casquillos de balas o cartuchos, e incorporar la información a un sistema de identificación balística automatizada.

---

201 Incisos finales agregados por el art. 4, letra d), de la Ley N° 21.412, de 25 de enero de 2022.

El reglamento podrá establecer un sistema de trazabilidad complementario para todas las armas de fuego y municiones que sean fabricadas en el país o importadas.

Artículo 4° B.- Los sistemas de identificación balística automatizada señalados en esta ley deberán ser interoperables, con el objeto de que las policías, con ocasión o motivo de investigaciones penales en curso, puedan acceder a la información recopilada en ellos.

Los proyectiles y casquillos de balas o cartuchos obtenidos en el sitio del suceso deberán ser sometidos a un procedimiento de toma de muestras del efecto del disparo en ellos, e incorporar dicha información a los sistemas de identificación balística automatizada de las Fuerzas de Orden y Seguridad Pública, la que deberá ser compartida para fines de análisis criminal o investigaciones penales.

Un reglamento dictado por el Ministerio del Interior y Seguridad Pública y suscrito además por el Ministro de Defensa Nacional, establecerá los estándares mínimos con que deberán contar los sistemas de identificación balística automatizada a que se refiere esta ley, asegurando la adecuada interoperabilidad entre ellos[202].

Artículo 5°.- Toda arma de fuego que no sea de las señaladas en el artículo 3 deberá ser inscrita a nombre de su poseedor o tenedor ante las autoridades indicadas en el inciso tercero del artículo 4. En el caso de las personas naturales, la autoridad competente será la que corresponda a la residencia del interesado y, en el caso de las personas jurídicas, la del lugar en que se guarden las armas. La inscripción de armas de fuego sólo podrá ser realizada personalmente por su poseedor o tenedor y, en el caso de las personas jurídicas, por su representante legal. Solamente podrán inscribir armas personas jurídicas que se hayan constituido como federaciones deportivas nacionales, asociaciones o clubes que se encuentren afiliados a estas federaciones y aquellas que, sin estar afiliadas, se hayan

---

[202] Artículos 4A y 4B agregados por el art. 5 de la Ley N° 21.412, de 25 de enero de 2022.

constituido con la finalidad de impartir la práctica de tiro y que cuenten con polígonos o canchas de tiro o prueba que cumplan los requisitos que establezca el reglamento; coleccionistas; empresas de control de fauna dañina, o aquellas a que se refiere el decreto ley N° 3.607, de 1981. La Dirección General de Movilización Nacional calificará, mediante resolución dictada a requerimiento de la persona jurídica interesada, que ésta cumple con los requisitos establecidos en este inciso.

La Dirección General de Movilización Nacional llevará un Registro Nacional de las Inscripciones de Armas, en el que se anotarán las adquisiciones de armas de fuego y sus transferencias a nombre de los poseedores o tenedores adquirentes una vez que éstos hayan cumplido los requisitos señalados en el artículo 5 A. Previa solicitud, la autoridad fiscalizadora correspondiente otorgará una guía de libre tránsito para el traslado del arma de fuego, a que se refiere la letra b) del artículo 2, al domicilio declarado en la transferencia autorizada[203].

La inscripción sólo autoriza a su poseedor o tenedor para mantener el arma en el bien raíz declarado correspondiente a su residencia, a su sitio de trabajo o al lugar que se pretende proteger. Todo cambio del lugar autorizado deberá ser comunicado por el poseedor o tenedor de un arma inscrita a la autoridad fiscalizadora correspondiente[204].

Las referidas autoridades sólo permitirán la inscripción del arma cuando, a su juicio, su poseedor o tenedor sea persona que, por sus antecedentes, haga presumir que cumplirá lo prescrito en el inciso anterior.

El cumplimiento de lo dispuesto en los incisos tercero y séptimo será verificado por las autoridades fiscalizadoras a que se refiere el artículo 1 o por cualquier funcionario de las Fuerzas de Orden y Seguridad Pública, y

---

[203] Incisos primero y segundo sustituidos por los que aparecen en el texto por el art. 6 letra a) de la Ley N° 21.412, de 25 de enero de 2022. Anteriormente, el inciso primero había sido sustituido por el que aparece en el texto por el art. 1, No 4, letra a) del DL 2553 del Ministerio de Defensa, de 19 de marzo de 1979 y el inciso segundo por el art. 1, No 6, letra a) de la Ley No 20.813, de 06 de febrero de 2015.

[204] Inciso modificado por el art. 1, N° 6, letra b) de la Ley N° 20.813, de 06 de febrero de 2015. Anteriormente, el inciso había sido sustituido por el art. único, N° 5 de la Ley N° 18.592 de 21 de enero de 1987.

deberá registrar de forma inmediata toda actuación realizada, así como los actos asociados a ella, conforme lo disponga el reglamento.

La fiscalización sólo podrá realizarse entre las ocho y veintidós horas, ya sea en días hábiles o inhábiles, y no requerirá de aviso previo. La fiscalización no facultará a quien la practique para ingresar al lugar autorizado al que alude el inciso tercero. Sin perjuicio de lo anterior, cuando en dicho lugar se haya declarado mantener más de dos armas, se permitirá el ingreso a quien la practique, no obstante lo prescrito en los incisos siguientes, para el solo efecto de fiscalizar el cumplimiento de las medidas de seguridad establecidas en la ley y en el reglamento. Exceptúanse de estas restricciones las fiscalizaciones que realicen las Fuerzas de Orden y Seguridad Pública en el marco de actuaciones investigativas que le encomiende el Ministerio Público, o de aquellas previstas en los literales a), b) y c) del artículo 83 del Código Procesal Penal[205].

Con todo, en el caso de almacenes y depósitos e instalaciones destinadas a la fabricación, armaduría, reparación o pruebas; polígonos o canchas de tiro o prueba, y de organizaciones deportivas señaladas en el inciso primero, se podrá fiscalizar, sin previo aviso, las armas, municiones y demás elementos sujetos a control; el uso de ellas; sus permisos de transporte y padrones; las inscripciones y autorizaciones que correspondan; las nóminas de socios, instructores y alumnos, y verificar que los socios realicen las actividades deportivas efectivamente autorizadas. Esta diligencia podrá realizarse en el horario de funcionamiento del recinto, así como en el señalado en el inciso anterior[206].

El poseedor o tenedor estará obligado a exhibir el arma. Si debiendo encontrarse el arma en el lugar autorizado, ésta no es exhibida, el fiscalizador deberá comunicar dicha circunstancia a la Dirección General de Movilización Nacional, la que procederá a la cancelación de la inscripción. Asimismo, el fiscalizador deberá realizar la denuncia correspondiente, a fin

---

[205] Incisos quinto y sexto sustituidos por los que aparecen en el texto por el art. 6 letra b) de la Ley Nº 21.412, de 25 de enero de 2022.

[206] Inciso séptimo agregado por el art. 6 letra c) de la Ley Nº 21.412, de 25 de enero de 2022.

de que se investigue la eventual comisión de alguna de las infracciones o delitos previstos en esta ley. Este mismo procedimiento se deberá adoptar si se verificare que un arma se encuentra injustificadamente en un lugar distinto al autorizado[207].

Si el poseedor o tenedor no es habido, no podrá practicarse la fiscalización, sin perjuicio de que si ello ocurre por tres veces consecutivas en un lapso mínimo de cuarenta y cinco días, el fiscalizador cada vez dejará constancia escrita de la fiscalización fallida en el lugar autorizado y comunicará dicha circunstancia a la Dirección General de Movilización Nacional, la que iniciará un procedimiento administrativo destinado a declarar la cancelación de la inscripción, conforme a lo dispuesto en los incisos segundo y tercero del artículo 5 B. Además, deberá efectuar la denuncia correspondiente, a fin de que se investigue la eventual comisión de alguna de las infracciones o delitos previstos en esta ley[208].

Si el poseedor o tenedor se ausentare del lugar autorizado para mantener el arma, podrá depositarla, por razones de seguridad, ante la autoridad contralora de su domicilio, la que, en la forma que disponga el reglamento, emitirá una guía de libre tránsito para su transporte, guarda y depósito[209].

Asimismo, el poseedor o tenedor, previa solicitud fundada, será autorizado para transportar el arma de fuego al lugar que indique y mantenerla allí hasta por un plazo de sesenta días. La autorización deberá señalar los días específicos en que el arma podrá transportarse. Esta autorización será especialmente necesaria para llevar el arma de fuego a reparación, a evaluación ante el Banco de Pruebas de Chile y para las pruebas de tiro que sean necesarias para efectos de los preceptuado en la letra c) del inciso primero del artículo 5º A y el inciso sexto de la misma disposición.

---

207 Inciso modificado por el art. 6 letra d) de la Ley Nº 21.412, de 25 de enero de 2022. Anteriormente había sido agregado por el art. 1, Nº 5 de la Ley Nº 20.014, de 13 de mayo de 2005.

208 Inciso noveno agregado por el art. 6 letra e) de la Ley Nº 21.412, de 25 de enero de 2022.

209 Inciso modificado por el art. 6 letra f) de la Ley Nº 21.412, de 25 de enero de 2022. Anteriormente el inciso fue agregado por el art. 1, Nº 5 de la Ley Nº 20.014, de 13 de mayo de 2005.

En caso de que el poseedor o tenedor, por cualquier circunstancia, requiera transportar el arma de fuego en día distinto del señalado en la autorización, podrá solicitar, por una sola vez, un permiso especial a la autoridad contralora correspondiente. De la misma forma, el poseedor o tenedor de un arma de defensa personal, previa solicitud fundada en práctica de tiro, podrá ser autorizado, dos veces por año y por un plazo máximo de veinticuatro horas cada vez, para transportarla al lugar autorizado que indique para dicho efecto[210].

Las solicitudes de transporte y libre tránsito a que hacen referencia los incisos precedentes podrán presentarse y concederse preferentemente por medios electrónicos, en la forma que determine el reglamento[211].

Las personas que al momento de inscribir un arma ante la autoridad fiscalizadora, se acrediten como deportistas o cazadores tendrán derecho, en el mismo acto, a obtener un permiso para transportar las armas y municiones autorizadas que utilicen con esas finalidades[212].

El permiso antes señalado se otorgará por un período de dos años y no autorizará a transportar las armas cargadas en la vía pública[213].

El transporte a que se refiere este artículo no constituirá porte de armas para los efectos del artículo 6°[214].

---

210 Inciso modificado por el art. 6 letra g), I y II, de la Ley N° 21.412, de 25 de enero de 2022. Anteriormente el inciso fue modificado por el art. 1, N° 6, de la Ley N° 20.813, de 06 de febrero de 2015. El inciso había sido agregado por el art. 1, N° 5 de la Ley N° 20.014, de 13 de mayo de 2005.

211 Inciso agregado por el art. 1, N° 6, letra d) de la Ley N° 20.813, de 06 de febrero de 2015, pasando los anteriores incisos décimo, undécimo y duodécimo, a ser incisos undécimo, duodécimo y decimotercero, respectivamente.

212 Inciso modificado por el art. 1, N° 6, letra e) de la Ley N° 20.813, de 06 de febrero de 2015.

213 Inciso agregado por el art. 1, N° 5 de la Ley N° 20.014, de 13 de mayo de 2005. En esta modificación se agregaron los incisos quinto, sexto, séptimo, octavo, noveno, décimo, undécimo y duodécimo, nuevos

214 Inciso agregado por el art. 1, N° 5 de la Ley N° 20.014, de 13 de mayo de 2005. En esta modificación se agregaron los incisos quinto, sexto, séptimo, octavo, noveno, décimo, undécimo y duodécimo, nuevos.

En caso de fallecimiento de un poseedor o tenedor de arma de fuego inscrita, el heredero, legatario o la persona que tenga la custodia de ésta u ocupe el inmueble en el que el causante estaba autorizado para mantenerla, o aquél en que efectivamente ella se encuentre, deberá comunicar a la autoridad contralora la circunstancia del fallecimiento y la individualización del heredero, legatario o persona que, bajo su responsabilidad, tendrá la posesión provisoria de dicha arma y de sus municiones hasta que sea adjudicada, cedida o transferida a una persona que cumpla con los requisitos para inscribir el arma a su nombre. Si la adjudicación, cesión o transferencia no se hubiere efectuado dentro del plazo de noventa días, contado a partir de la fecha del fallecimiento, el poseedor tendrá la obligación de entregar el arma y sus municiones en una comandancia de guarnición de las Fuerzas Armadas en una comisaría, subcomisaría o tenencia de Carabineros de Chile, o en una brigada o cuartel de la Policía de Investigaciones de Chile. La autoridad contralora procederá a efectuar la entrega a quien exhiba la inscripción, a su nombre, del arma de fuego depositada. La infracción de lo establecido en esta norma será sancionada con multa de 5 a 10 unidades tributarias mensuales. La posesión provisoria antes señalada no permitirá el uso del arma ni de sus municiones[215].

La Dirección General de Movilización Nacional deberá requerir al Servicio de Registro Civil e Identificación, con una periodicidad al menos trimestral, la información correspondiente a las personas cuyas defunciones hubieren sido registradas durante el trimestre inmediatamente anterior por dicho Servicio, con el objeto de llevar a cabo las actuaciones que sean conducentes para regularizar, si fuere necesario, la posesión e inscripción de la o las armas inscritas a nombre de las personas cuya defunción se

---

[215] Inciso modificado por el art. 6 letra h), de la Ley Nº 21.412, de 25 de enero de 2022. Anteriormente el inciso fue modificado por el art. 1, Nº 6, de la Ley Nº 20.813, de 06 de febrero de 2015. El inciso había sido agregado por el art. 1, Nº 5 de la Ley Nº 20.014, de 13 de mayo de 2005.

haya informado. El reglamento podrá establecer mecanismos más expeditos de entrega de información para cumplir lo dispuesto en este inciso[216].

En todo caso, el solicitante de una posesión efectiva de herencia deberá manifestar en dicha solicitud, sea tramitada ante el tribunal o ante el Servicio de Registro Civil e Identificación, la circunstancia de conocer que el causante tenía inscritas a su nombre armas de fuego y si aquellas han sido objeto de hurto, pérdida o extravío. Si con posterioridad apareciere que el solicitante tuvo conocimiento de la existencia de armas de fuego inscritas a nombre del causante a la época de la tramitación de la posesión efectiva, sin haberse declarado, se le aplicará una multa administrativa de 11 a 20 unidades tributarias mensuales.

La Dirección General de Movilización Nacional deberá solicitar al Servicio de Impuestos Internos la información sobre término de giro de las personas jurídicas señaladas en el inciso primero.

Toda persona jurídica, previo a su disolución, deberá ceder o transferir las armas de fuego que posea a una persona natural o jurídica que cumpla con los requisitos para inscribir el arma a su nombre, no obstante los deberes de información que establezca el reglamento respecto del destino de las armas previo a su disolución. Lo anterior es sin perjuicio de lo dispuesto en el inciso cuarto del artículo 23[217].

Artículo 5° A.- Las autoridades señaladas en el artículo 4 sólo permitirán la inscripción de una o más armas cuando su poseedor o tenedor cumpla con los siguientes requisitos:

a) Ser mayor de edad y contar con la nacionalidad chilena o residencia definitiva.

No obstante, podrán inscribir a su nombre armas de fuego los menores de edad, debidamente autorizados por sus representantes legales,

---

216 Inciso modificado por el art. 6 letra i), de la Ley N° 21.412, de 25 de enero de 2022. Anteriormente el inciso fue agregado por el art. 1, N° 6, de la Ley N° 20.813, de 06 de febrero de 2015.

217 Incisos decimoséptimo, decimoctavo y decimonoveno, nuevos agregados por el art. 6 letra j) de la Ley N° 21.412, de 25 de enero de 2022.

que cuenten con la nacionalidad chilena o residencia definitiva, y que se encuentren registrados como deportistas, para el solo efecto del desarrollo de dichas actividades. En este caso, el uso y transporte de las armas deberá ser supervisado por una persona mayor de edad, quien será legalmente responsable de su uso y transporte.

b) Tener domicilio conocido.

c) Acreditar que tiene los conocimientos necesarios sobre conservación, mantenimiento y manejo del arma que pretende inscribir, y que posee una aptitud física y psíquica compatible con el uso de armas.

Para acreditar el conocimiento sobre conservación, mantenimiento y manejo de armas de fuego, el solicitante deberá aprobar un curso especializado. La Dirección General de Movilización Nacional deberá autorizar y fiscalizar a las entidades que soliciten dictar tales cursos y a las personas que los impartirán, de conformidad a los requisitos que señale el reglamento. Éste determinará el procedimiento de certificación y autorización para la realización de los cursos, los que contarán con un mínimo de cuatro horas de contenido teórico, su contenido esencial; y los requisitos que deberán cumplir las instalaciones de las entidades respecto de sus elementos técnicos y de seguridad.

La aptitud física y psíquica del solicitante para el uso del arma de fuego será certificada por un médico psiquiatra, acreditado como tal, según el Registro Nacional de Prestadores Individuales de Salud que administra la Superintendencia de Salud.

d) Conducta personal compatible con la tenencia o posesión de armas de fuego, lo que se declarará mediante resolución fundada, de conformidad a los criterios que el reglamento determine, y se considerarán para ello los antecedentes policiales registrados en el Banco Unificado de Datos, al que hace referencia el artículo 11 de la ley N° 20.931, que facilita la aplicación efectiva de las penas establecidas para los delitos de robo, hurto y receptación y mejora la persecución penal en dichos delitos.

e) No haber sido condenado por crimen o simple delito, lo que se acreditará con el respectivo certificado de antecedentes. Sin embargo, en el caso de personas que no hayan sido condenadas por delitos que merezcan pena aflictiva, el Subsecretario para las Fuerzas Armadas, previo informe del Director General de Movilización Nacional, podrá autorizar se practique la inscripción del arma por resolución fundada, la que deberá considerar la naturaleza y gravedad del delito cometido, la pena aplicada, el grado de participación, la condición de reincidencia, el tiempo transcurrido desde el hecho sancionado y la necesidad, uso, tipo y características del arma cuya inscripción se requiere.

En todo caso, la autorización prevista en este literal no será aplicable a quien hubiere sido condenado por dos o más delitos.

f) No haberse dictado a su respecto auto de apertura del juicio oral o dictamen del fiscal que proponga una sanción al tenor de lo dispuesto en el inciso segundo del artículo 145 del Código de Justicia Militar. Para estos efectos, los jueces de garantía o los jueces militares, en su caso, deberán comunicar mensualmente a la Dirección General de Movilización Nacional la nómina de personas respecto de las cuales se hubieren dictado dichas resoluciones.

g) No haber sido sancionado en procesos relacionados con la ley N° 20.066, que establece ley de violencia intrafamiliar.

h) No encontrarse sujeto a medida de protección o cautelar que impida la tenencia, posesión o porte de armas de fuego, municiones o cartuchos, por resolución de tribunales con competencia en lo penal, en materias de familia o militares, según corresponda. Lo anterior será aplicable también a quienes se les imponga como condición la prohibición de tenencia y porte de armas en el marco de una suspensión condicional del procedimiento de conformidad a lo establecido en los artículos 237 y siguientes del Código Procesal Penal.

Para el control de este requisito, los tribunales con competencia en lo penal, en materias de familia o militares, según corresponda, deberán comunicar a la autoridad fiscalizadora la resolución que contenga la prohibición, o la medida de protección o cautelar de impedimento de posesión o tenencia de armas de fuego, dentro de las veinticuatro horas siguientes a que se encuentre firme o ejecutoriada.

i) No habérsele cancelado alguna inscripción de armas de fuego.

j) Haber dado cumplimiento oportuno a las obligaciones previstas en los incisos quinto y final, cuando el solicitante tenga armas de fuego inscritas a su nombre.

k) Acreditar el origen de los fondos utilizados para adquirir el arma.

l) No haber sido sancionado previamente por abandono de armas o elementos sujetos a control en los términos del artículo 14 A; no haber sufrido la pérdida o extravío de armas o elementos sujetos a control, o no haber sido víctima de robo o hurto de armas o elementos sujetos a control, salvo exención de la Dirección General de Movilización Nacional para casos calificados, tratándose de robo.

La letra c) del inciso primero no se aplicará a los miembros en servicio activo de las Fuerzas Armadas, de Orden y Seguridad Pública y de Gendarmería de Chile, ni respecto de coleccionistas cuyas armas estén totalmente inutilizadas para el disparo según constate la autoridad, de conformidad al artículo 7.

El cumplimiento del requisito establecido en la letra g) se acreditará con el respectivo certificado de antecedentes emitido por el Servicio de Registro Civil e Identificación.

Quienes cumplan los requisitos previstos en este artículo, obtendrán de la Dirección General de Movilización Nacional una licencia de aptitud para la tenencia de armas de fuego, con la que se podrá solicitar la inscripción respectiva en el Registro Nacional a que alude el artículo precedente, dentro de los seis meses siguientes.

El poseedor o tenedor de un arma inscrita deberá actualizar o ratificar la información del registro de armas de fuego anualmente, y dará cuenta que el arma inscrita se encuentra en el inmueble declarado y que se ha realizado una tenencia responsable de ésta, para lo cual la Dirección General de Movilización Nacional dispondrá de una plataforma virtual. El reglamento establecerá el procedimiento de actualización o ratificación y los contenidos mínimos de la plataforma virtual.

El poseedor o tenedor de un arma inscrita deberá acreditar cada cinco años, contados desde la fecha de la inscripción, que cumple con los requisitos contemplados en la letra c) del inciso primero de este artículo, salvo que la autoridad disponga, de manera fundada, que dicha acreditación se efectúe en un plazo menor, según los criterios que determine el reglamento, atendida la edad, el estado de salud general del solicitante y la existencia de otras condiciones físicas o psíquicas que puedan afectar su capacidad para manejar o poseer armas[218].

Artículo 5 B.- Si, por circunstancia sobreviniente, el poseedor o tenedor de un arma inscrita pierde las calidades o aptitudes previstas en los literales a), b) o c), o se verifica lo señalado por el literal l) del artículo anterior, la Dirección General de Movilización Nacional deberá cancelar la respectiva inscripción, sin perjuicio de lo establecido en el artículo 5 C.

En la resolución que decrete la cancelación de la inscripción, se le informará al poseedor o tenedor de su derecho a transferirla en un plazo perentorio no superior a noventa días contado desde su notificación a nombre de un tercero, quien a su vez deberá cumplir con los requisitos establecidos para la inscripción de armas de fuego. Vencido dicho plazo sin haber sido transferida, se procederá a su destrucción.

En el acto de la notificación de la resolución anterior, la autoridad fiscalizadora procederá al retiro del arma para su custodia y depósito, en tanto se resuelve el destino de ella. El poseedor o tenedor estará obligado a entregarla y se presumirá que ésta no se encuentra en el lugar autorizado, en caso de negativa de aquél a su entrega. Si el arma no es entregada, se le denunciará, a fin de que se investigue la eventual comisión de alguna de las infracciones o delitos previstos en esta ley.

El incumplimiento de cualquiera de las obligaciones previstas en los incisos quinto o final del artículo 5 A, será sancionado con multa de 5 a 10 unidades tributarias mensuales, y en caso de reiteración, con la cancelación de la inscripción.

Artículo 5 C.- Si el poseedor o tenedor de un arma de fuego inscrita es condenado por crimen o simple delito, o por infracción a la ley N°

---

[218] Artículo sustituido por el art. 7 de la Ley N° 21.412, de 25 de enero de 2022. Anteriormente había sido modificado por el art. 1, N° 7, de la Ley N° 20.813, de 06 de febrero de 2015.

20.066, que establece ley de violencia intrafamiliar, el tribunal ordenará la cancelación de todas sus inscripciones de armas de fuego en la sentencia definitiva. Dicha resolución deberá comunicarse a la Dirección General de Movilización Nacional en el plazo de veinticuatro horas contado desde que se encuentre firme o ejecutoriada para su cumplimiento.

Si durante el procedimiento judicial a que se refiere el inciso anterior, se hubiere decretado alguna medida de protección o cautelar, o la suspensión condicional del procedimiento penal, que impida la tenencia, posesión o porte de armas de fuego, municiones o cartuchos, éstos serán retenidos provisoriamente, por orden del tribunal respectivo, y remitidos directamente a los depósitos señalados en el artículo 23, según corresponda. El tribunal deberá emitir esta misma orden en la resolución que cite a audiencia de preparación de juicio oral al haberse presentado acusación, y al dictarse sentencia condenatoria, en tanto ésta no se encuentre firme o ejecutoriada.

Para tal efecto, el juez deberá ordenar en la misma resolución que decrete la medida de protección o cautelar, o la suspensión condicional del procedimiento penal; cite a audiencia de preparación de juicio oral, o dicte sentencia condenatoria, el retiro inmediato de dichas armas y municiones o cartuchos por parte de cualquiera de las policías, autorizándolas, en caso de negativa de entrega, a ingresar al lugar donde el arma se mantiene. Dicha resolución deberá comunicarse a la Dirección General de Movilización Nacional en el plazo de veinticuatro horas contado desde su dictación.

Una vez que cese la medida cautelar o de protección, se decrete el sobreseimiento definitivo de la causa, o se dicte sentencia absolutoria y ésta se encuentre firme o ejecutoriada, el poseedor o tenedor del arma de fuego inscrita podrá solicitar su devolución, conjuntamente con sus municiones o cartuchos, previo pago de los derechos que correspondan. Dicha resolución deberá comunicarse a la Dirección General de Movilización Nacional en el plazo de veinticuatro horas contado desde su dictación[219].

---

[219] Artículos 5 B y 5 C nuevos agregados por el art. 8 de la Ley Nº 21.412, de 25 de enero de 2022.

Artículo 5 D.- Corresponderá a la Dirección General de Movilización Nacional velar por la regularidad de las inscripciones a que se refiere el artículo 5, y representará a las autoridades ejecutoras y contraloras cualquier situación ilegal o antirreglamentaria en las inscripciones autorizadas, para su inmediata corrección[220].

Artículo 6°.- Ninguna persona podrá portar armas de fuego fuera de los lugares indicados en el artículo 5° sin permiso de las autoridades señaladas en el inciso tercero del artículo 4°, las que podrán otorgarlo en casos calificados y en virtud de una resolución fundada, de acuerdo con los requisitos y modalidades que establezca la Dirección General de Movilización Nacional[221].

El permiso durará un año como máximo y sólo autorizará al beneficiario para portar un arma. Estas autorizaciones se inscribirán en el Registro Nacional de Armas.

No requerirá este permiso el personal señalado en el inciso tercero[222] del artículo 3°, sin perjuicio de lo que disponga la reglamentación institucional respectiva.

Asimismo, no requerirán este permiso, los aspirantes a oficiales de Carabineros ni los aspirantes a oficiales de la Policía de Investigaciones, que cursen tercer año en las Escuelas de Carabineros y de Investigaciones Policiales, durante la realización de las respectivas prácticas policiales.

Los deportistas, cazadores y vigilantes privados que sean autorizados por la autoridad contralora y que cumplan con los requisitos señalados en el reglamento, podrán transportar y utilizar las armas en las actividades indicadas en la respectiva autorización, lo que no constituirá permiso

---

220 Artículo que sustituye al anterior 5 B, y que pasa a ser el actual 5 D que aparece en el texto, por el art. 9 de la Ley N° 21.412, de 25 de enero de 2022. Anteriormente había sido modificado por el art. 1, N° 7, de la Ley N° 20.813, de 06 de febrero de 2015.

221 Inciso modificado por el art. 10, letra a) de la Ley N° 21.412, de 25 de enero de 2022.

222 Inciso modificado por el art. 10, letra b) de la Ley N° 21.412, de 25 de enero de 2022.

de porte. Serán cazadores quienes cuenten con permiso de caza al día otorgado por el Servicio Agrícola y Ganadero, y deportistas, quienes se encuentren debidamente inscritos en las organizaciones deportivas señaladas en el inciso primero del artículo 5, y cumplan los demás requisitos que establezca el reglamento complementario de esta ley[223].

[224].

Artículo 7.- Las autoridades indicadas en el inciso tercero del artículo 4 no podrán conceder las autorizaciones y permisos ni aceptar las inscripciones que se establecen en los artículos 4, 5 y 6 de más de dos armas de fuego a nombre de una misma persona natural o jurídica. Exceptúanse las personas jurídicas inscritas como comerciantes autorizados para vender armas; las empresas de control de fauna dañina, o aquellas a que se refiere el decreto ley N° 3.607, de 1981.

Las personas jurídicas que se hayan constituido con la finalidad de impartir la práctica de tiro y que cuenten con polígonos o canchas de tiro o prueba que cumplan los requisitos que establezca el reglamento, podrán inscribir hasta dos armas por cada miembro, y no podrán exceder de un total de veinte. Estas entidades sólo podrán adquirir municiones o cartuchos para las armas inscritas por ellas.

Las personas naturales o jurídicas autorizadas como coleccionistas quedan facultadas para mantener sus armas declaradas, con sus características y estado original y adoptarán las medidas de seguridad que se señalen en el reglamento. Sin perjuicio de lo anterior, el número máximo de armas de colección que podrá poseer una misma persona no podrá ser superior a diez, a menos que ellas se encuentren inutilizadas para el disparo. En este último caso podrán poseer un máximo total de cincuenta. No obstante, en atención a circunstancias calificadas, la Dirección General de Movilización Nacional, mediante resolución fundada, podrá autorizar

223 Inciso sustituido por el que aparece en el texto, por el art. 10, letra c) de la Ley N° 21.412, de 25 de enero de 2022.

224 Incisos eliminados por el art. 10, letra c) de la Ley N° 21.412, de 25 de enero de 2022.

excepcionalmente exceder el límite máximo de posesión de armas de colección, el que no podrá ser superior a veinte tratándose de armas aptas para el disparo. Esta autorización deberá ser solicitada anualmente por el interesado. En ningún caso la posesión de armas de colección autoriza a la compra de municiones o cartuchos.

Para los efectos de lo dispuesto en esta ley, son armas de colección aquellas permitidas, nuevas o usadas, aptas o no para el disparo, que por su estética, diseño, lugar y año de fabricación, interés histórico, características especiales, línea secuencial de fabricación, mecanismos especiales u otras características distintivas, sean calificadas como tales por la Dirección General de Movilización Nacional. Las armas antiguas, esto es, fabricadas con anterioridad al año 1900, se considerarán siempre como de colección.

Los cazadores y deportistas podrán inscribir aquellas armas que correspondan a la naturaleza y clase de caza o deporte que efectúen, con un límite de seis, y no podrán ser semiautomáticas en el caso de cazadores.

La Dirección General de Movilización Nacional, por resolución fundada, podrá autorizar a deportistas calificados a poseer un número mayor de armas al señalado en el inciso anterior, por razones de exigencia profesional debidamente certificada, y no podrá en caso alguno superar un límite total de veinte armas.

El reglamento establecerá las modalidades y limitaciones respecto a las autorizaciones, permisos e inscripciones a que se refieren los incisos anteriores y las medidas de seguridad que se deban adoptar. En todo caso, los lugares de depósitos de armas de las federaciones y de los clubes de tiro y caza, y las personas jurídicas autorizadas a poseer o tener más de dos armas de fuego, deberán contar en sus recintos con medidas de seguridad suficientes para el resguardo del lugar donde se depositan las armas. Dichos lugares estarán restringidos al personal autorizado y serán inaccesibles desde el sector habilitado para el público. Deberán contar con sistemas de alarmas y circuitos cerrados de televisión, y cumplir con toda otra condición que establezca el reglamento.

La Dirección General de Movilización Nacional podrá exceptuar de los límites señalados en este artículo a aquellas personas jurídicas sin fines de lucro, cuando la autorización se solicite respecto de armas de colección y siempre que ellas tengan por objeto la protección y difusión del patrimonio y se cumplan los demás requisitos que señale el reglamento. Se exceptúa de dicho límite al Servicio Nacional del Patrimonio Cultural[225].

TÍTULO II (ARTS. 8-17). DE LA PENALIDAD

Artículo 8º.- Los que organizaren, pertenecieren, financiaren, dotaren, instruyeren, incitaren o indujeren a la creación y funcionamiento de milicias privadas, grupos de combate o partidas militarmente organizadas, armadas con algunos de los elementos indicados en el artículo 3º, serán sancionados con la pena de presidio mayor en cualquiera de sus grados[226].

Incurrirán en la misma pena, disminuida en un grado, los que a sabiendas ayudaren a la creación y funcionamiento de milicias privadas, grupos de combate o partidas militarmente organizadas, armados con algunos de los elementos indicados en el artículo 3º[227].

Los que cometieren alguno de los actos a que se refiere el inciso primero con algunos de los elementos indicados en el artículo 2º, y no mencionados en el artículo 3º, serán sancionados con la pena de presidio o relegación menores en su grado máximo a presidio o relegación mayores en su grado mínimo, cuando amenacen la seguridad de las personas[228].

---

225 Artículo sustituido por el que aparece en el texto por el art. 11, de la Ley Nº 21.412, de 25 de enero de 2022. Anteriormente fue modificado por la Ley Nº 20.813, de 08 de febrero de 2015.

226 Inciso sustituido, por el que aparece en el texto, por el art. 3, Nº 3, letra a) de la Ley Nº 19.047, de 14 de febrero de 1991, Anteriormente fue modificado por el art. único, Nº 8, letra a) de la Ley Nº 18.592, de 21 de enero de 1987.

227 Inciso agregado por el art. 3, Nº 3, letra b) de la Ley Nº 19.047, de 14 de febrero de 1991, Anteriormente fue modificado por el art. único, Nº 8, letra b) de la Ley Nº 18.592, de 21 de enero de 1987.

228 Inciso modificado por el art. único, Nº 8, letra c) de la Ley Nº 18.592, de 21 de enero de 1987.

Si los delitos establecidos en los incisos anteriores fueren cometidos por miembros de las Fuerzas Armadas o de Orden y Seguridad Pública, en servicio activo o en retiro, la pena será aumentada en un grado.

En los casos en que se descubra un almacenamiento de armas, municiones o cartuchos se presumirá que forman parte de las organizaciones a que se refieren los dos primeros incisos de este artículo, los moradores de los sitios en que estén situados los almacenamientos y los que hayan tomado en arrendamiento o facilitado dichos sitios. En estos casos se presumirá que hay concierto entre todos los culpables[229].

En tiempo de guerra externa, las penas establecidas en los incisos primero y tercero de este artículo serán, respectivamente, presidio mayor en su grado medio a presidio perpetuo y presidio mayor en su grado mínimo a presidio perpetuo[230].

Artículo 9°.- Los que poseyeren, tuvieren o portaren algunas de las armas o elementos señalados en las letras b) y d) del artículo 2°, sin las autorizaciones a que se refiere el artículo 4°, o sin la inscripción establecida en el artículo 5°, serán sancionados con presidio menor en su grado máximo.

Los que poseyeren, tuvieren o portaren algunas de las armas o elementos señalados en las letras c) y e) del artículo 2°, sin las autorizaciones a que se refiere el artículo 4°, o sin la inscripción establecida en el artículo 5°, serán sancionados con presidio menor en su grado medio[231].

Si el infractor tuviere algún permiso de los establecidos en el artículo 4 y en el reglamento de esta ley para los elementos señalados en los literales b) y c) del artículo 2, pero diferente a aquel cuya falta se sanciona en los incisos anteriores, o no hubiesen transcurrido más de seis meses

---

229 Inciso modificado por el art. 1, N° 10 de la Ley N° 20.813 de 06 de febrero de 2015. Anteriormente fue sustituido por el art. 3, N° 3, letra d) de la Ley N° 19.047, de 14 de febrero de 1991.

230 Inciso sustituido, por el que aparece en el texto, por el art. 3, N° 3, letra e) de la Ley N° 19.047, de 14 de febrero de 1991.

231 Artículo sustituido, por el que aparece en el texto, por el art. 1, N° 11 de la Ley N° 20.813 de 06 de febrero de 2015.

desde la pérdida de vigencia de cualquiera de ellos, el tribunal podrá prescindir de toda pena, sin perjuicio de las sanciones administrativas que correspondan[232].

Los que poseyeren o tuvieren alguno de los elementos señalados en la letra f) del artículo 2°, sin las autorizaciones a que se refiere el artículo 4°, serán sancionados con presidio menor en su grado mínimo o multa de 5 a 20 unidades tributarias mensuales[233].

Artículo 9° A.- Será sancionada con la pena de presidio menor en su grado mínimo a medio y una multa de 100 a 500 unidades tributarias mensuales, la persona que, contando con la autorización respectiva, vendiere municiones o cartuchos a quien no fuere poseedor, tenedor o portador de un arma de fuego inscrita.

Cuando la venta recaiga sobre municiones o cartuchos de un calibre distinto al autorizado a quien estuviere facultado como poseedor, tenedor o portador de un arma de fuego inscrita, o no se diere cumplimiento a las obligaciones previstas en el inciso cuarto del artículo 4, la sanción será de presidio menor en su grado mínimo y una multa de 100 a 500 unidades tributarias mensuales[234].

Artículo 9° B.- La persona natural o jurídica autorizada para la venta de municiones y cartuchos en cuyo establecimiento comercial se realice cualquiera de las conductas señaladas en el artículo anterior, será sancionada con una multa administrativa de 100 a 500 unidades tributarias mensuales y, en caso de segunda sanción, con la cancelación del permiso.

Si alguna de las conductas señaladas en el artículo anterior fuere realizada por la persona natural autorizada, o por alguno de los socios que ejerzan la administración en cualquier forma de la persona jurídica autorizada

---

232 Inciso agregado por el art. 12 de la Ley N° 21.412, de 25 de enero de 2022.

233 Inciso agregado por el art. 1, N° 1 de la Ley N° 21.310, de 03 de febrero de 2021.

234 Artículo sustituido por el que aparece en el texto por el art. 13 de la Ley N° 21.412, de 25 de enero de 2022. Anteriormente había sido sustituido por el art. 1, N° 11 de la Ley N° 20.813 de 06 de febrero de 2015.

o posean en ella un interés social superior al 10 por ciento, se procederá administrativamente a la cancelación inmediata del permiso respectivo[235].

Artículo 10.- Los que sin la competente autorización fabricaren, armaren, elaboraren, adaptaren, transformaren, importaren, internaren al país, exportaren, transportaren, almacenaren, distribuyeren, ofrecieren, adquirieren o celebraren convenciones respecto de los elementos indicados en las letras b), c), d) y e) del artículo 2° serán sancionados con la pena de presidio mayor en su grado mínimo.

Si alguna de las conductas descritas en el inciso anterior se realizare respecto de los elementos a que se hace referencia en los incisos primero y segundo del artículo 3°[236], la pena será de presidio mayor en su grado mínimo a medio. Si las armas fueren material de uso bélico de la letra a) del artículo 2° o aquellas a que se hace referencia en el inciso final del artículo 3°, la pena será de presidio mayor en sus grados medio a máximo. Pero tratándose de artefactos incendiarios, explosivos, tóxicos, corrosivos o infecciosos cuyos componentes principales sean pequeñas cantidades de combustibles y otros elementos químicos de libre venta al público y de bajo poder expansivo, tales como las bombas molotov y otros artefactos similares, se impondrá únicamente la pena de presidio menor en su grado máximo.

Los que sin la competente autorización fabricaren, armaren, elaboraren, adaptaren, transformaren, importaren, internaren al país, exportaren, transportaren, almacenaren, distribuyeren, ofrecieren, adquirieren o celebraren convenciones respecto de los elementos indicados en la letra f) del artículo 2 serán sancionados con la pena de presidio menor en su grado medio y multa de 10 a 20 unidades tributarias mensuales. En caso de que en la perpetración del delito se utilizaren establecimientos o locales, a sabiendas de su propietario o encargado, o no pudiendo éste menos que

---

235 Artículo agregado por el art. 14 de la Ley N° 21.412, de 25 de enero de 2022. Anteriormente había sido sustituido por el art. 1, N° 11 de la Ley N° 20.813 de 06 de febrero de 2015.

236 Inciso modificado por el art. 15 de la Ley N° 21.412, de 25 de enero de 2022.

saberlo, el juez podrá decretar en la sentencia su clausura definitiva. Asimismo, durante el proceso judicial respectivo podrá decretar, como medida cautelar, la clausura temporal de dichos establecimientos o locales[237].

Quienes construyeren, acondicionaren, utilizaren o poseyeren las instalaciones señaladas en la letra g) del artículo 2°, sin la autorización que exige el inciso primero del artículo 4°, serán castigados con la pena de presidio mayor en su grado mínimo a medio.

Si la distribución, entrega, oferta o celebración de convenciones a que se refieren los incisos anteriores se realizare con o para poner a disposición de un menor de edad dichas armas o elementos, se impondrá el grado máximo o el máximum del grado de la pena correspondiente en los respectivos casos.

El incumplimiento grave de las condiciones impuestas en la autorización otorgada en la forma prevista por el artículo 4° será sancionado con multa aplicada por la Dirección General de Movilización Nacional de 190 a 1900 unidades tributarias mensuales y con la clausura de las instalaciones, almacenes o depósitos, además de la suspensión y revocación de aquélla, en la forma que establezca el reglamento[238].

Artículo 10 A.- El que, contando con la autorización a que se refiere el artículo 4, entregare a un menor de edad alguno de los elementos señalados en las letras a), b), c), d) y e) del artículo 2, será sancionado con la pena de presidio menor en sus grados medio a máximo.

La misma sanción, disminuida en un grado, se impondrá al que, teniendo dicha autorización, permitiere que un menor de edad tenga en su poder alguno de los elementos antes mencionados.

Se impondrá una multa administrativa de 20 a 30 unidades tributarias mensuales y la cancelación del permiso, al poseedor autorizado de dichos elementos cuando, por su mera imprudencia o negligencia, éstos quedaren en poder de un menor de edad. El infractor sancionado tendrá cinco días

---

237 Inciso agregado por el art. 1, N° 2 de la Ley N° 21.310, de 03 de febrero de 2021.

238 Artículo sustituido, por el que aparece en el texto, por el art. 1, N° 12 de la Ley N° 20.813 de 06 de febrero de 2015.

hábiles para entregar las armas o elementos respectivos a la Dirección General de Movilización Nacional, la que los destruirá. Transcurrido ese plazo sin haberse entregado el arma o los elementos, su posesión, porte o tenencia se considerarán ilegales, y serán sancionados de conformidad a lo dispuesto en el artículo 9[239].

Las sanciones dispuestas en este artículo son sin perjuicio de las que corresponda imponer al menor de edad mayor de catorce años, de conformidad con lo establecido en la ley N° 20.084, por los delitos contemplados en la presente ley que cometiere con las armas de que ésta trata[240].

Artículo 10 B.- El que adultere, altere, borre o destruya el sistema de trazabilidad complementario de un arma de fuego o de municiones al que alude el inciso final del artículo 4 A, será sancionado con la pena de presidio menor en su grado medio[241].

Artículo 11.- Los que teniendo el permiso para su posesión o tenencia, portaren o trasladaren armas de fuego de las señaladas en la letra b) del artículo 2, municiones o cartuchos, fuera de los lugares autorizados para su posesión o tenencia y sin alguno de los permisos establecidos en los artículos 5 y 6, serán sancionados con una multa administrativa de 7 a 11 unidades tributarias mensuales y la cancelación del permiso. Cancelado el permiso, el infractor sancionado tendrá cinco días hábiles para entregar estos elementos a la Dirección General de Movilización Nacional, la que los destruirá. Transcurrido ese plazo sin haberse entregado las armas, municiones o cartuchos, su posesión, porte o tenencia se considerarán ilegales, y serán sancionados de conformidad a lo dispuesto en el artículo 9[242].

---

239 Incisos primero, segundo y tercero sustituidos por los que aparecen en el texto por el art. 16 de la Ley N° 21.412, de 25 de enero de 2022. Anteriormente había sido sustituido por el art. 1, N° 11 de la Ley N° 20.813 de 06 de febrero de 2015.

240 Artículo sustituido, por el que aparece en el texto, por el art. 1, N° 12 de la Ley N° 20.813 de 06 de febrero de 2015.

241 Artículo agregado por el art. 17 de la Ley N° 21.412, de 25 de enero de 2022.

242 Artículo sustituido por el que aparece en el texto por el art. 18 de la Ley N° 21.412, de 25 de enero de 2022. Anteriormente había sido sustituido por el art. 1, N° 13 de

Artículo 12.- Los que cometieren los delitos sancionados en los artículos 9, 10, 13 y 14, con más de dos armas de fuego, sufrirán la pena superior en uno o dos grados a la señalada en dichos artículos[243].

Artículo 13.- Los que poseyeren o tuvieren alguna de las armas o elementos señalados en los incisos primero o segundo[244] del artículo 3° serán sancionados con presidio menor en su grado máximo a presidio mayor en su grado mínimo[245].

Si dichas armas son material de uso bélico o aquellas señaladas en el inciso final del artículo 3°, la pena será de presidio mayor en su grado mínimo a medio[246].

INCISO ELIMINADO[247].

Los incisos anteriores no se aplicarán a quienes hayan sido autorizados en la forma y para los fines establecidos en el inciso primero del artículo 4°.

Artículo 14.- Los que portaren alguna de las armas o elementos señalados en los incisos primero o segundo[248] del artículo 3° serán sancionados con presidio menor en su grado máximo a presidio mayor en su grado mínimo.

---

la Ley N° 20.813 de 06 de febrero de 2015.

243 Artículo modificado por el art. 19 de la Ley N° 21.412, de 25 de enero de 2022. Anteriormente había sido modificado por el art. 1, N° 14 de la Ley N° 20.813 de 06 de febrero de 2015.

244 Artículo modificado por el art. 20 de la Ley N° 21.412, de 25 de enero de 2022. Anteriormente había sido sustituido por el art. 1, N° 13 de la Ley N° 20.014 de 13 de mayo de 2005.

245 Inciso sustituido, por el que aparece en el texto, por el art. 1, N° 13, letra a) de la Ley N° 20.014 de 13 de mayo de 2005.

246 Inciso modificado por el art. 1, N° 13, letra b) de la Ley N° 20.014 de 13 de mayo de 2005.

247 Inciso eliminado por el art. 1, N° 15 de la Ley N° 20.813 de 06 de febrero de 2015.

248 Inciso modificado por el art. 21 de la Ley N° 21.412, de 25 de enero de 2022.

Si dichas armas son material de uso bélico o aquellas señaladas en el inciso final del artículo 3°, la pena será de presidio mayor en sus grados mínimo a medio.

INCISO ELIMINADO[249].

Artículo 14 A.- Los que, teniendo las autorizaciones correspondientes, abandonaren armas o elementos sujetos al control de esta ley, incurrirán en la sanción administrativa de multa de 8 a 100 unidades tributarias mensuales y la cancelación del permiso. Las armas y elementos abandonados serán destruidos por la Dirección General de Movilización Nacional.

La misma sanción se impondrá a quienes, teniendo las autorizaciones correspondientes, no denunciaren en la forma prevista en el artículo 173 del Código Procesal Penal el robo o hurto de armas o elementos sujetos al control de esta ley, o no comunicaren a alguna de las autoridades indicadas en el inciso tercero del artículo 4 su pérdida o extravío dentro de las cuarenta y ocho horas siguientes del hecho, o del momento en que se tuvo o pudo tener conocimiento de su robo, hurto, pérdida o extravío.

La sola constancia ante la autoridad no eximirá de la obligación de denuncia del robo o hurto, prevista en el inciso anterior[250].

Artículo 14 B.- Constituye circunstancia agravante de los delitos de que trata esta ley dotar las armas o municiones, que se posean o tengan, de dispositivos, implementos o características que tengan por finalidad hacerlas más eficaces, ocasionar más daño o facilitar la impunidad del causante[251].

---

249 Inciso eliminado por el art. 1, N° 16 de la Ley N° 20.813 de 06 de febrero de 2015. Anteriormente, el artículo fue sustituido por el art. 1, N° 14 de la Ley N° 20.014 de 13 de mayo de 2005.

250 Artículo sustituido por el que aparece en el texto, por el art. 22 de la Ley N° 21.412, de 25 de enero de 2022. Anteriormente había sido agregado por el art. único N° 13 de la Ley N° 18.592, de 21 de enero de 1987.

251 Artículo agregado por el art. único, N° 13 de la Ley N° 18.592 de 21 de enero de 1987.

Si los implementos a que se refiere el inciso anterior fueren de aquellos señalados en las letras h), i) y j) del artículo 3, no se impondrá al delito el grado mínimo o el mínimum de la pena que correspondería sin esa circunstancia[252].

Artículo 14 C.- En los delitos previstos en los artículos 9, 13 y 14, el tribunal podrá prescindir de toda pena si el imputado procede a[253] la entrega voluntaria de las armas o elementos a las autoridades señaladas en el artículo 1°, sin que haya mediado actuación policial, judicial o del Ministerio Público de ninguna especie.

El Ministerio de Defensa Nacional, a través de la Dirección General de Movilización Nacional, y el Ministerio del Interior y Seguridad Pública, por medio de la Subsecretaría de Prevención del Delito, podrán diseñar, ejecutar, evaluar y difundir programas de incentivo para la entrega voluntaria de armas o elementos señalados en los artículos 2° y 3°. Dicha entrega deberá realizarse a las autoridades indicadas en el artículo 1°. Estos programas podrán ejecutarse a través de la autoridad fiscalizadora, de otros servicios públicos o de particulares[254].

Artículo 14 D.- El que colocare, enviare, activare, arrojare, detonare, disparare o hiciere explosionar bombas o artefactos explosivos, incendiarios, corrosivos en, desde o hacia la vía pública, edificios públicos o de libre acceso al público, o dentro de o en contra de medios de transporte público, vehículos policiales o de Gendarmería de Chile, vehículos militares empleados en funciones de orden público y resguardo fronterizo, vehículos municipales, o que presten servicios a municipalidades empleados para labores de seguridad, instalaciones sanitarias, de almacenamiento o transporte de combustibles, de instalaciones de distribución o generación de

---

[252] Inciso agregado por el art. 23 de la Ley N° 21.412, de 25 de enero de 2022.

[253] Inciso modificado por el art. 24 de la Ley N° 21.412, de 25 de enero de 2022.

[254] Inciso agregado por el art. 1, N° 18 de la Ley N° 20.813 de 06 de febrero de 2015. Anteriormente todo el artículo fue reemplazado por el art. 1, N° 16, de la Ley N° 20014 de 13 de mayo de 2005. El art. único, N° 13 de la Ley N° 18.592 de 21 de enero de 1987 había agregado este artículo.

energía eléctrica, portuarias, aeronáuticas o ferroviarias, incluyendo las de trenes subterráneos, u otros lugares u objetos semejantes, será sancionado con presidio mayor en su grado medio. Igual pena se aplicará a quienes arrojen, detonen o disparen dichos elementos hacia recintos militares o policiales. La misma pena se impondrá al que enviare cartas o encomiendas explosivas, incendiarias, corrosivas de cualquier tipo[255].

Si las conductas descritas en el inciso precedente se realizaren en, desde o hacia lugares u objetos distintos de los allí señalados, la pena será presidio mayor en su grado mínimo.

Ejecutándose las conductas descritas en los incisos anteriores con artefactos incendiarios, explosivos, tóxicos, corrosivos o infecciosos cuyos componentes principales sean pequeñas cantidades de combustibles u otros elementos químicos de libre venta al público y de bajo poder expansivo, tales como las bombas molotov y otros artefactos similares, se impondrá únicamente la pena de presidio menor en su grado máximo, en el caso del inciso primero, y de presidio menor en su grado medio, en el del inciso segundo.

El que coloque, envíe, active, arroje, detone, dispare, o haga explosionar artefactos incendiarios, explosivos, tóxicos, corrosivos o infecciosos cuyos componentes principales sean pequeñas cantidades de combustibles u otros elementos químicos de libre venta al público y de bajo poder expansivo, tales como las bombas molotov y otros artefactos similares en, desde o hacia recintos policiales y militares, será sancionado con la pena de presidio menor en su grado máximo a presidio mayor en su grado mínimo. Cuando se perpetren las conductas señaladas en este inciso mediante el uso de fuegos artificiales, se impondrá la pena de presidio menor en su grado máximo[256].

---

[255] Inciso modificado por el artículo el artículo 10, Nº 1, letra a) y letra b) de la Ley 21.560 de 10 de abril de 2023. Anteriormente modificado por el l art. 42, letra c) de la Ley Nº 21.250, de 17 de agosto de 2020 suprimió las expresiones "químicos,", "tóxicos,", "o infecciosos", "químicas,", "tóxicas,", y "o infecciosas" del inciso 1º, como aparece en el texto.

[256] Inciso agregado por el artículo 10, Nº 2, de la Ley 21.560 de 10 de abril de 2023.

Quien disparare injustificadamente un arma de fuego de las señaladas en la letra b) del artículo 2° a un inmueble privado con personas en su interior, o en, desde o hacia uno de los lugares mencionados en el inciso primero será sancionado con la pena de presidio menor en su grado máximo. Si la conducta descrita en este inciso se realizare al aire o en, desde o hacia lugares u objetos distintos de los señalados, la pena será de presidio menor en su grado medio. Si el arma disparada correspondiere a las señaladas en la letra a) del artículo 2° o en el artículo 3°, se impondrá la pena inmediatamente superior en grado[257] [258].

Las penas dispuestas en el inciso anterior se impondrán en su máximum cuando las conductas ahí señaladas turbaren gravemente la tranquilidad pública o infundieren temor en la población[259].

Artículo 14 E.- El que, sin la competente autorización, accionare, activare o disparare alguno de los elementos señalados en la letra f) del artículo 2 será sancionado con la pena de presidio menor en sus grados mínimo a medio y multa de 10 a 20 unidades tributarias mensuales.

La pena privativa de libertad dispuesta en el inciso anterior se impondrá en su máximo cuando las conductas ahí señaladas turbaren gravemente la tranquilidad pública o infundieren temor en la población[260].

Artículo 14 F.- Serán solidariamente responsables de los efectos civiles de aquellos ilícitos en que se hubieren utilizado sus armas de fuego, quienes las hubieren abandonado, no hubieren comunicado o denunciado oportunamente su extravío, robo o hurto, y quienes no hubieren realizado las declaraciones a las que hace referencia el inciso tercero del artículo 5.

---

[257] Artículo agregado por el art. 1, N° 19 de la Ley N° 20.813 de 06 de febrero de 2015.

[258] Inciso modificado, como aparece en el texto por el art. 1, N° 3, letra a), números i), ii) y iii), de la Ley N° 21.250, de 17 de agosto de 2020.

[259] Inciso final agregado por el art. 1, N° 3, letra b) de la Ley N° 21.250, de 17 de agosto de 2020.

[260] Artículo agregado por el art. 4 de la Ley N° 21.250, de 17 de agosto de 2020.

En el caso de las personas jurídicas, la responsabilidad solidaria se extenderá tanto a aquella como a su representante legal[261].

Artículo 15.- Sin perjuicio de la sanción corporal o pecuniaria, la sentencia respectiva dispondrá, en todo caso, el comiso de las especies cuyo control se dispone por la presente ley, debiendo ellas ser remitidas a Arsenales de Guerra o al Depósito Central de Armas de Carabineros de Chile, según corresponda[262].

Las especies decomisadas no serán objeto de subasta pública.

Artículo 16.- El personal de la Dirección General de Movilización Nacional y el de los demás organismos que menciona el artículo 1°, no podrá revelar los hechos, informaciones y el contenido de las solicitudes recibidas por ellos, relativos a las materias que regula esta ley.

La misma obligación tendrá respecto de las resoluciones, oficios y providencias que emitan la Dirección General y los organismos indicados en el artículo 1° de esta ley.

La infracción a lo dispuesto en los incisos anteriores será sancionada con las penas establecidas en el inciso segundo del artículo 246 del Código Penal.

Sin perjuicio de lo anterior y de las facultades de supervigilancia y control de las armas que corresponden al Ministerio encargado de la Defensa Nacional o a organismos de su dependencia, Carabineros de Chile y la Policía de Investigaciones de Chile estarán interconectados con la base de datos sobre inscripciones y registro de armas que debe mantener la Dirección General de Movilización Nacional y con toda otra base de datos regulada reglamentariamente en virtud de esta ley, con exclusión de las referidas a los registros de armas de fuego de las instituciones del Estado. Sólo tendrán acceso a ellas los funcionarios designados por dichas instituciones, siempre que la función que cumplan así lo exija; los fiscales del Ministerio Público a cargo de una investigación penal en curso, o pertenecientes a

---

261 Artículo agregado por el art. 25 de la Ley N° 21.412, de 25 de enero de 2022.

262 Inciso modificado por el art. 1, N° 20 de la Ley N° 20.813 de 06 de febrero de 2015.

una unidad del Sistema de Análisis Criminal y Focos Investigativos, y los funcionarios de la Unidad de Análisis Financiero que se designen al efecto. Deberá utilizarse la información consultada exclusivamente para los fines propios de la institución. El reglamento fijará las normas con arreglo a las cuales se consultarán dichas bases de datos a las que podrán acceder de manera permanente las instituciones antes señaladas. En todo caso, deberá registrarse dicha consulta y resguardarse la reserva de los antecedentes contenidos en aquélla[263].

Artículo 17.- Toda persona que sin estar autorizada para ello fuere sorprendida en polvorines o depósitos de armas, sean éstos militares, policiales o civiles, o en recintos militares o policiales cuyo acceso esté prohibido, será sancionada con la pena de presidio o relegación menores en su grado mínimo.

Inciso Segundo. DEROGADO[264].

Artículo 17 A.- El empleado público que violare o consintiere en que otro violare la obligación de reserva de la información contenida en las bases[265] de datos a que se refiere el inciso final del artículo 16°, será sancionado con la pena de reclusión menor en su grado máximo a reclusión mayor en su grado mínimo y con la inhabilitación absoluta temporal en su grado medio a perpetua para ejercer cargos y oficios públicos.

El funcionario que utilizare la información contenida en dichas bases[266] de datos en beneficio propio o ajeno, en perjuicio de alguna persona, autoridad u organismo, o para ejercer presiones o amenazas, será san-

---

263 Inciso modificado por el art. 26 de la Ley N° 21.412, de 25 de enero de 2022.

264 Inciso derogado por el art 2 de la Ley N° 18.342, de 26 de septiembre de 1984.

265 Inciso modificado por el art. 27, letra a) de la Ley N° 21.412, de 25 de enero de 2022.

266 Inciso modificado por el art. 27, letra b) de la Ley N° 21.412, de 25 de enero de 2022. Anteriormente el artículo había sido agregado por el art. 1, N° 18 de la Ley N° 20.014, de 13 de mayo de 2005.

cionado con la pena de reclusión mayor en sus grados mínimo a máximo y con la inhabilitación absoluta y perpetua para ejercer cargos públicos[267].

Artículo 17 B.- Las penas por los delitos sancionados en esta ley se impondrán sin perjuicio de las que correspondan por los delitos o cuasidelitos que se cometan empleando las armas o elementos señalados en las letras a), b), c), d) y e) del artículo 2° y en el artículo 3°, de conformidad con lo dispuesto en el artículo 74 del Código Penal.

Para determinar la pena en los delitos previstos en los artículos 8°, 9°, 10, 13, 14 y 14 D, y en todos los casos en que se cometa un delito o cuasidelito empleando alguna de las armas o elementos mencionados en el inciso anterior, el tribunal no tomará en consideración lo dispuesto en los artículos 65 a 69 del Código Penal y, en su lugar, determinará su cuantía dentro de los límites de cada pena señalada por la ley al delito, en atención al número y entidad de circunstancias atenuantes y agravantes, y a la mayor o menor extensión del mal producido por el delito. En consecuencia, el tribunal no podrá imponer una pena que sea mayor o menor a la señalada por la ley al delito, salvo lo dispuesto en los artículos 51 a 54, 72, 73 y 103 del Código Penal, en la ley N° 20.084 y en las demás disposiciones de esta ley y de otras que otorguen a ciertas circunstancias el efecto de aumentar o rebajar dicha pena[268].

Si los delitos de porte de armas o artefactos descritos en el inciso primero del artículo 9 y en el artículo 14 se cometieren en lugares altamente concurridos, tales como la vía pública, edificios públicos o de libre acceso al público, establecimientos educacionales públicos o privados, centros de salud públicos o privados, ferias libres, mercados, centros comerciales, eventos deportivos o espectáculos, o dentro de medios de transporte público, instalaciones sanitarias, de almacenamiento o transporte de combustibles, de instalaciones de distribución o generación de energía eléctrica, portuarias, aeropuertos o estaciones ferroviarias, incluyendo las de trenes subterráneos, estaciones de buses y, en general, todo medio de

---

267 Artículo agregado por el art. 1, N° 18, de la Ley N° 20014 de 13 de mayo de 2005.

268 Artículo agregado por el art. 1, N° 21 de la Ley N° 20.813 de 06 de febrero de 2015.

transporte de carga o personas u otros lugares semejantes, se impondrá al responsable la pena señalada al delito con exclusión de su grado mínimo, si ella consta de dos o más grados, o de su mitad inferior, si la pena es de un grado de una divisible[269].

Artículo 17 C.- DEROGADO[270].

TÍTULO III. JURISDICCIÓN, COMPETENCIA Y PROCEDIMIENTO

Artículo 18.- Los delitos contemplados en esta ley serán de competencia de los tribunales ordinarios de justicia, a menos que en ellos hubiese intervenido exclusivamente personal militar en ejercicio de sus funciones, caso en el cual la competencia recaerá en los tribunales militares correspondientes[271].

Artículo 19.- DEROGADO[272].

Artículo 19 A.- Siempre que se decrete una suspensión condicional del procedimiento en una investigación por los delitos contemplados en esta ley, una de las condiciones que se deberá imponer será la prohibición de inscribir armas de fuego y su tenencia, posesión o porte, así como sus municiones o cartuchos, mientras la causa se encontrare suspendida condicionalmente.

La suspensión condicional en los delitos previstos en esta ley sólo procederá si el responsable ha cooperado eficazmente con la investigación en los términos del artículo 17 C, lo que deberá declarar expresamente el fiscal del Ministerio Público en la audiencia correspondiente.

---

269 Inciso modificado por el artículo 1° de la Ley 21.556 de 10 de abril de 2023.

270 Artículo suprimido por el artículo sexto de la Ley No. 21.694 de 04 de septiembre de 2024. Anteriormente había sido agregado por el artículo 28 de la Ley 21.412 de 25 de enero de 2022.

271 Artículo sustituido, por el que aparece en el texto, por el art. 1, N° 22 de la Ley N° 20.813 de 06 de febrero de 2015.

272 Artículo derogado por el art. 1, N° 20, de la Ley N° 20014 de 13 de mayo de 2005.

Artículo 19 B.- Para la investigación de los delitos previstos en esta ley serán aplicables las técnicas especiales del Título II de la ley Nº 20.000, que sanciona el tráfico ilícito de estupefacientes y sustancias sicotrópicas, así como las medidas de protección que establece el Párrafo 2º de su Título III[273].

Artículo 20.- La tramitación de los procesos que conforme al artículo 18º deban ser conocidos por tribunales militares se someterá a las normas establecidas en el Título II del Libro II del Código de Justicia Militar[274].

a) DEROGADA[275].

b) DEROGADA[276].

c) DEROGADA[277].

d) El o los culpables serán juzgados en un solo proceso, pero no se aplicará los dispuesto en el artículo 160º del Código Orgánico de Tribunales y, por consiguiente, no se acumularán las causas iniciadas o por iniciarse en contra de los inculpados, y.

e) En estos procesos no existirán otros delitos conexos que los señalados en el Nº 1º del artículo 165 del Código Orgánico de Tribunales[278].

---

273 Artículos 19 A y 19 B agregados por el art. 29 de la Ley Nº 21.412, de 25 de enero de 2022.

274 Inciso modificado por el art. 1, Nº 21, letras a), de la Ley Nº 20014 de 13 de mayo de 2005.

275 Letra derogada por el art. 1, Nº 21, letra b), de la Ley Nº 20014 de 13 de mayo de 2005.

276 Letra derogada por el art. 1, Nº 21, letra b), de la Ley Nº 20014 de 13 de mayo de 2005.

277 Letra derogada por el art. 1, Nº 21, letra b), de la Ley Nº 20014 de 13 de mayo de 2005.

278 NOTA: El artículo 5º transitorio de la LEY 20014, publicada el 13.05.2005, dispone que la derogación de las letras d) y e), dispuesta por la letra b) del Nº 21, de su artículo 1º, rige, para la Región Metropolitana, a contar de del 16 de junio de 2005, según lo dispone el artículo 4º transitorio de la LEY 19940, publicada el 15.10.1999, a la cual se remite la norma en referencia. La citada modificación no se ha incorporado al presente texto actualizado.

TÍTULO IV. DE LOS REGISTROS DE ARMAS DE FUEGO DE LAS INSTITUCIONES DEL ESTADO

Artículo 20 A.- Cada una de las instituciones que compongan las Fuerzas Armadas y de Orden y Seguridad Pública, Gendarmería de Chile y la Dirección General de Aeronáutica Civil, deberá mantener un Registro de Armas de Fuego, y dispondrán de sistemas de trazabilidad de sus armas y municiones. Para estos efectos, deberán ser registrados los elementos señalados en los literales b) y c) del artículo 2 y aquellos del literal a) del mismo artículo que el reglamento determine, tales como fusiles de asalto; fusiles y carabinas semiautomáticas de uso militar; revólveres y pistolas semiautomáticas de uso militar; ametralladoras ligeras, y metralletas incluidas las pistolas ametralladoras.

Las instituciones mencionadas en el inciso anterior, de forma previa a la inscripción de sus armas en el registro señalado en el inciso precedente, deberán proceder a tomar muestras del efecto del disparo en los proyectiles y casquillos de balas o cartuchos, e incorporar la información a un sistema de identificación balística automatizada.

Un reglamento dictado por el Ministerio del Interior y Seguridad Pública, y además suscrito por el Ministro de Defensa Nacional, establecerá la regulación de los registros indicados en el inciso primero.

TÍTULO V. DEL PLAN ANUAL DE FISCALIZACIÓN DE ARMAS DE FUEGO

Artículo 20 B.- La Dirección General de Movilización Nacional conjuntamente con las autoridades fiscalizadoras y las Fuerzas de Orden y Seguridad Pública deberá elaborar y proponer anualmente un plan de fiscalización de las armas de fuego sujetas al control de esta ley, para ser aplicado en el año inmediatamente siguiente. Dicho plan será sancionado por resolución exenta conjunta del Ministerio del Interior y Seguridad Pública y del Ministerio de Defensa Nacional, y tendrá carácter de reservado.

El plan definirá la acción de fiscalización coordinada que realizarán las autoridades a que se refiere el artículo 1 y los funcionarios de las Fuerzas de Orden y Seguridad Pública, según la distribución territorial que se establezca en él, y considerará los registros de inscripción, transferencias, hurtos, robos, pérdidas, extravíos y abandonos, fallecimientos, resultados de fiscalizaciones previas y sanciones impuestas; los informes de ingreso de armas al país; cifras de delitos cometidos con armas de fuego y su georreferenciación, y cualquier otra información de utilidad de que disponga la Dirección General de Movilización Nacional, o que le suministren los organismos públicos dentro de su competencia para estos efectos.

Dicho plan deberá contar con indicadores cualitativos y cuantitativos de cumplimiento a efectos de su evaluación y mejora continua. Deberá evacuarse un informe anual con sus resultados, el que será elaborado por la Dirección General de Movilización Nacional conjuntamente con las autoridades fiscalizadoras y las Fuerzas de Orden y Seguridad Pública, y remitido al Ministro del Interior y Seguridad Pública y al Ministro de Defensa Nacional[279].

DISPOSICIONES COMPLEMENTARIAS

Artículo 21.- La Dirección General de Movilización Nacional deberá colocar avisos en las Comandancias de Guarnición, en las Prefecturas de Carabineros de Chile, en las brigadas o cuarteles de la Policía de Investigaciones de Chile, en las Oficinas de Correos y Telégrafos y en las Municipalidades, en que se informe al público sobre las prohibiciones, permisos, autorizaciones e inscripciones a que se refiere esta ley. Además, difundirá las disposiciones de esta ley a través de los medios de comunicación, de acuerdo a sus disponibilidades presupuestarias[280].

Toda persona natural o jurídica autorizada para comercializar armas de fuego deberá colocar avisos en los lugares habilitados para la comercialización, que contengan las obligaciones que les corresponden a los usuarios de armas, de conformidad a esta ley y a su reglamento. La Dirección

---

[279] Títulos IV y V, nuevos agregados por el art. 30 de la Ley N° 21.412, de 25 de enero de 2022. Anteriormente el artículo.

[280] Inciso modificado por el art. 31, letra a) de la Ley N° 21.412, de 25 de enero de 2022. Anteriormente fue modificado por el art. 1 de la Ley N° 20.813 de 06 de febrero de 2015.

General de Movilización Nacional, mediante resolución exenta, que deberá estar disponible de forma permanente en su sitio web institucional, establecerá el contenido de los avisos[281].

Artículo 22.- El Presidente de la República, a petición de la Dirección General de Movilización Nacional, podrá disponer la reinscripción de armas poseídas por particulares, como asimismo, la prohibición de su comercio y tránsito cuando así lo aconsejaren las circunstancias[282].

Artículo 23.- El Ministerio Público o los tribunales de justicia, en su caso, mantendrán en depósito en Arsenales de Guerra el material de uso bélico y explosivos, y en el Depósito Central de Armas de Carabineros de Chile los demás objetos o instrumentos de delito sometidos a control por la presente ley, hasta el término del respectivo procedimiento. Lo mismo ocurrirá con las armas y demás elementos sometidos a control que hayan sido retenidos en las aduanas del país, por irregularidades en su importación o internación, y aquellas armas y elementos respecto de los cuales se ordene su retención o incautación por cualquier causa.

Si dichas especies fueren objeto de comiso en virtud de sentencia judicial ejecutoriada, quedarán bajo el control de las Fuerzas Armadas y Carabineros de Chile, según corresponda, y se procederá a su destrucción.

Exceptúanse de esta norma aquellas armas de interés histórico o científico policial, las cuales, previa resolución de la Dirección General de Movilización Nacional, se mantendrán en los museos que en ese acto administrativo se indique.

Las armas de fuego y demás elementos de que trata esta ley que se incautaren, retuvieren o fueren abandonados, y cuyo poseedor o tenedor se desconozca, pasarán al dominio fiscal y se procederá a su destrucción inmediata, a menos que se reclamare su posesión o tenencia legal dentro del plazo de treinta días, contado desde la fecha de su retención, incau-

---

[281] Inciso agregado por el art. 31, letra b) de la Ley N° 21.412, de 25 de enero de 2022.

[282] Artículo modificado por el art. 1, N° 24 de la Ley N° 20.813 de 06 de febrero de 2015.

tación o hallazgo. Lo mismo se aplicará respecto de las armas y demás elementos de que trata esta ley que sean entregados voluntariamente a las autoridades indicadas en el artículo 4°.

En todo caso, las armas y demás elementos de que trata esta ley, respecto de los cuales no se haya decretado su comiso, y cuya situación no se encuentre expresamente regulada en los incisos precedentes, serán destruidos transcurridos cinco años contados desde su depósito en Arsenales de Guerra o en el Depósito Central de Armas de Carabineros de Chile.

Con todo, previo a la destrucción de las armas de fuego de conformidad a este artículo, así como de aquellas entregadas a la autoridad voluntariamente, se procederá a tomar muestras del efecto del disparo en sus proyectiles y casquillos de balas o cartuchos para su incorporación al sistema de identificación balística automatizada correspondiente[283].

Sin perjuicio de lo establecido en los incisos segundo y cuarto, las armas y demás elementos a que hacen referencia dichos incisos podrán destinarse al uso de las Fuerzas Armadas y las Fuerzas de Orden y Seguridad, si así se dispusiere mediante decreto supremo del Ministerio de Defensa Nacional y del Interior y Seguridad Pública. Para estos efectos, una Comisión de Material de Guerra, compuesta por personal técnico de las Fuerzas Armadas y de las Fuerzas de Orden y Seguridad Pública, designada por decreto supremo suscrito por los Ministros de Defensa Nacional y del Interior y Seguridad Pública, a proposición del Director General de Movilización Nacional, del General Director de Carabineros de Chile y del Director General de la Policía de Investigaciones de Chile, respectivamente, propondrá el armamento y demás elementos sujetos a control que se destinarán a dicho uso[284].

---

283 Inciso agregado por el art. 32, letra a) de la Ley N° 21.412, de 25 de enero de 2022.

284 Inciso modificado por el art. 32, letra b), I y II de la Ley N° 21.412, de 25 de enero de 2022. Anteriormente, el artículo había sido sustituido por el art. 1, N° 25 de la Ley N° 20.813 de 06 de febrero de 2015.

Artículo 24.- Deroganse el artículo 288, del Código Penal, y la letra g), del artículo 6°, de la ley N 12.927, solo en cuanto se refiere a armas de fuego, explosivos y demás elementos contemplados en la presente ley.

Esta derogación no afectará a los procesos en actual tramitación, ni al cumplimiento de las sentencias dictadas en aplicación de las referidas disposiciones.

Todas las actuales referencias legales a los citados artículos se entenderán también formuladas a los artículos 4°, inciso segundo, y 10°, de esta ley.

Artículo 25.- DEROGADO[285].

Artículo 26.- Las solicitudes que se efectúen en virtud de esta ley, así como la custodia y depósito de armas u otros elementos sujetos a control, estarán afectos a los derechos que determine el reglamento, cuyas tasas no podrán exceder de tres unidades tributarias mensuales[286].

En los meses de Enero y Julio de cada año se establecerán, dentro del límite señalado, las tasas de dichos derechos, las que serán fijadas por decreto supremo y regirán desde su publicación en el Diario Oficial.

INCISO DEROGADO[287].

El total del rendimiento de los derechos y multas establecidos en la presente ley constituirá ingresos propios de la Dirección General de Movilización Nacional, los cuales percibirá directamente y administrará sin intervención del Servicio de Tesorerías[288].

La mencionada Dirección General proporcionará, por intermedio de sus respectivas Instituciones, a las Comandancias de Guarnición de las Fuerzas Armadas y autoridades de Carabineros de Chile, que se desempeñen como autoridades fiscalizadoras, el 50% de los derechos y multas recaudados por

---

285 Artículo derogado por el art. 1, N° 23 de la Ley N° 20014 de 13 de mayo de 2005.

286 Artículo sustituido, por el que aparece en el texto, por el art. 1, N° 26, letra a) de la Ley N° 20.813 de 06 de febrero de 2015.

287 Inciso derogado por el art. 1, N° 23 de la Ley N° 20014 de 13 de mayo de 2005.

288 Inciso modificado por el art. 1, N° 26, letra b) de la Ley N° 20.813 de 06 de febrero de 2015.

cada una de éstas, para que cumplan las funciones que les encomienda esta ley.

Artículo 27.- Facúltase a quienes tengan o posean armas permitidas por esta ley, para inscribirlas antes de que se inicie procedimiento en su contra, ante las autoridades mencionadas en el artículo 4°[289].

Artículo 28.- Las referencias que en esta ley se hacen a "tiempo de guerra" se entenderá que aluden a "tiempo de guerra externa"[290].

"Artículo transitorio.- Autorízase a las personas naturales que tengan inscritas más de dos armas de fuego a su nombre, excluidas las de caza o de concurso, para mantenerlas en su posesión o tenencia. Dichas personas no podrán transferirlas, sino a personas naturales que no tengan o sólo posean un arma de fuego inscrita, o a personas jurídicas autorizadas para poseer más de dos armas de fuego. En el caso de contravención, las armas cuya transferencia no esté autorizada caerán en comiso, conforme a lo establecido en el artículo 23.

Anótese, tómese razón, publíquese en el Diario Oficial y en los Boletines Oficiales del Ejército, Armada, Fuerza Aérea, Carabineros e Investigaciones.-

AUGUSTO PINOCHET UGARTE, General de Ejército, Presidente de la República.- Herman Brady Roche, General de División, Ministro de Defensa Nacional.- Raul Benavides Escobar, General de División, Ministro del Interior.

Lo que se transcribe para su conocimiento.- Roberto Guillard Marinot, Coronel, Subsecretario de Guerra.

---

289 Artículo agregado por el art. único, N° 18 de la Ley N° 18.592 de 21 de enero de 1987.

290 Artículo agregado por el art. 3, N° 8 de la Ley N° 19.047 de 14 de febrero de 1991.

DFL Nº 1
FIJA TEXTO REFUNDIDO, COORDINADO Y SISTEMATIZADO DE LA LEY DE TRÁNSITO, Nº 18.290[291]

DFL Nº 1.- Santiago, 27 de diciembre de 2007.- Vistos: Lo dispuesto en el artículo 64 de la Constitución Política de la República, y

Considerando:

1.- Que en el artículo 64 inciso 5º de la Constitución Política de la República, se faculta al Presidente de la República a fijar el texto refundido, coordinado y sistematizado de las leyes cuando sea conveniente para su mejor ejecución.

2.- La necesidad de refundir, coordinar y sistematizar el citado cuerpo legal.

Decreto con fuerza de ley:

1.- Fíjase el siguiente texto refundido, coordinado y sistematizado de la Ley Nº 18.290, sobre Tránsito:

TÍTULO XV[292]. DE LA RESPONSABILIDAD POR LOS ACCIDENTES (ARTS. 165-171)

Artículo 165.- Toda persona que conduzca un vehículo en forma de hacer peligrar la seguridad de los demás, sin consideración de los derechos de éstos o infringiendo las reglas de circulación o de seguridad establecidas en esta ley, será responsable de los perjuicios que de ello provengan.

Artículo 166.- El mero hecho de la infracción no determina necesariamente la responsabilidad civil del infractor, si no existe relación de causa a efecto entre la infracción y el daño producido por el accidente. En con-

---

291 NOTA: se agregan sólo los artículos pertinentes al proceso penal de esta ley.

292 NOTA: se incluye exclusivamente los Título XV, XVI y XVII de esta ley, por resultar los más pertinentes al CPP.

secuencia, si una persona infringe alguna disposición y tal contravención no ha sido causa determinante de los daños producidos, no estará obligada a la indemnización.

Artículo 167.- En los accidentes del tránsito, constituyen presunción de responsabilidad del conductor, los siguientes casos:

1.- Conducir un vehículo sin haber obtenido la licencia correspondiente o encontrándose ésta cancelada o adulterada;

2.- No estar atento a las condiciones del tránsito del momento;

3.- Conducir en condiciones físicas deficientes o bajo la influencia del alcohol o de estupefacientes o sustancias sicotrópicas;

4.- Conducir un vehículo sin sistemas de frenos o que accionen éstos en forma deficiente, con un mecanismo de dirección, neumáticos, o luces reglamentarias en mal estado o sin limpiaparabrisas cuando las condiciones del tiempo exigieren su uso;

5.- Conducir un vehículo sin dar cumplimiento a las restricciones u obligaciones que se le hayan impuesto en la licencia de conductor;

6.- Conducir un vehículo de la locomoción colectiva que no cumpla con las revisiones técnicas y condiciones de seguridad reglamentarias;

7.- Conducir a mayor velocidad que la permitida o a una velocidad no razonable y prudente, según lo establecido en el artículo 144;

8.- Conducir contra el sentido de la circulación;

9.- Conducir a la izquierda del eje de la calzada en una vía que tenga tránsito en sentidos opuestos, no conservar la derecha al aproximarse a una cuesta, curva, puente, túnel, paso a nivel o sobre nivel;

10.- No respetar el derecho preferente de paso de peatones o vehículos y las indicaciones del tránsito dirigido o señalizado;

11.- Conducir un vehículo cuya carga o pasajeros obstruyan la visual del conductor hacia el frente, atrás o costados, o impidan el control sobre el sistema de dirección, frenos y de seguridad;

12.- Conducir un vehículo con mayor carga que la autorizada y, en los vehículos articulados, no llevar los elementos de seguridad necesarios;

13.- Salirse de la pista de circulación o cortar u obstruir sorpresivamente la circulación reglamentaria de otro vehículo;

14.- Detenerse o estacionarse en una curva, en la cima de una cuesta, en el interior de un túnel, en ciclovías o sobre un puente y en la intersección de calles o caminos, o en contravención a lo dispuesto en el número 8 del artículo 154;

15.- No hacer el conductor, en forma oportuna, las señales reglamentarias;

16.- Adelantar en cualquiera de los lugares a que se refiere el número nueve de este artículo, o en las zonas prohibidas, o hacerlo sin tener la visual o el espacio suficiente;

17.- No mantener una distancia razonable y prudente con los vehículos que le anteceden;

18.- Conducir un vehículo haciendo uso de cualquier elemento que aísle al conductor de su medio ambiente acústico u óptico, y

19.- Negarse, sin causa justificada, a que se le practiquen los exámenes a que se refiere el artículo 183.

Artículo 168.- En todo accidente del tránsito en que se produzcan daños el o los participantes estarán obligados a dar cuenta de inmediato a la autoridad policial más próxima.

Se presumirá la culpabilidad del o de los que no lo hicieren y abandonaren el lugar del accidente.

Asimismo, se presumirá la responsabilidad del conductor que no cumpla lo establecido en el artículo 176 y abandonare el lugar del accidente.

En todo caso, para hacer efectivos los seguros de daños a terceros o propios, el interesado deberá informar el siniestro mediante declaración jurada simple presentada ante la respectiva compañía aseguradora, y no se requerirá de otros actos o documentos expedidos por la autoridad policial, tales como constancias o denuncias[293].

Artículo 169.- De las infracciones a los preceptos del tránsito será responsable el conductor del vehículo.

---

[293] Inciso agregado por el art. 9 de la Ley N° 20.931, de 05 de julio de 2016.

El conductor, el propietario del vehículo y el tenedor del mismo a cualquier título, a menos que estos últimos acrediten que el vehículo fue usado contra su voluntad, son solidariamente responsables de los daños o perjuicios que se ocasionen con su uso, sin perjuicio de la responsabilidad de terceros de conformidad a la legislación vigente.

No obstante lo establecido en el inciso anterior, el funcionario de Carabineros de Chile, de la Policía de Investigaciones de Chile o de Gendarmería de Chile, que conduciendo un vehículo motorizado en persecución de un delito o en la ejecución de procedimientos estrictamente policiales o propios de la institución a la que pertenece ocasione daños o perjuicios, no será responsable de ellos, sin perjuicio de la responsabilidad que le corresponda al propietario del vehículo[294].

De igual manera, si se otorgare una licencia de conductor con infracción a las normas de esta ley, el o los funcionarios responsables de ello, sean o no municipales, serán solidariamente responsables de los daños y perjuicios que se ocasionen por culpa del conductor a quien se le hubiere otorgado dicha licencia, sin perjuicio de las sanciones penales y administrativas que correspondan.

El concesionario de un establecimiento a que se refiere el artículo 4º de la ley Nº 18.696, será civil y solidariamente responsable de los daños y perjuicios originados por un accidente de tránsito, causado por desperfectos de un vehículo respecto del cual se hubiese expedido un certificado falso, ya sea por no haberse practicado realmente la revisión o por contener afirmaciones de hechos contrarios a la verdad.

La Municipalidad respectiva o el Fisco, en su caso, serán responsables civilmente de los daños que se causaren con ocasión de un accidente que sea consecuencia del mal estado de las vías públicas o de su falta o inadecuada señalización. En este último caso, la demanda civil deberá interponerse ante el Juez de Letras en lo civil correspondiente y se tramitará de acuerdo a las normas del juicio sumario.

---

[294] Inciso incorporado por el artículo 12 de la Ley 21.560 de 10 de abril de 2023.

La responsabilidad civil del propietario del vehículo será de cargo del arrendatario del mismo cuando el contrato de arrendamiento sea con opción de compra e irrevocable y cuya inscripción en el Registro de Vehículos Motorizados haya sido solicitada con anterioridad al accidente. En todo caso, el afectado podrá ejercer sus derechos sobre el vehículo arrendado.

Artículo 170.- Salvo prueba en contrario, las infracciones que se deriven del mal estado y condiciones del vehículo serán imputables a su propietario, sin perjuicio de la responsabilidad que corresponde al conductor.

También serán imputables al propietario, las contravenciones cometidas por un conductor que no haya sido individualizado, salvo que aquél acredite que el vehículo le fue tomado sin su conocimiento o sin su autorización expresa o tácita.

Las infracciones de responsabilidad del propietario del vehículo serán de cargo de éste, o del tenedor del mismo cuando aquél haya cedido la tenencia o posesión del vehículo en virtud de un contrato de arrendamiento o a cualquier otro título.

Para hacer efectiva la responsabilidad del conductor o del tenedor del vehículo, de acuerdo a lo contemplado en los incisos anteriores, el propietario del mismo deberá individualizarlo de manera tal que permita su notificación. En caso de no poder practicar tal notificación, por ser inexistente o no corresponder al domicilio u otro antecedente entregado por el propietario, se dejará constancia de tal circunstancia en el proceso, debiendo el juez hacer efectiva la responsabilidad infraccional en contra del propietario del vehículo.

No obstante lo señalado en el inciso anterior, respecto de la infracción contenida en el artículo 114 de la presente ley, y las infracciones cursadas por la red de dispositivos automatizados para captación y tratamiento de infracciones gestionados por la Subsecretaría de Transportes será siempre responsable la persona a cuyo nombre esté inscrito el vehículo, sin perjuicio de su derecho de repetir contra el conductor del mismo[295].

---

295 Inciso modificado por el artículo 23, Nº 2, a) de la Ley 21.549 de 10 de abril de 2023.

La suspensión o cancelación de la licencia de conducir sólo es aplicable por infracciones cometidas conduciendo personalmente un vehículo. Respecto de cualquier sanción, inclusive la suspensión o cancelación de la licencia de conducir, y frente a infracciones detectadas por la Red de Dispositivos Automatizados de Registro de Infracciones de Tránsito, el propietario o tenedor inscrito podrá individualizar ante el juez de policía local al conductor del vehículo al momento de la infracción, siempre que presente antecedentes que hagan verosímil la conducción por esa persona. En tal caso, el juez dirigirá el procedimiento contra la persona individualizada. De no aportar dicha información el propietario, o el tenedor en su caso, se aplicarán las reglas de presunción establecidas en este artículo y continuará el procedimiento contra el propietario o tenedor inscrito, según corresponda. El juez, atendidos los antecedentes que se le presenten, podrá establecer, mediante resolución fundada, que no es posible determinar la identidad del conductor por razones ajenas al propietario o tenedor inscrito y, por ello, no le aplicará la pena de suspensión o cancelación de licencia de conducir, sin perjuicio de la posible aplicación de la multa respectiva cuando corresponda y de la responsabilidad establecida en el artículo 7[296].

Artículo 171.- Se presumirá la culpabilidad del peatón que cruce la calzada en lugar prohibido; del que pase por delante de un vehículo detenido habiendo tránsito libre en la vía respectiva; del que transite bajo la influencia del alcohol, drogas o estupefacientes y, en general, del que infringiere lo dispuesto en el artículo 162[297].

---

[296] Inciso modificado por el artículo 23, Nº 2, letra b) de la Ley 21.549 de 10 de abril de 2023.

[297] El art 1, Nº 36 de la Ley Nº 19.495 de 8 de marzo de 1997, eliminó el artículo 177 de la Ley Nº 18.290, que pasó a ser incisos quinto y sexto, del artículo 174.

TÍTULO XVI. DE LOS PROCEDIMIENTOS POLICIALES Y ADMINISTRATIVOS (ARTS. 172-189)

Artículo 172.- Toda modificación que se hiciera al sentido del tránsito de las vías públicas, deberá darse a conocer por la municipalidad correspondiente por medio de avisos, que se difundirán por tres días, a lo menos, en el diario, periódico, radios, u otros medios de comunicación social, de mayor circulación o sintonía en la comuna o comunas que correspondan. La modificación sólo entrará a regir una vez efectuada la difusión indicada e instaladas las señalizaciones oficiales.

Los actos administrativos que dicte el Secretario Regional Ministerial de Transportes y Telecomunicaciones, durante los episodios críticos de contaminación ambiental, producirán sus efectos desde la fecha de su dictación, entendiéndose notificados los usuarios mediante la publicidad de la decisión en los medios de comunicación social, sin perjuicio de su posterior publicación en el Diario Oficial[298].

Artículo 173.- Los vehículos que hayan sufrido un desperfecto o que a raíz de un accidente resulten dañados o destruidos, no podrán permanecer en la vía pública entorpeciendo el tránsito y serán retirados, a la brevedad, por el conductor. Si éste no lo hiciere, serán retirados por orden de los funcionarios a que alude el artículo 4°, a costa de su dueño[299].

En los casos de fuga del conductor que haya participado en un accidente o infringido una norma de tránsito, el vehículo será retirado y puesto a disposición del Tribunal competente o del Ministerio Público[300].

Si el vehículo permaneciere en la vía pública y su dueño no lo retirare dentro del plazo de veinticuatro horas, será puesto a disposición del Juz-

---

298 Artículo reemplazado por el art. 1, Nº 70 de la Ley Nº 20.068 de 10 de diciembre de 2005.

299 Inciso modificado por el art. 1, Nº 71, letra a) de la Ley Nº 20.068 de 10 de diciembre de 2005.

300 Inciso modificado por el art. 1, Nº 71, letra b) de la Ley Nº 20.068 de 10 de diciembre de 2005.

gado de Policía Local correspondiente, en los locales que, para tal efecto, debe habilitar y mantener la Municipalidad.

Artículo 174.- Los vehículos participantes en accidentes de tránsito donde resultaren lesionados graves o muertos, serán retirados de la circulación por orden de Carabineros, a costa de su dueño, y puestos a disposición del Tribunal correspondiente, en los locales que, para tal efecto, deberán habilitar y mantener las Municipalidades[301].

Igual procedimiento se aplicará respecto de los vehículos que llevaren una placa patente falsa o que correspondiere a otro vehículo.

Artículo 175.- Carabineros retirará la licencia, permiso o documento para conducir a los infractores y los enviará, junto con la denuncia respectiva, al Tribunal que corresponda o al Ministerio Público[302].

En tal caso, la licencia, permiso o documento, será reemplazado por la boleta de citación del inculpado, que le servirá para conducir sólo hasta el día y hora de la comparecencia indicada en ella.

Si el infractor a las normas de esta ley fuere peatón, pasajero o ciclista, sólo se le extenderá la correspondiente citación al Juzgado respectivo, fijándole día y hora para la comparecencia. En estos casos se presumirá la responsabilidad del infractor si no concurriere personal o debidamente representado a la audiencia para la cual fue citado[303].

En las infracciones señaladas en los artículos 200, Nº 26 y 201, Nº 10, se entregará la boleta de citación al conductor del vehículo y, sin perjuicio de la que pudiere formularse en contra de éste, se entenderá que la denuncia es contra del propietario y se someterá al procedimiento del artículo 3º de la Ley Nº 18.287 para las denuncias por escrito. En estos

---

301 Inciso modificado por el art. 1, Nº 72 de la Ley Nº 20.068 de 10 de diciembre de 2005.

302 Inciso modificado por el art. 1, Nº 73, letra a) de la Ley Nº 20.068 de 10 de diciembre de 2005.

303 Inciso modificado por el art. 1, Nº 73, letra b) de la Ley Nº 20.068 de 10 de diciembre de 2005.

casos, no se retendrán los documentos del vehículo o del conductor, si sólo se denunciare al propietario[304].

Artículo 176.- En todo accidente del tránsito en que se produzcan lesiones o muerte, el conductor que participe en los hechos estará obligado a detener su marcha, prestar la ayuda que fuese posible y dar cuenta a la autoridad policial más inmediata, entendiéndose por tal cualquier funcionario de Carabineros que estuviere próximo al lugar del hecho, para los efectos de la denuncia ante el Tribunal correspondiente.

Artículo 177.- Si en un accidente sólo resultaren daños materiales y los conductores acudieren a dar cuenta a la unidad de Carabineros del sector, dicha unidad hará constar el hecho en el Libro de Guardia, y sólo formulará la respectiva denuncia ante el Juzgado de Policía Local competente, si alguno de los interesados lo solicitare, sin retirarle la licencia, permiso u otro documento para conducir.

Artículo 178.- En las denuncias por simples infracciones o por accidentes del tránsito en que se causaren daños o lesiones leves, las unidades de Carabineros enviarán la denuncia y los documentos o licencias al Juzgado de Policía Local correspondiente.

En caso de accidentes del tránsito en que resultaren daños en bienes de propiedad fiscal, Carabineros, simultáneamente con la denuncia que haga al Tribunal correspondiente o al Ministerio Público, deberá enviar copia de ella al Consejo de Defensa del Estado o al correspondiente abogado procurador Fiscal[305].

Cuando en los accidentes del tránsito resulten lesiones menos graves, graves o la muerte de alguna persona y en los casos de manejo de vehículos en estado de ebriedad o bajo la influencia de estupefacientes o sustancias sicotrópicas, Carabineros remitirá, junto con la denuncia, los

---

[304] Inciso modificado por el art 1, N° 15 de la Ley N° 18.597 de 29 de enero de 1987.

[305] Inciso modificado por el art. 1, N° 74, letra a) de la Ley N° 20.068 de 10 de diciembre de 2005.

documentos o licencias al Juzgado del Crimen correspondiente o al Ministerio Público[306].

Asimismo, en los accidentes de tránsito en que resultaren daños a los vehículos, lesiones menos graves, graves o muerte de alguna persona, Carabineros de Chile deberá indicar en la denuncia los siguientes antecedentes del seguro obligatorio de accidentes causados por vehículos motorizados de los vehículos involucrados en el accidente: nombre de la compañía aseguradora, número del certificado de la póliza y su vigencia y nombre del tomador[307].

Artículo 179.- Se crearán en Carabineros de Chile, Unidades Técnicas de Investigación de Accidentes de Tránsito, en aquellos lugares que la Dirección de esa Institución estime necesario.

A dichas unidades les corresponderá practicar indagaciones, recoger los datos y elementos de prueba relativas a las causas y circunstancias del accidente y emitir un informe técnico sobre ellas, el que será enviado de oficio al Tribunal que corresponda.

Las constancias relativas a accidentes de tránsito serán siempre públicas. Las denuncias e informes técnicos serán públicos en el Tribunal[308].

Artículo 180.- Los conductores y peatones que hayan tenido intervención en un accidente del tránsito, deberán facilitar las investigaciones, inspecciones y estudios que estime necesario realizar en los vehículos y las personas, la Unidad Técnica de Investigaciones de Accidentes de Tránsito de Carabineros.

Igual obligación recaerá en el dueño, representante legal o encargado de un garaje o taller de reparaciones de automóviles al que se llevara un vehículo motorizado que haya participado en un accidente, quien deberá dar cuenta a la unidad o destacamento de Carabineros más próximo, dentro

---

306 Inciso modificado por el art. 1, N° 74, letra b) de la Ley N° 20.068 de 10 de diciembre de 2005. Anteriormente había sido modificado por el art. 1 N° 38 de la Ley N° 19.495 de 08 de marzo de 1997-

307 Inciso agregado por el art 40 N° 4 de la Ley N° 18.490 de 04 de enero de 1986.

308 Inciso agregado por el art. 1, N° 75 de la Ley N° 20.068 de 10 de diciembre de 2005.

de las veinticuatro horas de haber recibido el vehículo, en los formularios y con las indicaciones que señale el reglamento. El no cumplimiento de esta obligación hará incurrir al infractor en una multa de tres a veinte unidades tributarias mensuales[309].

Artículo 181.- Los informes que emita la Unidad Técnica de Investigaciones de Accidentes del Tránsito de Carabineros serán elaborados, a lo menos, por uno de los oficiales que practicaron la respectiva investigación y deberán ser suscritos por éste y, además, por un oficial graduado en el Instituto Superior de Carabineros.

Estos informes serán estimados por el juez como una presunción fundada respecto de los hechos que afirmen y de las conclusiones técnicas que establezcan. Sin embargo, su concordancia con los demás hechos establecidos en el proceso o con otras pruebas o elementos de convicción que él ofrezca, apreciada de conformidad con las reglas de la sana crítica, permitirá al juez atribuirle el mérito de plena prueba.

El Juez, de oficio o a petición de parte, podrá decretar que se cite a los informantes para interrogarlos o contrainterrogarlos.

Los jueces estarán siempre facultados para decretar, además, que se practique informe pericial sobre las materias técnicas de que traten los informes a que se refiere el inciso primero.

Artículo 182.- Carabineros podrá someter a cualquier conductor a una prueba respiratoria o de otra naturaleza destinada a detectar la presencia de alcohol en el organismo o acreditar el hecho de conducir bajo la influencia de estupefacientes o sustancias sicotrópicas.

Carabineros, asimismo, podrá practicar estos exámenes a toda persona respecto de la cual tema fundadamente que se apresta a conducir un vehículo en lugar público y que presente signos externos de no estar en plenitud de facultades para ello. Si la prueba resulta positiva, Carabineros deberá prohibirle la conducción del vehículo por un plazo no superior a

---

309 Inciso modificado por el art. 1, N° 76 de la Ley N° 20.068 de 10 de diciembre de 2005.

3 horas, en caso de encontrarse bajo la influencia del alcohol, ni de 12 horas, en caso de encontrarse en estado de ebriedad o bajo la influencia de sustancias estupefacientes o sicotrópicas. Durante el período de tiempo que fije Carabineros, el afectado podrá ser conducido a la Unidad Policial respectiva, a menos que se allane a inmovilizar el vehículo por el tiempo que fije Carabineros o señale a otra persona que, haciéndose responsable, se haga cargo de la conducción durante dicho plazo. Esta disposición se aplicará sin perjuicio de las demás medidas o sanciones previstas en las leyes[310].

En el caso que la persona se apreste a conducir bajo la influencia del alcohol, en estado de ebriedad o bajo la influencia de sustancias estupefacientes o sicotrópicas, el juez aplicará la sanción indicada en el artículo 193 ó 196, disminuida o en grado de tentativa, según corresponda[311].

Artículo 183.- Carabineros podrá someter a cualquier conductor a una prueba respiratoria evidencial u otra prueba científica, a fin de acreditar la presencia de alcohol en el organismo y su dosificación, o el hecho de encontrarse la persona conduciendo bajo la influencia del alcohol o de estupefacientes o sustancias sicotrópicas o en estado de ebriedad[312].

Con el objeto de garantizar la precisión de la prueba que se practique, ésta deberá ser realizada con instrumentos certificados por el Ministerio de Transportes y Telecomunicaciones, conforme a las características técnicas que defina el reglamento, distinguiendo entre aquellos que son capaces de detectar la conducción bajo la influencia del alcohol de los otros. En caso que en el momento de efectuarse el procedimiento de fiscalización no se encuentre disponible el instrumento para realizar la prueba, Carabineros podrá llevar al conductor a la Comisaría más cercana que cuente con dicho

---

310 Inciso sustituido por el que aparece en el texto, por el art 1, Nº 77 de la Ley Nº 20.068 de 10 de diciembre de 2005.

311 Inciso sustituido por el que aparece en el texto, por el art 1, Nº 77 de la Ley Nº 20.068 de 10 de diciembre de 2005. Anteriormente el artículo fue sustituido por el art 1, Nº 39 de la Ley Nº 19.495 de 08 de marzo de 1997.

312 Inciso agregado por el art 1, Nº 4 de la Ley Nº 20.580 de 15 de marzo de 2012.

equipo, o podrá disponer que se realice un examen, de acuerdo a lo dispuesto en los incisos siguientes[313].

Cuando fuere necesario someter a una persona a un examen científico para determinar la dosificación del alcohol en la sangre o en el organismo, los exámenes podrán practicarse en cualquier establecimiento de salud habilitado por el Servicio Médico Legal, de conformidad a las instrucciones generales que imparta dicho Servicio. El responsable del establecimiento arbitrará todas las medidas necesarias para que dichos exámenes se efectúen en forma expedita y para que los funcionarios de Carabineros empleen el menor tiempo posible en la custodia de los imputados que requieran la práctica de los mismos.

Sin perjuicio de lo dispuesto en el artículo anterior, el conductor y el peatón que hayan tenido participación en un accidente de tránsito del que resulten lesionados o muertos serán sometidos a una prueba respiratoria o de otra naturaleza destinada a establecer la presencia de alcohol o de sustancias estupefacientes o sicotrópicas en sus cuerpos. En esos casos, los funcionarios de Carabineros deberán practicar al conductor y peatón las pruebas respectivas y, de carecer en el lugar de los elementos técnicos necesarios para ello, o de proceder la práctica de la alcoholemia, los llevarán de inmediato al establecimiento de salud más próximo. Se aplicarán al efecto las reglas del inciso precedente[314].

INCISO SUPRIMIDO[315].

Artículo 184.- El conductor que sin haber participado en el accidente, recogiere a los lesionados y los llevare, por iniciativa propia, a una Posta de Auxilios, dejará en ésta los datos de su individualización que consten en la licencia de conductor o en su cédula de identidad. En su defecto, concurrirá a hacer esta declaración a la unidad de policía más próxima. La

---

313 Inciso agregado por el art 1, N° 4 de la Ley N° 20.580 de 15 de marzo de 2012.

314 Artículo modificado por el art. Tercero, N° 6 de la Ley N° 19.925 de 19 de enero de 2004.

315 Inciso suprimido por el art. 1, N° 2 de la Ley N° 20.770, de 16 de septiembre de 2014.

Posta o Carabineros en su caso, evacuarán en el menor tiempo posible esta diligencia para evitar mayores molestias al referido conductor[316].

Artículo 185.- Toda persona estará obligada, en la vía pública, a cumplir en forma inmediata cualquier orden, indicación o señal de Carabineros relativas al tránsito, sin que pueda discutirla, desobedecerla o entorpecer su cumplimiento[317].

Artículo 186.- El personal uniformado de Carabineros de Chile tendrá libre acceso y transporte en los vehículos de locomoción colectiva.

Artículo 187.- En los casos de incendio, siniestro y cualquiera emergencia de tránsito, Carabineros podrá adoptar las medidas de seguridad necesarias para enfrentar la emergencia y prevenir daños.

Artículo 188.- Carabineros de Chile o Inspectores Municipales tomarán nota de todo desperfecto en calzadas y aceras o en las instalaciones de servicios de utilidad pública que constaten en ellas, a fin de comunicarlo a la repartición o empresa correspondiente para que sea subsanado, bajo apercibimiento de denunciarlo al Juzgado de Policía Local correspondiente.

Artículo 189.- Las Municipalidades proporcionarán a Carabineros de Chile formularios de denuncias, boletas de recibos de contraventores y de especies retenidas, precisando el tipo de vehículo involucrado[318].

---

316 Artículo modificado por el art. 1, N° 78 de la Ley N° 20.068 de 10 de diciembre de 2005.

317 El art. 1, N° 41 de la Ley N° 19.495, de 08 de marzo de 1997, suprimió el inciso 2° de este artículo.

318 Artículo modificado por el art. 1, N° 30 de la Ley N° 21.088 de 10 de mayo de 2018.

TÍTULO XVII. DE LOS DELITOS, CUASIDELITOS Y DE LA CONDUCCIÓN BAJO LA INFLUENCIA DEL ALCOHOL, EN ESTADO DE EBRIEDAD O BAJO LA INFLUENCIA DE SUSTANCIAS ESTUPEFACIENTES O SICOTRÓPICAS (ARTS. 190-208)

§ 1. DE LOS DELITOS Y CUASIDELITOS (ARTS. 190-198)

Artículo 190.- Será castigado con presidio menor en su grado máximo a presidio mayor en su grado mínimo y las penas accesorias que correspondan el empleado público que abusando de su oficio:

a) Otorgue indebidamente una licencia de conductor o boleta de citación o un permiso provisorio de conducir o cualquier certificado o documento que permita obtenerlos;

b) Otorgue falsamente certificados que permitan obtener una licencia de conductor;

c) Cometiere alguna de las falsedades descritas en el artículo 193 del Código Penal en las inscripciones a que se refieren los artículos 39, 41 y 45 de esta ley, en la certificación de ellas, o en el otorgamiento del padrón, y

d) Infrinja las normas que la ley establece para el otorgamiento de placa patente[319].

Artículo 191.- El que instale señales de tránsito o barreras sin estar facultado para ello, salvo en caso de siniestro o accidente, será penado con multa de ocho a dieciséis unidades tributarias mensuales, además del comiso de las especies. Se presumirá como autor de esta infracción a la persona natural o jurídica beneficiada con la infracción[320].

Artículo 192.- Será castigado con presidio menor en su grado medio a máximo y, en su caso, con la suspensión de la licencia de conductor o

---

[319] Artículo agregado por el art. único, N° 42, letra c) de la Ley N° 19.495 de 08 de marzo de 1997.

[320] Artículo agregado por el art. 1, N° 80 de la Ley N° 20.068 de 10 de diciembre de 2005.

inhabilidad para obtenerla, hasta por 5 años, y multa de 50 a 100 unidades tributarias mensuales, el que[321][322]:

a) Falsifique una licencia de conductor, boleta de citación, o un permiso provisorio o cualquier certificado o documento requerido por esta ley para obtenerlos;

b) Conduzca, a sabiendas, con una licencia de conductor, boleta de citación o permiso provisorio judicial para conducir, falsos u obtenidos en contravención a esta ley o pertenecientes a otra persona;

c) Presente, a sabiendas, certificados falsos para obtener licencia de conductor;

d) Obtenga una licencia de conductor, sin cumplir con los requisitos legales para ello, mediante soborno, dádivas, uso de influencias indebidas o amenaza;

e) Conduzca, a sabiendas, un vehículo con placa patente ocultada o alterada o utilice, a sabiendas, una placa patente falsa o que corresponda a otro vehículo;

f) Certifique, indebida o falsamente, conocimientos, habilidades, prácticas de conducción o realización de cursos de conducir que permitan obtener una licencia de conductor;

g) Otorgue un certificado de revisión técnica sin haber practicado realmente la revisión o que contenga afirmaciones de hechos relevantes contrarios a la verdad; detente formularios para extenderlos, sin tener título para ello; falsifique un certificado de revisión técnica o de emisión de gases, permiso de circulación o certificado de seguro obligatorio;

h) Conduzca, a sabiendas, un vehículo motorizado con el número de chasis adulterado o borrado, e[323]

---

321 Artículo modificado por el art. 1, Nº 81 de la Ley Nº 20.068, de 10 de diciembre de 2005. Anteriormente fue agregado por el art. único, Nº 42, letra c) de la Ley Nº 19.495 de 08 de marzo de 1997.

322 Inciso modificado por el art. 1, N º 5 de la Ley Nº 20.580 de 15 de marzo de 2012.

323 Letra agregada por el art. 2, Nº 3, letra b) de la Ley Nº 21.170 de 26 de julio de 2019

i) Adultere o borre el número de chasis de un vehículo motorizado[324].

El que adultere un certificado de revisión técnica o de emisión de gases, permiso de circulación o certificado de seguro obligatorio o utilice a sabiendas uno falsificado o adulterado, será sancionado con la pena señalada en el artículo 490, N° 2, del Código Penal.

Las penas señaladas en este artículo se aplicarán también al responsable de la circulación de un vehículo con permiso de circulación, certificado de seguro automotor o certificado de revisión técnica falsos, adulterados u obtenidos en contravención de esta ley o utilizando una placa patente falsa, adulterada o que correspondiere a otro vehículo.

Artículo 192 bis.- El que encargue o realice, mediante vehículos motorizados, no motorizados o a tracción animal, el transporte, traslado o depósito de basuras, desechos o residuos de cualquier tipo, hacia o en la vía pública, sitios eriazos, en vertederos o depósitos clandestinos o ilegales, o en los bienes nacionales de uso público, será sancionado en la siguiente forma:

Con multa de 2 a 100 unidades tributarias mensuales a quien encargue el traslado o depósito, siempre que cualquiera de ellos se haya ejecutado. La misma sanción se aplicará al propietario del vehículo motorizado con el cual se realice el transporte, traslado o depósito, salvo que acredite que el vehículo fue tomado sin su conocimiento o sin su autorización expresa o tácita;

Con multa de 2 a 50 unidades tributarias mensuales a quien realice el depósito o el traslado conduciendo vehículos motorizados. Adicionalmente, se sancionará con la suspensión de la licencia de conducir e inhabilidad para obtenerla hasta por dos años;

---

[324] Letra agregada por el art. 2, N° 3, letra b) de la Ley N° 21.170 de 26 de julio de 2019.

Con multa de 0,2 a 1 unidad tributaria mensual y el retiro del carretón y los aperos a quien conduzca un vehículo a tracción animal. El animal será entregado a quien conducía el vehículo;

Con la misma multa anterior y el retiro del vehículo a tracción manual a quien lo conduzca o a quien realice el traslado en vehículo no motorizado, y

Con una multa de 20 a 150 unidades tributarias mensuales, si se encarga o realiza el transporte, traslado o depósito de desechos tóxicos, peligrosos o infecciosos, en cualquier tipo de vehículo. Adicionalmente, será castigado con presidio menor en su grado medio y con la suspensión de la licencia de conducir e inhabilidad para obtenerla hasta por dos años.

A los reincidentes de las conductas descritas anteriormente, se les impondrá como mínimo el doble de la multa establecida como base para cada conducta. Adicionalmente, en los casos que corresponda, se suspenderá nuevamente la licencia de conducir, al menos, por un mínimo de seis meses y hasta dos años.

Los vehículos y especies que se encuentren en las situaciones descritas serán retirados de circulación por Carabineros de Chile, poniéndolos a disposición del tribunal competente en los lugares contemplados por las municipalidades para tal efecto, aplicándose al infractor lo dispuesto en los incisos segundo y tercero del artículo 156 de esta ley.

La municipalidad de la comuna en donde transita el vehículo que sea retirado de circulación, por sí o a través de terceros, deberá descargar la basura, desechos o residuos y los trasladará hasta los rellenos sanitarios autorizados. El infractor, sea éste el propietario del vehículo, motorizado o no motorizado, el que encargue o realice, deberá pagar la multa correspondiente y los costos asociados al traslado y disposición de la basura, desechos o residuos en que incurra la municipalidad. El vehículo que sea retirado de circulación en conformidad con el inciso precedente sólo será devuelto al propietario contra entrega del comprobante de pago de las multas respectivas y de los costos asociados al traslado y disposición de la basura, desechos o residuos.

El transporte de los elementos indicados en los incisos anteriores se regirá, en lo referente a los horarios, vías y demás reglas de tránsito que regulen dicho traslado, por lo dispuesto en la ordenanza municipal correspondiente a la comuna en donde aquéllos son generados[325].

No obstante lo preceptuado en el inciso anterior, con el objetivo de poder verificar si el depósito de dichos elementos se realizará en un establecimiento habilitado para ello, a los transportistas de carga sólo se les exigirá que cuenten con el documento tributario pertinente que acredite el origen y destino de su recorrido[326].

Asimismo, en el caso de las instituciones del Estado y municipalidades, ellas deberán exigir a los vehículos recolectores de residuos domiciliarios y de residuos sólidos inertes la respectiva autorización del director del área de la institución que dé cuenta de la existencia del contrato de disposición final en el cual se indique que el destino último de los desechos será un relleno sanitario o un vertedero legalmente autorizado.

Lo dispuesto en este artículo no regirá para el caso del retiro de residuos sanitarios u otros que requieran de una autorización o permiso especial, o cuyo transporte esté sujeto a una regulación específica[327].

Artículo 192 ter.- El transporte y retiro de escombros en contenedores o sacos se realizará cubriendo la carga de forma que se impida el esparcimiento, dispersión de materiales o polvo durante su traslado y que éstos se caigan de sus respectivos transportes. El que efectúe el transporte sin adoptar las medidas indicadas deberá pagar una multa de hasta 3 unidades tributarias mensuales.

En todo caso, la persona natural o jurídica que cuente con la autorización para trasladar escombros deberá comunicar por escrito a la municipalidad cuál será la cantidad de metros cúbicos de escombros que se

---

[325] Inciso sustituido por el art. único, N° 1 de la Ley N° 21.161 de 30 de mayo de 2019.

[326] Inciso agregado por el art. único, N° 2 de la Ley N° 21.161 de 30 de mayo de 2019.

[327] Inciso agregado por el art. único, N° 3 de la Ley N° 21.161 de 30 de mayo de 2019. Anteriormente el artículo fue agregado por el art. único de la Ley N° 20.879 de 25 de noviembre de 2015.

depositarán, su naturaleza y composición, el modo y los medios a emplear en el retiro, el transporte de los mismos y su lugar de destino[328].

Artículo 192 quáter.- Cualquier persona que sorprenda o detecte las conductas descritas en los artículos 192 bis o 192 ter podrá poner en conocimiento de este hecho a las municipalidades, a Carabineros de Chile o a la autoridad sanitaria, quienes remitirán los antecedentes al Ministerio Público o a los tribunales competentes, según corresponda. Las personas podrán acompañar fotografías, filmaciones u otros medios de prueba que acrediten el lugar, la patente del vehículo o el día en que sucedieron los hechos[329].

Artículo 193.- El que, infringiendo la prohibición establecida en el inciso segundo del artículo 110, conduzca, opere o desempeñe las funciones bajo la influencia del alcohol, será sancionado con multa de una a cinco unidades tributarias mensuales y la suspensión de la licencia de conducir por tres meses. Si a consecuencia de esa conducción, operación o desempeño, se causaren daños materiales o lesiones leves, será sancionado con una multa de una a cinco unidades tributarias mensuales y la suspensión de la licencia de conducir por seis meses. Se reputarán leves, para estos efectos, todas las lesiones que produzcan al ofendido enfermedad o incapacidad por un tiempo no mayor a siete días[330].

Si, a consecuencia de esa conducción, operación o desempeño, se causaren lesiones menos graves, se impondrá la pena de prisión en su grado mínimo o multa de cuatro a diez unidades tributarias mensuales y la suspensión de la licencia de conducir por nueve meses[331].

---

328 Artículo agregado por el art. único de la Ley Nº 20.879 de 25 de noviembre de 2015.

329 Artículo agregado por el art. único de la Ley Nº 20.879 de 25 de noviembre de 2015.

330 Inciso sustituido por el art. 1, N º 6, letra a) de la Ley Nº 20.580 de 15 de marzo de 2012.

331 Inciso modificado por el art. 1, N º 6, letra b) de la Ley Nº 20.580 de 15 de marzo de 2012.

Si se causaren lesiones graves, la pena asignada será aquélla señalada en el artículo 490, N° 2, del Código Penal y la suspensión de la licencia de conducir de dieciocho a treinta y seis meses[332].

Si se causaren algunas de las lesiones indicadas en el artículo 397, N° 1, del Código Penal o la muerte, se impondrá la pena de reclusión menor en su grado máximo, multa de veintiuno a treinta unidades tributarias mensuales y la suspensión de la licencia para conducir por el plazo que determine el juez, el que no podrá ser inferior a treinta y seis ni superior a sesenta meses[333].

INCISO ELIMINADO[334].

En caso de reincidencia el infractor sufrirá, además de la pena que le corresponda, la suspensión de la licencia para conducir por el tiempo que estime el juez, el que no podrá ser inferior a cuarenta y ocho ni superior a setenta y dos meses[335].

Las penas de multas de este artículo podrán siempre ser reemplazadas, a voluntad del infractor, por trabajos a favor de la comunidad y la asistencia a charlas sobre la conducción bajo los efectos del alcohol o estupefacientes, las que serán impartidas por el respectivo municipio[336].

Artículo 194.- El que sin tener la licencia de conducir requerida, maneje un vehículo para cuya conducción se requiera una licencia profesional determinada, será castigado con presidio menor en su grado mínimo a medio.

---

332 Inciso modificado por el art. 1, N ° 6, letra c) de la Ley N° 20.580 de 15 de marzo de 2012.

333 Inciso modificado por el art. 1, N ° 6, letra d) de la Ley N° 20.580 de 15 de marzo de 2012.

334 Inciso eliminado por el art. 1, N ° 6, letra e) de la Ley N° 20.580 de 15 de marzo de 2012.

335 Inciso modificado por el art. 1, N ° 6, letra f) de la Ley N° 20.580 de 15 de marzo de 2012.

336 Inciso agregado por el art. 1, N ° 6, letra g) de la Ley N° 20.580 de 15 de marzo de 2012.

El que, a cualquier título que sea, explote un vehículo de transporte público de pasajeros, de taxi, de transporte remunerado de escolares o de carga y, contrate, autorice o permita en cualquier forma que dicho vehículo sea conducido por quien carezca de la licencia de conducir requerida o que, teniéndola, esté suspendida o cancelada, será sancionado con multa de cinco a diez unidades tributarias mensuales[337].

Artículo 195.- El incumplimiento de la obligación de dar cuenta a la autoridad de todo accidente en que sólo se produzcan daños, señalada en el artículo 168, será sancionado con multa de tres a siete unidades tributarias mensuales y con la suspensión de la licencia hasta por un mes.

El incumplimiento de la obligación de detener la marcha, prestar la ayuda posible y dar cuenta a la autoridad de todo accidente en que se produzcan lesiones, señalada en el artículo 176, se sancionará con la pena de presidio menor en su grado medio, inhabilidad perpetua para conducir vehículos de tracción mecánica y multa de siete a diez unidades tributarias mensuales.

Si en el caso previsto en el inciso anterior las lesiones producidas fuesen de las señaladas en el número 1° del artículo 397 del Código Penal o se produjese la muerte de alguna persona, el responsable será castigado con la pena de presidio menor en su grado máximo, inhabilidad perpetua para conducir vehículos de tracción mecánica, multa de once a veinte unidades tributarias mensuales y con el comiso del vehículo con que se ha cometido el delito, sin perjuicio de los derechos del tercero propietario, que podrá hacer valer conforme a las reglas generales del Código Procesal Penal. Para los efectos de determinar la pena prevista en este inciso, será aplicable lo dispuesto en los artículos 196 bis y 196 ter de esta ley.

Las penas previstas en este artículo se impondrán al conductor conjuntamente con las que le correspondan por la responsabilidad que le pueda

---

[337] Artículo modificado por el art. 1, N° 83 de la Ley N° 20.068 de 10 de diciembre de 2005. Anteriormente fue agregado por el art. único, N° 42, letra E) de la Ley N° 19.495 de 08 de marzo de 1997.

caber en el respectivo delito o cuasidelito, de conformidad con lo dispuesto en el artículo 74 del Código Penal[338].

Artículo 195 bis.- La negativa injustificada de un conductor a someterse a las pruebas respiratorias u otros exámenes científicos destinados a establecer la presencia de alcohol o de sustancias estupefacientes o psicotrópicas en el cuerpo, previstos en el artículo 182, será sancionada con multa de tres a diez unidades tributarias mensuales y con la suspensión de su licencia hasta por un mes.

En caso de accidentes que produzcan lesiones de las comprendidas en el número 1° del artículo 397 del Código Penal o la muerte de alguna persona, la negativa injustificada del conductor que hubiese intervenido en ellos a someterse a las pruebas respiratorias evidenciales o a los exámenes científicos señalados en el artículo 183 de esta ley para determinar la dosificación de alcohol en la sangre o la presencia de drogas estupefacientes o sicotrópicas, o la realización de cualquier maniobra que altere sus resultados, o la dilación de su práctica con ese mismo efecto, serán castigadas con la pena de presidio menor en su grado máximo, multa de once a veinte unidades tributarias mensuales, inhabilidad perpetua para conducir vehículos de tracción mecánica y comiso del vehículo con que se ha cometido el delito, sin perjuicio de los derechos del tercero propietario, que podrá hacer valer conforme a las reglas generales del Código Procesal Penal. Para los efectos de determinar la pena prevista en este inciso, será aplicable lo dispuesto en los artículos 196 bis y 196 ter de esta ley.

La pena prevista en el inciso anterior se impondrá al conductor conjuntamente con la que le corresponda por la responsabilidad que le pueda caber en el respectivo delito o cuasidelito, de conformidad con lo dispuesto en el artículo 74 del Código Penal[339].

---

338 Artículo sustituido, por el que aparece en el texto, por el art. 1, N° 3 de la Ley N° 20.770 de 16 de septiembre de 2014.

339 Artículo agregado por el art. 1, N° 4 de la Ley N° 20.770 de 16 de septiembre de 2014.

Artículo 196.- El que infrinja la prohibición establecida en el inciso segundo del artículo 110, cuando la conducción, operación o desempeño fueren ejecutados en estado de ebriedad, o bajo la influencia de sustancias estupefacientes o sicotrópicas, será sancionado con la pena de presidio menor en su grado mínimo y multa de dos a diez unidades tributarias mensuales, además de la suspensión de la licencia para conducir vehículos motorizados por el término de dos años, si fuese sorprendido en una primera ocasión, la suspensión por el término de cinco años, si es sorprendido en un segundo evento y, finalmente, con la cancelación de la licencia al ser sorprendido en una tercera ocasión, ya sea que no se ocasione daño alguno, o que con ello se causen daños materiales o lesiones leves. Se reputarán leves, para estos efectos, todas las lesiones que produzcan al ofendido enfermedad o incapacidad por un tiempo no mayor de siete días[340].

Si, a consecuencia de esa conducción, operación o desempeño, se causaren lesiones graves o menos graves, se impondrá la pena de presidio menor en su grado medio y multa de cuatro a doce unidades tributarias mensuales, además de la suspensión de la licencia de conducir por el término de treinta y seis meses en el caso de producirse lesiones menos graves, y de cinco años en el caso de lesiones graves. En caso de reincidencia, el juez deberá decretar la cancelación de la licencia[341].

Si se causare alguna de las lesiones indicadas en el número 1° del artículo 397 del Código Penal o la muerte de alguna persona, se impondrán las penas de presidio menor en su grado máximo, en el primer caso, y de presidio menor en su grado máximo a presidio mayor en su grado mínimo, en el segundo. En ambos casos, se aplicarán también las penas de multa de ocho a veinte unidades tributarias mensuales, de inhabilidad perpetua para conducir vehículos de tracción mecánica y el comiso del vehículo con que se ha cometido el delito, sin perjuicio de los derechos del tercero pro-

---

340 Inciso modificado por el art. 1, N ° 7, letra a) de la Ley N° 20.580 de 15 de marzo de 2012.

341 Inciso modificado por el art. 1, N ° 7, letra b) de la Ley N° 20.580 de 15 de marzo de 2012.

pietario, que podrá hacer valer conforme a las reglas generales del Código Procesal Penal[342].

Al autor del delito previsto en el inciso precedente se le impondrá el máximum o el grado máximo de la pena corporal allí señalada, según el caso, conjuntamente con las penas de multa, inhabilidad perpetua para conducir vehículos motorizados y comiso que se indican, si concurriere alguna de las circunstancias siguientes:

1.- Si el responsable hubiese sido condenado anteriormente por alguno de los delitos previstos en este artículo, salvo que a la fecha de comisión del delito hubieren transcurrido los plazos establecidos en el artículo 104 del Código Penal respecto del hecho que motiva la condena anterior.

2.- Si el delito hubiese sido cometido por un conductor cuya profesión u oficio consista en el transporte de personas o bienes y hubiere actuado en el ejercicio de sus funciones.

3.- Si el responsable condujere el vehículo con su licencia de conducir cancelada, o si ha sido inhabilitado a perpetuidad para conducir vehículos motorizados[343].

Artículo 196 bis.- Para determinar la pena en los casos previstos en los incisos tercero y cuarto del artículo 196, el tribunal no tomará en consideración lo dispuesto en los artículos 67, 68 y 68 bis del Código Penal y, en su lugar, aplicará las siguientes reglas:

1.- Si no concurren circunstancias atenuantes ni agravantes en el hecho, el tribunal podrá recorrer toda la extensión de la pena señalada por la ley al aplicarla.

2.- Si, tratándose del delito previsto en el inciso tercero del artículo 196, concurren una o más circunstancias atenuantes y ninguna agravante, el tribunal impondrá la pena de presidio menor en su grado máximo. Si

---

342 Inciso agregado por el art. 1, N° 5 de la Ley N° 20.770 de 16 de septiembre de 2014.

343 Inciso agregado por el art. 1, N° 5 de la Ley N° 20.770 de 16 de septiembre de 2014, Anteriormente el artículo había sido agregado por el art. tercero, N° 8 de la Ley N° 19.925 de 19 de enero de 2004.

concurren una o más agravantes y ninguna atenuante, aplicará la pena de presidio mayor en su grado mínimo.

3.- Si, tratándose del delito establecido en el inciso cuarto del artículo 196, concurren una o más circunstancias atenuantes y ninguna agravante, el tribunal impondrá la pena en su grado mínimo. Si concurren una o más agravantes y ninguna atenuante, la impondrá en su grado máximo. Para determinar en tales casos el mínimo y el máximo de la pena, se dividirá por mitad el período de su duración: la más alta de estas partes formará el máximo y la más baja el mínimo.

4.- Si concurren circunstancias atenuantes y agravantes, se hará su compensación racional para la aplicación de la pena, graduando el valor de unas y otras.

5.- El tribunal no podrá imponer una pena que sea mayor o menor al marco fijado por la ley. Con todo, podrá imponerse la pena inferior en un grado si, tratándose de la eximente del número 11 del artículo 10 del Código Penal, concurriere la mayor parte de sus requisitos, pero el hecho no pudiese entenderse exento de pena[344].

Artículo 196 ter.- Respecto del delito previsto en el inciso tercero del artículo 196, será aplicable lo previsto en la ley Nº 18.216, conforme a las reglas generales. Sin embargo, la ejecución de la respectiva pena sustitutiva quedará en suspenso por un año, tiempo durante el cual el condenado deberá cumplir en forma efectiva la pena privativa de libertad a la que fuere condenado.

Con todo, no se aplicará en estas situaciones lo dispuesto en el artículo 38 de dicha ley y en ningún caso la sustitución de la pena privativa de libertad implicará la sustitución o suspensión del cumplimiento de las multas, comiso e inhabilitaciones impuestas[345].

---

[344] Artículo agregado por el art. 1, Nº 6 de la Ley Nº 20.770 de 16 de septiembre de 2014.

[345] Artículo agregado por el art. 1, Nº 7 de la Ley Nº 20.770 de 16 de septiembre de 2014.

Artículo 196 quáter.- Será sancionado con la pena de presidio menor en cualquiera de sus grados y multa de once a quince unidades tributarias mensuales, el que falsificare cualquier instrumento o dispositivo de pago de tarifa, de acreditación de dicho pago y/o de rebaja tarifaria u otros beneficios, que permita acceder a los servicios de transporte público remunerado de pasajeros.

Para estos efectos, se entenderá especialmente que comete falsificación el que:

1°. Modifique o altere cualquier dato de fabricación del medio de pago.

2°. Altere las fechas verdaderas.

3°. Haga en un documento verdadero cualquiera alteración o intercalación que varíe su sentido.

4°. Dé copia en forma fehaciente de un documento supuesto, o manifestando en ella cosa contraria o diferente de la que contenga el verdadero original.

5°. Copie, parcial o totalmente, la información de los datos contenidos en el medio de acceso, sin estar debidamente facultado para ello.

Al autor del delito previsto en este artículo se le impondrá el grado máximo de la pena corporal señalada, según el caso, cuando concurra alguna de las circunstancias siguientes:

a) Cuando se falsifiquen instrumentos o dispositivos para uso masivo.

b) Cuando se trate de un empleado público, que comete falsificación abusando de su oficio[346].

Artículo 196 quinquies.- Se entenderá que comete falsificación el que maliciosamente hiciere uso de un instrumento o dispositivo falsificado para acceder a los servicios de transporte público remunerado de pasajeros. El que incurra en esta conducta será sancionado con la pena establecida en el artículo precedente[347].

---

346 Artículo agregado por el art. 1, Nº 5 de la Ley Nº 21.083 de 05 de abril de 2018.

347 Artículo agregado por el art. 1, Nº 5 de la Ley Nº 21.083 de 05 de abril de 2018.

Artículo 196 sexies.- Será sancionado con la pena agravada del artículo 196 quáter el que comercialice o distribuya los referidos instrumentos o dispositivos falsificados[348].

Artículo 196 septies.- Será sancionado con la pena de presidio menor en su grado mínimo a medio y con multa de diez a cincuenta unidades tributarias mensuales, según las circunstancias:

a) El que indebidamente se apodere, comercialice, encargue, exporte, transmita, importe o distribuya la información contenida en un medio tecnológico de acceso a los servicios de transporte público remunerado de pasajeros.

b) El que indebidamente y de cualquier modo altere, modifique, dañe o destruya los datos contenidos en un medio tecnológico de acceso a los servicios de transporte público remunerado de pasajeros en perjuicio del Sistema de Transporte Público remunerado de pasajeros.

Para los efectos de este artículo, se entenderá por medios tecnológicos de acceso a los servicios de transporte público remunerado de pasajeros, aquellos elementos o dispositivos tecnológicos autorizados por el Ministerio de Transportes y Telecomunicaciones o la autoridad competente, que permitan acceder a los servicios de transporte público remunerado de pasajeros y pagar la tarifa correspondiente.

Las penas establecidas en este artículo se aumentarán en un grado si quien incurre en las conductas:

1° Las realiza maliciosamente, siendo responsable de la información con ocasión del ejercicio de su oficio.

2° Las realiza sobre datos del sistema de información relativos a medios de acceso a los servicios de transporte público remunerado de pasajeros y pago de la tarifa correspondiente, contenidos en el sistema de tratamiento de información de dichos servicios[349].

---

348 Artículo agregado por el art. 1, N° 5 de la Ley N° 21.083 de 05 de abril de 2018.

349 Artículo agregado por el art. 1, N° 5 de la Ley N° 21.083 de 05 de abril de 2018.

Artículo 196 octies.- El que lesione, en razón del ejercicio de sus funciones a un inspector fiscal del Ministerio de Transportes y Telecomunicaciones, al personal de la Empresa de los Ferrocarriles del Estado y sus filiales, o de Metro S.A., que realicen servicios de fiscalización, o a quienes sean contratados por empresas operadoras de servicios de transporte público para realizar labores de verificación de pago de tarifa, será sancionado con la pena asignada al delito correspondiente, aumentada en un grado.

Asimismo, el que amenace a las personas señaladas en el inciso anterior, en los términos de los artículos 296 o 297 del Código Penal, en razón del ejercicio de sus funciones, será sancionado con la pena asignada al delito correspondiente, aumentada en un grado[350].

Artículo 197.- Para el juzgamiento de los delitos previstos en esta ley, salvo los descritos en el artículo 198, se aplicarán, según corresponda, los procedimientos establecidos en el Código Procesal Penal, con las siguientes reglas especiales[351]:

Tratándose de procedimientos por faltas, el fiscal podrá solicitar la aplicación del procedimiento monitorio establecido en el artículo 392 del Código Procesal Penal, cualquiera fuera la pena cuya aplicación requiriere. Si el juez de garantía resuelve proceder en conformidad con esta norma, reducirá las penas aplicables en la proporción señalada en la letra c) del mismo artículo.

Para los efectos de la aplicación del artículo 395 del Código Procesal Penal, el juez deberá informar al imputado todas las penas copulativas y accesorias que de acuerdo a la ley pudieren imponérsele, cualquiera sea su naturaleza.

En el caso de los delitos de conducción, operación o desempeño en estado de ebriedad o bajo la influencia de sustancias estupefacientes o sicotrópicas, el tribunal, a petición del fiscal, el querellante o la víctima,

---

350 Artículo agregado por el art. 1, N° 5 de la Ley N° 21.083 de 05 de abril de 2018.

351 Inciso modificado por el art. único, letra a) de la Ley N° 20.149 de 23 de enero de 2007.

podrá decretar la medida cautelar de suspensión provisoria de la licencia de conducir desde que se realice la audiencia de control de detención, debiendo quedar constancia en la hoja de vida del conductor. El tiempo que medie entre dicha audiencia y la dictación de la sentencia se imputará a la condena[352].

Asimismo, en los procedimientos por los delitos a que se refiere el inciso primero, el fiscal podrá solicitar al juez de garantía la suspensión del procedimiento, reuniéndose los requisitos establecidos en el artículo 237 del Código Procesal Penal. En tal caso, el juez podrá imponer cualquiera de las condiciones contempladas en el artículo 238 de dicho Código, debiendo siempre decretar la suspensión, cancelación o inhabilitación perpetua, conforme a lo establecido en los artículos 193 y 196, según corresponda. En estos delitos no procederá la atenuante de responsabilidad penal contenida en el artículo 11 Nº 7ª del Código Penal[353].

Tratándose del procedimiento simplificado, la suspensión condicional del procedimiento podrá solicitarse en la audiencia que se llevare a efecto de acuerdo con el artículo 394 del Código Procesal Penal.

Si el conductor se encuentra bajo la influencia del alcohol, se procederá a cursar la denuncia correspondiente por la falta sancionada en el artículo 193[354].

Si del resultado de la prueba se desprende que se ha incurrido en la conducción en estado de ebriedad o bajo la influencia de sustancias estupefacientes o sicotrópicas castigadas en el artículo 196, el conductor será citado a comparecer ante la autoridad correspondiente. En los demás casos previstos en el mismo artículo, también podrá citarse al imputado

---

352 Inciso modificado por el art. 1, N º 8, letra a) de la Ley Nº 20.580 de 15 de marzo de 2012.

353 Inciso modificado por el art. 1, N º 8, letra b) de la Ley Nº 20.580 de 15 de marzo de 2012.

354 El art. 1, Nº 85 de la Ley Nº 20.068 de 10 de diciembre de 2005 agregó este inciso nuevo. Anteriormente había sido agregado en el mismo sentido, pero en la referencia a otro artículo por el art. tercero, Nº 5 de la Ley Nº 19.925 de 19 de enero de 2004.

si no fuera posible conducirlo inmediatamente ante el juez, y el oficial a cargo del recinto policial considerara que existen suficientes garantías de su oportuna comparecencia[355].

Lo establecido en el inciso anterior procederá siempre que el imputado tuviere control sobre sus actos, o lo recuperare, y se asegure que no continuará conduciendo. Para ello, la policía adoptará las medidas necesarias para informar a la familia del imputado o a las personas que él indique acerca del lugar en el que se encuentra, o bien le otorgará las facilidades para que se comunique telefónicamente con alguna de ellas, a fin de que sea conducido a su domicilio, bajo su responsabilidad. Podrá emplearse en estos casos el procedimiento señalado en el inciso final del artículo 7, en lo que resultare aplicable[356].

Si no concurrieren las circunstancias establecidas en los dos incisos precedentes, se mantendrá detenido al imputado para ponerlo a disposición del tribunal, el que podrá decretar la prisión preventiva cuando procediere de acuerdo con las reglas generales. Sin perjuicio de la citación al imputado, o de su detención cuando corresponda, aquél será conducido a un establecimiento hospitalario para la práctica de los exámenes a que se refiere el artículo 183[357].

Las penas de suspensión, cancelación o inhabilitación perpetua para conducir vehículos a tracción mecánica o animal, no podrán ser suspen-

---

355 El art. 1, N° 85 de la Ley N° 20.068 de 10 de diciembre de 2005 agregó este inciso nuevo. Anteriormente había sido agregado en el mismo sentido, pero en la referencia a otro artículo por el art. tercero, N° 5 de la Ley N° 19.925 de 19 de enero de 2004.

356 El art. 1, N° 85 de la Ley N° 20.068 de 10 de diciembre de 2005 agregó este inciso nuevo. Anteriormente había sido agregado en el mismo sentido, pero en la referencia a otro artículo por el art. tercero, N° 5 de la Ley N° 19.925 de 19 de enero de 2004.

357 El art. 1, N° 85 de la Ley N° 20.068 de 10 de diciembre de 2005 agregó este inciso nuevo. Anteriormente había sido agregado en el mismo sentido, pero en la referencia a otro artículo por el art. tercero, N° 5 de la Ley N° 19.925 de 19 de enero de 2004.

didas, ni aun cuando el juez hiciere uso de la facultad contemplada en el artículo 398 del Código Procesal Penal[358].

Artículo 197 bis.- Los jueces podrán siempre, aunque no medie condena por concurrir alguna circunstancia eximente de responsabilidad penal, decretar la inhabilidad temporal o perpetua para conducir vehículos motorizados, si las condiciones psíquicas y morales del autor lo aconsejan[359].

Artículo 197 ter.- Para los efectos de este artículo, se entenderán por carreras no autorizadas las siguientes conductas realizadas sin la autorización o permiso correspondiente por parte de la autoridad competente, con vehículos motorizados y en cualquiera de los lugares señalados en el artículo 1:

1º Carreras que se efectúen contra otros vehículos, contra reloj o cualquier otro dispositivo para medir el tiempo, para medir velocidades máximas o hasta llegar o pasar un punto, meta o destino determinado.

2º Competencia de destrezas, deslizamientos o derrapes.

3º Competencias de maniobras o de velocidad que pongan en peligro la vida o integridad física de terceras personas.

El que condujere un vehículo motorizado participando en carreras no autorizadas será sancionado con la pena de presidio menor en su grado mínimo o multa de dos a diez unidades tributarias mensuales, ya sea que no se ocasione daño alguno, o que con ello se causen daños materiales o lesiones leves. Para estos efectos se reputarán leves, aquellas que produzcan al ofendido enfermedad o incapacidad por un tiempo no mayor de siete días.

---

358 Inciso modificado por el art. 1, N º 8, letra c) de la Ley Nº 20.580 de 15 de marzo de 2012. Anteriormente el artículo había sido agregado por el art. tercero, Nº 8 de la Ley Nº 19.925 de 19 de enero de 2004.

359 Artículo agregado por el art. 1, N º 9 de la Ley Nº 20.580 de 15 de marzo de 2012.

Si, a consecuencia de esta conducción, se causaren lesiones menos graves o graves, se impondrá la pena de presidio menor en su grado medio y multa de cuatro a doce unidades tributarias mensuales.

Si se causare alguna de las lesiones indicadas en el número 1° del artículo 397 del Código Penal o la muerte de alguna persona, se impondrán las penas de presidio menor en su grado máximo, en el primer caso, y de presidio menor en su grado máximo a presidio mayor en su grado mínimo, en el último. En ambos casos, se aplicarán también, además del comiso del vehículo, las penas de multa de ocho a veinte unidades tributarias mensuales y de inhabilidad perpetua para conducir vehículos de tracción mecánica.

Al autor de los delitos establecidos en los incisos segundo y tercero se le impondrá, además, la pena de comiso del vehículo con que ha cometido el delito, sin perjuicio de los derechos del tercero propietario, que podrá hacer valer conforme a las reglas generales del Código Procesal Penal; y la de suspensión de la licencia para conducir vehículos motorizados por el término de seis meses hasta dos años, si fuere sorprendido en una primera ocasión, la suspensión hasta por cinco años, si fuere sorprendido en un segundo evento y con la cancelación de la licencia al ser sorprendido en una tercera oportunidad.

Las penas dispuestas en los incisos anteriores también serán aplicables a quienes, concertados para su ejecución, faciliten vehículos motorizados para la participación en carreras clandestinas en los términos del N° 3 del artículo 15 del Código Penal.

El que organizare carreras no autorizadas será sancionado con la pena de presidio menor en su grado mínimo y multa de 8 a 20 unidades tributarias mensuales. Si con ocasión o con motivo de la ejecución de la conducta señalada en este inciso obtuviere algún beneficio económico para sí o para un tercero, se le aplicará la pena de presidio menor en su grado medio y multa de 20 unidades tributarias mensuales[360].

---

[360] Artículo agregado por el art. único, n° 2 de la Ley N° 21.495 de 04 de octubre de 2022.

Artículo 197 quáter.- Se considerará como circunstancia atenuante especial de la responsabilidad penal para los delitos previstos en el artículo anterior, la colaboración relevante en el esclarecimiento de la participación responsable de quienes organicen, participen en la organización o conduzcan vehículos motorizados en carreras no autorizadas, pudiendo rebajarse la pena en un grado. Para tener por configurada esta circunstancia atenuante, el juez deberá corroborar la colaboración relevante con otros antecedentes de la causa penal.

La rebaja del grado deberá ser efectuada con posterioridad al cálculo de otras circunstancias atenuantes o agravantes de responsabilidad criminal[361].

Artículo 197 quinquies.- El que condujere un vehículo motorizado y sobrepase en 60 kilómetros por hora los límites de velocidad fijados en los artículos 145 y 146 será sancionado con la pena de prisión en su grado máximo o multa de 2 a 10 unidades tributarias mensuales; y la suspensión de la licencia para conducir vehículos motorizados por el término de seis meses hasta dos años, si fuere sorprendido en una primera ocasión; la suspensión hasta por cinco años, si fuere sorprendido en un segundo evento y con la cancelación de la licencia al ser sorprendido en una tercera oportunidad.

En caso de producirse las lesiones o muerte descritas en los incisos segundo y tercero del artículo 197 ter se aplicarán las penas privativas de libertad y pecuniarias que ese artículo establece[362].

Artículo 198.- El que atentare contra un vehículo motorizado en circulación, apedreándolo o arrojándole otros objetos contundentes o inflamables o por cualquier otro medio semejante, será castigado con pena de presidio menor en su grado mínimo.

---

361 Artículo agregado por el art. único, nº 2 de la Ley Nº 21.495 de 04 de octubre de 2022.

362 Artículo agregado por el art. único, nº 2 de la Ley Nº 21.495 de 04 de octubre de 2022.

Si a consecuencias del atentado se causare la muerte o se lesionare a alguna persona, se aplicarán las penas señaladas al delito de que se trate, aumentadas en un grado.

Si sólo se produjeren daños en las cosas, se aplicará la pena del inciso primero aumentada en un grado[363].

§ 2. DE LAS INFRACCIONES O CONTRAVENCIONES (ARTS. 199-206)

Artículo 199.- Son infracciones o contravenciones gravísimas, las siguientes[364]:

1.- No detenerse ante la luz roja de las señales luminosas del tránsito, o ante la señal "PARE".

2.- Conducir un vehículo motorizado o a tracción animal sin haber obtenido licencia de conductor, sin perjuicio de lo dispuesto en el artículo 194.

3.- Conducir un vehículo infringiendo lo dispuesto en los incisos tercero y cuarto del artículo 75[365].

4.- Acceder a los servicios de transporte público remunerado de pasajeros utilizando un pase escolar, pase de educación superior o cualquier instrumento o mecanismo que permita el uso del transporte público remunerado de pasajeros con beneficios, sin ser su titular, o alterándolo con el fin de aparentar la titularidad sobre éstos, para el exclusivo uso de quien efectúe tal alteración.

5.- Conducir un vehículo manipulando un dispositivo de telefonía móvil o cualquier otro artefacto electrónico o digital, que no venga incorporado de fábrica en él, excepto si la acción se realiza a través de un

---

363 Artículo agregado por el art. único, letra b) de la Ley Nº 20.149 de 23 de enero de 2007.

364 Artículo sustituido por el art. 1, Nº 88 de la Ley Nº 20.068 de 10 de diciembre de 2005.

365 NOTA. De conformidad con el Art. transitorio de la ley 20904, publicada el 16 de marzo de 2016, las obligaciones que la citada ley introduce en el inciso 4º del artículo 75 serán exigibles transcurridos 12 meses desde su publicación.

sistema de manos libres, conforme a las especificaciones que determine el reglamento[366].

Artículo 200.- Son infracciones o contravenciones graves las siguientes[367]:

1. Conducir un vehículo en condiciones físicas o psíquicas deficientes;

2. Conducir un vehículo con una licencia de conductor distinta a la que corresponda, salvo lo dispuesto en el inciso primero del artículo 194;

3. Sobrepasar o adelantar en la situación prevista en los números 1 y 2 del artículo 122, en un paso para peatones o en un cruce no regulado, o sobrepasar por la berma;

4. Entregar el dueño o su tenedor un vehículo para que lo conduzca persona que no cumpla con los requisitos para conducir;

5. Conducir un vehículo sin la placa patente cuando ésta sea exigible conforme con lo dispuesto en el artículo 51;

6. Desobedecer las señales u órdenes de tránsito de un integrante de Carabineros de Chile o las de un inspector fiscal en los procedimientos de fiscalización del transporte público y privado remunerado de pasajeros y transporte de carga;

7. No respetar los signos y demás señales que rigen el tránsito público, que no sean las indicadas en el número 1 del artículo anterior;

8. No cumplir con lo dispuesto en el artículo 131 o en el artículo 117;

9. Conducir un vehículo contra el sentido del tránsito;

10. Conducir por la izquierda del eje de la calzada en una vía que tenga tránsito en ambos sentidos, ocupando el todo o parte del ancho de dicha calzada, salvo la excepción del artículo 122;

11. No respetar el derecho preferente de paso de un peatón o de otro conductor;

---

366 Número agregado por el art. único, Nº 1 de la Ley Nº 21.377 de 12 de octubre de 2021.

367 Artículo sustituido por el art. 1, Nº 89 de la Ley Nº 20.068 de 10 de diciembre de 2005.

12. Detener o estacionar un vehículo en contravención a lo establecido en los números 6, 7 u 8 del artículo 154;

13. Infringir las normas sobre virajes contempladas en los artículos 134 y 135;

14. Conducir un vehículo con sus sistemas de dirección o de frenos en condiciones deficientes;

15. Conducir un vehículo sin luces en las horas y circunstancias en que las exige esta ley o sus reglamentos;

16. Conducir un vehículo con uno o más neumáticos en mal estado;

17. No bajar la luz en carretera al enfrentar o acercarse por detrás a otro vehículo;

18. Conducir un vehículo sin revisión técnica de reglamento, de homologación o de emisión de contaminantes vigentes o infringiendo las normas en materia de emisiones;

19. Mantener animales sueltos en la vía pública o cierros en mal estado que permitan su salida a ella;

20. No detener el vehículo antes de cruzar una línea férrea;

21. Efectuar servicio público de pasajeros con vehículo rechazado en las revisiones técnicas de reglamento, o respecto de las cuales no se haya cumplido el trámite en su oportunidad;

22. Conducir un taxi sin taxímetro debiendo llevarlo, tener éste sin el sello de la autoridad o acondicionado de modo que no marque la tarifa reglamentaria;

23. Proveer de combustible a los vehículos de locomoción colectiva con pasajeros en su interior;

24. Conducir un vehículo sin tacógrafo u otro dispositivo que registre en el tiempo la velocidad y distancia recorrida, o con éste en mal estado o en condiciones deficientes, cuando su uso sea obligatorio;

25. Conducir un vehículo sin permiso de circulación o sin certificado de un seguro obligatorio de accidentes causados por vehículos motorizados, vigentes;

26. Mantener en circulación un vehículo destinado al servicio público de pasajeros o al transporte de carga con infracción a los artículos 69, 70 y

78 o sin las revisiones técnicas de reglamentos aprobadas o con el sistema de dirección en mal estado, de las que será responsable el propietario;

27. Conducir un vehículo con infracción de lo señalado en los artículos 62 o 65;

28. Estacionarse en, usar u ocupar estacionamientos exclusivos para personas con discapacidad, sin derecho a ello[368];

29. Detener o estacionar un vehículo en doble fila, respecto a otro vehículo detenido o estacionado junto a la cuneta;

30. Cruzar una vía férrea en lugar no autorizado;

31. Conducir un vehículo infringiendo lo dispuesto en el número 10 y en el inciso segundo del artículo 75;

32[369]

33. Mantener abiertas las puertas de un vehículo de locomoción colectiva mientras se encuentra en movimiento; llevar pasajeros en las pisaderas o no detenerse junto a la acera al tomar o dejar pasajeros;

34. Circular por la mitad izquierda de la calzada, salvo en las excepciones mencionadas en los artículos 116 y 125;

35. Transitar en un área urbana con restricciones por razones de contaminación ambiental, sin estar autorizado;

36. Usar cualquier tipo de elemento destinado a evadir la fiscalización;

37. Arrojar desde un vehículo cigarrillos u otros elementos encendidos que puedan provocar un siniestro o un accidente;

38. Usar los particulares, dispositivos especiales propios de vehículos de emergencia, salvo los autorizados por el reglamento;

39. Detenerse, tratándose de medios de locomoción pública, en la intersección de calles, a dejar o tomar pasajeros en segunda fila o en paraderos no autorizados;

40. Toda infracción declarada por el juez como causa principal de un accidente de tránsito que origine daño o lesiones leves;

---

368 Número sustituido, por el que aparece en el texto, por el artículo único, Nº 1 de la Ley Nº 21.201 de 03 de febrero de 2020

369 Número suprimido por el art. único, Nº 2 de la Ley Nº 21.377 de 12 de octubre de 2021.

41. Infringir lo dispuesto en el inciso final del artículo 75;

42. Usar los servicios de transporte público remunerado de pasajeros sin pagar la tarifa correspondiente, y

43. Infringir lo dispuesto en el artículo 86.

En los casos de las infracciones de los números 14, 16, 18, 21 y 24, si ellas fueran cometidas por un conductor de un vehículo destinado al transporte público de pasajeros o al transporte de carga y que no fuere el dueño, se le aplicará la pena correspondiente a una infracción leve y no se anotará en el Registro Nacional de Conductores, salvo en los casos establecidos en el N° 38 de este artículo

Artículo 201.- Son infracciones o contravenciones menos graves, las siguientes[370]:

1. Estacionar o detener un vehículo en lugares prohibidos, sin perjuicio de lo establecido en los números 7, 28, 29 y 39 del artículo anterior[371];

2. Infringir las normas del artículo 115;

3. Conducir un vehículo usando indebidamente las luces, sin perjuicio de lo establecido en el número 15 del artículo anterior;

4. Infringir, los conductores, las disposiciones del artículo 142 ó 143 sobre vehículos de emergencia;

5. No hacer las señales debidas antes de virar;

6. No respetar las prohibiciones establecidas en el artículo 137;

7. Conducir un vehículo motorizado sin silenciador o con éste o el tubo de escape en malas condiciones, o con el tubo de salida antirreglamentario;

8. No llevar los elementos señalados en los números 1, 2 y 3 del artículo 75;

9. Detener o estacionar un vehículo en doble fila;

---

[370] Artículo sustituido por el art. 1, N° 90 de la Ley N° 20.068 de 10 de diciembre de 2005.

[371] Número sustituido, por el que aparece en el texto, por el artículo único, N° 2 de la Ley N° 21.201 de 03 de febrero de 2020.

10. Destinar y mantener en circulación un vehículo de servicio público de pasajeros o de carga que no cumpla con los requisitos establecidos en la ley, su reglamento o aquellas normas que dicte el Ministerio de Transportes y Telecomunicaciones, sin perjuicio de lo establecido en el Nº 26 del artículo 200 de la que será responsable el propietario del vehículo;

11. Infringir las normas sobre transporte de pasajeros en los vehículos de carga;

12. Negarse los conductores de vehículos de locomoción colectiva a transportar escolares;

13. Infringir la prohibición de consumo de bebidas alcohólicas establecida en el inciso primero del artículo 110;

14. Conducir bicicletas, motocicletas o vehículos similares, contraviniendo la norma sobre uso obligatorio de casco protector y demás elementos de seguridad;

15. No cumplir las obligaciones que impone el artículo 176;

16. Deteriorar o alterar cualquier señal de tránsito;

17. Transitar un peatón por la calzada, por su derecha en los caminos o cruzar cualquier vía o calle fuera del paso para peatones o saltar vallas peatonales o pasar entre o sobre rejas u otros dispositivos existentes entre calzadas con tránsito opuesto;

18. Infringir las normas sobre transporte terrestre dictadas por el Ministerio de Transportes y Telecomunicaciones;

19. No cumplir el titular de una licencia de conductor con las obligaciones establecidas en los artículos 19 y 24, o no dar cumplimiento a las demás obligaciones que se le hayan impuesto en la licencia para conducir;

20. Arrojar desde un vehículo desperdicios, residuos, objetos o sustancias;

21. Infringir lo dispuesto en el artículo 118;

22. Conducir un vehículo de alquiler o de transporte colectivo de personas con materias peligrosas;

23. Infringir la obligación del propietario de dar cuenta al Registro de Vehículos Motorizados de todas las alteraciones en los vehículos que los hagan cambiar su naturaleza, sus características esenciales, o que los

identifican, como asimismo su abandono, destrucción o desarmaduría total o parcial;

24. No conducir dentro de la pista de circulación demarcada o cambiar sorpresivamente de pista obstruyendo la circulación de otros vehículos;

25. Detener o estacionar un vehículo en contravención a lo establecido en los números 6 y 7 del artículo 154 o estacionar en un paso para peatones, y

26. Conducir un vehículo en alguna de las circunstancias a que se refiere el número 11 del artículo 167.

Artículo 202.- Serán infracciones o contravenciones leves todas las demás transgresiones de la presente ley que no estén indicadas en la enumeración de los tres artículos anteriores.

Asimismo, serán leves las infracciones o contravenciones a las normas dictadas por el Ministerio de Transportes y Telecomunicaciones no comprendidas en el artículo 204[372].

Artículo 203.- Para los efectos de denunciar o iniciar de cualquier otra forma procesos por infracciones relativas a la velocidad, se establece un rango de tolerancia general de 5 kilómetros por hora, que deberá sumarse a los límites de velocidad de los artículos 145 y 146.

Constituirá infracción menos grave, exceder hasta en 10 kilómetros por hora el límite máximo de velocidad de los artículos 145 y 146.

Constituirá infracción grave, exceder de 11 a 20 kilómetros por hora el límite máximo de velocidad de los artículos 145 y 146.

Constituirá infracción gravísima, exceder en más de 20 kilómetros por hora el límite máximo de velocidad de los artículos 145 y 146[373].

Artículo 204.- La pena de multa se aplicará a los infractores de los preceptos de esta ley, de acuerdo con la escala siguiente:

---

372 Inciso modificado por el art. 1, N° 91 de la Ley N° 20.068 de 10 de diciembre de 2005.

373 Artículo modificado por el art. 1, N° 92 de la Ley N° 20.068 de 10 de diciembre de 2005

1.- Infracciones o contravenciones gravísimas, 1,5 a 3 unidades tributarias mensuales;

2.- Infracciones o contravenciones graves, 1 a 1,5 unidades tributarias mensuales;

3.- Infracciones o contravenciones menos graves, 0,5 a 1 unidad tributaria mensual, y

4.- Infracciones o contravenciones leves, 0,2 a 0,5 unidad tributaria mensual.

A los reincidentes de infracciones gravísimas o graves, cometidas en los últimos tres y dos años, respectivamente, se les impondrá el doble de la multa establecida para cada infracción, la que se elevará al triple en caso de incurrirse nuevamente en dicha conducta. Lo anterior, sin perjuicio de las suspensiones o cancelaciones de licencias de conductor que corresponda.

Las personas que indiquen un domicilio falso o inexistente en un procedimiento de fiscalización donde sean citadas al juzgado de policía local serán sancionadas con multa de una a diez unidades tributarias mensuales[374].

El adquirente de un vehículo, que no cumpla con la obligación establecida en el inciso cuarto del artículo 42, o que indique domicilio falso o inexistente, será sancionado con multa de 3 a 50 unidades tributarias mensuales. Asimismo, si no diera cumplimiento a la obligación establecida en el inciso final del mismo artículo, será sancionado con multa de 3 a 5 unidades tributarias mensuales.

Al que transporte cargas peligrosas sin ajustarse a las normas reglamentarias que rigen la actividad, se le aplicará una multa de 5 a 20 unidades tributarias mensuales, respectivamente.

En casos calificados, por resolución fundada, el Juez podrá imponer una multa de monto inferior a las señaladas, atendidas las condiciones en que se cometió el hecho denunciado o la capacidad económica del infractor.

---

[374] Inciso agregado por el art. 1, Nº 8 de la Ley Nº 21.083 de 05 de abril de 2018.

Si una persona, en un mismo hecho, fuera responsable de dos o más infracciones, se aplicará la multa que corresponda a la infracción de mayor grado, cualquiera que sea el número de ellas, sin perjuicio de lo dispuesto en el inciso anterior.

Para la definición de las infracciones y establecimiento de penalidades sobre peso máximo de vehículos, regirán las disposiciones del Ministerio de Obras Públicas[375].

Artículo 205.- Las multas señaladas en los artículos anteriores, no estarán afectas a recargo legal alguno.

Artículo 206.- Los distintivos y dispositivos que se utilicen en contravención a la ley o los reglamentos y los taxímetros que se usen adulterados, caerán en comiso y serán destruidos.

§ 3. DE LA SUSPENSIÓN E INHABILITACIÓN PARA CONDUCIR VEHÍCULOS A TRACCIÓN MECÁNICA Y LA CANCELACIÓN DE LA LICENCIA DE CONDUCTOR[376] (ARTS. 207-209)

Artículo 207.- Sin perjuicio de las multas que sean procedentes, el Juez decretará la suspensión de la licencia de conducir del infractor, en los casos y por los plazos que se indican a continuación:

a) Infracción o contravención gravísima, de 5 a 45 días de suspensión;

b) Tratándose de procesos por acumulación de infracciones, al responsable de dos infracciones o contravenciones gravísimas cometidas dentro de los últimos doce meses, la licencia se suspenderá de 45 a 90 días y al responsable de dos infracciones o contravenciones graves cometidas dentro de los últimos doce meses, de 5 a 30 días.

Artículo 208.- La pena de suspensión para conducir vehículos de tracción mecánica o animal conlleva la imposibilidad de usarla durante el

---

375 Artículo sustituido por el art. 1, N° 93 de la Ley N° 20.068 de 10 de diciembre de 2005.

376 Epígrafe sustituido por el art. 1, N° 10 de la Ley N° 20.580 de 15 de marzo de 2012.

tiempo de la condena; la de inhabilitación para conducir vehículos de tracción mecánica o animal conlleva la cancelación de la licencia de conducir o la imposibilidad de obtenerla[377].

Sin perjuicio de las multas que sean procedentes y de lo señalado en los artículos 193 y 196, el juez decretará la cancelación de la licencia de conducir del infractor, en los siguientes casos[378]:

a) Ser responsable, durante los últimos doce meses, de tres o más infracciones o contravenciones gravísimas[379];

b) Haber sido condenado con la suspensión de la licencia de conducir por tres veces dentro de los últimos doce meses, o cuatro veces dentro de los últimos veinticuatro meses[380].

El infractor, transcurridos que sean dos años desde la fecha de cancelación de su licencia de conducir, podrá solicitar una nueva al Departamento de Tránsito y Transporte Público de la municipalidad de su domicilio, de acuerdo a las normas establecidas en el Título I de esta ley, salvo que la sentencia condenatoria haya impuesto una pena superior, en cuyo caso regirá ésta.

En los casos que, como consecuencia de la aplicación de lo dispuesto en los artículos 193 y 196, se hubiere cancelado la licencia de conducir, el juez, transcurridos doce años desde que se canceló la licencia, podrá alzar esta medida cuando nuevos antecedentes permitan estimar fundadamente que ha desaparecido el peligro para el tránsito o para la seguridad pública que importaba la conducción de vehículos motorizados por el infractor[381].

---

377 Inciso agregado por el art. 1, Nº 11, letra a) de la Ley Nº 20.580 de 15 de marzo de 2012.

378 Inciso modificado por el art. 1, Nº 96, 1) de la Ley Nº 20.068 de 10 de diciembre de 2005.

379 El art. 1, Nº 11, letra b) de la Ley Nº 20.580 de 15 de marzo de 2012, eliminó las letras a) y b), pasando las letras c) y d) a ser las actuales a) y b)

380 El art. 1, Nº 11, letra b) de la Ley Nº 20.580 de 15 de marzo de 2012, eliminó las letras a) y b), pasando las letras c) y d) a ser las actuales a) y b)

381 Inciso agregado por el art. 1, Nº 11, letras c) de la Ley Nº 20.580 de 15 de marzo de 2012.

Artículo 209.- El conductor que hubiere sido condenado a las penas de suspensión o inhabilitación perpetua para conducir vehículos de tracción mecánica o animal, y fuere sorprendido conduciendo un vehículo durante la vigencia de la sanción impuesta, será castigado con presidio menor en su grado mínimo y multa de hasta diez unidades tributarias mensuales.

Si los delitos a que se refieren los artículos 193 y 196 de la presente ley, fueren cometidos por quien no haya obtenido licencia de conducir, o que, teniéndola, hubiese sido cancelada o suspendida, el tribunal deberá aumentar la pena en un grado.

Lo previsto en el presente artículo no se aplicará a quienes fueren condenados por los delitos contemplados en los incisos tercero y cuarto del artículo 196.

LEY N° 19.718, CREA LA DEFENSORÍA PENAL PÚBLICA

Teniendo presente que el H. Congreso Nacional ha dado su aprobación al siguiente

Proyecto de ley:

"TÍTULO I. NATURALEZA, OBJETO, FUNCIONES Y SEDE

Artículo 1°.- Créase un servicio público, descentralizado funcionalmente y desconcentrado territorialmente, denominado Defensoría Penal Pública, en adelante "la Defensoría" o "el Servicio", dotado de personalidad jurídica y patrimonio propio, sometido a la supervigilancia del Presidente de la República a través del Ministerio de Justicia.

Artículo 2°.- La Defensoría tiene por finalidad proporcionar defensa penal a los imputados o acusados por un crimen, simple delito o falta que sea de competencia de un juzgado de garantía o de un tribunal de juicio oral en lo penal y de las respectivas Cortes, en su caso, y que carezcan de abogado.

Artículo 3°.- El Servicio tendrá su domicilio y sede en Santiago.

TÍTULO II. DE LA ORGANIZACIÓN Y ATRIBUCIONES DE LA DEFENSORÍA PENAL PÚBLICA

Defensoría Penal Pública

Párrafo 1°

Artículo 4°.- La Defensoría se organizará en una Defensoría Nacional y en Defensorías Regionales.

Las Defensorías Regionales organizarán su trabajo a través de las Defensorías Locales y de los abogados y personas jurídicas con quienes se convenga la prestación del servicio de la defensa penal.

Existirá, además, un Consejo de Licitaciones de la Defensa Penal Pública, en adelante "el Consejo", y Comités de Adjudicación Regionales, que cumplirán las funciones que les asigna esta ley.

Párrafo 2º Defensoría Nacional

Artículo 5º.- El Defensor Nacional es el jefe superior del Servicio.

Artículo 6º.- Para ser nombrado Defensor Nacional, se requiere:

a) Ser ciudadano con derecho a sufragio;

b) Tener a lo menos diez años el título de abogado, y

c) No encontrarse sujeto a alguna de las incapacidades e incompatibilidades para ingresar a la administración pública.

Artículo 7º.- Corresponderá al Defensor Nacional:

a) Dirigir, organizar y administrar la Defensoría, controlarla y velar por el cumplimiento de sus objetivos;

b) Fijar, oyendo al Consejo, los criterios de actuación de la Defensoría para el cumplimiento de los objetivos establecidos en esta ley;

c) Fijar los criterios que se aplicarán en materia de recursos humanos, de remuneraciones, de inversiones, de gastos de los fondos respectivos, de planificación del desarrollo y de administración y finanzas;

d) Fijar, con carácter general, los estándares básicos que deben cumplir en el procedimiento penal quienes presten servicios de defensa penal pública. En uso de esta facultad no podrá dar instrucciones u ordenar realizar u omitir la realización de actuaciones en casos particulares;

e) Aprobar los programas destinados a la capacitación y perfeccionamiento del personal. Para estos efectos, reglamentará la forma de distribución de los recursos anuales que se destinarán a estas actividades, su periodicidad, criterios de selección de los participantes y niveles de exigencias mínimas que se requerirán a quienes realicen la capacitación;

f) Nombrar y remover a los defensores regionales, en conformidad a esta ley;

g) Determinar la ubicación de las defensorías locales y la distribución en cada una de ellas de los defensores locales y demás funcionarios, a propuesta del Defensor Regional;

h) Elaborar anualmente el presupuesto de la Defensoría, oyendo al Consejo sobre el monto de los fondos por licitar, y administrar, en conformidad a la ley, los recursos que le sean asignados;

i) Representar judicial y extrajudicialmente a la Defensoría;

j) Contratar personas naturales o jurídicas en calidad de consultores externos para el diseño y ejecución de procesos de evaluación de la Defensoría, con cargo a los recursos del Servicio;

k) Llevar las estadísticas del Servicio y elaborar una memoria que dé cuenta de su gestión anual. Para este efecto, publicará a lo menos un informe semestral con los datos más relevantes e incluirá en la memoria información estadística desagregada de los servicios prestados por el sistema en el ámbito regional y nacional. Estos antecedentes serán siempre públicos y se encontrarán a disposición de cualquier interesado, sin perjuicio de lo cual una copia de la memoria deberá ser enviada al Presidente de la Cámara de Diputados, al Presidente del Senado, al Presidente de la Corte Suprema, al Ministro de Justicia y al Ministro de Hacienda, y

l) Ejercer las demás atribuciones que esta u otra ley le confieran.

Artículo 8°.- La Defensoría contará con las unidades administrativas necesarias para cumplir las funciones siguientes:

a) Recursos Humanos;

b) Informática;

c) Administración y Finanzas;

d) Estudios, y

e) Evaluación, Control y Reclamaciones.

Dentro de la función de evaluación se comprenderá el estudio, diseño y ejecución de los programas de fiscalización y evaluación permanente respecto de las personas naturales y jurídicas que presten servicios de defensa penal pública.

Dentro de la Unidad de Estudios existirá un área de defensa penal de adolescentes que asesorará en la definición de criterios y directrices técnicas generales que orienten el trabajo institucional en los aspectos relacionados con la defensa penal juvenil y propondrá al Defensor Nacional todas aquellas políticas y acciones destinadas a garantizar la especialización de la defensa penal[382].

Artículo 9º.- Un Director Administrativo Nacional organizará y supervisará las unidades administrativas del Servicio, sobre la base de las instrucciones generales, objetivos, políticas y planes de acción que fije el Defensor Nacional.

Artículo 10.- El Defensor Nacional será subrogado por el Defensor Regional que determine mediante resolución, pudiendo establecer entre varios el orden de subrogación que estime conveniente. A falta de designación, será subrogado por el Defensor Regional más antiguo.

Procederá la subrogación por el solo ministerio de la ley cuando, por cualquier motivo, el Defensor Nacional se encuentre impedido de desempeñar su cargo.

Párrafo 3º Consejo de Licitaciones de la Defensa Penal Pública

Artículo 11.- El Consejo de Licitaciones de la Defensa Penal Pública será el cuerpo técnico colegiado encargado de cumplir las funciones relacionadas con el sistema de licitaciones de la defensa penal pública que le encomienda esta ley.

Corresponderá al Consejo:

a) Proponer al Defensor Nacional el monto de los fondos por licitar, a nivel nacional y regional;

b) Aprobar las bases de las licitaciones a nivel regional, a propuesta de la Defensoría Regional respectiva;

---

382 Inciso agregado por el art. 58, nº 1 de la Ley Nº 21.527, de 12 de enero de 2023.

c) Convocar a las licitaciones a nivel regional, de conformidad a esta ley y su reglamento;

d) Resolver las apelaciones en contra de las decisiones del Comité de Adjudicación Regional que recaigan en las reclamaciones presentadas por los participantes en los procesos de licitación;

e) Disponer la terminación de los contratos de prestación de servicios de defensa penal pública celebrados en virtud de licitaciones con personas naturales o jurídicas, en los casos contemplados en el contrato respectivo y en esta ley, y

f) Cumplir las demás funciones señaladas en esta ley.

En el ejercicio de sus atribuciones, el Consejo no podrá intervenir ni sugerir de manera directa o indirecta los criterios específicos de prestación de la defensa penal pública.

Artículo 12.- El Consejo estará integrado por:

a) El Ministro de Justicia, o en su defecto, el Subsecretario de Justicia, quien lo presidirá;

b) El Ministro de Hacienda o su representante;

c) El Ministro de Planificación y Cooperación o su representante;

d) Un académico con más de cinco años de docencia universitaria en las áreas del Derecho Procesal Penal o Penal, designado por el Consejo de Rectores, y

e) Un académico con más de cinco años de docencia universitaria en las áreas del Derecho Procesal Penal o Penal, designado por el Colegio de Abogados con mayor número de afiliados del país.

La Defensoría Nacional brindará el apoyo administrativo necesario para el funcionamiento del Consejo.

Artículo 13.- Los miembros del Consejo a que se refieren las letras d) y e) del artículo anterior servirán sus cargos por un período de cuatro años, podrán ser designados nuevamente y se renovarán por parcialidades.

El cargo de integrante del Consejo es incompatible con el de consejero de las Corporaciones de Asistencia Judicial, y no podrá desempeñarlo quien tuviere interés directo o indirecto respecto de alguna persona natural o jurídica que prestare o estuviere postulando a prestar servicios de defensa penal pública.

En caso de muerte, renuncia, ausencia injustificada o cualquier inhabilidad o incapacidad sobreviniente que afectare a uno o más consejeros, serán reemplazados en forma definitiva o transitoria, según proceda, mediante el mismo sistema de designación con que correspondiere proveer ese cargo. Si el reemplazo fuere definitivo, el nuevo consejero servirá el cargo por el tiempo que faltare al titular predecesor para enterar su período, pudiendo luego ser nuevamente designado conforme a esta ley. La ausencia injustificada y la inhabilidad o incapacidad sobreviniente serán calificadas por el Consejo, con exclusión del integrante que se viere afectado.

Artículo 14.- Corresponderá al Presidente del Consejo:

a) Presidir las sesiones ordinarias y extraordinarias, y

b) Dirimir los empates de votos que se produjeren.

En caso de ausencia, el Presidente será reemplazado, con todas sus facultades, por el miembro del Consejo presente en la sesión que siga en el orden de precedencia establecido en el artículo 12.

Artículo 15.- El Consejo sesionará ordinariamente dos veces al año, sin perjuicio de las sesiones extraordinarias que sea necesario realizar, las que deberán ser convocadas por el Presidente del Consejo con, al menos, diez días de anticipación.

El quórum de funcionamiento del Consejo será de la mayoría absoluta de sus miembros en ejercicio, y para adoptar sus acuerdos requerirá el voto de la mayoría de los presentes.

Párrafo 4º Defensorías Regionales

Artículo 16.- La Defensoría Regional es la encargada de la administración de los medios y recursos necesarios para la prestación de la defensa penal pública en la Región, o en la extensión geográfica que corresponda si en la Región hubiere más de una, a los imputados o acusados por un crimen, simple delito o falta que sea de competencia de un juzgado de garantía o de un tribunal de juicio oral en lo penal y de las respectivas Cortes, en su caso, y que carezcan de abogado.

Artículo 17.- Existirá una Defensoría Regional en cada una de las regiones del país, con excepción de la Región Metropolitana de Santiago, en la que habrá dos.

Las Defensorías Regionales tendrán su sede en la capital regional respectiva.

En la Región Metropolitana de Santiago, la sede y la distribución territorial serán determinadas por el Defensor Nacional.

Artículo 18.- La Defensoría Regional estará a cargo de un Defensor Regional.

El Defensor Regional será nombrado por el Defensor Nacional, previo concurso público de oposición y antecedentes.

Durará cinco años en el cargo y podrá ser designado sucesivamente, a través de concurso público, cada vez que postule a un nuevo período.

El Defensor Regional cesará en su cargo por las causales establecidas en el Estatuto Administrativo.

Artículo 19.- Para ser Defensor Regional, se requiere:

a) Ser ciudadano con derecho a sufragio;

b) Tener a lo menos cinco años el título de abogado, y c) No encontrarse sujeto a alguna de las incapacidades e incompatibilidades para el ingreso a la administración pública.

Artículo 20.- Corresponderá al Defensor Regional:

a) Dictar, conforme a las instrucciones generales del Defensor Nacional, las normas e instrucciones necesarias para la organización y funcionamiento de la Defensoría Regional y para el adecuado desempeño de los defensores locales en los casos en que debieren intervenir. En uso de esta atribución no podrá dar instrucciones específicas ni ordenar realizar u omitir actuaciones en casos particulares;

b) Conocer, tramitar y resolver, en su caso, las reclamaciones que se presenten por los beneficiarios de la defensa penal pública, de acuerdo con esta ley;

c) Supervisar y controlar el funcionamiento administrativo de la Defensoría Regional y de las Defensorías Locales que de ella dependan;

d) Velar por el eficaz desempeño del personal a su cargo y por la adecuada administración del presupuesto;

e) Comunicar al Defensor Nacional las necesidades presupuestarias de la Defensoría Regional y de las Defensorías Locales que de ella dependan;

f) Proponer al Defensor Nacional la ubicación de las Defensorías Locales y la distribución en cada una de ellas de los defensores locales y demás funcionarios;

g) Disponer las medidas que faciliten y aseguren el acceso expedito a la Defensoría Regional y a las Defensorías Locales, así como la debida atención de los imputados y de los acusados;

h) Autorizar la contratación de peritos para la realización de los informes que solicitaren los abogados que se desempeñen en la defensa penal pública, y aprobar los gastos para ello, previo informe del jefe de la respectiva unidad administrativa regional;

i) Recepcionar las postulaciones de los interesados en los procesos de licitación, poniendo los antecedentes a disposición del Consejo;

j) Entregar al Defensor Nacional, una vez al año, un informe de las dificultades e inconvenientes habidos en el funcionamiento de la Defensoría Regional y sus propuestas para subsanarlas o mejorar su gestión;

k) Proponer al Consejo las bases de las licitaciones a nivel regional, y

l) Ejercer las demás funciones que le encomiende la ley y las que le delegue el Defensor Nacional.

Artículo 21.- Cada Defensoría Regional tendrá las jefaturas y contará con las unidades administrativas que determine el Defensor Nacional para el cumplimiento de los objetivos señalados en la presente ley. Un Director Administrativo Regional, sobre la base de las instrucciones que dicte el Defensor Regional, organizará y supervisará las unidades administrativas que se determinen.

Artículo 22.- El Defensor Regional determinará mediante resolución el defensor local que lo subrogará, pudiendo establecer entre varios el orden de subrogación que estime conveniente. A falta de designación, lo subrogará el defensor local más antiguo de la Región o de la extensión territorial de la Región que esté a su cargo, cuando en ella exista más de un Defensor Regional.

Procederá la subrogación por el solo ministerio de la ley cuando, por cualquier motivo, el Defensor Regional se encuentre impedido de desempeñar su cargo.

Párrafo 5° Defensorías Locales

Artículo 23.- Las Defensorías Locales son unidades operativas en las que se desempeñarán los defensores locales de la Región. Si la Defensoría Local cuenta con dos o más defensores locales, se nombrará un defensor jefe.

Artículo 24.- La ubicación de las Defensorías Locales en el territorio de cada Defensoría Regional será determinada por el Defensor Nacional, a propuesta del respectivo Defensor Regional.

Podrá haber hasta ochenta Defensorías Locales en el país, las que serán distribuidas conforme a criterios de carga de trabajo, extensión territorial, facilidades de comunicaciones y eficiencia en el uso de los recursos.

Artículo 25.- Los defensores locales podrán ejercer funciones directivas o de jefaturas en las Defensorías Locales en que se desempeñen.

Los defensores locales asumirán la defensa de los imputados que carezcan de abogado en la primera actuación del procedimiento dirigido en su contra y, en todo caso, con anterioridad a la realización de la primera audiencia judicial a que fuere citado.

Asimismo, la asumirán siempre que, de conformidad al Código Procesal Penal, falte abogado defensor, por cualquier causa, en cualquiera etapa del procedimiento.

Mantendrán la defensa hasta que la asuma el defensor que designe el imputado o acusado, salvo que éste fuere autorizado por el tribunal para defenderse personalmente.

Artículo 26.- Para ser defensor local, se requiere:

a) Ser ciudadano con derecho a sufragio;

b) Tener título de abogado, y

c) No encontrarse sujeto a alguna de las incapacidades e incompatibilidades para el ingreso a la administración pública.

TÍTULO III. PERSONAL

Artículo 27.- El personal de la Defensoría estará afecto a las disposiciones de esta ley y a las normas de la ley Nº 18.834, sobre Estatuto Administrativo.

Las funciones de Defensor Nacional y las de Defensor Regional son incompatibles con todo empleo remunerado, con excepción de las actividades docentes hasta por un máximo de doce horas semanales. Les queda expresamente prohibido el ejercicio de la profesión de abogado, salvo en casos propios o de su cónyuge.

Los defensores locales no podrán ejercer la profesión de abogado en materias penales, salvo en casos propios o de su cónyuge.

Artículo 28.- Fíjase la siguiente planta de personal de la Defensoría[383]:

Grados Escala	Denominaciones	Cargos
	Fiscalizadores	
1	Defensor Nacional	1

[383] El artículo primero, Nº 5, del DFL 4, de 02 de octubre de 2007 y los numerales 4 y 5 del artículo primero del Decreto con Fuerza de Ley 9, publicado el 09 de julio de 2018, todos del Ministerio de Hacienda, crearon respectivamente los cargos de Defensor Regional, grado 3, de Director Administrativo Regional, grado 4°, y de Jefe de Unidad Defensoría Regional, grado 4, en la planta de personal de la Defensoría Penal Pública, para las nuevas regiones.

Grados Escala	Denominaciones	Cargos
	Directivos de Carrera	
3	Defensores Regionales	14
5	Directivos	14
	Directivos de Exclusiva Confianza	
2	Director Administrativo Nacional	1
3	Jefes de Unidades Defensoría Nacional	5
4	Directores Administrativos Regionales	14
4	Jefes de Unidades Defensorías Regionales	14
	Profesionales	
5	Profesionales	15
6	Profesionales	16
7	Profesionales	18
8	Profesionales	16
9	Profesionales	16
10	Profesionales	16
11	Profesionales	16
12	Profesionales	16
13	Profesionales	16
	Técnicos	
14	Técnicos	4
15	Técnicos	7
16	Técnicos	9
17	Técnicos	7
18	Técnicos	4
	Administrativos	
16	Administrativos	12
17	Administrativos	21
18	Administrativos	30
19	Administrativos	30
20	Administrativos	20
21	Administrativos	12
	Auxiliares	
18	Auxiliares	9
19	Auxiliares	22
20	Auxiliares	31

Grados Escala	Denominaciones	Cargos
21	Auxiliares	22
22	Auxiliares	9
Total Planta	457	

Artículo 29.- Para el ingreso y promoción en las plantas y cargos, además de los requisitos generales establecidos en la ley Nº 18.834, sobre Estatuto Administrativo, se requerirá cumplir con las siguientes exigencias:

Directivos: Con excepción de los Defensores Regionales, título profesional de una carrera de no menos de diez semestres de duración, otorgado por una universidad o instituto profesional del Estado o reconocido por éste y cinco años de experiencia profesional en el sector público o en el privado.

Para el caso de los Directivos grado 5, sólo se requerirán tres años de experiencia profesional en el sector público o privado.

Profesionales, con excepción de los defensores locales, título profesional de una carrera de no menos de diez semestres de duración, otorgado por una universidad o instituto profesional del Estado o reconocido por éste.

Para el desempeño de cargos profesionales en los grados 5, 6, 7 y 8 se requerirá, además, de tres años de experiencia profesional en el sector público o en el privado.

Por su parte, los cargos profesionales de los grados 9, 10 y 11 requerirán de un año de experiencia profesional en el sector público o privado.

Técnicos grados 14 y 15: Título de una carrera de a lo menos ocho semestres de duración otorgado por una universidad o instituto profesional del Estado o reconocido por éste y, al menos, un año de experiencia profesional en el sector público o en el privado.

Técnicos grados 16 y 17: Título de una carrera de a lo menos seis semestres de duración otorgado por una universidad o instituto profesional del Estado o reconocido por éste y, al menos, un año de experiencia profesional en el sector público o en el privado.

Técnicos grado 18: Título de una carrera de a lo menos cuatro semestres de duración otorgado por un establecimiento de educación superior del Estado o reconocido por éste.

Administrativos: Licencia de Educación Media o equivalente.

Para desempeñarse en los grados 16 y 17 se requerirá, además, tres años de experiencia laboral y a lo menos 90 horas de capacitación en materias afines a la función.

Para desempeñarse en los grados 18° y 19° se requerirá, además, experiencia laboral de a lo menos tres años.

Auxiliares: Haber aprobado la Educación Básica.

Artículo 30.- Las promociones a los cargos vacantes de las plantas de Directivos de Carrera, Profesionales y Técnicos, se efectuarán por concurso de oposición interno, limitado a los funcionarios del Servicio que cumplan con los requisitos correspondientes, y que se regulará, en lo que sea pertinente, por las normas del Párrafo 1° del Título II de la ley N° 18.834.

El concurso podrá ser declarado desierto por falta de postulantes idóneos, entendiéndose que existe tal circunstancia cuando ninguno alcance el puntaje mínimo definido para el respectivo concurso, procediéndose, en este caso, a proveer los cargos mediante concurso público.

Los postulantes al concurso tendrán derecho a reclamar ante la Contraloría General de la República en los términos del artículo 154 de la ley N° 18.834.

Artículo 31.- Los defensores locales serán funcionarios a contrata. El acceso a los empleos correspondientes se efectuará por concurso público.

Este personal no será considerado para aplicar lo dispuesto en el inciso segundo del artículo 9° de la ley N° 18.834.

Habrá 195 defensores locales, los cuales deberán ser contratados entre los grados 5 y 11, ambos inclusive, de la Planta de Profesionales del Servicio. A lo menos, 50 de dichos defensores locales cumplirán funciones para la defensa penal de adolescentes, de conformidad con lo dispuesto en el artículo 29 de la ley N° 20.084[384].

---

[384] Inciso modificado, como aparece en el texto, por el artículo único, números 1 y 2 de la Ley N° 20.802 de 09 de enero de 2015.

Artículo 32.- En materia de remuneraciones, el personal se regirá por las normas del Título I del decreto ley Nº 3.551, de 1981, y su legislación complementaria.

Asimismo, tendrá derecho a percibir la asignación de modernización, en los términos establecidos por los artículos 1º, 3º, 4º, 5º, 6º y 7º de la ley Nº 19.553, y la bonificación del artículo 8º de la misma ley.

Artículo 33.- Concédese al personal de planta y a contrata del Servicio una "asignación de defensa penal pública", de los montos mensuales que se indican, según las plantas y grados que se señalan, en valores vigentes al 30 de noviembre de 2000, los que se reajustarán en los mismos porcentajes que se determinen para las remuneraciones del sector público[385]:

Planta	Grados Escala	Montos mensuales
Fiscalizadores		
Defensor Nacional	1	$1.554.765
Directivos	2	$1.779.328
Directivos	3	$1.245.095
Directivos	4	$1.174.119
Directivos	5	$1.118.238
Profesionales	5	$740.414
Profesionales	6	$613.191
Profesionales	7	$584.633
Profesionales	8	$548.325
Profesionales	9	$517.372
Profesionales	10	$487.324
Profesionales	11	$432.346
Profesionales	12	$381.128
Profesionales	13	$335.941
Técnicos	14	$353.502
Técnicos	15	$282.690
Técnicos	16	$248.846

[385] Artículo modificado, como aparece en el texto, por el artículo 4, Nº 1 de la Ley Nº 19.762 de 13 de octubre de 2001.

Planta	Grados Escala	Montos mensuales
Técnicos	17	$195.296
Técnicos	18	$167.102
Administrativos	16	$99.435
Administrativos	17	$68.796
Administrativos	18	$58.865
Administrativos	19	$48.470
Administrativos	20	$40.085
Administrativos	21	$32.919
Auxiliares	18	$29.433
Auxiliares	19	$26.824
Auxiliares	20	$22.184
Auxiliares	21	$18.217
Auxiliares	22	$15.254

TÍTULO IV. PATRIMONIO

Artículo 34.- El patrimonio de la Defensoría estará compuesto por los bienes muebles e inmuebles que adquiera a título gratuito u oneroso y, en especial, por:

a) Los aportes específicos que anualmente le asigne la Ley de Presupuestos del Sector Público, destinados al cumplimiento de la finalidad de la Defensoría, señalada en el artículo 2° de esta ley;

b) Los aportes de cooperación nacionales e internacionales que reciba para el desarrollo de sus actividades, a cualquier título;

c) Las costas judiciales, en su caso, devengadas en favor del imputado que haya sido atendido por la Defensoría;

d) Las donaciones que se le hagan en conformidad a la ley, las que en todo caso estarán exentas de impuestos, no se someterán al trámite de insinuación y se aceptarán con beneficio de inventario;

e) Los frutos y productos de tales bienes, y

f) Los demás recursos que determinen las leyes.

TÍTULO V. BENEFICIARIOS Y PRESTADORES DE LA DEFENSA PENAL PÚBLICA

Párrafo 1º Beneficiarios

Artículo 35.- Son beneficiarios de la defensa penal pública todos los imputados o acusados que carezcan de abogado y requieran de un defensor.

Artículo 36.- La defensa penal pública será siempre gratuita.

Excepcionalmente, la Defensoría podrá cobrar, total o parcialmente, la defensa que preste a los beneficiarios que dispongan de recursos para financiarla privadamente.

Para estos efectos considerará, al menos, su nivel de ingreso, capacidad de pago y el número de personas del grupo familiar que de ellos dependan, en conformidad con lo que señale el reglamento.

Siempre que correspondiere cobrar a algún beneficiario por la prestación del servicio de la defensa penal, se le deberá informar de ello en cuanto se dé inicio a las gestiones en su favor, entregándole copia del arancel existente y de las modalidades de pago del servicio.

Lo dispuesto en los incisos segundo a cuarto precedentes no será aplicable a los servicios de defensa penal de adolescentes[386].

Artículo 37.- Para el caso previsto en el inciso segundo del artículo anterior, la Defensoría deberá elaborar anualmente el arancel de los servicios que preste.

En la determinación del arancel deberá estimarse el costo de los servicios prestados por la defensa y las etapas del proceso en que se asistiere al beneficiario.

Para estos efectos, se tomarán en consideración, entre otros, los costos técnicos y el promedio de los honorarios de la plaza, debiendo dichas tarifas ser competitivas con éstos.

---

[386] Inciso agregado por el art. 58, nº 2 de la Ley Nº 21.527, de 12 de enero de 2023.

Artículo 38.- La Defensoría Regional determinará el monto que el beneficiario deberá pagar por el servicio, en el momento en que se ponga término a la defensa penal pública.

El imputado o acusado que no se conforme con esa determinación podrá siempre reclamar al Defensor Regional, y en última instancia, al juez o tribunal que conozca o hubiere conocido las gestiones relativas al procedimiento, en forma incidental.

Artículo 39.- La resolución que dicte el Defensor Regional indicando el monto adeudado tendrá el carácter de título ejecutivo para proceder a su cobro judicial.

Este cobro podrá ser encargado a terceros.

Párrafo 2º Prestadores

Artículo 40.- Los abogados que presten defensa penal pública estarán sujetos, en el cumplimiento de sus deberes, a las responsabilidades propias del ejercicio de la profesión y, además, a las que se regulan en esta ley.

Los defensores penales públicos ejercerán su función con transparencia, de manera de permitir a los defendidos el conocimiento de los derechos que les confiere esta ley, así como de los procedimientos, contenidos y fundamentos de las actividades que emprendan en el cumplimiento de sus funciones.

Artículo 41.- Designado, el defensor penal público no podrá excusarse de asumir la representación del imputado o acusado.

Párrafo 3º Licitación

Artículo 42.- La selección de las personas jurídicas o abogados particulares que prestarán defensa penal pública se hará mediante licitaciones a las que se convocará en cada Región, según las bases y condiciones que fije el Consejo.

Las bases de la licitación establecerán, a lo menos, el porcentaje de casos previstos que se licita y, si la hubiere, la posibilidad de efectuar ofertas parciales; el período por el cual se contratará la prestación del servicio de defensa penal pública, que no podrá ser prorrogado, y las condiciones en las que éste deberá desarrollarse por los abogados que resultaren comprendidos en la adjudicación. Excepcionalmente, podrán contemplar la posibilidad de que, en localidades determinadas, el servicio se extienda desde la primera audiencia judicial, cuando la cobertura prestada por los defensores locales fuere insuficiente.

Artículo 43.- La convocatoria a concurso público deberá publicarse por tres veces en un diario de circulación regional y, al menos, por una vez en un diario de circulación nacional. El llamado especificará, a lo menos, el objeto de la licitación, el plazo para retirar las bases y el lugar donde estarán disponibles, la fecha, hora y lugar de entrega de las ofertas y la fecha, hora y lugar del acto solemne y público en que se procederá a la apertura de las propuestas.

Artículo 44.- Podrán participar en la licitación:

a) Las personas naturales que cuenten con el título de abogado y cumplan con los demás requisitos para el ejercicio profesional, y

b) Las personas jurídicas, públicas o privadas, con o sin fines de lucro, que cuenten con profesionales que cumplan los requisitos para el ejercicio profesional de abogado.

Los postulantes a la licitación deberán señalar específicamente el porcentaje del total de casos al que postulan y el precio de sus servicios.

Artículo 45.- La licitación será resuelta a nivel regional por un Comité de Adjudicación Regional, integrado por:

a) Un representante del Ministerio de Justicia, que no podrá ser el Secretario Regional Ministerial de Justicia;

b) El Defensor Nacional u otro profesional de la Defensoría Nacional designado por éste, que no podrá ser uno de los que desempeñan labores de fiscalización;

c) El Defensor Regional u otro profesional de la Defensoría Regional designado por éste, que no podrá ser uno de los que desempeñan labores de fiscalización;

d) Un académico de la Región, del área de la economía, designado por el Defensor Nacional, y

e) Un juez con competencia penal, elegido por la mayoría de los integrantes de los tribunales de juicio oral en lo penal y los jueces de garantía de la Región respectiva.

Los miembros que deban ser elegidos lo serán de acuerdo con el procedimiento que determine el reglamento.

No podrá desempeñarse como miembro del Comité de Adjudicación Regional quien tuviere interés directo o indirecto respecto de alguna persona natural o jurídica que prestare o estuviere postulando a prestar servicios de defensa penal pública.

Artículo 46.- La licitación se resolverá conforme a los siguientes criterios:

a) Costo del servicio por ser prestado;

b) Permanencia y habitualidad en el ejercicio de la profesión en la Región respectiva;

c) Número y dedicación de abogados disponibles, en el caso de las personas jurídicas;

d) Experiencia y calificación de los profesionales que postulen, y

e) Apoyo administrativo de los postulantes.

Si la persona natural o jurídica que postula a la licitación se encontrare prestando el servicio de defensa penal pública o lo hubiere prestado con anterioridad, se considerará además las eventuales sanciones que se le hubieren aplicado y el número de personas que hubieren solicitado el cambio de defensor.

Artículo 47.- La decisión del concurso será pública y fundada.

Cualquier reclamación interpuesta por alguno de los participantes será conocida y resuelta por el Comité de Adjudicación Regional.

Contra su resolución sólo procederá recurso de apelación ante el Consejo.

Artículo 48.- El Comité de Adjudicación Regional declarará desierta la licitación cuando concurra, al menos, una de las siguientes circunstancias:

a) No se presente postulante alguno a la licitación;

b) Presentándose uno o más postulantes, ninguno cumpla con lo establecido en las bases de licitación, o c) Presentándose uno o más postulantes, ninguna de las propuestas resulte satisfactoria de acuerdo con los criterios que enumera el artículo 46.

Artículo 49.- En caso de que la licitación sea declarada desierta, o de que el número de postulantes aceptados sea inferior al requerido para completar el total de casos licitados, el Consejo lo comunicará al Defensor Nacional para que éste disponga que la Defensoría Regional respectiva, a través de los defensores locales correspondientes, asuma la defensa de los casos comprendidos en el porcentaje no asignado en la licitación.

Esta labor se deberá realizar por el plazo que el Consejo señale, el que no podrá ser superior a seis meses, al cabo del cual se llamará nuevamente a licitación por el total de casos o por el porcentaje no cubierto, según corresponda.

En caso necesario, el Defensor Nacional podrá, además, celebrar convenios directos, por un plazo fijo, con abogados o personas jurídicas públicas o privadas que se encuentren en condiciones de asumir la defensa penal de los imputados, hasta que se resuelva la nueva licitación. En la prestación de sus servicios, estas personas naturales o jurídicas se sujetarán a las mismas reglas aplicables a aquellas que fueren contratadas en virtud de los procesos de licitación.

Artículo 50.- Los contratos a que dé lugar una licitación serán suscritos por el Defensor Nacional.

El pago de los fondos licitados se efectuará según lo establezca el reglamento.

En cada uno de estos pagos se retendrá, a título de garantía, un porcentaje del mismo, según se determine en las bases de la licitación.

Además de este fondo de reserva, el Consejo deberá exigir al abogado o a la persona jurídica respectiva boleta bancaria de garantía, o cualquier otra caución que estime suficiente con el objeto de asegurar la adecuada prestación de los servicios licitados.

Si se abriere proceso administrativo del cual pudiere resultar la aplicación, a la persona natural o jurídica que preste servicios de defensa penal pública, de alguna de las sanciones previstas en el artículo 70, las garantías sólo se entregarán o devolverán, según procediere, en la parte que excediere el monto que pudiere ser condenada a pagar a dicho título.

Párrafo 4º Designación de los defensores

Artículo 51.- La Defensoría Regional elaborará una nómina de los abogados que, en virtud de los procesos de licitación, deberán asumir la defensa penal pública de los imputados o acusados en la región respectiva. Para estos efectos todos los abogados se individualizarán con sus propios nombres y, según proceda, se señalará su pertenencia a una persona jurídica licitada.

Dicha nómina, permanentemente actualizada, será remitida a la o las defensorías locales, juzgados de garantía, tribunales de juicio oral en lo penal y Cortes de Apelaciones de la Región.

Artículo 52.- El imputado o acusado elegirá de la nómina a que se refiere el artículo anterior al abogado que, estando disponible, asumirá su defensa.

Estarán disponibles los abogados que no alcanzaren el porcentaje total de casos en que les correspondiere asumir la defensa, en virtud de la licitación.

El abogado disponible que hubiere sido elegido queda designado como defensor del imputado o acusado.

Artículo 53.- El imputado o acusado tendrá derecho a solicitar en cualquier momento, con fundamento plausible, el cambio de su defensor penal público, petición sobre la cual se pronunciará el Defensor Regional. El reemplazante será designado por el imputado o acusado en la forma indicada en el artículo anterior.

Artículo 54.- Se entenderá, por el solo ministerio de la ley, que el abogado designado tiene patrocinio y poder suficiente para actuar en favor del beneficiario, en los términos que señala el inciso primero del artículo 7º del Código de Procedimiento Civil, debiendo comparecer inmediatamente para entrevistarse con él e iniciar su labor de defensa.

TÍTULO VI. CONTROL, RECLAMACIONES Y SANCIONES

Párrafo 1º Normas generales

Artículo 55.- Las personas naturales y jurídicas que presten servicios de defensa penal pública estarán sujetas al control y responsabilidad previstos en esta ley.

Artículo 56.- El desempeño de los defensores locales y de los abogados que presten defensa penal pública será controlado a través de las siguientes modalidades:

a) Inspecciones;
b) Auditorías externas;
c) Informes, que serán semestrales y final, y
d) Reclamaciones.

Párrafo 2º Inspecciones y auditorías externas

Artículo 57.- Las inspecciones de las defensorías locales, de los abogados y de las personas jurídicas que presten defensa penal pública se llevarán a cabo sin aviso previo.

Artículo 58.- Durante la inspección, se podrán examinar las actuaciones de la defensa, según la metodología que determine el reglamento.

Para estos efectos, se podrán revisar las instalaciones en que se desarrollen las tareas, verificar los procedimientos administrativos del prestador del servicio, entrevistar a los beneficiarios del servicio y a los jueces que hayan intervenido en los procedimientos respectivos, asistir a las actuaciones de cualquier procedimiento en el que la persona jurídica o el abogado que esté siendo objeto de inspección se encuentre prestando defensa y, en general, recabar todos los antecedentes que permitan formarse una impresión precisa acerca de las actividades objeto de la inspección.

Artículo 59.- Al término de cada inspección, se deberá emitir un informe que será remitido al Defensor Regional respectivo.

Dentro de los diez días siguientes, el Defensor Regional pondrá el informe en conocimiento del defensor local, del abogado o de la persona jurídica, según corresponda, para que en diez días formule las observaciones que estime convenientes.

Artículo 60.- Las auditorías externas tendrán lugar aleatoriamente, de acuerdo con las normas que se establezcan en el reglamento.

Serán realizadas por empresas auditoras independientes y tendrán por objeto controlar la calidad de la atención prestada y la observancia de los estándares básicos, previamente fijados por el Defensor Nacional, que deben cumplir en el procedimiento penal quienes presten servicios de defensa penal pública.

Artículo 61.- Durante las inspecciones y auditorías externas, los abogados u otros profesionales que participen en la defensa penal pública no podrán negarse a proporcionar la información requerida sobre los aspectos materia del control.

No quedarán incluidas en las informaciones que deban proporcionar aquellas que se encuentren amparadas por el secreto profesional.

Las informaciones, datos, notas personales o de trabajo de los abogados y cualquier referencia obtenida durante las inspecciones y auditorías externas y que sean relativas a casos particulares en los que se esté prestando defensa penal pública, serán confidenciales.

Las infracciones de los dos incisos precedentes serán sancionadas con las penas que señala el artículo 247 del Código Penal.

Párrafo 3º Informes

Artículo 62.- Los defensores locales, los abogados y las personas jurídicas que presten defensa penal pública estarán obligados a entregar informes semestrales a la Defensoría Regional o Nacional, para la mantención de un sistema de información general.

Esta obligación se deberá cumplir por medio de formularios o por transferencia electrónica de datos, en la forma que determine el Defensor Nacional.

Artículo 63.- Los informes semestrales deberán contener, a lo menos:

a) Las materias, casos y número de personas atendidas;

b) El tipo y cantidad de las actuaciones realizadas;

c) Las condiciones y plazos en los que se hubiere prestado el servicio, y

d) Los inconvenientes que se hubieren producido en la tramitación de los casos.

Artículo 64.- Las personas naturales y jurídicas que presten defensa penal pública en conformidad a esta ley deberán entregar, al término del período para el que fueron contratadas, un informe en el cual se contenga el balance final de su gestión.

Artículo 65.- Los informes a que se refieren los artículos anteriores podrán ser objetados por el Defensor Regional dentro de los treinta días siguientes a su recepción. En dicho caso, las objeciones deberán ser puestas en conocimiento del interesado para que efectúe las correcciones necesarias en el plazo de treinta días.

Si ello no ocurriere, o las correcciones no fueren satisfactorias, se deberán elevar los antecedentes al Defensor Nacional para la aplicación de las sanciones que se establecen en esta ley.

Tanto los informes semestrales como el informe final, con sus correcciones, deberán mantenerse en un registro público, a disposición de los interesados.

Párrafo 4º Reclamaciones

Artículo 66.- Las reclamaciones de los beneficiarios de la defensa penal pública podrán ser presentadas ante la Defensoría Nacional, Regional o Local, indistintamente.

La Defensoría Nacional y la Local deberán remitir inmediatamente las reclamaciones a la Defensoría Regional respectiva.

Recibida la reclamación por parte de la Defensoría Regional, se pondrá en conocimiento del defensor local o abogado que ejerza o hubiere ejercido la defensa reclamada, quien deberá evacuar un informe dentro del plazo de cinco días. Si el abogado perteneciere a una persona jurídica, se enviará a ésta copia de los antecedentes. Si fuere necesario, la Defensoría Regional adoptará de inmediato medidas para asegurar la debida defensa del afectado.

Recibido el informe o vencido el plazo para su presentación, el Defensor Regional elevará los antecedentes al Consejo o se pronunciará sobre la reclamación dentro del plazo de diez días, según corresponda.

La resolución del Defensor Regional será apelable para ante el Defensor Nacional dentro de cinco días, contados desde que se notifique al afectado la resolución.

Sin perjuicio de lo anterior, si el abogado contra quien se reclamare fuere un defensor local, tanto los Defensores Regionales como el Defensor Nacional le podrán imponer directamente las sanciones administrativas que correspondan de acuerdo a la legislación vigente, si fuera procedente.

Artículo 67.- El Defensor Nacional conocerá de las reclamaciones que se refieran a actuaciones propias del Defensor Regional.

Recibida la reclamación por el Defensor Nacional, éste requerirá un informe al Defensor Regional, el que deberá ser evacuado dentro del plazo de cinco días.

Si la reclamación fuere presentada en la misma Defensoría Regional, ésta deberá remitir los antecedentes al Defensor Nacional, conjuntamente con el informe respectivo, dentro del plazo de cinco días.

El Defensor Nacional resolverá dentro del plazo de diez días.

Párrafo 5º Responsabilidades de los prestadores de la defensa penal pública

Artículo 68.- Los defensores locales están sujetos a responsabilidad administrativa de acuerdo con las normas contenidas en la ley Nº 18.834, sobre Estatuto Administrativo, sin perjuicio de la responsabilidad civil y penal que pueda afectarles.

Artículo 69.- Asimismo, sin perjuicio de su responsabilidad civil y penal, las personas naturales o jurídicas que presten servicio de defensa penal pública, sea en virtud del contrato a que dio lugar el proceso de licitación o del convenio directo a que se refiere el inciso final del artículo 49, incurrirán en responsabilidad en los siguientes casos:

a) Cuando su defensa no fuere satisfactoria, de acuerdo con los estándares básicos, definidos por el Defensor Nacional, que deben cumplir en el procedimiento penal quienes presten servicios de defensa penal pública;

b) Cuando no hicieren entrega oportuna de los informes semestrales o del informe final, o consignaren en ellos datos falsos, y

c) Cuando incurrieren en incumplimiento del contrato celebrado.

Artículo 70.- Las sanciones que podrá aplicarse serán las siguientes:

a) Multas establecidas en los contratos respectivos, y

b) Terminación del contrato.

Artículo 71.- Las multas se aplicarán en los casos previstos en las letras a) y b) del artículo 69 por el Defensor Regional. En la resolución, se dispondrá que se impute al valor de la multa la suma que se encontrare retenida en virtud del inciso tercero del artículo 50 y, si no fuere suficiente, se señalará el incremento del porcentaje a retener de las cantidades que se devengaren a favor del prestador del servicio hasta el entero pago de la sanción.

De la resolución del Defensor Regional se podrá apelar, dentro del plazo de cinco días de notificada, ante el Defensor Nacional, quien resolverá en los diez días siguientes.

Artículo 72.- La terminación del contrato se dispondrá por el Consejo, a requerimiento del Defensor Regional, en el caso previsto en la letra c) del artículo 69.

Artículo 73.- Las resoluciones del Defensor Nacional que apliquen sanciones en virtud del artículo 71, inciso segundo, o que ordenen cumplir la que el Consejo hubiere dispuesto en el caso del artículo 72, serán reclamables ante la Corte de Apelaciones, dentro de los diez días siguientes a la fecha de su notificación.

Conocerá de la reclamación la Corte de Apelaciones que sea competente sobre el territorio jurisdiccional en que se prestaren o se hubieren prestado los servicios de defensa penal pública. Si hubiere más de una Corte de Apelaciones, conocerá aquella cuyo asiento se encuentre en la capital de la Región.

La Corte de Apelaciones dará traslado al reclamado por cinco días, ordenará traer a la vista el proceso administrativo y resolverá en cuenta sin más trámite, salvo que estime conveniente traer el asunto en relación para oír a los abogados de las partes, en cuyo caso se agregará a la tabla de la misma Sala con preferencia. El fallo que resuelva la reclamación no será susceptible de recurso alguno.

Artículo 74.- Las sanciones aplicadas a los prestadores del servicio de la defensa penal pública deberán ser consignadas en un registro público, que se encontrará a disposición de cualquier interesado en la defensoría regional respectiva y en las dependencias de la Defensoría Nacional.

TÍTULO VII. DISPOSICIONES FINALES

Artículo 75.- Introdúcense las siguientes modificaciones al Código Orgánico de Tribunales:

a) Agrégase en el Nº 5º del artículo 523, en punto seguido (.), la siguiente frase: "Las Corporaciones de Asistencia Judicial, para este efecto, podrán celebrar convenios con el Ministerio Público y con la Defensoría Penal Pública.";

b) Suprímese en el inciso primero del artículo 595 la expresión "y un tercero que defienda las causas criminales", y reemplázase la coma (,) que aparece luego de la palabra "civiles" por la conjunción "y", y

c) Derógase el artículo 596.

Artículo 76.- A la Defensoría Penal Pública no le serán aplicables los artículos 2°, letras j) y l); 24, letra m); 45, letra h); 46 y 64, letra f) de la ley Nº 19.175, Orgánica Constitucional sobre Gobierno y Administración Regional.

ARTÍCULOS TRANSITORIOS

Artículo 1°.- El primer miembro del Consejo de Licitaciones que corresponda designar al Consejo de Rectores durará dos años en su cargo.

Artículo 2°.- Modifícase el artículo 6° transitorio de la ley Nº 19.665, en su inciso segundo, en el sentido de intercalar a continuación de la expresión "Fiscal Nacional del Ministerio Público,", la frase "por el Defensor Nacional de la Defensoría Penal Pública,".

Artículo 3°.- La primera provisión de todos los cargos de la planta fijada en el artículo 28, a excepción de los cargos de exclusiva confianza, se hará por concurso público. Estos concursos se regularán, en lo que sea pertinente, por las normas del Párrafo I del Título II de la ley Nº 18.834.

Dentro de los plazos y en las regiones indicadas en el artículo 4° transitorio de la Ley Nº 19.640, Orgánica Constitucional del Ministerio Público, se conformarán gradualmente las defensorías regionales y locales, de acuerdo con los recursos que se aprueben en las respectivas leyes de presupuestos del Sector Público.

Mientras no se conformen esas defensorías, los defensores locales podrán asumir la defensa durante las etapas del procedimiento penal que se requiera.

Artículo 4°.- Las promociones en los cargos de las Plantas de Directivos de Carrera, Profesionales y de Técnicos, a que se refiere el artículo

30 de la presente ley, comenzarán a operar una vez que se hayan provisto todos los cargos en conformidad con lo dispuesto en el artículo anterior.

Artículo 5°.- El cumplimiento de los programas de mejoramiento de la gestión en los años 2001 y 2002, que condicionan el pago del incremento por desempeño institucional a que se refiere la letra b) del artículo 3° de la ley N° 19.553, no será exigible para la concesión de este beneficio en dichos años. El porcentaje de este incremento en los años indicados será del 1,5%.

Artículo 6°.- El mayor gasto fiscal que represente la aplicación de esta ley durante el primer año se financiará con cargo al ítem 50-01-03-25-33.104 de la partida del Tesoro Público de la Ley de Presupuestos para dicho año.

El Presidente de la República, mediante decreto supremo expedido por intermedio del Ministerio de Hacienda, con las asignaciones presupuestarias señaladas precedentemente, creará el capítulo respectivo de ingresos y gastos del presupuesto de la Defensoría Penal Pública.".

Habiéndose cumplido con lo establecido en el N° 1° del artículo 82 de la Constitución Política de la República y por cuanto he tenido a bien aprobarlo y sancionarlo; por tanto promúlguese y llévese a efecto como Ley de la República.

Santiago, 27 de febrero de 2001.- RICARDO LAGOS ESCOBAR, Presidente de la República.- José Antonio Gómez Urrutia, Ministro de Justicia.- Nicolás Eyzaguirre Guzmán, Ministro de Hacienda.

Lo que transcribo a Ud. para su conocimiento.- Saluda atentamente a Ud., Jaime Arellano Quintana, Subsecretario de Justicia.

TRIBUNAL CONSTITUCIONAL
PROYECTO DE LEY QUE CREA LA DEFENSORÍA PENAL PÚBLICA

El Secretario del Tribunal Constitucional, quien suscribe, certifica que la Honorable Cámara de Diputados envió el proyecto de ley enunciado en el rubro, aprobado por el Congreso Nacional, a fin de que este Tribunal ejerciera el control de constitucionalidad respecto de los artículos 4°, 5°,

8°, 9°, 11, 12, 21, 23, 30, 45, 73 y 75, del mismo, y por sentencia de 16 de febrero de 2001, declaró:

1. Que las disposiciones contempladas en los artículos 4°, 5°, 8°, 9°, 11, 12, 21, 23, 30, 45 y 75 —letras b) y c)—, del proyecto remitido no son contrarias a la Constitución Política de la República.

2. Que el artículo 73 del proyecto remitido es constitucional en el entendido de lo señalado en los considerandos 11° y 13° de esta sentencia.

3. Que las disposiciones contempladas en los artículos 7° —letras b) y h)—, 13, 16, 17, 42, 47, 49, 50 y 72, y 1° y 4° transitorios, son también constitucionales.

4. Que este Tribunal no se pronuncia sobre la disposición contenida en el artículo 75 —letra a)—, del proyecto remitido, por versar sobre materias que no son propias de ley orgánica constitucional.

Santiago, febrero 16 de 2001.- Rafael Larraín Cruz, Secretario.

LEY Nº 19.640, ORGÁNICA CONSTITUCIONAL DEL MINISTERIO PÚBLICO

ESTABLECE LA LEY ORGÁNICA CONSTITUCIONAL DEL MINISTERIO PÚBLICO

Teniendo presente que el H. Congreso Nacional ha dado su aprobación al siguiente Proyecto de ley:

TÍTULO I. EL MINISTERIO PÚBLICO, FUNCIONES Y PRINCIPIOS QUE ORIENTAN SU ACTUACIÓN

Artículo 1º.- El Ministerio Público es un organismo autónomo y jerarquizado, cuya función es dirigir en forma exclusiva la investigación de los hechos constitutivos de delito, los que determinen la participación punible y los que acrediten la inocencia del imputado y, en su caso, ejercer la acción penal pública en la forma prevista por la ley. De igual manera, le corresponderá la adopción de medidas para proteger a las víctimas y a los testigos. No podrá ejercer funciones jurisdiccionales.

Artículo 2º.- El Ministerio Público realizará sus actuaciones procesales a través de cualquiera de los fiscales que, con sujeción a lo dispuesto en la ley, intervenga en ellas.

Los fiscales, en los casos que tengan a su cargo, dirigirán la investigación y ejercerán la acción penal pública con el grado de independencia, autonomía y responsabilidad que establece esta ley.

Sin perjuicio de lo dispuesto en el inciso primero, el Ministerio Público también podrá realizar sus actuaciones procesales ante los tribunales de garantía, a través de los abogados asistentes de fiscal, con excepción de la comparecencia a las audiencias de juicio oral. Para tal efecto, será necesaria la delegación expresa y específica para la actuación de que se trate, por parte de un fiscal del Ministerio Público, a dichos profesionales[387].

---

387 Inciso agregado por el artículo único, Nº 1 de la Ley Nº 20.861 de 20 de agosto de 2015.

El Fiscal Nacional, en el ejercicio de sus atribuciones, regulará la forma en que se delegará esta facultad[388].

A los abogados asistentes de fiscal les será aplicable lo dispuesto en los artículos 9º, 9º bis y 9º ter, las inhabilidades establecidas en el Título IV, y las normas sobre responsabilidad aplicables a los fiscales[389].

En todo caso se deberá considerar un número de fiscales para efectos de lo establecido en el artículo 29 bis de la ley Nº 20.084[390].

Artículo 3º.- En el ejercicio de su función, los fiscales del Ministerio Público adecuarán sus actos a un criterio objetivo, velando únicamente por la correcta aplicación de la ley. De acuerdo con ese criterio, deberán investigar con igual celo no sólo los hechos y circunstancias que funden o agraven la responsabilidad del imputado, sino también los que le eximan de ella, la extingan o la atenúen.

Artículo 4º.- El Ministerio Público podrá impartir órdenes directas a las Fuerzas de Orden y Seguridad durante la investigación. Sin embargo, las actuaciones que priven al imputado o a terceros del ejercicio de los derechos que la Constitución asegura, o lo restrinjan o perturben, requerirán siempre de aprobación judicial previa.

Artículo 5º.- El Estado será responsable por las conductas injustificadamente erróneas o arbitrarias del Ministerio Público.

La acción para perseguir esta responsabilidad patrimonial prescribirá en cuatro años, contados desde la fecha de la actuación dañina.

En todo caso, no obstará a la responsabilidad que pudiese afectar al fiscal o funcionario que produjo el daño, y, cuando haya mediado culpa grave o dolo de su parte, al derecho del Estado para repetir en su contra.

---

388 Inciso agregado por el artículo único, Nº 1 de la Ley Nº 20.861 de 20 de agosto de 2015.

389 Inciso agregado por el artículo único, Nº 1 de la Ley Nº 20.861 de 20 de agosto de 2015.

390 Inciso agregado por el art. 57, nº 1 de la Ley Nº 21.527, de 12 de enero de 2023.

Artículo 6º.- Los fiscales y funcionarios del Ministerio Público deberán velar por la eficiente e idónea administración de los recursos y bienes públicos y por el debido cumplimiento de sus funciones.

Los fiscales deberán cumplir sus cometidos coordinadamente y propender a la unidad de acción, evitando la duplicación o interferencia de funciones.

Los procedimientos del Ministerio Público deberán ser ágiles y expeditos, sin más formalidades que las que establezcan las leyes y procurarán la simplificación y rapidez de sus actuaciones.

Artículo 7º.- Las autoridades y jefaturas, dentro del ámbito de su competencia administrativa y en los niveles que corresponda, ejercerán un control jerárquico permanente del funcionamiento de las unidades y de la actuación de los funcionarios de su dependencia.

Este control se extenderá tanto a la eficiencia y eficacia en el cumplimiento de los fines y objetivos establecidos, como a la legalidad y oportunidad de las actuaciones.

Artículo 8º.- Los fiscales y los funcionarios del Ministerio Público deberán observar el principio de probidad administrativa.

La función pública se ejercerá con transparencia, de manera que permita y promueva el conocimiento de los procedimientos, contenidos y fundamentos de las decisiones que se adopten en ejercicio de ella.

El Ministerio Público adoptará las medidas administrativas tendientes a asegurar el adecuado acceso a los fiscales por parte de cualquier interesado, con pleno respeto a sus derechos y dignidad personal.

Son públicos los actos administrativos del Ministerio Público y los documentos que les sirvan de sustento o complemento directo y esencial. Con todo, se podrá denegar la entrega de documentos o antecedentes requeridos en virtud de las siguientes causales: la reserva o secreto establecidos en disposiciones legales o reglamentarias; cuando la publicidad impida o entorpezca el debido cumplimiento de las funciones del organismo; la oposición deducida por terceros a quienes se refiera o afecte la información contenida en los documentos requeridos; el que la divulgación o entrega de los documentos o antecedentes requeridos afecte sensiblemente los derechos o intereses de terceras personas, según calificación fundada efectuada por el respectivo Fiscal Regional o, en su caso, el Fiscal Nacional, y el que la publicidad afecte la seguridad de la Nación o el interés nacional. El costo del material empleado para entregar la información será siempre de cargo del requirente, salvo las excepciones legales.

La publicidad, divulgación e información de los actos relativos a o relacionados con la investigación, el ejercicio de la acción penal pública y la protección de víctimas y testigos, se regirán por la ley procesal penal.

Artículo 9º.- Derogado[391]

Artículo 9º bis.- Asimismo, el Fiscal Nacional, los Fiscales Regionales y los fiscales adjuntos, antes de asumir sus cargos, deberán efectuar una declaración jurada en la cual acrediten que no tienen dependencia de sustancias o drogas estupefacientes o sicotrópicas ilegales o, si la tuvieren, que su consumo está justificado por un tratamiento médico[392].

Artículo 9º ter.- Derogado[393]

Artículo 10.- Todas las personas que cumplan con los requisitos correspondientes tendrán el derecho de postular en igualdad de condiciones a los empleos del Ministerio Público, conforme a esta ley.

Artículo 11.- El personal del Ministerio Público estará sujeto a responsabilidad administrativa, sin perjuicio de la responsabilidad civil y penal que pudiere afectarle.

---

391 Artículo derogado por el artículo 56, Nº 5 de la Ley Nº 20.880 de 05 de enero de 2016.

392 Artículo agregado por el artículo 73, Nº 1 de la Ley Nº 20.000 de 16 de febrero de 2005.

393 Artículo derogado por el artículo 56, Nº 5 de la Ley Nº 20.880 de 05 de enero de 2016.

TÍTULO II. DE LA ORGANIZACIÓN Y ATRIBUCIONES DEL MINISTERIO PÚBLICO

PÁRRAFO 1° De los órganos del Ministerio Público

Artículo 12.- El Ministerio Público se organizará en una Fiscalía Nacional y en Fiscalías Regionales.

Las Fiscalías Regionales organizarán su trabajo a través de fiscalías locales.

Existirá, además, un Consejo General, que actuará como órgano asesor y de colaboración del Fiscal Nacional.

PÁRRAFO 2° Fiscal Nacional

Artículo 13.- El Fiscal Nacional es el jefe superior del Ministerio Público y responsable de su funcionamiento.

Ejercerá sus atribuciones personalmente o a través de los distintos órganos de la institución, en conformidad a esta ley.

La Fiscalía Nacional tendrá su sede en la ciudad de Santiago.

Artículo 14.- Para ser nombrado Fiscal Nacional, se requiere:

a) Ser ciudadano con derecho a sufragio;

b) Tener a lo menos diez años el título de abogado;

c) Haber cumplido cuarenta años de edad, y

d) No encontrarse sujeto a alguna de las incapacidades e incompatibilidades previstas en esta ley.

Artículo 15.- Para los efectos de la designación del Fiscal Nacional, la Corte Suprema, con noventa días de anticipación a la fecha de expiración del plazo legal del Fiscal Nacional en funciones, llamará a concurso público con la adecuada difusión.

Los postulantes que reúnan los requisitos legales serán recibidos en una audiencia pública citada especialmente al efecto por el pleno de la Corte Suprema, en la cual se dará a conocer la nómina de candidatos y los antecedentes presentados por cada uno de ellos. La Corte Suprema establecerá la forma en que se desarrollará esta audiencia.

La quina, que será acordada por la mayoría absoluta de sus miembros en ejercicio, en pleno especialmente convocado al efecto, se formará en una misma y única votación, en la cual cada integrante del pleno tendrá derecho a votar por tres personas. Resultarán elegidos quienes obtengan las cinco primeras mayorías. De producirse un empate, éste se resolverá mediante sorteo.

Si no se presentaren candidatos al concurso público o no hubiere cinco que cumplan los requisitos legales, la Corte Suprema declarará desierto el concurso y formulará una nueva convocatoria en el plazo de cinco días. Si sólo fueren cinco los postulantes al cargo que cumplieren los requisitos legales, corresponderá al pleno resolver si formula una nueva convocatoria o si la quina habrá de formarse con los candidatos existentes.

La quina formada por la Corte Suprema, así como los antecedentes presentados por los postulantes que la integren, deberá ser remitida al Presidente de la República dentro de los cuarenta días siguientes al llamado a concurso público. El Presidente de la República dispondrá de diez días para proponer al Senado como Fiscal Nacional a uno de los integrantes de la quina.

Dentro de los diez días siguientes a la recepción de la propuesta y en sesión especialmente convocada al efecto, el Senado dará su acuerdo, por al menos los dos tercios de sus miembros en ejercicio, o desechará la proposición que realizare el Presidente de la República. En este último caso la Corte Suprema deberá completar la quina, proponiendo un nuevo nombre en sustitución del rechazado. La Corte Suprema tendrá un plazo de diez días, a menos que fuere necesario convocar a nuevo concurso, en cuyo evento el plazo se ampliará a quince días. El Presidente de la República y el Senado dispondrán, en cada caso, de un plazo de cinco días para el cumplimiento de sus respectivas funciones previstas en los incisos precedentes. Este procedimiento se repetirá tantas veces fuere menester, hasta obtener la aprobación por el Senado a la proposición que formule el Presidente de la República. Otorgada esa aprobación, el Presidente de la

República, por intermedio del Ministerio de Justicia, expedirá el decreto supremo de nombramiento del Fiscal Nacional.

Artículo 16.- El Fiscal Nacional durará ocho años en su cargo y no podrá ser designado para el período siguiente[394].

Si el Fiscal Nacional dejare de servir su cargo por razones diversas de la expiración del plazo legal de duración de sus funciones, la Corte Suprema llamará a concurso público dentro de tercero día de ocurrido ese hecho.

Los plazos de días contemplados en este artículo y en el precedente serán de días corridos.

Artículo 17.- Corresponderá al Fiscal Nacional:

a) Fijar, oyendo previamente al Consejo General, los criterios de actuación del Ministerio Público para el cumplimiento de los objetivos establecidos en la Constitución y en las leyes. Tratándose de los delitos que generan mayor conmoción social, dichos criterios deberán referirse, especialmente, a la aplicación de las salidas alternativas y a las instrucciones generales relativas a las diligencias inmediatas para la investigación de los mismos, pudiendo establecerse orientaciones diferenciadas para su persecución en las diversas Regiones del país, atendiendo a la naturaleza de los distintos delitos.

El Fiscal Nacional dictará las instrucciones generales que estime necesarias para el adecuado cumplimiento de las tareas de dirección de la investigación de los hechos punibles, ejercicio de la acción penal y protección de las víctimas y testigos. No podrá dar instrucciones u ordenar

[394] Inciso modificado, como aparece en el texto, por el artículo único, N° 2 de la Ley N° 20.861 de 20 de agosto de 2015.
Esta modificación es concordante con el inciso 2° del Artículo 85 de la Constitución Política de la República, aprobada por el Decreto 100, de la Secretaría General de la Presidencia, que fue publicado el 22 de septiembre de 2005 y que dispone que el Fiscal Nacional durará 8 años en el ejercicio de sus funciones.

realizar u omitir la realización de actuaciones en casos particulares, con la sola excepción de lo establecido en el artículo 18[395];

b) Fijar, oyendo al Consejo General, los criterios que se aplicarán en materia de recursos humanos, de remuneraciones, de inversiones, de gastos de los fondos respectivos, de planificación del desarrollo y de administración y finanzas;

c) Crear, previo informe del Consejo General, unidades especializadas para colaborar con los fiscales a cargo de la investigación de determinados delitos;

d) Dictar los reglamentos que correspondan en virtud de la superintendencia directiva, correccional y económica que le confiere la Constitución Política.

En ejercicio de esta facultad, determinará la forma de funcionamiento de las fiscalías y demás unidades del Ministerio Público y el ejercicio de la potestad disciplinaria correspondiente;

e) Nombrar y solicitar la remoción de los fiscales regionales, de acuerdo con la Constitución y con esta ley orgánica constitucional;

f) Resolver las dificultades que se susciten entre fiscales regionales acerca de la dirección de la investigación, el ejercicio de la acción penal pública o la protección de las víctimas o testigos.

En ejercicio de esta facultad, determinará la Fiscalía Regional que realizará tales actividades o dispondrá las medidas de coordinación que fueren necesarias;

g) Controlar el funcionamiento administrativo de las Fiscalías Regionales;

h) Administrar, en conformidad a la ley, los recursos que sean asignados al Ministerio Público;

i) Solicitar, en comisión de servicio, a funcionarios de cualquier órgano de la Administración del Estado, para que participen en las actividades propias del Ministerio Público. Dichas comisiones tendrán el plazo

---

[395] Letra modificada, como aparece en el texto, por el art. 5, letra a), de la Ley Nº 20.074, del 14 de noviembre de 2005

de duración que se indique en el respectivo decreto o resolución que las disponga, y

j) Ejercer las demás atribuciones que ésta u otra ley orgánica constitucional le confieran.

Artículo 18.- El Fiscal Nacional podrá asumir, de oficio y de manera excepcional, la dirección de la investigación, el ejercicio de la acción penal pública y la protección de las víctimas o testigos respecto de determinados hechos que se estimaren constitutivos de delitos, cuando la investidura de las personas involucradas como imputados o víctimas lo hiciere necesario para garantizar que dichas tareas se cumplirán con absoluta independencia y autonomía.

Artículo 19.- El Fiscal Nacional podrá disponer, de oficio y de manera excepcional, que un Fiscal Regional determinado asuma la dirección de la investigación, el ejercicio de la acción penal pública y la protección de las víctimas o testigos en relación con hechos delictivos que lo hicieren necesario por su gravedad o por la complejidad de su investigación.

Se entenderá, especialmente, que resulta necesaria dicha designación, tratándose de investigaciones por delitos de lesa humanidad y genocidio[396].

En los mismos términos, podrá disponer que un Fiscal Regional distinto de aquél en cuyo territorio se hubieren perpetrado los hechos tome a su cargo las tareas aludidas en el inciso primero cuando la necesidad de operar en varias regiones así lo exigiere[397].

Artículo 20.- La Fiscalía Nacional contará con las siguientes unidades administrativas:

a) División de Estudios, Evaluación, Control y Desarrollo de la Gestión;

b) División de Contraloría Interna;

---

396 Inciso agregado por el art. 43, letra a) de la Ley N° 20.357 de 18 de julio de 2009.

397 Inciso modificado, como aparece en el texto, por el art. 43, letra b) de la Ley N° 20.357 de 18 de julio de 2009.

c) División de Recursos Humanos;

d) División de Administración y Finanzas;

e) División de Informática, y

f) División de Atención a las Víctimas y Testigos, que tendrá por objeto velar por el cumplimiento de las tareas que a este respecto le encomiende al Ministerio Público la ley procesal penal. Asimismo, le corresponderá prestar asesoría a quienes sean víctimas de delitos que la ley califica como terroristas[398].

Cualquier persona podrá solicitar información a la División de Atención a las Víctimas y Testigos del Ministerio Público, sobre los procedimientos de acompañamiento y asesoría que ella presta a quienes denuncien ser víctimas de los delitos previstos en los artículos 141, inciso final; 142, inciso final; 150 A, 150 D, 361, 362, 363, 365 bis; 366, incisos primero y segundo; 366 bis, 366 quáter, 367 y 367 ter, 372 bis, 411 quáter cuando se cometa con fines de explotación sexual y 433, número 1, en relación con la violación. El Ministerio Público deberá entregar, a cualquier persona que lo solicite, información completa y suficiente acerca de las prestaciones disponibles para víctimas y testigos, y de los servicios públicos en materia de información, orientación, representación, atención integral y reparación a las víctimas y sus familias.

Cuando el Ministerio Público tome conocimiento de un hecho que reviste los caracteres de delito de violencia sexual señalados en el inciso anterior, se contactará de cualquier manera con la víctima dentro de las veinticuatro horas siguientes, con el objeto de entregarle asesoría y orientación para el ejercicio de sus derechos, y podrá ella si así lo solicitare, involucrar a su familia. Si el Ministerio Público no pudiere tomar contacto con la víctima en los términos antes señalados, comunicará dicha circunstancia al juez de garantía[399].

---

398 Letra modificada, como aparece en el texto, por el art. 2 de la Ley Nº 20.467 de 08 de octubre de 2010.

399 Incisos segundo y tercero nuevos, agregados por el art. 3 de la Ley Nº 21.523 de 31 de diciembre de 2022.

Un Director Ejecutivo Nacional organizará y supervisará las unidades administrativas de la Fiscalía Nacional, sobre la base de las instrucciones generales que dicte el Fiscal Nacional.

El Director Ejecutivo Nacional y los jefes de las unidades administrativas serán funcionarios de la exclusiva confianza del Fiscal Nacional.

Artículo 21.- El Fiscal Nacional rendirá cuenta de las actividades del Ministerio Público en el mes de abril de cada año, en audiencia pública.

En la cuenta se referirá a los resultados obtenidos en las actividades realizadas en el período, incluyendo las estadísticas básicas que las reflejaren, el uso de los recursos otorgados, las dificultades que se hubieren presentado y, cuando lo estime conveniente, sugerirá las políticas públicas y modificaciones legales que estime necesarias para el mejoramiento del sistema penal, para una efectiva persecución de los delitos, la protección de las víctimas y de los testigos, y el adecuado resguardo de los derechos de las personas[400].

Asimismo, dará a conocer los criterios de actuación del Ministerio Público que se aplicarán durante el período siguiente.

Artículo 22.- Cada una de las unidades especializadas a que alude la letra c) del artículo 17 será dirigida por un Director, designado por el Fiscal Nacional, previa audiencia del Consejo General. Estas unidades dependerán del Fiscal Nacional y tendrán como función colaborar y asesorar a los fiscales que tengan a su cargo la dirección de la investigación de determinada categoría de delitos, de acuerdo con las instrucciones que al efecto aquél les dicte.

Créase, al menos, una unidad especializada para asesorar a la dirección de la investigación de los delitos de la ley N°20.000, y a la búsqueda de activos para dar cumplimiento a lo dispuesto en los artículos 40 y 45 de la referida ley. Dentro de sus funciones deberá auxiliar a los fiscales adjuntos en la identificación, búsqueda y localización de bienes, instrumentos y

---

400 Letra modificada, como aparece en el texto, por el art. 5, letra b), de la Ley N° 20.074, del 14 de noviembre de 2005.

ganancias, que se vinculen con la comisión de los delitos sancionados en esa ley[401].

Existirá, asimismo, una unidad especializada para asesorar en la dirección de la investigación y el ejercicio de la acción penal de los delitos sometidos a la responsabilidad especial de adolescentes regulada en la ley Nº 20.084, cuyo funcionamiento se regirá por lo dispuesto en el presente artículo y en el Título II Párrafo 3 bis de la presente ley[402].

Artículo 23.- El Fiscal Nacional será subrogado por el Fiscal Regional que determine mediante resolución, pudiendo establecer entre varios el orden de subrogación que estime conveniente. A falta de designación, será subrogado por el Fiscal Regional más antiguo.

Procederá la subrogación por el solo ministerio de la ley cuando, por cualquier motivo, el Fiscal Nacional se encuentre impedido de desempeñar su cargo.

PÁRRAFO 3º Consejo General

Artículo 24.- El Consejo General estará integrado por el Fiscal Nacional, quien lo presidirá, y por los fiscales regionales.

Artículo 25.- Corresponderá al Consejo General:

a) Dar a conocer su opinión respecto de los criterios de actuación del Ministerio Público, cuando el Fiscal Nacional la requiera de conformidad a lo dispuesto en la letra a) del artículo 17.

Para este efecto, el Fiscal Nacional podrá invitar a las sesiones en que el Consejo General analice esta materia a las personas e instituciones que estime conveniente, por su experiencia profesional o capacidad técnica;

b) Oír las opiniones relativas al funcionamiento del Ministerio Público que formulen sus integrantes;

c) Asesorar al Fiscal Nacional en las otras materias que éste le solicite, y

---

401 Inciso sustituido por el artículo 5 de la Ley 21.575 de 23 de mayo de 2023.

402 Inciso agregado por el art. 57, nº 2 de la Ley Nº 21.527, de 12 de enero de 2023.

d) Cumplir las demás funciones que ésta u otra ley orgánica constitucional le asignen.

Artículo 26.- El Consejo General sesionará ordinariamente al menos cuatro veces al año y, extraordinariamente, cuando lo convoque el Fiscal Nacional.

PÁRRAFO 3º BIS. De la Unidad Especializada de Responsabilidad Penal de Adolescentes[403]

Artículo 26 bis.- La Unidad Especializada de Responsabilidad Penal de Adolescentes se encuentra encargada de cumplir con las siguientes funciones:

a. Cumplir labores de asesoría para el Fiscal Nacional y para las Fiscalías Regionales, en lo referido a la aplicación de la ley Nº 20.084.

b. Colaborar con los fiscales adjuntos especializados en responsabilidad penal de adolescentes, de acuerdo con las instrucciones generales que al efecto dicte el Fiscal Nacional.

c. Establecer y mantener procedimientos de trabajo con los Fiscales Regionales y con los fiscales especializados en responsabilidad penal de adolescentes, así como con las demás unidades especializadas.

d. Realizar visitas periódicas de trabajo en las Fiscalías Regionales en lo referido al trabajo de los fiscales especializados en responsabilidad penal de adolescentes, informando de los resultados al Fiscal Nacional y al Fiscal Regional correspondiente.

e. Efectuar estudio, análisis y difusión de la jurisprudencia referida a la aplicación de la ley Nº 20.084.

f. Proporcionar fallos de interés a la Unidad de Recursos Procesales y Jurisprudencia, para el ingreso en la respectiva base de datos, especificando la doctrina que en ellos se establece.

---

[403] Epígrafe del párrafo agregado por el art. 57, nº 3 de la Ley Nº 21.527, de 12 de enero de 2023.

g. Elaborar y difundir boletines de doctrina y jurisprudencia para apoyar la labor de los fiscales especializados en responsabilidad penal de adolescentes.

h. Dirigir, conjuntamente con la División de Recursos Humanos, la capacitación de los fiscales especializados en responsabilidad penal de adolescentes.

i. Proponer al Fiscal Nacional los ajustes a la legislación nacional que hagan posible mejorar el desempeño del Ministerio Público en las tareas de persecución de los delitos cometidos por adolescentes, conforme a lo dispuesto en la ley Nº 20.084.

j. Proponer al Fiscal Nacional la elaboración y adecuación de las instrucciones generales y criterios de actuación que se estimen necesarias para el adecuado cumplimiento de las tareas de investigación y para el ejercicio de la acción penal pública en los delitos cometidos por adolescentes conforme a lo dispuesto en la ley Nº 20.084.

k. Afianzar la relación existente entre el Ministerio Público y los distintos organismos públicos y privados vinculados a la aplicación de la ley Nº 20.084.

l. Coordinar con las policías procesos de trabajo relativos a la investigación de los ilícitos cometidos por adolescentes.

m. Participar u organizar congresos, seminarios y reuniones sobre la aplicación de la ley Nº 20.084.

n. Llevar un registro de las investigaciones sobre los delitos de que trata la ley Nº 20.084[404].

PÁRRAFO 4º De las Fiscalías Regionales

Artículo 27.- A los fiscales regionales corresponde el ejercicio de las funciones y atribuciones del Ministerio Público en la región o en la extensión geográfica de la región que corresponda a la fiscalía regional a su cargo, por sí o por medio de los fiscales adjuntos que se encuentren bajo su dependencia.

---

404 Artículo agregado por el art. 57, nº 4 de la Ley Nº 21.527, de 12 de enero de 2023.

Tratándose de delitos cometidos en el extranjero que fueren de competencia de los tribunales chilenos, las facultades del Ministerio Público serán ejercidas por el fiscal adjunto de la Región Metropolitana que sea designado por el Fiscal Regional Metropolitano con competencia sobre la comuna de Santiago, sin perjuicio de las potestades que son propias del Fiscal Nacional conforme a esta ley orgánica constitucional[405].

Artículo 28.- Existirá un fiscal regional en cada una de las regiones del país, con excepción de la Región Metropolitana de Santiago, en la que existirán cuatro fiscales regionales.

Las fiscalías regionales tendrán su sede en la capital regional respectiva. En la Región Metropolitana, la sede y la distribución territorial serán determinadas por el Fiscal Nacional.

Artículo 29.- Los fiscales regionales serán nombrados por el Fiscal Nacional, a propuesta en terna de la Corte de Apelaciones de la respectiva región. Si en la región existiere más de una Corte de Apelaciones, la terna será formada por un pleno conjunto de todas ellas, especialmente convocado al efecto por el Presidente de la de más antigua creación, en cuya sede se reunirán.

Para formar la terna, la Corte de Apelaciones, con noventa días de anticipación a la fecha de expiración del plazo legal del Fiscal Regional en funciones, llamará a concurso público de antecedentes con la adecuada difusión, la que comprenderá al menos publicaciones en diarios de circulación nacional.

Los postulantes que reúnan los requisitos legales serán recibidos en una audiencia pública citada especialmente al efecto, por el pleno de la Corte de Apelaciones, en la cual se dará a conocer la nómina de candidatos y los antecedentes presentados por cada uno de ellos. La Corte Suprema establecerá la forma en que se desarrollará esta audiencia en las Cortes de Apelaciones.

---

[405] Inciso agregado por el art. 5, letra c), de la Ley N° 20.074, del 14 de noviembre de 2005.

La terna, que será acordada por la mayoría absoluta de sus miembros en ejercicio, en pleno especialmente convocado al efecto, se formará en una misma y única votación, en la cual cada integrante del pleno tendrá derecho a votar por dos personas. Resultarán elegidos quienes obtengan las tres primeras mayorías. De producirse un empate, éste se resolverá mediante sorteo.

Si no se presentaren candidatos al concurso público o no hubiere tres que cumplan los requisitos legales, la Corte de Apelaciones declarará desierto el concurso y formulará una nueva convocatoria en el plazo de cinco días. Si sólo fueren tres los postulantes al cargo que cumplieren los requisitos legales, corresponderá al pleno resolver si formula una nueva convocatoria o si la terna habrá de formarse con los candidatos existentes.

La terna formada por la Corte de Apelaciones, así como los antecedentes presentados por los postulantes que la integren, deberá ser remitida al Fiscal Nacional dentro de los treinta días siguientes al llamado a concurso público de antecedentes. El Fiscal Nacional, dentro de los diez días siguientes a la recepción de la propuesta, nombrará a una de estas personas como Fiscal Regional.

En el caso de la Región Metropolitana de Santiago, si debieren proveerse dos o más cargos de fiscal regional, se efectuará un solo concurso público. Los postulantes indicarán el cargo en el que se interesaren y, si nada manifestaren, se entenderá que optan a todos ellos. El pleno conjunto de las Cortes de Apelaciones de Santiago y de San Miguel elaborará las ternas en series de dos, de manera que sólo una vez resuelta la primera serie por el Fiscal Nacional, se proceda a confeccionar la siguiente serie. Las propuestas se harán conforme al orden en que éste hubiere determinado la sede y la distribución territorial de las fiscalías. En lo demás, se aplicarán las reglas establecidas en los incisos precedentes[406].

Artículo 30.- Los Fiscales Regionales durarán ocho años en el ejercicio de sus funciones y no podrán ser designados como tales por el período

---

406 Inciso agregado por el art. 1, N° 1 de la Ley N° 19.762, de 13 de octubre de 2001.

siguiente, lo que no obsta a que puedan ser nombrados en otro cargo del Ministerio Público[407].

Los Fiscales Regionales cesarán en su cargo al cumplir 75 años de edad.

Si el Fiscal Regional dejare de servir su cargo por razones diversas de la expiración del plazo legal de duración de sus funciones, la Corte de Apelaciones llamará a concurso público de antecedentes dentro de tercero día de ocurrido ese hecho.

Los plazos de días contemplados en este artículo y el precedente serán de días corridos.

Artículo 31.- Para ser nombrado Fiscal Regional, se requiere:

a) Ser ciudadano con derecho a sufragio;

b) Tener a lo menos cinco años el título de abogado;

c) Haber cumplido treinta años de edad, y

d) No encontrarse sujeto a alguna de las incapacidades e incompatibilidades previstas en esta ley.

Artículo 32.- Corresponderá al Fiscal Regional:

a) Dictar, conforme a las instrucciones generales del Fiscal Nacional, las normas e instrucciones necesarias para la organización y funcionamiento de la Fiscalía Regional y para el adecuado desempeño de los fiscales adjuntos en los casos en que debieren intervenir;

b) Conocer y resolver, en los casos previstos por la ley procesal penal, las reclamaciones que cualquier interviniente en un procedimiento formulare respecto de la actuación de un fiscal adjunto que se desempeñe en la Fiscalía Regional a su cargo;

---

407 Inciso modificado, como aparece en el texto, por el artículo único, Nº 2 de la Ley Nº 20.861 de 20 de agosto de 2015.
Esta modificación es concordante con el inciso 2º del Artículo 85 de la Constitución Política de la República, aprobada por el Decreto 100, de la Secretaría General de la Presidencia, que fue publicado el 22 de septiembre de 2005 y que dispone que el Fiscal Nacional durará 8 años en el ejercicio de sus funciones.

c) Supervisar y controlar el funcionamiento administrativo de la Fiscalía Regional y de las fiscalías locales que de ella dependan;

d) Velar por el eficaz desempeño del personal a su cargo y por la adecuada administración del presupuesto;

e) Comunicar al Fiscal Nacional las necesidades presupuestarias de la Fiscalía Regional y de las fiscalías locales que de ella dependan;

f) Proponer al Fiscal Nacional la ubicación de las fiscalías locales y la distribución en cada una de ellas de los fiscales adjuntos y los funcionarios;

g) Disponer las medidas que faciliten y aseguren el acceso expedito a la Fiscalía Regional y a las fiscalías locales, así como la debida atención de las víctimas y demás intervinientes, y

h) Ejercer las demás atribuciones que ésta u otra ley orgánica constitucional le confieran.

Artículo 33.- Las reclamaciones que los intervinientes en un procedimiento formulen en contra de un fiscal adjunto de conformidad a la ley procesal penal deberán ser presentadas por escrito al Fiscal Regional, quien deberá resolverlas, también por escrito, dentro de cinco días hábiles.

Artículo 34.- Cada Fiscalía Regional contará con las siguientes unidades administrativas:

a) Unidad de Evaluación, Control y Desarrollo de la Gestión;

b) Unidad de Recursos Humanos;

c) Unidad de Administración y Finanzas;

d) Unidad de Informática, y

e) Unidad de Atención a las Víctimas y Testigos, que tendrá por objeto el cumplimiento de las tareas que a este respecto le encomiende al Ministerio Público la ley procesal penal.

Un Director Ejecutivo Regional organizará y supervisará las unidades administrativas, sobre la base de las instrucciones generales que dicte el Fiscal Regional.

El Director Ejecutivo Regional y los jefes de las unidades administrativas serán funcionarios de la exclusiva confianza del Fiscal Regional.

Artículo 35.- El Fiscal Regional debe dar cumplimiento a las instrucciones generales impartidas por el Fiscal Nacional.

Si las instrucciones incidieren en el ejercicio de sus facultades de dirigir la investigación o en el ejercicio de la acción penal pública, el Fiscal Regional podrá objetarlas por razones fundadas.

Si la instrucción objetada incidiere en actuaciones procesales que no se pudieren dilatar, el Fiscal Regional deberá realizarlas de acuerdo con la instrucción mientras la objeción no sea resuelta.

Si el Fiscal Nacional acogiere la objeción, deberá modificar la instrucción, con efectos generales para el conjunto del Ministerio Público.

En caso contrario, el Fiscal Nacional asumirá la plena responsabilidad, debiendo el Fiscal Regional dar cumplimiento a lo resuelto sin más trámite.

Artículo 36.- El Fiscal Regional rendirá cuenta de las actividades desarrolladas por el Ministerio Público en la región, durante el mes de enero de cada año, en audiencia pública.

En la cuenta se referirá a los resultados obtenidos en las actividades realizadas en el período, incluyendo las estadísticas básicas que las reflejaren, el uso de los recursos otorgados y las dificultades que se hubieren presentado.

En los casos en que exista más de una Fiscalía Regional en la región, la cuenta anual será presentada en la misma audiencia por los respectivos fiscales.

Artículo 37.- El Fiscal Regional será subrogado por el fiscal adjunto que determine mediante resolución, pudiendo establecer entre varios el orden de subrogación que estime conveniente. A falta de designación, lo subrogará el fiscal adjunto más antiguo de la región, o de la extensión territorial de la región que esté a su cargo, cuando en ella exista más de un Fiscal Regional.

Procederá la subrogación por el solo ministerio de la ley, cuando por cualquier motivo el Fiscal Regional se encuentre impedido de desempeñar su cargo.

PÁRRAFO 4º BIS Del sistema de análisis criminal y focos investigativos[408]

Artículo 37 bis.- Créase el Sistema de Análisis Criminal y Focos Investigativos, en adelante "el Sistema", para el fortalecimiento de la persecución penal, mediante la incorporación de estrategias de análisis e investigación sobre mercados delictuales u otras estructuras de criminalidad reconocibles.

El Sistema estará compuesto por unidades de análisis criminal y unidades de focos investigativos.

Las unidades de análisis criminal, que formen parte del Sistema, tendrán las siguientes funciones:

a) Generar información mediante el análisis estratégico de los datos agregados provenientes de delitos contra la propiedad y, en general, de aquellos de mayor connotación social, calificados por el Fiscal Nacional, ya sea que su investigación se encuentre vigente o terminada.

b) Efectuar reportes de la información analizada sobre criminalidad regional, identificación de patrones comunes en ciertos tipos de delitos, reconocimiento de imputados y cualquier otro que se requiera en relación con un tipo de criminalidad específica.

c) Formular orientaciones y diseñar procedimientos estándares de gestión eficiente de la información que permitan el logro de los resultados propuestos por el Ministerio Público.

Los informes y reportes elaborados por las unidades de análisis criminal en ejercicio de las funciones señaladas en el inciso anterior podrán ser declarados reservados para los efectos de lo dispuesto en el artículo 21 de la ley Nº 20.285.

Las unidades de focos investigativos del Sistema dependerán de cada Fiscalía Regional, debiendo coordinarse operativamente con las fiscalías locales de la respectiva región, y estarán compuestas por fiscales adjuntos, quienes ejercerán la acción penal, adoptarán medidas de protección a víc-

---

[408] Párrafo agregado por el artículo único, Nº 3 de la Ley Nº 20.861 de 20 de agosto de 2015.

timas y testigos, y dirigirán la investigación en aquellos delitos que hayan sido objeto de estudio de las unidades de análisis criminal del Sistema[409].

PÁRRAFO 5º De las fiscalías locales y los fiscales adjuntos

Artículo 38.- Las fiscalías locales serán las unidades operativas de las Fiscalías Regionales para el cumplimiento de las tareas de investigación, ejercicio de la acción penal pública y protección de las víctimas y testigos.

Las fiscalías locales contarán con los fiscales adjuntos, profesionales y personal de apoyo, así como con los medios materiales que respectivamente determine el Fiscal Nacional, a propuesta del Fiscal Regional dentro de cuyo territorio se encuentre la fiscalía local.

Cada fiscalía local estará integrada por uno o más fiscales adjuntos, que serán designados por el Fiscal Nacional, a propuesta del fiscal regional. Si la fiscalía local cuenta con dos o más fiscales adjuntos, el fiscal regional asignará a uno de ellos el desempeño de labores de jefatura, las que realizará, con la denominación de fiscal adjunto jefe, mientras cuente con la confianza de dicho fiscal regional[410].

Artículo 39.- La ubicación de las fiscalías locales en el territorio de cada Fiscalía Regional será determinada por el Fiscal Nacional, a propuesta del respectivo Fiscal Regional. En la distribución geográfica y organización de las fiscalías locales se atenderá especialmente a criterios de carga de trabajo, extensión territorial, facilidad de comunicaciones y eficiencia en el uso de los recursos.

Artículo 40.- Cuando una fiscalía local cuente con |más de un fiscal adjunto, la distribución de los casos entre los distintos fiscales adjuntos será realizada por el fiscal jefe de conformidad a las instrucciones que al respecto imparta el Fiscal Nacional. En todo caso, la distribución de casos

---

409 Artículo agregado por el artículo único, Nº 3 de la Ley Nº 20.861 de 20 de agosto de 2015.

410 Inciso sustituido, por el que aparece en el texto, por el artículo 57 de la Ley Nº 19.806 de 31 de mayo de 2002.

deberá hacerse siempre sobre la base de criterios objetivos, tales como la carga de trabajo, la especialización y la experiencia.

En todos los casos en que el fiscal adjunto se encontrare impedido de desempeñar el cargo por cualquier causa será subrogado, por el solo ministerio de la ley, con todas sus facultades y obligaciones, por el abogado asistente perteneciente a la misma fiscalía, designado por el Fiscal Regional[411].

Si la subrogación a que se refiere el inciso anterior se ejerciera por más de catorce días, el abogado asistente que subrogue al fiscal percibirá una remuneración equivalente a la del fiscal titular por todo el tiempo que dicho profesional hubiere ejercido como subrogante[412].

En el caso de que persista la circunstancia o el impedimento por más de treinta días, el Fiscal Regional podrá designar a un abogado asistente en calidad de suplente, percibiendo la misma remuneración que le corresponde al titular. Asimismo, podrá contratarse a un abogado quien realizará las labores del abogado asistente que está ejerciendo la suplencia[413].

Si un cargo de fiscal adjunto se encontrare vacante, el Fiscal Regional podrá designar a un abogado asistente de fiscal en calidad de suplente, percibiendo la misma remuneración que le corresponde al titular. En todo caso, la suplencia no podrá extenderse por más de seis meses, al término de los cuales deberá nombrarse un titular[414].

Sin perjuicio de su pertenencia a una fiscalía local, en el ejercicio de las tareas que les asigna la ley los fiscales adjuntos podrán realizar actuaciones y diligencias en todo el territorio nacional, de conformidad a las normas generales que establezca el Fiscal Nacional.

---

411 Inciso sustituido, por el que aparece en el texto, por el artículo 4, letra a) de la Ley N° 20.861 de 20 de agosto de 2015. Anteriormente había sido sustituido por el artículo 57 de la Ley N° 19.806 de 31 de mayo de 2002.

412 Inciso agregado por el artículo 4, letra b) de la Ley N° 20.861 de 20 de agosto de 2015.

413 Inciso agregado por el artículo 4, letra b) de la Ley N° 20.861 de 20 de agosto de 2015.

414 Inciso agregado por el artículo 4, letra b) de la Ley N° 20.861 de 20 de agosto de 2015.

Artículo 41.- Los fiscales adjuntos serán designados por el Fiscal Nacional, a propuesta en terna del Fiscal Regional respectivo, la que deberá formarse previo concurso público. Los concursos se regirán por las reglas generales y bases que al efecto dicte el Fiscal Nacional e incluirán exámenes escritos, orales y una evaluación de los antecedentes académicos y laborales de los postulantes.

Las bases que se dicten para el concurso público serán incorporadas en el llamado al mismo, el que será convocado por el Fiscal Regional respectivo mediante avisos que deberán publicarse en el Diario Oficial, al menos dos veces en un diario de circulación nacional y dos en uno de circulación regional, en días distintos.

Artículo 42.- Para ser nombrado fiscal adjunto, se requiere:

a) Ser ciudadano con derecho a sufragio;

b) Tener el título de abogado;

c) Reunir requisitos de experiencia y formación especializada adecuadas para el cargo, y

d) No encontrarse sujeto a alguna de las incapacidades e incompatibilidades previstas en esta ley.

Artículo 43.- Los fiscales adjuntos cesarán en sus cargos por:

a) Cumplir 75 años de edad.

b) Renuncia.

c) Muerte.

d) Salud incompatible con el cargo o enfermedad irrecuperable, de acuerdo a lo establecido en el reglamento.

e) Evaluación deficiente de su desempeño funcionario, de conformidad al reglamento.

f) Incapacidad o incompatibilidad sobreviniente, cuando corresponda.

Artículo 44.- Dentro de cada fiscalía local los fiscales adjuntos ejercerán directamente las funciones del Ministerio Público en los casos que se les asignen. Con dicho fin dirigirán la investigación de los hechos constitutivos de delitos y, cuando proceda, ejercerán las demás atribuciones que la ley les entregue, de conformidad a esta última y a las instrucciones generales que, dentro del ámbito de sus facultades, respectivamente impartan el Fiscal Nacional y el Fiscal Regional.

Los fiscales adjuntos estarán igualmente obligados a obedecer las instrucciones particulares que el Fiscal Regional les dirija con respecto a un caso que les hubiere sido asignado, a menos que estimen que tales instrucciones son manifiestamente arbitrarias o que atentan contra la ley o la ética profesional. De concurrir alguna de estas circunstancias, podrán representar las instrucciones.

La objeción deberá ser presentada por escrito al Fiscal Regional dentro de las 24 horas siguientes a la recepción de la instrucción particular de que se trate. El Fiscal Regional la resolverá también por escrito. Si acoge la objeción, el fiscal adjunto continuará desempeñando sus tareas según corresponda, de conformidad a las normas generales. En caso contrario, el fiscal adjunto deberá cumplir la instrucción. Cuando el Fiscal Regional rechace una objeción formulada por un fiscal adjunto y le ordene dar cumplimiento a la instrucción original, se entenderá que asume plena responsabilidad por la misma.

Tratándose de instrucciones relativas a actuaciones procesales impostergables, el fiscal adjunto deberá darles cumplimiento sin perjuicio de la objeción que pudiera formular de acuerdo a lo previsto en los incisos precedentes.

TÍTULO III. RESPONSABILIDADES DE LOS FISCALES DEL MINISTERIO PÚBLICO

Artículo 45.- Los fiscales del Ministerio Público tendrán responsabilidad civil, disciplinaria y penal por los actos realizados en el ejercicio de sus funciones, de conformidad a la ley.

Artículo 46.- Presentada una denuncia en contra de un fiscal del Ministerio Público por su presunta responsabilidad en un hecho punible, o tan pronto aparezcan antecedentes que lo señalen como partícipe en un delito, corresponderá dirigir las actuaciones del procedimiento destinado a perseguir la responsabilidad penal:

a) Del Fiscal Nacional, al Fiscal Regional que se designe mediante sorteo, en sesión del Consejo General, la que será especialmente convocada y presidida por el Fiscal Regional más antiguo;

b) De un Fiscal Regional, al Fiscal Regional que designe el Fiscal Nacional, oyendo previamente al Consejo General, y

c) De un fiscal adjunto, al Fiscal Regional que designe el Fiscal Nacional.

Tratándose de delitos cometidos por un fiscal en el ejercicio de sus funciones, el fiscal a cargo de la investigación deducirá, si procediere, la respectiva querella de capítulos, conforme a las disposiciones de la ley procesal penal.

Artículo 47.- Derogado[415]

Artículo 48.- La responsabilidad disciplinaria de los fiscales por los actos realizados en el ejercicio de sus funciones podrá hacerse efectiva por la autoridad superior respectiva, de acuerdo con el procedimiento regulado en los artículos siguientes, según corresponda.

Para efecto de lo dispuesto en el inciso tercero del artículo 2º de esta ley, los incisos segundo y tercero del artículo 132, los artículos 132 bis y 190 y el inciso primero del artículo 191 del Código Procesal Penal, serán aplicables a los abogados asistentes del fiscal, en lo pertinente, las normas sobre responsabilidad de los fiscales[416].

Artículo 49.- Las infracciones de los deberes y prohibiciones en que incurran los fiscales serán sancionadas disciplinariamente, de oficio o a requerimiento del afectado, con alguna de las siguientes medidas:

a) Amonestación privada.

b) Censura por escrito.

---

415 Artículo derogado por el artículo 56, Nº 5 de la Ley Nº 20.880 de 05 de enero de 2016.

416 Inciso modificado por el artículo 5 de la Ley Nº 20.861 de 20 de agosto de 2015.

c) Multa equivalente hasta media remuneración mensual, por el lapso de un mes.

d) Suspensión de funciones hasta por dos meses, con goce de media remuneración.

e) Remoción.

Artículo 50.- Las medidas disciplinarias mencionadas en las letras a) a d) del artículo anterior se aplicarán tomando en cuenta la gravedad de la falta cometida, la eventual reiteración de la conducta, las circunstancias atenuantes y agravantes que arroje el mérito de los antecedentes.

La remoción, en el caso de un fiscal adjunto, procederá cuando incurra en alguna de las circunstancias siguientes:

1) Incapacidad, mal comportamiento o negligencia manifiesta en el ejercicio de sus funciones.

2) Falta de probidad, vías de hecho, injurias o conducta inmoral grave, debidamente comprobadas.

3) Ausencia injustificada a sus labores, o sin aviso previo, si ello significare un retardo o perjuicio grave para las tareas encomendadas.

4) Incumplimiento grave de sus obligaciones, deberes o prohibiciones.

Sin embargo, no se aplicará la medida de remoción respecto del fiscal adjunto que incurra en la prohibición a que se refiere el artículo 9° bis, siempre que admita ese hecho ante su superior jerárquico y se someta a un programa de tratamiento y rehabilitación en alguna de las instituciones que autorice el reglamento[417].

Si concluye ese programa satisfactoriamente, deberá aprobar un control de consumo toxicológico y clínico que se le aplicará, con los mecanismos de resguardo a que alude el inciso segundo del artículo 66. El incumplimiento de esta norma hará procedente la remoción, sin perjuicio de la aplicación de las reglas sobre salud irrecuperable o incompatible con el desempeño del cargo, si procedieren.

---

[417] Inciso agregado por el artículo 73, N° 2 de la Ley N° 20.000 de 16 de febrero de 2005.

Artículo 51.- Cuando un fiscal adjunto aparezca involucrado en hechos susceptibles de ser sancionados disciplinariamente, el Fiscal Regional designará como investigador a uno de los fiscales del Ministerio Público. Si la gravedad de los hechos lo aconsejare, en la misma resolución podrá suspender de sus funciones al fiscal inculpado, como medida preventiva.

Si el procedimiento se hubiere originado en una denuncia, se invitará a declarar a quien la hubiere formulado, o se le citará, si se desempeñare en el Ministerio Público, y se incorporarán a la causa los antecedentes que acompañare.

El procedimiento será fundamentalmente oral y de lo actuado se levantará un acta general que firmarán los que hubieren declarado, sin perjuicio de agregar los documentos probatorios que correspondan, no pudiendo exceder la investigación el plazo de cinco días. Tan pronto se cerrare la investigación o, en todo caso, al término del señalado plazo, se formularán cargos, si procediere, debiendo el inculpado responderlos dentro de dos días, a contar de la fecha de notificación de éstos. Si el inculpado ofreciere rendir prueba, el investigador señalará un plazo al efecto, el que no podrá exceder de tres días.

Vencido el plazo para los descargos o, en su caso, el término probatorio, el investigador procederá, dentro de los dos días siguientes, a emitir un informe que contendrá la relación de los hechos, los fundamentos y conclusiones a que hubiere llegado y formulará al Fiscal Regional la proposición que estimare procedente. Conocido el informe, el Fiscal Regional dictará dentro de los dos días siguientes la resolución que correspondiere, la cual será notificada al inculpado.

El inculpado podrá apelar de la resolución, para ante el Fiscal Nacional. El plazo para resolver el recurso de apelación será de dos días, contados desde la recepción de los antecedentes en la Fiscalía Nacional.

La resolución definitiva que se pronunciare en el procedimiento será informada al denunciante, si lo hubiere.

Los plazos de días contemplados en este artículo serán de días hábiles.

Artículo 52.- Si el inculpado de alguna infracción a sus deberes fuere un Fiscal Regional, corresponderá al Fiscal Nacional aplicar el procedimiento establecido en el artículo anterior, con excepción de lo dispuesto en el inciso quinto.

Artículo 53.- El Fiscal Nacional y los Fiscales Regionales sólo podrán ser removidos por la Corte Suprema, a requerimiento del Presidente de la República, de la Cámara de Diputados o de diez de sus miembros, por incapacidad, mal comportamiento o negligencia manifiesta en el ejercicio de sus funciones.

La solicitud de remoción señalará con claridad y precisión los hechos que configuraren la causal invocada y a ella se acompañarán o se ofrecerán, si fuera el caso, los medios de prueba en que se fundare. Si la solicitud de remoción no cumpliere estos requisitos, el pleno, convocado al efecto, la declarará inadmisible en cuenta, sin más trámite.

Admitida a tramitación la solicitud, el Presidente de la Corte Suprema dará traslado de ella al fiscal inculpado, el que deberá ser evacuado dentro de los ocho días hábiles siguientes a la fecha de recepción del oficio respectivo, que le será remitido junto con sus antecedentes por la vía que se estimare más expedita.

Evacuado el traslado o transcurrido el plazo previsto en el inciso precedente, el Presidente de la Corte citará a una audiencia en que se recibirá la prueba que se hubiere ofrecido y designará el Ministro ante el cual deberá rendirse; efectuadas las diligencias o vencidos los plazos sin que se hubieren evacuado, ordenará traer los autos en relación ante el pleno de la Corte Suprema, especialmente convocado al efecto. La Corte Suprema sólo podrá decretar medidas para mejor resolver una vez terminada la vista de la causa. Para acordar la remoción, deberá reunirse el voto conforme de cuatro séptimos de sus miembros en ejercicio. Cualquiera de las partes podrá comparecer ante la Corte Suprema hasta antes de la vista de la causa.

La remoción de los Fiscales Regionales también podrá ser solicitada por el Fiscal Nacional.

TÍTULO IV. DE LA INHABILITACIÓN DE LOS FISCALES

Artículo 54.- No podrá dirigir la investigación ni ejercer la acción penal pública respecto de determinados hechos punibles el fiscal del Ministerio Público respecto del cual se configure alguna de las causales de inhabilitación que establece el artículo siguiente.

Artículo 55.- Son causales de inhabilitación:

1°. Tener el fiscal parte o interés en el caso de cuya investigación se trate;

2°. Ser el fiscal cónyuge, conviviente civil, o pariente por consanguinidad o afinidad en cualquiera de los grados de la línea recta y en la colateral por consanguinidad o afinidad hasta el segundo grado inclusive, de alguna de las partes, de sus representantes legales o de sus abogados[418];

3°. Ser el fiscal cónyuge, conviviente civil, o pariente por consanguinidad o afinidad en cualquiera de los grados de la línea recta y en la colateral por consanguinidad o afinidad hasta el segundo grado inclusive, del juez de garantía o de alguno de los miembros del tribunal del juicio oral ante quienes deba desempeñar sus funciones[419];

4°. Ser el fiscal tutor o curador de alguna de las partes, albacea de alguna sucesión, o administrador o representante de alguna persona jurídica que sea parte en el caso de cuya investigación se trate;

5°. Tener el fiscal, personalmente, su cónyuge, conviviente civil, o alguno de sus ascendientes, descendientes o parientes colaterales dentro del segundo grado, causa pendiente que deba fallar como juez o investigación que deba dirigir como fiscal, alguna de las partes[420];

---

418 Número modificado, como aparece en el texto, por el artículo único, N° 6, letra a) de la Ley N° 20.861 de 20 de agosto de 2015.

419 Número modificado, como aparece en el texto, por el artículo único, N° 6, letra b) de la Ley N° 20.861 de 20 de agosto de 2015.

420 Número modificado, como aparece en el texto, por el artículo único, N° 6, letra c) de la Ley N° 20.861 de 20 de agosto de 2015.

6°. Ser o haber sido el fiscal, su cónyuge, conviviente civil, o alguno de sus ascendientes o descendientes, heredero o legatario instituido en testamento por alguna de las partes[421];

7°. Ser alguna de las partes heredero o legatario instituido en testamento por el fiscal;

8°. Tener pendiente alguna de las partes pleito civil o criminal con el fiscal, con su cónyuge, conviviente civil, o con alguno de sus ascendientes, descendientes o parientes colaterales dentro del segundo grado[422].

El pleito deberá haber sido promovido antes de haberse denunciado el hecho de cuya investigación se trate;

9°. Ser el fiscal socio colectivo, comanditario, de responsabilidad limitada o de hecho de alguna de las partes, serlo su cónyuge, conviviente civil, o alguno de los ascendientes o descendientes del mismo fiscal, o alguno de sus parientes colaterales dentro del segundo grado[423];

10. Tener el fiscal la calidad de accionista de una sociedad anónima que sea parte en el caso de cuya investigación se trate;

11. Tener el fiscal con alguna de las partes amistad que se manifieste por actos de estrecha familiaridad, o tenerla su cónyuge, conviviente civil, alguno de sus ascendientes o descendientes, o alguno de sus parientes colaterales dentro del segundo grado[424];

12. Tener el fiscal con alguna de las partes enemistad, odio o resentimiento que haga presumir que no se halla revestido de la debida objetividad;

13. Haber el fiscal, su cónyuge, conviviente civil, alguno de sus ascendientes o descendientes, o alguno de sus parientes colaterales dentro del

---

[421] Número modificado, como aparece en el texto, por el artículo único, N° 6, letra d) de la Ley N° 20.861 de 20 de agosto de 2015.

[422] Número modificado, como aparece en el texto, por el artículo único, N° 6, letra e) de la Ley N° 20.861 de 20 de agosto de 2015.

[423] Número modificado, como aparece en el texto, por el artículo único, N° 6, letra f) de la Ley N° 20.861 de 20 de agosto de 2015.

[424] Número modificado, como aparece en el texto, por el artículo único, N° 6, letra g) de la Ley N° 20.861 de 20 de agosto de 2015.

segundo grado, recibido de alguna de las partes un beneficio de importancia, que haga presumir empeñada la gratitud del fiscal[425];

14. Haber el fiscal, su cónyuge, conviviente civil, alguno de sus ascendientes o descendientes, o alguno de sus parientes colaterales dentro del segundo grado, aceptado, después de iniciada la investigación, dádivas o servicios de alguna de las partes, cualquiera que sea su valor o importancia[426];

15. Tener alguna de las partes relación laboral con el fiscal o viceversa, y

16. Ser el fiscal deudor o acreedor de alguna de las partes o de su abogado; o serlo su cónyuge, conviviente civil, o alguno de sus ascendientes, descendientes o parientes colaterales dentro del segundo grado[427].

Sin embargo, no tendrá aplicación la causal del presente número si fuere parte alguna de las entidades fiscalizadas por la Superintendencia de Seguridad Social, la Superintendencia de Pensiones, la Superintendencia de Salud, la Superintendencia de Bancos e Instituciones Financieras, la Superintendencia de Valores y Seguros o uno de los Servicios de Vivienda y Urbanización, a menos que estas instituciones u organismos ejerciten actualmente cualquier acción judicial contra el fiscal o contra alguna otra de las personas señaladas o viceversa[428].

Artículo 56.- Los fiscales deberán informar por escrito, al superior jerárquico que corresponda de acuerdo al artículo 59, la causa de inhabilitación que los afectare, dentro de las cuarenta y ocho horas siguientes de tomar conocimiento de ella. De esta actuación quedará constancia en el registro.

---

[425] Número modificado, como aparece en el texto, por el artículo único, Nº 6, letra h) de la Ley Nº 20.861 de 20 de agosto de 2015.

[426] Número modificado, como aparece en el texto, por el artículo único, Nº 6, letra i) de la Ley Nº 20.861 de 20 de agosto de 2015.

[427] Número modificado en su párrafo primero, como aparece en el texto, por el artículo único, Nº 6, letra j), número i), de la Ley Nº 20.861 de 20 de agosto de 2015.

[428] Número modificado en su párrafo segundo, como aparece en el texto, por el artículo único, Nº 6, letra j), número ii), de la Ley Nº 20.861 de 20 de agosto de 2015.

Sin perjuicio de lo anterior, continuarán practicando las diligencias urgentes que sean necesarias para evitar perjuicio a la investigación.

Artículo 57.- Si la declaración de inhabilitación fuere solicitada por una parte en el procedimiento, el fiscal seguirá actuando en el caso respectivo, hasta que se resuelva la petición.

Cuando la solicitud afectare al Fiscal Nacional, se presentará ante el Fiscal a quien corresponda subrogarlo, para los efectos de proceder al sorteo a que se alude en el inciso primero del artículo 59.

Artículo 58.- La información de oficio sobre la concurrencia de una causal de inhabilitación, o la solicitud de que se declare, deberá ser resuelta dentro de tercero día de recibida la presentación respectiva.

Artículo 59.- Las inhabilitaciones que afecten a un fiscal adjunto serán resueltas por el Fiscal Regional respectivo. Las que afecten a un Fiscal Regional serán resueltas por el Fiscal Nacional y las que afecten a este último por tres Fiscales integrantes del Consejo General, excluido el Fiscal Nacional, designados por sorteo de conformidad al reglamento[429].

Si se rechaza la concurrencia de la causal, el fiscal continuará con la investigación del caso.

Si se acoge la causal de inhabilitación invocada, se deberá asignar el caso a otro fiscal para que inicie o continúe la tramitación del asunto en que recae.

La resolución que acoja o rechace la causal de inhabilitación invocada no será susceptible de reclamación alguna.

TÍTULO V. INCAPACIDADES, INCOMPATIBILIDADES Y PROHIBICIONES

Artículo 60.- No podrán ser fiscales quienes tengan alguna incapacidad o incompatibilidad que los inhabilite para desempeñarse como jueces.

---

[429] Inciso modificado, como aparece en el texto, por el artículo único, N° 7 de la Ley N° 20.861 de 20 de agosto de 2015.

Artículo 61.- El Fiscal Nacional y los Fiscales Regionales no podrán ser cónyuge o conviviente civil del Presidente de la República, ni estar vinculados con él por parentesco de consanguinidad o afinidad en línea recta ni colateral hasta el cuarto grado de consanguinidad o afinidad, o por adopción[430].

Tampoco podrán desempeñarse como fiscales en la Fiscalía Nacional, o dentro de una misma Fiscalía Regional, o en cualquier cargo dentro de una misma fiscalía, los cónyuges o convivientes civiles y las personas que tengan entre sí los vínculos mencionados en el inciso anterior[431].

Artículo 62.- Las funciones de los fiscales del Ministerio Público son de dedicación exclusiva, e incompatibles con toda otra función o empleo remunerado con fondos públicos o privados. Excepcionalmente, podrán desempeñar cargos docentes de hasta un máximo de seis horas semanales, en cuyo caso deberán prolongar su jornada para compensar las horas que no hayan podido trabajar por causa del desempeño de los empleos compatibles.

Artículo 63.- Los fiscales que se desempeñen en el Ministerio Público estarán afectos a las siguientes prohibiciones:

a) Ejercer la profesión de abogado, salvo que se trate de actuaciones en que estén involucrados directamente sus intereses, los de su cónyuge, conviviente civil, sus parientes por consanguinidad en línea recta o quienes se encuentren vinculados a él por adopción[432];

b) Intervenir, en razón de sus funciones, en asuntos en que tengan interés personal o en que lo tengan el cónyuge, conviviente civil, hijos,

[430] Inciso modificado, como aparece en el texto, por el artículo único, Nº 8, letra a) de la Ley Nº 20.861 de 20 de agosto de 2015.

[431] Inciso modificado, como aparece en el texto, por el artículo único, Nº 8, letra b) de la Ley Nº 20.861 de 20 de agosto de 2015.

[432] Letra modificada, como aparece en el texto, por el artículo único, Nº 9, letra a) de la Ley Nº 20.861 de 20 de agosto de 2015.

adoptados o parientes hasta el tercer grado de consanguinidad y segundo de afinidad inclusive[433];

c) Comparecer, sin previa comunicación a su superior jerárquico, ante los tribunales de justicia como parte personalmente interesada, testigo o perito, respecto de hechos de que hubiere tomado conocimiento en el ejercicio de sus funciones, o declarar en procedimiento en que tengan interés el Estado o sus organismos;

d) Efectuar actuaciones que priven al imputado o a terceros del ejercicio de los derechos que la Constitución asegura, o lo restrinjan o perturben, sin autorización judicial previa; someter a tramitación innecesaria o dilación los asuntos confiados a su conocimiento o resolución, o exigir documentos o requisitos no establecidos en las disposiciones vigentes;

e) Solicitar, hacerse prometer, aceptar o recibir cualquier tipo de pago, prestación, regalía, beneficio, donativo, ventaja o privilegio, de cualquier naturaleza, para sí o para terceros, de parte de cualquier persona, natural o jurídica, con la cual deban relacionarse de cualquier modo, en razón del desempeño de sus funciones;

f) Ocupar tiempo de la jornada de trabajo o utilizar personal, medios materiales o información del Ministerio Público para fines ajenos a los institucionales;

g) Usar su autoridad o cargo con fines ajenos a sus funciones;

h) Tomar, en las elecciones populares o en los actos que las preceden, más parte que la de emitir su voto personal; participar en reuniones, manifestaciones u otros actos de carácter político, o efectuar cualquiera actividad de la misma índole dentro del Ministerio Público, e

i) Incurrir, a sabiendas, en alguna causal de inhabilitación, o permitir que incurran en ella su cónyuge, conviviente civil, o alguno de los parientes que pueden generarla[434].

---

433 Letra modificada, como aparece en el texto, por el artículo único, N° 9, letra b) de la Ley N° 20.861 de 20 de agosto de 2015.

434 Letra modificada, como aparece en el texto, por el artículo único, N° 9, letra c) de la Ley N° 20.861 de 20 de agosto de 2015.

Artículo 64.- Los fiscales deberán abstenerse de emitir opiniones y dar a conocer antecedentes de investigaciones a su cargo a terceros ajenos a la investigación, fuera de los casos previstos en la ley o en las instrucciones impartidas por el Fiscal Nacional[435].

Artículo 65.- Las incapacidades, incompatibilidades y prohibiciones de que trata este Título les serán aplicables al Fiscal Nacional y a los Fiscales Regionales de acuerdo al procedimiento establecido en la Constitución Política de la República.

Regirán, también, para los funcionarios del Ministerio Público, pero no se aplicará a los administrativos y auxiliares lo dispuesto en el artículo 62.

La Contraloría General de la República informará a la autoridad que haya efectuado el nombramiento las incapacidades, incompatibilidades y prohibiciones sobrevinientes de los fiscales y funcionarios, que lleguen a su conocimiento.

TÍTULO VI. NORMAS DE PERSONAL

PÁRRAFO 1° Relaciones estatutarias

Artículo 66.- Las relaciones entre el Ministerio Público y quienes se desempeñen en él como fiscales o funcionarios, se regularán por las normas de esta ley y por las de los reglamentos que de conformidad con ella se dicten.

En el reglamento se contendrán normas para prevenir el consumo indebido de sustancias o drogas estupefacientes o sicotrópicas. Además, se establecerá un procedimiento de control de consumo aplicable a las personas a que se refiere el artículo 9° bis. Dicho procedimiento de control comprenderá a todos los integrantes de un grupo o sector de funcionarios que se determinará en forma aleatoria, se aplicará en forma reservada y resguardará la dignidad e intimidad de ellos, observando las prescripciones

---

435 Artículo sustituido, por el que aparece en el texto, por el artículo 14 de la Ley N° 20.931 de 05 de julio de 2016.

de la ley Nº 19.628, sobre protección de los datos de carácter personal. Sólo será admisible como prueba de la dependencia una certificación médica, basada en los exámenes que correspondan[436].

Supletoriamente, serán aplicables las normas que se indican a continuación:

1.- Del Estatuto Administrativo, ley Nº 18.834:

a) Los artículos 60 a 66, ambos inclusive, relativos a la jornada de trabajo, del Párrafo 2º del Título III;

b) Los artículos 88, 89, 90, 91 y 96, del Párrafo 2º, sobre remuneraciones y asignaciones, del Título IV;

c) Las normas sobre feriado anual y permisos contenidas en los artículos 97, 98, 99, 102, 103, 104, 105, 106 y 107 del Párrafo 3º del Título IV, y

d) Los artículos 109 y 113, relativos a prestaciones sociales.

2.- Del Código del Trabajo:

a) Los artículos 7º al 12, relativos al contrato individual de trabajo, que sólo se aplicarán a los funcionarios;

b) Las disposiciones sobre jornada ordinaria de trabajo, contenidas en los artículos 22, 27 y 28, y

c) Las normas de protección de la maternidad contenidas en el Título II del Libro II, artículos 194 al 208, ambos inclusive.

3.- La ley Nº 19.345, que dispuso la aplicación de la ley Nº 16.744, sobre accidentes del trabajo y enfermedades profesionales a los trabajadores del sector público. Para resolver la adhesión a las Mutualidades, el Fiscal Nacional oirá previamente al Consejo General.

Artículo 67.- Al Fiscal Nacional le corresponde determinar la forma de contratación y expiración de los servicios de los funcionarios que se desempeñen en el Ministerio Público.

---

[436] Inciso agregado por el artículo 73, Nº 3 de la Ley Nº 20.000 de 16 de febrero de 2005.

Artículo 68.- La contratación de los funcionarios que se desempeñen en el Ministerio Público deberá ajustarse estrictamente al marco presupuestario respectivo.

Artículo 69.- Para ingresar al Ministerio Público como funcionario, será necesario cumplir los siguientes requisitos generales:

a) Ser ciudadano;

b) Haber cumplido con la ley de reclutamiento y movilización, cuando fuere procedente;

c) Tener salud compatible con el desempeño del cargo;

d) Haber aprobado la educación media;

e) No haber cesado en un cargo público como consecuencia de calificación deficiente, o por medida disciplinaria, salvo que hayan transcurrido más de cinco años desde la fecha de expiración de funciones, y

f) No estar inhabilitado para el ejercicio de funciones o cargos públicos, ni haber sido condenado por crimen o simple delito.

Artículo 70.- Los funcionarios del Ministerio Público, salvo aquellos de exclusiva confianza, serán seleccionados previo concurso público de antecedentes.

Excepcionalmente, por resolución fundada, el Fiscal Nacional podrá autorizar la realización de concursos internos de funcionarios u otros sistemas de selección, los que en todo caso, deberán garantizar la debida transparencia y objetividad, basándose en la evaluación de los méritos e idoneidad de los postulantes[437].

En el caso de los concursos internos de funcionarios, éstos se regirán por las bases que, al afecto, el Fiscal Nacional dicte, las que deberán garantizar su publicidad y transparencia. Las bases serán incorporadas en el llamado al concurso interno y contemplarán parámetros objetivos e iguales para todos los funcionarios del país, debiendo considerarse, entre otros, los siguientes: evaluaciones obtenidas; conocimientos específicos del car-

---

[437] Inciso agregado por el artículo único, N° 10 de la Ley N° 20.861 de 20 de agosto de 2015, que sustituyó el inciso segundo por este y agregó un inciso tercero.

go que se trate de proveer; antigüedad en la institución y antigüedad en el grado respectivo, todo conforme al reglamento que sobre esta materia dictará el Fiscal Nacional[438].

Artículo 71.- No se aplicarán al Ministerio Público las disposiciones legales que rigen la acción de la Contraloría General de la República, salvo en aquellas materias en que la presente ley requiere expresamente de la intervención del órgano contralor.

El nombramiento del Fiscal Nacional y el de los Fiscales Regionales estará sujeto a los trámites de toma de razón y registro por la Contraloría General de la República. Lo mismo se aplicará a los demás decretos o resoluciones que los afecten, salvo que el Contralor General los eximiere de la toma de razón.

El nombramiento de los fiscales adjuntos y la contratación de los funcionarios, así como las demás resoluciones que los afecten, se enviarán a la Contraloría General de la República para su registro.

PÁRRAFO 2° Planta del personal

Artículo 72.- La planta del Ministerio Público estará constituida por los siguientes cargos, a los cuales corresponderán los grados de la escala de sueldos del Poder Judicial que se indican[439]:

CARGOS	NÚMERO	GRADOS
Fiscales		
Fiscal Nacional	1	I
Fiscal Regional	18	III

---

438 Inciso agregado por el artículo único, N° 10 de la Ley N° 20.861 de 20 de agosto de 2015, que sustituyó el inciso segundo y agregó este inciso tercero.

439 Tabla modificada, como aparece en el texto a continuación, por el artículo único, N° 11, letra a) de la Ley N° 20.861 de 20 de agosto de 2015.
El artículo 17 de la Ley 21033, publicada el 05 de septiembre de 2017 creó 36 nuevos cargos en la planta, que vienen a incrementar los que se establecen en esta norma.

CARGOS	NÚMERO	GRADOS
Fiscal Adjunto	793[440]	IV-VIII
Funcionarios		
Director Ejecutivo Nacional	1	II
Director Ejecutivo Regional	18	III
Jefe de Unidad	73	III-V
Profesionales	1.178	VI-XI
Técnicos	611	IX-XIV
Administrativos	1.306	XI-XVII
Auxiliares	389	XVII-XIX

A los profesionales que desempeñen funciones de abogado asistente de fiscal se les asignarán los grados entre el VIII y el XI[441].

El Fiscal Nacional, teniendo presente las necesidades de funcionamiento del Ministerio Público a nivel nacional y las disponibilidades presupuestarias, determinará anualmente, previo informe del Consejo, la dotación de personal de la institución, incluyendo el número de cargos de planta vacantes que se proveerá, hasta el máximo señalado en cada nivel.

PÁRRAFO 3° Remuneraciones

Artículo 73.- El Fiscal Nacional tendrá una remuneración equivalente a la del Presidente de la Corte Suprema, incluidas todas las asignaciones que correspondan a dicho cargo.

Artículo 74.- Los Fiscales Regionales tendrán una remuneración equivalente a la del Presidente de la Corte de Apelaciones de la región en que se desempeñen, incluidas todas las asignaciones que correspondan a dicho cargo.

---

440 Guarismo sustituido, por el que aparece en el texto, por el art. 57, n° 5 de la Ley N° 21.527, de 12 de enero de 2023.

441 Inciso agregado por el artículo único, N° 11, letra b) de la Ley N° 20.861 de 20 de agosto de 2015.

Artículo 75.- La remuneración del fiscal adjunto que se desempeñe como jefe de fiscalía local no podrá ser superior a la del grado IV del escalafón superior del Poder Judicial ni inferior a la del grado V del mismo escalafón, incluidas todas las asignaciones que le correspondan.

Los demás fiscales adjuntos no podrán tener una remuneración superior a la del grado VI ni inferior a la del grado VIII del referido escalafón, incluidas todas las asignaciones que les correspondan[442].

Artículo 75 bis.- Los fiscales adjuntos que ocupen los grados VIII a VI, inclusive, tendrán un sistema de ascenso, de carácter técnico y reglado, por el cual podrán acceder sucesivamente a grados jerárquicos inmediatamente superiores. Sin perjuicio de lo establecido en el inciso segundo del artículo 75, mediante este sistema de ascenso los fiscales podrán acceder hasta el grado V inclusive, de acuerdo al presente artículo.

Los procesos de promoción interna de que trata este artículo se realizarán cada dos años, mediante un sistema que garantice su publicidad y transparencia, y en ellos obtendrán el respectivo ascenso los fiscales que cumplan los siguientes requisitos:

1) Haber permanecido en el cargo que ocuparen a la fecha de postulación, como mínimo, el número de años que se establece a continuación:

Fiscal Adjunto	Grado	Antigüedad en el cargo
	VI	7
	VII	7
	VIII	6

2) No haber sido sancionado, durante los últimos dos años, con alguna medida disciplinaria o administrativa.

3) Haber sido calificado, durante los tres últimos años, con una nota promedio en la evaluación de desempeño individual, igual o superior a 95% de la respectiva escala de evaluación.

---

[442] Inciso modificado, como aparece en el texto, por el artículo único, N° 12 de la Ley N° 20.861 de 20 de agosto de 2015.

4) Haber aprobado, durante su tiempo de permanencia en el respectivo grado, cursos de perfeccionamiento, diplomados o maestrías, o bien aprobar un examen de conocimientos, todo ello en la forma y condiciones que determine el Fiscal Nacional.

En todo caso, en el respectivo proceso de promoción sólo podrá ascender hasta un número de postulantes que no supere el 15% de la planta de fiscales adjuntos. Si se excediere esa cifra, se preferirá a quienes hubieren obtenido mejor nota en la evaluación de desempeño individual, durante los últimos tres años. De continuar la igualdad, se priorizará a los fiscales adjuntos que tengan mayor antigüedad en la institución.

La promoción de los fiscales adjuntos antes señalados se realizará solamente conforme a este artículo[443].

Artículo 75 ter.- Los profesionales, los técnicos, los administrativos y los auxiliares, con contrato indefinido del Ministerio Público y que no sean de exclusiva confianza, tendrán un sistema de ascenso, de carácter técnico y reglado, por el cual podrán acceder sucesivamente a grados jerárquicos inmediatamente superiores en su respectiva planta de personal[444].

Los procesos de promoción interna de que trata el presente artículo se realizarán cada dos años, mediante un sistema que garantice su publicidad y transparencia, y en ellos obtendrán el respectivo ascenso los funcionarios señalados en el inciso anterior que cumplan los siguientes requisitos:

1) Haber permanecido en el cargo que ocuparen a la fecha de postulación, como mínimo, el número de años que se establece a continuación:

---

443 Artículo agregado por el artículo único, N° 13 de la Ley N° 20.861 de 20 de agosto de 2015.

444 Artículo agregado por el artículo único, N° 13 de la Ley N° 20.861 de 20 de agosto de 2015.

PROFESIONAL	Grado	Antigüedad en el cargo
	VII	7
	VIII	7
	IX	6
	X	5
	XI	4
TÉCNICO	Grado	Antigüedad en el cargo
	X	7
	XI	7
	XII	6
	XIII	5
	XIV	4
ADMINISTRATIVO	Grado	Antigüedad en el cargo
	XII	7
	XIII	7
	XIV	7
	XV	6
	XVI	5
	XVII	4
AUXILIAR	Grado	Antigüedad en el cargo
	XVIII	7
	XIX	6

2) No haber sido sancionado, durante los últimos dos años, con alguna medida disciplinaria o administrativa.

3) Haber sido calificado, durante los tres últimos años, con una nota promedio en la evaluación de desempeño individual, igual o superior a 95% de la respectiva escala de evaluación.

4) Haber aprobado, durante su tiempo de permanencia en el respectivo grado, cursos de perfeccionamiento, diplomados o maestrías, o bien aprobar un examen de conocimientos, todo ello en la forma y condiciones que determine el Fiscal Nacional.

En todo caso, en el respectivo proceso de promoción sólo podrá ascender hasta un número de postulantes que no supere el 15% de la respectiva planta de personal. Si se excediere esa cifra, se preferirá a quienes hubieren obtenido mejor nota en la evaluación de desempeño individual, durante los últimos tres años. De continuar la igualdad, se priorizará a los funcionarios que tengan mayor antigüedad en la institución.

La promoción de los funcionarios antes señalados se realizará conforme a las reglas de este artículo, sin perjuicio de que puedan postular a concursos internos.

Artículo 76.- La remuneración de los funcionarios del Ministerio Público será determinada de acuerdo con el nivel asignado al cargo.

Para estos efectos, existirán los siguientes niveles de cargos, referidos a los grados máximos y mínimos que en cada caso se señala, del escalafón superior o del escalafón de empleados del Poder Judicial, incluidas todas sus asignaciones:

Nivel 1, Ejecutivos:

Director Ejecutivo Nacional, grado II del escalafón superior.

Directores Ejecutivos Regionales, grado III del escalafón superior.

Jefes de Unidades nacionales y Jefes de Unidades regionales, grados III a V del escalafón superior.

Nivel 2, Profesionales:

Grados VI a XI del escalafón superior.

Nivel 3, Técnicos:

Grados IX a XIV del escalafón de empleados, con asignación profesional.

Nivel 4, Administrativos[445]:

Grados XI a XVII del escalafón de empleados, sin asignación profesional.

Nivel 5, Auxiliares:

---

[445] Apartado modificado, como aparece en el texto, por el artículo único, N° 14 de la Ley N° 20.861 de 20 de agosto de 2015.

Grados XVII a XIX del escalafón de empleados, sin asignación profesional.

Artículo 77.- El Fiscal Nacional aplicará el sistema de remuneraciones de acuerdo a criterios objetivos, permanentes y no discriminatorios.

En especial, establecerá las circunstancias objetivas que se considerarán para determinar la remuneración a que tendrán derecho los fiscales adjuntos, dentro de los tramos señalados en el artículo 75, y aquella con la que serán contratados los funcionarios, en virtud de lo dispuesto en el artículo 76.

El sistema de remuneraciones deberá contemplar también bonos por desempeño individual basados en los resultados de la evaluación del personal y bonos de gestión institucional por el cumplimiento de las metas que se establezcan.

Las metas por gestión institucional dirán relación con la oportunidad y eficiencia del desempeño laboral y con la calidad de los servicios prestados, teniendo en cuenta la cantidad, complejidad y naturaleza de los casos que estén bajo responsabilidad de la unidad respectiva, así como los medios humanos y materiales con que cuenten.

PÁRRAFO 4° Evaluaciones

Artículo 78.- Los fiscales y funcionarios del Ministerio Público serán evaluados de acuerdo a las normas del reglamento que dictará el Fiscal Nacional, el que establecerá un mecanismo público y objetivo de evaluación y reclamación.

Los criterios de evaluación deberán considerar, a lo menos, el cumplimiento de metas establecidas y la calidad del trabajo realizado.

Artículo 79.- Anualmente, los Fiscales Regionales serán evaluados por el Fiscal Nacional; los fiscales adjuntos por el Fiscal Regional respectivo, y los funcionarios por el superior jerárquico correspondiente.

Artículo 80.- Las evaluaciones servirán de base para determinar los bonos que corresponda otorgar de acuerdo al reglamento, así como de antecedentes en aquellos casos en que se postule a un grado o cargo superior o se solicite la remoción o el término del contrato de trabajo.

PÁRRAFO 5° Terminación del contrato de trabajo de los funcionarios

Artículo 81.- El contrato de trabajo de los funcionarios del Ministerio Público, que no sean de exclusiva confianza, terminará por:

a) Conclusión del trabajo o servicio objeto del contrato;

b) Salud incompatible con el cargo o enfermedad irrecuperable, de acuerdo a lo establecido en el reglamento;

c) Acuerdo de las partes;

d) Renuncia, debiendo dar aviso al superior jerárquico con treinta días de anticipación, a lo menos;

e) Muerte;

f) Evaluación deficiente de su desempeño funcionario, en conformidad al reglamento;

g) Falta de probidad, vías de hecho, injurias o conducta inmoral grave debidamente comprobada;

h) No concurrencia a sus labores sin causa justificada durante dos días seguidos o un total de tres días en el mes, o la ausencia injustificada, o sin aviso previo, si ello significare un retardo o perjuicio grave para las tareas encomendadas;

i) Abandono del trabajo, entendiéndose por tal la salida intempestiva o injustificada del lugar de trabajo durante las horas de desempeño de su labor, sin permiso de quien deba otorgárselo, y la negativa a realizar las labores convenidas en el contrato, sin causa justificada;

j) Incumplimiento grave de las obligaciones, deberes y prohibiciones que impone esta ley o deriven de la función para la cual ha sido contratado, y

k) Necesidades de la Fiscalía Nacional, o Regional en su caso, que determinará el Fiscal Nacional una vez al año, previo informe del Consejo General, tales como las derivadas de la dotación anual que se fije para el personal, de la racionalización o modernización y del cambio de naturaleza de las funciones que haga necesaria la separación de uno o más funcionarios.

En los casos de cargos de exclusiva confianza, la terminación del contrato de trabajo se hará efectiva por medio de la petición de renuncia que formulará el Fiscal Nacional o el Fiscal Regional, según corresponda. Si la renuncia no fuere presentada dentro de las cuarenta y ocho horas de requerida, se declarará vacante el cargo.

Artículo 82.- Si el contrato de trabajo hubiere estado vigente un año o más y se le pusiere término por necesidades de la institución, de conformidad a la presente ley, deberá pagarse al funcionario, al momento de la terminación, una indemnización equivalente a treinta días de la última remuneración mensual devengada por cada año de servicio y fracción superior a seis meses, prestados continuamente al Ministerio Público. Esta indemnización tendrá un límite máximo de trescientos treinta días de remuneración. Con todo, para los efectos de esta indemnización, no se considerará una remuneración mensual superior a noventa unidades de fomento del último día del mes anterior al pago, limitándose a dicho monto la base de cálculo.

Artículo 83.- El procedimiento de terminación del contrato de trabajo de los funcionarios, los reclamos que originare y las indemnizaciones a que diere lugar, se regirán, en lo no previsto en esta ley, por las normas establecidas en el Código del Trabajo.

PÁRRAFO 6° Normas varias

Artículo 84.- Serán aplicables a los funcionarios del Ministerio Público las normas sobre asociaciones de funcionarios de la Administración del Estado establecidas en la ley N° 19.296.

Los fiscales sólo podrán participar en asociaciones gremiales, pero ellas, sus miembros o directivos no podrán influir o inmiscuirse, de modo alguno, en el ejercicio de las atribuciones o facultades que la Constitución y la ley encomiendan a los fiscales. Su infracción acarreará las responsabilidades penales que la ley establezca.

Queda prohibido a las personas que laboren en el Ministerio Público negociar colectivamente y declararse en huelga.

Artículo 85.- El Fiscal Nacional y los fiscales regionales podrán determinar la contratación de servicios externos para el desempeño de funciones que no sean de las señaladas por la Constitución Política de la República.

De igual forma, podrán contratar, sobre la base de honorarios, a profesionales y técnicos de nivel superior o expertos en determinadas materias.

Artículo 86.- Las personas que se desempeñen en el Ministerio Público tendrán derecho a exigir a la institución que las defienda y que se persiga la responsabilidad civil y criminal de quienes atenten contra su libertad, su vida, su integridad física o psíquica, su honra o su patrimonio, con motivo del desempeño de sus funciones.

TÍTULO VII. CAPACITACIÓN Y PERFECCIONAMIENTO

Artículo 87.- El Fiscal Nacional, por propia iniciativa o a proposición de los Fiscales Regionales, aprobará los programas destinados a la capacitación y perfeccionamiento de los fiscales y funcionarios del Ministerio Público, velando porque todos puedan acceder equitativamente a ellos.

El Ministerio Público ejecutará la capacitación a través de convenios con terceros, seleccionados mediante licitación, a la que podrán postular personas naturales o jurídicas públicas o privadas, nacionales o internacionales. Sin perjuicio de lo anterior, podrá también autorizarse a los fiscales o funcionarios a concurrir a cursos que impartan terceros y se ajusten a los programas de capacitación.

El Fiscal Nacional reglamentará la forma de distribución de los recursos anuales que se destinarán a actividades de capacitación, así como su periodicidad, formas de selección de los alumnos, bases de los concursos, licitación de fondos y los niveles de exigencias mínimas que se requerirán a quienes realicen la capacitación.

Artículo 88.- En los casos en que la capacitación impida al funcionario desempeñar las labores de su cargo, conservará el derecho a percibir las remuneraciones correspondientes.

La asistencia a cursos obligatorios de capacitación fuera de la jornada ordinaria de trabajo dará derecho a un descanso complementario igual al tiempo efectivo de asistencia a clases.

Artículo 89.- Los fiscales y funcionarios seleccionados o autorizados para seguir cursos de capacitación tendrán la obligación de asistir a éstos. Los resultados que obtengan deberán ser considerados para la evaluación de su desempeño y, cuando corresponda, para las postulaciones a grados o cargos superiores.

Lo anterior obliga al fiscal o al funcionario capacitado a continuar desempeñándose en el Ministerio Público a lo menos por el doble del tiempo de extensión del curso de capacitación. Si el fiscal o funcionario se retirare antes del cumplimiento del plazo señalado, deberá devolver la parte proporcional de los costos de capacitación con el reajuste correspondiente.

TÍTULO VIII. PRESUPUESTO

Artículo 90.- El Ministerio Público se sujetará a las normas de la Ley de Administración Financiera del Estado.

La Ley de Presupuestos del Sector Público deberá consultar anualmente los recursos necesarios para el funcionamiento del Ministerio Público.

Para estos efectos, el Fiscal Nacional comunicará al Ministerio de Hacienda las necesidades presupuestarias del Ministerio Público dentro de los plazos y de acuerdo con las modalidades establecidas para el sector público.

TÍTULO IX. PLAN INSTITUCIONAL ANUAL[446]

Artículo 91.- El Ministerio Público, en el mes de abril de cada año, deberá publicar en su página web un Plan Institucional Anual que contenga, entre otros: la misión, las principales líneas de acción, los objetivos estratégicos, los bienes o servicios y los indicadores de desempeño o

---

446 Título agregado por el artículo único, Nº 15 de la Ley Nº 20.861 de 20 de agosto de 2015.

elementos de similar naturaleza que posibiliten la medición del grado de cumplimiento en sus distintas líneas de acción, y por región, dando cuenta del cumplimiento efectivo de su misión institucional, esto es, la eficiencia y eficacia en la persecución penal y el mejoramiento en la atención de víctimas, junto con la evaluación del grado de cumplimiento del Plan Institucional Anual del año anterior.

Un reglamento interno, el que deberá dictarse dentro de los ciento ochenta días contados desde la entrada en vigencia del presente Título, regulará el procedimiento de elaboración y los contenidos específicos del Plan.

El Fiscal Nacional dará cuenta pública de los resultados del Plan Institucional Anual de conformidad al artículo 21. Además, la referida cuenta se publicará en la página web institucional[447].

ARTÍCULOS TRANSITORIOS

Artículo 1°.- Para el nombramiento del primer Fiscal Nacional, el Presidente de la Corte Suprema, dentro de los cinco días siguientes a la publicación de esta ley en el Diario Oficial, deberá llamar a concurso público para conformar la quina de postulantes al cargo, la que remitirá al Presidente de la República dentro de los treinta siguientes a la fecha de dicha convocatoria.

En lo no regulado por esta norma, se observará lo dispuesto en el artículo 15.

Artículo 2°.- Dentro de los cinco días siguientes a aquel en que se publique en el Diario Oficial el decreto de nombramiento de la persona designada por el Presidente de la República como Fiscal Nacional, los Presidentes de las Cortes de Apelaciones de La Serena y de Temuco deberán llamar a concurso público de antecedentes para conformar las ternas de los postulantes a los cargos de Fiscales Regionales de la Cuarta Región de

[447] Artículo agregado por el artículo único, N° 15 de la Ley N° 20.861 de 20 de agosto de 2015.

Coquimbo y de la Novena Región de La Araucanía, respectivamente, las que serán remitidas dentro de los treinta días siguientes al Fiscal Nacional para su designación.

Dentro de los diez días siguientes a la recepción de las ternas, el Fiscal Nacional procederá al nombramiento de los Fiscales Regionales.

En lo no previsto en este artículo, se aplicará lo establecido en el artículo 29.

El Fiscal Nacional dispondrá las oportunidades y formas en que se procederá a contratar los funcionarios que se desempeñarán en esas Fiscalías Regionales.

Artículo 3º.- El Fiscal Nacional solicitará a las Cortes de Apelaciones con asiento en comunas ubicadas en las restantes regiones del país la elaboración de las ternas para la designación de los Fiscales Regionales con doce meses de anticipación respecto de los plazos que se establecen en el artículo siguiente.

Con todo, el Fiscal Nacional solicitará la designación de los Fiscales Regionales de la Región

Metropolitana de Santiago hasta con dieciocho meses de anticipación respecto del plazo que se establece en el artículo siguiente. Asimismo, la convocatoria a concursos públicos para la primera designación de fiscales adjuntos se hará por el Fiscal Nacional sin esperar el nombramiento de dichos fiscales regionales[448].

Regirá, al efecto, el procedimiento previsto en el artículo 29, y tendrá aplicación lo dispuesto en el inciso final del artículo precedente.

Artículo 4º.- Las normas que autorizan al Ministerio Público para ejercer la acción penal pública, dirigir la investigación y proteger a las víctimas y los testigos, entrarán en vigencia con la gradualidad que se indica a continuación[449]:

---

448 Inciso agregado por el artículo 1, de la Ley Nº 19.893 de 13 de agosto de 2003.

449 Inciso modificado por el art. 1 de la Ley Nº 19.919 de 20 de diciembre de 2003. Anteriormente había sido modificado por el artículo 1, Nº 2, letra a) de la Ley Nº

IV y IX Regiones	16 de diciembre de 2000.
II, III y VII Regiones	16 de octubre de 2001.
I, XI y XII Regiones	16 de diciembre de 2002.
V, VI, VIII y X Regiones	16 de diciembre de 2003.
Región Metropolitana	16 de junio de 2005.

Dentro de los plazos indicados, se conformarán gradualmente las fiscalías regionales, de acuerdo con los recursos que se aprueben en las respectivas Leyes de Presupuestos del Sector Público.

INCISO DEROGADO[450]

Artículo 5°.- En tanto no se hubieren designado todos los fiscales regionales, el Consejo General del Ministerio Público funcionará con el Fiscal Nacional, que lo presidirá, y los fiscales regionales que se hubieren nombrado.

Artículo 6°.- Dentro de los seis meses siguientes a su nombramiento, el Fiscal Nacional dictará los reglamentos a que se refiere esta ley.

Artículo 7°.- El gasto que origine la aplicación de esta ley durante el año 1999, se financiará mediante transferencias del ítem 50-01-03-25-33.104 de la partida Tesoro Público del Presupuesto vigente.".

Habiéndose cumplido con lo establecido en el N° 1° del artículo 82 de la Constitución Política de la República y por cuanto he tenido a bien aprobarlo y sancionarlo; por tanto promúlguese y llévese a efecto como Ley de la República.

Santiago, 8 de octubre de 1999.- EDUARDO FREI RUIZ-TAGLE, Presidente de la República.- María Soledad Alvear Valenzuela, Ministra de Justicia.- Eduardo Aninat Ureta, Ministro de Hacienda.

Lo que transcribo para su conocimiento.- Le saluda atentamente, José Antonio Gómez Urrutia, Subsecretario de Justicia.

19.762, de 13 de octubre de 2001.

450 Inciso derogado por el art. 1, N° 2, letra b) de la Ley N° 19.762, de 13 de octubre de 2001.

TRIBUNAL CONSTITUCIONAL
PROYECTO DE LEY ESTABLECE LA LEY ORGÁNICA CONSTITUCIONAL DEL MINISTERIO PÚBLICO

El Secretario del Tribunal Constitucional, quien suscribe, certifica que la Honorable Cámara de Diputados envió el proyecto de ley enunciado en el rubro, aprobado por el Congreso Nacional, a fin de que este Tribunal ejerciera el control de la constitucionalidad de los artículos 1º, 2º, 3º, 4º, 5º, 6º, 7º, 8º, 9º, 10, 11, 12, 13, 14, 15, 16, 17, 18, 19, 20, 21, 22, 23, 24, 25, 26, 27, 28, 29, 30, 31, 32, 33, 34, 35, 36, 37, 38, 39, 40, 41, 42, 43, 44, 45, 46, 47, 48, 49, 50, 51, 52, 53, 54, 55, 56, 57, 58, 59, 60, 61, 62, 63, 64, 65, 66, 67, 68, 69, 70, 71, 72, —inciso segundo— 77, —incisos primero y segundo—, 78, 79, 80, 81, 82, 83, 87, 88 y 89 permanentes y 1º al 6º transitorios, y que por sentencia de 28 de septiembre de 1999, declaró:

1. Que las palabras "y reglamentos", contenidas en el inciso tercero del artículo 6º del proyecto remitido son inconstitucionales y deben eliminarse de su texto.

2. Que el inciso segundo del artículo 9º del proyecto remitido es inconstitucional, y debe eliminarse de su texto.

3. Que la oración "y poseer el nivel educacional o título profesional o técnico que por la naturaleza del empleo exija el reglamento", contenida en la letra d) del artículo 69 del proyecto remitido, es inconstitucional, y debe igualmente eliminarse de su texto.

4. Que las disposiciones contenidas en los artículos 17, letra i); 38, inciso tercero; 49, permanentes, y 1º y 2º, inciso primero, transitorios, son constitucionales, en el entendido señalado en los considerandos 25º, 26º, 27º y 28º, respectivamente; y

5. Que las demás disposiciones del proyecto son constitucionales.

Santiago, septiembre 29 de 1999.- Rafael Larraín Cruz, Secretario.

LEY Nº 20.084
ESTABLECE UN SISTEMA DE RESPONSABILIDAD DE LOS ADOLESCENTES POR INFRACCIONES A LA LEY PENAL

Teniendo presente que el H. Congreso Nacional ha dado su aprobación al siguiente Proyecto de ley:

TÍTULO PRELIMINAR. DISPOSICIONES GENERALES

Artículo 1º.- Contenido de la ley. La presente ley regula la responsabilidad penal de los adolescentes por los delitos que cometan, el procedimiento para la averiguación y establecimiento de dicha responsabilidad, la determinación de las sanciones procedentes y la forma de ejecución de éstas.

En lo no previsto por ella serán aplicables, supletoriamente, las disposiciones contenidas en el Código Penal y en las leyes penales especiales.

Tratándose de faltas, sólo serán responsables en conformidad con la presente ley los adolescentes mayores de dieciséis años y exclusivamente tratándose de aquellas tipificadas en los artículos 494 números 1, 4, 5 y 19, sólo en relación con el artículo 477, 494 bis, 495, número 21, y 496, números 5 y 26, del Código Penal y de las tipificadas en la ley Nº 20.000. En los demás casos se estará a lo dispuesto en la ley 19.968.

Artículo 2º.- Interés superior del adolescente. En todas las actuaciones judiciales o administrativas relativas a los procedimientos, sanciones y medidas aplicables a los adolescentes infractores de la ley penal, se deberá tener en consideración el interés superior del adolescente, que se expresa en el reconocimiento y respeto de sus derechos.

En la aplicación de la presente ley, las autoridades tendrán en consideración todos los derechos y garantías que les son reconocidos en la Constitución, en las leyes, en la Convención sobre los Derechos del Niño y en los demás instrumentos internacionales ratificados por Chile que se encuentren vigentes.

Artículo 3°.- Límites de edad a la responsabilidad. La presente ley se aplicará a quienes al momento en que se hubiere dado principio de ejecución del delito sean mayores de catorce y menores de dieciocho años, los que, para los efectos de esta ley, se consideran adolescentes.

En el caso que el delito tenga su inicio entre los catorce y los dieciocho años del imputado y su consumación se prolongue en el tiempo más allá de los dieciocho años de edad, la legislación aplicable será la que rija para los imputados mayores de edad.

La edad del imputado deberá ser determinada por el juez competente en cualquiera de las formas establecidas en el Título XVII del Libro I del Código Civil.

Artículo 4°.- Regla especial para delitos sexuales. No podrá procederse penalmente respecto de los delitos previstos en los artículos 362, 365, 366 bis, 366 quáter y 367 quáter inciso segundo, del Código Penal, cuando la conducta se hubiere realizado con una persona menor de 14 años y no concurra ninguna de las circunstancias enumeradas en los artículos 361 ó 363 de dicho Código, según sea el caso, a menos que exista entre aquélla y el imputado una diferencia de, a lo menos, dos años de edad, tratándose de la conducta descrita en el artículo 362, o de tres años en los demás casos[451].

Artículo 5°.- Prescripción. La prescripción de la acción penal y de la pena será de dos años, con excepción de las conductas constitutivas de crímenes, respecto de las cuales será de cinco años, y de las faltas, en que será de seis meses.

---

[451] Artículo modificado por el art. 4 de la Ley N° 21.522 de 30 de diciembre de 2022. Anteriormente fue modificado por el art. 2 de la Ley N° 20526, de 13 de agosto de 2011.

No obstante, tratándose de los crímenes y simples delitos descritos y sancionados en los artículos 141, inciso final; 142, inciso final, ambos en relación con la violación; los artículos 150 B y 150 E, ambos en relación con los artículos 361, 362 y 365 bis; los artículos 361, 362, 363, 365 bis, 366, 366 bis, 366 quáter, 366 quinquies, 367, 367 ter; el artículo 411 quáter en relación con la explotación sexual; y el artículo 433, N° 1, en relación con la violación; todos del Código Penal, cuando al momento de la perpetración del hecho la víctima fuere menor de edad, el plazo de prescripción de la acción penal será de cinco años tratándose de simples delitos y de diez años tratándose de crímenes. En dichos casos, se suspende el cómputo del plazo hasta que la víctima cumpla dieciocho años.

La prescripción de la acción penal se suspende si se hubiere derivado el conflicto a una instancia de mediación y mientras ésta dure[452].

TÍTULO I. CONSECUENCIAS DE LA DECLARACIÓN DE RESPONSABILIDAD DE LOS ADOLESCENTES POR INFRACCIONES A LA LEY PENAL

Párrafo 1° De las sanciones en general

Artículo 6°.- Sanciones. En sustitución de las penas contempladas en el Código Penal y en las leyes complementarias, a las personas condenadas según esta ley sólo se les aplicará la siguiente Escala General de Sanciones Penales para Adolescentes[453]:

a) Internación en régimen cerrado con programa de reinserción social;
b) Libertad asistida especial con internación parcial[454];
c) Libertad asistida especial;

---

452 Incisos segundo y tercero nuevos, agregados por el art. 55, n° 1 de la Ley N° 21.527 de 12 de enero de 2023.

453 Artículo sustituido por el que aparece en el texto por el art. único N° 1 de la Ley N° 20.191, de 2 de junio de 2007.

454 Letra sustituida, por la que aparece en el texto, por el art. 55, n° 2, letra a) de la Ley N° 21.527 de 12 de enero de 2023.

d) Libertad asistida simple[455];

e) Prestación de servicios en beneficio de la comunidad;

f) Reparación del daño causado; y[456]

h) Amonestación[457].

Penas accesorias:

a) Prohibición de conducción de vehículos motorizados[458].

b) Comiso de los objetos, documentos e instrumentos de los delitos según lo dispuesto en el Código Penal, el Código Procesal Penal y las leyes complementarias.

c) Las medidas accesorias previstas en el artículo 9º de la ley Nº 20.066 que establece la ley de violencia intrafamiliar.

d) La prohibición de asistir a cualquier espectáculo de fútbol profesional y a sus inmediaciones prevista en la letra b) del artículo 16 de la ley Nº 19.327, de derechos y deberes en los espectáculos de fútbol profesional, aplicándose lo dispuesto en los incisos tercero y cuarto de dicha disposición[459].

Artículo 7º[460].-

Párrafo 2º De las sanciones no privativas de libertad

---

455 Letra modificada por el art. 55, nº 2, letra b) de la Ley Nº 21.527 de 12 de enero de 2023.

456 Letra modificada por el art. 55, nº 2, letra c) de la Ley Nº 21.527 de 12 de enero de 2023.

457 NOTA: El art. 55, nº 2, letra d) de la Ley Nº 21.527 de 12 de enero de 2023 eliminó la letra h) del inciso primero. No obstante, no hay disposición que ordene modificar la letra g) adecuándola a la eliminación mencionada, sustituyéndola por la letra g), por lo que debe mantenerse una enumeración que pasa de la f) a la letra g).

458 Letra modificada por el art. 55, nº 2, letra e), uno) de la Ley Nº 21.527 de 12 de enero de 2023.

459 Letras c) y d) agregadas por el art. 55, nº 2, letra e), dos) de la Ley Nº 21.527 de 12 de enero de 2023.

460 Artículo suprimido por el art. 55, nº 3 de la Ley Nº 21.527 de 12 de enero de 2023.

Artículo 8°.- Amonestación. La amonestación consiste en la reprensión enérgica al adolescente hecha por el juez, en forma oral, clara y directa, en un acto único, dirigida a hacerle comprender la gravedad de los hechos cometidos y las consecuencias que los mismos han tenido o podrían haber tenido, tanto para la víctima como para el propio adolescente, instándole a cambiar de comportamiento y formulándole recomendaciones para el futuro.

La aplicación de esta sanción, en todo caso, requerirá una previa declaración del adolescente asumiendo su responsabilidad en la infracción cometida.

En caso alguno se podrá imponer una amonestación en más de dos ocasiones a un mismo adolescente. Lo dispuesto en el presente inciso no tendrá lugar si ha transcurrido un tiempo prolongado desde la última infracción o si la naturaleza del delito hiciere razonable imponer nuevamente esta misma sanción[461].

Los padres o guardadores del adolescente serán notificados de la imposición de la sanción, en caso de no encontrarse presentes en la audiencia.

Artículo 9°[462].-

Artículo 10.- Reparación del daño. La reparación del daño consiste en la obligación de resarcir a la víctima el perjuicio causado con la infracción, sea mediante una prestación en dinero, la restitución o reposición de la cosa objeto de la infracción o un servicio no remunerado en su favor. En este último caso, la imposición de la sanción requerirá de la aceptación previa del condenado y de la víctima.

El cumplimiento de la sanción no obstará a que la víctima persiga la responsabilidad contemplada en el artículo 2320 del Código Civil, pero sólo en aquello en que la reparación sea declarada como insuficiente.

---

461 Inciso agregado por el art. 55, n° 4 de la Ley N° 21.527 de 12 de enero de 2023.

462 Artículo derogado por el art. 55, n° 5 de la Ley N° 21.527 de 12 de enero de 2023.

Artículo 11.- Servicios en beneficio de la comunidad. La sanción de prestación de servicios en beneficio de la comunidad consiste en la realización de actividades no remuneradas a favor de la colectividad o en beneficio de personas en situación de precariedad.

La prestación de servicios en beneficio de la comunidad no podrá exceder en ningún caso de cuatro horas diarias y deberá ser compatible con la actividad educacional o laboral que el adolescente realice. La sanción tendrá una extensión mínima de 30 horas y máxima de 120.

La imposición de esta sanción requerirá del acuerdo del condenado, debiendo, en su caso, ser sustituida por una sanción superior, no privativa de libertad.

Artículo 12.- Prohibición de conducir vehículos motorizados. La prohibición de conducir vehículos motorizados se podrá imponer a un adolescente como sanción accesoria cuando la conducta en que se funda la infracción por la cual se le condena haya sido ejecutada mediante la conducción de dichos vehículos.

La sanción se hará efectiva desde el momento de dictación de la sentencia condenatoria[463].

En caso de quebrantamiento, se estará a lo dispuesto en el artículo 52 de esta ley, a menos que a consecuencia de la conducción se hubiere afectado la vida, la integridad corporal o la salud de alguna persona, caso en el cual se remitirán los antecedentes al Ministerio Público para el ejercicio de las acciones que correspondan.

Artículo 13.- Libertad asistida simple. La libertad asistida simple consiste en la sujeción del adolescente al control de un delegado conforme a un plan de desarrollo personal basado en programas y servicios que favorezcan su integración social[464].

---

[463] Inciso modificado, como aparece en el texto, por el art. 55, n° 6 de la Ley N° 21.527 de 12 de enero de 2023.

[464] Epígrafe e inciso modificado, como aparece en el texto, por el art. 55, n° 7, letra a) de la Ley N° 21.527 de 12 de enero de 2023, agregando en las dos ocasiones en que aparece la expresión "libertad asistida" el vocablo "simple".

La función del delegado consistirá en la orientación, control y motivación del adolescente e incluirá la obligación de procurar por todos los medios a su alcance el acceso efectivo a los programas y servicios requeridos.

El control del delegado se ejercerá en base a las medidas de supervigilancia que sean aprobadas por el tribunal, que incluirán, en todo caso, la asistencia obligatoria del adolescente a encuentros periódicos previamente fijados con él mismo y a programas socioeducativos. Para ello, una vez designado, el delegado propondrá al tribunal un plan personalizado de cumplimiento de actividades periódicas en programas o servicios de carácter educativo, socio-educativo, de terapia, de promoción y protección de sus derechos y de participación. En él, deberá incluir la asistencia regular al sistema escolar o de enseñanza que corresponda.

Podrán incluirse en dicho plan medidas como la prohibición de asistir a determinadas reuniones, recintos o espectáculos públicos, de visitar determinados lugares o de aproximarse a la víctima, a sus familiares o a otras personas, u otras condiciones similares.

La duración de esta sanción no podrá ser inferior a los seis ni superior a los dieciocho meses[465].

Artículo 14.- Libertad asistida especial. En esta modalidad de libertad asistida, deberá asegurarse la asistencia del adolescente a un programa intensivo de actividades socioeducativas y de reinserción social en el ámbito comunitario que permita la participación en el proceso de educación formal, la capacitación laboral, la posibilidad de acceder a programas de tratamiento y rehabilitación de drogas en centros previamente acreditados por los organismos competentes y el fortalecimiento del vínculo con su familia o adulto responsable.

En la resolución que apruebe el plan, el tribunal fijará la frecuencia y duración de los encuentros obligatorios y las tareas de supervisión que ejercerá el delegado.

---

465 Inciso sustituido, por el que aparece en el texto, por el art. 55, nº 7, letra b) de la Ley Nº 21.527 de 12 de enero de 2023.

La duración de esta sanción no podrá ser inferior a los 6 meses ni superior a los tres años[466].

PÁRRAFO 3° De las sanciones privativas de libertad

Artículo 15.- Sanciones privativas de libertad. Las sanciones privativas de libertad consisten en la libertad asistida especial con internación parcial y en la internación en régimen cerrado con programa de reinserción social[467].

El programa de reinserción social se realizará, en lo posible, con la colaboración de la familia[468].

Artículo 16.- Internación en régimen semicerrado con programa de reinserción social. Libertad asistida especial con internación parcial. La sanción de privación de libertad asistida especial con internación parcial consistirá en la residencia obligatoria del adolescente en un centro de privación de libertad, sujeto a un programa de actividades socioeducativas intensivas a ser desarrollado tanto al interior del recinto como en el medio libre[469].

Una vez impuesta la pena y determinada su duración, el director del centro que haya sido designado para su cumplimiento, propondrá al tribunal un régimen o programa personalizado de actividades, que considerará las siguientes prescripciones:

a) Las medidas a adoptar para la asistencia y cumplimiento del adolescente del proceso de educación formal o de reescolarización. El director del centro deberá velar por el cumplimiento de esta obligación y para dicho

---

466 Inciso sustituido, por el que aparece en el texto, por el art. 55, nº 8 de la Ley Nº 21.527 de 12 de enero de 2023.

467 Inciso modificado, como aparece en el texto, por el art. 55, nº 9, letra a) de la Ley Nº 21.527 de 12 de enero de 2023.

468 Inciso sustituido, por el que aparece en el texto, por el art. 55, nº 9, letra b) de la Ley Nº 21.527 de 12 de enero de 2023.

469 Epígrafe e inciso modificados, como aparecen en el texto, por el art. 55, nº 10, letras a) y b) de la Ley Nº 21.527 de 12 de enero de 2023.

efecto mantendrá comunicación permanente con el respectivo establecimiento educacional;

b) El desarrollo periódico e intensivo de actividades de formación, socioeducativas y de participación, especificando las que serán ejecutadas al interior del recinto y las que se desarrollarán en el medio libre, y:[470]

c) Las actividades a desarrollar en el medio libre contemplarán, a lo menos, ocho horas, no pudiendo llevarse a cabo entre las 22.00 y las 07.00 horas del día siguiente, a menos que excepcionalmente ello sea necesario para el cumplimiento de los fines señalados en las letras precedentes y en el artículo 20.

El programa será aprobado judicialmente en la audiencia de lectura de la sentencia o en otra posterior, que deberá realizarse dentro de los quince días siguientes a aquélla.

El director del centro informará periódicamente al tribunal acerca del cumplimiento y evolución de las medidas a que se refiere la letra a).

Artículo 17.- Internación en régimen cerrado con programa de reinserción social. La internación en régimen cerrado con programa de reinserción social importará la privación de libertad en un centro especializado para adolescentes, bajo un régimen orientado al cumplimiento de los objetivos previstos en el artículo 20 de esta ley.

En virtud de ello, dicho régimen considerará necesariamente la plena garantía de la continuidad de sus estudios básicos, medios y especializados, incluyendo su reinserción escolar, en el caso de haber desertado del sistema escolar formal, y la participación en actividades de carácter socioeducativo, de formación, de preparación para la vida laboral y de desarrollo personal. Además, deberá asegurar el tratamiento y rehabilitación del consumo de drogas para quienes lo requieran y accedan ello.

Artículo 18.- Límite máximo de las penas privativas de libertad. Las penas de internación en régimen cerrado con programa de reinserción

---

[470] Inciso modificado, como aparece en el texto, por el art. 55, nº 10, letra c) de la Ley Nº 21.527 de 12 de enero de 2023.

social, que se impongan a los adolescentes no podrán exceder de cinco años si el infractor tuviere menos de dieciséis años, o de diez años si tuviere más de esa edad. Tampoco se podrán imponer por un período inferior a un año de duración[471].

La pena de libertad asistida especial con internación parcial no se podrá imponer por un lapso superior a los 5 años, ni inferior a los 6 meses[472].

Párrafo 4º Sanciones mixtas

Artículo 19. En el caso del numeral 1 del artículo 23, el tribunal sólo podrá imponer complementariamente la sanción de libertad asistida especial con internación parcial, después del segundo año del tiempo de la condena[473].

– Sanciones mixtas. En los demás casos en que fuere procedente la internación en régimen cerrado con programa de reinserción social o la libertad asistida especial con internación parcial, el tribunal podrá imponer complementariamente una sanción de libertad asistida en cualquiera de sus formas, por un máximo que no supere el tiempo de la condena principal. Esta última se cumplirá[474]:

a) Con posterioridad a la ejecución de la pena privativa de libertad, siempre y cuando en total no se supere la duración máxima de ésta, o

b) En forma previa a su ejecución. En este caso la pena principal quedará en suspenso y en carácter condicional, para ejecutarse en caso de

---

471 Inciso modificado, como aparece en el texto, por el art. 55, nº 11, letras a) y b) de la Ley Nº 21.527 de 12 de enero de 2023.

472 Inciso agregado por el art. 55, nº 11, letra c) de la Ley Nº 21.527 de 12 de enero de 2023.

473 Inciso modificado, como aparece en el texto, por el art. 55, nº 12, letra a) de la Ley Nº 21.527 de 12 de enero de 2023. Anteriormente, el inciso había sido agregado por el Nº 1 del texto complementario de la Ley Nº 20191, de 16 de junio de 2007.

474 Inciso modificado, como aparece en el texto, por el art. 55, nº 12, letra b) de la Ley Nº 21.527 de 12 de enero de 2023. Anteriormente, el inciso había sido modificado por el Nº 2 del texto complementario de la Ley Nº 20191, de 16 de junio de 2007.

incumplimiento de la libertad asistida en cualquiera de sus formas, en el caso de las penas que se extienden hasta quinientos cuarenta días.

Párrafo 5° De la determinación de las sanciones

Artículo 20.- Finalidad de las sanciones y otras consecuencias. Las sanciones y consecuencias que esta ley establece tienen por objeto hacer efectiva la responsabilidad de los adolescentes por los hechos delictivos que cometan, de tal manera que la sanción forme parte de una intervención socioeducativa amplia y orientada a la plena integración social.

Artículo 21.- Reglas para la determinación de la pena de base. Para establecer la pena que servirá de base a la determinación de la que deba imponerse con arreglo a la presente ley, el tribunal deberá aplicar, a partir de la pena inferior en un grado al mínimo de los señalados por la ley para cada uno de los delitos correspondientes, las reglas previstas en los artículos 50 a 78 del Código Penal que resulten aplicables, con excepción de lo dispuesto en el artículo 69 de dicho Código. No se aplicará por ello ninguna de las demás disposiciones que inciden en la cuantificación de la pena conforme a las reglas generales incluyendo al artículo 351 del Código Procesal Penal[475].

Artículo 22.- Aplicación de los límites máximos de las penas privativas de libertad. Si la sanción calculada en la forma dispuesta en el artículo precedente supera los límites máximos dispuestos en el artículo 18, su extensión definitiva deberá ajustarse a dichos límites[476].

Artículo 23.- Reglas para la determinación de las alternativas de pena. La determinación de las penas pena que podrán imponerse a los

---

475 Artículo sustituido, por el que aparece en el texto, por el art. 55, n° 13 de la Ley N° 21.527 de 12 de enero de 2023. Anteriormente, el artículo había sido sustituido por el artículo único, N° 3 de la Ley N° 20191, de 02 de junio de 2007.

476 Artículo sustituido por el que aparece en el texto por el artículo único, N° 3 de la Ley N° 20191, de 02 de junio de 2007.

adolescentes conforme al siguiente artículo, se regirá por las reglas siguientes[477]:

1. Si la extensión de la pena supera los cinco años de privación de libertad, el tribunal deberá aplicar la pena aplicable conforme a los artículos precedentes de internación en régimen cerrado con programa de reinserción social[478].

2. Si la pena va de tres años y un día a cinco años de privación de libertad o si se trata de una pena restrictiva de libertad superior a tres años, el tribunal podrá imponer las penas de internación en régimen cerrado con programa de reinserción social, la libertad asistida especial con internación parcial o libertad asistida especial[479].

3. Si la pena privativa o restrictiva de libertad se extiende entre quinientos cuarenta y un días y tres años, el tribunal podrá imponer las penas de libertad asistida especial con internación parcial, libertad asistida en cualquiera de sus formas y prestación de servicios en beneficio de la comunidad[480].

4. Si la pena privativa o restrictiva de libertad se ubica entre sesenta y uno y quinientos cuarenta días, el tribunal podrá imponer las penas de libertad asistida especial con internación parcial, libertad asistida en cualquiera de sus formas, prestación de servicios en beneficio de la comunidad o reparación del daño causado[481].

---

[477] Encabezado sustituido, por el que aparece en el texto, por el art. 55, n° 14, letra a) de la Ley N° 21.527 de 12 de enero de 2023. Anteriormente el artículo había sido sustituido por el artículo único, N° 3 de la Ley N° 20191, de 02 de junio de 2007.

[478] Inciso modificado, como aparece en el texto, por el art. 55, n° 14, letra b) de la Ley N° 21.527 de 12 de enero de 2023. Anteriormente el inciso había sido modificado por el N° 2 del texto complementario de la Ley N° 20191, de 16 de junio de 2007.

[479] Inciso modificado, como aparece en el texto, por el art. 55, n° 14, letra c) de la Ley N° 21.527 de 12 de enero de 2023.

[480] Inciso modificado, como aparece en el texto, por el art. 55, n° 14, letra d) de la Ley N° 21.527 de 12 de enero de 2023.

[481] Inciso modificado, como aparece en el texto, por el art. 55, n° 14, letra d) de la Ley N° 21.527 de 12 de enero de 2023.

5. Si la pena es igual o inferior a sesenta días o si no constituye una pena privativa o restrictiva de libertad o multa, el tribunal podrá imponer las penas de prestación de servicios en beneficio de la comunidad, reparación del daño causado o amonestación[482].

Tabla Demostrativa. Extensión de la sanción y penas aplicables[483]

Desde 5 años y 1 día:
- Internación en régimen cerrado con programa de reinserción social.

Desde 3 años y un día a 5 años:
- Internación en régimen cerrado con programa de reinserción social.
- Libertad asistida especial con internación parcial.
- Libertad asistida especial.

Desde 541 días a 3 años:
- Libertad asistida especial con internación parcial.
- Libertad asistida en cualquiera de sus formas.
- Prestación de servicios en beneficio de la comunidad.

Desde 61 a 540 días:
- Libertad asistida especial con internación parcial.
- Libertad asistida en cualquiera de sus formas.
- Prestación de servicios en beneficio de la comunidad.
- Reparación del daño causado.

Desde 1 a 60 días:
- Prestación de servicios en beneficio de la comunidad.
- Reparación del daño causado.
- Amonestación.

---

[482] Número sustituido, por el que aparece en el texto, por el art. 55, n° 14, letra e) de la Ley N° 21.527 de 12 de enero de 2023.

[483] Tabla modificada, como aparece en el texto, por el art. 55, n° 14, letra f), números i, ii, iii y iv de la Ley N° 21.527 de 12 de enero de 2023.

La duración de las sanciones de libertad asistida simple, libertad asistida especial y prestación de servicios a la comunidad se regirá por lo dispuesto en los artículos 11, 13 y 14 de la presente ley[484].

Artículo 24.- Individualización de la pena. Sin perjuicio de lo dispuesto en los artículos 19, 25 y 25 bis, el tribunal impondrá una sola pena de entre las que fueren procedentes, cualquiera fuera el número de los delitos cometidos. En su caso, se tomará como base las sanciones aplicables al delito que merezca las de mayor gravedad.

La naturaleza y la extensión de la pena a imponer se orientará por los objetivos señalados en el artículo 20 y se determinará considerando exclusivamente los siguientes criterios, debiendo, en cualquier caso, darse estricto cumplimiento a lo dispuesto en el artículo 63 del Código Penal:

1. La gravedad del delito o delitos cometidos, considerando especialmente:

a. El bien jurídico protegido, la modalidad escogida para su afectación y la extensión del daño causado con su comisión.

b. El empleo de la violencia física o de ensañamiento y la naturaleza y entidad de ellas.

c. La utilización y clase de armas o la provocación de un riesgo grave para la vida o la integridad de las víctimas.

d. La calidad en que interviene el condenado y el grado de ejecución del hecho.

2. Los móviles y demás antecedentes que expliquen la ocurrencia de los hechos y el comportamiento delictivo.

3. La edad y el desarrollo psicosocial del condenado.

4. El comportamiento demostrado con anterioridad y posterioridad a la ocurrencia de los hechos, y durante la instrucción del proceso, particularmente en lo referido a la comisión previa de otros hechos ilícitos sancionados de conformidad con esta ley, y lo que fuere relevante para la valoración de los hechos enjuiciados.

---

484 Inciso modificado, como aparece en el texto, por el art. 55, nº 14, letra g) de la Ley Nº 21.527 de 12 de enero de 2023.

Tratándose de la reiteración de delitos el tribunal tomará como base la pena que corresponda al hecho más grave debiendo, alternativamente, ampliar su extensión o imponer una más gravosa dentro de las alternativas y plazos previstos en la ley, según cual fuere el número de los delitos, las relaciones o nexos existentes entre ellos y su valoración de conjunto conforme a los criterios señalados en los numerales precedentes. En cualquier caso, la pena aplicable será impuesta con una mayor extensión o será sustituida por una más gravosa dentro de las alternativas y plazos previstos en la ley, respecto de quienes cometieren un crimen habiendo sido sancionado previamente por otro.

Las respectivas penas no se impondrán en caso alguno con una extensión inferior o superior a la prevista en los artículos 9°, 11, 13, 14 o 18, respectivamente. Tratándose de las sanciones privativas de libertad, éstas tampoco se podrán imponer con una extensión inferior o superior a la de la pena resultante de la aplicación del artículo 21, a no ser que sobrepase los límites mínimos o máximos previstos para cada caso en la presente ley. En este último caso, el límite se ajustará a aquellos.

El tribunal deberá especificar y fundamentar en el fallo la forma como ha procedido a la fijación de la pena a partir de los criterios señalados indicando los hechos que los respaldan[485].

Artículo 25.- Imposición conjunta de más de una pena. Sin perjuicio de lo dispuesto en el artículo 19, sólo en las situaciones regladas en los numerales 3 y 4 del artículo 23, el tribunal podrá imponer conjuntamente dos de las penas que las mismas reglas señalan, siempre que la naturaleza de éstas permita su cumplimiento simultáneo[486].

Lo dispuesto en el inciso precedente tendrá lugar sólo cuando ello permita el mejor cumplimiento de las finalidades de las sanciones de esta

---

485 Artículo sustituido, por el que aparece en el texto, por el art. 55, n° 15 de la Ley N° 21.527 de 12 de enero de 2023.

486 Inciso modificado, como aparece en el texto, por el art. 55, n° 16 de la Ley N° 21.527 de 12 de enero de 2023.

ley expresadas en el artículo 20 y así se consigne circunstanciadamente en resolución fundada.

Artículo 25 bis.- Determinación de las sanciones accesorias. El comiso de los objetos, documentos e instrumentos del delito se impondrá en todas las condenas. La prohibición de conducir vehículos motorizados se impondrá, en todo caso, cuando concurran los presupuestos descritos en el inciso primero del artículo 12 de la presente ley, con una extensión mínima de 6 meses y máxima de 4 años.

Las medidas accesorias previstas en el artículo 9º de la ley Nº 20.066, que establece la Ley de Violencia Intrafamiliar, se impondrán en los casos y formas que las justifican conforme a las reglas generales, a excepción de las previstas en las letras a) y b) cuando el condenado y la víctima compartieren domicilio, residencia o lugar de estudio o trabajo y el primero fuese menor de edad. Estas últimas sólo se podrán imponer en dicho caso, en situaciones extremadamente calificadas, debiendo fundarse en antecedentes objetivos y específicos de los que se deberá dar cuenta de forma detallada en la sentencia debiendo además adoptarse los resguardos que garanticen que el condenado no quedará privado de condiciones mínimas para su desarrollo. Las sanciones accesorias de que trata este inciso se podrán imponer, con una extensión mínima de 6 meses y máxima de 2 años.

La prohibición de asistir a cualquier espectáculo de fútbol profesional y a sus inmediaciones se aplicará en los casos y formas previstos en la ley Nº 19.327, incluyendo lo dispuesto en los incisos tercero y cuarto de la letra b) del artículo 16 de dicho cuerpo legal. Las sanciones accesorias de que trata este inciso se podrán imponer, con una extensión mínima de 6 meses y máxima de 4 años[487].

Artículo 25 ter.- Concurso de infracciones correspondientes a regímenes diversos. Si en un mismo proceso se debiera imponer condena por delitos cometidos siendo menor y mayor de dieciocho años de edad se impondrá exclusivamente la pena aplicable a estos últimos.

---

487 Artículo agregado por el art. 55, nº 17 de la Ley Nº 21.527 de 12 de enero de 2023.

Se exceptúa el caso en que fuere más grave el delito cometido siendo menor de edad, en cuyo caso la pena aplicable a las diversas infracciones se impondrá de conformidad a las reglas previstas en el presente título.

A los efectos de este artículo y del siguiente se considerará más grave el delito o conjunto de ellos que tuviere asignada en la ley una mayor pena de conformidad con las reglas generales. No obstante, el tribunal también podrá calificar su mayor gravedad teniendo en cuenta la naturaleza y extensión o cuantía de la sanción comparativa que fuere aplicable en concreto en uno y otro caso.

Lo dispuesto en el inciso primero, también se aplicará si la ejecución del delito se iniciare antes del cumplimiento de la mayoría de edad y terminare luego que ésta se hubiere alcanzado[488].

Artículo 25 quáter.- Unificación de condenas. Si con posterioridad a la acusación o requerimiento o durante la ejecución de una sanción prevista en esta ley, el responsable fuere condenado por la comisión de un delito diverso al que la justifica, el tribunal que deba sancionarlo procederá a regular la pena que hubiere correspondido aplicar a la totalidad de los delitos cometidos en caso que hubieren sido juzgados conjuntamente de conformidad con lo dispuesto en las demás reglas del presente Título. En dicho caso el tiempo de ejecución que se hubiere satisfecho será abonado a la nueva condena, salvo que se trate de las penas previstas en las letras e) o f) del artículo 6°.

Lo dispuesto precedentemente no tendrá lugar tratándose de la comisión de uno o más simples delitos de menor gravedad respecto de aquellos que fundan la condena en curso de ejecución. En dicho caso se aplicará lo dispuesto en el artículo 52, considerando los hechos, a estos efectos, como un quebrantamiento de condena.

Lo dispuesto en el inciso precedente también tendrá lugar respecto de todos aquellos que ya se encontraren cumpliendo una condena por el máximo de las penas que autoriza la ley para la sanción de los delitos de que se trate. Se exceptúa de esta regla el caso en que el condenado cumpliere

---

[488] Artículo agregado por el art. 55, n° 17 de la Ley N° 21.527 de 12 de enero de 2023.

una pena de internamiento en régimen cerrado por el máximo que autoriza la ley, en cuyo caso se aplicará lo dispuesto en el inciso primero. Si en dicho caso el resultado fuese equivalente se podrá aumentar la extensión del internamiento hasta por un período de tres años adicionales.

A estos efectos no tendrá lugar lo dispuesto en el artículo 164 del Código Orgánico de Tribunales[489].

Artículo 25 quinquies.- Unificación de condenas de diversos regímenes. Lo dispuesto en el artículo anterior también se aplicará si el nuevo delito ha sido cometido siendo el condenado mayor de 18 años, a menos que se trate de un delito de mayor gravedad o que deba recibir una sanción superior. En dicho caso tendrá lugar lo dispuesto en el artículo 25 ter, extinguiéndose de pleno derecho la condena que se encontrare en curso de ejecución[490].

Artículo 26.- Límites a la imposición de sanciones. La privación de libertad se utilizará sólo como medida de último recurso.

En ningún caso se podrá imponer en virtud de esta ley una pena que fuere más gravosa que aquella que hubiere de ser aplicada en forma efectiva a un adulto que hipotéticamente hubiese sido condenado por un hecho análogo y en equivalentes circunstancias. A dichos efectos se tendrá en cuenta su naturaleza y, cuando fuere equivalente, su extensión[491].

TÍTULO II. PROCEDIMIENTO

Párrafo 1º Disposiciones generales

Artículo 27.- Reglas de procedimiento. La investigación, juzgamiento y ejecución de la responsabilidad por infracciones a la ley penal por

---

[489] Artículo agregado por el art. 55, nº 17 de la Ley Nº 21.527 de 12 de enero de 2023.

[490] Artículo agregado por el art. 55, nº 17 de la Ley Nº 21.527 de 12 de enero de 2023.

[491] Inciso sustituido, por el que aparece en el texto, por el art. 55, nº 18 de la Ley Nº 21.527 de 12 de enero de 2023.

parte de adolescentes se regirá por las disposiciones contenidas en la presente ley y supletoriamente por las normas del Código Procesal Penal[492].

El conocimiento y fallo de las infracciones respecto de las cuales el Ministerio Público requiera una pena no privativa de libertad se sujetará a las reglas del procedimiento simplificado, según sea el caso, regulados en el Título I del Libro IV del Código Procesal Penal[493].

El procedimiento abreviado procederá conforme a las reglas generales, a menos que la pena solicitada sea la internación en régimen cerrado con programa de reinserción social con una duración superior a los 5 años. También podrá solicitarse una sanción mixta en la medida que se ajuste al plazo antes señalado[494].

Artículo 27 bis.- Consentimiento informado. Siempre que el consentimiento del adolescente sea condición para acceder a un determinado procedimiento, suspenderlo o ponerle término, o que se requiera para efectos de la aplicación de la cooperación eficaz contemplada en el artículo 36 bis de esta ley, el Juez deberá cerciorarse, antes de resolver, de que ha conversado con el defensor privadamente; y que ha sido adecuadamente informado de sus derechos y de las implicancias procesales que conllevan dichas decisiones. Tratándose del procedimiento abreviado verificará en particular si comprende que renuncia al juicio oral y que podría ser condenado o absuelto. En dichas actuaciones el Juez deberá usar un lenguaje comprensible acorde a la madurez y desarrollo del adolescente[495].

Artículo 28.- Concurso de procedimientos. Si a una misma persona se le imputa una infracción sancionada por esta ley y un delito cometido siendo mayor de dieciocho años, la investigación y juzgamiento de estos

---

492 Artículo modificado por el artículo único, Nº 3 de la Ley Nº 20191, de 02 de junio de 2007 .

493 Inciso modificado, como aparece en el texto, por el art. 55, nº 19, letra a) de la Ley Nº 21.527 de 12 de enero de 2023.

494 Inciso agregado, como aparece en el texto, por el art. 55, nº 19, letra b) de la Ley Nº 21.527 de 12 de enero de 2023.

495 Artículo agregado por el art. 55, nº 20 de la Ley Nº 21.527 de 12 de enero de 2023.

hechos se regirá por las normas del Código Procesal Penal aplicable a los imputados mayores de edad.

Lo dispuesto en el inciso precedente no tendrá lugar en los casos previstos en el inciso segundo del artículo 25 ter, debiendo en dicho caso darse estricto cumplimiento a lo previsto en el presente Título[496].

Por su parte, si en un mismo procedimiento se investiga la participación punible de personas mayores y menores de edad, tendrá lugar lo dispuesto en el artículo 185 del Código Procesal Penal. Sin perjuicio de ello se procederá a la acusación conjunta de todos los delitos y responsabilidades, debiendo en todo caso darse estricto cumplimiento a las normas que conforme a esta ley son aplicables al juzgamiento de los adolescentes, debiendo conocer del asunto el Juzgado o Tribunal que ejerciere competencia en materia penal de adolescentes. Sólo podrán dictarse diversos autos de apertura del juicio oral si se trata estrictamente de alguno de los casos de que trata el inciso segundo del artículo 274 del Código Procesal Penal[497].

Párrafo 2º Sistema de justicia especializada

Artículo 29.- Especialización de la justicia penal para adolescentes. Los jueces de garantía, los jueces del tribunal de juicio oral en lo penal, así como los fiscales adjuntos y los defensores penales públicos que intervengan en las causas de adolescentes, deberán estar capacitados en los estudios e información criminológica vinculada a la ocurrencia de estas infracciones, en la Convención de los Derechos del Niño, en las características y especificidades de la etapa adolescente y en el sistema de ejecución de sanciones establecido en esta misma ley.

No obstante, todo fiscal, defensor o juez con competencia en materias criminales se encuentra habilitado para intervenir, en el marco de sus com-

---

496 Inciso agregado, como aparece en el texto, por el art. 55, nº 21, letra a) de la Ley Nº 21.527 de 12 de enero de 2023.

497 Inciso modificado, como aparece en el texto, por el art. 55, nº 21, letra b) de la Ley Nº 21.527 de 12 de enero de 2023.

petencias, si, excepcionalmente, por circunstancias derivadas del sistema de distribución del trabajo, ello fuere necesario.

En virtud de lo dispuesto en los incisos precedentes, los comités de jueces de los tribunales de garantía y orales en lo penal considerarán, en el procedimiento objetivo y general de distribución de causas, la radicación e integración preferente de quienes cuenten con dicha capacitación.

Cada institución adoptará las medidas pertinentes para garantizar la especialización a que se refiere la presente disposición.

Artículo 29 bis.- Especialización de la justicia penal para adolescentes. Sin perjuicio de lo dispuesto en el artículo precedente el conocimiento de los procesos referidos a la responsabilidad penal regulada en la presente ley y su fallo, cuando proceda, corresponderá en exclusiva a las salas especializadas, en los lugares en que existieren. En dichos casos las competencias correspondientes a los fiscales del Ministerio Público serán ejercidas por fiscales adjuntos especializados en la instrucción de procesos asociados a la responsabilidad penal de adolescentes. Asimismo, la defensa penal de quienes fueren imputados o acusados y de quienes cumplieren condena en virtud de dicha responsabilidad corresponderá igualmente a defensores especializados en responsabilidad penal de adolescentes, en la medida en que carezcan de abogado.

En dichos casos los fiscales y defensores que fueren designados como especializados ejercerán dichas funciones en forma exclusiva mientras conserven dicha calidad.

El Ministerio Público y la Defensoría Penal Pública procurará la misma asignación de especialización de fiscales y defensores, respectivamente, en los lugares donde funcionaren, salas, jornadas o días preferentes para el conocimiento de los procesos asociados a la responsabilidad penal de los adolescentes regulada en la ley N° 20.084, aun y cuando no sea obligatorio que su desempeño en dichas funciones se ejerza en forma exclusiva[498].

[498] Artículo agregado por el art. 55, n° 22 de la Ley N° 21.527 de 12 de enero de 2023.

Artículo 29 ter.- Formación y capacitación. Los jueces y funcionarios judiciales que se desempeñen en las salas especializadas en responsabilidad penal de adolescentes de los juzgados de garantía deberán haber aprobado una formación especializada impartida en el marco del programa de perfeccionamiento destinado a los miembros de los escalafones primario, secundario y de empleados del Poder Judicial. Lo señalado también será aplicable a quienes cumplan dichas funciones en casos de suplencia, subrogancia o interinato.

Quienes deban cumplir funciones como fiscal o defensor especializado, y quienes deban suplirlos o subrogarlos en conformidad a la ley, también deberán haber aprobado una formación especializada, aun y cuando no ejerzan dichas funciones en forma exclusiva.

El perfeccionamiento y capacitación de que trata el presente artículo deberá comprender, como mínimo, los contenidos de la ley N° 20.084, su reglamento, jurisprudencia relevante y la normativa internacional afín, y la normativa institucional del Servicio de Reinserción Social Juvenil. Incluirá, además, las referencias necesarias para comprender los caracteres de las principales teorías explicativas del comportamiento delictivo juvenil que cuenten con evidencia empírica y del desarrollo evolutivo psicosocial y biológico de la adolescencia y los principales modelos de intervención y prácticas efectivas que se orienten a motivar un cambio. Deberá, asimismo, considerar información sobre los estándares exigidos en forma transversal y por programa; sobre la existencia o disponibilidad de estos últimos en la red y su funcionamiento, y sobre los caracteres generales del sistema de supervisión[499].

Artículo 30.- Capacitación de las policías. Las instituciones policiales incorporarán dentro de sus programas de formación y perfeccionamiento, los estudios necesarios para que los agentes policiales cuenten con los conocimientos relativos a los objetivos y contenidos de la presente ley, a la Convención de los Derechos del Niño y a los fenómenos criminológicos asociados a la ocurrencia de estas infracciones.

---

499 Artículo agregado por el art. 55, n° 22 de la Ley N° 21.527 de 12 de enero de 2023.

Párrafo 3° De las medidas cautelares personales

Artículo 31.- Detención en caso de flagrancia. Carabineros de Chile y la Policía de Investigaciones, en sus respectivos ámbitos de competencia, deberán poner a los adolescentes que se encuentren en las situaciones previstas en los artículos 129 y 131 del Código Procesal Penal, a disposición del juez de garantía, de manera directa y en el menor tiempo posible, no pudiendo exceder de 24 horas. La audiencia judicial que se celebre gozará de preferencia en su programación. El adolescente sólo podrá declarar ante el fiscal en presencia de un defensor, cuya participación será indispensable en cualquier actuación en que se requiera al adolescente y que exceda de la mera acreditación de su identidad. Dicha detención se regulará, salvo en los aspectos previstos en este artículo, por el párrafo 3° del Título V del Libro I del Código Procesal Penal. Si se diere lugar a la ampliación del plazo de la detención conforme al artículo 132 de dicho Código, ésta sólo podrá ser ejecutada en los centros de internación provisoria de que trata la presente ley[500].

La detención de una persona visiblemente menor en un establecimiento distinto de los señalados en el inciso anterior, constituirá una infracción funcionaria grave y será sancionada con la medida disciplinaria que proceda de acuerdo al mérito de los antecedentes, sin perjuicio de las demás responsabilidades en que pueda haber incurrido el infractor.

En la ejecución de la detención e internación provisoria que sea decretada deberá darse cumplimiento a lo previsto en los artículos 17 de la ley N° 16.618 y 37, letra c), de la Convención Internacional sobre los Derechos del Niño. El menor privado de libertad siempre podrá ejercer los derechos consagrados en los artículos 93 y 94 del Código Procesal Penal y 37 y 40 de esa Convención. Los encargados de dichos centros no podrán aceptar el ingreso de menores sino en virtud de órdenes impartidas por el juez de garantía competente.

---

[500] Inciso sustituido por el que aparece en el texto por el artículo único, N° 5 de la Ley N° 20191, de 02 de junio de 2007.

Si el hecho imputado al menor fuere alguno de aquellos señalados en el artículo 124 del Código Procesal Penal, Carabineros de Chile se limitará a citar al menor a la presencia del fiscal y lo dejará en libertad, previo señalamiento de domicilio en la forma prevista por el artículo 26 del mismo Código.

Artículo 32.- Medidas cautelares del procedimiento. La internación provisoria en un centro cerrado sólo será procedente tratándose de la imputación de las conductas que de ser cometidas por una persona mayor de dieciocho años constituirían crímenes, debiendo aplicarse cuando los objetivos señalados en el inciso primero del artículo 155 del Código Procesal Penal no pudieren ser alcanzados mediante la aplicación de alguna de las demás medidas cautelares personales[501].

Se deberá levantar el informe técnico de que trata el artículo 37 bis respecto de todo imputado que permaneciere más de 15 días sujeto a internación provisoria o bajo sujeción a la vigilancia de una autoridad[502].

Artículo 32 bis.- Sujeción a la vigilancia. Las instituciones encargadas de ejecutar la medida cautelar de sujeción a la vigilancia prevista en la letra b) del inciso primero del artículo 155 del Código Procesal Penal, cuando procediere, deberán supervisar el cumplimiento de las obligaciones que impone el proceso mediante acciones de control, monitoreo y orientación. Deberán, asimismo, coordinar la atención de las necesidades sociales, psicológicas, educativas, de salud y de orientación judicial del adolescente imputado mediante acciones de derivación asistida.

Finalmente, deberán también informar al tribunal sobre el curso y desarrollo de la medida con la periodicidad que éste determine[503].

Artículo 32 ter.- Cautelares previstas en leyes especiales. Las medidas accesorias previstas en el artículo 6° podrán ser impuestas como

---

[501] Artículo modificado como aparece en el texto por el artículo único, Nº 6 de la Ley Nº 20191, de 02 de junio de 2007.

[502] Inciso agregado por el art. 55, nº 23 de la Ley Nº 21.527 de 12 de enero de 2023.

[503] Artículo agregado por el art. 55, nº 24 de la Ley Nº 21.527 de 12 de enero de 2023.

cautelares conforme a las reglas generales, debiendo en cualquier caso tener lugar lo dispuesto en el inciso segundo del artículo 25 bis de la presente ley.

Asimismo, la prohibición de asistir a cualquier espectáculo de fútbol profesional y a sus inmediaciones también se podrá imponer como medida cautelar de conformidad con lo dispuesto en el artículo 15 de la ley N° 19.327, de derechos y deberes en los espectáculos de fútbol profesional[504].

Artículo 33.- Proporcionalidad de las medidas cautelares. En ningún caso podrá el juez dar lugar a una medida que parezca desproporcionada en relación con la sanción que resulte probable de aplicar en caso de condena.

El tiempo que el imputado cumpliere en internación provisoria, detenido o bajo arresto domiciliario, deberá ser abonado íntegramente en caso que fuere condenado a alguna de las penas previstas en las letras a) a d) del artículo 6°, a razón de un día de cumplimiento por cada día de internamiento o arresto, o fracción igual o superior a doce horas, indistintamente. De igual modo, el tiempo que el imputado cumpliere bajo arresto domiciliario o sujeto a la vigilancia de una institución deberá ser abonado íntegramente tratándose de las penas previstas en las letras b) a d) del artículo 6°[505].

En caso que la pena a cumplir fuere inferior al mínimo previsto en la ley para la pena de que se trate, la extensión efectiva que se deberá cumplir se ajustará a dicho límite[506].

Artículo 34.- Permiso de salida diaria. Tratándose de un adolescente imputado sujeto a una medida de internación provisoria, el juez podrá, en casos calificados, concederle permiso para salir durante el día, siempre que

[504] Artículo agregado por el art. 55, n° 24 de la Ley N° 21.527 de 12 de enero de 2023.

[505] Incisos segundo y tercero agregados por el art. 55, n° 25 de la Ley N° 21.527 de 12 de enero de 2023.

[506] Incisos segundo y tercero agregados por el art. 55, n° 25 de la Ley N° 21.527 de 12 de enero de 2023.

ello no vulnere los objetivos de la medida. Al efecto, el juez podrá adoptar las providencias que estime convenientes.

Párrafo 4º De las salidas alternativas al procedimiento[507]

Artículo 35.- Principio de oportunidad. Para el ejercicio del principio de oportunidad establecido en el artículo 170 del Código Procesal Penal, los fiscales tendrán en especial consideración la incidencia que su decisión podría tener en la vida futura del adolescente imputado.

Asimismo, para la aplicación de dicha norma se tendrá como base la pena resultante de la aplicación del artículo 21 de la presente ley.

Artículo 35 bis.- Suspensión condicional del procedimiento. La suspensión condicional del procedimiento procederá conforme a las reglas generales, sin perjuicio de las siguientes excepciones:

1. No será aplicable lo dispuesto en la letra a) del inciso tercero del artículo 237 del Código Procesal Penal, pudiendo decretarse en cualquier caso, a menos que la pena resultante de lo dispuesto en el artículo 21 fuese de aquellas que señala el numeral 1 del artículo 23.
2. Se podrá decretar por un plazo no inferior a 6 ni superior a los 12 meses.
3. El tribunal podrá imponer una o más de las condiciones señaladas en el artículo 238 del Código Procesal Penal, a excepción de las dispuestas en las letras e), f) y h) y de la obligación de no residir en un lugar determinado. Podrá, asimismo, decretar la obligación de reparar a la víctima, prestar un servicio a la comunidad o de asistir a programas de entrenamiento cognitivo, terapia familiar, de tratamiento de alcohol y/u otras drogas, de intervención en violencia o abuso sexual u otro semejante.
4. También se podrá imponer alguna de las medidas accesorias previstas en la letra c) del artículo 6º, en cuyo caso tendrá lugar lo dispuesto en el inciso segundo del artículo 25 bis de la presente ley.

---

507 Párrafo agregado por el art. 55, nº 26 de la Ley Nº 21.527 de 12 de enero de 2023.

5. Se deberá precisar la institución o la estrategia interinstitucional para ejecutar las condiciones impuestas, así como para supervisar su cumplimiento y la periodicidad de la intervención. Se podrán, asimismo, fijar audiencias de control y de seguimiento periódicas para verificar el cumplimiento de las condiciones impuestas o monitorear la asistencia al programa al que hubiere sido derivado. Cualquiera de dichas instituciones podrá también solicitar la revocación en los términos del artículo 239 del Código Procesal Penal[508].

Párrafo 5° De la mediación

Artículo 35 ter.- Mediación. Las causas en que fuere procedente la suspensión condicional del procedimiento, el acuerdo reparatorio o el principio de oportunidad se podrán derivar a mediación, siempre y cuando la víctima y el imputado consientan libre y voluntariamente en someter el conflicto a dicha instancia. La intervención y permanencia en el mismo será, igualmente, personal y voluntaria, en todo momento.

Se entiende por mediación la realización de un proceso restaurativo y especializado, en virtud del cual la víctima y el imputado acuerdan determinar conjuntamente la reparación real o simbólica del daño ocasionado con la comisión del delito, asistidos por un mediador.

La derivación al procedimiento de mediación, deberá realizarla el tribunal, si se hubiere procedido a la formalización del imputado, o la llevará a cabo el fiscal, en caso contrario. En este último caso, también podrá efectuarla el tribunal a petición de la víctima y el imputado, si se cumplen las condiciones previstas en el protocolo de que trata el inciso final del presente artículo. El proceso de mediación no podrá durar más de 90 días contados desde su derivación, pudiendo prorrogarse hasta por el mismo término a solicitud fundada del mediador.

En cualquier caso, la derivación suspende el curso del correspondiente proceso. Si en la causa existiere pluralidad de imputados o víctimas, el

---

508 Artículo agregado por el art. 55, n° 26 de la Ley N° 21.527 de 12 de enero de 2023.

procedimiento continuará respecto de quienes no hubieren concurrido a la mediación.

Una vez cumplido por parte del imputado lo acordado en la mediación, se dará lugar al archivo provisional o al sobreseimiento, según sea el caso, sin perjuicio de lo convenido respecto a los efectos civiles del delito.

No procederá la mediación si se hubiere declarado el cierre de la investigación ni tratándose de procesos referidos a delitos dolosos contra la vida, contra la libertad ambulatoria, contra la libertad sexual cometidos contra personas menores de edad y respecto de los delitos y faltas tipificados en la ley Nº 20.000, a excepción de los previstos en los artículos 4º y 50.

El Ministerio de Justicia y Derechos Humanos, el Ministerio Público y la Defensoría Penal Pública establecerán conjuntamente un protocolo estructurado de condiciones personales y procesales bajo las que se estima procedente la derivación, cuyos contenidos deberán reevaluarse anualmente. Se establecerán, asimismo, exigencias particulares y de carácter excepcional para la derivación de los hechos que fueren constitutivos de violencia intrafamiliar. En todo caso deberá darse estricto cumplimiento a lo dispuesto en los incisos segundo y tercero del artículo 2º de la ley Nº 20.609, que establece medidas contra la discriminación[509].

Artículo 35 quáter.- Principios esenciales de la mediación. El mediador se cerciorará de que los participantes se encuentren en igualdad de condiciones para participar del proceso y adoptar acuerdos. Si no fuese así, propondrá o adoptará, en su caso, las medidas necesarias para que se obtenga ese equilibrio. De no ser ello posible, declarará terminada la mediación.

Asimismo, se deberá abstener de realizar actuaciones que comprometan la debida imparcialidad que debe caracterizar su actuación con los participantes. Si tal imparcialidad se viere afectada por cualquier causa, se deberá abstener de realizar el proceso de mediación[510].

---

509 Artículo agregado por el art. 55, nº 28 de la Ley Nº 21.527 de 12 de enero de 2023.

510 Artículo agregado por el art. 55, nº 28 de la Ley Nº 21.527 de 12 de enero de 2023.

Artículo 35 quinquies.- Mediación excepcional. En todo caso, también podrá ser derivado a mediación un proceso que no cumpla con las exigencias señaladas en los incisos primero y sexto del artículo 35 ter, a solicitud de la víctima, con consentimiento libre e informado del imputado y autorizado por el juez de garantía competente, y cumpliéndose las demás exigencias legales. En dicho caso, la derivación no suspende el curso del proceso, salvo en los delitos del inciso sexto del artículo 35 ter, respecto de los cuales aquél no podrá suspenderse.

En estos casos la mediación exitosa, con acuerdo cumplido por parte del imputado, podrá ser considerada como un antecedente para la determinación o suspensión de la imposición de la pena, en la imposición o mantención de medidas cautelares y en las audiencias de sustitución y remisión de condena[511].

Artículo 35 sexies.- Efectos de la mediación frustrada. Si la mediación se frustrare por una causa que no fuere atribuible al imputado y hubiere sido posible constatar signos concretos de responsabilización, el mediador deberá dejar constancia de los mismos en el acta respectiva, a efectos de que sean evaluados por el tribunal para atenuar su responsabilidad penal si, se llegare a imponer una condena. Asimismo, según cual fuere su contenido, podrá también servir como antecedente en las audiencias de sustitución y remisión de condena.

Fuera de los casos mencionados en el inciso precedente, todo proceso de mediación, frustrada o exitosa, y todos los antecedentes referidos a aquél, se regirán por lo dispuesto en el artículo 335 del Código Procesal Penal. Con ello ninguna de las actuaciones o comunicaciones, verbales o escritas, de las partes que se realicen durante el proceso de mediación, podrá ser ventilada o comunicada a terceros, sin el expreso consentimiento previo y por escrito de ambas partes, encontrándose el mediador resguardado por el secreto profesional. Con todo, el mediador quedará exento del deber de confidencialidad en aquellos casos en que se constatare un riesgo inminente respecto de la integridad física y/o psíquica de niños,

---

511 Artículo agregado por el art. 55, n° 28 de la Ley N° 21.527 de 12 de enero de 2023.

niñas, adolescentes o personas que se encuentren en situación de vulnerabilidad[512].

Artículo 35 septies.- Programa de mediación. A los efectos de lo dispuesto en el presente Párrafo, el Servicio Nacional de Reinserción Social Juvenil dispondrá de un programa especial de mediación penal, integrado por mediadores públicos o contratados de conformidad a la ley Nº 19.886, de Bases sobre Contratos Administrativos de Suministro y Prestación de Servicios, y su Reglamento.

Los mediadores deberán encontrarse acreditados en un Registro de Mediadores Penales. El procedimiento, requisitos de ingreso y permanencia, supervisión y sanción, así como también las causales de eliminación del Registro, se establecerán a través de un Reglamento, de conformidad a lo dispuesto en el artículo 33 de la ley orgánica que crea el Servicio Nacional de Reinserción Social Juvenil.

En todo caso, para inscribirse en el Registro del inciso anterior, se requerirá poseer título profesional de una carrera universitaria que tenga, al menos, ocho semestres de duración, otorgado por una institución de educación superior del Estado o reconocida por éste; acreditar formación especializada en mediación y en materias de infancia, adolescencia, victimología, proceso penal juvenil y justicia restaurativa, y no haber sido condenada por crimen o simple delito, por maltrato constitutivo de violencia intrafamiliar, en conformidad a lo dispuesto por el artículo 8º de la ley Nº 20.066, o sancionada por la ley Nº 20.609, que establece medidas contra la discriminación.

El incumplimiento de los requisitos y de los principios establecidos en el artículo siguiente por parte del mediador, será considerado una falta grave y dará lugar a las sanciones administrativas procedentes. Se deberán asimismo adoptar las medidas sancionatorias que procedieren en ejercicio de las facultades de supervisión y asistencia técnica que se reconocen al Servicio Nacional de Reinserción Social Juvenil. En su caso, se deberá

---

512 Artículo agregado por el art. 55, nº 28 de la Ley Nº 21.527 de 12 de enero de 2023.

hacer uso de las sanciones previstas en el artículo 49 de la Ley que crea dicho Servicio.

El programa de mediación penal deberá también ofrecer un mecanismo que permita a las partes acceder a la información necesaria para resolver su intervención en el programa de mediación. El programa se encargará además de la supervisión del cumplimiento de los acuerdos alcanzados y de las certificaciones que correspondan.

La mediación de que trata este Párrafo será siempre gratuita para las partes.

Toda persona que cumpla funciones como mediador deberá informar mensualmente al Ministerio Público o al Tribunal, según corresponda, sobre las mediaciones que estén a su cargo, indicando exclusivamente si se encuentran activas[513].

Párrafo 6º Inicio de la persecución de la responsabilidad por la infracción a la ley penal por parte de un adolescente[514]

Artículo 36.- Primera audiencia. De la realización de la primera audiencia a que deba comparecer el imputado deberá notificarse a sus padres o a la persona que lo tenga bajo su cuidado. Si el juez lo considera necesario, permitirá la intervención de éstos, si estuvieren presentes en la audiencia.

Artículo 36 bis.- Cooperación eficaz. Lo dispuesto en el artículo 22 y el Párrafo 2º del Título III de la ley Nº 20.000 será aplicable a la sustanciación y fallo de cualquiera de los procesos incoados en virtud de la presente ley. En estos casos se dará también aplicación a lo previsto en el artículo 27 bis. Se tendrán especialmente en cuenta las circunstancias y necesidades de los adolescentes al adoptarse las medidas especiales de protección previstas en los artículos 30 y siguientes de la ley Nº 20.000[515].

---

513 Artículo agregado por el art. 55, nº 28 de la Ley Nº 21.527 de 12 de enero de 2023.

514 Número de párrafo modificado por el art. 55, nº 26 de la Ley Nº 21.527 de 12 de enero de 2023.

515 Artículo agregado por el art. 55, nº 29 de la Ley Nº 21.527 de 12 de enero de 2023.

Artículo 37.- Juicio Inmediato. Las reglas del juicio inmediato establecidas en el artículo 235 del Código Procesal Penal serán plenamente aplicables cada vez que el fiscal lo solicite y especialmente cuando se trate de una infracción flagrante imputada a un adolescente.

En estos casos, sólo por razones fundadas que el fiscal señalará en su petición, el juez de garantía podrá autorizar la realización de diligencias concretas y determinadas para la investigación de una infracción flagrante, las que no podrán exceder de 60 días, rigiendo, en lo demás, lo dispuesto en el artículo siguiente. Igual derecho asistirá a la defensa del imputado, en el mismo caso.

Artículo 37 bis.- Informe técnico. El Ministerio Público o la Defensa podrán solicitar al tribunal correspondiente, por escrito o verbalmente, la emisión de un informe técnico en cualquier etapa del procedimiento, a ser evacuado por el Servicio Nacional de Reinserción Social Juvenil.

Dicho informe deberá referirse a los criterios señalados en el inciso segundo del artículo 24. Sólo podrá ser utilizado en las actuaciones judiciales relativas a la determinación de la pena, una vez evacuado el veredicto condenatorio.

La infracción de la obligación de reserva se sancionará conforme a las reglas generales.

La resolución que apruebe la expedición del informe señalado en este artículo deberá indicar el plazo máximo en que éste debe ser evacuado, el cual no podrá superar los quince días. En casos calificados, el tribunal, en la misma resolución, podrá fundadamente disponer de un plazo de hasta veinte días. Con todo, en ningún caso el tribunal podrá establecer un plazo inferior a los ocho días. La resolución de que trata este artículo no será susceptible de recurso alguno.

El tribunal deberá notificar al Servicio Nacional de Reinserción Social Juvenil dicha resolución inmediatamente por la vía más expedita posible.

El incumplimiento del plazo señalado en el inciso cuarto será considerado una falta grave y dará lugar a las sanciones administrativas procedentes. Este apercibimiento deberá constar expresamente en la resolución de que tratan los incisos precedentes[516].

Artículo 38.- Plazo para declarar el cierre de la investigación. Transcurrido el plazo máximo de seis meses desde la fecha en que la investigación hubiere fijado un plazo inferior, y sin perjuicio de la posibilidad de solicitar una ampliación en dicho caso de conformidad con las reglas generales. Antes de cumplirse cualquiera de estos plazos, el fiscal podrá solicitar, fundadamente, su ampliación por un máximo de dos meses[517].

En cualquier caso, dicho plazo se deberá suspender si se hubiere derivado el conflicto a una instancia de mediación y mientras ésta dure[518].

Párrafo 5° Juicio oral y sentencia

Artículo 39.- Audiencia del juicio oral. El juicio oral, en su caso, deberá tener lugar no antes de los 15 ni después de los 30 días siguientes a la notificación del auto de apertura del juicio oral.

En ningún caso el juicio podrá suspenderse o interrumpirse por un término superior a 72 horas.

Artículo 40.- Audiencia de determinación de la pena. La audiencia a que se refiere el inciso final del artículo 343 del Código Procesal Penal deberá siempre llevarse a cabo en caso de dictarse sentencia condenatoria, pudiendo el tribunal diferir la determinación de la pena y la redacción y lectura del fallo hasta por un máximo de 2 días adicionales. Antes de finalizar la audiencia el tribunal podrá realizar consultas a los intervinientes o pedir aclaraciones necesarias para resolver[519].

---

516 Artículo agregado por el art. 55, n° 30 de la Ley N° 21.527 de 12 de enero de 2023.

517 Inciso modificado por el art. 55, n° 31, letra a) de la Ley N° 21.527 de 12 de enero de 2023.

518 Inciso agregado por el art. 55, n° 31, letra b) de la Ley N° 21.527 de 12 de enero de 2023.

519 Artículo modificado por el art. 55, n° 32, letras a) y b) de la Ley N° 21.527 de 12 de enero de 2023.

Si ninguna de las partes hubiere solicitado un informe técnico procederá el Tribunal a requerirlo, pudiendo en dicho caso ampliarse la audiencia de determinación de la pena hasta por un máximo de 8 días en total. Podrá, asimismo, requerir la presencia de quienes hubieren intervenido en su preparación en calidad de peritos o solicitar la actualización de un informe evacuado en el curso del procedimiento, sea de oficio o a petición de alguna de las partes.

En todo caso el tribunal requerirá la información actualizada de los centros y programas vigentes, su cobertura y disponibilidad.

Lo dispuesto en el presente artículo será aplicable a toda condena, sea que se pronuncie en un juicio oral, tras un procedimiento simplificado o abreviado.[520]

Artículo 40 bis.- Plan de intervención. La ejecución de las condenas impuestas quedará sujeta a la aprobación judicial de un plan de intervención, estructurado a partir de las reglas técnicas que al efecto determine el Servicio Nacional de Reinserción Social Juvenil, y que deberá tener lugar en un máximo de 15 días desde la fecha en que se comunica la sentencia conforme lo dispuesto en el artículo 468 del Código Procesal Penal. Dicha comunicación se hará en audiencia ante el Tribunal encargado de la ejecución de la sentencia, siendo obligatoria la presencia del condenado.

El plan de intervención deberá responder al diagnóstico sociocriminológico del adolescente condenado debiendo precisar los objetivos, los indicadores de logro de dichos objetivos, las áreas de intervención conforme a lo dispuesto en los artículos 13, 14, 16 y 17 de la presente ley y las actividades a desarrollar por parte del equipo técnico encargado de su ejecución. Asimismo, fijará los plazos para la evaluación de dicha ejecución.

El incumplimiento del plazo de 15 días señalado en el inciso primero, será considerado una falta grave y dará lugar a las sanciones administrativas procedentes. Se deberán asimismo adoptar las medidas sancionatorias que procedieren en ejercicio de las facultades de supervisión y asistencia

---

520 Incisos segundo, tercero y cuarto agregados por el art. 55, nº 32, letra c) de la Ley Nº 21.527 de 12 de enero de 2023.

técnica que se reconocen al Servicio Nacional de Reinserción Social Juvenil. En su caso, se deberá hacer uso de las sanciones previstas en el artículo 49 de la ley que crea dicho Servicio.

En todo caso, siempre tendrá lugar lo dispuesto en el artículo 41 bis de la presente ley.

Toda modificación que sufra el plan de intervención requerirá de una nueva autorización en audiencia judicial en la medida en que varíe las condiciones de ejecución de la condena y a menos que las razones que lo motivan hayan sido objeto de controversia judicial.

Lo dispuesto en el presente artículo no será aplicable a la condena prevista en la letra h) del artículo 6°. Tratándose de las condenas previstas en las letras e) y f) de dicha disposición tendrá lugar lo señalado en el artículo siguiente.[521]

Artículo 40 ter.- Si la condena impusiere las penas de reparación del daño causado o prestación de servicios en beneficio de la comunidad, el tribunal derivará al condenado a un programa de mediación para la fijación de una propuesta sobre las condiciones específicas de cumplimiento de dichas condenas, suspendiendo el plazo a que se refiere el artículo precedente.

En caso alguno la mediación podrá extenderse más allá de dicho objetivo. Los mediadores deberán asimismo observar los protocolos y orientaciones técnicas que imparta el Servicio Nacional de Reinserción Social Juvenil en relación a la ejecución de dichas condenas.

Si se frustrare la mediación o si esta no fuere procedente acorde a lo dispuesto en el artículo 35 ter, el tribunal determinará las condiciones de cumplimiento de dichas condenas conforme a las reglas generales. En dicho caso, se tendrá en cuenta el caso en que la frustración se produjere por causas que no fueren atribuibles al condenado[522].

---

521 Artículo agregado por el art. 55, nº 33 de la Ley Nº 21.527 de 12 de enero de 2023.

522 Artículo agregado por el art. 55, nº 34 de la Ley Nº 21.527 de 12 de enero de 2023.

Artículo 40 quáter.- Remisión de antecedentes. Si la condena impusiere las penas de reparación del daño causado, prestación de servicios en beneficio de la comunidad o amonestación y en el curso del proceso se conocieren antecedentes que den cuenta de que el condenado presenta adicción a las drogas o al alcohol, el tribunal ordenará en la misma sentencia que dichos antecedentes sean remitidos a la autoridad competente, según se trate de un condenado menor o mayor de edad, para la adopción de las medidas o acciones que corresponda aplicar[523].

Artículo 41.- Suspensión de la imposición de condena. Cuando hubiere mérito para aplicar sanciones privativas o restrictivas de libertad iguales o inferiores a 540 días, pero concurrieren antecedentes favorables que hicieren desaconsejable su imposición, el juez podrá dictar la sentencia y disponer en ella la suspensión de la pena y sus efectos por un plazo de seis meses.

Transcurrido el plazo previsto en el inciso anterior sin que el imputado hubiere sido objeto de nuevo requerimiento o de una formalización de la investigación, el tribunal dejará sin efecto la sentencia y, en su reemplazo, decretará el sobreseimiento definitivo de la causa.

Esta suspensión no afectará la responsabilidad civil derivada del delito.

Lo dispuesto en este artículo es sin perjuicio de la posibilidad de decretar la suspensión condicional del procedimiento por un plazo no inferior a 6 ni superior a los 12 meses[524].

Artículo 41 bis.- Ejecución y cumplimiento de condena. El cumplimiento de las condenas de internamiento en régimen cerrado con programa de reinserción social, se iniciará el día en que quede ejecutoriada la sentencia que las impone.

En las demás condenas la ejecución se iniciará el día de ingreso efectivo del condenado al respectivo programa[525].

---

523 Artículo agregado por el art. 55, nº 35 de la Ley Nº 21.527 de 12 de enero de 2023.

524 Artículo modificado por el art 2 de la Ley Nº 21.394 de 30 de noviembre de 2021

525 Artículo agregado por el art. 55, nº 36 de la Ley Nº 21.527 de 12 de enero de 2023.

TÍTULO III. DE LA EJECUCIÓN DE LAS SANCIONES Y MEDIDAS

Párrafo 1º Administración

Artículo 42.- Administración de las medidas no privativas de libertad. El Servicio Nacional de Reinserción Social Juvenil asegurará la existencia en las distintas regiones del país de los programas necesarios para la ejecución y control de las medidas a que se refiere esta ley, las que serán ejecutadas por los colaboradores acreditados que hayan celebrado los convenios respectivos con dicha institución.

Para tal efecto, llevará un registro actualizado de los programas existentes en cada comuna del país, el que estará a disposición de los tribunales competentes.

El Servicio revisará periódicamente la pertinencia e idoneidad de los distintos programas, aprobando su ejecución por parte de los colaboradores acreditados y fiscalizando el cumplimiento de sus objetivos.

En la modalidad de libertad asistida especial se asegurará la intervención de la red institucional y de protección del Estado, según se requiera. Será responsabilidad del Servicio Nacional de Reinserción Social Juvenil la coordinación con los respectivos servicios públicos.

El reglamento a que alude el inciso final del artículo siguiente contendrá las normas necesarias para dar cumplimiento a lo establecido en este artículo[526].

Artículo 43.- Centros de privación de libertad. La administración de los Centros Cerrados de Privación de Libertad y de los recintos donde se cumpla la medida de internación provisoria, corresponderá siempre y en forma directa al Servicio Nacional de Reinserción Social Juvenil, con excepción de los señalados en la letra a) siguiente, cuya administración podrá corresponder en forma directa al Servicio Nacional de Reinserción

---

[526] Artículo modificado, como aparece en el texto, por el art. 55, nº 37 de la Ley Nº 21.527 de 12 de enero de 2023.

Social Juvenil o a los colaboradores acreditados que hayan celebrado los convenios respectivos con dicha institución[527].

Para dar cumplimiento a las sanciones privativas de libertad y a la medida de internación provisoria contenidas en esta ley, existirán tres tipos de centros:

a) Los Centros para el cumplimiento de la libertad asistida especial con internación parcial[528].

b) Los Centros Cerrados de Privación de Libertad.

c) Los Centros de Internación Provisoria.

Para garantizar la seguridad y la permanencia de los infractores en los centros a que se refieren las letras b) y c) precedentes, se establecerá en ellos una guardia armada de carácter externo, a cargo de Gendarmería de Chile. Ésta permanecerá fuera del recinto, pero estará autorizada para ingresar en caso de motín o en otras situaciones de grave riesgo para los adolescentes y revisar sus dependencias con el solo objeto de evitarlas.

La organización y funcionamiento de los recintos aludidos en el presente artículo se regulará en un reglamento dictado por decreto supremo, expedido por medio del Ministerio de Justicia, conforme a las normas contenidas en el presente Título.

En virtud de ello, deberán desarrollarse acciones tendientes al fortalecimiento del respeto por los derechos de las demás personas y al cumplimiento del proceso de educación formal y considerarse la participación en actividades socioeducativas, de formación y de desarrollo personal[529].

Artículo 44.- Condiciones básicas de los centros de privación de libertad. La ejecución de las sanciones privativas de libertad estará dirigida a la reintegración del adolescente al medio libre.

---

527 Artículo sustituido por el que aparece en el texto por el artículo único, Nº 7 de la Ley Nº 20191, de 02 de junio de 2007.

528 Letra sustituida, por la que aparece en el texto, por el art. 55, nº 38, letra b) de la Ley Nº 21.527 de 12 de enero de 2023.

529 Artículo modificado, como aparece en el texto, por el art. 55, nº 38, letra a) de la Ley Nº 21.527 de 12 de enero de 2023.

En virtud de ello, deberán desarrollarse acciones tendientes al fortalecimiento del respeto por los derechos de las demás personas y al cumplimiento del proceso de educación formal y considerarse la participación en actividades socioeducativas, de formación y de desarrollo personal.

Artículo 44 bis.- Régimen en internación provisoria. La internación provisoria se ejecutará en términos compatibles con la presunción de inocencia de la que goza el adolescente imputado.

Lo dispuesto en el inciso precedente considerará actividades que favorezcan el desarrollo de hábitos que posibiliten una convivencia respetuosa de los derechos de los demás; la atención en problemas de salud; la participación en actividades educativas, de nivelación o reforzamiento escolar, deportivas o de apresto laboral, y el contacto permanente con la familia.

Se deberán considerar, además, acciones que orienten o preparen al adolescente para el cumplimiento de las obligaciones que les impone el proceso y su preparación para el egreso, cuando corresponda.

Artículo 45.- Normas de orden interno y seguridad en recintos de privación de libertad. Los adolescentes estarán sometidos a las normas disciplinarias que dicte la autoridad para mantener la seguridad y el orden. Estas normas deben ser compatibles con los derechos reconocidos en la Constitución, en la Convención Internacional sobre los Derechos del Niño, en los demás tratados internacionales ratificados por Chile que se encuentren vigentes y en las leyes.

Dichas normas regularán el uso de la fuerza respecto de los adolescentes y contendrán, a lo menos, los siguientes aspectos:

a) El carácter excepcional y restrictivo del uso de la fuerza, lo que implica que deberá ser utilizada sólo cuando se hayan agotado todos los demás medios de control y por el menor tiempo posible, y

b) La prohibición de aplicar medidas disciplinarias que constituyan castigos corporales, encierro en celda obscura y penas de aislamiento o de celda solitaria, así como cualquier otra sanción que pueda poner en peligro la salud física o mental del adolescente o sea degradante, cruel o humillante.

Artículo 46.- Normas disciplinarias en recintos de privación de libertad. Las medidas y procedimientos disciplinarios que se dispongan deberán encontrarse contemplados en la normativa del establecimiento y tendrán como fundamento principal contribuir a la seguridad y a la mantención de una vida comunitaria ordenada, debiendo, en todo caso, ser compatibles con el respeto de la dignidad del adolescente.

Para estos efectos, la normativa relativa a dichos procedimientos precisará, a lo menos, los siguientes aspectos:

a) Las conductas que constituyen una infracción a la disciplina;

b) El carácter y la duración de las sanciones disciplinarias que se pueden imponer, y

c) La autoridad competente para imponer esas sanciones y aquella que deberá resolver los recursos que se deduzcan en su contra.

Artículo 47.- Excepcionalidad de la privación de libertad. Las sanciones privativas de libertad que contempla esta ley son de carácter excepcional. Sólo podrán aplicarse en los casos expresamente previstos en ella y siempre como último recurso.

Artículo 48.- Principio de separación. Las personas que se encontraren privadas de libertad por la aplicación de alguna de las sanciones o medidas previstas en esta ley, sea en forma transitoria o permanente, en un lugar determinado o en tránsito, deberán permanecer siempre separadas de los adultos privados de libertad.

Las instituciones encargadas de practicar detenciones, de administrar los recintos en que se deban cumplir sanciones o medidas que implican la privación de libertad, los administradores de los tribunales y, en general, todos los organismos que intervengan en el proceso para determinar la responsabilidad que establece esta ley, adoptarán las medidas necesarias para dar estricto cumplimiento a lo dispuesto en el inciso anterior.

El incumplimiento de esta obligación constituirá una infracción grave a los deberes funcionarios.

Artículo 48 bis.- Toda persona que se encontrare cumpliendo una condena en aplicación de la presente ley o que estuviere sujeta a internación provisoria tiene derecho a la atención efectiva en materias de salud, incluyendo salud mental y programas asociados al tratamiento de adicciones y al acceso a un régimen de educación formal, de conformidad a lo dispuesto en el artículo 4º del decreto con fuerza de ley Nº 2, de 2009, del Ministerio de Educación, que fija el texto refundido, coordinado y sistematizado de la ley Nº 20.370 con las normas no derogadas del decreto con fuerza de ley Nº 1, de 2005.

Este último, en el caso de las condenas de internamiento en régimen cerrado con programa de reinserción social, deberá fundarse en un programa que tenga en cuenta las especiales condiciones bajo las que se desarrolla el proceso de educación formal, teniendo en especial consideración la recuperación de las trayectorias educativas interrumpidas.

Corresponde al Servicio Nacional de Reinserción Social Juvenil adoptar las medidas necesarias para coordinar una adecuada, completa y oportuna cobertura de dichas prestaciones por parte de los órganos sectoriales competentes. Corresponde asimismo a los órganos competentes la provisión y pertinencia de dichas prestaciones[530].

Párrafo 2º Derechos y garantías de la ejecución

Artículo 49.- Derechos en la ejecución de sanciones. Durante la ejecución de las sanciones que regula esta ley, el adolescente tendrá derecho a:

a) Ser tratado de una manera que fortalezca su respeto por los derechos y libertades de las demás personas, resguardando su desarrollo, dignidad e integración social;

b) Ser informado de sus derechos y deberes con relación a las personas e instituciones que lo tuvieren bajo su responsabilidad;

c) Conocer las normas que regulan el régimen interno de las instituciones y los programas a que se encuentre sometido, especialmente en lo

530 Artículo agregado por el art. 55, nº 40 de la Ley Nº 21.527 de 12 de enero de 2023.

relativo a las causales que puedan dar origen a sanciones disciplinarias en su contra o a que se declare el incumplimiento de la sanción;

d) Presentar peticiones ante cualquier autoridad competente de acuerdo a la naturaleza de la petición, obtener una respuesta pronta, solicitar la revisión de su sanción en conformidad a la ley y denunciar la amenaza o violación de alguno de sus derechos ante el juez, y

e) Contar con asesoría permanente de un abogado. Tratándose de adolescentes sometidos a una medida privativa de libertad, éstos tendrán derecho a:

i) Recibir visitas periódicas, en forma directa y personal, al menos una vez a la semana;

ii) La integridad e intimidad personal;

iii) Acceder a servicios educativos, y

iv) La privacidad y regularidad de las comunicaciones, en especial con sus abogados.

Párrafo 3° Del control de ejecución de las sanciones

Artículo 50.- Competencia en el control de la ejecución. Los conflictos de derecho que se suscitendurante la ejecución de alguna de las sanciones que contempla la presente ley serán resueltos por el juez de garantía del lugar de domicilio del condenado[531].

En virtud de ello y previa audiencia, el juez de garantía adoptará las medidas tendientes al respeto y cumplimiento de la legalidad de la ejecución y resolverá, en su caso, lo que corresponda en caso de quebrantamiento.

Artículo 51.- Certificación de cumplimiento. La institución que ejecute la sanción, informará sobre el total cumplimiento de la misma a su término, por cualquier medio fidedigno, al juez de que trata el artículo anterior, el que deberá certificar dicho cumplimiento.

---

531 Inciso modificado por el art. 55, n° 41 de la Ley N° 21.527 de 12 de enero de 2023.

Asimismo, deberá informar de cualquier incumplimiento cuando éste se produzca.

En dicho informe deberá incluir las medidas adoptadas para asegurar la derivación de las intervenciones que hayan formado parte de la ejecución de la sanción y del correspondiente plan de intervención y que requieran continuidad[532].

Artículo 52.- Quebrantamiento de condena. Si el adolescente no diere cumplimiento en forma grave o reiterada a alguna de las sanciones impuestas en virtud de la presente ley, el tribunal encargado del control de la ejecución procederá, previa audiencia y según la gravedad del incumplimiento, conforme a las reglas siguientes:

1.- Tratándose de las penas accesorias previstas en las letras a), c) o d) del artículo 6º, se aplicará en forma sustitutiva la sanción de prestación de servicios en beneficio de la comunidad por el tiempo mínimo previsto en la ley. Si el adolescente no aceptare la medida, se aplicará la libertad asistida en cualquiera de sus formas por el tiempo mínimo previsto en la ley. Todo lo dicho, sin perjuicio de la mantención de las prohibiciones o restricciones que ellas importen, por el tiempo restante.

2.- Tratándose del quebrantamiento de las medidas de reparación del daño y prestación de servicios en beneficio de la comunidad, se aplicará en forma sustitutiva la libertad asistida en cualquiera de sus formas por el período mínimo previsto en la ley.

3.- El quebrantamiento de la libertad asistida simple o de la libertad asistida especial dará lugar a una ampliación del plazo por el que hubiesen sido impuestas dichas sanciones o, alternativamente, a su sustitución por la sanción inmediatamente superior, extensiva al tiempo mínimo previsto en la ley, según cuál hubiese sido la naturaleza del incumplimiento y su persistencia.

4.- El quebrantamiento de la libertad asistida especial con internación parcial podrá sancionarse con una ampliación del plazo por el que hubiese sido impuesta dicha sanción o, alternativamente, por su sustitución por

532 Inciso agregado por el art. 55, nº 42 de la Ley Nº 21.527 de 12 de enero de 2023.

una pena de internación en un centro cerrado por el tiempo mínimo previsto en la ley, según cuál hubiese sido la naturaleza del incumplimiento y su persistencia. En su caso, se procederá al abono del tiempo que se hubiere satisfecho la condena original.

5.- El quebrantamiento del régimen de libertad asistida simple o especial al que fuere sometido el adolescente en virtud de lo dispuesto en el artículo 19, facultará al juez para ordenar que se sustituya su cumplimiento por la internación en régimen cerrado con programa de reinserción social por el tiempo que resta.

El quebrantamiento que no fuese grave o reiterado podrá dar lugar a una intensificación del correspondiente plan de intervención.

En las audiencias de que trata este artículo será obligatoria la presencia del condenado[533].

Artículo 52 bis.- Incumplimiento. Si el condenado no se presentare a la ejecución de la condena o no concurriere a las citaciones que se le comuniquen para la determinación del plan de intervención se despachará orden de arresto, suspendiéndose el plazo señalado en el inciso primero del artículo 40 bis. La renuencia reiterada será tratada como quebrantamiento de condena[534].

Artículo 53.- Sustitución de condena. El tribunal encargado del control de la ejecución de las sanciones previstas en esta ley, de oficio o a petición del adolescente o su defensor, podrá sustituirla por una menos gravosa, en tanto ello parezca más favorable para la integración social del infractor y se hubiere iniciado su cumplimiento.

La sanción sustitutiva no se podrá imponer en una extensión inferior o superior al mínimo y máximo previsto en la ley[535].

---

[533] Artículo sustituido, por el que aparece en el texto, por el art. 55, n° 43 de la Ley N° 21.527 de 12 de enero de 2023.

[534] Artículo agregado, por el art. 55, n° 44 de la Ley N° 21.527 de 12 de enero de 2023.

[535] Inciso agregado por el art. 55, n° 45, letra a) de la Ley N° 21.527 de 12 de enero de 2023.

Para estos efectos, el juez, en presencia del condenado, su abogado, el Ministerio Público y un representante de la institución encargada de la ejecución de la sanción, examinará los antecedentes, el desarrollo del plan de intervención, oirá a los presentes y resolverá. A esta audiencia podrán asistir los padres del adolescente o las personas que legalmente hubieren ejercido la tuición antes de su privación de libertad, y la víctima o su representante. La inasistencia de estos últimos no será nunca obstáculo para el desarrollo de la audiencia[536].

La resolución que se pronuncie sobre una solicitud de sustitución será apelable para ante la Corte de Apelaciones respectiva.

En caso alguno la internación en un régimen cerrado podrá sustituirse por una de las sanciones previstas en las letras e) o f) del artículo 6°.

Tratándose de sanciones impuestas en virtud de la comisión de un crimen respecto de quienes hubiesen sido previamente condenados por delito sancionado con pena aflictiva, la sustitución sólo procederá una vez que se haya cumplido más de la mitad del tiempo de duración de la sanción originalmente impuesta[537].

Artículo 54.- Sustitución condicional de las medidas privativas de libertad. La sustitución de una sanción privativa de libertad podrá disponerse de manera condicionada. De esta forma, si se incumpliere la sanción sustitutiva, podrá revocarse su cumplimiento ordenándose la continuación de la sanción originalmente impuesta por el tiempo que faltare.

Artículo 55.- Remisión de condena. El tribunal podrá remitir el cumplimiento del saldo de condena cuando, en base a antecedentes calificados, considere que se ha dado cumplimiento a los objetivos pretendidos

---

[536] Inciso modificado por el art. 55, n° 45, letra b) de la Ley N° 21.527 de 12 de enero de 2023.

[537] Inciso agregado por el art. 55, n° 45, letra c) de la Ley N° 21.527 de 12 de enero de 2023.

con su imposición. Para ello será aplicable lo dispuesto en los incisos tercero y cuarto del artículo 53[538].

Para los efectos de resolver acerca de la remisión, el tribunal deberá contar con un informe favorable del Servicio Nacional de Reinserción Social Juvenil[539].

Tratándose de una sanción privativa de libertad, la facultad de remisión sólo podrá ser ejercida si se ha cumplido más de la mitad del tiempo de duración de la sanción originalmente impuesta o de dos tercios de la misma, si se trata de delitos que en el régimen de adultos pueden recibir una pena igual o superior al presidio o reclusión mayor en su grado máximo[540].

Artículo 55 bis.- A efectos de lo dispuesto en los tres artículos precedentes la víctima deberá informar su domicilio para fines de notificación en la primera actuación en que intervenga ante un tribunal o fiscal del Ministerio Público, pudiendo en dicha oportunidad indicar una forma alternativa para recibir dicha comunicación. El tribunal o fiscal que hubiere recibido dicha información deberá registrarla y comunicarla oportunamente a quien debe resolver.

Lo dispuesto también tendrá lugar en caso que se hubiere decretado cualquier tipo de medida que obligue a guardar reserva para fines de protección de la víctima, debiendo el órgano correspondiente adoptar las medidas de resguardo que sean pertinentes[541].

---

538 Inciso modificado, como aparece en el texto, por el art. 55, n° 46, letra a) de la Ley N° 21.527 de 12 de enero de 2023.

539 Inciso modificado, como aparece en el texto, por el art. 55, n° 46, letra b) de la Ley N° 21.527 de 12 de enero de 2023.

540 Inciso modificado, como aparece en el texto, por el art. 55, n° 46, letra c) de la Ley N° 21.527 de 12 de enero de 2023.

541 Artículo agregado por el art. 55, n° 47 de la Ley N° 21.527 de 12 de enero de 2023.

TÍTULO FINAL

Artículo 56.- Cumplimiento de la mayoría de edad. En caso que el imputado o condenado por una infracción a la ley penal fuere mayor de dieciocho años o los cumpliere durante la ejecución de cualquiera de las sanciones contempladas en esta ley o durante la tramitación del procedimiento, continuará sometido a las normas de esta ley hasta el término de éste.

Si al momento de alcanzar los dieciocho años restan por cumplir menos de seis meses de la condena de internación en régimen cerrado, permanecerá en el centro de privación de libertad del Servicio Nacional de Reinserción Social Juvenil[542].

Si al momento de alcanzar los dieciocho años le restan por cumplir más de seis meses de la condena de internación en régimen cerrado, el Servicio Nacional de Menores evacuará un informe fundado al juez de control de ejecución en que solicite la permanencia en el centro cerrado de privación de libertad o sugiera su traslado a un recinto penitenciario administrado por Gendarmería de Chile.

Dicho informe se enviará al tribunal con a lo menos tres meses de anterioridad a la fecha de cumplimiento de la mayoría de edad y se referirá al proceso de reinserción del adolescente y a la conveniencia, para tal fin, de su permanencia en el centro cerrado de privación de libertad. El informe deberá comunicarse a todas las partes involucradas en el proceso.

En caso de ordenar el tribunal su permanencia, se revisará su situación según se desarrolle el proceso de reinserción en apreciación de la administración del centro.

En caso de ordenar el tribunal su traslado a un recinto penitenciario, las modalidades de ejecución de dicha condena deberán seguir siendo ejecutadas conforme a las prescripciones de esta ley.

Excepcionalmente, el Servicio Nacional de Menores podrá solicitar al tribunal de control competente que autorice el cumplimiento de la inter-

---

[542] Inciso modificado, como aparece en el texto, por el art. 55, n° 48 de la Ley N° 21.527 de 12 de enero de 2023.

nación en régimen cerrado en un recinto administrado por Gendarmería de Chile, cuando el condenado hubiere cumplido la mayoría de edad y sea declarado responsable de la comisión de un delito o incumpla de manera grave el reglamento del centro poniendo en riesgo la vida e integridad física de otras personas.

En todos los casos previstos en este artículo, el Servicio Nacional de Menores, Gendarmería de Chile y las autoridades que correspondan adoptarán las medidas necesarias para asegurar la separación de las personas sujetas a esta ley menores de dieciocho años con los mayores de edad y de los adultos sujetos a esta ley respecto de los condenados conforme a la ley penal de adultos.

Artículo 56 bis.- Son apelables las resoluciones adoptadas en virtud de lo dispuesto en las reglas que se incluyen en el presente Párrafo 3º[543].

Artículo 57[544].-

Artículo 58.- Restricción de libertad de menores de catorce años. Si se sorprendiere a un menor de catorce años en la ejecución flagrante de una conducta que, cometida por un adolescente constituiría delito, los agentes policiales ejercerán todas las facultades legales para restablecer el orden y la tranquilidad públicas y dar la debida protección a la víctima en amparo de sus derechos.

Una vez cumplidos dichos propósitos, la autoridad respectiva deberá poner al niño a disposición del tribunal de familia a fin de que éste procure su adecuada protección. En todo caso, tratándose de infracciones de menor entidad podrá entregar al niño inmediata y directamente a sus padres y personas que lo tengan a su cuidado y, de no ser ello posible, lo entregará a un adulto que se haga responsable de él, prefiriendo a aquellos con quienes tuviere una relación de parentesco, informando en todo caso al tribunal de familia competente.

---

543 Artículo agregado por el art. 55, nº 49 de la Ley Nº 21.527 de 12 de enero de 2023.
544 Artículo suprimido por el art. 55, nº 50 de la Ley Nº 21.527 de 12 de enero de 2023.

Para los efectos de que el fiscal pueda interrogar al menor en calidad de testigo, se estará a las normas generales que regulan la materia.

Artículo 59.- Modificaciones al decreto ley Nº 645, de 1925. Agrégase el siguiente inciso final en el artículo 2º del decreto ley Nº 645, de 1925, que crea el Registro Nacional de Condenas:

"Los antecedentes relativos a los procesos o condenas de menores de edad sólo podrán ser consignados en los certificados que se emitan para ingresar a las Fuerzas Armadas, Carabineros de Chile, Gendarmería de Chile y a la Policía de Investigaciones o para los fines establecidos en el inciso primero del presente artículo.".

Artículo 60.- Modificaciones al Código Penal. Introdúcense las siguientes modificaciones:

a) Sustitúyese el número 2º del artículo 10 por el siguiente:

"2º El menor de dieciocho años. La responsabilidad de los menores de dieciocho años y mayores de catorce se regulará por lo dispuesto en la ley de responsabilidad penal juvenil.".

b) Derógase el número 3º del artículo 10.

c) Suprímese el inciso primero del artículo 72.

Artículo 61.- Modificaciones a la ley Nº 18.287. Derógase el artículo 26 de la ley Nº 18.287, que establece el procedimiento ante los Juzgados de Policía Local.

Artículo 62.- Modificaciones al Código de Justicia Militar. Sustitúyense los incisos segundo y tercero del artículo 135, por el siguiente:

"Los menores de edad exentos de responsabilidad penal serán puestos a disposición del tribunal competente en asuntos de familia.".

Artículo 63.- Modificaciones a la Ley de Menores. Introdúcense las siguientes modificaciones en la ley Nº 16.618, cuyo texto refundido, coordinado y sistematizado, fue fijado por el decreto con fuerza de ley Nº 1, de 2000, del Ministerio de Justicia:

a) Derógase el artículo 16;

b) En el inciso segundo del artículo 16 bis, suprímese la siguiente oración: "De la misma forma procederá respecto de un menor de dieciséis años imputado de haber cometido una falta.".

c) Suprímese el inciso cuarto del artículo 16 bis.

d) Deróganse los artículos 28 y 29.

e) Suprímese el inciso segundo del artículo 31.

f) Deróganse los artículos 41, 51, 52, 53, 58 y 65.

g) Sustitúyese el artículo 71, por el siguiente:

"Artículo 71. El Presidente de la República, mediante decreto supremo expedido mediante el Ministerio de Justicia, determinará los Centros de Diagnósticos existentes y su localización.".

Artículo 64.- Modificaciones a la ley Nº 19.640. En el inciso primero del artículo 72, sustitúyese el guarismo "625" por "647", referido a la categoría "Fiscal Adjunto"; el guarismo "69" por "70", referido a la categoría "Jefe de Unidad", y el guarismo "860" por "866" referido a la categoría "Profesionales".

Artículo 65.- Modificaciones al Código Orgánico de Tribunales. Introdúcense las siguientes modificaciones: 1. Al artículo 14:

a) En la letra f), a continuación de la palabra "penal", sustitúyense la coma (,) y la letra "y" por un punto y coma (;).

b) Incorpórase la siguiente letra g), nueva, pasando la actual letra g) a ser letra h):

"g) Conocer y resolver todas las cuestiones y asuntos que la ley de responsabilidad penal juvenil les encomienden, y".

2. Al artículo 16, en el acápite que en cada caso se señala:

a.- Quinta Región de Valparaíso: En el párrafo séptimo, reemplázase la expresión "Viña del Mar, con seis jueces," por la siguiente: "Viña del Mar, con siete jueces,".

b.- Octava Región del Bío Bío: En el párrafo noveno, reemplázase la expresión "Coronel, con un juez," por la siguiente: "Coronel, con dos jueces,".

c.- Décima Región de Los Lagos: En el párrafo final, reemplázase la expresión "Castro, con un juez," por la siguiente: "Castro, con dos jueces,".

d.- Región Metropolitana de Santiago: En el párrafo segundo, reemplázase la expresión "Puente Alto, con siete jueces", por la siguiente: "Puente Alto, con ocho jueces".

En el párrafo séptimo, reemplázanse la expresión "Cuarto Juzgado de Garantía de Santiago, con diecisiete jueces,", por "Cuarto Juzgado de Garantía de Santiago, con dieciocho jueces,"; la expresión "Séptimo Juzgado de Garantía de Santiago, con ocho jueces,", por "Séptimo Juzgado de Garantía de Santiago, con diez jueces,"; la expresión "Octavo Juzgado de Garantía de Santiago, con nueve jueces," por "Octavo Juzgado de Garantía de Santiago, con diez jueces,", y la expresión "Noveno Juzgado de Garantía de Santiago, con diecisiete jueces," por "Noveno Juzgado de Garantía de Santiago, con dieciocho jueces,".

3. Al artículo 18:

a) En la letra c), a continuación de la expresión "juicio oral", elimínanse la coma (,) y la letra "y", y en su reemplazo, introdúcese un punto coma (;).

b) Intercálase la siguiente la letra d), nueva, pasando la actual letra d) a ser letra e):

"d) Conocer y resolver todas las cuestiones y asuntos que la ley de responsabilidad penal juvenil les encomienden, y".

4. En el artículo 21, reemplázase, en el acápite referido a la Región Metropolitana de Santiago, la expresión "Cuarto Tribunal de Juicio Oral en lo Penal de Santiago, con quince jueces,", por "Cuarto Tribunal de Juicio Oral en lo Penal de Santiago, con dieciocho jueces,".

5. Incorpórase un artículo 47 C, nuevo, del tenor siguiente:

"Artículo 47 C.- Tratándose de los tribunales de juicio oral en lo penal, las Cortes de Apelaciones podrán ejercer las potestades señaladas en el artículo 47, ordenando que uno o más de los jueces del tribunal se aboquen en forma exclusiva al conocimiento de las infracciones de los adolescentes a la ley penal, en calidad de jueces de garantía, cuando el mejor servicio judicial así lo exigiere.".

6. Sustitúyese el artículo 585 bis, por el siguiente:

"Artículo 585 bis. Lo dispuesto en los artículos 567, 578, 580 y 581 será aplicable a los recintos en que se ejecuten las medidas de internación provisoria y de internación en régimen cerrado establecidas en la ley que regula la responsabilidad penal de los adolescentes.

Artículo 66.- Modificaciones a la ley Nº 19.665. Agrégase en el inciso primero del artículo 6º de la ley Nº 19.665, un párrafo final del siguiente tenor:

"Juzgados con dieciocho jueces: dieciocho jueces, cinco funcionarios de la tercera serie del Escalafón Secundario y cuarenta y tres funcionarios del Escalafón del Personal de Empleados del Poder Judicial.".

Artículo 67.- Modificaciones a la ley Nº 19.718. Introdúcense las siguientes modificaciones en el artículo 28 de la ley Nº 19.718, que fija la planta de personal de la Defensoría Penal Pública:

a) Reemplázase, para los profesionales grado 7º, el guarismo "16" por "18".

b) Reemplázase, para los administrativos grado 17º, el guarismo "20" por "21".

c) Reemplázase, para el Total Planta, el guarismo "454" por "457".

Artículo 68.- Modificaciones a la ley Nº 19.968, de Tribunales de Familia. Introdúcense las siguientes modificaciones en la ley Nº 19.968:

a) En el número 10 del artículo 8º, sustitúyese la expresión "29" por "30" y agrégase el siguiente párrafo nuevo después del punto y coma (;) que pasa a ser punto seguido (.): "El procedimiento se sujetará a las reglas establecidas en el Párrafo 4º del Título IV de la presente ley;".

b) Incorpórase al artículo 8º el siguiente numeral 10 bis, nuevo:

"10 bis) Las infracciones que en caso de ser ejecutadas por mayores de edad constituirían faltas y que no dan lugar a responsabilidad penal, conforme al artículo 102 A. El juzgamiento de las mismas se someterá a las reglas establecidas en el Párrafo 4º del Título IV de la presente ley.".

c) Incorpórase, a continuación del artículo 102, el siguiente Párrafo 4º, nuevo:

"Párrafo 4º

Procedimiento Contravencional ante los Tribunales de Familia

Artículo 102 A.- Las faltas contenidas en la legislación vigente que sean cometidas por adolescentes, constituirán contravenciones de carácter administrativo para todos los efectos legales y su juzgamiento se sujetará al procedimiento regulado en este Párrafo.

Se exceptúan de lo dispuesto en el inciso anterior únicamente las faltas tipificadas en los artículos 494, Nºs. 1, 4, 5, y 19, este último en lo que dice relación con el artículo 477; en el artículo 494 bis, en el artículo 495, Nº 21 y en el artículo 496, Nºs. 5 y 26, todos del Código Penal, y aquellas contempladas en la ley Nº 20.000 o en los cuerpos normativos que la sustituyan, cometidas por adolescentes mayores de 16 años, cuyo conocimiento estará sujeto a lo preceptuado por la ley que regula la responsabilidad penal de los adolescentes[545].

Artículo 102 B.- Será aplicable al proceso contravencional lo dispuesto en los Párrafos 1º, 2º y 3º del Título III de esta ley, en lo que no sea incompatible con lo dispuesto en el presente Título y con la naturaleza infraccional de las faltas a juzgar.

Artículo 102 C.- Será competente para el conocimiento de los asuntos a que se refiere el inciso primero del artículo 102 A el tribunal del lugar en que se hubiere ejecutado el hecho. Tratándose de los asuntos a que se refiere el numeral 10 del artículo 8º, será competente el tribunal del domicilio del menor, sin perjuicio de la potestad cautelar que pudiere corresponder al tribunal que inicialmente conozca del asunto en razón del lugar donde se cometió el hecho.

Artículo 102 D.- El procedimiento podrá iniciarse con el solo mérito del parte policial que dé cuenta de la denuncia interpuesta por un particular o de la falta flagrante en que se haya sorprendido a un adolescente. En ambos casos la policía procederá a citar al adolescente para que concurra a primera audiencia ante el tribunal, lo que deberá quedar consignado en

---

545 Inciso modificado como aparece en el texto por el artículo único, Nº 8 de la Ley Nº 20191, de 02 de junio de 2007.

el parte respectivo. Los particulares también podrán formular la denuncia directamente al tribunal.

Artículo 102 E.- De la realización de la primera audiencia a que deba comparecer el imputado deberá notificarse también a sus padres o a la persona que lo tenga bajo su cuidado, y al denunciante o al afectado, según corresponda. Todos quienes sean citados deberán concurrir a la audiencia con sus medios de prueba.

Artículo 102 F.- Si el adolescente no concurriere a la primera citación, el tribunal podrá ordenar que sea conducido a su presencia por medio de la fuerza pública. En este caso se procurará que la detención se practique en el tiempo más próximo posible al horario de audiencias del tribunal.

Artículo 102 G.- El adolescente tendrá derecho a guardar silencio.

Artículo 102 H.- Al inicio de la audiencia, el juez explicará al adolescente sus derechos y, sin perjuicio de lo dispuesto en el artículo anterior, lo interrogará sobre la veracidad de los hechos imputados por el requerimiento. En caso de que el adolescente reconozca los hechos, el juez dictará sentencia de inmediato, la que no será susceptible de recurso alguno.

En la sentencia se podrá imponer la sanción de amonestación si ésta resulta proporcionada a la gravedad de los hechos y a la edad del adolescente para responsabilizarlo por la contravención, a menos que mediare reiteración, en cuyo caso deberá imponerse alguna de las restantes sanciones previstas en el artículo 102 J.

Artículo 102 I.- Si el adolescente negare los hechos o guardare silencio, se realizará el juzgamiento de inmediato, procediéndose a oír a los comparecientes y a recibir la prueba, tras lo cual se preguntará al adolescente si tiene algo que agregar. Con su declaración o sin ella, el juez pronunciará sentencia de absolución o condena.

Artículo 102 J.- El juez podrá imponer al adolescente únicamente alguna de las siguientes sanciones contravencionales:

a) Amonestación;

b) Reparación material del daño;

c) Petición de disculpas al ofendido o afectado;

d) Multa de hasta 2 Unidades Tributarias Mensuales;

e) Servicios en beneficio de la comunidad, de ejecución instantánea o por un máximo de tres horas, y

f) Prohibición temporal de asistir a determinados espectáculos, hasta por tres meses.

El tribunal podrá aplicar conjuntamente más de una de las sanciones contempladas en este artículo, lo que deberá fundamentarse en la sentencia.

Artículo 102 K.- Las sentencias definitivas dictadas en procesos por infracciones cometidas por adolescentes serán inapelables.

Artículo 102 L.- A solicitud de parte, el juez podrá sustituir una sanción por otra durante el cumplimiento de la misma.

Artículo 102 M.- En caso de incumplimiento de la sanción impuesta, el tribunal remitirá los antecedentes al Ministerio Público para los efectos previstos en el inciso segundo del artículo 240 del Código de Procedimiento Civil.".

Artículo 69.- Preferencia para integrar ternas. Sin perjuicio de lo dispuesto en el artículo 281 del Código Orgánico de Tribunales, tendrán preferencia para ser incluidos en las ternas elaboradas para proveer cargos de juez de garantía unipersonales y juez de letras con competencia de garantía los postulantes que hubieren cumplido el curso de especialización a que se refieren los artículos 29 y 56 de la presente ley.

Artículo 70.- Modificaciones a la Ley Orgánica de Gendarmería de Chile. Modifícase el decreto ley Nº 2.859, que contiene la Ley Orgánica de Gendarmería de Chile, en la forma que sigue:

1) En el artículo 3º, letra a), agrégase a continuación del punto final la siguiente oración: "Además, deberá estar a cargo de la seguridad perimetral de los centros del Servicio Nacional de Menores para la internación provisoria y el cumplimiento de las sanciones privativas de libertad de los adolescentes por infracción de ley penal.".

2) En el artículo 3º, agrégase a continuación de la letra c), la siguiente letra d):

"d) Colaborar en la vigilancia de los Centros del Servicio Nacional de Menores para adolescentes que se encuentran en internación provisoria o con sanción privativa de libertad, realizando las siguientes funciones:

1. Ejercer la vigilancia y custodia perimetral permanente de los centros privativos de libertad.

2. Controlar el ingreso al centro.

3. Colaborar en el manejo de conflictos al interior de los centros, tales como fugas, motines y riñas.

4. Asesorar a los funcionarios del Servicio Nacional de Menores en el manejo de conflictos internos y de la seguridad en general.

5. Realizar los traslados de los adolescentes a tribunales y a otras instancias externas de acuerdo a solicitudes de la autoridad competente.".

ARTÍCULOS TRANSITORIOS

Artículo 1°.- Vigencia. La presente ley entrará en vigencia dieciocho meses después de su publicación, con excepción de lo dispuesto en las letras a) y c) del artículo 68[546].

Artículo 2°.- Nombramientos. La provisión de los cargos de Jueces de Garantía, Jueces de Tribunal Oral en lo Penal y Fiscales del Ministerio Público que establece la presente ley se realizará de acuerdo a las reglas generales aplicables en cada caso, considerando solamente las siguientes excepciones:

a) Los nuevos cargos deberán encontrarse provistos con a lo menos 45 días de antelación a la fecha en que empezará a regir el sistema, de acuerdo con lo dispuesto en el artículo precedente;

b) Para los efectos de dar cumplimiento a lo previsto en la letra a) en el caso de los Jueces de Garantía e integrantes del Tribunal Oral en lo Penal, las Cortes de Apelaciones respectivas deberán elaborar y remitir al

---

[546] Artículo modificado por el art. único Nº 1 de la Ley Nº 20.110, de 1 de junio de 2006.

Ministerio de Justicia la nómina con las ternas respectivas para cada cargo dentro del plazo de sesenta días contado desde la publicación de esta ley.

Artículo 3°.- Cursos de especialización. La exigencia de especialización y las modalidades de integración de la sala del tribunal de juicio oral en lo penal y de distribución de asuntos en los tribunales con competencia en materias criminales se aplicarán seis meses después de la fecha de entrada en vigencia de la presente ley.

En todo caso, las Cortes de Apelaciones podrán prorrogar dicho término por otros seis meses, por motivos fundados.".

Artículo 4°. Establécese una comisión formada por expertos, la que se encargará de evaluar la implementación de la presente ley e informar trimestralmente acerca del estado de avance de la misma a la Comisión de Constitución, Legislación, Justicia y Reglamento del Senado y a la Comisión de Constitución, Legislación y Justicia de la Cámara de Diputados. Esta comisión será coordinada por el Ministerio de Justicia[547].

Habiéndose cumplido con lo establecido en el N° 1° del Artículo 93 de la Constitución Política de la República y por cuanto he tenido a bien aprobarlo y sancionarlo; por tanto promúlguese y llévese a efecto como Ley de la República.

Santiago, 28 de noviembre de 2005.-

RICARDO LAGOS ESCOBAR, Presidente de la República.-

Luis Bates Hidalgo, Ministro de Justicia.

Lo que transcribo a Ud. para su conocimiento.-

Saluda atentamente a Ud., Jaime Arellano Quintana, Subsecretario de Justicia. Tribunal Constitucional Proyecto de ley que establece un sistema de responsabilidad de los adolescentes por infracciones a la ley penal

---

[547] Artículo agregado por el Art. único, N°2 de la Ley N° 20.110, de 1 de junio de 2006

El Secretario del Tribunal Constitucional, quien suscribe, certifica que la Honorable Cámara de Diputados envió el proyecto de ley enunciado en el rubro, aprobado por el Congreso Nacional, a fin de que este Tribunal ejerciera el control de constitucionalidad respecto de los artículos 29; 50; 53; 61; 62; 63, en lo referente a la derogación de los artículos 28, 29, 31, inciso segundo, 41 y 65 de la ley Nº 16.618; 64; 65; 66; 68, en lo concerniente al artículo 102 C) que se incorpora a la ley Nº 19.968, y 69, permanentes, y los artículos 2º y 3º transitorios del mismo, y por sentencia de 11 de octubre de 2005, dictada en los autos Rol Nº 459, declaró:

1. Que los artículos 29; 50; 53; 61; 62; 63, letra d) y letra f), en cuanto se refiere a la derogación del artículo 65 de la ley Nº 16.618; 65, Nºs. 1), 2), 3), 4) y 5); 66, que agrega un párrafo final al inciso primero del artículo 6º de la ley Nº 19.665 en la medida que se refiere a jueces de tribunales de garantía; 68, en lo concerniente al artículo 102 C) que se incorpora a la ley Nº 19.968, y 69 permanentes y 2º transitorio del proyecto remitido son constitucionales.

2. Que no corresponde al Tribunal pronunciarse sobre los artículos permanentes 63, letra e) y letra f), en lo que dice relación con la derogación del artículo 41 de la ley Nº 16.618; 64; 65, Nº 6 y 66, que introduce un párrafo final al artículo 6º, inciso primero, de la ley Nº 19.665, en cuanto no se refiere a jueces de tribunales de garantía, y 3º transitorio del proyecto remitido, por versar sobre materias que no son propias de ley orgánica constitucional.

Santiago, 11 de noviembre de 2005.- Rafael Larraín Cruz, Secretario.

LEY Nº 21.459
ESTABLECE NORMAS SOBRE DELITOS INFORMÁTICOS, DEROGA LA LEY Nº 19.223 Y MODIFICA OTROS CUERPOS LEGALES CON EL OBJETO DE ADECUARLOS AL CONVENIO DE BUDAPEST

Promulgada el 06 de junio de 2022 y publicada en el Diario Oficial el 20 de junio de 2022

Teniendo presente que el H. Congreso Nacional ha dado su aprobación al

Siguiente

Proyecto de ley:

"TÍTULO I. DE LOS DELITOS INFORMÁTICOS Y SUS SANCIONES

Artículo 1º.- Ataque a la integridad de un sistema informático. El que obstaculice o impida el normal funcionamiento, total o parcial, de un sistema informático, a través de la introducción, transmisión, daño, deterioro, alteración o supresión de los datos informáticos, será castigado con la pena de presidio menor en sus grados medio a máximo.

Artículo 2º.- Acceso ilícito. El que, sin autorización o excediendo la autorización que posea y superando barreras técnicas o medidas tecnológicas de seguridad, acceda a un sistema informático será castigado con la pena de presidio menor en su grado mínimo o multa de once a veinte unidades tributarias mensuales.

Si el acceso fuere realizado con el ánimo de apoderarse o usar la información contenida en el sistema informático, se aplicará la pena de presidio menor en sus grados mínimo a medio. Igual pena se aplicará a quien divulgue la información a la cual se accedió de manera ilícita, si no fuese obtenida por éste.

En caso de ser una misma persona la que hubiere obtenido y divulgado la información, se aplicará la pena de presidio menor en sus grados medio a máximo.

No será objeto de sanción penal por haber incurrido en los hechos tipificados en el inciso primero, el que habiendo accedido a un sistema informático cuyo responsable tenga domicilio en Chile, lo hiciera cumpliendo con las siguientes condiciones:

1. Que se encuentre inscrito en el registro que al efecto lleve la Agencia Nacional de Ciberseguridad.

2. Que el acceso se haya realizado habiendo informado previamente de ello a la Agencia.

3. Que el acceso y las vulnerabilidades de seguridad detectadas hayan sido reportadas al responsable del sistema informático y a la Agencia, tan pronto se hubiere realizado.

4. Que el acceso no haya sido realizado con el ánimo de apoderarse o de usar la información contenida en el sistema informático, ni con intención fraudulenta. Tampoco podrá haber actuado más allá de lo que era necesario para comprobar la existencia de una vulnerabilidad, ni habrá utilizado métodos que pudieran conducir a denegación de servicio, a pruebas físicas, utilización de código malicioso, ingeniería social y alteración, eliminación, exfiltración o destrucción de datos.

5. Que no haya divulgado públicamente la información relativa a la potencial vulnerabilidad.

6. Que se trate de un acceso a un sistema informático de los organismos de la Administración del Estado. En el resto de los casos, requerirá del consentimiento del responsable del sistema informático.

7. Que haya dado cumplimiento a las demás condiciones sobre comunicación responsable de vulnerabilidades que al efecto hubiere dictado la Agencia[548].

Artículo 3º.- Interceptación ilícita. El que indebidamente intercepte, interrumpa o interfiera, por medios técnicos, la transmisión no pública de

---

548 Inciso agregado por el art. 55, nº 1, de la Ley Nº 21.663 de 08 de abril de 2024.

información en un sistema informático o entre dos o más de aquellos, será castigado con la pena de presidio menor en su grado medio.

El que, sin contar con la debida autorización, capte, por medios técnicos, datos contenidos en sistemas informáticos a través de las emisiones electromagnéticas provenientes de éstos, será castigado con la pena de presidio menor en sus grados medio a máximo.

Artículo 4°.- Ataque a la integridad de los datos informáticos. El que indebidamente altere, dañe o suprima datos informáticos, será castigado con presidio menor en su grado medio, siempre que con ello se cause un daño grave al titular de estos mismos.

Artículo 5°.- Falsificación informática. El que indebidamente introduzca, altere, dañe o suprima datos informáticos con la intención de que sean tomados como auténticos o utilizados para generar documentos auténticos, será sancionado con la pena de presidio menor en sus grados medio a máximo.

Cuando la conducta descrita en el inciso anterior sea cometida por empleado público, abusando de su oficio, será castigado con la pena de presidio menor en su grado máximo a presidio mayor en su grado mínimo.

Artículo 6°.- Receptación de datos informáticos. El que conociendo su origen o no pudiendo menos que conocerlo comercialice, transfiera o almacene con el mismo objeto u otro fin ilícito, a cualquier título, datos informáticos, provenientes de la realización de las conductas descritas en los artículos 2°, 3° y 5°, sufrirá la pena asignada a los respectivos delitos, rebajada en un grado.

Artículo 7°.- Fraude informático. El que, causando perjuicio a otro, con la finalidad de obtener un beneficio económico para sí o para un tercero, manipule un sistema informático, mediante la introducción, alteración, daño o supresión de datos informáticos o a través de cualquier interferencia en el funcionamiento de un sistema informático, será penado:

1) Con presidio menor en sus grados medio a máximo y multa de once a quince unidades tributarias mensuales, si el valor del perjuicio excediera de cuarenta unidades tributarias mensuales.

2) Con presidio menor en su grado medio y multa de seis a diez unidades tributarias mensuales, si el valor del perjuicio excediere de cuatro unidades tributarias mensuales y no pasare de cuarenta unidades tributarias mensuales.

3) Con presidio menor en su grado mínimo y multa de cinco a diez unidades tributarias mensuales, si el valor del perjuicio no excediere de cuatro unidades tributarias mensuales.

Si el valor del perjuicio excediere de cuatrocientas unidades tributarias mensuales, se aplicará la pena de presidio menor en su grado máximo y multa de veintiuna a treinta unidades tributarias mensuales.

Para los efectos de este artículo se considerará también autor al que, conociendo o no pudiendo menos que conocer la ilicitud de la conducta descrita en el inciso primero, facilita los medios con que se comete el delito.

Artículo 8º.- Abuso de los dispositivos. El que para la perpetración de los delitos previstos en los artículos 1º a 4º de esta ley o de las conductas señaladas en el artículo 7º de la ley Nº 20.009, entregare u obtuviere para su utilización, importare, difundiera o realizare otra forma de puesta a disposición uno o más dispositivos, programas computacionales, contraseñas, códigos de seguridad o de acceso u otros datos similares, creados o adaptados principalmente para la perpetración de dichos delitos, será sancionado con la pena de presidio menor en su grado mínimo y multa de cinco a diez unidades tributarias mensuales.

Artículo 9º[549].-

549 Artículo derogado por el Artículo tercero, de la Ley Nº 21.694, de 04 de septiembre de 2024.

Artículo 10.- Circunstancias agravantes. Constituyen circunstancias agravantes de los delitos de que trata esta ley:

1) Cometer el delito abusando de una posición de confianza en la administración del sistema informático o custodio de los datos informáticos contenidos en él, en razón del ejercicio de un cargo o función.

2) Cometer el delito abusando de la vulnerabilidad, confianza o desconocimiento de niños, niñas, adolescentes o adultos mayores.

Asimismo, si como resultado de la comisión de las conductas contempladas en este Título, se afectase o interrumpiese la provisión o prestación de servicios de utilidad pública, tales como electricidad, gas, agua, transporte, telecomunicaciones o financieros, o el normal desenvolvimiento de los procesos electorales regulados en la ley No 18.700, orgánica constitucional sobre votaciones populares y escrutinios, la pena correspondiente se aumentará en un grado.

TÍTULO II. DEL PROCEDIMIENTO

Artículo 11.- Sin perjuicio de las reglas contenidas en el Código Procesal Penal, las investigaciones a que dieren lugar los delitos previstos en esta ley también podrán iniciarse por querella del Ministro del Interior y Seguridad Pública, de los delegados presidenciales regionales y de los delegados presidenciales provinciales, cuando las conductas señaladas en esta ley interrumpieren el normal funcionamiento de un servicio de utilidad pública.

Artículo 12.- Cuando la investigación de los delitos contemplados en los artículos 1°, 2°, 3°, 4°, 5° y 7° de esta ley lo hiciere imprescindible y existieren fundadas sospechas basadas en hechos determinados, de que una persona hubiere cometido o participado en la preparación o comisión de algunos de los delitos contemplados en los preceptos precedentemente señalados, el juez de garantía, a petición del Ministerio Público, quien deberá presentar informe previo detallado respecto de los hechos y la posible participación, podrá ordenar la realización de las técnicas previstas y reguladas en los artículos 222 a 226 del Código Procesal Penal, conforme lo disponen dichas normas.

La orden que disponga la realización de estas técnicas deberá indicar circunstanciadamente el nombre real o alias y dirección física o electrónica del afectado por la medida y señalar el tipo y la duración de la misma. El juez podrá prorrogar la duración de esta orden, para lo cual deberá examinar cada vez la concurrencia de los requisitos previstos en el inciso precedente.

De igual forma, cumpliéndose los requisitos establecidos en el inciso anterior, el juez de garantía, a petición del Ministerio Público, podrá ordenar a funcionarios policiales actuar bajo identidad supuesta en comunicaciones mantenidas en canales cerrados de comunicación, con el fin de esclarecer los hechos tipificados como delitos en esta ley, establecer la identidad y participación de personas determinadas en la comisión de los mismos, impedirlos o comprobarlos. El referido agente encubierto en línea podrá intercambiar o enviar por sí mismo archivos ilícitos por razón de su contenido, pudiendo obtener también imágenes y grabaciones de las referidas comunicaciones. No obstará a la consumación de los delitos que se pesquisen el hecho de que hayan participado en su investigación agentes encubiertos. El agente encubierto en sus actuaciones estará exento de responsabilidad criminal por aquellos delitos en que deba incurrir o que no haya podido impedir, siempre que sean consecuencia necesaria del desarrollo de la investigación y guarden la debida proporcionalidad con la finalidad de la misma.

Artículo 13.- Sin perjuicio de las reglas generales, caerán especialmente en comiso los instrumentos de los delitos penados en esta ley, los efectos que de ellos provengan y las utilidades que hubieren originado, cualquiera que sea su naturaleza jurídica.

Cuando por cualquier circunstancia no sea posible decomisar estas especies, se podrá aplicar el comiso a una suma de dinero equivalente a su valor, respecto de los responsables del delito. Si por la naturaleza de la información contenida en las especies, éstas no pueden ser enajenadas a terceros, se podrá ordenar la destrucción total o parcial de los instrumentos del delito y los efectos que de ellos provengan.

Artículo 14.- Sin perjuicio de las reglas generales, los antecedentes de investigación que se encuentren en formato electrónico y estén contenidos en documentos electrónicos o sistemas informáticos o que correspondan a datos informáticos, serán tratados en conformidad a los estándares definidos para su preservación o custodia en el procedimiento respectivo, de acuerdo a las instrucciones generales que al efecto dicte el Fiscal Nacional.

TÍTULO III. DISPOSICIONES FINALES

Artículo 15.- Para efectos de esta ley, se entenderá por:

a) Datos informáticos: Toda representación de hechos, información o conceptos expresados en cualquier forma que se preste a tratamiento informático, incluidos los programas diseñados para que un sistema informático ejecute una función.

b) Sistema informático: Todo dispositivo aislado o conjunto de dispositivos interconectados o relacionados entre sí, cuya función, o la de alguno de sus elementos, sea el tratamiento automatizado de datos en ejecución de un programa.

c) Prestadores de servicios: Toda entidad pública o privada que ofrezca a los usuarios de sus servicios la posibilidad de comunicar a través de un sistema informático y cualquier otra entidad que procese o almacene datos informáticos para dicho servicio de comunicación o para los usuarios del mismo.

Artículo 16[550].-

Artículo 17.- Sin perjuicio de lo dispuesto en el artículo primero transitorio de esta ley, derógase la ley Nº 19.223. Toda referencia legal o reglamentaria a dicho cuerpo legal debe entenderse hecha a esta ley.

---

[550] Artículo derogado por el Artículo 55 Nº2, de la Ley Nº 21.663, de 08 de abril de 2024.

Artículo 18.- Modifícase el Código Procesal Penal en el siguiente sentido[551]:

1) Agrégase el siguiente artículo 218 bis, nuevo:

"Artículo 218 bis.- Preservación provisoria de datos informáticos. El Ministerio Público con ocasión de una investigación penal podrá requerir, a cualquier proveedor de servicio, la conservación o protección de datos informáticos o informaciones concretas incluidas en un sistema informático, que se encuentren a su disposición hasta que se obtenga la respectiva autorización judicial para su entrega. Los datos se conservarán durante un período de 90 días, prorrogable una sola vez, hasta que se autorice la entrega o se cumplan 180 días. La empresa requerida estará obligada a prestar su colaboración y guardar secreto del desarrollo de esta diligencia.".

2) Suprímese, en el inciso primero del artículo 223, la expresión "telefónica".

3) Reemplázase, en el artículo 225, la voz "telecomunicaciones" por "comunicaciones".

Artículo 19.- Intercálase, en el literal a) del inciso primero del artículo 27 de la ley Nº 19.913, que crea la Unidad de Análisis Financiero y modifica diversas disposiciones en materia de lavado y blanqueo de activos, entre las expresiones "orgánica constitucional del Banco Central de Chile;" y "en el párrafo tercero del número 4º del artículo 97 del Código Tributario", la frase "en el Título I de la ley que sanciona los delitos informáticos;"[552].

---

[551] De acuerdo a lo dispuesto en el Artículo segundo transitorio, el artículo 18 de la presente ley comenzará a regir transcurridos seis meses desde la publicación en el Diario Oficial de un reglamento dictado por el Ministerio de Transportes y Telecomunicaciones, suscrito además por el Ministro del Interior y Seguridad Pública. Asimismo, el inciso segundo del artículo segundo transitorio dispone que el reglamento señalado en el inciso primero deberá dictarse dentro del plazo de seis meses, contado desde la publicación de la presente ley en el Diario Oficial.

[552] De acuerdo a lo dispuesto en el Artículo tercero transitorio, los artículos 19 y 21 comenzarán a regir transcurridos seis meses desde la publicación de la presente ley en el Diario Oficial.

Artículo 20.- Agrégase, en el inciso primero del artículo 36 B de la ley N° 18.168, General de Telecomunicaciones, la siguiente letra f), nueva:

"f) Los que vulneren el deber de reserva o secreto previsto en los artículos 218 bis, 219 y 222 del Código Procesal Penal, mediante el acceso, almacenamiento o difusión de los antecedentes o la información señalados en dichas normas, serán sancionados con la pena de presidio menor en su grado máximo.".

Artículo 21.- Modifícase la ley N° 20.393, que establece la responsabilidad penal de las personas jurídicas en los delitos de lavado de activos, financiamiento del terrorismo y delitos de cohecho que indica, en el siguiente sentido[553]:

1) Intercálase, en el inciso primero del artículo 1, a continuación de la expresión "No 18.314", la expresión ", en el Título I de la ley que sanciona delitos informáticos".

2) Intercálase, en el inciso primero del artículo 15, entre "Código Penal," y "y en el artículo 8°", la expresión "en el Título I de la ley que sanciona delitos informáticos".

ARTÍCULOS TRANSITORIOS

Artículo primero.- Los hechos perpetrados con anterioridad a la entrada en vigor de la presente ley, así como las penas y las demás consecuencias que correspondiere imponer por ellos, serán determinados conforme a la ley vigente en el momento de su perpetración.

Si la presente ley entrare en vigor durante la perpetración del hecho se estará a lo dispuesto en ella, siempre que en la fase de perpetración posterior se realizare íntegramente la nueva descripción legal del hecho.

---

553 De acuerdo a lo dispuesto en el Artículo tercero transitorio, os artículos 19 y 21 comenzarán a regir transcurridos seis meses desde la publicación de la presente ley en el Diario Oficial.

Si la aplicación de la presente ley resultare más favorable al imputado o acusado por un hecho perpetrado con anterioridad a su entrada en vigor, se estará a lo dispuesto en ella.

Para determinar si la aplicación de esta ley resulta más favorable, se deberá tomar en consideración todas las normas en ella previstas que fueren pertinentes al juzgamiento del hecho.

Para efectos de lo dispuesto en los incisos primero y segundo precedentes, el delito se entiende perpetrado en el momento o durante el lapso en el cual se ejecuta la acción punible o se incurre en la omisión punible.

Artículo segundo.- El artículo 18 de la presente ley comenzará a regir transcurridos seis meses desde la publicación en el Diario Oficial de un reglamento dictado por el Ministerio de Transportes y Telecomunicaciones, suscrito además por el Ministro del Interior y Seguridad Pública.

El reglamento señalado en el inciso anterior deberá dictarse dentro del plazo de seis meses, contado desde la publicación de la presente ley en el Diario Oficial.

Artículo tercero.- Los artículos 19 y 21 comenzarán a regir transcurridos seis meses desde la publicación de la presente ley en el Diario Oficial.".

Habiéndose cumplido con lo establecido en el No 1 del artículo 93 de la Constitución Política de la República y por cuanto he tenido a bien aprobarlo y sancionarlo; por tanto, promúlguese y llévese a efecto como Ley de la República.

Santiago, 9 de junio de 2022.- IZKIA SICHES PASTÉN, Vicepresidenta de la República.- Marcela Ríos Tobar, Ministra de Justicia y Derechos Humanos.- Manuel Monsalve Benavides, Ministro del Interior y Seguridad Pública (S).- Juan Carlos Muñoz Abogabir, Ministro de Transportes y Telecomunicaciones.

Lo que trancribo a Ud. para su conocimiento.- Saluda atentamente a Ud., Jaime Gajardo Falcón, Subsecretario de Justicia.

TRIBUNAL CONSTITUCIONAL

Proyecto de ley que establece normas sobre delitos informáticos, deroga la ley N° 19.223 y modifica otros cuerpos legales con el objeto de adecuarlos al Convenio de Budapest, correspondiente al Boletín N° 12.192-25.

La Secretaria del Tribunal Constitucional, quien suscribe, certifica que el Honorable Senado de la República envió el proyecto de ley enunciado en el rubro, aprobado por el Congreso Nacional, a fin de que este Tribunal ejerciera el control de constitucionalidad respecto de sus artículos 9, inciso tercero; 12; 14; y 218 bis contenido en el numeral 1) del artículo 18 del proyecto; y por sentencia de 26 de mayo de 2022, en los autos Rol 13185-22- CPR.

Se declara:

1°. Que los artículos 9, inciso tercero, 14 y 18 del proyecto de ley que establece normas sobre delitos informáticos, deroga la Ley N° 19.223 y modifica otros cuerpos legales con el objeto de adecuarlos al Convenio de Budapest, correspondiente al Boletín N° 12.192-25 son conformes con la Constitución Política.

2°. Que no se emite pronunciamiento, en examen preventivo de constitucionalidad, de las restantes disposiciones del proyecto de ley, por no versar sobre materias reguladas en Ley Orgánica Constitucional.

Santiago, 27 de mayo de 2022.- María Angélica Barriga Meza, Secretaria.

LEY Nº 21.426
SOBRE COMERCIO ILEGAL

Teniendo presente que el H. Congreso Nacional ha dado su aprobación al siguiente

Proyecto de ley:

"**Artículo 1.-** A los delitos establecidos en los artículos 79 bis y 81 de la ley Nº 17.336; 11 de la ley Nº 19.227; 456 bis A del Código Penal; 28 de la Ley de Propiedad Industrial, cuyo texto refundido, coordinado y sistematizado fue fijado por el decreto con fuerza de ley Nº 3, de 2006, del Ministerio de Economía, Fomento y Reconstrucción, y 97 números 8º y 9º del Código Tributario, se aplicarán también las disposiciones de esta ley.

Artículo 2.- Los que se asociaren para cometer alguno de los delitos a que se refiere el artículo anterior serán sancionados en conformidad a los artículos 293 y siguientes del Código Penal.

Los jefes de la asociación ilícita, los que hubieren ejercido mando en ella y sus provocadores tendrán, además, una multa de 200 a 800 unidades tributarias mensuales.

Artículo 3.- Cuando se investigare la asociación ilícita destinada a cometer alguno de los delitos señalados en el artículo 1, el juez de garantía, previa solicitud del Ministerio Público, podrá autorizar que los envíos ilícitos o sospechosos de los productos objeto de comercio ilegal se trasladen, guarden, intercepten o circulen dentro del territorio nacional, salgan de él o entren en él, bajo la vigilancia o el control de la autoridad correspondiente, con el propósito de individualizar a las personas que participen en la ejecución de tales hechos, conocer sus planes, evitar el uso ilícito de las especies referidas o prevenir y comprobar cualquiera de tales delitos.

Se utilizará esta técnica de investigación cuando se presuma fundadamente que ella facilitará la individualización de otros partícipes, sea en el país o en el extranjero, como, asimismo, el cumplimiento de alguno de los fines descritos en el inciso anterior. Cuando los productos objeto del delito se encuentren en zonas sujetas a la potestad aduanera, el Servicio Nacional de Aduanas observará las instrucciones que imparta el Ministerio Público para los efectos de aplicar esta técnica de investigación.

El Ministerio Público podrá disponer en cualquier momento la suspensión de la entrega vigilada o controlada y solicitar al juez de garantía que ordene la detención de los partícipes y la incautación de las especies y demás instrumentos, si las diligencias llegaren a poner en peligro la vida o integridad de los funcionarios que intervengan en la operación, la recolección de antecedentes importantes para la investigación o el aseguramiento de los partícipes. Lo anterior es sin perjuicio de que, si surgiere ese peligro durante las diligencias, los funcionarios policiales encargados de la entrega vigilada o controlada apliquen las normas sobre detención en caso de flagrancia.

El Ministerio Público deberá adoptar todas las medidas necesarias para vigilar las especies a que se alude en el inciso primero, como, asimismo, para proteger a todos los que participen en la operación. En el plano internacional, la entrega vigilada o controlada se adecuará a lo dispuesto en los acuerdos o tratados internacionales.

Artículo 4.- Las policías, los inspectores municipales y los funcionarios autorizados del Servicio de Impuestos Internos conforme a lo dispuesto en el artículo 86 del Código Tributario, podrán fiscalizar el cumplimiento de la normativa vigente respecto de quienes ejercen el comercio, sea ambulante o establecido. Al efecto, estarán facultados para requerir la exhibición de los permisos municipales o sanitarios respectivos, así como los documentos que acrediten el origen de las especies que comercializan.

No obstante lo establecido en el artículo 162 del Código Tributario, las policías podrán denunciar los delitos sancionados en los números 8º y 9º del artículo 97 de dicho Código, que conocieren con ocasión de la fiscalización a que se refiere el inciso anterior.

El Ministerio del Interior y Seguridad Pública, las intendencias, las gobernaciones y las municipalidades podrán hacerse parte en los procesos a que diere lugar la aplicación del inciso anterior, cuando el Servicio de Impuestos Internos actúe como querellante.

Artículo 5.- Las municipalidades deberán establecer en sus respectivas ordenanzas los lugares donde se podrá ejercer el comercio ambulante, las que deberán contener, a lo menos, un sistema único de identificación personal, con registro fotográfico de la persona autorizada para ejercer dicho comercio.

Artículo 6.- Intercálanse en el artículo 204 de la ley N° 18.290, de Tránsito, cuyo texto refundido, coordinado y sistematizado fue fijado por el decreto con fuerza de ley N° 1, de 2007, de los Ministerios de Transportes y Telecomunicaciones y de Justicia, los siguientes incisos quinto y sexto, nuevos, pasando los actuales incisos quinto, sexto, séptimo y octavo, a ser séptimo, octavo, noveno y décimo, respectivamente:

"La infracción de la prohibición establecida en el número 3 del artículo 160 será sancionada con multa de media unidad tributaria mensual a dos unidades tributarias mensuales. La reincidencia será sancionada con multa de dos a cuatro unidades tributarias mensuales.

En los casos señalados en el inciso anterior, la mercadería será decomisada. Los elementos perecibles serán distribuidos entre los establecimientos de caridad o asistencia de la comuna respectiva, según lo establezcan las ordenanzas municipales correspondientes. Los demás elementos serán destruidos según lo dispongan las mismas ordenanzas.".

Artículo 7.- Introdúcense las siguientes modificaciones en el artículo 97 del Código Tributario, contenido en el artículo 1° del decreto ley N° 830, de 1974:

1. En el número 8°:

a) Sustitúyese la frase "trescientos por ciento de los impuestos eludidos y con presidio o relegación menores en su grado medio" por "cuatrocientos por ciento de los impuestos eludidos y con presidio o relegación menores en cualquiera de sus grados".

b) Agrégase el siguiente párrafo segundo:

"Para la determinación de la pena aplicable el tribunal tendrá especialmente en cuenta el valor de las especies comerciadas o elaboradas.".

2. En el número 9°:

a) Sustitúyese la frase "con multa del treinta por ciento de una unidad tributaria anual a cinco unidades tributarias anuales y con presidio o relegación menores en su grado medio" por "con multa de una unidad tributaria anual a diez unidades tributarias anuales y presidio o relegación menores en cualquiera de sus grados".

b) Agrégase, a continuación del punto final, que pasa a ser punto y seguido, la siguiente oración: "La reincidencia será sancionada con pena de presidio o relegación menores en sus grados medio a máximo.".

c) Incorpórase el siguiente párrafo segundo:

"Para la determinación de la pena aplicable el tribunal tendrá especialmente en cuenta el valor de las especies comerciadas o elaboradas."."

Habiéndose cumplido con lo establecido en el N° 1 del artículo 93 de la Constitución Política de la República y por cuanto he tenido a bien aprobarlo y sancionarlo; por tanto, promúlguese y llévese a efecto como Ley de la República.

Santiago, 7 de febrero de 2022.- SEBASTIÁN PIÑERA ECHENIQUE, Presidente de la República.- Juan Francisco Galli Basili, Ministro del Interior y Seguridad Pública (S).- Alejandro Weber Pérez, Ministro de Hacienda (S).- Sebastián Valenzuela Agüero, Ministro de Justicia y Derechos Humanos (S).- José Luis Domínguez Covarrubias, Ministro de Transportes y Telecomunicaciones (S).

Lo que transcribo a Ud. para conocimiento.- Atentamente, Juan Eduardo Vega Mora, Subsecretario del Interior (S).

TRIBUNAL CONSTITUCIONAL

Proyecto de ley sobre comercio ilegal, correspondiente al Boletín N° 5.069-03

La Secretaria del Tribunal Constitucional, quien suscribe, certifica que la H. Cámara de Diputadas y Diputados envió el proyecto de ley enunciado en el rubro, aprobado por el Congreso Nacional, a fin de que este Tribunal ejerciera el control de constitucionalidad respecto del artículo 5, y del artículo 6, en lo que respecta al nuevo inciso sexto que se incorpora en el artículo 204 de la ley N° 18.290, y por sentencia de 28 de enero de 2022, en los autos rol 12.555-21-CPR.

Se declara:

Que las siguientes disposiciones contenidas en el proyecto de ley Boletín N° 5.069-03, son conformes con la Constitución Política:

1. Artículo 3
2. Artículo 4, inciso tercero
3. Artículo 5
4. Artículo 6, en lo que respecta al nuevo inciso sexto que se incorpora en el artículo 204, de la ley N° 18.290.

Santiago, 31 de enero de 2022.- María Angélica Barriga Meza, Secretaria.

ÍNDICE ANALÍTICO

J

N

O

Q

R

S